图文版

现场与5S管理实操应用全案

XIANCHANG YU 5S GUANLI SHICAO YINGYONG QUANAN

江艳玲　何庆成　主编

中国工人出版社

图书在版编目（CIP）数据

图文版·现场与5S管理实操应用全案／江艳玲，何庆成主编．—北京：中国工人出版社，2013.9

ISBN 978-7-5008-5605-4

Ⅰ．①现… Ⅱ．①江… ②何… Ⅲ．①企业管理 Ⅳ．①F270

中国版本图书馆CIP数据核字（2013）第225904号

图文版·现场与5S管理实操应用全案

出 版 人	李庆堂
责任编辑	姚远　石钰艳
责任校对	赵贵芬
责任印制	栾征宇
出版发行	中国工人出版社
地　　址	北京市东城区鼓楼外大街45号　邮编：100120
网　　址	http://www.wp-china.com
电　　话	（010）62350006（总编室）；（010）62005039（营销出版部） （010）62382916（职工教育分社）
发行热线	（010）62005996（分社发行电话）；（010）82075964（分社传真）
经　　销	各地书店
印　　刷	北京睿特印刷厂
开　　本	787毫米×1092毫米　1/16
印　　张	19.75
字　　数	316千字
版　　次	2013年10月第1版　2013年10月第1版第1次印刷
定　　价	42.00元

PREFACE

本书导读

制造业在我国占据着举足轻重的地位。正所谓，工业强，则国家强！中国是工业大国，但不是工业强国；是世界加工厂，但不是世界工业中心。同时，自从全球金融危机爆发以来，我国制造业面临着产品竞争力减弱、劳动力成本大幅上升、加工贸易政策变化、客户需求萎缩等诸多问题。

对制造型企业来说，要解决这些问题，最关键的就是生产出品质更好的产品，提高产品在市场上的竞争力，从而提升产品的销量和收入。而做到这一点的关键之一，是各级管理人员要做好生产现场与5S管理。因为现场是各类产品的主要生产场所，现场管理效率的高低直接决定了产品的质量，只有做好了5S管理，才能打造一个秩序井然的现场，为生产出高品质的产品提供保证。

基于此，我们在多年探索和研究的基础上，结合制造型企业的特点和实际工作需要，编写了《图义版·现场与5S管理实操应用全案》一书，为制造型企业现场管理人员的学习与工作提供良好的参考。

本书重点内容如下：

◇第一部分“怎样避免现场管理不规范”，明确指出企业在现场作业管理、现场物料管理、现场设备管理等方面可能存在的各种不规范行为，并明确提出实行规范化管理应当注意做好的工作、采取的措施、防范的事项等，如要正确监督员工作业，应当在其产生错误时，立刻予以纠正。

◇第二部分“怎样规范现场管理组织架构”，明确列举了现场管理所涉及的两个部门的规范化组织架构，即生产部门和品质部门，同时根据其组织架构，列举了相应的岗位职责，如生产部经理岗位职责、生产部文员岗位职责等。

◇第三部分“怎样规范现场管理作业流程”，将现场管理的各项重点内容以流程的形式清晰地展示出来，方便读者按照流程进行学习并用于实际工作中，如早会召开流程将早会分成“确认出勤”、“问候及回应”、“齐唱厂歌”等步骤，当需要召开早会时，即可按照这些步骤进行。

◇第四部分“怎样进行现场专项管理”，将现场作业管理、现场物料管理等现场管理的核心内容分为专项制度管理、专项表格管理两大板块加以讲述。其中专项制度管理部分列举了现场管理的各项规范化制度；专项表格管理部分则列举了现场管理工作中最常用的一些表格。

◇第五部分“怎样进行5S专项管理”，对5S的五大要素，即整理、整顿、清扫、清洁和素养分别进行了讲述。

本书板块设置精巧，以简洁精确的语言对现场与5S管理进行了非常生动、全面的讲解。读者在将本书内容运用于实际现场与5S管理工作中时，要注意按照本书要求采取措施，避免各种不规范行为的发生，按规定履行自己的岗位职责，同时按照各种流程开展日常管理工作。当需要用到各种制度和表格时，读者可以根据需要从本书中调取，以便即学即用。

CONTENTS
目 录

第一部分 怎样避免现场管理不规范

生产现场是现场管理人员管理各类产品的生产中心，生产现场如果出现不规范现象，很容易影响生产进度，例如在现场没有开好早会，没有通过早会向员工传达准确的生产信息，很容易导致当天的生产任务无法完成或者产生过量生产现象。因此，现场管理人员应当积极推行规范的现场管理，以保障生产工作顺利开展。

第一章 现场作业管理七项注意

现场作业是指员工在生产现场开展具体生产工作，例如在车间生产产品。现场管理人员必须注意做好一些基本工作，例如开好早会、维护现场良好生产秩序、监督员工作业、管理好生产流水线等，从而确保现场作业的规范性，使现场作业有序进行。

第二章 现场物料管理八项要求

物料是指用于生产各类产品的原材料。物料管理工作必须按照相关要求进行，以确保其规范性，例如在发放物料时，要满足三大要求，即有稳定的生产计划、建立了标准损耗量、建立了良好的沟通渠道，只有这样才能确保物料发放工作的规范性，同时，物料的超领、搬运、储存等工作也应当按照相关要求进行。

第三章 现场设备管理九项加强

设备是指用于生产工作的各类机器。现场管理人员应当采取各种措施加强对设备的管理，以保障设备的正常运转，例如为了加强对设备的点检管理，现场管理人员应当确定具体的点检计划、做好点检准备、选择合适的点检方法等，同时，对设备的使用、设备故障的预防等，也应当采取相应的措施加强管理。

第四章 现场安全管理七项防范

安全管理是现场管理的重中之重。安全管理重在预防，即防范各种安全问题的产生，为此现场管理人员应当采取相应措施，例如为防范安全教育失效，现场管理人员可以灵活运用安全宣传画、影片、展览等不同方式，从而提高员工的安全意识。同时，现场管理人员也应当采取各种措施防范员工出现人身安全问题、防范安全检查失效等问题的产生。

第五章 现场品质管理八项注意

品质是产品的生命，没有良好的品质，任何产品都无法销售出去，因此，现场管理人员必须注意做好一些基本工作以保障产品品质，例如推广品质方针、制订品质目标、做好现场品质检验、预防不良品产生等。

第六章 现场成本控制九项重视

成本控制是现场管理的一个重要组成部分。现场管理人员应重视从各个方面做好成本控制工作，例如能源成本控制、物料成本控制、设备成本控制、品质成本控制、生产成本控制等，从而全方位节约成本，进而提高经营利润。

第七章　现场员工管理七项加强

员工是现场作业的主体。现场管理人员应当采取各种措施，加强对员工的管理，例如为加强员工的纪律管理，可以要求员工服从公司的整体管理、尊重上司等。同时，也应当加强对员工着装、形象、日常工作、交接班、保密的管理，全面提高员工管理水平，保障员工管理的规范性。

第八章　现场环境管理八项避免

现场环境管理是为了创造出良好的生产环境，使员工能够安心工作。为此，现场管理人员应当采取一些基本措施，避免环境管理问题的产生，例如为了避免设备噪声过多产生，应当将噪声较大的设备放置在距现场作业人员比较远的地方。同时，现场管理人员也应当采取措施，避免员工环境保护意识减弱、避免设备布局混乱、避免生产现场尘、毒的产生等。

第二部分　怎样规范现场管理组织架构

在生产现场开展工作的部门不只是生产部门，还有品质部门，负责制程过程中的检验，以及现场工艺员，负责现场的工艺管理。

第一章　生产部门组织架构及岗位职责

生产部门是生产现场各项生产任务的承担者，建立良好的组织架构有利于生产工作的顺利开展。生产部门各级员工应当了解部门的组织架构以及各自的岗位职责，严格按照职责要求开展工作，共同维护生产工作的顺利进行。

第二章　品质部门组织架构及岗位职责

品质部门是生产现场各项工序、产品的品质检验工作的承担者。品质部建立良好的组织架构有利于品质检验工作的顺利开展。品质部门各级员工应当了解部门的组织架构以及各自的岗位职责，严格按照职责要求开展工作，以保障产品品质。

第三部分　怎样规范现场管理作业流程

现场是企业各种产品的生产中心。通过现场作业，各类产品被生产出来，因此，企业必须加强对现场作业的流程管理，确保流程的规范化。

第一章　现场作业管理流程

现场作业流程主要分为两大部分，即生产准备工作管理流程与生产过程管理流程，通过前者可以做好现场作业的准备工作，通过后者，可以对生产过程进行良好的控制，保障生产工作顺利进行。

第二章　现场物料管理流程

企业生产离不开各类物料。而生产现场是物料的主要消耗场所，因此，企业要从物料的领取、使用、搬运等各个方面按照相关流程全面管理好现场物料。

第三章　现场设备管理流程

现场设备管理流程包括常规管理流程和维护保养流程两大部分。各级员工应当按照常规管理流程做好日常管理工作，同时按照维护保养流程做好设备的日常保养工作，使设备保持正常运转。

第四章　现场安全管理流程

安全管理是现场管理的重要内容之一，安全管理包括常规安全管理和消防安全管理两大部分。做好常规安全管理能够从各方面保障企业的安全，而做好消防安全管理工作则能够避免发生火灾等事故。

第五章　现场品质管理流程

生产现场要生产出符合客户品质要求的产品，就必须做好品质管理工作。这主要通过两个方面进行，即常规品质管理和品质检验。做好常规品质管理可以保障日常品质管理工作顺利进行，而做好品质检验工作则可以确保生产现场只出产合格品。

第六章 现场成本控制流程

成本控制是现场管理的重要内容之一，成本控制主要包括两大部分，即常规成本控制和节能降耗管理。做好常规成本控制工作可以从日常工作中节约成本，而做好节能降耗工作则可以在最大程度上节约能源，降低损耗。

第七章 现场员工管理流程

员工是现场生产工作的主体，员工管理的好坏直接影响着最终产品的品质。因此，现场主管人员应按照相关流程做好现场员工管理的相关工作。

第八章　现场环境管理流程

良好的环境是员工顺利开展生产活动，提高生产效率必不可少的保障。现场环境管理主要包括常规管理、检查与问题整改两部分组成。通过常规管理，可以保障生产现场拥有良好的生产环境，然后经过检查与问题整改，彻底消除生产现场存在的问题。

第四部分　怎样进行现场专项管理

专项管理主要由专项制度管理、专项表格管理两大部分构成。其中，专项制度管理部分则列举了各项现场管理制度，为现场工作的顺利开展提供了良好的制度保障。而专项表格管理部分则列举了现场管理工作中最常用的一些表格，便于现场管理人员在工作中使用。

第一章　现场作业专项管理

企业的产品都是从生产现场出产，所以各级现场人员要做好现场作业管理，才能产出高品质的产品。

第二章　现场物料专项管理

物料是现场生产不可或缺的材料，企业必须加强对现场物料的管理工作，使物料的品质得到充分保障。

第三章　现场设备专项管理

生产活动的正常进行离不开各类设备，因此现场各级管理人员要加强对设备的管理，确保设备得到保护，并正常运转。

第四章　现场安全控制专项管理

没有一个安全的环境，现场工作就很难顺利开展，因此，现场管理人员必须采取各项措施，严格做好安全控制工作。

第五章 现场品质专项管理

生产现场工作的顺利进行离不开良好的品质控制，因此企业必须从各个方面抓好现场的品质控制工作，确保生产出品质优良的产品。

第六章　现场成本控制专项管理

成本控制是企业要获得长远发展必不可少的措施。现场各级人员要通过各种措施来加强成本控制工作，尽最大努力为企业节省成本。

第七章　现场员工专项管理

生产现场的各项工作都是由各位员工合力完成的。现场管理人员必须严格做好人员管理工作，为现场生产人员提供良好的工作环境。

第八章　现场环境专项管理

没有一个良好的环境，现场工作很难有序开展，因此，现场主管人员要严格做好现场环境管理，确保现场拥有一个良好的生产环境。

第五部分　怎样进行5S专项管理

5S是指整理（Seiri）、整顿（Seiton）、清扫（Seiso）、清洁（Seiketsu）、素养（Shitsuke）五个项目，因为这五个单词的首字母都是“S”，所以简称为“5S”。通过实施5S管理，可以营造一个规范的、一目了然的生产现场，大大提高生产效率。

第一章　整理（SEIRI）

整理就是指经过对生产现场进行检查，将必需品与非必需品区分开，清除非必需品，在岗位上只放置必需品。整理是5S的开端，良好的整理工作能够确保5S顺利推行。

第二章　整顿（SEITON）

整顿就是将整理后所留下的必需品或所腾出的空间作一个整体性规划。它旨在提高取用和放回物品的效率。

第三章 清扫（SEISO）

清扫是将工作场所、设备彻底清扫干净，使工作场所保持一个干净、宽敞、明亮的环境，使不足、缺点凸现出来。其目的是维护生产安全，减少工业灾害，保证品质。

第四章 清洁（SEIKETSU）

清洁就是对清扫后状态的保持。将前3S（整理、整顿、清扫）实施的做法制度化、规范化，并贯彻执行及维持成果。

第五章 素养（SHITSUKE）

素养活动是使员工时刻牢记5S的规范，自觉地进行整理、整顿、清扫、清洁、节约、安全、服务和满意，使5S活动更重于实质，而不是流于形式的一种活动。素养是使员工在言行举止上都具有良好的习惯。

第一部分

怎样避免现场管理不规范

生产现场是现场管理人员管理各类产品的生产中心，生产现场如果出现不规范现象，很容易影响生产进度，例如在现场没有开好早会，没有通过早会向员工传达准确的生产信息，很容易导致当天的生产任务无法完成或者产生过量生产现象。因此，现场管理人员应当积极推行规范的现场管理，以保障生产工作顺利开展。

第一章　现场作业管理七项注意

现场作业是指员工在生产现场开展具体生产工作，例如在车间生产产品。现场管理人员必须注意做好一些基本工作，例如开好早会、维护现场良好生产秩序、监督员工作业、管理好生产流水线等，从而确保现场作业的规范性，使现场作业有序进行。

注意01：生产现场召开早会应注意做好哪些工作

早会是指生产现场在每天正式生产工作开展之前的会议安排，目的在于安排生产任务，传达上级要求等。早会是生产现场安排当日工作必不可少的一步，现场管理人员召开早会应注意做好以下工作。

充分准备：事先要精心策划，从早会的主题、流程、主持人（确定）、所需时间、主要内容等方面都要提前策划。同时，每日的早会都要充分准备。早会的内容最好是前一天下班之后在做工作总结之时就准备好。

不搞一言堂：这是指要充分调动员工参与的积极性，不搞一言堂。现场管理人员不能每次早会都是自己一个人从头到尾地讲，不给员工发言的机会。

请员工当主持：每一次早会，由不同的员工来主持。现场管理人员可以事先做好一个轮值表，让员工自己知道他哪天主持，从而做好准备。现场管理人员要协助他，甚至可以将一些事情交由员工去讲。

邀请员工自由发言：每一次早会都要留一些时间让员工自由发言、提建议。对于员工的发言，一定要以积极的态度回应，而不是每次都否决。对于一些合理的要求，要想办法解决，而不是一味地推托，或只从管理者的角度考虑。

生产现场召开早会应注意做好的工作

注意02：为确保现场良好的生产秩序应注意做好哪些工作

良好的生产秩序是现场生产工作的切实保障，现场管理人员必须注意做好以下工作。

工作一	彻底地执行5S，因为在执行5S的过程中，自然会产生遵守生产秩序的氛围。同时，也确立了维持秩序的基础。
工作二	教导员工遵章守纪，避免迟到、旷工等现象，人人都能服从管理。
工作三	工作状态良好，没有萎靡不振的员工。
工作四	自觉行动，员工能自觉地参与到各种准备活动中来。
工作五	维护公共秩序，确保自己的行为符合规范和要求，不会妨碍他人。
工作六	学习和掌握工作要点，对于新产品、新技术加强训练，使作业人员能熟知重点作业内容。
工作七	倡导员工进行自主管理，这是指要求员工以自我管理的心态处理工作事项，能及时报告发现的异常，主动采取处理措施，而不是等待管理者来催促。
工作八	加强现场环境管理，包括控制好现场的温度、湿度、污染、噪声和安全等内容。

为确保现场良好的生产秩序应注意做好的工作

注意03：监督员工作业时有哪些注意事项

监督员工正确作业是确保生产工作顺利进行的必要工作，但现场管理人员在监督员工作业时必须注意以下事项。

事项一	监督工作应对多个员工循环进行，不能只盯着某个员工，那样容易引起其情绪紧张，可能会影响生产品质。

事项二	监督作业应以该作业规定的相关作业标准进行。
事项三	当发现员工出现错误时要立刻上前指出，并协助其进行改正。在此过程中要注意说话的语气必须温和、耐心，不能大声、粗暴，那样容易伤害员工的自尊心，从而影响其工作积极性。
事项四	开展监督工作时应随身携带笔记本，以便做好记录。

监督员工作业时的注意事项

注意04：管理现场流水线应注意做好哪些工作

流水线就是通过某种形式将很多个各自独立的个体，有机地联系在一起，并使其彼此关联并互相制约，统一频率和速度，达到高效匀速生产的作业流程。管理现场流水线要注意做好以下工作。

工作一	线点颜色要鲜艳。流水线线点颜色要鲜艳，与输送带底色完全不同，且粘贴牢固，当有两套以上线点（混流）时，识别颜色必须不同。
工作二	输送带行进速度要稳定。输送带行进速度（节拍）必须经常验证，以保持稳定。
工作三	特别留意连接过渡处、转弯处。前后两条输送带的连接过渡处、转弯处，要注意能否顺利流动。
工作四	摆放人性化。前工序跟点投入时，作业对象的摆放方向要尽量为后工序的取拿方便着想。
工作五	输送带上不得搭建各种托架。如果不得已需要将一些小型设备摆放在流水线上的话，应该用统一式样的台架支撑起来，以达到美观的效果。
工作六	流水线正常班次的开动、停止，由靠近电源控制开关的作业人员代为实施即可。因生产要素不良而导致停止时，其命令要由相应的管理人员下达，作业人员不得擅自停止。

工作七 → 堆积识别。由于设备、材料、作业方法而引发的不良，造成中途工序出现大量堆积时，首先要将堆积的作业对象离线存放好，并做好识别管理。

工作八 → 输送带要随时保持整洁，可在前后两头，设置半湿润清洁拖布或黏物辊筒，清除输送带上的脏物。

管理现场流水线应注意做好的工作

注意05：利用现场生产信息时有哪些注意事项

生产信息就是符合生产的妥当的计划、实施，进一步进行生产改善所需的信息。也就是常说的“5W1H”（What、Where、When、Who、Why、How，简称5W1H），即做什么、到什么时候止、谁做多少、在何处做、为什么做、怎样做。利用现场生产信息要注意以下事项。

事项一 → 要确保生产信息能在转动管理圈时起作用。

事项二 → 要确保生产信息能在预防、预警的管理上起作用。

事项三 → 生产信息应是实时的信息。

事项四 → 可以通过目视管理法来活用信息。

利用现场生产信息的注意事项

注意06：填写现场作业日报有哪些注意事项

作业日报是现场作业的实际记载，一般由现场管理人员如班组长来填写。主管人员在填写作业日报时应注意以下事项。

事项一 → 就作业日报事宜要说明基本要项，让员工认识到它是管理上的重要资料。

事项二	有工序名、作业人员名、产品名、批号等初期记录栏，可印成表格后再发给作业人员（极力减少作业人员的记入事项）。
事项三	对于生产数量、加工时间等只有作业人员才知道的事，一定要由作业人员来记入。
事项四	填写完毕后，要仔细检查，确保无误。

填写现场作业日报的注意事项

注意07：处理生产异常应注意哪些事项

生产异常很难避免，因此，现场管理人员在处理生产异常的时候，应注意以下事项。

事项一	首先要正确认识生产异常，明确获知异常的种类、特征及常规处理方法，只有这样，才能熟练应对。
事项二	应制定相关规定，对异常发生的部门及人员进行处理，如公司内部责任单位因作业疏忽而导致的异常，列入该部门工作考核，责任人员依公司奖惩规定予以处理。
事项三	建立异常处理制度，并通过培训让所有员工充分了解、掌握，以便异常发生时，所有员工能够正确应对。
事项四	经常进行生产异常处理演练，通过演练让员工熟练掌握具体处理技巧。

处理生产异常的注意事项

第二章　现场物料管理八项要求

物料是指用于生产各类产品的原材料。物料管理工作必须按照相关要求进行，以确保其规范性，例如在发放物料时，要满足三大要求，即有稳定的生产计划、建立了标准损耗量、建立了良好的沟通渠道，只有这样才能确保物料发放工作的规范性，同时，物料的超领、搬运、储存等工作也应当按照相关要求进行。

要求01：物料发放有哪些要求

发料是由仓库根据生产计划，将储存的物料，直接向生产现场发放。一般对于直接需求的物料采取发料方式。但是，采取该方式必须达到以下要求。

有稳定的生产计划：生产计划的稳定与否直接影响生产部门与仓库的配合，而生产部门与仓库配合是否良好又影响到物料发放的顺序。一般来说，生产部门在2～3天前就要开立生产指令（通知单）给仓库备料，而仓库在生产部门开始生产前2～4小时内必须向生产现场直接发料。

建立标准损耗量：只有建立了标准损耗量，才能确定究竟需要多少物料，仓库才能据此确定到底应该发放多少物料。

建立良好的沟通渠道：只有建立了良好的沟通渠道，生产现场和仓库之间才能加强合作，避免出现多发料、发错料或是在错误的时间发料等现象。

物料发放的要求

要求02：物料超领有哪些要求

当生产现场出现物料不足时，就需要进行物料超领。物料不能任意超领，物料超领应达到以下要求。

要求一：原不良品补料，即上线生产时发现物料不良，此时需追补。

要求二 → 作业不良超领，因生产作业原因造成物料不良需超领。

要求三 → 下道工序超领，因下道工序超领物料，需本工序追加生产数量，导致需追加领料。

物料超领的要求

要求03：搬运生产物料有哪些要求

安全是实施有效搬运的前提，所以搬运人员在搬运时必须按以下要求进行。

要求一 → 物料搬运过程中，若通过环境有污染的地区，应进行适当的防护。

要求二 → 在工序间运送或搬运中，对易磕碰的关键部位提供适当的保护（如使用保护套、防护罩等）。

要求三 → 对易燃易爆等危险物料，应制定严格的搬运控制程序，并且在搬运过程中一定要小心谨慎。

要求四 → 尽量使用工具搬运，减少搬运次数。

要求五 → 尽可能缩短搬运距离，保持搬运通道的畅通。

要求六 → 注意人身及物品安全。

搬运生产物料的要求

要求04：现场储存物料有哪些要求

现场需要使用的物料往往不会一次性用完，而需要在现场先行储存。现场储存物料必须按以下要求进行。

要求一 → 现场的储存区域应整洁，具有适宜的环境条件。对温度、湿度和其他条件敏感的物料，应有明显的识别标志，并单独加以存放，提供必要的环境。

要求二 → 使用适当的储存方法，储存中可能会变质和腐蚀的物料，应按一定的防腐蚀和变质的方法进行清洗、防护、特殊包装和存放。

要求三 → 要对储存品进行监控，采取必要的控制手段，如定时检验等，确保储存安全。

要求四 → 用原装包装盒（袋、箱）再封存起来。如果原先包装盒（袋、箱）破损，可以用保鲜薄膜或自封胶袋处理。总之，要采取防潮、防虫、防尘等措施。

要求五 → 要留意有无保质期限要求的物料，若有，则要考虑有无暂存的必要。

要求六 → 暂时存放的各种标志要确保醒目。

要求七 → 封存后的物料要定时巡查，以防意外。

现场储存物料的要求

要求05：退料补货有哪些要求

并不是所有情况下都需要退料补货，只有达到以下要求时，生产现场才可以进行退料补货。

要求一 → 生产线上如果发现有与产品规格不符的物料，这是经常遇到的情况。一旦发现，就应立刻退料，以避免浪费。

要求二 → 有超发的物料。可能由于领料或发料的失误，导致物料超发，现场应将超发的物料及时退回。

要求三 → 有不良的物料。不良物料会影响最终产品品质，因此，必须退回并补充品质达标的物料。

退料补货的要求

要求06：在工作台摆放物料有哪些要求

工作台是产品生产的主要台面，在工作台摆放物料的要求具体如下。

要求一 → 外包装物品不能直接上作业台。作业台本身就不大，只适合放一些物料、夹具、小型设备。若把物料连同外包装物品，如纸箱、木箱、发泡盒、吸塑箱等一起放在台面的话，不仅占地大，而且极容易产生各种粉尘。

要求二 → 要选定合适的托盒、支架，将物料摆放在托盒或支架上，大件物料用大的，小件物料用小的。

要求三 → 控制好物料投放数量，物料要分时段等量投入。不要一次全部投入当日所需物料，以免使得台面物料过多，无处摆放。

要求四 → 两种大小不同的物料一起摆放时，小件的物料靠手跟前摆放，大件的放在外侧。取拿次数多的靠手跟前摆放，取拿次数少的，放在外侧。

要求五 → 相似的物料不要摆放在一起。尤其是外观上较难区分的物料一起摆放的话，极易用错，应尽可能在工序编程时就给予错开。

要求六 → 物料呈扇形摆放，可营造阶梯空间。扇形摆放，符合人体手臂最佳移动的范围，来回取拿时，不易产生疲劳。

在工作台摆放物料的要求

要求07：管理生产辅料有哪些要求

生产辅料是指在生产过程中起辅助作用，但不构成产品主要实体的物料。如油脂类、溶剂类、胶水类、油漆类、焊接材料类、防护类材料等，也被称为“辅助材料”、“次要材料”或“乙材”。管理生产辅料的要求具体如下。

实施专人负责制：即指定专职管理人员，负责订购、保管、派发、统计等工作。

定额使用辅料：可由生产现场统计单件产品辅料的实际消耗量（也可统计月耗量），通知生产部，然后由生产部根据生产计划事先购入相应数量的辅料。

对辅料分门别类进行保管：辅料要按用途或保管条件的不同分门别类保管好，如危险品需要隔离管理，胶水需要在阴暗处存放，易燃易爆品要在无烟火处存放。这样可防止辅料发霉、变质，减少呆料、缺料等事件的发生。

规定辅料领取手续：可在辅料管理账簿上将辅料分为新领和更换（以旧换新）两种，新领要有上司（规定为某一职务以上）的确认，更换则只需要退还用剩的残壳，如外包装盒、袋、套等，无需上司的确认就可给予更换。

报废要手续齐全：辅料用后的残渣、壳体，不能随便扔进垃圾堆里，也应遵循相应的规定。对于一些特殊的残辅料，不能按一般垃圾处理，有的要交由专业公司处理以避免造成环境污染。此外，还要填写辅料废弃申请单以备核实。

管理生产辅料的要求

要求08：呆料的处理有哪些要求

呆料即物料存量过多，耗用量极少，而库存周转率极低的物料，处理呆料的要求具体如下。

调拨和修改再利用：本部门的呆料，其他部门仍可设法利用，可交呆料管理部门进行调拨。但如果呆料少有再利用机会，就可将呆料在规格上稍加修改并进行再利用。

出售和交换：企业可打折出售给原来的供应商或其他公司，或用以物易物的方式相互交换处理。

破坏焚毁：对于无法出售、交换、调拨再利用的呆料宜以物料的类别分别考虑予以破毁、焚毁或掩埋。

呆料的处理要求

第三章　现场设备管理九项加强

设备是指用于生产工作的各类机器。现场管理人员应当采取各种措施加强对设备的管理，以保障设备的正常运转，例如为了加强对设备的点检管理，现场管理人员应当确定具体的点检计划、做好点检准备、选择合适的点检方法等，同时，对设备的使用、设备故障的预防等，也应当采取相应的措施加强管理。

加强01：怎样加强对设备操作人员的管理

企业可以通过"三好"、"四会"来加强对设备操作人员的管理，具体内容如下。

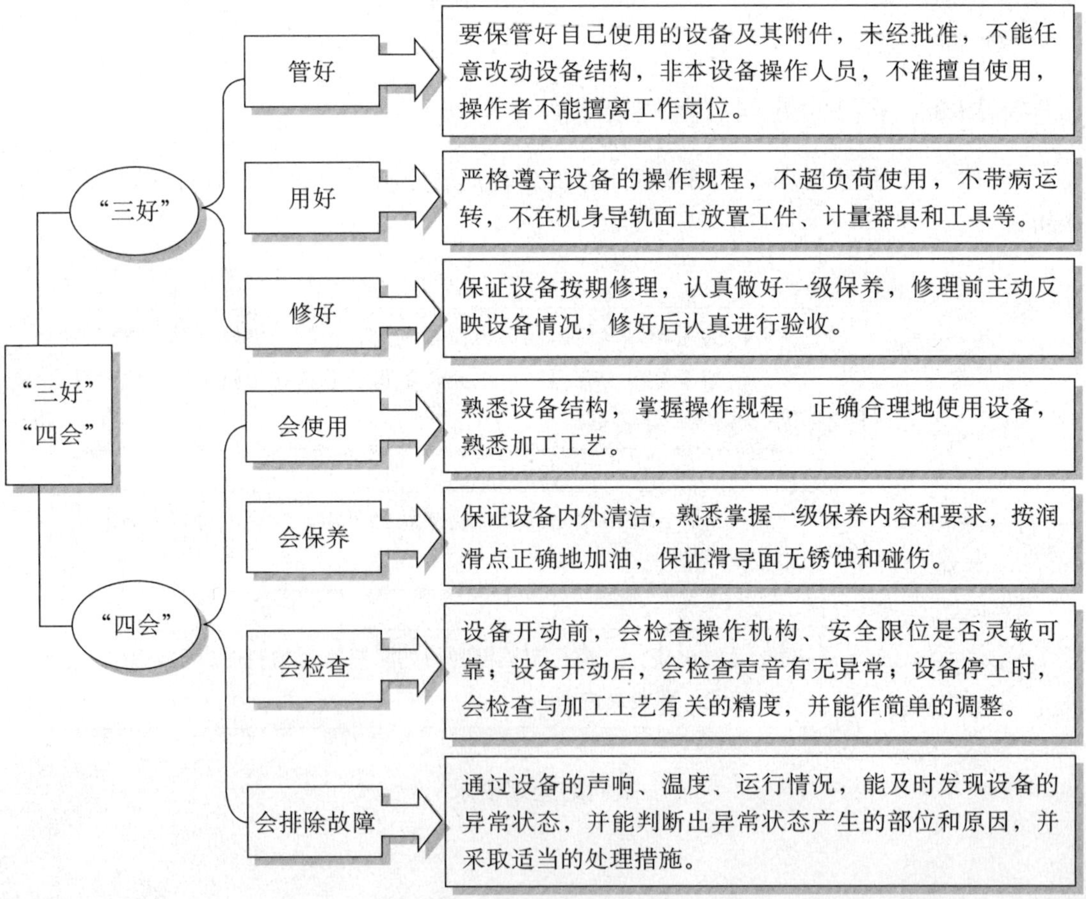

加强设备操作人员"三好"、"四会"

加强02：怎样加强对设备的日常管理

企业可以通过以下措施来加强对设备的日常管理。

措施一 → 凡主要生产设备的操作者，必须凭证操作。特种设备操作者需经安技环保处复训。无操作证者一律不得擅自使用设备。

措施二 → 操作人员在独立操作设备前，各分厂应对其进行设备结构、性能、技术规范、维护知识和安全操作规程及实际技能培训考试，经设备工具处、教育处、劳资处审查合格后发给操作证。

措施三 → 重点设备，进口设备，精、大、稀、关键设备操作人员经培训后，还须由设备工具处会同有关部门进行考试合格，再发给操作证。

措施四 → 确有操作多种设备能力者，经考试合格，允许操作同工种2～3台设备。多人操作的设备必须实行台机长负责制。

措施五 → 临时操作使用设备人员，需培训后经分厂领导和机械员同意，方可临时使用设备。

措施六 → 调离本厂或工种变动而不再使用原设备人员，分厂负责收回操作证，并交设备工具处注销。

加强对设备日常管理的措施

加强03：怎样加强设备使用管理

现场管理人员可以通过以下措施来加强设备使用管理。

措施一 → 电气生产设备使用前，设备管理人员要与人事部配合，组织使用人员接受操作培训，工程部负责安排技术人员讲解。

措施二 → 使用人员要达到会操作、清楚日常保养知识和安全操作知识、熟悉设备性能的程度，工程部签发设备操作证，方可上岗操作。

措施三 → 使用人员要严格按操作规程工作，认真遵守交接班制度，准确填写规定的各项运行记录。

措施四	工程部要指派人员与各部门负责人，经常性地检查设备情况，并列入员工工作考核内容。
措施五	合理地安排设备任务。企业设备主管人员应会同技术人员分析设备的特点，合理地安排生产任务。
措施六	创造良好的运转环境。设备管理人员应为机器设备创造良好的运转环境。不仅对高精度设备的温度、湿度、防尘、防震等工作条件有严格的控制，对于普通精度的设备也要创造良好的条件。

加强设备使用管理的措施

加强04：怎样加强设备交接管理

生产现场在交接班时，接班的作业人员一定要仔细检查交班人所使用过的设备，只有确定设备达到以下要求才能接班。

要求一	风、气、水、油不漏。
要求二	油眼畅通，油质良好。
要求三	设备清洁，螺丝不松。
要求四	设备附属工具、配件等清洁完整。

加强设备交接管理的要求

加强05：怎样加强对设备故障的预防

企业必须通过设备使用前、日常运转和点检时三个方面来加强故障的预防，具体内容如下。

使用之前的预防	询问生产厂家的说明、掌握一般的使用方法，同时从生产厂家处了解关于保养、点检的要领以及发生故障时的处置说明，同时准备保养所需的材料、部品（如有必要，将库存一定数量）。
日常运转时的预防	企业必须要求员工遵守规定的操作要求，通过特别清扫来发现微小的缺陷，根据规定的日常点检检查表每天进行点检，发现异常后根据操作手册来处理。
定期点检	企业要对设备进行定期点检，点检时发现故障，要及时进行维修，同时做好故障分析，以便进行有针对性的维护。

加强对设备故障预防的措施

加强06：怎样加强设备的点检管理

点检是对设备各个部位进行的专项检查。企业可以通过以下几点来加强对设备的点检管理，具体内容如下。

确定具体点检项目	确定点检项目就是要确定设备在开机前、运行中和停机后周期性需要检查和维护的具体项目。
做好点检准备	这主要包括制订合理的计划、点检培训、点检通道的设置等。
选择合适的点检方法	点检方法主要包括三种：静态点检，要求逐项进行；动态点检，要求逐项进行；重点点检，包括动态或静态，应随时进行。
解决点检的问题	设备点检中发现的问题不同，解决问题的途径也不同，一般问题经过简单调整、修正可以解决的，由操作人员自己解决。深层次问题交由专业维修人员解决。

加强设备点检管理的措施

加强07：怎样加强设备的润滑管理

企业必须加强设备的润滑管理，重点可以从定点、定质、定量、定期和定人五个方面着手，具体内容如下。

- 定点：确定每台设备的润滑部位和润滑点，保持其清洁与完好无损，实施定点给油。
- 定质：设备的润滑油品质必须经检验合格，按规定的润滑油种类进行加油，润滑装置和加油器具保持清洁。
- 定量：在保证良好润滑的基础上，实行日常耗油量定额和定量换油。
- 定期：按照规定的周期加润滑油，对储量大的油，应按规定时间抽样化验，视油质状况确定清洗换油、循环过滤和抽验周期。
- 定人：明确员工对设备日常加油、清洗换油的分工，各司其职，互相监督。

加强设备润滑管理的措施

加强08：怎样加强设备的维修管理

企业可以通过以下措施加强设备的维修管理。

- 措施一：加强设备维修人员的培训，通过培训使维修人员掌握更多维修技能，提高维修水平。
- 措施二：加强预防性维修，这是指为了防止设备的功能、精度降低到规定的临界值或降低故障率，按事先制订的计划和技术要求而进行的修理活动。
- 措施三：建立设备维修责任制度，对未能及时维修以及未能及时报修的员工进行批评处分。

加强设备维修管理的措施

加强09：怎样加强对设备档案的管理

设备的档案管理对设备的日常管理工作非常重要，企业可以通过以下措施来加强档案管理。

措施一 → 新购置的设备及基建措施等新项目投产后，竣工图、安装试车记录、说明书、检验证、隐蔽工程试验记录及生产厂家试验检查记录和鉴定书（电气设备）等文件，交档案处保管，档案处做抄件，分别转给设备管理部门和设备所在单位，装入设备技术档案。

措施二 → 设备检修后，必须有完整的交工资料，装订成册，由检修单位交设备所在单位（厂控的设备、锅炉、压力容器、防腐蚀设备及工业建筑物、构筑物等同时交设备管理部门）一份，一并存入设备档案，内容主要包括交工资料目录、各种试验测量记录、缺陷及修复记录、隐蔽工程记录及其他必要的资料等。

措施三 → 在用设备的档案由设备管理部门与设备所在单位按分管范围妥善保管。设备迁移、调拨时其档案随设备调出，主要设备报废后，档案及时交企业档案处存查。

措施四 → 设备管理部门专业管理员与专区管理员填写分管专业、专区的主要设备及专业技术档案，由统计员统一保管，设备管理部门每季度检查一次，并作出评语，作为设备管理部门职能人员工作考核的主要内容之一。

加强对设备档案管理的措施

第四章　现场安全管理七项防范

安全管理是现场管理的重中之重。安全管理重在预防，即防范各种安全问题的产生，为此现场管理人员应当采取相应措施，例如为防范安全教育失效，现场管理人员可以灵活运用安全宣传画、影片、展览等不同方式，从而提高员工的安全意识。同时，现场管理人员也应当采取各种措施防范员工出现人身安全问题、防范安全检查失效等问题的产生。

防范01：怎样防范安全教育失效

安全教育是现场安全管理的重要部分，为了防范安全教育失效，现场管理人员应主动采取多种措施，提高安全教育效率，具体措施如下。

措施一	使用安全宣传画。这可以促使员工更加了解安全生产的重要性，具有较好的提醒作用。
措施二	播放影片。以一种较有趣味的方式用有条理的方法解决疑难和复杂问题，并可以用慢动作再现影片内容，使员工清楚地看到动作的每一个细节，增强学习的效果。
措施三	举办展览。展览是以非常直观的方式使员工了解危害和学会排除危害的措施。展览与其他有一定目的的活动相结合时，可以收到最佳效果。
措施四	举行报告、讲课和座谈。报告、讲课和座谈也是进行安全宣传教育的有力工具。特别是新员工入厂时，通过这种形式的安全教育可以使他们对安全生产问题有一个概括的了解。
措施五	经常开展深入细致的安全活动是必要的，主要办法是在某个范围内开展安全日、安全周或安全月活动。

措施六	开展安全竞赛活动，可以提高员工安全生产的积极性，应该把安全竞赛列入到企业的安全计划中去。可以在车间班组间组织安全竞赛，对优胜者给予奖励。

防范安全教育失效的措施

防范02：怎样防范员工出现人身安全问题

员工是企业最大的财富，只有确保了员工的人身安全，才能使其提供良好的服务，具体措施如下。

措施一	企业应在考虑各个岗位的工作要求、工作程序的前提下，制定出安全工作的相关标准。
措施二	对员工进行安全工作、安全操作的技术培训，让员工都能养成良好的安全工作习惯，并掌握必要的安全操作的知识及技能。
措施三	对员工所使用的工具与设备要定期进行检查并维修。工程设备部门更应该严格按照安全标准，认真检查及进行维修作业，确保各个岗位员工使用设备的安全。
措施四	员工之间的相互协作安全。在工作中应强调员工之间的相互配合，在各个不同的工种和上下程序之间，都应互相考虑到对方的安全。

防范员工出现人身安全问题的措施

防范03：怎样防范安全检查失效

安全检查是确保安全管理的重要手段，为了防范安全检查失效，现场管理人员应当采取多种安全检查方式，不间断地进行检查，最大限度地避免检查失效。具体方式如下。

方式一	经常性检查。即安全技术人员和车间、班组管理人员对安全生产进行抽查、日查、周查、月查。

方式二	定期检查。是由企业或主管部门组织的，按规定日程和周期进行的全面安全检查。
方式三	专业性检查。是根据企业特点，组织有关专业技术人员和管理人员，有计划、有重点地对某项专业范围的设备、操作、管理进行的检查，如防火防爆、制度规章、防护装置、电器保护等。
方式四	节假日前的重点检查。
方式五	安全日、安全月的全员性大检查。
方式六	日常工作中的突击检查。

防范安全检查失效的方式

防范04：怎样防范保安部内部管理问题的产生

作为企业内部的安全管理部门，保安部除了有责任和义务保证企业的安全之外，还应协助企业经营者管理内部事务，严格落实保证各岗位员工安全工作的职责，具体措施如下。

措施一	负责对员工通道和员工上下班进出口的检查，纠察违纪现象。
措施二	对携带企业物品外出的人员要按规定进行检查，防止偷盗行为的发生。
措施三	根据企业制定的内部保安制度，合理安排安保人员，正确划定巡查线路。
措施四	维护企业内的工作秩序，制止企业员工的违章违纪行为，如在企业内嬉戏打闹、损坏公物等。
措施五	对公共场所要加强管理，注意有无擅离岗位、衣履不整或不佩戴胸牌的员工；对于无端串岗的员工或下班后仍逗留企业的员工要格外注意。

防范保安部内部管理问题的产生的措施

防范05：怎样防范可疑人员进入企业

企业必须加强对可疑人员的管理，防止其进入企业盗窃或破坏，具体措施如下。

措施一	在企业大门入口处，增加保安人员，可以设便衣，加强对入口的管理。
措施二	增加日常巡逻保安人员，对可疑人员加强监视。
措施三	发现可疑人员，要及时跟踪，掌握可疑人员的行踪。
措施四	必要时，可以对可疑人员进行盘问。盘问时应保持礼貌，避免与对方发生冲突。

防范可疑人员进入企业的措施

防范06：怎样防范消防隐患漏检

企业可以通过建立四级安全检查制来防范消防隐患的产生，四级检查制的具体内容如下。

一级	班组员工自行检查防火情况，一旦发现隐患，应及时报告上级主管进行解决。
二级	各部门主管，检查班组防火工作落实情况。
三级	部门经理，检查部门防火工作执行情况。
四级	企业总经理抽检，即对一些重点、隐患较多的部位进行检查。

四级检查制防范消防隐患

防范07：怎样防范火灾善后工作失误

火灾后仍有许多工作要做，为了防范善后工作失误，各部门应当做好以下工作。

工作一	全线疏散后，各部门要清点自己的人员，检查是否已全部撤出危险区域。
工作二	总经理办公室视情况负责与自来水公司、煤气公司、医院等单位联系。
工作三	食堂视情况准备食品饮料，安排好疏散员工的临时生活。
工作四	工程部在火灾扑灭后，应及时关闭自动喷淋阀门，更换损坏的喷头或其他消防设备，并使所有的消防设施恢复正常。
工作五	保安部负责保护现场，并重新配备消防设备设施。

防范火灾善后工作失误需要做好的工作

第五章　现场品质管理八项注意

品质是产品的生命，没有良好的品质，任何产品都无法销售出去，因此，现场管理人员必须注意做好一些基本工作以保障产品品质，例如推广品质方针、制订品质目标、做好现场品质检验、预防不良品产生等。

注意01：品质方针推广应注意做好哪些工作

品质方针是企业品质管理工作的指导性方针，必须要让员工理解并实际运用，企业可采取以下措施。

工作一	利用制定品质方针的机会，在全组织展开自我生存发展的讨论，吸引员工参与到制定品质方针的工作中来。
工作二	利用宣传栏、黑板报、标语、手册等进行宣传。
工作三	在宣传中组织员工进行讨论。例如，品质方针与每个员工有什么关系，在实际工作中如何运用品质方针，等等。
工作四	当遇到重大品质问题时，要重温品质方针。例如，若发生了重大品质事故或品质与其他工作发生冲突时，可以进行品质方针讨论。通过讨论，可以加深员工对品质方针的理解。
工作五	品质方针的宣传不能只刮一阵风，风后就偃旗息鼓。例如可以规定，每月进行一次品质方针教育（可以组织开展品质日活动）。在新员工到岗时，也应进行品质方针教育。
工作六	开展文化娱乐活动，将品质方针宣传形象化、趣味化。如定期进行品质知识竞赛、开展“我为企业作贡献”的演讲或征文比赛、征集有关漫画，等等。

品质方针推广应注意做好的工作

注意02：制定品质目标有哪些注意事项

品质目标是企业的品质工作应达到的目标。企业制定品质目标应注意如下具体事项。

事项一	品质目标应建立在品质方针的基础上，应在品质方针给定的框架内展开。品质目标既要先进，又要有实施的可能性。
事项二	品质目标应是可测量的。
事项三	品质目标内容上包括：产品要求；满足产品要求所需的内容，可涉及满足产品要求所需的资源、过程、文件和活动等。
事项四	品质目标应展开到有关的职能部门及层次上。至于展开到哪一层次，应以能传达到相关人员并能转化为各自的工作任务为度，不一定要展开到每个岗位。

制定品质目标的注意事项

注意03：现场品质检验应注意做好哪些准备工作

现场品质检验人员在开展检验工作之前应注意做好以下工作。

工作一	了解产品信息，如客户对品质的要求、是否有产品紧急上线，如果是紧急上线物料，检验需要更加严格等。
工作二	了解品质控制点。一般来说，在产品设计及完成阶段，现场品质主管应将品质控制点告之巡检员与终检员，在检验时注意该点。
工作三	人员、工具的准备。至于人员、工具的准备，目前还无法找到一个统一的标准，不同的产品检验工具不同，不同的企业人员的质检安排也不同。

现场品质检验应注意做好的准备工作

注意04：现场成品包装检验有哪些注意事项

成品包装检验是现场品质控制工作很重要的一部分，其注意事项具体如下。

事项一	检查包装材料是否正确，包装箱是否牢靠并符合规定要求。
事项二	包装前是否按文件要求对产品进行了油封、油漆、润滑（必要时）及对外观的检验。
事项三	成品合格证书（或标志）的编号与包装箱编号是否相符。
事项四	包装箱上用户名称、地址、邮编及防雨、堆放等标志是否正确。
事项五	按装箱清单核对产品说明书、产品合格证书、附件、备件工具。

现场成品包装检验的注意事项

注意05：预防不良品产生应注意做好哪些工作

要预防不良品的产生，现场管理人员和生产人员必须做好相关工作，如制定不良品控制办法等，具体内容如下。

工作一	制定不良品控制办法。规定不良品的标示、隔离、评审、处理和记录办法，并对员工进行培训。
工作二	明确各部门、岗位的作业规范。
工作三	明确部门之间、岗位之间、上下工序之间的接口。
工作四	制定企业品质标准。
工作五	明确检验部门职责及制定作业规范。

工作六 → 制定不良品的隔离管制办法。

工作七 → 明确划分不良品评审的责任与权限。

工作八 → 加强对不合格现象的统计分析，以防止不合格现象的重复产生。

预防不良品产生应注意做好的工作

注意06：不良品标示有哪些注意事项

为了确保不良品在生产过程中不被误用，工厂所有的外购货品、在制品、半成品、成品以及待处理的不良品均应有品质识别标志。标示时有以下注意事项。

进料不良品标示：品质部在进行来料品质检验时，若发现来货中存在不良品，且数量已达到或超过工厂来料品质允收标准，检验人员应即时在该批（箱或件）货物的外包装上挂“待处理”标牌。报请部门主管或经理裁定处理，并按最终审批意见改挂相应的标志牌，如暂收、挑选、退货等。

制程中不良品标示：在生产现场的每台机器旁，每条装配拉台、包装线或每个工位旁边一般应设置专门的“不良品箱”。员工自检出不良品时，应主动地将其放入“不良品箱”中，待该箱装满时或该工单产品生产完成时，由专门员工清点数量。在容器的外包装表面指定的位置贴上“箱头纸”或“标签”，经所在部门的检验人员盖“不合格”字样或“REJECT”（拒绝）印章后搬运到现场划定的“不合格”区域整齐摆放。

库存不良品标示：检验人员定期对库存物品的品质进行评定，其中的不良品由仓库集中装箱或打包。检验人员要在不良货品的外包装上挂“不合格”标志牌或在箱头纸上逐一盖“REJECT”（拒绝）印章。对暂时无法确定是否不合格的物品，可在其外包装上挂“待处理”标牌，等待处理结果。

不良品标示的注意事项

注意07：不良品的隔离工作有哪些注意事项

现场人员必须对不良品进行隔离，隔离工作要注意以下事项。

事项一	在各生产现场的每台机器或拉台的每个工位旁边，均应配有专用的不良品箱或袋，以便用来收集生产中产生的不良品。
事项二	在各生产现场的每台机器或拉台的每个工位旁边，要专门划出一个专用区域用来摆放不良品箱或袋，该区域即为“不良品暂放区”。
事项三	各生产现场和楼层要规划出一定面积的“不良品摆放区”用来摆放从生产线上收集来的不良品。所有的“不良品摆放区”均要用有色油漆进行画线和文字注明，区域面积的大小视该单位产生不良品的数量而定。
事项四	经初审鉴定为不良品的货品，须及时隔离，以免好坏货品混装。
事项五	对产生的不良品，须即时记录并标示。
事项六	加强对现场留存不良品的控制。
事项七	保证不良品在搬运过程中标志物的维护。
事项八	明确不良品的处置部门和权限。

不良品的隔离工作的注意事项

注意08：退回不良品有哪些注意事项

有时生产现场不得不将一些不良品退回仓库，退回时应注意以下事项。

事项一	外观类的不良品在清退前由品质部门作最终判定，正如收货时一样，由品质部门把关，可最大限度地减少退回工作中的错误判定。

事项二 → 贵重类物料在判定为不良品前需要进行反证试做，装在另一件产品上检查是否依然为不良品。

事项三 → 在测定、验证上有难度的可由技术部门来确认。对不良品的判定、处理，技术部门同样负有指导责任。尤其是尺寸、材质、性能等方面的确认更是离不开技术部门的支援。

事项四 → 如果是定期累积清退不良品的话，则需要填写“不良品清退一览表”，同时在每一组相同不良品的实物上贴附“不良品清退明细表”。

退回不良品的注意事项

第六章　现场成本控制九项重视

成本控制是现场管理的一个重要组成部分。现场管理人员应重视从各个方面做好成本控制工作，例如能源成本控制、物料成本控制、设备成本控制、品质成本控制、生产成本控制等，从而全方位节约成本，进而提高经营利润。

重视01：企业在能源成本控制方面应重视做好哪些工作

企业在能源成本控制方面应重视做好以下工作。

节约用电

（1）采用高效的节能灯代替白炽灯泡。
（2）采用光控技术和时钟继电器控制室外照明灯的开闭。
（3）三相水泵电动机安装变频器。
（4）严格控制制冷机的开放时间，尽量利用室外通风。
（5）做好空调冷冻水的管道保温，减少冷量损失，因为冷量是用电量换来的。
（6）确保空调自动调节控制设备灵敏、有效和可靠，以减少冷（热）量的浪费。

节约天然气

（1）调整好锅炉的气门和风门，使其处于最佳燃烧状态，降低天然气的消耗。
（2）调整好使用设备的风、气配比，减少天然气浪费。
（3）控制好生活用水和空调采暖用水的供水温度，因为水温越高，热量损失越大。
（4）做好蒸汽管道和热水管道的保温，减少热量的损失。
（5）做好蒸汽冷凝水回收工作，节约天然气。

企业在能源成本控制方面应重视做好的工作

重视02：企业在物料成本控制方面应重视做好哪些工作

企业在物料成本控制方面应重视做好以下工作。

工作一：改进产品设计，采用先进生产工艺，引进目标成本（可允许成本）的概念，加强新产品开发成本分析工作。

工作二：制定材料消耗标准，这是材料使用成本控制工作所依据的标准之一。材料消耗标准的制定工作，主要由研发部负责。

工作三：加强材料使用计划的管理，根据材料消耗定额及其采购规定，计算出一个生产计划期内的材料需用量，从而制定出合理、有适当弹性的物料使用计划。

企业在物料成本控制方面应重视做好的工作

重视03：企业在设备成本控制方面应做好哪些工作

企业可以从以下两个主要方面控制设备成本。

控制设备能源成本

（1）编制能源成本控制计划，包括成本预算、控制指标、控制标准、控制措施，并明确控制的责任。

（2）实施“全员控制”和“全过程控制”，让全员参与，并对能源的使用全过程进行控制。

（3）对各种机器设备进行实时监测，掌握其运行状况。

（4）对于维护设备正常运行的各种润滑油脂等做好管理，包括其使用、储存及发放，做好其成本控制。

（5）强调按操作规程进行设备操作，减少不必要的维修、浪费。

控制维护成本

（1）编制维护成本控制计划。

（2）制定严格的维修工具、材料、零部件的采购、出入库、配送和使用回收等规章制度。

（3）设备维护服务人员要了解设备中寿命最短的零部件，编制管理档案，并经常加以特别关注。还要了解设备中最重要最昂贵的零部件，编制管理档案和应急处理预案。

（4）对于设备的偶发故障，要提高对故障的检测诊断能力和修理能力，加强对材料备品的管理。

（5）对于设备的使用磨损，也需要精心进行预防保养，定期对零部件进行检测，掌握其劣化程度。同时做好清洁、加油、调整工作，减缓零部件的磨损和劣化进程，延长使用寿命，降低维修成本。

企业在设备成本控制方面应做好的工作

重视04：企业在品质成本控制方面应做好哪些工作

企业在品质成本控制方面应重视做好以下工作。

工作一	开展品质成本管理的宣传、教育，对从事品质成本管理的人员进行专门培训。
工作二	建立品质成本人员管理组织结构，依据品质成本管理需要，确定各有关部门的专、兼职品质成本核算、统计和管理人员，并明确其职责和任务。
工作三	制定品质成本管理的标准或制度，制定开展品质成本管理的程序，制定品质成本原始记录表格的内容与格式，建立品质成本管理的评审制度或标准。

企业在品质成本控制方面应做好的工作

重视05：企业在直接生产成本控制方面应做好哪些工作

企业在直接生产成本控制方面应重视做好以下工作。

工作一	车间品质检查员要监督现场人员按图纸、工艺、工装要求进行操作，实行首件检查，防止成批报废。
工作二	监督生产成本形成过程，根据生产成本控制标准，在生产作业进行过程中，对成本形成的各个环节、成本指标的执行情况、影响指标值的各项条件（如设备、工艺、工具、工人技术水平、工作环境等），进行经常性的检查、纠正和监督。
工作三	采用标准成本控制法，即把成本的事前计划、事中控制和事后分析考核结合起来。

企业在直接生产成本控制方面应做好的工作

重视06：企业在间接生产成本控制方面应重视做好哪些工作

企业在间接生产成本控制方面应重视做好以下工作。

工作一	核查生产部的各项管理费用、车间经费等，设有定额的按定额控制，未设定额的按各项费用预算进行控制。
工作二	核查生产及非生产部门生产费用发生数目是否在预算范围内，有无超支情况。
工作三	核查生产费用报支，应依财务管理规范及范围报支。
工作四	各个部门、车间、班组分别由有关人员负责控制和监督，并提出改进意见。

企业在间接生产成本控制方面应重视做好的工作

重视07：企业在人工成本控制方面应重视做好哪些工作

企业在人工成本控制方面应重视做好以下工作。

工作一	车间劳资员（或定额员）对生产现场的工时定额、出勤率、工时利用率、劳动组织的调整、奖金、津贴等方面进行监督和控制，并对上述有关指标负责进行控制和核算，分析偏差，寻找原因。
工作二	生产调度人员要监督车间内部作业计划的合理安排，要合理投产、合理派工，控制窝工、停工、加班、加点等现象。

企业在人工成本控制方面应重视做好的工作

重视08：企业在办公用品成本控制方面应重视做好哪些工作

办公用品成本控制是企业日常成本控制不可忽视的一个重要方面。企业在办公用品成本控制方面应重视做好以下工作。

工作一	节约使用，从橡皮擦、铅笔、回形针、订书机等小办公用品做起，养成良好的使用习惯，不随便浪费。

工作二 → 制定领用明细标准，对橡皮擦、铅笔、圆珠笔等办公用品制定领用明细标准，然后每6个月一次，定期进行检查，多余的办公用品先回收。订书机、剪刀、胶带等使用频繁的东西，划为共用；橡皮擦、圆珠笔等用完才能更换。

工作三 → 主管人员要加强对办公用品使用的监督和检查，防止办公用品私用。

工作四 → 联络用的文书，尽可能鼓励利用使用过的纸张背面或广告废纸。需要装入信封的文件，可以用旧封套；非机密文件不必装入封套内。

企业在办公用品成本控制方面应重视做好的工作

重视09：企业在成本控制监督和检查方面应重视做好哪些工作

没有监督和检查，就很难保证各项成本控制工作得到如实执行。企业在成本控制监督与检查方面应重视做好以下工作。

工作一 → 建立成本控制责任制度，将成本控制的每个方面进行细化，如制定成本控制指标，并落实到人，对没有完成成本控制指标的人员予以批评和处分。

工作二 → 各级主管人员应经常检查各方面的成本控制工作，如生产部门的主管人员要经常检查生产成本的控制状况，而设备管理部门的负责人要经常检查设备成本的控制状况。

工作三 → 定期开展成本控制考核工作，通过考核来明确成本控制工作的效果。

企业在成本控制监督和检查方面应重视做好的工作

第七章 现场员工管理七项加强

员工是现场作业的主体。现场管理人员应当采取各种措施，加强对员工的管理，例如为加强员工的纪律管理，可以要求员工服从公司的整体管理、尊重上司等。同时，也应当加强对员工着装、形象、日常工作、交接班、保密的管理，全面提高员工管理水平，保障员工管理的规范性。

加强01：怎样加强现场员工着装管理

企业可以通过以下措施来加强现场员工的着装管理。

措施一	统一着装，要求举止文明、大方、得体、精神抖擞。
措施二	统一穿标准鞋袜，佩戴工作牌，服装整齐干净，衣着不齐不得上岗。
措施三	不得戴饰物，口袋内不宜装过多物品。
措施四	禁止披衣敞怀，挽袖卷裤腿或者戴非工作帽。

加强现场员工着装管理的措施

加强02：怎样加强现场员工形象管理

企业可以通过以下措施来加强现场员工的形象管理。

措施一	经常注意检查和保持仪表整洁。

措施二	精神振作、姿态良好、抬头挺胸，不准弯腰驼背、东倒西歪、前仰后靠、伸懒腰，不袖手、背手、叉腰或将手插入口袋中，工作中不准吸烟，吃零食，不勾肩搭背，做到站如松、坐如钟、行如风。
措施三	不准留长发，蓄胡子，留长指甲，头发不得露于帽檐外。
措施四	不准吹口哨、听收音机、看书报。
措施五	不得随地吐痰、乱丢杂物。
措施六	不挖耳、抠鼻孔，不敲桌椅跺脚或玩弄其他物品。
措施七	严格遵守公司规定的文明礼貌用语。

加强现场员工形象管理的措施

加强03：怎样加强员工纪律管理

企业可以通过以下措施来加强员工纪律管理。

措施一	要求员工必须服从公司的整体管理，包括职务的分配及工作内容的安排。
措施二	要求员工须尊重上司，按照上司的指导进行工作并主动向上司汇报工作情况。
措施三	员工有关业务方面的问题须及时向部门主管或经理反映，听取意见。
措施四	涉及超出员工权限的决定必须报经部门主管或经理同意。
措施五	员工不服从上级指挥，目无领导，顶撞上级，影响公司指导系统正常运作的行为，视情节严重程度，给予相应处理。

措施六	管理人员应团结互助，努力协调好各部门的关系，鼓励并带领好员工队伍，时刻掌握员工的工作情况，确保公司整体管理顺利进行。
措施七	公司是一个大家庭，员工应团结互助，为公司发展付出努力。

加强员工纪律管理的措施

加强04：怎样加强员工日常工作管理

企业可以通过以下措施来加强员工日常工作的管理。

措施一	实施员工上下班签到或打卡制，上下班均须本人亲自签到或打卡，不得托、替他人签到或打卡。
措施二	将员工上下班考勤记录作为公司绩效考核的重要组成部分。
措施三	员工如因事需在工作时间内外出，要向主管经理请示签退后方可离开公司。
措施四	员工遇突发疾病须当天向主管经理请假，事后补交相关证明。
措施五	事假需提前向主管经理提出申请，并填写“请假申请单”，经批准后方可离开公司。

加强员工日常工作管理的措施

加强05：怎样加强现场员工交接班管理

企业可以通过以下措施加强现场员工的交接班管理。

措施一	交班前工艺要求：一小时内不得任意改变负荷和工艺条件，生产要稳定，工艺指标要控制在规定范围内，从而使生产中的异常情况得到消除。

措施二	交班前设备要求：运行正常、无损坏，无反常状况，液（油）位正常、清洁无尘。
措施三	交班前原始记录要求：认真清洁，无扯皮、无涂改，项目齐全，指标准确；巡回检查有记录；生产概况、设备仪表使用情况、事故和异常状况都记录在记事本（或记事栏）上。
措施四	交班前其他要求：为下一班生产储备好消耗物品，工（器）具齐全，工作场地卫生清洁等。
措施五	接班者到岗后，详细介绍本班生产情况；解释记事栏中写到的主要事项；回答提出的一切问题。
措施六	三不交：即接班者未到不交班、接班者没有签字不交班、事故没有处理完不交班。
措施七	二不离开：班后会不开不离开车间；事故分析会未开完不离开车间。

加强现场员工交接班管理的措施

加强06：怎样加强员工保密管理

企业可以通过以下措施来加强对员工的保密管理。

措施一	员工须严守公司商业机密，妥善保存商业客户资料、数据等重要信息。
措施二	管理人员须做好公司重要文件的备份及存档工作，并妥善记录网络密码及口令。并向总经理提交完整的网络口令清单。
措施三	任何时间，员工均不可擅自邀请亲朋好友在公司聚会。

措施四	员工及管理人员均不可向外泄露公司发展计划、策略、客户资料及其他重要的方案，如发现，除接受罚款、辞退等内部处理外，情节严重的，公司将追究其法律责任。

加强员工保密管理的措施

加强07：怎样加强员工培训管理

企业可以通过以下三个方面来加强员工培训管理。

加强新员工培训管理	（1）明确培训内容，包括公司文化（概况、成立历史、公司理念、团队品格、道德修养、行为规范等）、公司规章制度、新老员工认识、办公设备的使用、指引工作地点区域设施（洗手间、就餐处、乘车处等）公司员工管理制度范本等。 （2）新员工到岗时，公司全体员工应表现出热情、礼貌的态度，营造欢迎的气氛。 （3）培训由人力资源部负责执行，涉及到各部门业务时，部门负责人要有所准备，予以配合。
加强在职员工培训管理	（1）对在职员工采用多种培训形式，包括座谈、讲座等。 （2）鼓励员工业余时间自学。
加强培训考核	（1）培训活动由人力资源部负责组织，采用签到的形式记录考勤（出席记录将列入公司的绩效考核范围）。 （2）由培训讲师负责培训考核，其成绩列入公司绩效考核范围。

加强员工培训管理的措施

第八章　现场环境管理八项避免

现场环境管理是为了创造出良好的生产环境，使员工能够安心工作。为此，现场管理人员应当采取一些基本措施，避免环境管理问题的产生，例如为了避免设备噪声过多产生，应当将噪声较大的设备放置在距现场作业人员比较远的地方。同时，现场管理人员也应当采取措施，避免员工环境保护意识减弱、避免设备布局混乱、避免生产现场尘、毒的产生等。

避免01：怎样避免生产现场员工环境保护意识减弱

企业可以采取“五不走”来避免生产现场员工环境保护意识减弱。

一不走	设备不擦拭、加油、保养好不走。
二不走	工件不摆放整齐不走。
三不走	工具、量具不清洁、不摆放好不走。
四不走	原始记录不填好不走。
五不走	地面环境不打扫、不清洁不走。

“五不走”

避免02：怎样避免设备布局混乱

企业可以采取以下措施来避免设备布局混乱。

措施一	生产设备的布置，首先要满足工艺流程的要求，其次要满足安全与卫生的要求。

措施二	综合考虑便于操作、安全、作业流动性等因素，在布置各种大、中、小型生产设备时必须确保各设备之间有足够的空间。
措施三	布置大型生产设备时，应考虑操作时原料、半成品、成品和废料的摆放，同时考虑到操作者的动作不干扰到他人，所以，必须留有宽敞的通道和充足的出料空间。
措施四	产生强烈噪声的设备如不能采取减噪措施，则应布置在离生产现场较远的地方，同时需要注意不得影响公司的办公环境。
措施五	生产现场中高于2米的运输线必须有防护网或防护罩进行保护。若使用防护网，则其网格的大小应能阻止所运输的物件坠下地面，运输线的两端应有防护栏的保护，其高度不得低于1米。

避免设备布局混乱的措施

避免03：怎样避免设备噪声过多产生

噪声对现场员工的影响非常大，企业可以采取以下措施来避免设备噪声产生过多。

措施一	设备管理部（或采购部）在购买、使用、改进各种噪声比较大的设备时，应尽量选取自动化或密封化的设备，减少人工操作，以减少噪声对员工身体的侵害。
措施二	生产中噪声排放量比较大的机电、机械设备应尽量设置在离工作操纵点或人员集中点比较远的地方。
措施三	对于无法布置得比较远、排放噪声比较大的机电、机械设备，在生产中应在设备上安装隔音机罩或设置隔音间，阻断噪声向外排放。
措施四	对有隔音间进行隔音的机电、机械设备，应做好隔音间的密封工作，随时关闭隔音门与隔音窗，确保将噪声与生产人员隔离开来。
措施五	若因工作需要，生产人员必须到噪声比较大的地方进行操作时，应佩戴好工厂为生产人员配备的耳塞、耳罩、防声帽等劳动防护用品，否则后果由生产人员自行承担。

措施六	各车间主任在安排生产任务时，应尽量减少作业人员在噪声环境中的暴露时间，以减轻噪声对员工身体的伤害。
措施七	严格遵守生产设备的操作规范，防止因错误操作而导致生产设备产生异常噪声。
措施八	定期对生产设备的主要部件进行检测和保养，保持其性能良好，排放的噪声值符合国家规定的相关技术标准。
措施九	检查生产设备的运行状态时，注重对其噪声的检测，对于超过噪声排放标准的生产设备要及时采取措施减少噪声排放。
措施十	加强对生产设备的日常巡检工作，一旦发现突发情况，应及时修理出现异常的生产设备，缩短异常噪声的排放时间。

避免设备噪声过多产生的措施

避免04：怎样避免生产现场尘、毒的产生

企业可以采取以下措施来避免生产现场尘、毒的产生。

措施一	生产现场要注意防尘、防毒。加强防尘、防毒设备的检查检修与保养工作，确保设备于作业时间内正常运转，确保设备的主、支管道无破裂、泄露的状况。
措施二	用于防尘、防毒设备的滤料或组件应根据其使用说明定期更换，保证其完好有效。
措施三	对于产生尘、毒的设备和流程，生产部门应会同技术部门通过采用新技术、新工艺、新设备或新材料等手段清除生产现场的尘、毒等物。
措施四	新建、改建、扩建或引进工程项目及采用新技术、新工艺、新设备、新材料等所产生的噪声水平，必须严格执行鉴定审查流程。未进行鉴定或鉴定结果不合格的，一律不准施工和投入生产。

避免生产现场尘、毒产生的措施

避免05：怎样避免生产现场地面混乱

企业可以采取以下措施来避免生产现场地面混乱。

措施一	合理地规划生产现场的地面，用不同的颜色将生产现场的地面科学地划分为不同的区域，安全通道必须以绿色、醒目的标志标示出来。
措施二	生产现场所划定的各区域间距要合理，其中人行通道不得小于1米，车行道（主要指叉车、推车等）不得小于2米，成品车间货车行道不得小于3米。
措施三	生产现场的布置必须保证各通道的畅通，任何人不得以任何理由挤占、挪用通道，违者将按相关规定进行教育和惩处。
措施四	生产现场中因生产需要所设置的坑、沟、壕等必须用有足够支撑力的物品覆盖或有防护栏，夜间必须有照明，以防止发生意外安全事故。
措施五	在产品生产过程中出现的垃圾、废料、废水、废油等必须按划分的责任范围或承包的区域及时处理，不得将此类废品带入下一道工序。
措施六	生产现场的人行道或空地应保持平坦整洁，不得有障碍物或绊脚的物品。若有，则应该设置醒目的警示标志，或安放防护栏。

避免生产现场地面混乱的措施

避免06：怎样避免生产现场温度过高或过低

合适的温度是生产现场最重要的条件之一。过高或过低的温度都会导致员工身体不适，进而影响工作效率。企业可以通过以下措施来避免生产现场温度过高或过低。

措施一	要配备良好的通风设备，保持适宜的温度和空气新鲜度，这样能使员工感到舒适。
措施二	配置空调等设备，以便对温度进行调节。

措施三	对于一般强度的坐姿工作，在20℃～25℃时员工的生产效率最高。如果达不到合适的温度，生产效率就会下降，可以通过空调等设备将室温控制在该温度范围内。
措施四	室内应设置温度监控装置，如温度计，一旦发现温度超出或低于正常温度范围，就应当予以调整。

避免生产现场温度过高或过低的措施

避免07：怎样避免生产现场产生卫生管理问题

企业可以采取以下措施来避免生产现场产生卫生管理问题。

措施一	现场领料人员在仓库中领取原辅料时需把好原料卫生关。
措施二	均质机、调配釜、反应釜、搅拌缸和生产用的其他容器及管道在使用前、后需进行冲洗，必要时进行消毒。
措施三	纯净水贮水箱每月清洗一次。
措施四	软管输出口端不接触地面，管道和阀门清洁、无污渍。
措施五	经管道灌装的产品，灌装口不得加滤布进行灌装，每批产品包装完毕，必须清洗过滤器、过滤网、漏斗及垫网。灌装称量后随即盖上塑桶盖，以防瞬间异物落入产品。任何原料、半成品、成品都不能着地和贴墙放置。
措施六	标签打印人员负责产品标签的字迹清晰和纸面清洁，外包装工负责包装物（瓶、桶、袋、标签、纸箱）的清洁，确保成品在包装过程中的干燥和清洁。严禁使用模糊不清或肮脏的标签，严禁使用被污染或有渗漏的包装桶和桶盖。
措施七	生产过程中所使用的原辅料和加工的半成品必须加盖；生产过程中产生的原料空桶，可先放在暂存区内，待暂存区放满后，再集中搬运到指定存放区域。

措施八	产品包装和成品储存等工序分开，防止前后工序相互交叉、污染。
措施九	生产操作区（包括操作台面及相关的辅助设施）不定时进行清洗，保持清洁。

避免生产现场产生卫生管理问题的措施

避免08：怎样避免生产现场洁净区被污染

有些生产光学仪器、精密电子产品的企业对环境要求特别高，要求生产现场必须非常干净，甚至达到无尘的地步。企业可以在生产现场设置专门的洁净区，来确保生产过程的洁净。洁净区不得被污染，否则很容易影响产品生产品质。要避免洁净区被污染，企业可以采取以下措施。

措施一	经常清洗门、窗、各种管道、灯具、风口及其他公用设施、墙壁，确保洁净、无浮尘。
措施二	对洗手池、工具清洗池等设施经常进行消毒，使里外保持洁净，无浮尘、垢斑和水迹。
措施三	限制进入洁净区的人数，进入洁净区的人员仅限于该区域的作业人员、管理人员及其他经批准的人员。
措施四	洁净区内操作时，动作要稳、轻、少，不做与操作无关的动作，不进行不必要的交谈。
措施五	洁净区内不得摆放不必要的与生产无关的物品。
措施六	清洁工具及时清洗干净，置于洁净区洁具间规定的位置，不能和非洁净区的清洁工具混洗混用，消毒剂要定期交替使用。
措施七	洁净区不得安排三班生产，每天应留足够的时间用于清洁及消毒。

避免生产现场洁净区被污染的措施

第二部分

怎样规范现场管理组织架构

在生产现场开展工作的部门不只是生产部门，还有品质部门，负责制程过程中的检验，以及现场工艺员，负责现场的工艺管理。

第一章　生产部门组织架构及岗位职责

生产部门是生产现场各项生产任务的承担者，建立良好的组织架构有利于生产工作的顺利开展。生产部门各级员工应当了解部门的组织架构以及各自的岗位职责，严格按照职责要求开展工作，共同维护生产工作的顺利进行。

第一节　生产部门组织架构

不同规模的企业生产部门的组织架构也有所不同。大型制造企业生产部门组织架构往往较为复杂，层级较多，如在生产部经理之下设置了生产部文员、生产计划员、生产调度员、车间主任等岗位。而中小型制造企业生产部门组织架构则较为简单，往往不设生产计划员等岗位。

架构01：大型制造企业生产部门组织架构

大型制造企业生产部门的组织架构，具体如下图所示。

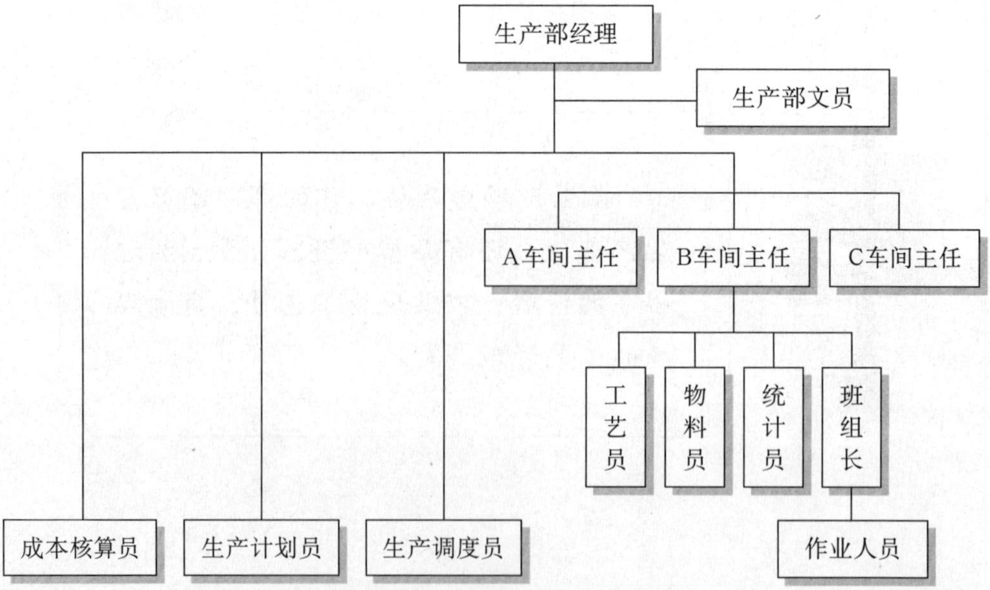

大型制造企业生产部门组织架构

架构02：中小型制造企业生产部门组织架构

中小型制造企业生产部门的组织架构，具体如下图所示。

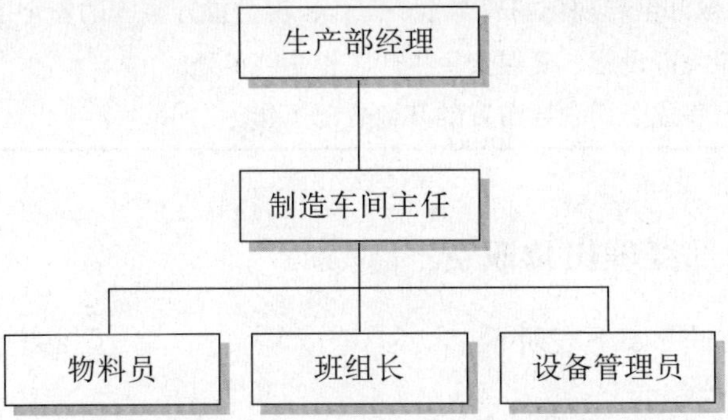

中小型制造企业生产部门组织架构

第二节　生产部门岗位职责

岗位职责是指每个岗位上的员工应当承担的各自的工作职责。因为分工不同，各岗位的职责也有所不同，例如生产部经理岗位职责包括负责生产部的日常管理工作、组织制订并负责执行日常生产计划等，而生产部文员的岗位职责则包括完成每日的生产部管理日报表、完成每星期的生产计划的打印等。

职责01：生产部的职责

生产部是负责企业各类产品生产的核心部门，其职责具体如下表所示。

生产部的职责

部门名称	生产部
部门职责	（1）生产部在生产部经理的直接领导下，全面负责公司的生产管理工作。 （2）根据公司要求，合理组织人员及调度安排物料，按时完成公司下达的各项生产任务。 （3）充分调动生产人员的积极性和创造性，做好公司生产计划的执行工作。 （4）对生产过程中的重大生产技术问题、品质问题进行分析与解决。 （5）负责生产车间的各类报表的汇总分析工作。 （6）负责生产车间设备的购置申请、设备验收以及日常的维护与保养等。

（续表）

部门职责	（7）积极做好生产岗位员工的工作技能培训工作。 （8）指导生产车间做好生产现场的“5S”管理工作。 （9）做好生产现场的安全生产工作，努力提升员工的安全生产意识，定期检查各项安全生产设施，确保安全生产工作落到实处。 （10）完成公司领导布置的其他各项工作。

职责02：生产部经理岗位职责

生产部经理岗位职责如下表所示。

生产部经理岗位职责

岗位名称	生产部经理
岗位职责	（1）在总经理的领导下，负责生产部的日常管理工作。 （2）组织制订并负责执行公司的日常生产计划、生产组织、生产管理、过程控制与监督，确保实现公司的生产目标计划。 （3）熟悉工厂的生产运作和生产管理，了解工厂的生产工艺和生产规范。 （4）参与公司的经营决策。根据公司的实际生产现状，为公司的经营决策提供切实的决策依据与意见、建议。 （5）组织建立并完善公司的生产管理体系，做好相关的生产管理协调工作。 （6）主持开展公司的技术改造管理工作，积极提升公司的生产效率。 （7）严格把控产品生产的品质关，认真做好生产监督工作。 （8）做好各分管部门工作的指导、管理与监督。

职责03：生产部文员岗位职责

生产部文员岗位职责如下表所示。

生产部文员岗位职责

岗位名称	生产部文员
岗位职责	（1）在生产部经理的指引下，完成日常事务。 （2）按要求完成每日的生产部管理日报表。 （3）按生产部经理的要求完成每星期的生产计划的打印。 （4）收集“车间物料盘点表”并进行分析，了解掌握各项物料的明确去向。

（续表）

岗位职责	（5）车间报表的收集、归档及上缴、下传应做到准确无误，新资料应及时下传，便于生产。 （6）组长以上管理人员的计勤、统计无误。 （7）按要求办理生产部人员请假、辞工手续。 （8）与相关部门联系，有问题立即上报生产部经理。 （9）要求各车间的日常事务按时、按质完成。 （10）每天发放与回收配方，使车间能准时收到配方。 （11）统计每月各种产品的产量，与上月的产量、原料的使用量、回收率进行对照。 （12）对生产部每月车间管理人员的工作变动起到上传、下达的作用。 （13）按企业要求做好日常会议准备，做好会议记录，会议记录要完整、客观。 （14）跟进企业与各相关部门已确定的事务的进度。 （15）接听电话，负责一般来访者的接待工作，并做好记录，有问题及时上报生产部经理。 （16）完成生产部经理交办的其他工作。

职责04：生产计划员岗位职责

生产计划员岗位职责如下表所示。

生产计划员岗位职责

岗位名称	生产计划员
岗位职责	（1）编制生产计划，确定各车间的生产任务。 （2）每天做好各车间的生产进度汇总统计，把各车间的生产数据录入电脑。 （3）根据生产计划和各车间完成情况，分析和提出影响生产计划完成所缺少的部件清单及相关工序。 （4）按生产计划要求及生产进度安排，协助生产主管调度编制生产计划，并下达到各相关生产部门。 （5）协助生产主管调度、处理各车间、部门之间的生产衔接。 （6）完成交办的其他任务。 （7）按时写出周、月、年工作小结。

职责05：成本核算员岗位职责

成本核算员岗位职责如下表所示。

成本核算员岗位职责

岗位名称	成本核算员
岗位职责	（1）负责各车间盘点工作的组织，并保证盘点数据的及时准确。 （2）负责各车间料、工、费的核算、及时上报，并保证盘点数据的及时准确。 （3）负责各车间一线员工的工资表计算、汇总和及时上交。 （4）负责各车间管理岗位绩效考核的数据提供。 （5）负责各车间各类单据的审核工作（导体领料单据的核对、原材料领料单、生产退料单及五金领料单等）。 （6）负责车间的档案管理工作，将上月所有单据、台账、盘库表等装订好，放入档案袋及时归档。 （7）负责车间半成品明细账的输入工作。 （8）对每个机台的材料消耗做好跟踪和核算，进一步推进成本管理。 （9）负责核对是否有超计划生产情况，若有则予以处罚。 （10）负责日常工作（新员工工作服领用、离职人员工资核算、每月员工劳保用品的领用及发放等）。 （11）及时准确地向各车间提供需要数据（当日主材库存、员工出勤情况、产值、设备维修情况、数量等）。 （12）完成生产部经理安排的其他工作。

职责06：生产调度员岗位职责

生产调度员岗位职责如下表所示。

生产调度员岗位职责

岗位名称	生产调度员
岗位职责	（1）在生产部经理的领导下从事企业日常生产的协调工作。 （2）负责根据生产计划，结合车间实际生产能力及设备状况，配合计划员编制企业月度生产计划，报部门经理审核。 （3）负责各生产车间水、电、气的协调工作，以及各种物料供应的组织协调工作。 （4）负责检查各部门生产作业计划的完成情况，并将计划执行情况定期向生产部经理汇报。 （5）对生产过程中出现的一些问题应及时处理。 （6）协同车间主任搞好现场管理。 （7）分析每日的生产情况。 （8）完成部门经理临时安排的其他工作。

职责07：车间主任岗位职责

车间主任岗位职责如下表所示。

车间主任岗位职责

岗位名称	车间主任
岗位职责	（1）认真贯彻公司制定的各项规章，负责监督车间工作人员严格遵守公司的各项规章制度。 （2）工作上严格服从生产部经理的领导，努力协助公司实现既定的生产计划。品质上服从公司品质部门的判定，对本车间生产的产品品质负责。 （3）协助生产部经理制订关于如何实现品质目标的具体措施与方法。 （4）妥善安排好生产进度，做好人员及原料的调度工作，加强对重点操作环节的监督控制工作。 （5）熟悉掌握车间生产设备的性能与日常保养，了解公司产品的生产工艺过程、品质判定标准等。 （6）在产品生产过程中，积极做好监督检查工作。控制好产品的生产进度及生产安全等方面的工作。 （7）负责做好本车间生产方面的数据资料的统计整理工作。力求做到数据资料的真实、清楚、准确，与实际的生产情况同步。 （8）在日常的生产过程中，应当认真做好产品生产的“三检”（首检、自检、巡检）工作的开展。 （9）协助品管部做好半产品及成品的检验验收工作，及时将自己掌握的关于产品品质方面的信息反馈到品管部。 （10）加强与本车间各个生产班组长之间的联系，客观公正地处理车间内的员工关系，维持好车间的正常生产秩序。

职责08：生产工艺员岗位职责

生产工艺员岗位职责如下表所示。

生产工艺员岗位职责

岗位名称	生产工艺员
岗位职责	（1）协助车间主任组织生产，保证生产工人严格按生产工艺规程和岗位标准操作规程进行生产。 （2）协助车间主任按工艺规程、岗位标准操作规程、机器设备安全操作程序的相关规定，检查各工序生产员工是否违反工艺纪律，对因违反工艺纪律不及时纠正而造成的事故负责。

（续表）

岗位职责	（3）对生产现场出现的品质、技术问题要及时亲临现场，协助生产部正、副经理妥善处理。 （4）按工艺要求及时填写生产指令、包装指令，并经相关部门审核后下发到各岗位。 （5）负责生产工艺规程的发放、收集以及批生产记录、批包装记录的收集整理、归档保管。 （6）负责生产部各班组清场后的复核，并对清场品质严格把关负责。 （7）接受公司领导及生产部主任临时交给的任务。

职责09：物料员岗位职责

物料员岗位职责如下表所示。

物料员岗位职责

岗位名称	物料员
岗位职责	（1）根据每日生产排程，定时到仓库领取相应物料，并按要求置放于车间规定地点，领取物料时务必准确核实实物与领料单相符。 （2）负责产品加工过程中不良物料的换领及ERP系统数据的录入工作，确保系统与实物料换料相符。 （3）负责部门所需辅助物品的申购、领取、发放，在部门需求且经部门主管的同意的情况下填写《申购单》交采购或行政部门协助采购，当所申请物料采购回并接到相应采购部门通知后到仓库或行政部进行领取并登记至《部门工具/文具/仪器使用表》中发放给相关需要岗位；所有从仓库领回的辅助物料及辅助用品，统一存放、保管、登记、发放，做到实物与账本相符合。任何物料都不可以随意发放给作业员。 （4）每周一上午10:00定时到仓库领取当月部门所需辅助物料及相关辅助用品，并做好登记。 （5）每月三号前对部门所有辅助物料及相关辅助用品的用料进行统计，对超支物料要及时反馈给部门主管。 （6）所有包装产品入库办理，并制作单据，及时反馈超出生产周期的订单给部门主管，以便部门主管及时掌握异常信息。 （7）认真做好物料进入车间后的摆放工作，切实贯彻执行目视管理和推行现场5S管理。塑造一个整齐清洁的工作场所，提升企业形象。 （8）每月月底前对部门内所有物料、成品做好盘点工作，并制盘点表交部门主管审核。

（续表）

岗位职责	（9）做好与仓库的协调管理工作，确保物料如期供应给生产线，以免影响正常生产安排。 （10）协助生产组长将物料配置到各生产岗位，确保生产线正常运作。 （11）做好各类物料的标识工作，确保所有物料处于标识状态，避免因标识不清而导致作业人员误拿误放。 （12）节约成本，减少浪费，提前做好产前物料准备工作，及时完成物料进度跟进。

职责10：跟班统计员岗位职责

跟班统计员岗位职责如下表所示。

跟班统计员岗位职责

岗位名称	跟班统计员
岗位职责	（1）做好本班领料单据的开具及录入工作。 （2）做好本班半制品库的管理，保证数据的及时、准确。 （3）做好本班各机台产量的统计，并根据每天生产日报表上的记录，核算个人材料盈亏。 （4）做好本班各机台的废品统计。 （5）做好本班的考勤记录。 （6）做好本班员工领用情况的统计。 （7）做好本班的交接料通报工作。 （8）做好本班的各项装订工作。 （9）及时准确做好本班的入库工作。 （10）完成车间主任交代的其他任务。

职责11：生产班组长岗位职责

生产班组长岗位职责如下表所示。

生产班组长岗位职责

岗位名称	生产班组长
岗位职责	（1）在车间主任的指挥领导下，认真做好本班组的日常管理工作。 （2）负责本班组的人员、物资、设备等的综合管理，确保生产计划顺利实现。

（续表）

岗位职责	（3）熟悉产品的生产工艺流程和基本技术特点，具备一定的生产管理、品质管理、生产安全等方面的知识。 （4）依照车间下达的生产计划，合理调度安排本班组的各项生产活动。 （5）监督指导班组员工严格执行品质管理体系的相关规程和要求。 （6）发现生产过程中所存在的问题并及时恰当地采取处理措施。如果遇到自己无法妥善解决的问题，应当及时向部门主管请示汇报。 （7）严格执行公司的生产安全管理制度，不定期地对生产现场进行安全检查，如果发现安全隐患应及时予以排除。 （8）指导本班组员工正确规范地使用生产设备，负责对相关设备进行日常的维护与保养工作。 （9）负责班组员工的日常考核及技术和业务培训工作。 （10）监督指导班组员工开展日常的工作。

职责12：作业人员岗位职责

作业人员岗位职责如下表所示。

作业人员岗位职责

岗位名称	作业人员
岗位职责	（1）熟悉本岗位的工作要求，熟练掌握本岗位的操作技能和操作方法。 （2）坚决服从车间主任的工作安排，依照指示进行生产，确保产品的生产进度及品质符合公司的要求。 （3）配合品管员处理生产过程中出现的产品品质问题。 （4）严格依照岗位操作规范进行操作。 （5）正确规范地使用各种工具、仪器及设备，做好相关工具设施的日常维护保养工作。 （6）认真做好本岗位的“5S”工作，发现问题应及时向部门主管进行汇报。

第二章　品质部门组织架构及岗位职责

品质部门是生产现场各项工序、产品的品质检验工作的承担者。品质部建立良好的组织架构有利于品质检验工作的顺利开展。品质部门各级员工应当了解部门的组织架构以及各自的岗位职责，严格按照职责要求开展工作，以保障产品品质。

第一节　品质部门组织架构

大型制造企业品质部门组织架构往往较为复杂，层级较多，如在品质部经理之下设置了品质文员/统计员、QE主管、品质组长等岗位，同时在品质组长下面设置IQC主管、IQC人员、IPQC主管、IPQC人员等岗位，而中小型制造企业品质部门组织架构则较为简单，往往由品质组长直接领导IQC人员等岗位。

架构01：大型企业品质部门组织架构

大型企业的品质部门往往比较复杂，层级也较多，具体如下图所示。

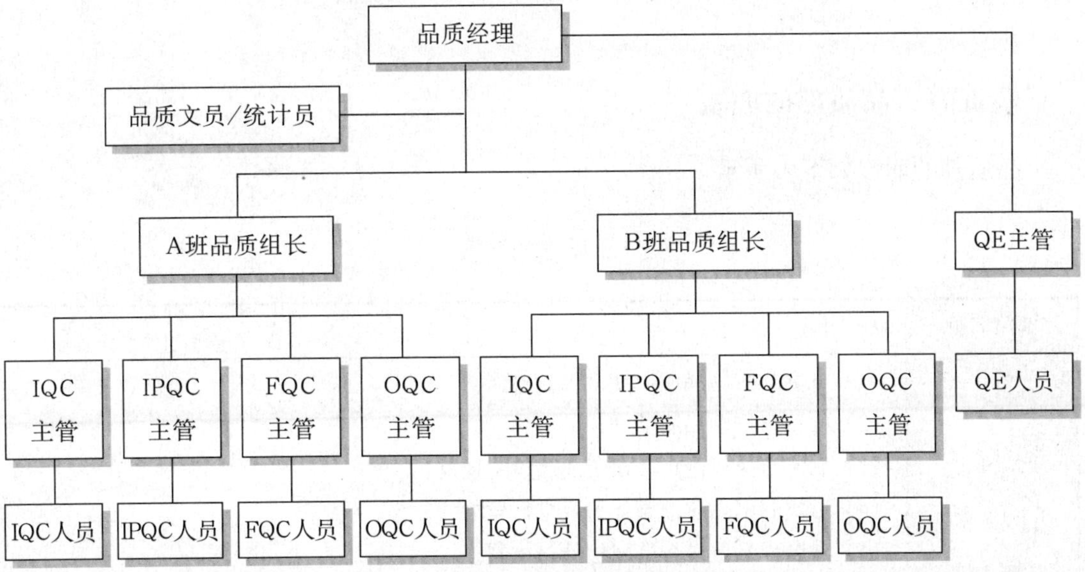

大型企业品质部门组织架构

架构02：中小型企业品质部门组织架构

中小型企业品质部门组织架构基本如下图所示。

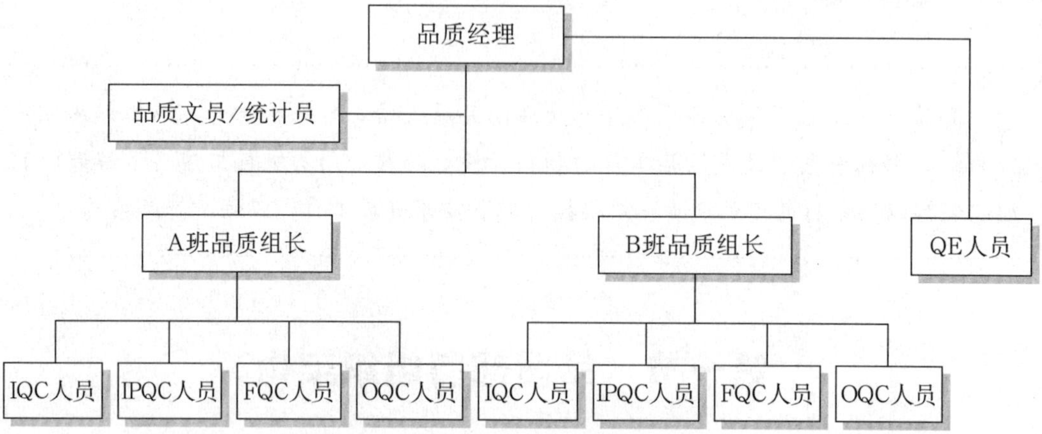

中小型企业品质部门组织架构

第二节　现场品质部门岗位职责

因为分工不同，品质部各岗位的职责也有所不同，例如品质经理的岗位职责包括负责品质部的组织架构的设置与优化、负责品质部的工作督导与日常管理等，而品质部文员/统计员的岗位职责包括整理各班上交的品质报表、联络部门间的事务等。

职责01：品质部的职责

品质部的职责如下表所示。

品质部的职责

部门名称	品质部
部门职责	（1）订立与实施品质制度。 （2）执行与推动品质活动。 （3）制定与执行进料、出货成品检验规范。 （4）分析制程品质控制能力及进行异常的改善。 （5）对制程品质进行巡回检验与控制。

（续表）

部门职责	（6）参与客户投诉与退货的调查、原因分析及改善措施拟定。 （7）仲裁及处理企业品质异常。 （8）测量、检验设备及监视装置的维护、保养及统一管理工作。 （9）监督执行不合格品的控制及预防措施。 （10）外协物料的进货检验及对外协厂商品控制能力的辅导与评估。 （11）负责对产品检（试）验的记录、统计、分析、存档等工作。 （12）分析品质成本。 （13）协助其他部门的相关工作。

职责02：品质经理的岗位职责

品质经理的岗位职责如下表所示。

品质经理的岗位职责

岗位名称	品质经理
岗位职责	（1）负责品质部的组织架构的设置与优化。 （2）按照品质方针和品质目标，制订品质部的年度和月度工作计划与发展纲要。 （3）负责品检人员的招募、培训与作业指导。 （4）负责品质部的工作督导与日常管理。 （5）负责现场品质问题的最终判定与协调处理。 （6）负责供应商的品质评估、稽核、督导、追踪改善管理。 （7）审查部门品检品质报告。 （8）负责本部分和出货品质检验之相关事务处理，确保纠正/预防措施有效实施。 （9）负责主持品质协调或专题会议。 （10）负责与其他部门间的沟通协调工作，督导各部门提升产品品质，防止异常情况发生。 （11）负责部门内意见的上传和领导意见的下达。 （12）定期主持品质会议和宣导品质观念。 （13）负责本部门人员的考评和奖惩。 （14）协助上级完成各项工作任务。

职责03：品质部文员/统计员岗位职责

品质部文员/统计员的岗位职责如下表所示。

品质部文员/统计员的岗位职责

岗位名称	品质部文员/统计员
岗位职责	（1）每天早上整理各班上交的品质报表和工作报告交至管理人员处审阅后装订保存。 （2）部门人员出勤核查、内部日常表单的整理、打印与会签。 （3）文控中心的标准样品、检验标准书的受控、发行和管理（包括建立电子档案）。 （4）负责各品质报表的日统计、周统计、月统计和年统计。 （5）准时参加本部门日常会议，并做好相关记录，发放给相关部门相关人员。 （6）负责部门间的事务联络工作。 （7）负责品质部“5S”工作的维持。 （8）负责品质部检测仪器的保养记录。 （9）各班全检员之检验报表、检验效率、来料合格率、生产不良率、出货成品合格率、客诉率、客退率、品质KPI指标的统计。 （10）验证现场提供的检验数据的真实性。 （11）按期完成工作报告与上级交办的事务。

职责04：品质组长岗位职责

品质组长的岗位职责如下表所示。

品质组长的岗位职责

岗位名称	品质组长
岗位职责	（1）在品质经理的领导下全面负责所属生产线的品质检验工作。 （2）领导并协调下属各部门的品质检验工作。 （3）负责对生产线品质检验问题的即时处理与向上反馈。 （4）负责与生产线负责人的全面沟通。 （5）负责对生产线作业人员的品质培训工作。 （6）负责相关品质报告的撰写和提交。

职责05：IQC主管岗位职责

IQC是英文Incoming Quality Control的缩写，是指来料质量控制，即对企业采购的物料进行品质检验。IQC主管岗位职责如下表所示。

IQC主管岗位职责

岗位名称	IQC主管
岗位职责	（1）负责领导IQC人员做好来料检验工作。 （2）负责协调IQC与其他部门的衔接沟通工作。 （3）审核相关检验员的检验报告、材料异常报告和检验记录。 （4）对本部门周、月报及月度供应商考核等报告进行签审。 （5）IQC相关文件的修订。 （6）对来料品质异常或制程材料异常情况进行协调处理。 （7）对本部门所有人员进行培训及工作完成情况进行监督和辅导。 （8）负责各供应商环保材料的监控和内部产品的相关测试和认证。 （9）参与供应商的评审。 （10）对新供应商所提供RoHS（是指欧盟颁布的《电气、电子设备中限制使用某些有害物质指令》，其英文为The Restriction of the use of Certain Hazardous Substances in Electrical and Electronic Equipment，RoHS为缩写）。测试报告的验证和环保承诺书签订的跟进。 （11）对供应商所提供环保资料及公司电池测试资料的整理归档的监督和辅导。 （12）负责ERP系统中进料检验模块及供应商管理模块的维护。

职责06：IQC检验员岗位职责

IQC检验员岗位职责如下表所示。

IQC检验员岗位职责

岗位名称	IQC检验员
岗位职责	（1）根据检验依据《抽样计划》、《生产联络单》、《工程图纸》及样板（包括标准样品、限度样品和拒收样品）对本公司所有来料（包括半成品/成品/原材料）进行检验。 （2）来料检验合格时，按原包装方式对产品进行整理并盖IQC PASS章；来料检验不合格时，对产品进行标示隔离，然后开出《进仓物料品质检验报告》，进行MRB（全称是Material Review Board，中文意思是物料审查会议。它是针对物料检验发现的异样状态暂时不能确定是否为缺陷时，由品质部、生产部等各部门联合举行的判定会议）会签，根据结果做好相应标示（对判退产品盖IQC拒收章，对特采/挑选产品盖IQC特采/选用章），并做好《来料检验记录表》。 （3）IQC要善于发现问题，把问题发现于最前端，防止不合格来料流入库房和生产线。

（续表）

岗位职责	（4）对上线物料进行品质跟进，对生产中发现的不合格品来料，协助QE人员收集相关资料进行分析并提出改善意见。 （5）及时准确真实地填写相关的品质报表，并记录清晰。 （6）每天日常事务的处理（包括白晚班的工作交接与上级交办的事务）。

职责07：IPQC主管岗位职责

IPQC是英文Input Process Quality Control的缩写，是指制程品质控制，即产品生产过程中的品质检验工作。IPQC主管岗位职责如下表所示。

IPQC主管岗位职责

岗位名称	IPQC主管
岗位职责	（1）负责领导IPQC人员做好制程巡回检验工作。 （2）负责对生产线上的作业人员进行作业培训、防护指导及监督，确保制程生产按工艺要求进行。 （3）负责对测试使用的仪器、仪表、设备进行点检、确认。 （4）负责产品首件的及时检验，对上线的物料品质状况进行确认；如实执行制程巡回检验并记录。 （5）负责本职制程段的品质异常的及时处理、反馈、跟进、改进。

职责08：IPQC人员岗位职责

IPQC人员岗位职责如下表所示。

IPQC人员岗位职责

岗位名称	IPQC人员
岗位职责	（1）根据检验依据《抽样计划》、《工程图纸》、标准样品、限度样品、量产说明书对产品制造过程进行检验（包括工序检验、半成品检验等）。 （2）对生产第一线执行鉴别、把关、报告、监督任务。 （3）实行首件“三检”制度。 （4）按规定的路线、周期、程序、项目、检验依据进行检验，并做好详细的巡回检验记录。 （5）按检验依据规定进行全面的品质检验，检验合格后转入下道工序，严格把好品质关。

（续表）

岗位职责	（6）产品装配时，按检验依据和装配程序进行全面检验和监督，并做好详细记录和标志。 （7）严格检验产品的标志、附件、随机文件等内容，产品检验合格后再签发合格证。 （8）执行上级临时交办的各种检验任务。

职责09：FQC主管岗位职责

FQC是英文Final Quality Control的缩写，是指最终品质控制，即产品完成所有制程或工序后的品质检验工作。FQC主管岗位职责如下表所示。

FQC主管岗位职责

岗位名称	FQC主管
岗位职责	（1）领导FQC人员执行产品FQC品质检验制度，做好入库产品的检验工作，对错检、漏检造成的产品品质损失负责。 （2）按规定做好产品的检验状态（合格、不合格、特采）标志，做好检验记录，并做好检验记录的传递、整理、归档工作。同时管理好样板。 （3）对质检过程中发现的不良品情况每日进行汇总，在每日品质检讨会上向主管汇报，对因不汇报造成的后果负责。 （4）负责对品质异常的提报和改善结果跟进。做好每周、每月的品质情况统计工作，及时上报。 （5）在品质检验中对影响产品品质的不合理之处提出改善建议。 （6）参与公司组织的品质培训，提高自身的品管技能和质检水平。 （7）对仓库中超过检验有效期的产品进行复检。 （8）负责返工产品的跟进和重检。 （9）遵守公司规章制度，积极参与公司组织的各项活动。 （10）完成上级交办的工作。

职责10：FQC人员岗位职责

FQC人员岗位职责如下表所示。

FQC人员岗位职责

岗位名称	FQC人员
岗位职责	（1）根据检验依据标准样品、限度样品、《工程图纸》、量产说明书对产品进行全检，并对不合格品（来料不良品、加工不良品）进行单独标示和做好《QC日报表》记录。 （2）对全检不良率较高和不良严重的产品，须立即知会前道工序改善和及时向上级反映。 （3）对于不明白的检验事项，须主动向现场的品质组长提出，直至明白标准要求。 （4）FQC要善于发现问题、敢于提出问题，预防不良品流入下一道工序。 （5）对于无法判定的产品，需找品质组长协助处理。 （6）每天日常事务的处理（包括白晚班的工作交接和所在区域的5S工作）。

职责11：OQC主管岗位职责

OQC是英文Outgoing Quality Control的缩写，是指出货品质控制，即产品出货前，按照供求双方合约或订单议定的标准实施的出货检验工作。OQC主管岗位职责如下表所示。

OQC主管岗位职责

岗位名称	OQC主管
岗位职责	（1）负责领导OQC人员进行所有出货产品最终检验的执行。 （2）负责相关OQC检验标准、规范的制定、修改和执行。 （3）负责与其他部门的衔接沟通以保证出货检验流程的正常运行和畅通。 （4）配合相关部门对退货、投诉产品提供相关信息和协助调查处理。 （5）及时向下属传达相关信息并监督是否执行。 （6）去客户处了解和处理一些异常问题。 （7）收集并整理客户的投诉和退货资料。 （8）对本部门所有人员进行培训及对工作完成情况进行监督和辅导。 （9）负责对检验报表的审核和特采单的会签。 （10）每周、每月对出货及退货情况进行一次总结（周报和月报）。 （11）负责ERP系统中出货检验模块的维护。 （12）按时完成上级交代的工作事项。

职责12：OQC人员岗位职责

OQC人员岗位职责如下表所示。

OQC人员岗位职责

岗位名称	OQC人员
岗位职责	（1）根据检验依据《抽样计划》、《工程图纸》、标准样品、限度样品、量产说明书对产品及包装进行检验（包括产品品质、包装标签、包装数量和包装方式的确认）。 （2）检验时，如发现不良程度超出允收范围，应将所抽检的不良品装于红色袋子中或直接放于最上层，并开出红色不合格标签注明不合格原因，然后知会前工序返工或做其他改善处理。 （3）OQC要跟进和验证生产线的改善效果和及时、合理处理抽检过程中所出现的品质异常。 （4）OQC要善于发现问题、严格把关，预防不良品流入仓库和客户。 （5）每日对出货检验的产品做及时、准确、真实的记录（如填写《OQC抽检统计表》）。 （6）对客诉和客退品质问题的货品加严检验并处理退货品。 （7）完成上级交办的其他工作事项，做好白晚班的工作交接和所在区域的5S工作。

职责13：QE主管岗位职责

QE是英文Quality Engineer的缩写，是指品质工程师，主要负责品质工程事务。QE主管岗位职责如下表所示。

QE主管岗位职责

岗位名称	QE主管
岗位职责	（1）在品质部经理的领导下，制定、审核或核准相关品质检验标准文件。 （2）指导、督促QE人员进行校验工作。 （3）指导、督促QE分析人员对制程不良、退货不良以及客户投诉不良进行原因分析，并将分析结果知会相关部门，要求其改善并跟进改善结果。 （4）在规定时间内完成客诉的原因分析、回复以及采取改善措施落实情况的跟进。 （5）对QE的检验报告、分析报告、仪器校正报告以及周、月报进行审核及确认。

（续表）

岗位职责	（6）每月对整个公司的产品品质状态进行分析、总结并把最终结果知会相关部门，及时发现成品的品质异常现象并召开相关部门会议进行改善。 （7）制订、落实部门人员培训计划。 （8）协调品质部与其他职能部门间的关系。 （9）配合品质部其他工作。 （10）协助品质部经理实施与维护ISO9001品质管理体系。 （11）评价所属人员的工作绩效。

职责14：QE人员岗位职责

QE人员岗位职责如下表所示。

QE人员岗位职责

岗位名称	QE人员
岗位职责	（1）在QE主管的领导下制订品质检验标准，并对生产部门员工进行培训。 （2）负责内部标准样品的签署、限度样品/拒收样品的制订或审查。 （3）品管检验工具的设置、检测仪器的校正与治具的验证。 （4）跟进打样、试产状况，分析品管过程。 （5）参加新产品量产会议，并把该量产会的相关信息传达给所属部门的班组长。 （6）每日品质异常确认、分析和处理，对班/组长无法判定之异常进行确认。 （7）所有客户进料/制程/出货/客诉/客退品质管控和品质处理（包括对外联络）。 （8）召集相关部门召开品质检讨会，对品质问题进行检讨和跟进改善。 （9）不合格品预防措施的订立和实施效果的跟进。 （10）制订品质控制计划和品质培训计划，并对员工进行现场培训、指导（包括新进员工的岗前品质要求培训）。 （11）拟订工作计划并实施跟踪，做好部门内部上下级与相关部门之间的良好沟通。

第三部分

怎样规范现场管理作业流程

现场是企业各种产品的生产中心。通过现场作业，各类产品被生产出来，因此，企业必须加强对现场作业的流程管理，确保流程的规范化。

第一章 现场作业管理流程

现场作业流程主要分为两大部分，即生产准备工作管理流程与生产过程管理流程，通过前者可以做好现场作业的准备工作，通过后者，可以对生产过程进行良好的控制，保障生产工作顺利进行。

第一节 生产准备工作管理流程

生产准备就是指在具体生产作业开展前的工作安排。高效率的生产工作离不开良好的生产准备工作。生产准备工作流程包含生产计划制订流程、早会召开流程、进入生产区域更衣流程等，生产现场各级员工应当按照这些流程要求做好准备工作。

流程01：生产计划制订流程

生产计划是指企业对产品生产进度以及各项具体生产任务的安排。生产计划制订流程如下表所示。

生产计划制订流程

流程	流程说明
编制产品出货计划 ↓	生产计划员可以根据客户要求的交货日期制订出货计划。但客户要求的出货日期不可以随便答应，需要根据产能负荷来计算，计算时要考虑到其他订单。
编制总工序生产计划 ↓	知道出货计划后，根据产品的制造工序，从后一工序向前推算，从而确定生产整个产品需要花费多少时间，进而确定原料的投产日期。
编制各个工序生产计划 ↓	确定了总工序生产计划后，然后拆分总工序生产计划，分为各个工序生产计划，并根据工序难易度来分配生产时间与物料、人力。
分派生产任务	确定各个工序的生产计划后，按照产品要求分配主料、辅料；同时对各个工序的人力、设备进行调整，分派好后下发到车间让其执行生产。

流程02：早会召开流程

早会召开流程如下表所示。

早会召开流程

流程	流程说明
确认出勤	早会是生产车间在每天上午上班前开的班前会，主要内容是安排当日工作，提醒当日工作的注意事项。早会的第一步就是确认出勤，一般是通过点名的方式来实现。
↓ 问候及回应	问候语要设计成大家容易回应的方式，逐步形成一种规范。一声问候一声回应，以激励士气。
↓ 齐唱厂歌、朗读经营理念	根据企业要求，由值日员工领唱厂歌、领读企业经营理念，可以加强凝聚力。
↓ 工作总结	由主管人员对前一天的工作进行总结，总结内容包括有没有未完成的任务，有没有达到目标等内容，以及上述情形带来的反省和要求。
↓ 工作安排	包括当天的生产计划、工作目标、任务分配、人员调配等。
↓ 结束	在早会结束之前，不要忘记问一句："请问大家还有没有其他事项？"如果有，就请其出来补充说明一下。这样，可以避免遗漏，没有则可宣布结束早会。

流程03：进入生产区域更衣流程

员工在生产作业时应穿着企业统一配给的工衣，因此，在进入生产区域前，应进行更衣。进入生产区域更衣流程如下表所示。

进入生产区域更衣流程

流程	流程说明
进入更衣室 ↓	男女人员经门厅（将雨具存放到雨具存放室）分别进入各自更衣室。

（续表）

流程	流程说明
进一更室	在更鞋柜外边脱下自己所穿鞋子，并将自己的鞋子放到鞋柜外侧的鞋柜内，在鞋柜里侧穿好工作鞋进一更室。
进二更室	在一更室脱下自己所需要换的衣服，放在自己所用的更衣柜内，用肥皂洗，用纯化水冲淋干净后烘干进入二更室。
换上工作服	在二更室内，穿上自己的工作服戴好工作帽，然后进入生产控制区。

第二节　生产过程管理流程

生产过程是指具体生产作业的过程。生产过程管理流程包含现场派工流程、现场作业监督流程、现场生产异常处理流程、交期延误处理流程等一系列流程。生产现场各级员工应当按照这些流程的操作步骤，做好各项相关工作。

流程01：现场派工流程

现场派工是指根据生产计划的要求，将生产任务分配给现场各级员工。现场派工流程如下表所示。

现场派工流程

流程	流程说明
查阅生产计划	现场主管在每天生产工作正式开始之前，要先查看各项生产计划，因为计划是派工的核心依据。
派工	正式开工前，现场主管或各班组应将所属作业人员召集起来，召开班前会，在班前会上通报今日生产计划以及计划分配到每个班组的产量，安排作业人员的具体工作任务。主管人员可以使用现场派工单等工具。

（续表）

流程	流程说明
检查	主管人员要在现场进行巡查，随时关注各班组、作业人员的工作情况，并核对生产计划，确定其生产进度是否与生产计划相符。
↓ 调整	当情况发生改变时，如突然接到紧急订单等，现场主管要根据具体情况调整派工，以适应新的生产需求。
↓ 派工	现场管理人员要做好派工记录，以作为下次派工的参考。

流程02：现场作业监督流程

现场作业监督流程如下表所示。

现场作业监督流程

流程	流程说明
明确作业人员的岗位职责	企业应通过制定制度来明确作业人员的岗位职责，作为开展具体工作的依据。
↓ 制订作业标准书	作业标准书是每项工作的指导文件，员工可以依靠作业标准书来开展工作。
↓ 现场巡查	现场主管要不间断地进行现场巡查，监督所有员工的作业情况，并随时查看具体生产进度。
↓ 处理问题	（1）巡查过程中，一旦发现问题，现场主管要及时通知作业人员进行调整。 （2）经过调整后，如果该作业人员仍然不能正确作业，应将其替换下来，安排其他熟手上去操作。

流程03：现场生产异常处理流程

现场生产异常处理流程如下表所示。

现场生产异常处理流程

流程	流程说明
研究对策	异常发生时，发生部门的第一级主管应立即通知相关责任单位前来研究对策加以处理，并报告直属上级。
↓ 采取临时应急对策	生产部门会同责任单位采取异常的临时应急对策并加以执行，以降低异常对生产计划的影响。
↓ "异常报告单"的填写、发放	排除异常后，由生产部填写"异常报告单"转交相关责任部门，防止以后发生同样情况。
↓ 根本对策出台	相关责任单位填写处理异常的根本对策，以防止异常重复发生。
↓ 保存好"异常报告单"	保存好异常报告单作为向责任供应商索赔的依据及统计制造费用的凭证。
↓ 生产管理员的责任	生产管理员保存异常报告单作为生产进度管制控制点，并为生产计划的调度提供参考，并对责任单位的根本对策的执行结果进行跟踪。
↓ 奖惩与索赔	（1）奖惩。如果是内部责任单位因作业疏忽而导致的异常，列入该部门工作考核，责任人员依公司奖惩规定予以处理。 （2）索赔。属供应商责任除考核采购部或相关内部责任部门外，列入供应厂商评鉴，必要时应依损失工时向供应商索赔。

流程04：交期延误处理流程

交期也称交货期，是指客户下订单到收到产品的时间间隔。交期延误则是指未能按约定的时间向客户交货。交期延误处理流程如下表所示。

交期延误处理流程

流程	流程说明
出现生产延误 ↓	生产现场可能会由于一些特殊情况出现交期延误，如设备故障、物料不足等。这时，现场主管要及时将具体情况通知企业各相关部门（如采购部）。
通知客户 ↓	由采购部通知客户交期延误的原因，取得客户谅解。
制定应对对策 ↓	现场管理人员要仔细分析原因，根据原因制定对策。如果是设备故障，就立刻安排维修人员前来修理。
调整计划 ↓	制定对策后，要对原生产计划进行适当调整，按照调整后的计划开展生产工作。
记录存档	对交期延误出现的原因、处理经过等做好记录，以作为改善生产的参考资料。

流程05：委外加工管理流程

委外加工是指委托外部企业进行加工。当企业产能不足或不具备某些零部件的生产能力时往往需要进行委外加工。委外加工管理流程如下表所示。

委外加工管理流程

流程	流程说明
确认委外需求 ↓	企业应当对自身情况进行分析，如产能情况、技术情况、订单情况等，以综合确定是否需要进行委外。
委外计划 ↓	当企业需要委外时，在实施前必须做好计划，其内容包括需要将哪种产品委外生产、何时委外生产、何时收货，确定外协厂家，联系厂家是否愿意接单，确定委外日程计划，确定委外负责人，草拟委外合同和确定委外价格。

（续表）

流程	流程说明
↓ 委外跟踪	委外跟踪管理主要是向外协厂家询问生产进度问题，其内容包括了解生产进度情况、了解生产过程中出现的品质问题、了解生产过程是否需要帮助、到外协厂一线现场检验，生产产品是否符合生产规格，以及了解外协厂的生产工艺是否合格。
↓ 收货	主要是要求来料部门按时、按质、按量收货。如果产品出现某种缺陷，企业则需要考虑对外协厂采取何种处罚措施。

流程06：生产信息利用流程

生产信息利用流程如下表所示。

生产信息利用流程

流程	流程说明
了解现场生产信息	生产信息就是指所有与现场生产活动有关的信息，具体如下。 （1）现场生产计划信息。这是生产所需要的基础性的生产信息，如订单信息、生产技术信息、生产管理信息等。 （2）现场生产统制信息。它包括生产进度信息、品质信息和成本信息等。 （3）现场生产性信息。它包括生产状况信息、生产问题信息等。
↓ 收集生产信息	（1）管理人员巡视。在作业中来回巡视，观察有无不良品的发生、机械故障、欠品、异材混入等，从而发现异常。 （2）流水线的通报。作业人员是流水线发生异常的第一发现者，发现后必须通报给管理人员。
↓ 利用生产信息	利用生产信息要掌握以下要点： （1）必须了解每项生产信息的含义、特性，能够准确地明白生产信息的含义。 （2）接到生产信息时要迅速处理，不能拖延，尤其是遇到一些重要的生产信息。 （3）必要时要将有用的生产信息记录下来。

流程07：生产进度控制流程

生产进度控制流程如下表所示。

生产进度控制流程

流程	流程说明
作业分配 ↓	由现场管理人员，如班组长根据生产日程表或生产计划进行作业分配，使现场每位作业人员都了解自己的工作内容。
作业管制 ↓	（1）对人。主管人员要对作业人员进行监督，随时指出其作业差错，解决出现的问题。 （2）对设备。随时关注设备的运行状况。必要时与作业人员进行交流，了解设备的状况，如果设备出现问题，要及时进行修理。 （3）对物。加强对物料供应、使用的管制，提高物料利用率，减少浪费。
生产统计 ↓	现场主管要做好每日的生产统计工作，核对具体生产结果与生产计划之间的差异。如果生产情况落后于生产计划，要立刻查找原因，以便及时解决。如果生产情况快于生产计划，则要进行适当调整。
异常处理	现场管理人员对生产工作中发生的任何异常都要保持高度关注。随时发现，随时解决。绝不能让异常情况影响生产进度。

流程08：生产进度改善流程

生产进度改善流程如下表所示。

生产进度改善流程

流程	流程说明
事前预防 ↓	现场管理人员要合理安排工作日程，这是确保生产进度的前提。在安排工作日程时，要充分考虑交货期，对交货期前的订单，要优先安排生产。重要客户优先安排、重点管理。通过协调，克服流程瓶颈，防止生产线阻滞。
生产进度落后分析 ↓	通过生产进度跟踪表、生产进度控制箱等工具，现场主管可以了解生产进度是否落后。如果进度落后，应对落后原因进行分析。落后原因应从呆料、订单更改效率低、人力不足、设备故障等方面去分析。

（续表）

流程	流程说明
↓ 采取改善措施	针对生产进度落后分析原因，制定相应的解决措施，例如： （1）协调进料，保证不待料。 （2）做好订单管理，减少突发性更改。 （3）提高作业效率。 （4）延长工作时间或增加人力。 （5）安排出货计划。 （6）加强设备保养或增加瓶颈环节的设备。 （7）通过协调，减少紧急订单的追加。

流程09：生产现场停工处理流程

生产现场停工处理流程如下表所示。

生产现场停工处理流程

流程	流程说明
厘清问题 ↓	一旦生产现场发生停工事件，现场管理人员要立刻赶到停工场所，与相关员工进行沟通，了解停工的问题所在，如是因为备料不足而导致停工，还是因为设备异常导致停工等。
处理停工 ↓	厘清问题后，现场管理人员要及时处理停工事件，例如： （1）如果是备料不足造成停工，要立刻安排人员到仓库领料，或者通知仓库送料。 （2）如果是设备问题，要及时通知工程部门前来修理，使设备尽快恢复正常运行。 （3）如果是作业人员的原因，则应督促其按正确的作业方法和标准进行作业。
总结 ↓	停工事件处理完毕之后，现场管理人员要及时进行总结，以便对所有问题从源头上进行解决。如因为备料不足造成停工，应对备料机制进行改善，避免下次出现同样的问题。
记录存档	现场管理人员要对事件的发生经过、处理措施、事后总结等内容进行记录并存档。

流程10：生产现场返工处理流程

生产现场返工处理流程如下表所示。

生产现场返工处理流程

流程	流程说明
找出返工的原因	在生产现场，常常出现返工的现象，有时甚至出现大批量地返工。现场管理人员要及时找出返工的原因，如过程控制不良、员工的操作水平不到位等。
解决返工事件	根据找出的原因，现场管理人员要有针对性地进行解决，如果是因员工技能不熟练导致的返工，则应加强培训工作，提高员工的工作水平。如果是因为物料品质的问题，则应联系品质部门等相关部门对物料品质进行检验，如果发现品质不合格，应追究相关采购人员和品质检验人员的责任，并更换合格的物料。
处罚	如果是因为作业人员的疏忽大意导致产品生产失败，从而导致返工，要按企业相关规定对其进行处罚。
记录存档	现场管理人员要对事件的发生经过、处理措施、事后总结等内容进行记录并存档。

第二章　现场物料管理流程

企业生产离不开各类物料。而生产现场是物料的主要消耗场所，因此，企业要从物料的领取、使用、搬运等各个方面按照相关流程全面管理好现场物料。

第一节　现场物料异动管理流程

物料异动是指物料的位置转移，包括物料领取、退料补货、借入、特采等多项内容，例如经过物料领取，物料从仓库转移到生产现场。物料异动应按照相关流程进行，例如物料的领取要经过填写领料单、审核、核对等一系列工作来完成。

流程01：物料领取流程

物料领取流程如下表所示。

物料领取流程

流程	流程说明
填写领料单 ↓	车间领料员按每天生产所需领用物料，并认真填写领料单，填写时字迹应清晰，并不得涂改。
审核 ↓	领料部门主管对领料单进行审核，并签字。
核对 ↓	仓管人员核对所领物料是否有库存，在发料处签字，并填写实际单价和物料编号。
审批 ↓	审批部门审核领料部门领的料是否符合消耗定额和相关计划等，并在实领栏中填写实领数（大写）。
财务审核 ↓	财务部审核领料手续是否齐全及金额是否准确。

（续表）

流程	流程说明
↓ 发料	仓储部按有效领料单进行发料。
↓ 做账	发料结束后，仓管人员要及时在计算机系统中调整物料相关账目，确保料、账统一。

流程02：退料补货流程

生产线上如果发现有与产品规格不符的物料、超发的物料、不良的物料和呆料，应对其进行有效的控制，进行退料补货，以满足生产的需要。退料补货流程如下表所示。

退料补货流程

流程	流程说明
退料汇总 ↓	生产部门将不良物料分类汇总后，填写“退料单”送至品管部IQC组。
品管鉴定 ↓	品管检验后，将不良品分为报废品、不良品与良品三类，并在“退料单”上注明数量。对于规格不符的物料、超发物料及呆料退料，退料员在“退料单”上备注“不必经过品管直接退到货仓”。
退货 ↓	生产部门将分好类的物料送至货仓，仓管员根据“退料单”上所注明的分类数量，经清点无误后，分别放入不同的仓位，并挂上相应的“物料卡”。
补货 ↓	因退料而需补货者，需开“补料单”，退料后办理补货手续。
登账记录 ↓	仓管员及时将各种单据凭证入账。
表单的保存与分发	仓管员将当天的单据分类归档或集中分送到相关部门。

流程03：物料的借入流程

当企业储存的物料不足，同时没有及时采购或者采购的物料没有按时到货时，就需要向友厂借入部分物料。物料的借入流程如下表所示。

物料的借入流程

流程	流程说明
提出借用申请 ↓	由现场作业人员根据生产中物料使用情况向采购部提出借用申请，说明借用理由、库存状况、借用数量、最近交货日期及拟归还日期等。
审批 ↓	由采购部经理和总经理等管理人员对申请进行审批，审批通过后才能进行借入。
借入 ↓	可由采购人员与有关友厂商洽，借用部分物料，并订立相关协议等。
收货	借用的物料进厂时，由仓管人员依借据所列物料名称、规格、数量，填制“进料验收单”，并于备注栏内注明“借入物料”，依进料检验流程办理收料。

流程04：物料的特采流程

特采是指当采购的物料按企业检验标准检验出品质不合格时，为了使生产不陷于停顿或遭受更大的经济损失，从该批物料中挑选出对品质影响不大的部分的采购行为。物料的特采流程如下表所示。

物料的特采流程

流程	流程说明
物料问题的发生 ↓	企业按照正常的采购工作程序进行采购，但有时可能会遇到一些品质低于允许水准的物料。
通知 ↓	由IQC检验人员通知生产现场管理人员和工艺技术部门主管人员，是否进行特采。

（续表）

流程	流程说明
申请	如果生产现场管理人员和工艺技术部门主管人员都统一特采，则由采购人员或物控提出，并填写“特采申请单”。
审核	特采申请单经进料检验主管审核或工艺技术主管审核，再经总经理等高层主管核准，再将特采单复印件或副本分别送到进料检验人员、仓管人员手中，才可算是完成特采的程序。
特采收货	仓管人员应特别注明该批物料的状况并贴上标志，再发货给生产现场。

流程05：物料的搬运流程

物料的搬运流程如下表所示。

物料的搬运流程

流程	流程说明
明确物料搬运基本要求	（1）在工序间运送或搬运中，对易磕碰的关键部位提供适当的保护（如使用保护套、防护罩等）。 （2）选用与物料特点相适应的容器和运输工具（如托盘、货架、板条箱、集装箱、叉车、载重汽车等），加强对容器和运输工具的维护保养。 （3）对精密、特殊的物料要防止震动和受到温度、湿度等外部环境的影响。 （4）在物料搬运过程中，若需通过环境有污染的地区时，应对物料进行适当的防护。
选择搬运方式	（1）根据物料的种类、性质、形状、重量确定搬运方式。 （2）以箱、袋或集合包装的物料采用叉车、吊车、货车搬运。 （3）散装粉粒物料使用传送带搬运。 （4）散装液态物料直接从装运设备或储存设备装取。
实施搬运作业	搬运人员应按照搬运的基本要求选择合适的搬运方式，进行搬运作业。
做好搬运记录	每项搬运工作应有明确的记录，以明确物料的去向。

流程06：物料储存流程

物料储存流程如下表所示。

物料储存流程

流程	流程说明
明确现场物料保管的要求	（1）凡领用的贵重材料、小材料，必须在室内规划出合适的地方放置，并加锁保管，按定额发放使用。 （2）凡领用的机器设备、钢材、木材等大宗材料，若暂时存放在生产线现场，必须堆放整齐，下垫上盖，并有专人负责堆放看管。
↓ 设置“暂时存放区”	在现场划出一块区域，做上标志，将所有暂时不用的物料，封存好后移到该处。
↓ 设立“暂时存放区”相关规定	（1）尽量采取立体堆放方式，提高生产现场空间的使用率。 （2）车间的通道应有适当的宽度，并保证一定的装卸空间，保证物料搬运的顺畅，同时不影响物料装卸工作效率。 （3）不同的物料应依物料本身形状、性质和价值等考虑使用不同的堆放方式。 （4）考虑先进先出和存储数量读取方便的原则。同时物料的堆放应容易识别与检查，如良品、不良品、呆料和废料均应分开放置。
↓ 设专人看管	可设专人看管现场物料，以确保物料得到良好保管。

第二节　现场物料使用管理流程

当生产工作开始后，物料就要被投入使用。物料使用管理流程包括作业台台面物料摆放流程、物料退回流程、转换生产机种的物料处理流程、完成订单批量的物料处理流程等，每项工作都要按流程进行。

流程01：作业台台面物料摆放流程

作业台是员工开展具体工作的台面，是用于生产的物料的暂时摆放场所。作业台台面物料摆放流程如下表所示。

作业台台面物料摆放流程

流程	流程说明
明确摆放要求	作业台往往不大，只适合放一些物料、夹具、小型设备。若把物料连同外包装物品，如纸箱、木箱、发泡盒、吸塑箱等，一起放在台面的话，不仅占地大，而且极容易产生各种粉尘。
↓ 选择合适的托盒、支架	（1）选定合适的托盒、支架，将物料摆放在托盒或支架上，大件物料用大的，小件物料用小的。 （2）托盒、托台力求稳定化。托盒彼此之间相互串联，可有效增强取拿时的稳定性，也能节省台面空间。
↓ 物料摆放要领	（1）两种大小不同的物料一起摆放时，小件的物料靠手跟前摆放，大件的放在外侧。取拿次数多的靠手跟前摆放，取拿次数少的，放在外侧。 （2）相似的物料不要摆放在一起。尤其是外观上较难区分的物料一起摆放的话，极易用错，应尽可能在工序编程时就安排错开。
↓ 及时清理台面	（1）及时清理暂时摆放在台面上的不良物料，不让不良物料在作业台面上过夜。 （2）台面上的物料堆积达到一定数量之后，就要及时调整。

流程02：物料退回流程

物料退回流程如下表所示。

物料退回流程

流程	流程说明
明确相关人员职责	（1）车间主任、班组长、核算员对本流程的实施负责。 （2）工艺员、质检员负责监督、检查。
↓ 填写“物料退库单” ↓	由车间核算员用红笔填写“物料退库单”，经车间主任、质检员审核签字后，随同物料交仓管员。

（续表）

流程	流程说明
检查	仓管员接到车间用红笔填写的"物料退库单"后，应检查物料状态及包装情况并记录。
↓ 重检	根据需要，所退的物料在入库保管前，需经过质检员重新检验，填写"退库物料重检单"，确认合格后，仓管员方可办理入库保管。

流程03：转换生产机种的物料处理流程

转换生产机种是指生产工作由一种生产设备转换到另一种生产设备。转换生产机种的物料处理流程如下表所示。

转换生产机种的物料处理流程

流程	流程说明
撤除和清点	虽然转换生产机种的物料处理主要由生产现场负责进行，但必要时也可要求仓库配合，而生产现场负责实施物料的撤除和清点等工作。
↓ 申请入库	对于剩余在生产线的量比较多的物料，生产现场可以申请入库管理。
↓ 存放	（1）仓库把申请入库的物料放置在机动区，待下次生产时优先发出。 （2）对于产生的不良品同样实施入库，按不良品管理。
↓ 记录	仓管员必须对物料的处理做好记录，以便日后查核物料去向。

流程04：完成订单批量的物料处理流程

完成订单批量的物料处理流程如下表所示。

完成订单批量的物料处理流程

流程	流程说明
撤除与清点	生产中每完成一张订单的批量时，由现场作业人员负责实施该批量后剩余物料的撤除和清点等工作。
通知检验	所有剩余在生产线的物料要列成清单，按剩余物料申请入库管理，仓库通知IQC检验申请入库的物料。
处理	IQC检验合格的物料实施入库管理，不合格物料按不良品处理。对于完成制作的不良品同样实施入库，按不良品管理。
记录	这类入库的物料要实施入账管理。

第三章 现场设备管理流程

现场设备管理流程包括常规管理流程和维护保养流程两大部分。各级员工应当按照常规管理流程做好日常管理工作，同时按照维护保养流程做好设备的日常保养工作，使设备保持正常运转。

第一节 现场设备常规管理流程

现场设备常规管理也就是指设备的日常管理。现场设备常规管理流程包括设备采购流程、设备档案管理流程、设备报废流程等，各项工作的开展应当按照流程要求进行。

流程01：设备采购流程

设备采购流程如下表所示。

设备采购流程

流程	流程说明
设备采购规划 ↓	在进行设备采购前，要综合各方面的因素做好设备的采购规划，规划时应考虑一些重要因素如较高的生产效率，是否安全可靠，是否节能环保等。
成立设备采购小组 ↓	为做好设备采购工作，企业特成立采购小组，全面负责设备的采购工作。采购小组应由采购负责人、设备使用单位、技术部、品质部等部门人员组成。
提出采购申请 ↓	企业需要采购设备时，由设备使用单位或技术部根据本企业生产和发展的需要，提出相关采购计划，报主管副总审核。
论证 ↓	主管副总审核通过后，交由总经理召集有关部门进行设备采购的技术经济可行性论证。可行性论证通过后，经总经理批准，交由设备采购小组开展采购。

（续表）

流程	流程说明
↓ 设备选型调查	（1）调查时，应选择多家设备供应商，通过对比确定最佳方案，例如通过试加工来检验设备供应商的产品适用性、可靠性。 （2）调查结束后，调查人员应如实填写相关调查表，报总经理、主管副总，经批准后实施采购。
↓ 设备采购谈判	由设备采购小组与设备供应商进行谈判，确定设备的最终价格等相关事项。
↓ 安装与调试	谈判取得成功后，由设备采购部门从该设备供应商处购买回设备，并进行安装调试，以确认设备能够正常运转。
↓ 设备入库与移交	（1）安装调试合格后，应及时办理设备验收入库手续，并负责在移交使用单位之前进行保管。 （2）设备移交时，设备采购处应填写固定资产移交验收单，该单必须有使用部门、检验部门、经办人签字方可办理转交。

流程02：设备档案管理流程

设备档案管理流程如下表所示。

设备档案管理流程

流程	流程说明
建立档案	新添置设备安装、试车完后，设备负责人应依照设备说明书等资料建立设备原始登记表，并将有关说明书、图纸等资料归入设备保养维护档案管理。
↓ 档案修订	设备如发生改变、更换等异动情况时，设备管理部门主管应依实际异动情况修正其档案。
↓ 检查	主管人员要定期检查设备档案，确保所有设备档案保存良好、无破损。
↓ 废弃	当该项设备已废弃，企业不打算继续采购该类设备，且设备保存超过一定期限时，应对设备进行废弃处理。

流程03：设备报废流程

当设备已经不再具有任何使用价值时，应对其进行报废处理。设备报废流程如下表所示。

设备报废流程

流程	流程说明
设备分析	在设备报废前，要对设备进行分析，确认其是否再无任何使用价值。分析工作主要由设备管理部门人员进行。分析后，要出具分析报告。
↓提出报废申请	设备分析工作结束后，一旦确认设备确实再无任何使用价值，则应由设备使用人员或设备管理部门人员提出报废申请，报请相关高层主管审批。
↓审批	相关主管人员会对报废申请进行考察，考察通过后，应批准报废。
↓报废处理	由设备管理部门人员对设备进行报废处理，具体处理措施包括拆毁、变卖、分割后作零件使用等。
↓事后工作	（1）对报废的处理进行记录并存档。 （2）通知财务部门注销该设备相关账目。 （3）考虑购入新设备。

流程04：工具管理流程

工具管理流程如下表所示。

工具管理流程

流程	流程说明
进行工具分类	根据工具在生产中的作用和技术特征，用“十进位”法，把工具分成类、种、项、型：把所有工具分成10类，每类分成10种，每种分成10组，每组分成10项，每项分成10型。其次，对工具进行编号。编号的方法有十进位法、字母法和综合法。
↓建立工具档案↓	班组工具不论是个人使用、集体使用，还是工具室借用（专用工具、工装），都应建立账目，为生产做好准备。

（续表）

流程	流程说明
↓ 保证及时供应	保证及时供应即按规定手续进行工具的领用和借用。班组应有工具使用保管卡片，记录操作人员领用工具的型号、数量、名称、规格、日期。应根据工艺文件的规定，适当适量领取。对于共用工具也应建卡管理，个人使用时办借用手续，进行登记，用完后及时归还。

第二节 现场设备维护保养流程

现场设备维护保养是指通过各种措施对设备进行保养，预防设备故障的产生，保障设备正常运转。现场设备维护保养流程包括设备点检流程、设备润滑流程、设备校正流程、设备三级保养流程等。

流程01：设备点检流程

设备点检是指为了提高、维持生产设备的原有性能，按照预先设定的周期和方法，对设备上的规定部位（点）进行有无异常的预防性周密检查的过程，以使设备的隐患和缺陷能够得到早期发现、早期预防、早期处理。设备点检流程如下表所示。

设备点检流程

流程	流程说明
点检前准备工作 ↓	主要包括制订合理的计划、点检培训、点检通道的设置等。
点检具体实施 ↓	（1）对于日常点检，按照企业标准的点检流程进行。 （2）对于一些设备的定期点检，则要在规定的时间进行，并做好相应的记录。
点检结果分析 ↓	点检实施后，要把所有记录，包括点检记录、设备的潜在异常记录等，进行整理和分析，以找出存在的问题，并分析问题产生的原因。
点检问题的解决	（1）一般经过简单调整、修正可以解决的，由操作人员自己解决。 （2）在点检中发现的难度较大的故障隐患，由专业维修人员及时排除。 （3）对维修工作量较大，暂不影响使用的设备故障隐患，经车间机械员鉴定，由车间维修组安排好计划，予以排除或上报设备部门协助解决。

流程02：设备润滑流程

设备润滑流程如下表所示。

设备润滑流程

流程	流程说明
订立设备润滑基准	设备管理部门主管应对现有设备，依据设备资料、润滑说明、操作状况等订立各设备的润滑部位、使用油脂、检视周期、换油基准、负责人员等订立《设备润滑基准表》。
↓ 公布	《设备润滑基准表》订立完后，经生产部经理召集使用单位负责人讨论后，呈总经理核准公布实施。
↓ 制订年度设备润滑计划	设备管理部门主管应于每年12月份，依“检查润滑基准”及设备运转状况，配合产销目标的设定，拟定下年度定期润滑计划一式四份，呈总经理核准后，一份自存，一份交生产部办公室保存，一份给使用单位保存，一份送总经理室备查。
↓ 制订月度设备润滑计划	设备管理部门主管于每月25日前，依据年定期润滑计划，并参照当月份设备实际维修状况、产销目标、备品零件情况拟定下月份的润滑计划。
↓ 实施润滑	设备管理部门和设备使用单位应依据“设备润滑基准”规定的内容执行日常润滑作业。润滑后要做好检查工作，确认润滑工作如实完成。
↓ 记录存档	设备的每次润滑工作都要做好记录并存档。

流程03：设备校正流程

设备校正流程如下表所示。

设备校正流程

流程	流程说明
制定“标准校正作业规程” ↓	制定“标准校正作业流程”应考虑以下方面： （1）设备实际使用频率。使用频率越高，校正周期越短。 （2）相应法律、法规、制造厂商的推荐校正周期。 （3）产品精度的要求。要求越严格，校正周期越短。 （4）具体的校正要点。

（续表）

流程	流程说明
↓ 实施校正	按照作业规程实施校正时，应注意以下事项： （1）严格按设备精度、校正项目进行。事先与设备人员沟通协调好时间，尽量在短时间内完成。 （2）要使用各种标志，如校正标签。如果是用“母器”进行校正的话，需要在“台账”和被校正设备上标注清楚。
↓ 校正结果的处理	针对不同的校正结果，进行处理时应各有不同： （1）无偏差，校正后精度更高，直接记录校正结果即可，不必对设备和产品进行相关处理。 （2）有偏差，校正后回到标准规格内。为设备设定新的校正周期，并确认对产品品质有何影响，如果无，就照常出货；如果有，视其影响程度大小作出综合判定和处理。 （3）有偏差，校正后无法回到标准规格内，应对设备进行替换、维修、限定使用或直接废弃。
↓ 记录存档	对设备的每一次校正工作都要组号记录并存档。

流程04：设备三级保养流程

设备三级保养流程如下表所示。

设备三级保养流程

流程	流程说明
一级保养 ↓	一级保养由操作人员进行，具体的保养内容包括： （1）清洗设备相关附件及冷却装置。按计划拆卸设备的局部和重点部位，并进行检查，彻底清除油污，疏通油路。 （2）清洗或更换油毡、油线、滤油器、滑导面等。检查磨损情况，调整各部件配合间隙，紧固易松动的各部位。 （3）制作一级保养卡，记录相关保养情况。
二级保养 ↓	二级保养主要由维修人员进行，具体的保养内容为： （1）对设备进行部分解体检查和修理。 （2）对各主轴箱、变速传动箱、液压箱、冷却箱进行清洗并换油。 （3）修复或更换易损件。检查、调整、修复精度，提高校正水平。 （4）编制二级保养卡，以便进行有效记录。

（续表）

流程	流程说明
三级保养	车间所属设备每月进行一次三级保养，由操作人员和修理人员相互配合完成，其具体要求有： （1）对设备进行全面细致地检查，对有问题的部件进行拆卸检查或更换。 （2）在完成一级和二级保养的基础上进行月度检修工作，以此达到排除设备隐患、顺利进行安全生产的目的。
做好保养记录、存档	保养人员对每次保养工作都要做好记录并存档。

流程05：设备故障处理流程

设备故障处理流程如下表所示。

设备故障处理流程

流程	流程说明
故障发生	在设备启动和运转的过程中，操作人员应注意观察是否存在不正常的现象，以便故障发生时能及时处理。
处理	设备发生故障时，操作人员应立即采取相应措施，特别是一些危及设备及人身安全的重大设备故障，要采取紧急措施，切断电源，保护现场，并报告有关领导和主管部门，不得隐瞒或破坏现场。
调查与分析	（1）一般故障由故障单位负责人组织有关人员，在设备管理部门的参加下调查、分析故障原因。 （2）重大及特大故障由企业主管领导主持，组织设备、安全、技术部门和有关人员进行分析，必要时还可组织故障调查组，吸收相近专业的技术人员参加，分析故障原因，制定防范措施。
修理	（1）在分析出故障原因的前提下，积极组织修理，减少换件，尽可能地减少修复费用。 （2）故障抢修需外车间协作的，必须优先安排，不得拖延修期，采购部门应优先供应检修故障用料，尽可能地减少生产设备的停修天数。

（续表）

流程	流程说明
↓ 记录存档	认真做好设备故障处理的各项记录并存档。记录包括以下内容： （1）设备编号、名称、型号、规格等故障概况，以及故障发生的前后经过及责任者。 （2）设备损坏情况及发生原因，分析处理结果，重大、特大故障应有现场照片。 （3）发生故障的设备进行修复前后，均应对其主要精度、性能进行测试。

流程06：设备日常维修流程

设备日常维修流程如下表所示。

设备日常维修流程

流程	流程说明
设备检查 ↓	现场作业人员要配合设备管理部门对现场设备进行仔细检查。经过检查后，应达到以下要求： （1）全面准确地掌握设备磨损情况。 （2）明确设备维修后生产产品的精度及其他品质要求。 （3）确定更换件和修复件以及直接用于设备维修的材料品种、规格和数量。
编制维修技术文件 ↓	针对设备维修技术状况存在的缺损，按照产品工艺对设备的技术要求，为恢复（包括局部提高）设备的性能和精度，编制相关维修技术文件，如维修技术任务书等。
准备维修工具和材料 ↓	即根据设备检查得出的结论，准备好维修工具和材料。
实施维修 ↓	在确定的时间内，维修人员依据维修技术任务书、维修工艺规程等技术文件进行设备维修。
检验 ↓	设备维修完毕，应进行空运转试验及几何精度检验，检验合格后，才能确认维修工作结束。
记录存档	维修完毕后，一般要做好相应的维修记录，如填写“设备维修记录表”等，并存档。

第四章　现场安全管理流程

安全管理是现场管理的重要内容之一，安全管理包括常规安全管理和消防安全管理两大部分。做好常规安全管理能够从各方面保障企业的安全，而做好消防安全管理工作则能够避免发生火灾等事故。

第一节　现场常规安全管理流程

常规安全管理是指日常工作中的安全管理。常规安全管理流程包括安全意识培训流程、新员工入厂三级安全教育流程、现场安全检查流程、现场安全隐患整改流程等，各项安全管理工作都应当按照相关流程开展。

流程01：安全意识培训流程

安全意识是指员工头脑中建立起来的必须安全生产的观念，也就是员工在生产活动中各种各样有可能对自己或他人造成伤害的外在环境条件的一种戒备和警觉的心理状态。安全意识培训流程如下表所示。

安全意识培训流程

流程	流程说明
分析员工安全意识薄弱的原因 ↓	员工安全意识薄弱的原因具体如下： （1）对安全教育感到厌倦。有些员工认为生产工作是简单劳动，受不受安全教育并不重要。 （2）只是应付安全活动。有的员工认为只要工作中小心一点，事故就不会发生在自己身上。 （3）对安全管理很逆反。部分人员产生逆反心理的原因是多方面的，如对员工的“违章”行为处理失当等。
制订安全意识培训计划 ↓	现场管理人员与人力资源部门一起，结合对员工安全意识薄弱的分析结果，制订有针对性的培训计划，而不走老路。

（续表）

流程	流程说明
↓ 实施培训	培训人员根据培训计划开展培训工作。培训必须有针对性，如对安全教育感到厌倦者培训时应采用形式多样的培训方式，如互动、游戏等，以提升员工对培训的重视。
↓ 培训考核	每次培训工作结束后，培训人员都要对培训人员进行考核，以确认受训人员对培训知识的掌握程度，并以考核结果作为制订下次培训计划的依据。

流程02：新员工入厂三级安全教育流程

新员工入厂三级安全教育流程如下表所示。

新员工入厂三级安全教育流程

流程	流程说明
厂级教育 ↓	公司厂级教育由人事部、设备部、安全办负责，主要内容如下： （1）国家有关安全生产管理制度。 （2）公司各项管理制度。 （3）特殊工种安全技术知识。 （4）防火、防电、防毒知识。 （5）安全防护用品的正确使用方法。 （6）公司内重大危险点及其安全防护注意事项。 （7）消防安全知识。
车间教育 ↓	车间级教育由各车间负责人负责，教育内容如下： （1）车间生产性质及主要工艺流程。 （2）预防工伤事故措施。 （3）车间重大危险点及其安全防护注意事项。 （4）车间安全生产案例。
班组教育 ↓	班组级教育由各车间、班组负责，常用教育内容包括岗位操作规程、安全防护知识、紧急救护和自救常识、车间内常见的安全标志、安全色彩、遵章守纪的重要性、必要性和事故案例。
做好教育记录	为对新员工的安全教育状况有一个确切的了解，企业必须做好安全教育记录，并做好存档工作。

流程03：现场安全检查流程

现场安全检查流程如下表所示。

现场安全检查流程

流程	流程说明
制订安全检查计划	安全检查是确保现场安全生产的必要条件。现场管理人员应根据现场实际情况制订安全检查计划，明确各检查事项，并安排好检查时间。
实施检查	当安全检查时间来临时，现场管理人员就要按照检查计划开展检查工作，开展检查工作时应掌握以下要点： （1）检查必须非常仔细，不能马马虎虎，留下安全隐患。 （2）检查不能干扰现场的正常生产进程。 （3）除了实地检查以外，必要时，还应当与现场作业人员进行交谈，考察他们的安全意识，同时也听取他们对安全管理的意见和建议。
检查结果处理	对检查中发现的问题要进行整改，同时对检查中发现做得好的人员或部门要进行表扬或作为先进事例在企业内部进行推广。
记录	检查时应随身携带检查表等记录工具，做好记录工作。

流程04：现场安全隐患整改流程

现场安全隐患整改流程如下表所示。

现场安全隐患整改流程

流程	流程说明
开展现场安全检查	现场人员，尤其是现场各级主管人员，要经常进行安全检查。检查工作可以以多种方式进行，如定期检查、抽检等。
发现隐患	在检查过程中可能会发现一些安全隐患，如现场作业人员没有佩戴安全帽、高空作业没有设置围栏等。现场管理人员应确认隐患所在。

（续表）

流程	流程说明
整改隐患	（1）现场管理人员要针对隐患的具体问题，采取相对应的整改措施。开展整改工作应以“整改通知书”的形式发出。 （2）整改应实行“三定”（定措施、定时间、定负责人）、“三不推”（班组能解决的，不推到工段；工段能解决的，不推到车间；车间能解决的，不推到生产经理）。对于一些长期危害职工安全健康的重大隐患，整改措施应件件有交代、条条有着落。
复查	隐患整改完毕后，应组织人员对安全隐患进行复查，以确认整改效果。
记录存档	对检查和隐患整改工作做好记录并存档。

流程05：高处坠落受伤人员施救的过程

高处坠落受伤人员施救的过程如下表所示。

高处坠落受伤人员施救的过程

流程	流程说明
紧急处理	（1）如受伤者心跳已停止，应先进行胸外心脏按压，使其恢复心跳。 （2）如果受伤者处于昏迷状态但呼吸心跳未停止，应立即进行口对口人工呼吸，同时进行胸外心脏按压，一般以口对口吹气为最佳。 （3）当发生人员轻伤时，现场人员应采取防止受伤人员大量失血、休克、昏迷等紧急救护措施，并将受伤人员带离危险地段。
拨打 120	应及时拨打120医疗急救电话，并向应急救援指挥部报告。
协助 120 救援人员	120救援人员到达现场后，协助医务人员实施各项救护措施。
事后处理措施	（1）事后应仔细分析坠落原因，并采取防护措施，避免此类事件再次发生。 （2）做好受伤员工的救治工作，及为其安排好替代者，确保生产工作顺利进行。

流程06：密闭空间中毒窒息事件处理流程

密闭空间中毒窒息事件处理流程如下表所示。

密闭空间中毒窒息事件处理流程

流程	流程说明
事先观察	密闭空间作业很容易出现作业事故，因此，主管人员在相关员工开始密闭空间作业之前就应仔细观察，观察内容具体如下： （1）作业人员出现眼睛灼热、流鼻涕、呛咳、胸闷或头晕、头痛等异常状况。 （2）作业人员工作随意，不听负责人和监护人的劝阻。 （3）作业人员技能不熟练。
报告	密闭空间中毒窒息突发事件发生后，应立即向应急救援指挥部汇报。应急指挥人员要及时安排相关人员进行救援。
紧急处置	（1）施救人员应先强制向空间内部通风换气后方可进入进行施救。 （2）对于可能产生有毒气体的密闭空间，救援人员在施救前应先进行有毒气体检测（方法有通过毒气体检测仪、小动物试验、矿灯检测等）。 （3）施救人员做好自身防护措施后，确认安全后再进入进行施救，将窒息人员救离受害地点至地面或通风良好的地点，然后等待医务人员或在医务人员没有到场的情况下进行紧急救助。
总结与记录	事后要总结事件发生的经过，并将相关处理措施如实记录下来。

流程07：危险化学品的废弃处理流程

危险化学品是指具有毒害、腐蚀、爆炸、燃烧、助燃等性质，对人体、设施、环境具有危害的剧毒化学品和其他化学品。危险化学品的废弃处理流程如下表所示。

危险化学品的废弃处理流程

流程	流程说明
收集	没有使用完的危险化学品不能随意丢弃，正确的处理方法是要按照化学品的特性及企业的规定对之进行分类收集，分别储存于不同的场所和容器内，并做好标记，指定专人交物资回收部门。

（续表）

流程	流程说明
↓ 登记	对收集的废物要进行登记造册，以便日后进行查核。
↓ 处理	对于不可回收的危险化学品，要由有资质的公司进行处理，或部门达标后将化学废液排放至污水处理站。

第二节　现场消防安全管理流程

消防安全管理是安全管理的重中之重。消防安全管理涉及很多工作，如火灾报警、灭火器使用、灭火器检查、动火作业审批等，每项工作都应当按照相关流程进行，例如在对灭火器进行检查时，要检查环境、检查瓶体、检查部件，然后做好异常处理工作。

流程01：火灾报警流程

火灾报警流程如下表所示。

火灾报警流程

流程	流程说明
通知	（1）发现火灾时要使用最便捷的方式，如最近的电话，通知企业消防管理部门或当地火警，通知时说明火警地点、类型、火势情况，以及自己的姓名、部门、职位。 （2）注意通知时应尽量保持冷静，以免引起现场工作人员恐慌。
↓ 按报警器报警	找不到电话时可击碎报警器玻璃或按下手动报警器，任何人在现场任何地方发生或发现火警，须按程序报警。
↓ 报警后处理	报警后，返回火警发生处并召集火警现场的同事，使用最近且适合的灭火器控制燃烧范围。

流程02：手提式泡沫灭火器使用流程

手提式泡沫灭火器使用流程如下表所示。

手提式泡沫灭火器使用流程

流程	流程说明
拉开提环 ↓	可手提筒体上部的提环，迅速奔赴火场。这时应注意不得使灭火器过分倾斜，更不可横拿或颠倒，以免两种药剂混合而提前喷出。
准备 ↓	当距离着火点10米左右时，即可将筒体颠倒过来，一只手紧握提环，另一只手扶住筒体的底圈，将射流对准燃烧物。
喷射 ↓	（1）在扑救可燃液体火灾时，如已呈流淌状燃烧，则将泡沫由远而近喷射，使泡沫完全覆盖在燃烧液面上；如在容器内燃烧，应将泡沫射向容器的内壁，使泡沫沿着内壁流淌，逐步覆盖着火液面。 （2）切忌直接对准液面喷射，以免由于射流的冲击，反而使燃烧的液体冲散或冲出容器，扩大燃烧范围。 （3）在扑救固体物质火灾时，应将射流对准燃烧最猛烈处。灭火时随着有效喷射距离的缩短，使用者应逐渐向燃烧区靠近，并始终将泡沫喷在燃烧物上，直到扑灭燃烧物。
保持倒置	使用时，灭火器应始终保持倒置状态，否则会中断喷射。

流程03：推车式泡沫灭火器使用流程

推车式泡沫灭火器使用流程如下表所示。

推车式泡沫灭火器使用流程

流程	流程说明
推到火场 ↓	使用时，一般由两人操作，先将灭火器迅速推拉到火场。

（续表）

流程	流程说明
喷射	在距离着火点10米左右处停下，由一人施放喷射软管后，双手紧握喷枪并对准燃烧处；另一人则先按逆时针方向转动手轮，将螺杆升到最高位置，使瓶盖开足，然后将筒体向后倾倒，使拉杆触地，并将阀门手柄旋转90度，即可喷射泡沫进行灭火作业。
保持稳定	要始终保持推车稳定，避免翻倒。

流程04：现场灭火器的检查流程

现场灭火器的检查流程如下表所示。

现场灭火器的检查流程

流程	流程说明
检查环境	对环境要进行如下检查： （1）检查灭火器是否摆放在阴凉、干燥、便于取用的位置，不得受到烈日暴晒，不得接近热源或受剧烈震动。 （2）灭火器器材周围2米内不得堆放杂物。
检查瓶体	检查灭火器的瓶体、保险销是否完好无损，器材是否擦拭干净，灭火器药液是否减少、被动用过。
检查部件	对灭火器部件要进行如下检查： （1）喷筒是否畅通（如堵塞要及时疏通）。 （2）压力表指针是否在绿色区域（如在红色区域要检查原因，检查后要及时灌装）。 （3）检查零部件是否完整（有无松动、变形、锈蚀、损坏）。 （4）可见部位防腐层是否完好（轻度脱落要及时补好，明显腐蚀则应送专业部门维修及进行耐压试验）。 （5）铅封是否完好（一经开启，必须按规定再行充装、铅封）。
异常处理	发现灭火器瓶体、各部位有损坏等异常情况，要及时处理。
记录存档	对检查工作做好记录并存档。

流程05：动火作业审批流程

动火作业审批流程如下表所示。

动火作业审批流程

流程	流程说明
明确现场动火作业范围	企业应明确现场动火作业的类别，如使用明火、电焊、金属物切割和研磨等。
提出动火作业申请	由生产现场中需要进行动火作业的部门填报“动火作业申请表”，以申请动火作业。
审批	（1）一般小型焊接及明火作业需经部门负责人批准后执行，但必须严格按照相关安全作业指导文件进行操作。 （2）大型焊接及明火作业（如车间改装、设备安装及大型设备或设施维修等）必须由生产经理和安全生产第一责任人，如企业总经理批准后才能进行相关作业。

流程06：现场火灾扑救流程

现场火灾扑救流程如下表所示。

现场火灾扑救流程

流程	流程说明
赶到现场	消防负责人带领消防人员携带灭火器以最快速度到达火警现场。
灭火	（1）消防负责人立即指挥在场人员进行灭火扑救。 （2）坚守火场，控制火势，等待专业消防队的到达。
疏散	指挥火警现场及可能受影响范围内的人员使用消防通道疏散。
火情解除处理	火情解除后处理方法如下： （1）火情解除后，会同消防主管机关，认真勘察现场，收集证据，查明事故原因。 （2）组织有关部门认真总结教训。 （3）记录火警（火险、火灾）全过程并存档。

流程07：断电灭火流程

断电灭火流程如下表所示。

断电灭火流程

流程	流程说明
保持冷静	电力线路或电气设备发生火灾时，如果没有及时切断电源，扑救人员的身体或所持器械可能触及带电部分而造成触电事故。因此发生火灾后，应该保持冷静，设法切断电源，而不能惊慌失措，那样极容易造成事故扩大。
↓ 断电	（1）火灾发生后，由于受潮或烟熏，开关设备绝缘强度降低，因此拉闸时应使用适当的绝缘工具操作。 （2）有配电室的单位，可先断开主断路器；无配电室的单位，先断开负载断路器，后拉开隔离开关。 （3）切断用磁力起动器起动的电气设备时，应先按“停止”按钮，再拉开闸刀开关。
↓ 穿戴绝缘手套	（1）剪断电线时，应穿戴绝缘靴和绝缘手套，用绝缘胶柄钳等绝缘工具将电线剪断。不同线路电线应在不同部位剪断，以免造成线路短路。 （2）剪断空中电线时，剪断的位置应选择在电源方向的支持物上，防止电线剪断后落地造成短路或触电伤人事故。
↓ 灭火	（1）灭火时应站在合适的地方，不能影响之后的灭火工作。 （2）具体灭火工作应按照常规方式进行。应该特别强调的是，在没有切断电源时千万不能用水冲浇，而要用沙子或四氯化碳灭火器灭火。只有在切断电源后才可用水灭火。
↓ 记录存档	灭火工作结束后，应及时进行记录，记录内容包括灭火的人员、地点、步骤等。

流程08：带电灭火流程

带电灭火流程如下表所示。

带电灭火流程

流程	流程说明
保持冷静 ↓	有时为了争取时间，防止火灾扩大蔓延，来不及切断电源；或因生产需要及其他原因无法断电，则需要带电灭火。带电灭火时仍然要保持冷静，设法切断电源，而不能惊慌失措，那样极容易造成事故扩大。

（续表）

流程	流程说明
选择灭火器	选用适当的灭火器。在确保安全的前提下，应使用不导电的灭火剂如二氧化碳、四氯化碳、“1211”、“1301”或干粉灭火器进行灭火。泡沫灭火器的灭火剂（水溶液）有一定的导电性，而且对电气设备的绝缘强度有影响，不可用于带电灭火。
灭火	（1）在使用小型二氧化碳，“1211”、“1301”、干粉等灭火器灭火时，由于其射程较近，因此人体、灭火器的机体及喷嘴与带电体应有一定的安全距离。 （2）必要时可以用水进行带电灭火，其优点是价格低廉，灭火效率高。但水能导电，用于带电灭火时会危害人体，因此，灭火人员应穿戴好绝缘手套和绝缘靴。 （3）对架空线路等空中设备灭火时，人体位置与带电体之间仰角不能超过45度，以免导线断落伤人。
划出警戒区	（1）如遇带电导线断落地面，应划出警戒区，防止人员跨入。扑救人员需要进入灭火时，必须穿上绝缘靴。 （2）火灾扑灭后，如设备仍有电压，任何人员不得接近带电设备和水渍地区。
记录存档	灭火工作结束后，应及时进行记录，记录内容包括灭火的人员、地点、步骤等。

流程09：火灾后的处理工作流程

火灾后的处理工作流程如下表所示。

火灾后的处理工作流程

流程	流程说明
抢救伤员	（1）企业医务室人员对伤员尽一切努力进行救护。 （2）无力救护的重伤者立即送往医院并派专人照料。
保护火灾现场	（1）在整个扑灭火灾的过程中，应注意发现和保护具体的起火地点或部位，特别是清扫火底时，尽可能保持燃烧后的原始状态。 （2）在灭火过程中设置火场警戒线后，要责成警戒人员严密封锁现场，禁止无关人员进入。 （3）严格控制进入现场负责勘察的人员，凡进入现场的人员都要经过消防部门的同意，不要随便在现场内走动，要防止踩坏被覆盖的痕迹和物件。

（续表）

流程	流程说明
↓ 调查火灾原因	（1）通过调查访问，弄清起火前的情况和起火时间。 （2）仔细勘察现场，确定起火地点，搜集物证。 （3）综合分析，确定火灾原因，即把调查访问和现场勘察所获得的各种材料，综合起来进行归纳和推理，得出火灾原因。
↓ 火灾损失估算	（1）有关部门协助财务部对火灾损失进行估算。 （2）已经办理保险的，报保险公司索赔。
↓ 事后处理	（1）对因工作失职引起火灾的人员进行处理，对扑救过程中表现英勇者予以嘉奖。 （2）对消防管理工作中的隐患进行整改。

流程10：现场员工消防培训流程

现场员工消防培训流程如下表所示。

现场员工消防培训流程

流程	流程说明
制订培训计划	计划是行动的前提，因此必须有针对性地做好消防培训计划。
↓ 选定授课人	明确授课人，由人力资源部指派，多为消防管理负责人或当地消防管理部门的主管人员。
↓ 确定地点与时间	选择授课地点，确定授课时间。
↓ 明确培训内容	明确授课内容：防火知识、灭火常识、火场的自救与救人、灭火的基本方法与原则。
↓ 培训考核	培训结束后，应组织员工参加考核。
↓ 记录存档	必须做好相关培训记录并存档，作为员工日后绩效考核的重要依据。

流程11：现场消防演习流程

现场消防演习流程如下表所示。

现场消防演习流程

流程	流程说明
后勤保障	安排企业行政部负责消防后勤保障，主要负责演练结束后的场地清扫工作。
↓ 人员疏散	在消防演习过程中组织安排人员有序进行疏散，防止拥挤及安全隐患的发生。使人员在规定时间内撤离火场。
↓ 组织灭火、安全警戒	由保安人员负责组织灭火，并做好现场安全警戒工作。
↓ 物资抢救	对一些重要物资及危险品应及时进行抢救，以免造成更大的损失。对火场范围内进行断电，保障供水。
↓ 总结消防演习的效果	每次消防演习结束后，现场主管应总结演习效果和经验教训，同时收集各方面对演习的反馈意见，将以上两份总结书报区域经理审阅后存档。

第五章　现场品质管理流程

生产现场要生产出符合客户品质要求的产品，就必须做好品质管理工作。这主要通过两个方面进行，即常规品质管理和品质检验。做好常规品质管理可以保障日常品质管理工作顺利进行，而做好品质检验工作则可以确保生产现场只出产合格品。

第一节　现场常规品质管理流程

常规品质管理涉及很多工作，如品质改善教育、作业标准化、关键品质控制点设置等，每项工作都应当按照相关流程进行，例如在进行作业标准化管理时，首先要编制标准化文件，然后按照验证、处理、颁布、培训等步骤依次进行。

流程01：品质改善教育培训流程

品质改善教育培训流程如下表所示。

品质改善教育培训流程

流程	流程说明
明确培训目的 ↓	品质改善教育培训的目的在于提高生产部门员工的品质意识、品质知识及品质管理技能，使员工充分了解品质管理作业的内容及方法，以保证产品的品质。
组织培训人员 ↓	（1）由品质部负责策划与组织。 （2）各生产部门、职能单位参与并提供支持。
确定教育内容 ↓	（1）品质管理基本教育：对象为本生产部门所有员工。 （2）品质管理专门教育：对象为品质管理人员、检查站人员、生产部及工程部的各级工程师与单位主管。
选择教育方式 ↓	（1）内训：为本公司内部自行训练，由本公司讲授或外聘讲师至公司内讲授。 （2）外训：选派员工参加外界举办的品质管理讲座。

（续表）

流程	流程说明
↓ 实施培训	（1）由生产部门和品质部门先拟订品质管理教育训练长期计划，列出各阶层人员应接受的训练，报上级核准。 （2）依据长期计划，拟订品质管理教育训练年度计划及教育训练表，经核准后实施，并将计划送行政人事部通知相关部门及人员。
↓ 培训考核	所有培训均须考核。考核应在实施培训后，由讲师或品质部人员进行培训成果考核。对于外派培训人员，在培训期结束后，培训人须缴验培训“合格证书”或“结业证书”，或以交“培训心得报告”方式进行鉴定。

流程02：作业标准化管理流程

作业标准化管理流程如下表所示。

作业标准化管理流程

流程	流程说明
编制标准化文件	作业标准化主要是指作业方法的标准化。这首先就要求企业必须编制标准化文件，作业标准化文件包括工艺流程图、作业指导书、QC工程表、各种规格说明书等。通常由研发部门主持标准化文件的编制工作。
↓ 验证	研发部门编制出标准文件后，由生产部门对该文件进行验证。验证结束后，生产部门需要将验证结果反馈给研发部门。
↓ 处理	研发部门根据生产部门的不同验证结果采取不同的处理措施。若验证可行，则可以进一步完善，若验证结果显示存在问题，则应当对标准文件进行修改，然后进行再验证，直到确认该标准文件完全可行。
↓ 颁布	标准文件编制并验证完毕后，即可由总经理审核通过，然后予以颁布。
↓ 培训	对于制作好的各种标准文件，要将其内容及使用方法对作业人员进行培训，使其掌握具体的作业要点。

流程03：关键品质控制点设置流程

关键品质控制点是指生产现场在一定的期间内、一定的条件下需要重点控制的质量特性、关键部位、薄弱环节，以及主导因素等。关键品质控制点设置流程如下表所示。

关键品质控制点设置流程

流程	流程说明
明确品质控制点管理组织	品质控制点管理归属部门为工艺部门，由生产部门、品质部门进行配合，并由各现场品质检验人员负责对控制点的日常管理工作。
↓ 明确关键品质控制点的条件	凡符合下列条件之一者，应设置关键品质控制点： （1）根据品质特性重要度分级，对A级的品质特性必须设置控制点，而且是永久的。 （2）工艺上有特殊要求，或对下道工序有较大影响者。 （3）品质不够稳定，加工中发现的不合格品较多的工序和部位。 （4）品质反馈发现的对用户有重大影响的产品和项目。
↓ 编制工序控制点明细表	由工艺部门、生产部门、品质部门牵头组织有关单位，找出所有影响工序品质的控制点，并编制工序控制点明细表。
↓ 明确培训目的	由工艺部门、品质部门组织有关人员根据产品和工序品质特性进行品质特性分级，即对明确影响产品和工序品质的因素进行分级。
↓ 确定关键品质控制点	根据品质特性分级，从工序控制点明细表中选择那些对工序品质影响较大的控制点，将其设置为品质控制点。

流程04：工序改善流程

工序是指工件在一个工位上被加工或装配所连续完成所有工步的那一部分工艺过程。工序改善流程如下表所示。

工序改善流程

流程	流程说明
掌握工序问题的要点 ↓	工序改善就是为了提高产品品质和合格率、减少不良品、降低成本等，使工序能力进一步提高的活动，这首先就要掌握问题的要点： （1）要掌握关系到产品品质特性的工序能力和发生品质不良情况的现状等。 （2）列举问题的要点。

（续表）

流程	流程说明
确定需要解决的主要问题	（1）用排列图来分析问题的影响因素，从而确定需要解决的主要问题。 （2）确定改善工序要达到的目标。
制定改善方案并组织实施	（1）根据需要解决的主要问题，确定改善方案。其中，要设置好临时标准，作为改善活动的实施依据。 （2）按改善方案和临时标准实施改善工作。
确认改善效果	（1）检查结果，确认改善效果。 （2）如断定有效果，就把临时标准改为正式标准，以此管理工序。 （3）如果效果不够理想，就再分析，再采取其他措施，反复进行。
效果标准化	改善效果要写出正式报告书，将它作为技术档案保存。在报告书中，要说明改善的目的、改善的结果、责任人、期限、调查分析方法，取得效果的技术分析、对策，以及今后需进一步改进的问题等。

流程05：QCC活动流程

QCC是英文Quality Control Circles的缩写，也被称作质量控制圈、品管圈、质量小组等。QCC活动流程如下表所示。

QCC活动流程

流程	流程说明
组建QCC小组	（1）组建QCC小组时应坚持员工自愿参加、自愿组合的原则。 （2）在解决企业重大问题或须跨车间、跨部门协作才能完成的课题时，可运用行政指令组建QCC小组。但在吸收QCC成员时，仍要强调尊重员工意愿，坚持自愿参加的原则。
选定活动主题	QCC小组活动能否取得成功，选题恰当与否十分重要，要注意以下事项：课题要先易后难，具体明确，避免空洞模糊，同时要有依据，注意来源。
调查与分析现状	调查现状的目的是通过一系列统计和分析手段，掌握必要的材料和数据，找出产品品质问题的原因，同时也为确定目标值打下基础。

（续表）

流程	流程说明
↓ 确定要因	在调查现状的基础上，对初步确定的主要原因进行验证和进一步筛选，最终确定问题的要因。
↓ 实施改进对策	对策措施的责任人应负起指导的责任，并控制实施过程。对策措施的实施应取得相关人员的了解，并对相关人员进行教育培训。
↓ 检查实施效果	检查的目的是确认实施的效果。其方法是通过活动前后的对比即可以看出活动的效果。
↓ 制定巩固措施	（1）实施效果良好时，应继续保持下去，并将实施方法标准化，写成标准操作规程，并经有关主管确认。 （2）作业方法标准化后，必须对全体人员进行认真培训，使其能真正了解并遵守。

第二节　现场品质检验流程

品质检验包含多项工作，如实施“三检制”、首件检验、现场巡回检验等，每项工作都应当按照相关流程进行，例如在首件检验中，要先明确首件检验的操作者、时机、主要项目等，然后实施具体检验工作，并记录存档。

流程01：“三检制”运作流程

“三检制”运作流程如下表所示。

“三检制”运作流程

流程	流程说明
自检 ↓	自检就是作业人员对自己加工的产品自行检验。自检最显著的特点是检验工作基本上和生产加工过程同步进行。自检是指运用目测的方式，看本工序的内容是否合格。若合格就继续下去，不合格则立即返工，作业人员在实施自检时，一定要确保作业的内容全部到位，如果需要标记则在确认无误后打上规定的记号。

（续表）

流程	流程说明
互检 ↓	互检是生产部班组长或下一道工序的作业人员，运用目检的方式，确认首件产品是否合格，合格则开始作业，不合格则进行反馈或放在一边。确认后有必要时要在操作合格的产品上做“合格”标记。
专检	专检是指专门设立的检验工位，如IPQC、FQC等制程检验人员进行检验。专检主要是针对自检和互检无法完成的检验项目。

流程02：首件检验流程

首件是指每个班次刚开始时或过程发生改变（如人员的变动、换料及换设备的调整等）后加工的第一或前几件产品。首件检验流程如下表所示。

首件检验流程

流程	流程说明
明确首件检验的操作者 ↓	首件检验一般采用“三检制”的办法，即先由操作者自检，再由班组长或品质员复检，最后由检验员专检。
明确首件检验的主要项目 ↓	首件检验的主要项目包括产品图号与工作单是否符合。材料、毛坯的表面处理、安装定位是否相符、配方配料是否符合规定要求、首件产品加工出来后的实际品质特征是否符合图纸或技术文件所规定的要求。
实施首件检验 ↓	进行产品首件检验时，必须掌握以下要点： （1）首件检验需由操作人员办理首件检验交验手续，经首件检验合格的零件、产品，操作人员要在交验单上签字盖章，并做好首件检验的记录。 （2）首件检验发生错检时，由参加检验者负责。若首件检验不合格，需查明原因、采取措施、排除故障后重新进行首件检验。 （3）首件检验合格后，生产人员在生产过程中还要勤看、勤量、勤检查，检验员需要加强巡回检验，从而预防不合格品发生。
记录存档	首件检验必须及时，以免造成不必要的浪费。首件检验后要保留必要的记录，如填写“首件检验记录表”并存档。

流程03：现场巡回检验流程

现场巡回检验流程如下表所示。

现场巡回检验流程

流程	流程说明
明确巡回检验的操作者	巡回检验一般由企业的IPQC部门负责，由IPQC检验人员在生产现场进行检验。
设置好巡检人数	企业高层在设置巡检人数时可考虑以下因素： （1）巡回时间。间隔时间越短，需要的人数越多。 （2）检查项目数量。项目数量越繁杂，需要的人数越多。 （3）检查项目难度。检查项目难度越大，需要的人数越多。
选择检验方法	（1）按时检验法。这是指在进行批量生产时，制程检验人员按（由各企业根据具体情况而定）次/时的方式对产品实施抽检，巡检的间隔时间必须在合理的范围之内，一般不应超过30分钟。 （2）按量检验法。这是指在进行批量生产时，制程检验人员（由各企业根据具体情况而定）每次的抽检数为1个产品，巡检的间隔时间根据产品性质来确定。
实施巡检	（1）无论是按时检验法还是按量检验法，检验人员都要按照相关检验标准对抽出的样品进行检验。 （2）巡回检验不合格，需查明原因、采取措施、排除故障后重新进行生产。 （3）巡回检验合格后，可继续生产。
记录存档	巡回检验必须要保留必要的记录并存档。

第六章　现场成本控制流程

成本控制是现场管理的重要内容之一，成本控制主要包括两大部分，即常规成本控制和节能降耗管理。做好常规成本控制工作可以从日常工作中节约成本，而做好节能降耗工作则可以在最大程度上节约能源，降低损耗。

第一节　现场常规成本控制流程

现场常规成本控制主要包括限额领料和物料使用成本控制两项工作，每项工作都应当按照相关流程进行，例如在进行限额领料时，首先要明确限额领料的依据，然后签发《限额领料单》、领料处理，最后还要做好超耗处理。

流程01：限额领料流程

限额领料也称作定额领料，就是由企业计划部门根据生产计划和物料消耗定额，事先为各车间的产品规定领用物料的数额。仓库即在规定的数额内对车间、部门发料，超过规定数额以后，除非另经批准，否则仓库就不再发料。限额领料制运作流程如下表所示。

限额领料制运作流程

流程	流程说明
明确限额领料的依据 ↓	限额领料的依据： （1）技术工艺部编制的材料消耗定额表、产品配料表、材料配比表及相关工艺数据。 （2）生产部计划人员提供的生产任务书、制造命令单等生产计划文件。 （3）企业编制的技术节约措施等技术资料。
签发《限额领料单》 ↓	（1）材料员根据生产计划部门编制的制造命令单到仓库领料；班组领料人员凭《限额领料单》领料，做好分次领用的记录；材料员在《限额领料单》规定的限额内发料。

（续表）

流程	流程说明
↓ 签发《限额领料单》	（2）在领发过程中，双方办理领发料（出库）手续，填写领料单，注明用料的制造命令单单号和班组，材料的名称、规格、数量及领用的日期，双方需签字认证。
↓ 领料处理	材料领出后，由班组负责保管和使用，材料员必须按保管和使用要求对班组进行监督。
↓ 超耗处理	各种原因造成的超耗，必须由班组长提出超耗原因，经车间主任核实后，由材料员计算数量，补签《限额领料单》。对非正常因素造成的超耗，应在补签的《限额领料单》上注明。

流程02：物料使用成本控制流程

物料使用成本控制流程如下表所示。

物料使用成本控制流程

流程	流程说明
材料使用成本控制职责与分工	车间材料使用成本的日常控制，一般由车间材料核算员负责。车间工艺员和品质检查员要监督其按图纸、工艺、工装要求进行操作，实行首件检查制，防止成批报废。生产调度人员要控制生产批量，保证作业人员合理下料、合理用料，监督定额标准的执行。
↓ 材料使用成本的事前控制	（1）改进产品设计，采用先进生产工艺。 （2）制定材料消耗标准，这是材料使用成本控制工作所依据的标准之一。 （3）加强材料使用计划的管理。
↓ 材料使用成本的事中控制	（1）加强班组领料的控制，同时要合理下料，节约用料。 （2）正确选材，所选材料的品种、规格和材质，必须符合产品技术标准，并具有良好的工艺性。 （3）加强作业品质的控制，减少因作业品质问题造成的损失。
↓ 材料使用成本的事后控制	（1）将材料使用成本实际发生额与材料目标成本进行比较，寻找差异，并分析差异发生的原因，及时进行纠正。 （2）加强相关人员的责任考核。

第二节 现场节能降耗管理流程

节能降耗是指节约能源，降低损耗，两者的目的都在于最大程度上控制成本，提高企业经营效益。节能降耗工作也要按照相关流程进行，例如在进行节能宣传时，要先制订节能宣传计划，然后分别对员工、供应商等开展宣传工作。

流程01：节能降耗管理部门设立流程

节能降耗管理部门设立流程如下表所示。

节能降耗管理部门设立流程

流程	流程说明
建立节能降耗小组 ↓	节能降耗不只是生产部的事情，而是整个企业的事情。企业应建立节能降耗小组，以总经理为组长，生产部经理等部门主管为副组长，来领导节能降耗工作。
明确小组基本思想 ↓	（1）各部门主管对本部门的节能降耗工作负总责。 （2）节能降耗人人有责，所有员工都要做好相关工作。
明确小组各成员工作职责	（1）组长。节能降耗工作的总负责人，负责主持编制年度节能计划，确定相关指标，支持各部门履行各自的节能职责。 （2）小组成员。负责对本部门节能降耗工作的推动与检查，确保完成本部门的节能降耗指标。

流程02：节能宣传管理流程

节能宣传管理流程如下表所示。

节能宣传管理流程

流程	流程说明
制订节能宣传计划 ↓	企业制定系统的节能宣传计划并予以实施。宣传计划和管理目标应符合实际的情况，并具有连续性。

（续表）

流程	流程说明
↓ 对员工宣传	通过宣传物、宣传标志、宣讲会等方式对员工进行宣传。
↓ 积极宣传	企业应积极向员工宣传，员工的节能行为有利于企业的节能工作。例如，在企业的生产现场等设置节能、低碳宣传角，提高员工的节能意识。在车间内设置宣传卡，鼓励员工减少资源、能源的浪费。
↓ 开展供应商宣传工作	有些企业的采购量大，涉及多个行业，通过向供应商宣传，促使更多的企业实施低碳生产。
↓ 宣传效果反馈	可以通过问卷调查的方式获得宣传的实际效果，以便根据具体效果完善宣传计划。

流程03：节能降耗计划编制流程

节能降耗计划编制流程如下表所示。

节能降耗计划编制流程

流程	流程说明
查阅相关资料	（1）重点查阅上一年度节能降耗的计划和实施情况。 （2）查阅国家对节能降耗工作的最新管理规定。 （3）查阅企业的实际经营状况。
↓ 编制计划草案	根据以上资料，结合企业实际情况，编制出初稿。
↓ 审核	由总经理负责对草案进行审核，节能降耗小组成员也可参与。
↓ 编制定稿	（1）审核无误，就可以编制定稿。 （2）如果审核未通过，应对草案进行修改，直到通过为止。
↓ 颁布施行	将制订好的计划颁布出来，让各部门按照计划开展相关节能降耗工作。

第七章　现场员工管理流程

员工是现场生产工作的主体，员工管理的好坏直接影响着最终产品的品质。因此，现场主管人员应按照相关流程做好现场员工管理的相关工作。

第一节　现场员工日常管理流程

员工日常管理是指在日常工作中对员工的管理。员工日常管理包括加班管理、夜班工作安排、现场规则化管理、师带徒岗位培训等工作，每项工作都应当按照相关流程进行，例如在进行加班管理时，首先要进行加班申请、加班汇总，然后进行加班打卡、核对实际加班，最后才发放加班津贴。

流程01：加班管理流程

加班管理流程如下表所示。

加班管理流程

流程	流程说明
加班申请 ↓	加班应事先申请。一般而言，加班必须由直接主管填写加班申请单，经上级主管核准后，于下班前30分钟送人力资源部。
加班汇总 ↓	人力资源部每日将各部门加班申请单汇总，计算出人均加班时数，并呈人力资源部经理和企业最高主管审核加班时数合理与否。
加班打卡（刷卡） ↓	加班的上下班都要打卡（刷卡）。一般正常班与加班之间要间隔30分钟，供加班员工用餐及休息。
核对实际加班 ↓	人力资源部应该于次日上午，将各部门的加班申请单和出勤卡（或出勤资料）进行核对。企业员工多的，则先由各部门助理核对，经部门主管核认无误后，统一交人力资源部统筹，以此了解实际加班情形。

（续表）

流程	流程说明
↓ 加班津贴	加班费的计发方式，依《中华人民共和国劳动法》的规定，平时加班以平日工资的1.5倍计算，休息日以2倍计算，法定假日以3倍计算；至于加班时数的限定，则依企业性质的不同，参照《中华人民共和国劳动法》规定办理。

流程02：夜班工作安排流程

夜班工作安排流程如下表所示。

夜班工作安排流程

流程	流程说明
了解工作情况 ↓	（1）对夜班的工作情况有详细的了解并做好记录。 （2）充分考虑在夜班工作强度的条件下，调整夜班员工的数量，做到安排的人性化。 （3）设立夜班质检，划分出责任人。
选择夜班员工 ↓	对上夜班员工进行合理选择。患有慢性疾病或心理状态不佳者，或平时就有睡眠障碍的员工，则不应安排夜班。
创造良好的工作环境 ↓	（1）工作场所物品应摆放整齐、照明良好，色彩鲜艳。 （2）为了消除员工长时间工作的疲劳，还可在工作场所播放与工作氛围相适宜的音乐。 （3）员工工间小憩的环境应安静、舒适，光线明暗适宜，利于休息。
夜班员工生活安排	注意饮食与营养，像夏天备足消暑的糖水、茶水及饮料等；冬天则提供保暖的饮食，如糕点、夜宵等，确保员工吃饱、吃好。

流程03：现场规则化管理流程

现场规则化管理流程如下表所示。

现场规则化管理流程

流程	流程说明
发现问题 ↓	规则是现场工作顺利开展的准绳，现场规则如不能被遵守，就会发生问题，如员工懒散，工作没干劲，不按指示去做，且同样的错误重复发生等。
原因分析 ↓	主管人员应对问题进行分析，具体原因有员工不了解现场规则，班长、班组长总是把责任推到下属身上，管理人员对作业的失误也不认真地批评等。
改正不遵守规则的措施 ↓	（1）管理者引导。班组长要起到示范带头作用，应熟知并严格执行这些规则。 （2）对下属交代工作应清楚明确。向下属交代工作可运用5W1H法，即做什么、为什么这样做、在什么时候完成、在什么地方做、由谁来做、怎样做。 （3）加强生产现场信息的交流，尤其是必要的生产所需信息的交流。
现场工作规则的维持	（1）明确各部门人员的管理职能，使得所有人各司其职。 （2）强调生产指令的遵守，如明确生产的目的，告诉员工生产中应采取的必要手段，明确交货日期，具体地说明生产项目，明确指示“要严格遵守”的要点等。 （3）导入5S并彻底实行。在实施5S的过程中，会形成一种良好和谐的氛围，实际上也确立了维持现场规则的基础。

流程04：师带徒培训流程

师带徒是指由现场老员工担任师傅，新员工担任徒弟，由师傅对徒弟实施培训。师带徒培训是一种既有现场培训又有课堂培训的工作。师带徒培训流程如下表所示。

师带徒培训流程

流程	流程说明
签订师徒协议 ↓	徒弟应与师傅签订培训协议。协议内容主要包括培训目标、协议期限、师傅职责、徒弟职责等。

（续表）

流程	流程说明
制订培训计划	培训是一项长期的系统工作，制订好培训计划，才能保证教导和学习的效果。培训计划应包含以下内容： （1）培训的时间、地点。 （2）培训的方式。 （3）培训的具体内容。 （4）培训的记录要求。
师傅辅导	辅导过程是师带徒专项培训项目中的重点部分，辅导过程中的跟踪和反馈也是保证辅导效果的有力手段。另外培训辅导内容必须具体、有据可依，每次辅导之后要做好记录。
培训结束后的评估	辅导期结束前，师傅要对徒弟的辅导效果做一次全面的评估，以改进自己的能力和辅导方式。

流程05：OJT培训流程

OJT是英文On the Job Training的缩写，是指在工作现场内，上司和技能娴熟的老员工对下属、普通员工和新员工们通过日常的工作，对必要的知识、技能、工作方法等进行教育的一种培训方法。OJT培训流程如下表所示。

OJT培训流程

流程	流程说明
确定受培训者	确定受培训者首先要列举其完成生产现场的各种作业所需要的能力，这里所说的能力是指熟知与作业有关的知识、作业的顺序、作业的要点等。接着是对分配至流水线的作业者能力的评价，找出其能力的不足之处。
准备教材	为消除作业者必要能力和实际能力之间的差距，最好的办法是将作业书面化。作业书面化是指将作业标准以文件的形式表现出来，即编制作业指导书。
对作业进行说明	着重讲解作业的5W1H，对现在从事的是什么样的作业进行说明。

（续表）

流程	流程说明
自己示范一遍	示范时，对每一个主要步骤和关键之处都要进行详细的说明，再针对重点进行作业指导；然后让员工试着进行操作，并让其简述主要步骤，要反复多次地进行指导。
注意观察进行指导	要仔细观察员工的操作步骤，对操作不符合要求或不规范之处要进行指导，并让其知道在遇到不明白的地方时应怎样做才能快速获得正确答案。

流程06：熟练工辞职处理流程

熟练工辞职处理流程如下表所示。

熟练工辞职处理流程

流程	流程说明
面谈	熟练工辞职是企业的人才流失，必须与其进行面谈，了解其辞职原因，是因为工资太低、环境太差，还是与领导人员无法协作等。
分析	对面谈提出的原因进行分析、观察是否合理，以取得一个客观、公正的结论。
处理	应根据了解到的原因进行如下处理： （1）改善熟练工的工资待遇和地位。 （2）面对面地交谈以了解熟练工所持有的不满和问题点，从而制定对策。 （3）在企业内部设立熟练工资格制度，长期地培养作业者的技能。 （4）编写基于企业内部资格制度的培养计划，委任熟练工为指导者（讲师）。
记录存档	对相关处理措施做好记录并存档。

第二节 现场员工职业健康管理流程

职业健康管理是指对生产过程中产生的有害于员工身体健康的各种因素所采取的一系列治理措施和卫生保健工作。良好的职业健康管理能够使员工保持身体健康，从而提高工作效率。职业健康管理包括职业健康宣传、劳动防护用品管理、现场尘毒监测等工作，每项工作都应当按照相关流程进行。

流程01：职业健康宣传流程

职业健康宣传流程如下表所示。

职业健康宣传流程

流程	流程说明
制订宣传计划	现场管理人员应与人力资源部一起制订职业健康宣传计划，对具体宣传工作进行全面考虑，综合规划。
↓ 开展宣传活动	在计划的日期内，现场管理人员可以按照计划开展宣传工作，其内容包括： （1）普及卫生知识，要使企业的所有员工了解职业性有害物质的产生、发散特点和对人体的危害及面对紧急情况的急救措施。 （2）宣传职业卫生法规、标准，提高员工的职业安全意识，因为这些法规是防治职业病的安全保障。
↓ 检查宣传效果	每次宣传工作结束后，现场管理人员都应检查宣传效果，以确定宣传工作是否已落实到实处，如检查员工是否已养成良好的卫生习惯，如饭前洗手、车间内不吃东西、工作服定点存放、定期清洗等。

流程02：劳动防护用品管理流程

劳动防护用品管理流程如下表所示。

劳动防护用品管理流程

流程	流程说明
配备	企业应根据《中华人民共和国职业病防治法》等法律法规的规定，制定劳动防护用品评估及配置标准，然后按照标准进行配置，如带电作业的维修工需要的劳动防护用品应有安全帽、绝缘手套、绝缘靴等，而噪声作业人员则需要配备合适的耳塞。
↓ 发放	劳动防护用品必须按照企业相关标准进行发放，不得超发、少发。现场管理人员要经常检查劳动防护用品的发放情况，对不合理的现象进行纠正。
↓ 使用	现场管理人员要监督员工正确使用劳动防护用品，具体措施如下： （1）在接触容易被皮肤吸收的毒物或酸、碱等化学物品的场所，要注意皮肤的防护，如穿防酸、防碱工作服，戴橡胶手套等。 （2）在噪声较大的场所进行作业，应及时佩戴耳塞或耳罩。 （3）在有毒有害的工作场所上班时应按规定穿工作服，在有特别要求的岗位上，应随身携带防毒面具，一旦发生意外泄漏毒物事故，可立即佩戴防毒面具。
↓ 台账管理	现场管理人员要协助人力资源部建立健全劳动防护用品的购买、验收、保管、发放、使用、更换、报废等台账，以方便管理。

流程03：现场尘毒监测管理流程

现场尘毒监测管理流程如下表所示。

现场尘毒监测管理流程

流程	流程说明
设定监测点	现场管理人员对生产劳动环境中的粉尘、毒物等有害因素，应根据国家的规定设定监测点，定期进行测定，有利于职业病的预防工作。
↓ 测定 ↓	测试人员现场测定时，各员工应很好配合，使测定结果能客观地反映作业场所的实际情况，避免出现误差或假象。

（续表）

流程	流程说明
↓ 处理	当测定结果超过国家卫生标准时，现场管理人员应及时查找原因，针对原因，及时进行处理。
↓ 公布结果	现场管理人员应把尘毒和有害因素的测定结果，定期在岗位上进行挂牌公布。

流程04：员工心理援助计划开展流程

员工心理援助计划是根据英文Employee Assistance Program（简称EAP）翻译过来的。它是企业为员工设置的一套系统的、长期的福利与支持项目，旨在帮助解决员工的各种心理和行为问题。员工心理援助计划开展流程如下表所示。

员工心理援助计划开展流程

流程	流程说明
心理状况调查 ↓	人力资源部需要采用专业的心理健康调查方法，建立员工个人心理档案，评估员工心理现状，分析问题产生的原因。
心理健康宣传 ↓	利用印刷资料、网络、讲座等多种形式树立员工对心理健康的正确认识，鼓励员工遇到心理困惑时积极向人力资源部寻求帮助。
心理培训 ↓	通过心理解压、情绪管理、职业心态、协调工作与生活的关系等系列培训，帮助员工掌握提高心理素质、保持心理健康的基本方法和技巧，通过适当的方式协助员工解决心理问题。
心理咨询 ↓	对于受心理问题困扰的员工，人力资源部可以提供个人咨询、电话热线咨询、电子邮件咨询等多样方式，充分解决困扰员工的心理问题。
效果评估	定期提供阶段性评估和总体评估报告，及时了解员工帮助计划的实施效果，为改善和提高服务品质提供参考依据。

第八章 现场环境管理流程

良好的环境是员工顺利开展生产活动，提高生产效率必不可少的保障。现场环境管理主要包括常规管理、检查与问题整改两部分组成。通过常规管理，可以保障生产现场拥有良好的生产环境，然后经过检查与问题整改，彻底消除生产现场存在的问题。

第一节 现场环境常规管理流程

现场环境常规管理主要包括温度监控、噪音环境改善、定置管理等工作，每项工作都应当按照相关流程进行，例如在进行定置管理时，要先进行定置调查，然后绘制定置图、设计信息媒介物、对生产现场进行清理整顿、开展定置工作，最后还要进行定置检查，以确保定置管理的效果。

流程01：现场温度监控流程

生产现场需要合适的温度，因此要对现场温度进行监控，发现温度不合理，要及时调整。现场温度监控流程如下表所示。

现场温度监控流程

流程	流程说明
安装温度计 ↓	温度计是检测温度的设备，要对温度进行监控，必须安装温度计。温度计应安装在现场多个位置，以获得较全面的现场温度数据。
定期检查 ↓	温度监控人员要定期检查温度计，查看温度是否有异常，如是否过高或过低。

（续表）

流程	流程说明
↓ 调整	检查过程中，发现现场温度过高或过低等情况发生，要及时调整。如温度过高，则开启空调或风扇，及时将温度降低到适宜的温度。
↓ 记录存档	温度监控人员对温度调整的情况要及时进行记录并存档。

流程02：噪音作业环境改善流程

企业要加强对噪音作业环境的管理，改善噪音的作业环境，减少噪音对环境的污染和保护员工的身心健康。噪音作业环境改善流程如下表所示。

噪音作业环境改善流程

流程	流程说明
制定噪音标准	企业应根据自己的实际情况，制定噪音标准，以便对生产现场内的噪音进行辨别。
↓ 确定噪音源	检测人员要定期对现场的噪音进行检测，检测时可以使用相应的检测设备，并将检测结果记录在相关表格中。检测时要重点关注一些产生较大噪音的生产设备，可以从不同的距离对这些设备进行检测。
↓ 比对	检测人员要将生产现场的噪音检测结果与企业噪音标准进行比对，并做如下处理： （1）如果检测结果高于企业噪音标准，则要及时调整。 （2）如果检查结果低于企业噪音标准，则可以维持现状。
↓ 调整	调整措施如下： （1）对超过噪音标准的设备应尽量采取技术措施降低噪声，或安装隔音机罩、设置隔音间，阻断噪音向外排放。 （2）将超过噪音标准的设备安置在离人员集中点比较远的地方。

流程03：现场定置管理流程

定置管理是指以实现人和物的有效结合为目的，通过对生产现场的整理、整顿，把生产中不需要的物品清除掉，把需要的物品放在规定位置上，使其随手可得，创造出良好的现场环境。现场定置管理流程如下表所示。

现场定置管理流程

流程	流程说明
进行定置调查	定置调查指的是逐一对物品进行鉴定，判断是否应对其进行定置，定置调查的内容包括确定该物品是否是本仓库所需，该物品的存放位置是否合理，该物品是否仓库现场急用。
↓ 绘制定置图	调查工作结束后，就要绘制现场定置图，以方便开展定置工作。绘制定置图时要根据调查结果，区分出仓库现场必需品与非必需品，并做好标记。
↓ 设计信息媒介物	定置工作需要用到许多媒介物，如信息符号、定置图看板、标志牌等，企业都应做好设计工作。在设计过程中，如有相关国家标准，应直接采用国家标准。其他符号，企业应根据其行业特点进行设计。
↓ 对生产现场进行清理整顿	对现场进行清理整顿，为定置工作清出场地，做好准备。
↓ 开展定置工作	进行定置调查和整顿、清理后，就可以按照定置图对现场进行定置，定置的要点如下： （1）根据定置图，逐位地将不该放在该位的物品取出，置于临时存放台、箱，再将要定入该位的物品从原号取出放入，这样逐一进行，直至所有的货位完成。 （2）对区分为“不要”的物品，应先取出，放到“不要”物区域箱内。对区分为“修正”的物品的物态、包装等进行修正。对区分为“不急需”的物品，通常放在不易拿取的最上层或最下层。
↓ 定置检查	定置检查包含两个方面： （1）定置后的验收检查。检查不合格的不予以通过，必须重新定置，直到合格为止。 （2）定期检查。定期检查是一项需要长期进行的工作，它比定置后的验收检查工作更为复杂，也更为重要。

第二节　现场环境检查与问题整改流程

要确保现场的良好环境，企业必须经常开展检查工作，同时对检查发现的问题及时进行整改。检查与问题整改都应当按照相关流程进行，例如在进行环境检查时，要先制订好检查计划、确定检查重点，然后准备检查物品、实施检查，最后做好记录。

流程01：现场环境检查流程

现场环境检查流程如下表所示。

现场环境检查流程

流程	流程说明
制订检查计划 ↓	检查人员在开展具体检查工作之前要制订检查计划，计划主要内容如下： （1）检查的时间。 （2）检查的区域。 （3）检查的陪同人员。 （4）检查的路线。
确定检查重点 ↓	生产现场的检查重点包括： （1）现场噪声是否过大。是否超过了相关标准。 （2）现场是否太亮或者太暗。 （3）现场设备、工具布局是否混乱。
准备检查物品 ↓	正式检查前要准备好检查物品，包括现场检查表，笔、噪声测量设备和现场员工通讯录等。
实施检查 ↓	检查人员按照检查计划的要求在规定的时间内开展检查，检查工作应按以下要求进行： （1）严格、仔细，不放过一处角落。 （2）在检查环境的同时，也关注现场安全状况。 （3）检查的同时可以与现场相关人员进行沟通，以了解相关情况。
记录	检查人员应及时记录检查的结果，将其填入检查表中。

流程02：现场环境问题整改流程

检查人员在现场环境检查过程中如果发现问题，要及时进行整改，以便使现场始终保持干净整洁。现场环境问题整改流程如下表所示。

现场环境问题整改流程

流程	流程说明
记录问题	检查人员在检查过程中发现问题后，如现场有散放的垃圾、多余的空桶等，要及时记录。记录要准确，要对问题进行准确地描述。
↓ 发出整改通知书	检查人员应向问题产生的部门、车间或班组发出整改通知书，通知其对环境问题进行整改。整改通知书主要内容如下： （1）需整改的问题。 （2）整改完成的时间。 （3）整改的具体要求。
↓ 整改	存在问题的部门、车间或班组在接到整改通知书后要根据通知书的要求对环境进行整改。
↓ 复查	问题整改完毕后，检查人员要对整改结果进行复查，复查未通过则继续整改，复查通过后要做好记录。

第四部分

怎样进行现场专项管理

专项管理主要由专项制度管理、专项表格管理两大部分构成。其中，专项制度管理部分则列举了各项现场管理制度，为现场工作的顺利开展提供了良好的制度保障。而专项表格管理部分则列举了现场管理工作中最常用的一些表格，便于现场管理人员在工作中使用。

第一章 现场作业专项管理

企业的产品都是从生产现场出产，所以各级现场人员要做好现场作业管理，才能产出高品质的产品。

第一节 现场作业专项制度管理

制度是管理的基石，没有良好的制度保障，现场作业就难以顺利进行。制度的表现形式有很多，有直接称制度的，也有以办法、规定称呼的。现场作业涉及的制度很多，如订单评审管理办法、生产计划变更管理规定等，每项制度都是用于规范相关工作或行为的，例如订单评审管理办法主要用来规范订单的评审工作，对订单评审的参考文件、权责、程序等作了明确规定。

制度01：订单评审管理办法

文件名称	订单评审管理办法	编号	
		版本	A/0

一、目的

为了保证订单评审的准确性，提高订单评审的效率，特制定本办法。

二、适用范围

适用于本公司所有订单的评审工作。

三、内容

1．参考文件

（1）订单、订购合同。

（2）各生产车间的制作产能表。

（3）订单完成情况统计表。

（续表）

（4）库存统计表。

（5）出货安排表。

2．权责

（1）生产部主管：负责所有订单和订购合同的审核工作，并确认每一份订购合同的交货日期。

（2）销售部主管：负责所有已经经过生产部审核并确认交货日期的订购合同的批准工作。

3．程序

（1）由销售部主管指定人员编制好每一个客户的订购合同草稿后，交由生产部主管审核。

（2）生产部主管先综合近期各份订购合同各种型号产品的具体数量、配套要求及近期各份订单的货期安排表。

（3）生产部再结合各仓库的库存量，并依据各车间各工序的制作产能表，合理确定每一份订购合同的交货日期。

（4）经生产部主管审核确认交货日期的订购合同，统一交由销售部主管批准生效。

（5）经销售部批准后的订购合同交由生产部统计员编制采购计划及生产计划单，交生产部主管审核批准后，发放到各相关部门，进行相关的准备工作。

（6）无论是生产部主管或是销售部主管均需将评审结果及评审所发起的措施予以记录，必要时通知相关部门。对因特殊原因（如客户要求提前交货或紧急插单等）而需更改交货日期的订购合同，必须重新经生产部主管审核确认。

（7）对出货期有特殊要求的，销售部要重新与客户确定出货期。

四、附则

（1）本办法由生产部主持制定，其修改、解释权归生产部所有。

（2）本办法经总经理批准后，自颁布之日起实施。

编制		审核		批准	

制度02：生产计划变更管理规定

<table>
<tr><td rowspan="2">文件名称</td><td rowspan="2">生产计划变更管理规定</td><td>编号</td><td></td></tr>
<tr><td>版本</td><td>A／0</td></tr>
<tr><td colspan="4">

一、目的

为规范生产计划变更流程管理，使计划更为顺畅从而得以执行，特制定本规定。

二、适用范围

适用于公司对生产计划变更进行管理的相关事宜。

三、内容

本规定所指的生产计划变更，是指已列入周生产计划内的生产订单，因市场需求变化、生产条件变化或其他因素需调整生产计划的变更。

1．变更时机

（1）客户要求追加或减少订单数量时。

（2）客户要求取消订单时。

（3）客户要求变更交货期时。

（4）客户有其他要求而导致生产计划必须调整时。

（5）因生产进度延迟而可能影响交货期时。

（6）因物料短缺预计将导致较长时间停工时。

（7）因技术问题而延误生产时。

（8）因品质问题尚未解决而需延迟生产时。

（9）其他因素导致必须作生产计划调整时。

2．变更流程规定

生产部在遇到以上规定的各种状况，经确认必须变更生产计划时，应发出《生产计划变更通知单》。《生产计划变更通知单》一般应包含下列内容：

（1）生产计划变更原因。

（2）计划变更影响的生产单位及时间。

（3）原生产计划排程状况。

（4）变更后的生产计划排程状况。

（5）需各部门注意配合的事项。

3．变更确认

如生产计划变更范围较大，生产部应召集生管人员、物控人员、采购部、生产车间、销售部或其他相关部进行检讨确认。

</td></tr>
</table>

（续表）

<table>
<tr><td colspan="6">4．变更后处理
（1）生产计划变更后，新计划与旧计划相比较有较大变化时，生产部应在《生产计划变更通知单》后附上新的《周生产计划》。
（2）《生产计划变更通知单》及其附件除生产部自存外，应按照生产计划的发放要求，发放到下列部门：销售部、开发部、生技部、品质部、生产车间、采购部、物控部。
（3）各部接到《生产计划变更通知单》后，应立即确认本部工作安排的调整，以确保计划的顺利执行。
四、附则
（1）本规定由生产部、销售部协商制定，其修改、解释权归生产部。
（2）本规定经总经理批准后，自颁布之日起实施。</td></tr>
<tr><td>编制</td><td></td><td>审核</td><td></td><td>批准</td><td></td></tr>
</table>

制度03：流水线车间管理制度

<table>
<tr><td rowspan="2">文件名称</td><td rowspan="2">流水线车间管理制度</td><td>编号</td><td></td></tr>
<tr><td>版本</td><td>A／0</td></tr>
<tr><td colspan="4">一、目的
为了维持良好的生产秩序，提高劳动生产率，保证流水线生产工作的顺利进行，特制订以下管理制度。
二、适用范围
适用于生产车间全体工作人员。
三、内容
1．早会制度
（1）员工每天上班必须提前15分钟到达操场开会地点，如有违反者将按规定处罚，迟到、早退一次罚款××元，二次以上者将罚款××元，旷会者罚款××元。
（2）各条流水线的组长每天上班必须提前15分钟到达操场组织员工准时开早会，如有违反者将按规定处罚，每周一次者将罚款××元，每周超过一次者将罚款××元。
（3）各条流水线的组长在开早会时必须及时向员工传达公司或上级的最新指示以及当天的生产计划，时间应控制在10分钟，否则将罚款××元。</td></tr>
</table>

（续表）

（4）组长开早会时讲话应洪亮有力，以激励为主，不得随意批评和责骂员工。 2．请假制度 （1）如遇特殊事情必须亲自处理，应在2小时前用书面的形式请假，经主管与相关领导签字后，才属请假生效，不可代请假或事后请假（如生病无法亲自请假，事后必须交医生证明方可），否则按旷工处理。 （2）除生病及特殊情况需请假外，其他任何情况不得请假。 （3）杜绝非上班时间私下请假或批假，如有违反处以××元以上罚款。 （4）员工每月请假不得超过两次，每天请假不得超过两人。 （5）员工请假核准权限： ①4小时内由组长批准； ②三天以内由车间主任批准； ③超过三天必须由生产部经理批准； ④连续请假按照累计天数依上述规定办理。 3．清洁卫生制度 （1）每组必须负责本组的环境卫生，每人必须负责各自区域的卫生。 （2）每天下班后必须打扫卫生，星期六须进行大扫除（车间内的门、窗户、生产线、零件台、风扇等都须进行清洁）。 （3）车间的垃圾与废纸箱须放到指定的垃圾区域，不得四处乱倒，违者处以××元/次的罚款。 （4）不合格品、报废零部件须及时清理，车间物品要按规定位置放置整齐，不得随意乱放。 4．车间生产秩序管理制度 （1）所有员工必须正确佩戴厂牌上班，无特殊情况必须穿厂服上班，违者罚款××元/次。 （2）员工上班应着装整洁，不准穿拖鞋、奇装异服，同时不准带任何食品到车间内吃，如违反将处以××元/次的罚款。 （3）上班时，组长一定要坚守工作岗位，离岗必须经得主管的同意，违者罚款××元/次。 （4）上班时，组长应对每道岗位的员工耐心指导，不得向员工乱发脾气，更不准对员工不理不睬，违者罚款××元/次。 （5）上班时，物料员须及时把物料备到生产线，并严格按照规定的运作流程操作，不得影响工作的顺利进行。

（续表）

(6) 员工在作业过程中，必须保持80～100厘米以上的距离，不得挤坐在一起，安装时须戴好手套，同时必须自觉做好自检与互检工作，如发现问题应及时向品检与组长反映，不可擅自使用不良材料以及让不合格品流入下道工序，必须严格按照品质要求作业，否则将视情节轻重给予处罚。

(7) 每道工序都必须接受车间品管检查、监督，不得蒙混过关、虚报数量，并配合品检工作，不得顶撞、辱骂，对教育不改者，视情节轻重罚款××元。

(8) 上班注意节约用水用电，停工随时关水关电，如发现有浪费水电或下班没有关水电者对其责任人或工序团体每人罚款××元。

5．其他注意事项

(1) 中午无特殊情况不得逗留于车间内午休或做其他事情，违者罚款××元。

(2) 车间内物品必须按指定位置整齐放置，不得随意乱堆乱放，对不听安排者，处以××元罚款。

(3) 车间内员工必须在规定作业区域操作，通道不得堆放任何杂物，否则每发现一次将处以××元/次的罚款。

(4) 流水线上必须随时保证传送带的干净，不可将杂物放于传送带上。同时，每天上线前必须用抹布将传送带擦拭一次。

(5) 功能障碍的工具、设备不得使用，必须由其负责人填写《检修申请单》申请检修，并作好《暂停使用》标志，检修后要有《检修报告》。

(6) 上班所必须的五金配件（较大的）必须用小胶框盛放，按规定的位置摆放于工作现场（横放于工位左边，不得超出黄线）。

(7) 小零配件必须用蓝色胶盒盛放，一个盒子只可装一种零配件，安装过程中发现的不良品必须用红色胶盒盛放（不良品可以混放），所有的盒子排成一行放于工作台面的左手边。

(8) 部门主任在工作期间离岗时，应指定代理负责人，要求部门人员必须服从安排。代理负责人必须尽力完成赋予的工作任务。

(9) 任何会议和培训，迟到、早退和旷工的，违者罚款××元/次，每次考试经复考不及格者，将进行降级或辞退处理。

四、附则

(1) 本制度由生产部主持制定，其修改、解释权归生产部所有。

(2) 本制度经总经理批准后，自颁布之日起实施。

编制		审核		批准	

制度04：生产进度控制办法

文件名称	生产进度控制办法	编号	
		版本	A／0

一、目的

为控制生产进度，使生产计划得以顺利执行，公司生产目标如期达成，特制定本办法。

二、适用范围

适用于公司对生产进度控制管理的相关事宜。

三、内容

1．物料进度控制

（1）根据月生产计划及客户订单预估，编制物料需求计划，提出请购。

（2）根据常用物料库存状况，确定订购日期、数量及交货时间。

（3）根据周生产计划确认具体的物料入库时间，协调采购部作业，并对可能缺料的订单物料作重点管理。

（4）根据每日生产进度安排确认次日物料缺料状况，作缺料追踪。

（5）处理因物料供应脱节而产生的事宜。

（6）处理因进度落后或提前而产生的物料供应事宜。

（7）处理因生产计划变更而产生的物料问题。

（8）处理因订单变更而导致的物料问题。

2．生产进度控制

（1）编制月生产计划，作产能负荷分析，安排每月工作日历。

（2）编制周生产计划，安排每日生产进度。

（3）收集、汇总、统计、分析每日、每周的异常工时。

（4）收集、汇总、统计生产日报表，作生产效率分析。

（5）根据生产进度的异常，适时作进度安排调整，以满足交期。

（6）根据市场（客户）需求的变化，作生产计划调整变更。

（7）根据生产条件（技术、品质、物料、工艺等）的变化，作生产计划调整变更。

（8）追踪影响生产进度的责任单位，督促其研拟对策加以改善。

（9）制作生产推移图控制生产进度。

（10）适时召开生产协调会或临时会议检讨生产进度。

（续表）

（11）其他与生产进度相关的事宜处理。 3．生产任务安排 （1）根据周生产计划与每日生产进度安排，确定各课别、班组每日生产任务。 （2）根据各课别、班组人力、设备状况，安排每日生产任务，分配至各责任人员、设备。 （3）制作生产进度看板，适时统计生产任务完成情况，分析原因，适度控制。 （4）追踪物料供应状况，保证物料供应。 **四、附则** （1）本办法由生产部主持制定，其修改、解释权归生产部所有。 （2）本办法经总经理批准后，自颁布之日起实施。

编制		审核		批准	

制度05：生产事故责任追查制度

文件名称	生产事故责任追查制度	编号	
		版本	A／0

一、目的 为明确生产事故的责任追查，减少生产事故的发生，特制定本制度。 **二、适用范围** 适用于本公司各车间员工。 **三、内容** 1．生产事故种类 产品做错、做坏、做多、做少（漏做）、计划符合率过低、投料量过大、设备损坏等。 2．生产事故性质的分类与处罚规定 生产事故按造成损失的程度不同划分为：重大生产事故；一般生产事故；轻微生产事故。 （1）重大生产事故的判定：造成直接经济损失或造成的多余库存多于××××元的，给予责任管理人员通报批评并罚款×××元，责任生产人员通报批评并罚款减半。

（续表）

（2）一般生产事故的判定：造成直接经济损失多于×××元但不足××××元的，给予责任管理人员通报批评并罚款×××元，给予责任生产人员通报批评并罚款减半。 （3）轻微生产事故的判定：造成直接经济损失小于×××元的，给予责任管理人员或责任生产人员通报批评并罚款××元。 3．经济损失的核算法 （1）产品：据原材料成本和人工成本进行核算，由计划物控部核算。 （2）设备：以设备的采购价减去设备的折旧进行计算，由财务部核算。 （3）计划完成情况：对生产部整体计划的影响程度造成的损失，由生产部确定。 4．生产事故的种类和详细说明 （1）批量做错：产品未按照计划要求执行而批量做错。 （2）因“作业计划单”出错导致产品做错： ——产品可以挽救（未造成物料损失）或转其他计划，将追究“作业计划单”的编制人员与审核人员（含工程师）的责任，可给予红色罚单或通报批评。 ——产品无法挽救需要重做时，将追究“作业计划单”的编制人员与审核人员（含工程师）的责任，按照生产事故性质的分类与处罚规定执行。 （3）“作业计划单”未出错，而是操作者未按照作业单要求操作导致产品做错： ——产品可以挽救或转其他计划，没有造成进一步的损失时，将追究操作者的责任，可给红色罚单或通报批评。 ——产品无法挽救、造成损失并需要重做时，将追究操作者的责任，按照生产事故性质的分类与处罚规定对直接责任员工进行处罚；同时对轻微生产事故带班组长或主管助理可给予红色罚单处罚；对一般生产事故带班组长或主管助理可给予通报批评处罚；对重大生产事故带班组长或主管助理给予通报批评并罚款×××元，相关主管或经理承担失职责任，给予通报批评并罚款×××～×××元。 5．产品计划符合率低 （1）对于单个计划的符合率：因拉锥内控指标过松、封装产品外观失控等异常因素造成产品计划符合率过低，且批量在50件以上，低于同类产品计划符合率超出20%，将追究相应的责任工程师或操作者的责任，给予责任人通报批评并处罚××～×××元。例如：公司规定的产品计划符合率为≥90%，但实际单计划符合率≤70%，将处罚相关责任人××～×××元。 （2）对于每月整体计划的符合率：月度计划项数的计划符合率低于规定比率，且超出10%以上时，将通报批评生产经理，并给予××～×××元罚款（50件以下的计划除外）。

（续表）

例如：公司规定的整体计划符合率为≥90%（整体计划符合率＝符合各计划的产品个数总和÷各计划的投料总数），但实际总计划符合率≤80%，将对生产部经理进行通报批评并处罚××～×××元）。 6．产品做多 计划投料多导致计划超过率失控，产品计划超过率超出规定的20%（特殊指标的计划、50件以下的计划除外），造成不必要的产品库存，将追究生产部主管的责任，按照生产事故性质的分类与处罚规定执行。 7．产品漏做 将从计划部开始逐级追查漏发计划的各个环节，若“计划漏做”事故严重，将追究责任人与负责主管的监控责任，根据情节的严重程度，给予通报批评并处罚××～×××元。 8．产品做少 除产能不足的原因之外，主要是指因投料不足、生产制程失控等生产内部原因引起的计划交期推迟，没有引起抱怨或引起轻微抱怨的，对相关责任人开红色罚单或通报批评；引起客户严重抱怨的，对相关责任人进行通报批评并处罚××～×××元。 9．设备损坏 员工由于搬运设备或使用不当而造成的设备损坏，按生产事故性质的分类与处罚规定执行。 **四、附则** （1）本制度由生产部主持制定，其修改、解释权归生产部所有。 （2）本制度经总经理批准后，自颁布之日起实施。					
编制		审核		批准	

制度06：生产部外协管理办法

文件名称	生产部外协管理办法	编号	
		版本	A／0
一、目的 为了对外协加工过程进行控制，保证外协的产品满足规定的要求，特制定本办法。			

（续表）

二、适用范围

适用于本公司对外协加工的管理。

三、内容

1．外协理由

（1）公司现有设备和人员无法加工；

（2）不能满足计划进度要求而需要外协。

2．外协前确认

（1）图纸确认：设计人员确认外协人员所用图纸的正确性。

（2）工序确认：车间主任确认外协工序的正确性。

（3）零部件确认：按照相应的检验规程对需要外协的零件进行检验，确认外协前应加工的工序都已经完成，结果是合格的，并签字确认。

（4）外协加工《委托单》填写。生产部将需要外协的内容填写在《委托单》上，确认外协内容、零件名称、技术要求、数量等，必要时附以相应图纸。

（5）对承制单位品质保证能力的考察、认定。关键件、重要件的外协加工，生产部组织相关人员，对外协承制单位进行现场考察、认定；一般零件的外协加工，本公司外协人员对外协承制单位进行现场考察、认定。如有必要可邀请有关部门代表参加。

3．外协加工过程控制

（1）外协承制单位在加工过程中必须严格按设计图纸和技术要求进行生产，原材料牌号和品质必须符合设计要求，加工件要严格检验。对于特殊工种和典型工艺，车间主任与质检人员需进行现场监督。

（2）外协承制单位在关键件、重要零件加工前，应拟制加工方案，由检验员会同设计、工艺等有关人员对加工方案进行评审后方能生产。

（3）外协承制单位在加工过程中出现设计文件更改和材料代用情况，必须有更改文件并经公司设计人员或项目负责人签字认可。如有重大改动须经生产部经理批准。

4．验收和入库

（1）外协承制单位检验合格后，由检验人员验收合格后在《外协加工入库登记表》上签字确认，经生产部经理批准后方可入库。

（2）验收过程中发现不能满足技术要求或图纸要求的，由外协承制单位负责返工解决。

5．外协产品不合格的处理

（1）若发现不合格品，要查找可能导致不合格的原因，采取一定的措施，消除不合格现象。

（续表）

（2）若是外协单位造成的不合格，由外协承制单位负责返工解决，必要时，按照外协前的商定对外协单位进行索赔。 6．图纸收回 外协件验收合格后立即收回全部设计文件。 7．技术保密 涉及保密的外协项目，应在《委托单》上注明，必须责成外协承制单位执行保密规定。 **四、附则** （1）本办法由生产部主持制定，其修改、解释权归生产部所有。 （2）本办法经总经理批准后，自颁布之日起实施。					
编制		审核		批准	

制度07：生产现场清场管理制度

文件名称	生产现场清场管理制度	编号	
		版本	A／0
一、目的 为防止混料、差错及交叉污染，确保工作场所的清洁卫生，特制定本制度。 **二、适用范围** 适用于各生产工序清场管理。 **三、内容** 1．清场责任者 清场责任者一般由生产部负责人、品质部负责人、工艺员、生产部质检员、班组长、作业人员担任。 2．清场的频次 以下情况必须清场： （1）每个生产阶段结束后。 （2）中途停产一个工作日。 （3）每个批号的产品生产完成后。 3．清场的内容及要求			

（续表）

（1）工作间内无前次产品遗留物，设备无油垢。 （2）地面无积灰、无结垢，门窗、室内照明灯、风管、墙面、开关箱外壳无积灰。 （3）使用的工具、容器、衡器无异物，无前次产品的遗留物。 （4）包装工序调换品种、规格或批号前，多余的标签、说明书及包装材料应全部按规定处理。 （5）室内不得存放与生产无关的杂物，各工序的生产尾料、废弃物按规定处理，整理好生产记录。 （6）各工序调换品种时彻底清洗设备、工具、墙壁、门窗及地面等。 4．清场的方法及程序 （1）设备清洗前首先必须切断电源。 （2）凡能用水冲洗的设备，可先用水浸泡湿润后（水中加有清洁剂），抹洗一次，再用水冲洗至无污水，然后再用水冲洗两次达到彻底清洁效果。 （3）不能直接用水冲洗的设备，应先扫除设备表面的积尘，凡是直接接触物料的部位可用水浸湿抹布擦抹直至干净。能拆下的零部件应拆下洗涤，其他部位用一次性抹布擦抹干净。 （4）凡能在清洗间清洗的零部件和能移动的小型设备尽可能在清洁间清洗烘干。 （5）工具、容器的清洗一律在清洁间进行，先用水清洗干净，再用水冲洗两次，最后移至烘箱烘干。 （6）门、窗、墙壁、灯具、风管等先用干抹布擦抹掉其表面灰尘，再用水浸湿抹布擦抹直到干净；擦抹灯具时应先关闭电源。 （7）凡是设有地漏的工作室，地面可用水冲洗干净，无地漏的工作室应用拖把抹干净（洁净后用洁净区的专用拖把）。 （8）清场结束后，清场者及时填写《清场工作记录表》。 （9）清场检查。清场结束后，现场管理人员要对清场效果进行检查，凡检查合格的车间，必须拟发清场合格证。在下次生产前，操作人员应对设备直接接触物料的部位、工具容器等进行消毒，并填好各工序生产前消毒记录，由生产部工艺员和车间质检员检查合格后再进行生产。 （10）凡清场合格的工作室，门应常闭，人员不得随意进入。 **四、附则** （1）本制度由生产部主持制定，其修改、解释权归生产部所有。 （2）本制度经总经理批准后，自颁布之日起实施。

编制		审核		批准	

第二节　现场作业专项表格管理

表格是各项生产工作的记录工具。各级员工在工作中，应及时将各项必要的信息记录在表格中。现场作业涉及的表格很多，如月生产计划表、周生产计划表、日生产计划表、生产计划变更通知单等，每项表格应准确记录该项工作的内容，如月生产计划表要记录指令号、客户、产品、生产批量等。

表格01：月生产计划表

月生产计划表

制程名称：　　　　　　　　　　　　　　　　　　　　　　　　月份：

序号	制造命令单编号	客户	产品	生产批量	生产批次											
					1	2	3	4	5	6	7	8	9	10	……	31

核准：　　　　　　　　　　　　　　　审核：　　　　　　　　　　　　　　制表：

表格02：周生产计划表

周生产计划表

月份：　　　　　　　　　　　　　　　　　　　　　　　　　　　日期：

序号	订单号	工令号	客户名	型号/规格	生产量	计划时程					
						1	2	3	4	5	6
合计											

说明：依据月生产计划的执行状况修订；依据产品所要求的标准时间制定时程；时程计划栏内注明计划产量。

表格03：日生产计划表

日生产计划表

部门：　　　　　　　　　　　　　　　　　　　　　　日期：

起止时间		产品编号	计划	实绩	差异

表格04：生产计划变更通知单

生产计划变更通知单

日期：　　　　　　　　　　　　　　　　　　　　　　制单人：

发文部门						收文部门					
变更原因：											
变更影响部门：						变更时间：					
原生产计划排程						变更后生产计划排程					
生产批次	生产指令单号	品名	机种	生产数量	交货日期	生产批次	生产指令单号	品名	机种	生产数量	交货日期
各部门配合事项：											

表格05：生产排程表

生产排程表

月份：

序号	订单号	接单日期	品名	规格	数量	交货日期	指令单号

审批：　　　　　　　　　　复核：　　　　　　　　　　制表：

表格06：生产指令单

生产指令单

指令日期：　　　　　　　　　　　　　　指令部门：

制造部门：　　　　　　　　　　　　　　指令单编号：

<table>
<tr><td>制单编号</td><td colspan="2"></td><td colspan="2">品名</td><td colspan="2"></td><td colspan="2">数量</td><td colspan="2"></td></tr>
<tr><td>客户</td><td colspan="2"></td><td colspan="2">原订单编号</td><td colspan="2"></td><td colspan="2">交货期</td><td colspan="2"></td></tr>
<tr><td>投产日期</td><td colspan="2"></td><td colspan="2">完成日期</td><td colspan="2"></td><td colspan="2">实际完成日期</td><td colspan="2"></td></tr>
<tr><td colspan="11">用料分析</td></tr>
<tr><td>材料名称</td><td></td><td></td><td></td><td></td><td></td><td></td><td></td><td></td><td></td><td></td></tr>
<tr><td>领用量</td><td></td><td></td><td></td><td></td><td></td><td></td><td></td><td></td><td></td><td></td></tr>
<tr><td>品质检验</td><td></td><td></td><td></td><td></td><td></td><td></td><td></td><td></td><td></td><td></td></tr>
</table>

说明：本单一式六联。第一联是备料单，此联交给物料库准备材料；第二联是领料单，用此联向物料库领料；第三联是品检单，产品完成移入下道工序前由品检做检验，合格品盖章（含第四、第五、第六联）；第四联是入库单（或交接单），依此联入库或工序之间进行交接；第五联是生产管理联，此联用于产品入库或交接后通知生产管理人员，作为进度完成依据；第六联是制造命令单，此联由制造部门存档。

表格07：生产领料单

生产领料单

产品型号：　　　　　　批　量：　　　　　　订单号：　　　　　　发料时间：

序号	物料名称	型号规格	部门用量	应发量	实发量	欠发量	备注

领料人：　　　　　　　　　　　　　　　　发料人：

表格08：生产日报表

生产日报表

生产部门：　　　　　　　　　　　　　　　　日　期：

上班总时间：　　　　　　　　　　　　　　　工作人数：

制造命令单编号	品名	规格	需生产批量	当天产量		已生产量	待生产量	生产时间/异常时间
				良品数	不良品数			
当日异常	1. 2. 3. 4.							

制表：　　　　　　　　　　审核：　　　　　　　　　　制表：

第二章　现场物料专项管理

物料是现场生产不可或缺的材料，企业必须加强对现场物料的管理工作，使物料的品质得到充分保障。

第一节　现场物料专项制度管理

物料管理涉及的制度很多，如物料领发管理制度、生产现场物料储存管理规定、物料退库管理规定、盘点管理办法等，每项制度都是用于规范相关工作或行为，例如物料领发管理制度包括对领料、物料超领、发料等做了明确说明。

制度01：物料领发管理制度

文件名称	物料领发管理制度	编号	
		版本	A／0

一、目的

为规范物料领用、发放流程，使物料领发管理有章可循，特制定本制度。

二、适用范围

适用于公司内各种物料、半成品的领用、发放管理。

三、内容

1．领料规定

（1）生产部门领料人员依据“制造命令单”核定的数量，开具“领料单”，其领用数量应等于“制造命令单”的核定数量。

（2）“领料单”经部门主管审核后，由物料人员持单向所属仓库领用所需物料。

（3）仓管员接收领料部门的“领料单”时应核对单据手续是否齐全，是否与制造命令单相符，符合者予以发放物料。

（续表）

（4）物料交接完成后，除一联退领料部门外，其余三联由仓库接收，一联自存，另外两联呈报仓库主管。 2．物料超领规定 由生产部门领料人员填写“超领料单”，详细阐明超领原因，送相关权限人员核准。超领原因一般有： （1）原不良补料（即上道工序之不良品，需追补）。 （2）作业不良超领（因本工序作业不良需超领的）。 （3）下工序超领（即下道工序超领，需本工序追加生产数量的，导致需追加领料）。 （4）其他原因。 3．超领权限规定 （1）超领率低于1%时，由制造主管审核后，可领用物料。 （2）超领率大于1%且小于3%时，由制造主管审核后，转交物控主管审核方可领料。 （3）超领率大于3%时，需总经理审核后方可领用物料。 4．发料 （1）仓管员接收到了手续齐全的超领单后予以发放物料。 （2）物料交接完成后，除一联退领料部门外，其余三联由仓库接收，一联自存，另外两联呈报仓库主管。 **四、附则** （1）本制度由生产部门、仓库主持制定，其修改、解释权归生产部门所有。 （2）本制度经总经理批准后，自颁布之日起实施。

编制		审核		批准	

制度02：生产现场物料储存管理规定

文件名称	生产现场物料储存管理规定	编号	
		版本	A／0

一、目的 为切实搞好物料在现场的临时放置和保管工作，防止出现丢失损坏等浪费现象，特制定本规定，以实现现场物料的科学存储。

（续表）

二、适用范围

本规定适用于生产过程中按生产计划领用后，需临时在现场摆放的物料存储管理。

三、内容

1．现场物料的保管

（1）凡领用的贵重材料、小材料，必须在室内规划出合适的地方放置，并加锁保管，按定额发放使用。

（2）凡领用的机器设备、钢材、木材等大宗材料，若暂时存放在生产线现场，必须堆放整齐，下垫上盖，并有专人负责看管。

（3）上线加工必须做到工完料净，把剩余的材料全部回收，登记入账，留作备用。

2．现场物料的堆放

（1）最大化利用存储空间，尽量采取立体堆放方式，提高生产现场空间的使用率。

（2）利用机器装卸，如使用加高机，以增加物料堆放的空间。

（3）车间的通道应有适当的宽度，并保持一定的装卸空间，保持物料搬运的顺畅，同时不影响物料装卸工作效率。

（4）不同的物料应依物料本身形状、性质和价值等而设置不同的堆放方式。

（5）考虑先进先出的原则。

（6）物料的堆放，要考虑方便存储数量读取。

（7）物料的堆放应有利于识别与检查，如良品、不良品、呆料和废料均应分开放置。

3．暂时不用物料的管理

暂时不用的物料是指由于生产要素的制约或突变，本次生产活动结束后，仍无法全部使用完毕的材料，包括呆料、旧料，现场长时间放置上述物料，会造成串用、丢失，管理成本增大及空间浪费等负面效果。现场对暂时不用物料的管理措施如下：

（1）设置“暂时存放区”。在现场划出一块区域，做上标志，将所有暂时不用的物料，封存好后移到该处。具体要求有以下四点：

①只有小日程（即每个作业人员或机械从作业开始到结束为止的计划，时间从数日到数星期不等）计划生产的材料才可以在暂时存放区摆放。

②虽然小日程计划生产有需要，但是数量多、体积庞大，或保管条件复杂的材料，应退回仓库管理。

③中日程（即关于制造日程的计划，时间多为一个月或数个月）或是大日程（即为期数月至数年的计划，规定了从产品设计开始到物料、部件采购直至产品加工制造这一段时间）计划生产需要的材料应退回仓库管理。

（续表）

④不管是现场保管还是退回仓库，都必须保证物料的品质不会有任何劣化。 （2）机种切换前材料全部清场。 从第一个生产工序开始，回收剩下的所有物料，包括良品和不良品。点清数量后，放入原先的包装袋中，用标贴纸加以注明，然后拿到暂时存放区摆放。若不良品不能及时清退，则良品和不良品要分开包装，不良品要加多一道标志。 （3）遵守“先来先用、状态良好、数量精确”三原则。 ①暂时存放的物料要用原包装封存，若原包装破损，可用保鲜薄膜或自封胶袋处理，以防潮、防虫、防尘。 ②下次生产需要时，要优先使用暂时存放区的物料。 ③封存后的物料要定时巡查，以防不测。 **四、附则** （1）本规定由生产部门主持制定，其修改、解释权归生产部门所有。 （2）本规定经总经理批准后，自颁布之日起实施。

编制		审核		批准	

制度03：物料退库管理规定

文件名称	物料退库管理规定	编号	
		版本	A／0

一、目的 为规范物料退库标准操作程序，防止不合格原辅物料被使用或车间结存物料，特制定本规定。 **二、适用范围** 适用于生产过程中规定可退回仓库的物料的退库管理。 **三、内容** 1．相关人员的责任 （1）车间主任、班组长、核算员对本程序的实施负责。 （2）工艺员、质检员负责监督、检查。

（续表）

2．内容 （1）车间在生产中发现不合格物料、包装物料可退回仓库。 （2）当每批产品生产结束后，在换批或换品种前，可将剩余的物料、包装物料办理退库。 （3）所退物料须包装严密，用原外包装原样包装好后，标明品名、规格、批号、数量、退库原因等。经质检员检查签字后，方可办理退库。 3．程序 （1）由车间核算员用红笔填写《物料退库单》，经车间主任、质检员审核签字后，随同物料交仓管员。 （2）仓管员接到车间核算员用红笔填写的《物料退库单》后，应检查物料状态及包装情况并做记录。 （3）根据需要，所退的物料在入库保管前，需经过质检员重新检验，填写《退库物料重检单》，确认合格后，仓管员方可办理入库保管。 （4）不合格物料、包装物料退回库房后，按不合格物料、包装物料处理程序进行处理。生产剩余物料、包装物料退回仓库后，按合格品处理的，待该品种重新生产时优先使用。 4．本规定未尽之处遵照公司其他相关制度执行。 **四、附则** （1）本规定由生产部门、仓库主持制定，其修改、解释权归生产部门、仓库所有。 （2）本规定经总经理批准后，自颁布之日起实施。

编制		审核		批准	

制度04：盘点管理办法

文件名称	盘点管理办法	编号	
		版本	A／0

一、目的 为使公司准确把握各项库存实际情况，做好销售、生产计划，特制定本办法。

（续表）

二、适用范围 适用于公司的盘点管理工作。 **三、内容** 1．实施时间 （1）每年进行两次，分别为6月30日及12月31日。 （2）盘点当天全厂停工一天。 （3）初盘应于盘点日上午11:00前完成，复盘应于当天下午4：00前完成，抽盘应于当天晚上7:00前完成。 2．盘点前的准备及注意事项 （1）各部门应于一个月前提报盘点需求数量（包括可能损耗数量），总务部门应提前两周采购备齐。 （2）各部门应召开准备会议，拟制盘点计划、初盘人员名册等。 （3）拟定培训计划进行盘点培训。 （4）各部门应于一周内陆续进行整理整顿、清扫清洁工作，对盘点难度较大的部分可以提前一周进行预盘。 3．盘点票的颜色区分 （1）材料、半成品、成品、在制品为白色。 （2）物料消耗品为蓝色。 （3）低值易耗品为黄色。 （4）固定资产为红色。 4．材料、在制品、半成品、成品、物料消耗品盘点前处理 （1）盘点前一周通知各供应商盘点日当天停止送货，通知客户当天停止出货。 （2）所有账目应在盘点前一天完成。 （3）进货待处理未入账之物品置于进货待处理区，不列入盘点。 （4）呆滞废料应事前予以分开。 （5）生产线于盘点前一周内将所剩的物料全部整理完毕，陆续退仓，已经出仓而未经使用的材料应办理退仓手续。 （6）生产线停工后，应进行清线工作，即将停工后生产线上所有在制品完工，不允许生产线上残留在制品，然后进行整理整顿工作。 （7）已完成的在制品应于盘点日前入仓。

（续表）

5．固定资产 （1）各固定资产应于盘点前一天由使用人员擦拭清洁，并将盘点票附挂其上。 （2）账外资产或闲置设备均应在盘点票上注明。 （3）已报废的固定资产应于一周内整理至指定区域。 6．盘点实施 （1）盘点时应将盘点票填写好，数量一栏应将箱数、包数等填上。 （2）盘点票面如需更改涂写，需用红笔在更改处签名。 （3）初盘完成后，将初盘数量记录于《盘点表》上，将盘点表转交给复盘人员。 （4）复盘时由初盘人员带复盘人员到盘点地点，复盘不应受到初盘的影响。 （5）复盘与初盘有差异者，应与初盘人员一起寻找差异原因，确认后记录于“盘点表”。 （6）抽盘时可根据盘点表随机或随地抽盘。 7．盘点后工作账目处理 （1）盘点抽查，均未发现问题后，应将抽盘数量记录于《盘点表》上，与账目核对。 （2）复盘与初盘差错率在规定以上者，均需再盘点一次，经初盘、复盘人员共同确认后，再经抽盘组人员核实并予以记录。 （3）盘点后第二天账务人员需做好《盘点盈亏表》送交财务部门。 8．应注意的问题及分析 （1）检查呆料比重是否过高，并设法降低。 （2）检查存货周转率高低，存料金额是否过大，当造成财务负担过大时，宜设法降低库存量。 （3）检查物料供应不继率是否过大，过大时应设法强化物料计划与库存管理以及采购的配合。 （4）料架、仓储、物料存放地点是否影响到物料管理绩效。若有影响，应设法改进。 （5）成品成本中物料成本比率是否过大，过大时应探讨采购价格偏高的原因，并设法降低采购价格或寻找较廉价的代用品。 （6）物料盘点工作完成后，所发生的差额、错误、变质、呆滞、盈亏、损耗等结果，应分别予以处理，并分析原因，提出纠正及预防措施，防止以后再次发生。 **四、附则** （1）本办法由生产部门、仓库主持制定，其修改、解释权归生产部门、仓库所有。 （2）本办法经总经理批准后，自颁布之日起实施。

编制		审核		批准	

第二节　现场物料专项表格管理

物料管理涉及的表格很多，如物料入库单、限额领料单、补料单、车间退料单、退料缴库单、换料单等，每项表格应准确记录该项工作的内容，如物料入库单要记录入库物料的名称、规格、单位、数量等。

表格01：物料入库单

材料入库单

制造单批号：　　　　客号：　　　　订单数：　　　　送货数：　　　　年　月　日

编号	物料名称	规格	单位	数量	单价	金额								备注
						十	万	千	百	十	元	角	分	

经理：　　　　会计：　　　　验收：　　　　采购：　　　　制单：

表格02：限额领料单

限额领料单

编号：

<table>
<tr><td colspan="2">领料部门</td><td colspan="2"></td><td colspan="2">仓库</td><td colspan="3"></td></tr>
<tr><td colspan="2">日期</td><td colspan="2">至</td><td colspan="2">物品用途</td><td colspan="3"></td></tr>
<tr><td colspan="2">计划生产量</td><td colspan="2"></td><td colspan="2">实际生产量</td><td colspan="3"></td></tr>
<tr><td rowspan="2">物品名称</td><td rowspan="2">物品编号</td><td rowspan="2">规格</td><td rowspan="2">单位</td><td rowspan="2">领用限额</td><td rowspan="2">调整后限额</td><td colspan="3">实际耗用</td></tr>
<tr><td>数量</td><td>单价</td><td>金额</td></tr>
<tr><td></td><td></td><td></td><td></td><td></td><td></td><td></td><td></td><td></td></tr>
<tr><td></td><td></td><td></td><td></td><td></td><td></td><td></td><td></td><td></td></tr>
<tr><td></td><td></td><td></td><td></td><td></td><td></td><td></td><td></td><td></td></tr>
<tr><td colspan="9">领料记录</td></tr>
<tr><td rowspan="2">领料日期</td><td rowspan="2">请领数量</td><td colspan="3">实发</td><td colspan="3">退料</td><td rowspan="2">限额结余</td></tr>
<tr><td>数量</td><td>发料人</td><td>领料人</td><td>数量</td><td>发料人</td><td>领料人</td></tr>
<tr><td></td><td></td><td></td><td></td><td></td><td></td><td></td><td></td><td></td></tr>
<tr><td></td><td></td><td></td><td></td><td></td><td></td><td></td><td></td><td></td></tr>
<tr><td></td><td></td><td></td><td></td><td></td><td></td><td></td><td></td><td></td></tr>
</table>

计划部门：　　　　　　供应部门：　　　　　　仓管员：　　　　　　领料部门（人）：

表格03：补料单

补料单

日期：　　年　月　　日

<table>
<tr><td colspan="3">补料部门：</td><td colspan="2">生产单号：</td><td colspan="2">订单数量：</td></tr>
<tr><td>序号</td><td>物料名称</td><td>规格型号</td><td>数量</td><td>单位</td><td>补料原因</td><td>备注</td></tr>
<tr><td></td><td></td><td></td><td></td><td></td><td></td><td></td></tr>
<tr><td></td><td></td><td></td><td></td><td></td><td></td><td></td></tr>
<tr><td></td><td></td><td></td><td></td><td></td><td></td><td></td></tr>
<tr><td rowspan="3">核准</td><td rowspan="3"></td><td colspan="2">仓库确认</td><td colspan="3">生产部</td></tr>
<tr><td colspan="2" rowspan="2"></td><td colspan="2">确认</td><td>制作</td></tr>
<tr><td colspan="2"></td><td></td></tr>
</table>

表格04：车间退料单

退 料 单

生产单号：　　　　　　　　产品名称：

生产批量：　　　　　　　　退料部门：　　　　　□物料　□半成品　　　　日期：

物料编号	品名	规格	单位	退料数量	退料原因	品管鉴定	实退数量	备注

仓管员：　　　　　　　　　　品管员：　　　　　　　　　　退料员：

表格05：退料缴库单

退料缴库单

编号：　　　　　　　　　　　　　　　　　　　　制表日期：　年　月　日

退料部门					检验判定				会计	
物料编号	品名	规格	数量（A）	单位	报废（B）	不良（C）	良品（D）	分析	单价（E）	总价（F）
制造部：		物料部：		品管部：		（1）A=B+C+D （2）F=E×A （3）呆废料与超发物料一定要分别单独缴库				

表格06：换料单

换 料 单

单据编号：

换料部门：　　　　　　　　　　　　　　日期：　　年　　月　　日

序号	料号	品名规格	单位	数量	不良原因描述	备注

仓管员：　　　　　　　　　　品管员：　　　　　　　　　　制单员：

备注：本单仅用于装配车间的不良品换料时使用。

表格07：半成品/成品入仓单

半成品/成品入仓单

生产部门：

生产单号：　　　　　　　　□半成品　□成品　　　　　　日期：

物料编号	品名	规格	单位	生产批量	入仓数量	品管判定	实收数量	备注

仓管员：　　　　　　　　　　品管员：　　　　　　　　　　生产物料员：

表格08：成品出仓单

成品出仓单

生产单号：　　　　　　　　　　　　　　　　　日期：

订单号码	物料编号	品名	规格	单位	生产批量	入仓数量	出仓数量	备注

OQC：　　　　　　　　仓管员：　　　　　　　　品管员：

第三章　现场设备专项管理

生产活动的正常进行离不开各类设备，因此现场各级管理人员要加强对设备的管理，确保设备得到保护，并正常运转。

第一节　现场设备专项制度管理

设备管理涉及的制度很多，如设备维护保养管理规定、设备日常管理规定、设备使用规程编制办法、设备安全操作规程等，每项制度都是用于规范相关工作或行为，例如设备维护保养管理规定主要用来规范设备的维护保养工作，对设备的日常保养、设备的封存与保管等都作了明确规定。

制度01：设备维护保养管理规定

文件名称	设备维护保养管理规定	编号	
		版本	A／0

一、目的

为了保证本公司生产设备能保持正常的生产能力，避免设备遭受不应有的磨损等损坏，延长设备使用寿命，发挥设备潜力，从而保证产品品质和生产任务完成，特制定本规定。

二、适用范围

适用于本公司所有生产设备的管理。

三、内容

1．设备日常保养

（1）每日上班前操作工应对设备进行检查。

（2）下班前操作工对设备周围环境进行彻底清洁。

（续表）

（3）设备一级保养以操作工为主，维修工为辅，一级保养内容包括：对设备进行局部解体和检验；清洁规定的部件；疏通油路；更换密封件；调整设备各部位配合间隙，紧固设备各部位。 （4）设备二级保养以维修工为主，操作工为辅，二级保养内容包括：对设备进行部分解体并检查修理；更换或修复磨损件，局部恢复精度；润滑系统清洗、换油；电气系统检查维修。 （5）对复杂设备、复杂故障及影响设备精度的故障，生产部应编制设备维修工艺及验收标准等。 （6）生产中出现故障的设备车间应及时进行维修，生产车间和维修工应做好《保养及维护记录》。 2．设备的封存和保管 长期停用的设备由使用部门负责提出设备封存报告，报上级主管批准。使用部门对封存设备应做好以下工作： （1）切断电源。 （2）放净水、气、油、液等流体物质。 （3）如封存超过半年以上，应将设备清洁干净。 （4）所有封存设备的滑动表面应均匀地涂上防锈油脂。 3．设备的报废 （1）设备因主要结构严重损坏，无法修复，或在经济上不值得修复或改装，使用部门可以申请报废。 （2）设备报废时，由使用部门出具设备报废申请报告，由生产部会同财务部共同进行鉴定、评估报废设备的残值。 （3）经公司批准后，财务对报废设备进行入账、销账，并做好记录存档以便备查。 4．附件管理 （1）每台设备的附件、工具，由操作者负责保管、保养。 （2）对设备上必须添置的附件，由操作者向本部门负责人提出申请。 （3）部门负责人编制计划，报上级主管批准后交采购业务部采购。 （4）各种设备附件由生产部登记列入《生产设备总览表》。 5．设备的检查 现场管理人员应定期对设备的卫生、保养情况进行检查并进行记录。

（续表）

四、附则 （1）本规定由设备管理部门制定，其解释权归设备管理部门所有。 （2）本规定经总经理批准后，自颁布之日起实施。					
编制		审核		批准	

制度02：设备日常管理规定

文件名称	设备日常管理规定	编号	
		版本	A／0

一、目的

为了明确生产设备的采购、使用、维护、更新和改造等过程的控制和管理，确保生产工作的顺利进行，特制定本规定。

二、适用范围

适用于本公司所有生产设备的管理。

三、内容

1．设备选型、采购、开箱验收

（1）各使用部门根据使用需要提交设备新增申请，由生产部核实，经技术部会签，纳入当年设备更新、改造和添平补齐计划。

（2）供应部根据采购计划的要求，广泛收集信息，并按《采购控制程序》，实施采购。

（3）设备到厂后，设备管理员组织相关部门，现场开箱，根据装箱单，逐一清点。

2．设备安装、调试

（1）一般设备由使用部门和机修班负责安装、调试。

（2）重大设备由采购部联系生产厂家或专业安装人员安装、调试。

（3）安装调试合格后，采购部组织相关部门办理设备移交手续，未经调试、检验和移交的设备不得投入生产中使用。

3．设备使用和维护

（1）操作工应严格按照设备操作规程使用设备，所有设备操作工必须通过相应设备操作培训和考核。

（续表）

（2）操作工必须每天做好设备点检记录和设备运行记录；机修班必须定期做好生产设备的巡视检修工作，设备的检修记录应归类、汇总，由设备管理部统一保存。 4．设备维修 设备管理员会同车间主管人员根据设备使用状况制订设备维修计划，经审批后组织相关部门实施。 5．设备事故 （1）一旦发生设备事故，事故发生部门应根据事故类别按规定逐级上报。 （2）生产部根据设备事故“三不放过”（事故原因不清不放过，事故防范措施未落实不放过，事故责任人未受到教育不放过）的原则，组织人员进行抢修。 （3）发生事故所在部门必须认真填写事故报告，分析原因，对事故责任人提出处理意见。事故报告与维修记录都应由设备管理员存档保管。 6．设备停用和报废 对长期不使用的、超过使用年限的或严重损坏无法修复的生产设备，使用部门配合设备管理员编制设备停用和报废计划，报相应生产副总和总经理审批后做相应处理。 7．设备备品、配件的采购 （1）各设备的备品、配件的采购应由设备管理员根据实际情况填写《物资采购申请单》，经生产部审核，上级主管批准后报采购部购买。 （2）备品、配件的库存既要满足设备维修需要，又要符合降低库存资金占用量的原则。 **四、附则** （1）本规定由设备管理部门主持制定，其修改、解释权归设备管理部门所有。 （2）本规定经总经理批准后，自颁布之日起实施。

编制		审核		批准	

制度03：设备使用规程编制办法

<table>
<tr><td rowspan="2">文件名称</td><td rowspan="2">设备使用规程编制办法</td><td>编号</td><td></td></tr>
<tr><td>版本</td><td>A／0</td></tr>
<tr><td colspan="4">一、目的
为了加强对设备使用规程的日常管理，特制定本办法。</td></tr>
</table>

（续表）

二、适用范围

适用于本公司所有设备的使用规程编制。

三、内容

设备使用规程应根据设备的性能参数和生产工艺的要求，制订正确的使用方法，它是生产活动中，操作者必须执行的法规。为此，认真编制好设备使用规程，是保证设备安全运行的前提。

1．基本要求

（1）每种设备都必须有具体的使用规程。

（2）每种设备都应在投产前编写好使用规程。

2．设备使用规程的基本内容

（1）设备的性能参数。

（2）操作者的要求。

（3）操作前的准备工作。

3．操作顺序

必须先发出启动设备的警告信号，然后按设备使用规程规定的程序进行操作。设备在启动和运转过程中，应注意检查（观察）是否有不正常的现象。

4．紧急状态的处理

设备在启动过程或运行中，发现异常情况时，为保证人身和设备安全，必须要当机立断地立即停止。

5．在使用过程中的设备与人身安全的注意事项

（1）非本机操作者未经批准不得使用本机。

（2）任何人未经批准不得随意取消或改变安全装置。

（3）任何人未经批准不得改变设备结构。

（4）关键岗位（如总降站、变配电所等）实行两人操作确认制，即一人操作，一人在旁监护，避免出现操作失误，导致重大人身和设备安全事故的发生。

（5）必须严格执行交接班制度，交班的操作人员应向接班的工作人员详细交代本班设备运行情况和尚未处理的设备故障，并填好交接班记录，双方在交接班记录上签字。

（6）设备在运行中发生故障时，本班可以处理的，不得交下一班处理。本班无法完全处理的，未完成部分可交给下一班。接班人员应接着处理完成，并详细检查，一切正常后，方可启动设备。

（7）设备的运行部位或运转区域内检修，必须在设备处于静止状态下进行。

（续表）

（8）设备在启动和运行中，应对周围环境进行监视，注意前后工序的衔接与配合，注意仪表指示变化。 （9）必须保持设备区域内的清洁卫生，每班工作人员应每日对设备进行擦拭及对区域内进行打扫，以保持设备和区域的整洁。 6．设备使用规程的制订和审批 （1）设备所在车间、部门，设备主任召集车间设备、工艺、安全有关人员召开会议，布置制订使用规程的工作，有关生产工艺操作内容由工艺员编写；安全部分由安全人员编写；设备人员负责汇总编写工作。 （2）车间主任负责召开使用规程的会审，设备、生产、技术副主任及设备、工艺、安全主管工作人员参加。 （3）两个及以上的车间通用设备的使用规程，由设备科主管科长负责召集会审。 （4）设备使用规程经会审后，报设备科审核，呈报主管厂长批准，贯彻执行。 7．设备使用规程的修改 （1）生产工艺改变时必须经技术科长的审核批准，以文字形式提前一周通知设备组，设备主管人员根据修改工艺，对原规程进行修改。 （2）修改后的新规程须经车间设备主任审核签字，送设备科审批后生效。 （3）操作人员如发现规程有错误或不完善之处，应向车间设备组反映，设备员应及时深入现场了解情况，进行修改和完善。 8．设备使用规程的贯彻 认真贯彻执行设备使用规程，发挥其应有作用，保障人身和设备运行安全。因此各级领导必须认真学习和贯彻实施。 （1）车间主任必须组织全车间职工学习贯彻执行设备使用规程，考核合格率需达100%。 （2）单台新设备使用前，必须由设备组设备员组织学习使用规程，经考核合格，方可上岗操作。 （3）新工人、学员及调换岗位的人员进入岗位前，必须经学习和考核，不合格者不得单独操作设备。 （4）车间设备组应经常或定期地深入车间检查规程执行情况，发现有违章操作现象，应及时制止并列入车间对班组或岗位的考核。 **四、附则** （1）本办法由设备管理部门主持制定，其修改、解释权归设备管理部门所有。 （2）本办法经总经理批准后，自颁布之日起实施。

编制		审核		批准	

制度04：设备安全操作规程

文件名称	设备安全操作规程	编号	
		版本	A／0

一、目的

为加强对设备的安全操作管理，特制定本规程。

二、适用范围

适用于企业所有类型的生产设备安全操作管理。

三、内容

（1）设备操作人员必须熟悉使用设备的特点，认真学习并严格遵守设备安全操作规程，不违章作业，并劝阻他人违章操作。

（2）班前、班后检查所使用的工具、设备，保证安全可靠，并做到正确使用。保持作业现场整洁，爱护和正确使用防护用具。

（3）开动设备前要详细检查设备上危险部件的防护装置是否安全可靠，设备的紧急停止装置、连锁装置、安全报警装置、自动停止装置等是否保证安全；润滑设备，并做空载试车。

（4）工作时，工作地点要保持整洁，有条不紊。待加工和已加工工件应摆在架子上，不能将工件或工具放在设备上，尤其不能放在设备的运动部件上及工作地点通道上，防止物料倾倒伤人；工件及刀具的装夹要牢靠，以防工件和刀具从夹具中脱落；装卸笨重工件工具时，应使用起重设备。

（5）使用设备时，操作人员应穿好紧身合适的防护衣服，把袖口扣紧或者把衣袖卷起，腰带端头不应悬摆。留有长发的要戴防护帽或头巾，头巾及领带的端头要仔细塞好。操作者应佩戴防打击的护目镜（硬质玻璃目镜、胶质黏合玻璃片护目镜、钢丝网护目镜）。护目镜应选用没有气泡、杂质，表面平滑的平光镜；还要注意镜片与镜架衔接处是否牢固，镜架是否圆滑无锐角，以免造成擦伤或有压迫感。

（6）旋转运行加工零件的设备在旋转运行时，禁止戴手套操作设备；禁止用手调整设备或测量工件；禁止把手肘支撑在设备上；禁止用手触摸设备的旋转部分；禁止取下安装护板或防护装置；不要用手清除切屑，以防止设备操作者的局部卷入或夹入设备旋转部件而造成伤害事故。

（7）直线运行加工零件的设备在运行时，应集中注意力，正确操作。禁止用手调整设备或测量工件；禁止用手触摸设备的旋转部分；禁止把手肘支撑在设备上；禁止用手

（续表）

取放工件；禁止取下安装护板或防护装置；使用脚踏开关时，禁止将脚一直放在开关上；防止操作者与设备相碰撞（操作者和设备相互碰撞、操作者撞设备、设备撞操作者）而引起的伤害事故。 （8）不要使污物或废油混入设备冷却液，严禁使用乳化油、煤油、机油洗手，以防止冷却液侵蚀皮肤。 （9）当切屑飞溅严重，必须使用压缩空气清除切屑时，应在设备周围安装挡板，使操作区隔离。不能用压缩空气吹去衣服或头发上的尘土及脏物，可能会引起耳朵和眼睛的损伤。 （10）设备运转时，操作者不能离开工作地点。发现设备运行不正常时，应立即停止，请维修工检查。当停止供电时，要立即关闭设备或其他电动机构，并把刀具退出工作部位。 （11）工作结束后应关闭设备和电动机，把刀具和工件从工作位收好，清理安放好所使用的工、夹、量具，仔细地清擦工件。 （12）发生事故立即报告班组长，保护现场，向事故调查人员如实介绍情况。 **四、附则** （1）本规程由设备管理部门主持制定，其修改、解释权归设备管理部门所有。 （2）本规程经总经理批准后，自颁布之日起实施。

编制		审核		批准	

制度05：模具与治具管理制度

文件名称	模具与治具管理制度	编号	
		版本	A/0

一、目的 为规范模具、治具的制作、使用、保养、报废等管理工作，以保证生产效率及品质，特制定本制度。 **二、适用范围** 适用于本公司所有模具、治具的管理。

三、内容

模具是指用于机器加工的模型，治具是指用以提高效率，简化操作的辅助工具。

1．模具、治具制作或修理

（1）因生产而需求模具、治具制作或修理，由模具、治具管理员（以下简称管理员）填写制作或修理申请，经工程部主管审核，经理核准；核准后，由工程部负责与承接商接洽制作或修改事宜。

（2）外借模、治具及配件送到公司后，首先由管理员核对其数量、品名、规格是否与相应申请单相符，检查各部位有无不良状况。

（3）新制、修理模具、治具须由管理员进行试模，试模之产品由管理员初检，若不良再由工程部主管审核确认，不合要求或造成产品品质问题，则退回制作厂商修改。

2．建立模具、治具档案

（1）模具管理员填写“模具、治具一览表”及“模具履历表”，对每副模具建立好完整的模具领还记录，模具编号依据制作厂商的编号制定。

（2）公司所有模具、治具均由工程部制作并统一编号，并填写在“模具、治具一览表”中。

（3）领取模具、治具时由管理员根据生产所需指定发放，将所发放模具、治具规格及数量填写在“模具、治具日常领取与归还记录表”中，治具如有损伤由工程部负责维修。

（4）外借模具时由管理员填写“模具、治具外借申请单”，须注明借出、借进时间。经部门主管审查，经理核准方可借出模具。规格、数量须填写在“模具、治具借用与归还记录卡”及“模具、治具履历表”中。对于借进的模具、治具，也应记录在“模具、治具履历表”中，注明借进、归还的时间、数量等，以便追踪管理。

（5）使用单位及外借厂商负责人归还模具、治具时，由管理员负责检查模具、治具的状况，检查项目包括尺寸与模具图是否相符，配件数量及规格、各部位配合是否良好，模具及配件有无损伤。

3．模具、治具的养护与报废

（1）模具、治具由管理员每周一、周四各保养一次，并记录于“模具、治具日常保养记录表”中。保养项目包括模具、治具配件检查，各部件功能检查，外观清洁保养及加润滑油或防锈油。

（2）因损伤而无法修理的模具、治具，由管理员填写“模具、治具报废申请单”，经工程部主管确认，经理核准，予以报废。报废品由模具管理员统一放置并做好标志，由部门经理决定处理方法。

（续表）

四、附则 （1）本制度由设备管理部门主持制定，其修改、解释权归设备管理部门所有。 （2）本制度经总经理批准后，自颁布之日起实施。					
编制		审核		批准	

制度06：计量器具使用规程

文件名称	计量器具使用规程	编号	
		版本	A／0

一、目的

为规范化管理计量器具、测量仪器、设备的使用、操作，使其精度、准确度满足测量要求，特制定本规程。

二、适用范围

适用于生产现场工作人员使用计量器具及测量仪器、设备。

三、内容

1．职责

本规程由生产单位专（兼）职计量员具体实施，由计量室监督检查。

2．定义

（1）计量器具，是指能直接或间接测出被测对象量值的装置、仪器仪表、量具和用于统一量值的标准工具，如生产现场及各部门使用的卡尺、天平、仪器、仪表及各种设备的控制指示仪表等。

（2）使用现场，主要是指包括生产车间、辅助车间、科研室、工艺室、检验室、仓库以及其他需要使用计量器具的部门。

3．计量器具使用规程

（1）现场计量器具使用人员一旦发现计量器具有失准的情况，应及时报送计量室处理，严禁自行乱拆乱修，以免造成不必要的损失。

（2）现场计量器具使用完毕后，要将其洗擦干净，按规程做必要的技术保养，有包装盒的应放入包装盒内，达到防潮、防锈、防腐蚀的目的。

（3）对领用至生产现场而短期内又用不上的计量器具，要么及时归还计量室，要么

（续表）

<table>
<tr><td colspan="6">按规定对其进行定期保养，如通电、上防锈油等，保证计量器具的计量性能。
（4）计量器具使用后，要及时办理退库手续归还计量室，以便进行保养、检定、封存或报废管理。
（5）各部门兼职计量员配合现场检验员根据标准负责抽验的内容主要包括示值、砝码、秤砣的准确度，计量器具的灵敏度，计量器具在使用中的规程，使用环境、状态等四个方面。
（6）计量器具使用人必须认真、完整地保管该计量器具的原始记录及其相关资料。
（7）自制计量器具须经试用，并由技术部设计人员提供完整的使用、检定、维护等技术资料，经主管领导批准方可投入使用，并与外购计量器具一样进行规范化管理。
（8）无正当理由损坏、丢失计量器具或零配件时，对责任人按计量器具保管、保养（洁）规定及处罚办法的有关规定进行处罚。
四、附则
（1）本规程由设备管理部门主持制定，其修改、解释权归设备管理部门所有。
（2）本规程经总经理批准后，自颁布之日起实施。</td></tr>
<tr><td>编制</td><td></td><td>审核</td><td></td><td>批准</td><td></td></tr>
</table>

制度07：压力表的使用规程

<table>
<tr><td rowspan="2">文件名称</td><td rowspan="2">压力表的使用规程</td><td>编号</td><td></td></tr>
<tr><td>版本</td><td>A／0</td></tr>
<tr><td colspan="4">一、目的
为加强对压力表的使用管理，特制定本规程。
二、适用范围
适用于对压力表的使用管理。
三、内容
根据压力表的外壳直径，可将压力表分为6种：40毫米、60毫米、100毫米、150毫米、200毫米、250毫米。
1．选择压力表
选择压力表时，应注意以下五点事项：</td></tr>
</table>

（续表）

（1）用于测量黏稠或酸碱等特殊物质时，应选用不锈钢弹簧管、不锈钢机芯和胶木外壳。

（2）靠墙安装时，应选用有边缘的压力表。

（3）直接安装于管道上时，应选用无边缘的压力表。

（4）用于直接测量气体时，应选用表壳后面有安全孔的压力表。

（5）根据测压位置和出于便于观察管理，选择表壳直径的大小。

2．安装压力表

安装压力表时，应注意以下三点事项：

（1）压力表应安装在温度为－40℃～60℃的环境内，并在相对湿度高于大于80%的条件下使用。

（2）压力表应垂直安装，倾斜度不大于30°，力求与测定点保持在同一水平位置。

（3）压力表不宜直接装在临近以及类似设备表面受热的地方，装在这些地方的压力表，与管道之间的连接要通过环形管和三通管接头。

3．使用压力表测量

使用压力表测量时，应注意以下五点事项：

（1）使用前应在无负荷状态下，观察指针是否紧靠限止钉。使用完毕，应缓慢降压，不要使指针猛然跌落。

（2）被测介质急剧变化或为脉动压力时，应加缓冲罐或阻尼螺钉。

（3）测结晶或黏度较大的介质时需装隔离器。

（4）测量蒸气压力时，压力表下端应装有环形管。

（5）测量其他温度高的液体时，环形管内应充满与液体相同的或其他中性的液体。

4．存放压力表

拆下来的压力表，应存放在干燥、防尘、无腐蚀的环境中。

5．压力表异常处理

发现压力表有故障或示值不准确的问题时，须及时报告，由计量人员处理。

四、附则

（1）本规程由设备管理部门主持制定，其修改、解释权归设备管理部门所有。

（2）本规程经总经理批准后，自颁布之日起实施。

编制		审核		批准	

制度08：温度仪表的使用规程

<table>
<tr><td rowspan="2">文件名称</td><td rowspan="2">温度仪表的使用规程</td><td>编号</td><td></td></tr>
<tr><td>版本</td><td>A／0</td></tr>
<tr><td colspan="4">

一、目的
为加强对温度仪表的使用管理，特制定本规程。
二、适用范围
适用于对温度仪表的使用管理。
三、内容
温度仪表的安装环境应干燥、通风、无腐蚀性气体，避免阳光的强烈照射，附近应无磁场。
1．安装温度仪表
安装温度仪表时，必须保证三“一致”：
（1）仪表与二次仪表的分度号必须一致。
（2）补偿导线与热电偶的分度号必须一致。
（3）交流供电电源的额定值必须与仪表要求的电源额定值一致。
2．使用与管理温度仪表
（1）仪表安装好后，应用直径为2～3毫米的绝缘导线将仪表接地。同时，应检查电源线以及一次仪表的连接线是否牢固可靠，仪表电源的相线、中线、地线的连接是否正确。用作温控的仪表应进行设定，并检查设定是否正确。
（2）应经常保持仪表周围环境及仪表自身的整洁。
（3）在现场应经常观察仪表的运行情况，如观察仪表指示灯是否亮、数码显示是否正常，如不正常，应检查仪表保险丝是否烧断，电源开关是否损坏；检查数显部分的直流供电是否正常，各接插件是否接触良好。如现场不能排除，应通知计量人员处理。
（4）检查仪表的显示是否有无规律的跳字和记录平衡失灵现象，如有此现象，应检查被测信号是否正常，极性是否接对，接地是否良好以及周围是否有强磁场干扰。
（5）如发现仪表电接点的控制或报警失灵，应检查设定值是否正常，继电器及连接线是否良好。
（6）长期使用的仪表，应检查灵敏度的变化。
（7）仪表必须有专人负责维护、保养，严禁非管理人员乱动。

</td></tr>
</table>

（续表）

四、附则 （1）本规程由设备管理部门主持制定，其修改、解释权归设备管理部门所有。 （2）本规程经总经理批准后，自颁布之日起实施。					
编制		审核		批准	

第二节 现场设备专项表格管理

设备涉及的表格很多，如生产设备台账表、设备保养记录表、设备维修申请表、设备事故调查报告等，每项表格应准确记录该项工作的内容，如设备保养记录表要记录设备编号、设备名称、保养操作人员等。

表格01：生产设备台账表

生产设备台账表

部门：　　　　　　　　日期：

序号	本厂编号	设备名称	规格型号	台数	使用部门	起用时间	放置地点	备注

表格02：设备保养记录表

设备保养记录表

月份：

<table>
<tr><td colspan="2">设备
编号</td><td></td><td>设备
名称</td><td></td><td colspan="2">使用
单位</td><td></td><td colspan="2">保养操作
人员</td><td></td></tr>
<tr><td colspan="3" rowspan="2">项目</td><td colspan="2">第1周</td><td colspan="2">第2周</td><td colspan="2">第3周</td><td colspan="2">第4周</td></tr>
<tr><td>保养</td><td>检查</td><td>保养</td><td>检查</td><td>保养</td><td>检查</td><td>保养</td><td>检查</td></tr>
<tr><td colspan="3">1．设备表面是否清洁</td><td></td><td></td><td></td><td></td><td></td><td></td><td></td><td></td></tr>
<tr><td colspan="3">2．显示器灯是否正常</td><td></td><td></td><td></td><td></td><td></td><td></td><td></td><td></td></tr>
<tr><td colspan="3">3．螺丝是否松动</td><td></td><td></td><td></td><td></td><td></td><td></td><td></td><td></td></tr>
<tr><td colspan="3">4．各耦合部位是否松脱</td><td></td><td></td><td></td><td></td><td></td><td></td><td></td><td></td></tr>
<tr><td colspan="3">5．各传动部分是否正常</td><td></td><td></td><td></td><td></td><td></td><td></td><td></td><td></td></tr>
<tr><td colspan="3">6．润滑油是否充分</td><td></td><td></td><td></td><td></td><td></td><td></td><td></td><td></td></tr>
<tr><td rowspan="2">签
字</td><td colspan="2">保养者</td><td colspan="2"></td><td colspan="2"></td><td colspan="2"></td><td colspan="2"></td></tr>
<tr><td colspan="2">班组长检查</td><td colspan="2"></td><td colspan="2"></td><td colspan="2"></td><td colspan="2"></td></tr>
<tr><td colspan="11">备注：本表挂贴于每台机器安全位置
1．1～6项为每周检查保养项，如没按要求进行保养和确认，每次记缺点一次
2．检查保养合格打“√”，否则打“×”，停机写“T”，如作业员点检发现异常时，应立即通知机修修理</td></tr>
</table>

表格03：设备维修申请表

设备维修申请表

<table>
<tr><td>设备名称</td><td colspan="2"></td><td>型号（规格）</td><td></td></tr>
<tr><td>使用部门</td><td colspan="2"></td><td>坏损日期</td><td></td></tr>
<tr><td colspan="5">设备损坏症状：</td></tr>
<tr><td>维修保养要求</td><td colspan="2"></td><td>要求交付日期</td><td></td></tr>
<tr><td colspan="2">申请人：
日期：</td><td colspan="2">审核人：
日期：</td><td>批准人：
日期：</td></tr>
</table>

表格04：设备事故调查报告

设备事故调查报告

设备名称： 填写日期： 年 月 日

检查项目	实际情形	备注
附近的环境是否整洁		
是否依据标准操作		
是否依据规定保养		
使用人对异常状况的处理程序是否知晓		
保养、维护是否有记录		
其他		

第四章 现场安全控制专项管理

没有一个安全的环境，现场工作就很难顺利开展，因此，现场管理人员必须采取各项措施，严格做好安全控制工作。

第一节 现场安全控制专项制度管理

安全控制工作涉及的制度很多，如劳动保护制度、安全管理会议制度、安全管理教育制度、安全、消防管理处罚规定等，每项制度都是用于规范相关工作或行为的，例如安全管理会议制度主要用来规范安全会议，对会议的组织、频次、内容等作了明确规定。

制度01：劳动保护制度

<table>
<tr><td rowspan="2">文件名称</td><td rowspan="2">劳动保护制度</td><td>编号</td><td></td></tr>
<tr><td>版本</td><td>A／0</td></tr>
<tr><td colspan="4">

一、目的

本制度规定公司员工依照《劳动法》采取一定劳动安全防范措施和社会保障，使员工按照安全保护要求从事生产和销售，确保员工的人身安全、身体健康与合法权益。

二、适用范围

适用于劳动安全管理。

三、内容

1．各部门具体实施劳动保护的措施和规定

（1）办公室负责劳动保护用品的统计、发放，并对劳动保护制度执行情况进行监督与检查。

（2）总经理主管劳动保护的整体控制。

</td></tr>
</table>

（续表）

2．相关文件

《中华人民共和国劳动法》、《中华人民共和国公司法》。

3．劳动保护用品、服装

公司根据不同工种的实际需要，购置和配备劳动保护用品，由办公室进行统计、发放和管理，并对劳保用品的使用情况进行检查与监督，结果记入“劳动保护用品使用记录表”，劳保用品主要包括：工作服、消防衣、钢塑钢盔、安全帽、橡胶手套、绝缘手套、绝缘靴、绝缘垫、测电笔、防护面具或口罩、防护眼镜、护目镜、口罩、登高架、安全带等劳动防护用品，线手套、毛巾、洗衣粉等劳保用品。

4．劳动环境保护

公司应根据国家法律、法规的规定，为员工提供符合法定安全、卫生标准的劳动环境。具体要求如下：

（1）工作场所有保暖设施，有充分的照明。

（2）水泵房、冷水机房、柴油发电机房等有噪声的场所必须安装隔音系统。

（3）从事与电有关的操作工作时，工作环境应保持照明良好和空气干燥。

（4）从事消杀工作或喷洒农药时，应在通风环境下进行。

5．员工身体健康检查和保护

（1）需从事高空作业的员工，在登高前必须进行身体检查，凡患有高血压、心脏病、癫痫症及其他不适宜高空作业的员工，一律不得进行高空作业。

（2）公司根据工作需要安排员工进行健康检查，对确诊为职业病患者的，应安排治疗，定期复查，并给予其职业病的抚恤待遇，并建立“员工身体健康状况登记表”，存入员工个人档案，对不宜继续从事原工作的，及时调职，妥善安置。

（3）员工因工负伤，凭医院证明（急诊除外）可休病假，病假期间按公司有关规定支付工资。

（4）员工在工伤事故中造成伤残或死亡的，治疗期间工资照发，所需医疗费由公司支付，自定残或死亡之日起，公司将按《劳动法》中相关劳动安全管理条例，支付给伤残或死亡者抚恤费及相关费用。具体执行参照《员工劳动合同》。

（5）遇节假日或正常工作时间外的加班（按公司相关规定执行），由办公室在每月初进行统计，按规定发放加班工资。

（6）夏天如遇高温天气，由办公室统计、发放防暑降温品。

6．员工意外事故保障措施

（1）办公室应定期对劳保用品的性能进行检查，结果记录于“劳动保护用品使用记

（续表）

录表”，对不能继续使用的应及时添置、更换。 （2）对从事特种作业的员工，必须经过专门培训，取得特种作业证书。对从事特种作业员工的培训、考核的发证，必须按照国家有关特种作业人员安全技术考核相关管理规定执行。公司不得安排未取得特种作业资格的人员独立上岗从事特种作业。 （3）公司应为员工办理养老保险、失业保险等各种社会保险，并根据公司经营状况为高压电操作、高空作业、井道作业、安全保卫等从事有危险性工作的员工办理人身意外保险。 （4）员工在工作过程中必须遵守劳动安全卫生法律、法规和公司的规章制度，严格执行公司的操作管理规程。员工对公司管理人员的违章指挥、强令冒险作业，有权拒绝执行；对危害生命安全和健康的行为，有权提出批评、检举和控告。 7．消防安全保护 （1）定期组织员工对灭火器材的使用进行培训，对安全责任人进行安全知识培训。 （2）办公室负责定期对消防器材进行检查，组织对消防器材进行清扫，遇有损坏应及时修理或更换。 8．生产场所须符合以下要求 （1）厂房和其他设施安全稳固，符合防火、防爆规定。 （2）车间要根据劳动安全卫生要求的条件设置通风、采光、照明、除尘、防噪声等设施。 （3）生产区域内的设备、设施布局合理，场内通道通畅。 （4）在易触电、易坠落等危险部位，要设置安全防护设施和安全警示标志。 （5）禁止使用不合格安全器材，防尘、防毒、通风、安全保护、消防等设备、设施应指定专人管理。 （6）全体员工必须认真学习劳动保护知识，提高劳动保护意识，确保自身安全。 **四、附则** （1）本制度由生产部制定，其解释权归生产部所有。 （2）本制度经总经理批准后，自颁布之日起实施。

编制		审核		批准	

制度02：安全管理会议制度

文件名称	安全管理会议制度	编号	
		版本	A／0

一、目的

为掌握和了解本公司安全管理工作、及时消除和处理重大事故隐患，特制定本制度。

二、适用范围

适用于公司各类安全管理会议。

三、管理规定

1．会议组织

（1）安全管理委员会成员会议，由安全管理委员会负责人主持。

（2）工序（车间）或各部门的月安全会议，由部门安全委员会负责人主持。

（3）班组（拉）的安全会议，由组长（拉长）组织。有几条拉或组联合参加的安全会议，由经理或安全主管主持。

2．会议频次

（1）安全管理委员会成员会议每季度召开一次。

（2）安全管理委员会不定期会议，当发生重大事故或突发性事故时，安全管理委员会负责人必须及时召开安全管理委员会会议，进行分析检讨，制定措施，防患未然。

（3）每周各班组召开一次会议，部门会议每月召开一次，分析本周和本月安全生产工作情况。

（4）每年召开一次全员安全生产管理总结报告会，全面综合本年度的安全工作状况和未来改进提高的工作方向和措施。

3．会议内容

（1）总结分析安全生产形势，研究制定安全措施，对下一步的安全工作提出指导性的方针和目标，并作出具体安排和部署。

（2）传达贯彻上级有关安全工作的文件、会议精神和指示。

（3）检讨制定本公司的各项安全工作标准、条例、规章制度，并发布实施。

（4）检讨、决定对各项安全责任事故的处理及对有关责任人的处理意见。

（5）讨论、决定对各项安全活动及年度安全工作先进部门和先进个人的表彰。

（6）检查、总结本部门安全工作的执行情况。

（7）检讨、分析各部门安全生产的形势，找出目前存在的问题及隐患，制定具体的整改措施。

（续表）

（8）针对事故案例，找原因、查危害、定措施，按照“四不放过”的原则，认真分析，使责任者和全体员工受到教育，吸取教训，制定防范措施。 4．其他规定 公司的各种安全会议，要指定专人负责组织，要有专用的会议记录本，认真做好会议记录。安全会议之后，要下发会议纪要或备忘录并派专人跟踪了解重大安全隐患整改措施的落实情况。 **四、附则** （1）本制度由生产部制定，其解释权归生产部所有。 （2）本制度经总经理批准后，自颁布之日起实施。

编制		审核		批准	

制度03：安全管理教育制度

文件名称	安全管理教育制度	编号	
		版本	A／0

一、目的

为规范安全教育工作，帮助全体员工正确认识和掌握自然规律，提高他们的安全意识和生产技术水平，认真遵守公司有关安全生产的规章制度，保证实现安全生产，特制定本制度。

二、适用范围

适用于公司及各部门的安全教育工作。

三、内容

1．基本规定

（1）各部门必须制订出当年的教育计划，并指定专人负责实施、检查和总结。

（2）安全教育必须坚持总经理牵头，分级负责（一把手负责制），全员参与，齐抓共管，充分利用工会活动的机会，利用局域网、板报、标语、图展、录像等多种形式组织开展安全教育工作。

（3）各部门应根据生产性质及技术设备，选用不同工种、工序的安全操作规程或作业指导书，作为安全教育的主要内容。

（续表）

2．对新录用的员工，分配工作前必须进行三级安全教育 三级安全教育的内容主要包括： （1）公司级安全教育。由安全管理委员会或其委托和指定的部门人员（有安全培训资格）负责对新员工进行安全教育。内容主要包括：宣讲有关安全生产法律、法规、安全制度，介绍本公司的生产性质、特点、环境、健康与安全状况，讲解历年来的典型事故案例等，告诉每位员工其安全权利和义务并填写三级教育登记表，由教育人和受教育人分别在登记表上签字、盖章。 （2）部门级安全教育。由部门经理或其委托人（有安全培训资格）负责向新员工讲解部门的生产性质、特点、环境、健康与安全状况，所从事工种、岗位的安全技术操作规程和岗位责任制及安全注意事项，特别要介绍部门历年来发生的典型事故情况，以提高安全意识，自觉遵守纪律。教育后教育人和受教育人分别在三级教育登记表上签字、盖章；特殊工种岗前培训考核合格后，试卷应妥善保存。 （3）班组岗位安全教育。由班组长负责向新员工讲解班组安全生产情况、机械设备及工具的操作知识和使用方法，以及生产过程中的具体要求、本工种和岗位的安全操作规程等，教育后由教育人和受教育人在登记表上签字、盖章。 （4）对技术和行政管理人员，主要应进行安全生产、劳动保护、政策法令、安全技术知识和安全生产工作经验教训等教育，进行到二级教育即可。 （5）各部门都必须建立安全活动日和班前班后会上检查安全生产情况等制度，对员工进行经常性的教育；并可根据不同的时期特点，进行各种各样的安全生产宣传、教育、竞赛活动，其主要内容有： ①总结近期安全工作情况，找出存在的问题，提出近期安全生产工作中应逐一解决的问题。 ②检查贯彻有关安全生产规章制度和措施的落实情况。 ③分析查找部门、班组安全事故的隐患，并制定整改措施。 ④表扬安全方面先进的人和事，总结推广安全工作的先进经验。 3．定期检查 安全教育活动要求公司必须定期进行检查，要做到会前有安排、参加有签到、发言有记录、缺席有补课、会后有汇报。 **四、附则** （1）本制度由生产部制定，其解释权归生产部所有。 （2）本制度经总经理批准后，自颁布之日起实施。					
编制		审核		批准	

制度04：安全、消防管理处罚规定

文件名称	安全、消防管理处罚规定	编号	
		版本	A／0

一、目的

为了公司的安全管理有章可循，保证安全管理的执行力，使各种安全、消防管理制度顺利进行，特制定本规定。

二、适用范围

适用于本公司的安全、消防管理。

三、内容

1．职责划分

（1）安全生产管理委员会（以下简称安委会）：负责本规定的制定、批准和实施。

（2）安全主管部门——工程部：负责公司安全、消防监督、检查管理工作，作好安委会的常任理事工作。

（3）人力资源部和行政部：负责本规定的宣传；监督安全管理部门的执行；落实安委会的决定。

（4）生产部：负责对生产现场的各项安全行为进行检查，发现问题及时解决。

（5）其他部门：负责本规定的宣传和督导（监督和指导），保证安全消防设备的完好有效和各项安全管理制度的贯彻执行，保障安全生产的顺利进行。

2．管理规定

（1）安全消防渎职行为处罚规定

发现安全消防渎职行为的，第一次警告，第二次开除，以维护安全消防管理制度的贯彻落实。渎职行为如下：

①安全消防管理人员发现本辖区的违章违规行为却视而不见，既不制止，又不纠正。如发现违章操作人员正在进行违章操作（如开车床戴手套、开叉车载人等）时不制止。

②对安全消防管理人员下发的安全隐患整改通知单，既不提出申诉，又拒不执行的。如某电气设备线路金属线裸露，可能造成他人触电事故，安全管理人员发现后下发安全隐患整改通知单，要求其整改，其认为不合理，但既不申诉，又拒绝整改。

（2）破坏安全消防设备设施处罚规定

存在主观故意破坏安全消防设备设施造成消防系统不能使用，或无意破坏但对公司财产造成重大损失或对安全消防设备设施管理造成障碍的行为，一经发现立即开除。

①故意破坏消防水中央控制器、消防水泵、消火栓、消防水带、消防枪、消防水控制器等消防水系统，故意打破消防箱玻璃或无故乱开消防箱等。

（续表）

②不顾公司的安全消防管理规定，在禁区内从事无关的作业，造成安全和消防设备设施意外损坏和失效，致使安全管理规定部分或整体失效的。 ③指使、被指使或伙同他人一起破坏安全、消防设备设施的，除按照本规定执行处罚外，还将其移交司法处理。 ④其他故意破坏和私自拆卸设备设施的安全设备或安全附件的行为。 （3）安全生产违章违规行为处罚规定 安全生产违章违规行为不造成重大危险的，第一次警告，第二次记过，第三次开除。对可能造成重大危险的，第一次警告，第二次开除。安全违章违规行为具体如下： ①不按照要求穿戴劳保用品，可能造成人身伤害的。 ②电工没有监护人，单独带电作业的。 ③电工维修时不按照规定挂牌的。 ④电工作业中的其他违章操作行为。 ⑤未取得临时接线许可证，违规私接乱拉电线的。 ⑥其他违反电气安全操作规程的作业。 ⑦叉车在起降操作或行驶中，前叉上站人的。 ⑧锅炉没有由专业锅炉工司炉持证上岗的。 ⑨未经检查或经检查发现锅炉存在安全隐患，但仍“带病”作业的。 ⑩其他违反压力容器安全操作规程的作业。 ⑪使用化学品而不戴防毒口罩，可能造成职业病的。 ⑫危险品仓库不具备安全储存条件时，不及时上报的；或发现安全隐患不报，可能造成重大危险的。 ⑬不按照化学品使用安全操作规程作业，可能造成火灾事故或重大消防、人身安全事故的。 ⑭未取得动火许可证而在危险品区域动火的。 ⑮没有采取任何安全措施就从事动火作业的。 ⑯操作“冲、剪、压设备”，不按照操作规程作业，使头、手或躯体进入模腔等危险区域的。 ⑰机械加工未按照操作规程的违章违规行为。 ⑱未经安全部门允许，私自拆卸任何设备的安全附件。 ⑲其他违反安全、消防管理和运作的可能给公司造成人员伤亡、经济损失或严重负面影响的行为。

（续表）

<table>
<tr><td colspan="6">四、附则
（1）本规定由生产部制定，其解释权归生产部所有。
（2）本规定经总经理批准后，自颁布之日起实施。</td></tr>
<tr><td>编制</td><td></td><td>审核</td><td></td><td>批准</td><td></td></tr>
</table>

制度05：安全检查与隐患整改制度

<table>
<tr><td rowspan="2">文件名称</td><td rowspan="2">安全检查与隐患整改制度</td><td>编号</td><td></td></tr>
<tr><td>版本</td><td>A／0</td></tr>
<tr><td colspan="4">一、目的
建立良好的工作环境，及时发现生产中的不安全因素，迅速消除事故隐患、防止事故发生、改善员工劳动条件。
二、适用范围
适用于公司生产现场的全体员工。
三、内容
1．检查类别
（1）厂级检查。由公司高层管理人员开展的安全检查。
（2）车间检查。由车间主任组织主管及部门安全员负责对本车间进行定期安全检查。
（3）班组检查。由班组长组织本班组人员对本班组的设备进行周期性的检查。
（4）机动巡查。由保安部保安员负责对全厂进行周期性的巡查。
（5）专业检查。由维修部主管及领班、相关技术人员组成，负责对全厂特种设备、特种作业、电气、危险区域电气设备等进行专业性的安全检查。电梯、压力容器、行车等特种设备由维修保养公司负责定期进行安全检查、年审，维修部负责进行日常运行检查。
2．检查频次
（1）日常检查。针对日常工作中的场所环境进行检查。公司高层每月组织各部门对全厂进行一次大检查。各车间每周对本车间进行一次大检查。各班组每天对本班组区域进行交接班前后与工作中的日常性检查。
（2）季节性检查。是指根据季节特点，为保障安全生产所进行的检查：
在每年6月份雷雨季节到来之前由维修部对全厂生产设备、建筑物进行一次全厂检</td></tr>
</table>

（续表）

查。气象预报台风到来之前，由安全部组织相关人员对全厂进行一次大检查。

（3）机动检查。是指对厂区范围内的消防安全进行定期巡查：

公司机动检查组在工厂正常上班时间必须每小时对全厂巡查一次。工厂夜间下班锁门后及节假日放假期间，必须每4个小时巡查一次，并做好检查记录。

3．检查范围及内容

（1）安全操作规程：查是否建立各岗位安全操作规程或操作指引，员工对操作程序和要求是否明确（提问或查培训记录）。员工是否有违章操作的行为现象（检查现场或记录）。

（2）安全检查：查是否建立了各级安全检查组，各检查组是否按公司检查制度进行安全检查，是否及时落实安全整改（也要查检查整改记录是否存盘）。

（3）安全宣传教育：一查新入厂员工是否接受了厂级与岗前培训（查培训内容和记录）；二查特种作业人员是否持有效操作证上岗（查证件）；三查是否有开展安全宣传教育活动。

（4）用电安全：各种电气设备档案是否齐全（图纸数据、运行使用记录、保养维修记录、故障处理记录）。电气线路敷设是否规范，有无乱拉乱接现象存在。

（5）机械设备：是否建立机械设备及其各种保护装置使用管理制度，现场设备前是否张贴安全操作规程或操作指引。是否定期开展机械设备及其各种保护装置安全检查和维修保养（同时查检查和维修保养记录）。

（6）作业环境：通风、照明、噪声情况是否符合作业要求，通风、照明，屏蔽设备、设施是否完好。生产材料、半成品、成品和废料等有无乱堆乱放，过道和安全出口是否通畅。

4．安全隐患的整改及处理

（1）通过检查发现安全隐患后，应实时向安全责任部门及安全责任人下发“隐患整改通知书”。

（2）安全责任部门及安全责任人在接到检查组的“隐患整改通知书”后，必须及时对存在的安全隐患予以整改。

（3）检查组于整改期限到期后跟踪整改结果，如责任部门没按要求整改或拒绝整改，将依据公司《安全生产奖惩制度》对相关安全责任人予以处罚。

四、附则

（1）本制度由生产部制定，其解释权归生产部所有。

（2）本制度经总经理批准后，自颁布之日起实施。

编制		审核		批准	

制度06：工伤事故处理规程

<table>
<tr><td rowspan="2">文件名称</td><td rowspan="2">工伤事故处理规程</td><td>编号</td><td></td></tr>
<tr><td>版本</td><td>A／0</td></tr>
<tr><td colspan="4">

一、目的

为加强对公司各类工伤事故的处理，特制定本制度。

二、适用范围

适用于本公司各生产部门。

三、内容

工伤事故是指企业或个体经营者的员工在生产劳动过程中发生的人身伤害和急性中毒的事故。

1．工伤事故的处理

当有人员受伤时，应立即通知医务人员进行救治；有人员受重伤时，通知运输部车辆立即送往医院抢救。对致使人员受伤的机械或工作岗位现场进行保护，便于相关部门的调查、取证。

2．工伤事故报告

（1）正常班白班，必须在4小时内上报到安全委员会。

（2）正常班晚班，轻伤在12小时内上报到安全委员会；重伤以上级，在4小时内上报至安全委员会，以便及时调查。

（3）节假日期间，轻伤在节假日后的第一个工作日4小时内上报到安全委员会；重伤以上级，在4小时内上报至安全委员会，以便及时调查。

3．工伤事故的调查

（1）在接到工伤事故报告后，重伤及以下级，按照事故调查和处理的原则和方法，由安全委员会、工会组织进行，安全委员会可以单独组织人员调查。在5个工作日内，作出正式事故调查报告（含事故原因、责任确定、责任人处理建议和纠正预防措施建议）。处理结果由安全委员会备案。

（2）3人以上重伤事故和死亡事故的调查由政府主管部门负责进行，安全委员会、行政部和工会协助调查，事故部门配合调查。正式事故调查报告由政府主管部门根据他的调查程序和时限执行。政府主管部门下发的正式事故调查报告正本保存在安全委员会。

</td></tr>
</table>

（续表）

四、附则 （1）本制度由生产部制定，其解释权归生产部所有。 （2）本制度经总经理批准后，自颁布之日起实施。					
编制		审核		批准	

制度07：消防设施设备安全管理规定

<table>
<tr><td rowspan="2">文件名称</td><td rowspan="2">消防设施设备安全管理规定</td><td>编号</td><td></td></tr>
<tr><td>版本</td><td>A／0</td></tr>
<tr><td colspan="4">

一、目的

为了保护公司消防设施设备的完好和有效运行，特制定本规定。

二、适用范围

适用于本公司消防设施设备的安全管理。

三、内容

消防设施设备禁止用于非消防用途，特殊情况要向安委会申请异常使用许可证。

消防设施设备的日常管理规定：工程部的专职安全管理人员每日进行日常安全巡查，及时发现、记录、处理、整改消防安全隐患，关于消防“物的不安全状态”和“人的不安全行为”规定如下：

1．发现“物的不安全状态”

（1）立即记录并作紧急处理，超过工作能力的，应立即通知工程部维修人员作紧急处理。（对危及重大消防安全的本公司不能处理的情况，应立即拨打“119”寻求支援）

（2）通知工程维修人员进行修缮，使之恢复至其预定的消防功能。由安全管理人员验收并记录。在每月安委会进行消防评估检查时交安委会备案，保存在安委会的常任理事，即安全委员会管理委员会负责人——安全主任处。

（3）同时安全管理组还监督检查各部门“消防设备设施”的维护和监督情况。

2．发现人的不安全行为的处理规定

（1）发现有消防设备设施被异常使用或人为破坏的情况，立即记录并向所属部门发

</td></tr>
</table>

（续表）

调查通知单。

（2）发现正在进行的异常使用消防设备设施的人为破坏行为，立即制止并记录。

（3）根据调查结果和现场发现的人的不安全行为情况，报请安全主任和安委会批准，给予相应处罚，详见“消防、安全违章违规处罚条例”。

3．各部门消防设备设施的日常维护

（1）各部门对其所属行政区域内的消防设备设施有日常维护义务，应保证该区域内的消防设备设施的清洁、整洁和有效，不得损坏并防止其他人员破坏。

（2）各部门每日设定该区域的维护和监督人员，每周由其部门安全分管人员填报“消防设施设备状况表”并留档。

（3）调查区域内消防设施设备异常使用情况和人为破坏情况，形成结果报工程部安管人员处理解决。

4．安委会消防评估检查

（1）安委会决定每月消防评估检查的人员、分组、时间、地点的方案。

（2）按照预定方案和消防安全检查要求落实各项安全检查。

（3）形成安全检查报告。

（4）发“安全隐患整改通知单”至各部门整改、消除消防安全隐患并进行宣传，交安委会常任理事部门——工程部安管组督促执行。

（5）对安全检查报告的整改必须在下次安委会消防评估检查前一周完成并形成报告。

5．记录保存

（1）“消防设备设施管理规定”中的记录，有效保存期3年。若其有与其他程序共用且规定相冲突的记录项，执行最长保存期限的要求。

（2）记录超时限，可以自行处理。

四、附则

（1）本规定由生产部制定，其解释权归生产部所有。

（2）本规定经总经理批准后，自颁布之日起实施。

编制		审核		批准	

第二节　现场安全控制专项表格管理

安全控制工作涉及的表格很多，如部门主管安全生产责任书、员工安全生产责任书、班组级安全培训签到表、生产（作业）安全疏理一览表等，每项表格应准确记录该项工作的内容，如班组级安全培训签到表要记录培训的日期、地点、参加人员、讲师、签到一览表等。

表格01：部门主管安全生产责任书

部门主管安全生产责任书

部门主管安全生产职责：

1．认真贯彻落实国家安全生产方针、政策和安全生产法律、法规，以及本公司的安全生产规章制度。

2．实行“谁主管、谁负责”的原则，对本部门或本车间的安全生产工作全面负责。

3．参与制定本部门安全管理制度及安全技术操作规程和安全技术措施计划。

4．实施各项安全生产检查，及时消除安全隐患。

5．切实做好本部门员工车间级安全上岗培训、工种转换培训，以及安全宣传工作。

6．发生事故立即报告，并指挥组织抢救，保护好现场，做好详细记录。

7．搞好生产设备、安全装置、消防设备、防护器材和急救器具的检查维护工作，使其保持完好和正常运行，督促教育员工正确使用劳动保护用品。

8．不违章指挥，不强令员工冒险作业。

9．做好本部门第一安全责任人委托的其他安全工作。

我们承诺：坚决履行上述安全生产职责和义务，认真抓好本部门或本车间安全生产工作！

签发人（部门安全生产第一责任人）：__________________

责任人签名：　　　　　　　　　　　　日期：　　　年　　月　　日

序号	姓　名	工　号	职　位	签名

表格02：员工安全生产责任书

员工安全生产责任书

员工安全生产职责：

1．严格遵守公司各项安全管理制度和操作规程，不违章作业，不违反劳动纪律，对本岗位的安全生产负直接责任。

2．认真学习并掌握本工种的安全操作规程及有关安全生产知识，努力提高安全技术。

3．精心操作，严格执行工艺流程，做好各项记录，交接班必须交接安全情况。

4．了解和掌握工作环境的危险源和危险因素，发现各种事故隐患时积极进行报告。

5．发生事故，要正确处理，及时、如实地向上级报告，并保护现场。

6．积极参加各种安全活动，发现异常情况及时处理和报告。

7．正确操作，精心维护设备，保持作业环境整洁、有序。

8．按规定着装上岗作业，正确使用各种防护器具。

9．有权拒绝违章作业的命令，对他人违章作业予以劝阻和制止。

我们承诺：坚决履行上述安全生产职责和义务，认真做好本岗位的安全生产工作！

签发人（部门安全生产第一责任人）：__________________

责任人签名：　　　　　　　　　　　　　日期：　　　年　　月　　日

序号	姓名	工号	工种	签名	序号	姓名	工号	工种	签名

表格03：班组级安全培训签到表

班组级安全培训签到表

日　期		地　点	
参加人员	新入职员工	讲　师	

主要内容：

本组的生产在线的安全生产状况；工作性质和职责范围；岗位工种的工作性质、工艺流程；机电设备的安全操作方法；各种防护设施的性能和作用；工作地点的环境卫生以及尘源、毒源、危险机件、危险物品的控制方法；个人防护用品的使用和保管方法；本岗位的事故教训。

（续表）

参加人员一览表							
序号	姓名	工号	工种	序号	姓名	工号	工种

表格04：生产（作业）安全疏理一览表

此表主要是引导部门管理人员疏理本部门所有工序，确定存在安全隐患的工序，事先做好预防措施。

生产（作业）安全疏理一览表

部门：

本部门存在安全隐患的工序	相应的安全警示标语是什么，张贴在何处	相应的安全操作指引及编号

注：1．如果没有安全警示标语就写“无”，如果不需要安全警示标语就写“不需要”。

2．如果没有安全操作指引就写“无”，如果不需要安全操作指引就写“不需要”。

3．此表填写完成后交与5S副主任。

表格05：重要危险源登记表

重要危险源登记表

序号	作业活动	危险因素	可能导致的事故	控制措施	发生区域	备注

制定：　　　　　　　　　　　审核：　　　　　　　　　　　批准：

表格06：班组安全生产日常检查表

班组安全生产日常检查表

检查内容	____日		____日		____日		____日	
	上午	下午	上午	下午	上午	下午	上午	下午
机械操作员是否违反操作规程								
机械危险部位是否有安全防护装置								
机械防护装置是否安全有效								
机械设备是否有操作规程标志								
员工是否按要求佩戴防护用品								
员工是否按要求着装								
员工是否把饮水和食物带入车间								
货物摆放是否整齐平稳不超高								
货物是否堵塞灭火器材和通道								
工作台电线、插头是否有松动脱落								
测试仪是否有绝缘防护								
员工工位是否被货物或台凳堵塞								

（续表）

检查内容	____日		____日		____日		____日	
	上午	下午	上午	下午	上午	下午	上午	下午
车间照明、通风、温度是否正常								
电源线路、开关掣是否正常								
危险品是否贴有中文标志								
是否用有盖压力瓶装危险液体								
危险品是否远离火源热源								
岗位上是否放有过量的危险品								
电烙铁、风筒情况是否符合安全要求								
员工是否经过岗位安全培训								
员工是否违反工作纪律								
说明： 请根据检查情况在“结果”栏内打“√”或“×”，有问题及时整改，并做好记录，如无法整改的应立即向部门主管报告，直到问题解决为止。								

班组负责人：________________　　　　________部________组

检　查　人：________________　　　　部门安全员：______________

表格07：厂级安全生产检查记录表

厂级安全生产检查记录表

被检查部门：______________　　　安全生产责任人：______________ 检查时间：____年____月____日
检查内容（在 □ 内打“√”或“×”）： 1．员工车间级安全培训、岗前培训、工种转换培训、复工培训及建档情况　□ 2．安全生产规章制度及岗位安全操作规程执行情况　□ 3．车间安全自查情况　□ 4．安全员的工作执行情况　□ 5．特种作业人员现场操作管理情况　□ 6．危险设备、设施安全防护装置和完好情况　□ 7．员工劳动防护用品配备和正确使用情况　□ 8．危险化学品安全使用情况　□

（续表）

9．危险设备、设施设置安全警示、标志情况 10．用电安全管理情况 11．通风、照明、通道、安全出口等作业环境安全管理情况 12．消防设备设施的检查和管理情况 13．危险仓管理情况 14．车间、楼道、工作台卫生清洁情况 15．各种电气设备、电气开关掣、电气线路的安全情况 16．其他安全情况	□ □ □ □ □ □ □ □
存在的主要问题：	
整改建议：见《安全隐患整改通知书》	
检查组人员签字： 年 月 日	安全生产责任人签字： 年 月 日

表格08：消防安全检查报表（灭火器）

消防安全检查报表（灭火器）

序号	编号	检查项目（灭火器）				判定结果	备注
		压力	铅封	拉环	喷嘴		
						□合格 □不合格	
						□合格 □不合格	
						□合格 □不合格	
						□合格 □不合格	
						□合格 □不合格	
						□合格 □不合格	
						□合格 □不合格	
						□合格 □不合格	

检查： 审批人： 检查日期：

表格09：消防安全检查报表（消火栓）

消防安全检查报表（消火栓）

序号	编号	检查项目（消火栓）				判定结果	备注
		高压水枪	水带	O形密封胶圈	水阀		
						□合格　□不合格	
						□合格　□不合格	
						□合格　□不合格	
						□合格　□不合格	
						□合格　□不合格	
						□合格　□不合格	
						□合格　□不合格	
						□合格　□不合格	
						□合格　□不合格	
						□合格　□不合格	
						□合格　□不合格	

检查：　　　　　　　　审批人：　　　　　　　　检查日期：

表格10：应急灯检查表

应急灯检查表

编号 检查项目						
按下测试键查看灯是否亮						
电源线有无破损						
电池是否有效						
是否定期进行放电						
停电时是否处于工作状态						
有无被其他堆积物体遮挡						

检查：　　　　　　　　审批人：　　　　　　　　检查日期：

表格11：消防演习报告

消防演习报告

<table>
<tr><td colspan="5">演习项目：“火警联络、撤离集结、伤员救护、灭火演习、现场总结、事后复原”
报告编号：
演习日期及时间：　　参与人数：______人
演习部门/对象：公司全体人员　　指挥主任：</td></tr>
<tr><td colspan="2">演习目的</td><td colspan="3"></td></tr>
<tr><td colspan="2">要点及方案</td><td colspan="3"></td></tr>
<tr><td colspan="2">演习经过</td><td colspan="3"></td></tr>
<tr><td colspan="2">演习总结</td><td colspan="3"></td></tr>
<tr><td>演习结果</td><td>本次演习得分：____分
本次演习判定：
□合格　□不合格（需安排另一次演习）

评审人：
日期：</td><td colspan="3">评分标准：
（1）没有失误：100分
（2）每次每项失误扣10分，60分为合格；60分以下为不合格，需在一个月内重新安排演习
（3）60分以上，100分以下，则需作口头指导及纠正</td></tr>
<tr><td rowspan="2">备注</td><td rowspan="2"></td><td>审批</td><td>审核</td><td>编制</td></tr>
<tr><td></td><td></td><td></td></tr>
</table>

表格12：工伤事故调查处理报告书

工伤事故调查处理报告书

<table>
<tr><td rowspan="6">个人资料</td><td>姓名</td><td></td><td>性别</td><td></td><td>工种</td><td></td><td>年龄</td><td></td></tr>
<tr><td>部门</td><td></td><td>工号</td><td></td><td>入单位时间</td><td></td></tr>
<tr><td>部门安全责任人</td><td></td><td>籍贯</td><td></td></tr>
<tr><td>发生事故时间</td><td></td><td>发生事故地点</td><td></td></tr>
<tr><td>本人联络电话</td><td></td><td>紧急联系人</td><td></td><td>是否参保</td><td>是</td><td></td><td>否</td><td></td></tr>
<tr><td>调查/受理时间</td><td></td><td>事故类别编号</td><td></td><td>事故现场见证人</td><td></td></tr>
</table>

（续表）

事故发生详细经过			
事故发生原因分析	1．事故直接原因： 2．事故间接原因：		
预防与改善措施			
事故责任划分	1．事故直接责任划分： 2．事故领导责任划分：		
跟进情况	1．预防措施实施情况： 2．员工治疗情况： 跟进人：		
部门责任人		当事人	
调查人员		调查日期	
安委会			

表格13：危险化学品使用现场检查表

危险化学品使用现场检查表

序号	检查内容	检查说明	应得分	实得分	备注
1	现场安全条件	（1）作业现场应与明火区、高温区保持足够的安全距离，一处不合格扣全分。 （2）作业现场应设有安全告示牌，标明该作业区危险化学品的特性、操作安全要点，应急预案等，一处不合格扣2分。 （3）凡产生毒物的作业现场应设有稀释水源，且备有公用的防毒面具和防毒服，一处不合格扣2分。 （4）作业现场应有安全警示标志，一处不合格扣0.5分。	6		

（续表）

序号	检查内容	检查说明	应得分	实得分	备注
2	现场使用	（1）现场使用点的危险化学品存放量不得超过当班的使用量，一处不合格扣4分。 （2）使用前和使用后必须对容器进行检查，且定点存放，一处不合格扣1分。 （3）化学废料及容器应统一回收，按规定进行妥善处理，未按规定进行处理的扣5分。	5		
3	事故预防	（1）使用点应配置消防器材和消防设施，且完好、有效，一处不符合扣1分。 （2）定期对危险化学品使用场所进行安全评价或条件认证，未进行扣4分。	4		
4	氯气使用点的安全措施	氯气使用点必须有可靠的应急响应措施，及时处理氯气的泄露或故障。			
		合计	15		

第五章　现场品质专项管理

生产现场工作的顺利进行离不开良好的品质控制，因此企业必须从各个方面抓好现场的品质控制工作，确保生产出品质优良的产品。

第一节　现场品质专项制度管理

品质管理涉及的制度很多，如在制品品质控制办法、不良品控制办法、不良品退回管理办法等，每项制度都是用于规范相关工作或行为的，例如在制品品质控制办法主要用于规范对在制品进行品质控制工作，对在制品的投入、在制品的入库及转移等作了明确规定。

制度01：在制品品质控制办法

<table>
<tr><td rowspan="2">文件名称</td><td rowspan="2">在制品品质控制办法</td><td>编号</td><td></td></tr>
<tr><td>版本</td><td>A／0</td></tr>
<tr><td colspan="4">
一、目的
为明确公司在制品的管理，确保在制品的品质控制，特制定本办法。
二、适用范围
适用于本公司的在制品管理。
三、内容
1．定义
在制品是指所有权属于公司的，根据生产计划生产，存在于批量生产过程中各个环节（生产、仓储、转移、工序外协等）的所有生产材料、毛坯、外购件（包括国产和进口的）、半成品和尚未报交的完工产品。在制品具体包括：
（1）停留在各车间进行加工制造的在制品。
</td></tr>
</table>

（续表）

（2）正在生产车间返修的不良品，以及虽已完成了本车间的生产但尚未报交的产品。 （3）已完成部分加工阶段，已由中间仓库验收或寄放，但尚未完成全部生产过程的自制半成品。 2．在制品的投入 （1）物料仓库根据生产计划，按照领料或送料单据上的数量及品种，遵照先进先出的原则发放原材料。 （2）工厂填写"零件领料单"，到车间所属仓库领用冲压零件。 （3）各仓库根据生产计划和定额，严格执行限额发料。 （4）各仓库管理部门将收发信息输入计算机系统，做到日清月结。 （5）物料交接时，生产线根据工厂确定的需要清点的品种、清点的方式，清点投入的毛坯、零件或材料的数量，并与领料或送料单据上的数量进行核对。生产线在领料或送料单据上签字或签章，双方完成交接手续，各自记录领用情况。 （6）各工厂定期与仓库核对物料领用记录，发现问题，由仓库管理部门及时修正。 3．在制品的入库及转移 （1）物料的搬运、储存及发运遵循《物料搬运、储存、发运规定》。 （2）在制品在转移时，根据规定填写"报交卡"、"完工转移单"、"在制品装箱单"或"内部调拨单"等单据，清点完毕后，及时送至有关部门。相关部门应及时记录，做到日清月结。 （3）车间委托仓库寄放在制品，交接双方根据规定完成交接手续，编制详细账目，并定期检查在制品存放状况。 （4）工厂确定在制品在车间或工序之间转移的交接和记录方式。 4．在制品台账的维护和盘点 （1）工厂根据生产的特点及实际需要，设置车间在制品台账。装配车间可以根据生产的特点和实际情况，确定台账中在制品的品种。 （2）工厂根据生产的特点和实际情况，制定《车间在制品管理工作指导书》。 （3）工厂跟踪监督系统中在制品数据，发现问题及时向物流部门和财务部门反映。 （4）由财务部牵头各工厂、物流组成在制品专项工作小组，处理系统台账中在制品账物问题。 （5）全公司盘点工作遵循《存货盘点管理规定》，由物流部门会同财务部每年共同组织进行一次。

（续表）

（6）财务部根据盘点结果，进行记账。 5．报废 在制品工废、料废的处理遵循相关规定。 **四、附则** （1）本办法由品质管理部门制定，其解释权归品质管理部门所有。 （2）本办法经总经理批准后，自颁布之日起实施。

编制		审核		批准	

制度02：不良品控制办法

文件名称	不良品控制办法	编号	
		版本	A／0

一、目的

为了对不良品实施有效的控制，防止不良品的流入、误用及流出；并对不良品进行合理的处理，以减少损失，特制定本办法。

二、适用范围

适用于对进货、生产过程、出货检查出的及客户投诉的不良品和客户退货的处理。

三、内容

1．不良品的提出

当不能确认产品品质是否合格或对产品品质有怀疑时，或当产品使用或混入了禁用物质（含：不能确认产品是否已使用或混入了禁用物质，或对产品有怀疑）时，公司内所有人员都有责任将情况向品质部提出。

2．不良品的确认

品质部相关检查员应对所提出的不良品进行确认，需要时应与供货商或客户进行协商处理。

3．不良品的标示

（1）相关检查员负责依“检验和试验状态控制程序”对不良品进行标示。

（2）不良品所在部门负责将不良品放至指定区域。

（续表）

4．不良品的处理原则

（1）品质部负责决定不良品的处理方法。不良品的处理方法包括：返工、特采、报废和退货。

（2）当发现或怀疑不良品时，由品质部立即向客户提交书面报告（尽可能降低或消除不良品对客户的影响）。若客户有特殊要求时，则依客户要求执行。

5．不良品的处理方法

（1）发现不良品的处理。

经IPQC确认后，由生产部门自行处理。

（2）过程检查发现不良品的处理。

①过程检查经IPQC组长判定不合格时，由其开具“品质异常联络书”并附不良样板交品管领班及其以上人员确认。

②经确认的“品质异常联络书”交相关生产部门，由其负责依“品质异常联络书”指定的方法对不良品进行处理。

（3）出货检查发现不良品的处理。

出货检查经OQC组长判定为不合格时，由其开具“品质异常联络书”连同“出货品质检验报告”及不合格样板交品质部主任/主管确认，并由其决定处理方法；同时负责安排对不良品进行处理并通知责任部门制定改善对策。

（4）客户投诉不良品产生的处理。

①由品质部IQC/OQC组长以上人员开具“不良品处理报告”交主管确认，并由其决定处理方法，负责安排对不良品进行处理。

②若客户要求对其仓存进行返工，由品质部负责安排人员依“返工工作办法”进行处理。

（5）不良品进行处理前需通知品质部派员跟进。

（6）处理过程的跟进及复检。

（7）不良品处理完毕，由品质部检查员按原抽样标准重新检查，判定为合格后方可入库或出厂。

6．品质记录

（1）不良品处理报告。

（2）品质异常联络书。

（3）材料审查会议记录。

（4）来料投诉书。

（续表）

<table>
<tr><td colspan="6">四、附则
（1）本办法由品质管理部门制定，其解释权归品质管理部门所有。
（2）本办法经总经理批准后，自颁布之日起实施。</td></tr>
<tr><td>编制</td><td></td><td>审核</td><td></td><td>批准</td><td></td></tr>
</table>

制度03：不良品退回管理办法

<table>
<tr><td rowspan="2">文件名称</td><td rowspan="2">不良品退回管理办法</td><td>编号</td><td></td></tr>
<tr><td>版本</td><td>A／0</td></tr>
<tr><td colspan="4">一、目的
为了提高不良品退回环节的管理效率，保证不良品处理工作的准确、有效，防止不良品再次流入生产环节或市场，特制定本办法。
二、适用范围
适用于对生产中产生不良品的管理。
三、内容
不良品是指由于设计、加工、总装配、测量器具、检查方法、规格设定等方面的失误，导致产品在制造过程中产生不良情况。
1．不良品判断
（1）从技术角度判定产品品质的常用级别为三级。
①A级：产品特性完全符合品质规格（设计上）的要求。
②B级：产品部分特性偏离品质标准规格（设计上）的要求，但目前使用上无问题，鉴于成本、交货期等方面的考虑，暂维持现状，视时机再进行改善。
③C级：产品特性完全不符合品质规格（设计上）的要求，需要立即进行改善。
④在前工序提供加工样品时就要进行判定，运用恰当的检测手段，区分出自责不良品和他责不良品。
（2）判定时要注明他责不良品的具体内容、程序、比率、发现经过。
（3）对于一开始就判定是B级的产品，中途因故无法使用时，需要预先通知前工序，本着“风险共担”的原则协调解决。</td></tr>
</table>

（续表）

2．不良品的退回处理 （1）核对实物与《不良品清退一览表》中所记录的具体内容名称、编号、数量是否一致。 （2）自责品要退回资材仓库进行报废。生产现场应对所有不良品进行登记造册，即填写《不良品清退一览表》。该记录与实物必须相符。 （3）外观类的不良品在退回前由品质管理部门给出最终判定。 （4）在测定、验证上有难度的可由技术部门进行确认。对不良品的判定、处理，技术部门同样负有指导责任。 （5）如果是定期累积清退不良品的话，则需要填写《不良品清退一览表》，同时在每一组相同不良品的实物上，还要贴附《不良品清退明细表》。 3．注意事项 （1）不良品上应标志不良部位或添附说明文字。如果是整批退回的话，则要附上判定部门发出的文件。 （2）若不良品在后工序就地处理（前工序负责）的话，则无须运送回前工序。如果需要运回前工序才能处理的话，则须填写退回单据，以管理数量。 **四、附则** （1）本办法由品质管理部门制定，其解释权归品质管理部门所有。 （2）本办法经总经理批准后，自颁布之日起实施。					
编制		审核		批准	

制度04：返修（工）作业指导规程

文件名称	返修（工）作业指导规程	编号	
		版本	A／0
一、目的 明确公司制造的产品出现不良品的返修（工）品类时的处理办法，不良品、待判品、报废品隔离，以及防止返修（工）品再发生时的纠正与预防措施对策，特制定本规程。			

（续表）

二、适用范围

适用于本公司的各种生产工艺流程中发生的返修（工）品的处理，以及客户退货品中返修（工）品的处理办法和对策等。

三、内容

1．定义

（1）返工：对不良品采取措施，使其符合规定的要求。

（2）返修：对不良品采取措施，使其满足预期用途的要求。

2．制造过程中产生的返修（工）品

（1）工序作业人员按照标准判为不合格后，应将其与合格品分开放置，并作不合格标示。

（2）品质部过程检验员及生产部，必要时工程技术部人员会判定不良品，判定为报废品时，填写“不合格处理报告”；若判为返修（工）品，由过程检验员注明返修（工）标志并放置至指定区域，必要时开具“纠正与预防措施报告”。

（3）生产部根据生产情况自行制订返修（工）计划，由生产部维修人员具体执行返修（工）任务，填写“返工（修）记录表”。

（4）返修（工）人员必须对返修（工）后产品进行重新检验，品质部检验员按计划对重新检验的产品根据客户图纸、技术规范及制程检验规范、抽样计划进行复检，复检合格后方可贴合格标志并放入指定的合格区域。同时过程检验员要填写“制程检验查核表”且用红笔标注“返修（工）”字样。若检验员无法明确判定，要请示上一级主管。

（5）返修（工）品作为让步接收时，由生产部、计划/客服部、品质部、工程技术部等相关部门共同研究，向客户提出申请，经客户批准。

3．退货品/返修（工）品

品质部OQC检验员根据客户出具的退货单进行确认，若判定为返修（工）品时，按第二点实施。

4．防止再发生返修（工）的对策

由品质部主导，生产部、工程技术部协助调查返修（工）发生的原因，由品质部提出“纠正与预防措施报告”，由责任部门过程负责人分析原因，制定相应的预防对策，品质部确认对策实施状况。

5．相关记录

（1）制程检验查核表。

（2）纠正与预防措施报告。

（续表）

<table>
<tr><td colspan="6">（3）返工（修）记录表。
四、附则
（1）本规程由品质管理部门制定，其解释权归品质管理部门所有。
（2）本规程经总经理批准后，自颁布之日起实施。</td></tr>
<tr><td>编制</td><td></td><td>审核</td><td></td><td>批准</td><td></td></tr>
</table>

制度05：产品报废管理办法

<table>
<tr><td rowspan="2">文件名称</td><td rowspan="2">产品报废管理办法</td><td>编号</td><td></td></tr>
<tr><td>版本</td><td>A／0</td></tr>
<tr><td colspan="4">一、目的
为控制产品的报废活动，加强对报废品的处置管理和产品成本的控制，特制定本办法。
二、适用范围
适用于报废品的产生、判定、定置直到清理出生产现场、回收、销毁的全过程。
三、内容
1．定义
（1）报废品：无法通过返工、返修恢复其预期功效，且不能作让步处理继续使用的不良品。
（2）报废：对报废品进行申报、评审判定、处置、处理等的一系列管理活动。
2．报废品的预判定
发现不良品的各部门负责人根据不良品的状态对其进行预判定，并及时通知最终判定人员对其进行最终判定（一般在发现不良品后的2个工作日内完成最终判定工作）。通常对不合格产品采取的处理方式有：拒收、返工、返修、让步、报废。
3．报废品的判定及记录
（1）料废品由发现部门填写“料废通知单”报材料实验人员或回收鉴定人员对其进行最终判定，“料废通知单”上应注明料废品的生产厂家、数量、损失工时及损失费用，如果产生连带件损失，应将连带件的数量、损失工时及损失费用加上。最终判定后由发现部门将所有报废品运送至指定回收位置。“料废通知单”共五联，第一联由品质</td></tr>
</table>

（续表）

部留存，第二联由财务部留存，第三联由物流部门留存，第四联由采购部留存，第五联交供应商留存。（注：发现部门必须将料废品及连带报废品拆解成最小的供货状态。） （2）工废品由发现部门填写“工废通知单”，交由责任部门主管以上领导或其授权人签字认可后（如果责任部门不认可，由材料实验人员或回收鉴定人员对责任部门进行最终确认），报材料实验人员或回收鉴定人员对其进行最终判定，“工废通知单”上应注明造成工废的责任部门、工废品数量、损失工时、损失费用；最终判定后由发现部门将所有报废品运送至指定回收位置。“工废通知单”共五联，第一联由品质部留存，第二联由责任部门留存，第三联由财务部留存，第四联由生产管理部留存，第五联由物流部门留存。（注：批量生产后由于设计更改导致的产品报废算工废，由研发部承担损失。） 4．已判报废品的处置 （1）回收鉴定人员将所有的已判料废品作出特殊的标志（防止被再利用）后，由物流部门每天将其运送到物流库房统一管理，并及时地将料废品及其连带报废件退回给供应商。 （2）凡是已判定工废的产品，经品质部或专业厂认定仍有利用价值的，由品质部回收鉴定人员按照《回收鉴定管理办法》组织回收再利用。 （3）凡是已判定工废的产品，经品质部或专业厂认定无利用价值的，由物流部门每天将其运送到物流库房统一管理，并及时地将工废品送至废品处理场。 （4）如果供应商不愿退回料废品，则该料废品等同于工废品处理。 **四、附则** （1）本办法由品质管理部门制定，其解释权归品质管理部门所有。 （2）本办法经总经理批准后，自颁布之日起实施。					
编制		审核		批准	

制度06：搬运品质控制管理规程

文件名称	搬运品质控制管理规程	编号	
		版本	A／0
一、目的 为避免产品、材料在转移、搬运过程中，造成产品、材料损坏、变质或误用；对成			

（续表）

品在装箱、包装和标志过程（包括所用材料）中进行必要和有效控制，并对其采用适当的防护措施，确保产品品质符合公司和客户的要求，特制定本规程。

二、适用范围

适用于对本公司所有产品的搬运工作。

三、内容

1．合理选用运输工具

（1）使用塑料筐：产品在塑料筐内的堆置高度须低于塑料筐本身高度，以免堆置时上面塑料筐的底部压伤、压坏产品。

（2）使用纸箱：使用能承受堆置纸箱盛装产品时，产品在纸箱内的堆置高度不可高于纸箱口；重的产品放在下层，轻的产品放在上层，以避免上箱重量压伤、压坏下箱产品；纸箱堆叠层数按箱上标志确定。

（3）使用塑料油桶：溶剂类物品、化学药品、有毒物品、腐蚀性物品等在搬运时，需取适当的塑料桶盛装并标示后方可进行搬运。

2．厂内产品搬运

各搬运人员，应视搬运对象的状况，选择适当搬运工具进行搬运，并将产品整齐摆放于指定区域。

（1）人工搬运。

①应考虑搬运物品的重量负荷，当负荷太大时应考虑使用工具。

②以省时、省力、安全为原则。

③在搬运化学药品、有毒、腐蚀性物品时，应使用防护劳保工具。

（2）手推车、手压车搬运。

①必须平衡堆置，重的物品应放置于下方，以避免物品掉落。

②物品重量不可超过手推车、手压车额定重量。

③产品堆置高度不可妨碍推车人的视线，宽度不可宽于行经通道，以避免碰撞。

④应以安全速度匀速推车，避免速度过快而将其翻倒。

（3）叉车、微型货车搬运。

①叉车、微型货车司机应持有国家承认的驾驶执照。

②驾驶叉车、微型货车需注意路面及行人情况，控制车速，以确保安全。

（4）货物电梯使用规定。

①货物电梯严禁超载。

②货物须在电梯内摆放整齐，以避免在电梯移动时散落。

（续表）

③货物电梯的操作，应严格按照操作规程进行。 3．厂外搬运 当所需搬运的产品、材料重量超出本公司搬运能力时，由有关部门询洽外部合格的交通运输搬运公司，并与之签订具有法律效力的服务合约，同时对其进行定期考核（指定的航运公司除外）。 4．搬运过程中异常状况处理 若产品在搬运过程中产生损坏（包括外包装）、变质时，应对搬运部门进行原因调查并追究相关人员的责任。 （1）厂内搬运时出现搬运过程中的品质异常状况，则该产品须经检验人员作产品品质检测并确认合格后方可进入下一流程，若产品经重新检验仍不合格则由相关部门依《不良品控制程序》（见附件）进行作业和处理。 （2）厂外搬运时出现搬运过程中的品质异常状况，则由财务部（必要时会同品质部）要求外界交通运输公司按合约作出相关处理。 **四、附则** （1）本制度由品质管理部门制定，其解释权归品质管理部门所有。 （2）本制度经总经理批准后，自颁布之日起实施。					
编制		审核		批准	

制度07：产品储存管理制度

文件名称	产品储存管理制度	编号	
		版本	A／0
一、目的 为避免产品在储存过程中出现损坏等情况，特制定本制度。 **二、适用范围** 适用于对产品的储存管理。 **三、内容** 1．储存、防护的一般要求 （1）各库房保管人员，必须参加相关技术培训和考核，取得资格合格证后方可上岗			

（续表）

工作。按《人力资源管理程序》执行。 （2）储存、防护的环境条件，由相关部门根据产品的特性、产品技术条件以及国家有关法规法令，确定适宜的库房环境条件要求。 （3）对温度、湿度有要求的库房，必须按规定进行控制，保管人员应做好监控和记录。 （4）产品的储存应按型号、批次号进行摆放和管理，并按《标示和可追溯性程序》进行标志，严格按先进先出原则进行发放。 （5）对化学药品、易燃、易爆、有毒物品、有腐蚀性等危险品应进行适当距离的隔离存放，具体按《危险化学品管理程序》执行。 （6）需要油封储存的产品必须由经培训的人员进行油封才能入库，并定期进行检查。产品油封期限到期，保管人员转交油封工，经清洗再油封，确保零组件处于良好的防锈状态。 （7）对有保管期限的器材应提前一个月进行隔离和标志，同时上报部门领导及时进行处理，超过储存期的产品按《不良品控制程序》执行。 （8）各仓库应每半年一次对仓库所有储存的产品、物料作品质抽样查核（抽样的比例由各库房按所查核产品、材料的数量大小决定），以便及时发现仓库中储存的产品、材料变质、损坏情况。并将查核的结果和数据记录于“产品库存查核表”中，经各仓库主管签核后由仓库仓管员保存。 ①如产品、物料的品质为异常（包括有时效性限制的产品保存期限过期），则由检验人员按《纠正和预防措施控制程序》规定开具纠正与预防措施报告知会仓库，要求其进行原因分析并提出纠正措施，同时以“不良品”标牌对其进行标志并移入不良品区进行隔离。 ②如产品、物料为品质异常经返工/返修后仍不能成为合格品，则由各仓库按《不良品控制程序》进行处理。同时做好台账与标志卡记录。 （9）各库房于每月最后一个工作日前对外购件、在制品（半成品）、成品等进行实物盘点，将盘点结果记录于盘点汇总表及库房台账上，保持账、卡、物一致。每次盘点后应由库房负责部门对主要库存产品（公司目前仅针对采购产品）计算出存货周转率（≥0.5），并将其记录于“原材料库存周转率统计表”中，若周转率<0.5，应分析原因并提出纠正措施。 （10）相关部门对各库房建立库房管理制度。 2．原材料与器材的储存 （1）要有标明原材料名称、规格等内容的“器材挂签、材料发放库存记录卡”。

（续表）

（2）对有封存期、复验期、保管期要求的器材，应在器材挂签及保管账上注明相应期限。

（3）原材料与器材接收后应及时入库，仓管员填写器材入库单及“器材挂签、材料发放库存记录”卡，“待验”用黄色卡、“合格”用白色卡，“不合格”用红色卡；填写“原材料收支与结存明细核算卡片”。

（4）原材料与器材的领用，必须使用“限额领料单”，仓管员根据“限额领料单”对实物进行核对无误后在领料单上填写发放批次、数量，检验员检查。

（5）根据材料、器材的重要性、采购的难易程度、金额和其使用量、使用频率，将其列入“物料需求计划”中，报部门主管审核批准。当其安全库存不够时，应及时采购补齐。

3．零组件与产成品的储存

（1）零组件、产成品入库时（包括暂存），必须经检验合格，并在工艺路线卡上盖章，仓管人员及时办好交接手续，入库后按不同的保管条件进行储存、保护。

（2）对有精加工表面的零组件，不得直接摆放在地面上，必须装在零件箱中或放在零件架上。

（3）凡要油封的零组件，仓管员必须及时转交油封工，油封工按工艺文件及时做好油封，油封包装时必须戴手套，并准确填好标示，办好交接手续。

（4）对于丢失和损坏的零组件要及时查明原因并及时上报主管部门。

（5）因改型或设计、工艺更改需要返修、报废的零组件由仓管员按更改单及时隔离，由检验人员按公司相关要求办理返修或报废。

（6）零组件入库时，由入库部门填写“零组件移交单”，仓管员按批次号、数量凭入库单及时登账，做到账、卡、物相符。

（7）产成品入库时必须是经最终检验为合格后的产品，应带齐“产成品入库单”和相关资料，按产品型号、数量、批次及时登记上账。

（8）凡库存产成品，因品质或其他原因需要出库时，必须经财务部同意，由经办部门办理“借用”手续后方可出库。重新入库时需经承借部门检验人员检验合格，并经财务部确认、同意后方可入库。

（9）产成品交付按规定执行。根据保管和使用环境要求，合理地选用包装材料可以可靠地保护产品不变质、不变形、不渗漏、不损坏。

四、附则

（1）本制度由品质管理部门制定，其解释权归品质管理部门所有。

（2）本制度经总经理批准后，自颁布之日起实施。

编制		审核		批准	

制度08：产品包装过程品质控制管理办法

文件名称	产品包装过程品质控制管理办法	编号	
		版本	A/0

一、目的

为保证产品包装品质，特制定本办法。

二、适用范围

适用于对本公司包装品质的控制管理。

三、内容

1．包装要求

（1）当产品技术要求或客户对产品或零组件有包装需求时，由技术部提供产品包装相关工艺技术资料。

（2）设计人员必须根据产品的物理、化学性能特征，考虑外型、体积、结构、重量以及产品流动等因素进行设计。

（3）设计人员选用包装材料、辅助材料时必须符合图样、技术条件的要求。

（4）产品在包装前，必须经检验合格，具有合格标志或合格证明文件，保证产品、备件、附件和技术文件齐全。

（5）操作者要严格控制产品批次，不得混批包装。

（6）产品包装环境条件，须符合技术文件的规定。

（7）产品包装人员必须严格按《产品包装工艺》的规定，对产品进行包装，保证产品包装品质以及产品标志的完整，并在外包装上注明防雨、防倒立或叠加层数等标志。

（8）产品在包装、储存、运输过程中或用户使用中发现产品包装不能起到其应有作用时，应迅速将信息传递至技术部，由技术部对其进行改进。

（9）技术部应做好包装技术资料的收集工作，及时修改、补充相关资料，对成熟及通用技术编制正式技术文件进行存档。

2．防护

（1）产品和零组件不准直接摆放在地面上，必须装在箱中或放在架上。

（2）仓库内要有醒目的防火标志和足够的消防器材。仓管员应做到在每日下班前对库房进行全面检查，消除事故隐患。

四、附则

（1）本办法由品质管理部门制定，其解释权归品质管理部门所有。

（2）本办法经总经理批准后，自颁布之日起实施。

编制		审核		批准	

制度09：产品品质奖惩条例

文件名称	产品品质奖惩条例	编号	
		版本	A／0

一、目的

为完善本公司品质管理制度，加强对产品品质的监督管理，提升产品品质，达到客户满意的目的，以及通过奖优罚劣的手段，提高全员的积极性、责任感，从而有效地达到激励全员参与、全员品管的目的，特制定本条例。

二、适用范围

适用于本公司所有产品品质奖惩的管理。

三、内容

1.品质事故的定性范围

下列行为/现象均属于品质事故：

（1）违反工艺和操作规程，造成重大后果的。

（2）因错检、漏检，致使不合格原材料进厂或不合格产品出厂，造成经济损失的。

（3）生产工序间没有按规定进行“三检”（专检、互检、自检）而出现品质问题，造成损失的。

（4）因物资/产品保管不善，造成报废/降级/返工/退货的。

（5）因错发产品/材料，对销售/生产产生影响的。

（6）因运输维护不当，造成产品/材料受损，而延误交付/生产的。

（7）生产现场物品未按规定摆放，造成标志混乱/不全，致使错用的。

（8）生产记录填写不规范，影响产品品质/不符合程序文件规定的。

（9）各类统计报表、台账和原始记录不真实、不完整的。

（10）纠正措施没有按期整改的。

（11）一次交验合格率没有达到规定要求的。

（12）其他影响产品品质，造成损失的。

2．操作员工的奖励

（1）能及时发现本工序产品品质隐患，避免批量不良品发生者，每举报一次，给予奖励××元。

（2）发现工艺/技术文件等编写错误，避免产生严重后果者，每举报一次，视其影响程度，给予奖励××～××元。

（3）发现检验员将不良品误判为合格品，避免或减少品质损失者，每举报一次，视

（续表）

其影响程度，给予奖励××～××元。 （4）互检时及时发现上工序产品存有严重品质问题，避免了不良品流入下工序者，每举报一次，给予奖励××元。 （5）对本工序存在的品质问题或隐患，能积极提出改善建议且被采纳者，视其改善效益，给予奖励××～××元。 （6）月度品质统计中，员工在本职工作中未造成品质事故的，且配合品质工作者，由所属部门的主管及质检员共同评选出1～3名人员，推举为“品质标兵”经审查确定后给予奖励××元/人（原始数据来源于巡检员记录的“首件及FQC检验报表”，品质部负责月度统计）。 3．专职品管员的奖励 （1）IQC/OQC：月度品质统计，当月检验误判次数为0次时（零星不良不计其内，失误次数以不良比率超过其AQL允收水准值为准），给予奖励××元/人（原始数据来源于“首件及FQC检验报表”、“不良品评审单”及“客户投诉/退货一览表”，品质部负责月度统计）。 （2）IPQC：月度品质统计，当月度检验误判次数为0次时（零星不良不计其内，误判次数以不良率超出5%为准），给予奖励××元/人（原始数据来源于“首件及FQC检验报表”、“不良品评审单”及“客户投诉记录”，品质部负责月度统计）。 （3）对本岗位工作存在的品质问题或隐患，能积极提出改善建议且被采纳者，视其改善效益，给予奖励××～×××元/次。 4．各职能人员（仓库/采购/技术/业务/模具工/维修工/文员等）的奖励 （1）月度总结中，在本职工作上从未发生因人为失误而造成品质事故者，由其部门主管推举表现优异者向厂部申请奖励，视其职务重要度给予奖励××～××元/人（原始数据由各部门主管自行收集，并结合“不良品评审单”及“客户投诉记录”进行最终评定）。 （2）对本职工作中存在的品质问题或隐患，能积极提出改善建议且被采纳者，视其改善效益，给予奖励××～×××元/次。 （3）在品质改进工作中有重大突出贡献者，由公司总经理或总经理助理颁布特别奖，并召开表彰会进行表彰。 5．管理层的奖励 月度统计中，本部门未因人为失误产生批量不合格，且制程抽检合格率及成品不良率均达到目标者，给予其负责人奖励××元/人（原始数据来源于“不良品评审单”、“客户

（续表）

投诉记录表”、“年度品质管理表”及“月度FPY统计”，品质部负责月度统计）。

6．操作员工的处罚

（1）未送首件产品确认，造成批量不合格者，给予处罚××元/次，并承担相应的返工或赔偿责任。

（2）未落实自检，造成批量不合格者（不良率超10%时），给予处罚××元/次，并承担相应的返工或赔偿责任。

（3）未落实互检，造成批量不合格流入下工序或客户者（与本工序有相关性的），给予处罚××元/次，并承担相应的返工或赔偿责任。

（4）未落实自检/互检，造成个别产品存有严重缺陷而流入下工序，情节严重者，给予处罚××～××元/次。

7．专职品管员的处罚

IQC/IPQC/OQC：未按有关标程序及标准作业，造成首检错误、批量不合格、后工序或客户代表反馈不合格，不良比率超过5%者，视其造成损失程度，给予处罚××～××元/次。

8．管理层的处罚

（1）现场发生较严重的批量性不合格时，现场管理人员应承担连带责任，并视其情节轻重扣罚××～××元。

（2）发生重大品质事故（或客户退货）造成严重损失时，相关责任部门主管应承担连带责任，并视其情节轻重扣罚××～×××元。

（3）管理层其他形式的处罚按情节轻重办理。

9．不良品返工的责任分配比例

（1）本工序/岗位产生的批量性不合格。

①因操作员未送首件产品确认而产生批量性不合格时，1小时内产生之不合格，由操作员100%承担相应的返工责任；1小时之后产生之不合格，责任分配比例则为：操作员30%、班长20%、品管员50%。

②因品管首件确认错误而产生的批量性不合格时，其责任分配比例为：操作员20%、班长20%、品管员60%。

③首件确认合格，但因操作员未落实自检而产生的批量性不合格时，其责任分配比例为：操作员50%、班长40%、品管员10%。

④各职能人员因人为失误而造成产品批量性不合格，由当事人100%承担相应责任，其部门自行协调处理。

（续表）

（2）流入次工序发现的不合格。

①因操作员未落实自检/互检，造成批量不合格流入次工序时（指流出两个或两个以上工序的不合格），其责任分配比例为：直接操作员40%、品管员20%、间接操作员20%、班长20%。

②因操作员未落实自检/互检，造成个别产品存有严重缺陷而流入次工序时，其责任分配比例为：直接操作员70%、间接操作员30%。

③因品管人员因批量误判，造成不合格品流入次工序时（指流出本部门的不合格），若为来料不合格，则由责任品管员及供应商共同承担；若为制程不合格或客户退货不合格，其责任分配比例为：品质部80%、生产部门20%，具体细分方式由各部门自行协调。

10．奖罚程序

（1）属日常作业中突发产生的品质奖罚信息，由其部门于事发后24小时内填写“品质奖罚处理单”，并及时知会品质部进行调查、核实，之后再逐级呈送至生产副总经理批准，最后转财务部实施奖罚。

（2）属月度品质统计后而产生的品质奖罚信息，由品质部负责按月收集、统计，并将有关品质原始数据汇总后以书面形式通知各部门，再由其根据实际情况填写“品质奖罚处理单”，逐级呈送至生产副总处批准，最后转财务部实施奖罚。

（3）有关部门人员所产生的奖罚金额，均于当事人当月薪资中体现，并在公告栏上加以公布。

11．执行奖罚的原则

（1）具备充分的理由和清晰的证据。

（2）奖罚的轻重程度应与所产生的经济效益或损失大小相符合。

（3）实施处罚时，应提前确认程序/流程/标准的合理性、可操作性及人员资格等，仅因人为因素（未落实有关标准/无责任感/粗心大意等）造成的不合格，则执行品质处罚。

（4）员工对品质处罚不满意时，有上诉的权利，最终由品质负责人及生产副总经理解决。

四、附则

（1）本条例由品质管理部门制定，其解释权归品质管理部门所有。

（2）本条例经总经理批准后，自颁布之日起实施。

编制		审核		批准	

制度10：客户投诉处理办法

<table>
<tr><td rowspan="2">文件名称</td><td rowspan="2">客户投诉处理办法</td><td>编号</td><td></td></tr>
<tr><td>版本</td><td>A／0</td></tr>
</table>

一、目的

为规范客户投诉处理程序，及时、准确地处理客户投诉，特制定本办法。

二、适用范围

适用于所有有关产品品质的客户投诉处理。

三、内容

1．投诉的接收

（1）客户投诉由品质部助理工程师或以上人员负责接收。

（2）其他部门或个人收到客户投诉时，应转交品质部，必要时填写“客户品质投诉通知书/调查报告”的投诉内容栏后交品质部助理工程师或以上人员，有样板时要附样板。

2．投诉的确认

（1）品质部助理工程师或以上人员收到投诉后，立即通过调查正在生产或库存产品的品质状况，分析、确定投诉现象是否成立。

（2）证实投诉成立时要第一时间报告给管理者代表或以上人员。

（3）投诉的问题不存在时，品质部与客户联系，协商解决，并保存过程记录（需要时，可通过销售部及研发部与客户沟通，协商解决）。

3．投诉的处理

（1）客户投诉确定后；品质部将收到的投诉资料（必要时连同样板一起）发放至相关人员（包括生产部、销售部、研发部、制造工程部等相关部门）处。

（2）品质部确定客户投诉的不良品的处理方法（急需出货时，应及时联络品质部助理工程师或以上人员），详细处理流程见“不合格处理程序”。

4．对策的制定及回复

（1）品质部助理工程师或以上人员在收到客户投诉资料的3个工作日内应召集工程部、生产部相关人员共同分析不良原因，制定改善对策，记录于“客户品质投诉通知书/调查报告”，并根据客户要求的方法回复客户。

（2）若厂内调查为发现客户投诉的问题，品质部需将客诉内容通知相关部门，以便针对投诉加以控制；并与客户进行书面联络，要求提供详细的资料或样板；品质部在收到详细的资料或样板后3日内召集工程部、生产部相关人员共同分析不良原因，制定改善

（续表）

对策，并完成“客户品质投诉通知书/调查报告”或根据客户要求的方法回复客户。 5．对策的执行及跟进 （1）责任部门要认真贯彻执行改善对策，并由品管助理工程师或以上人员依照对策内容进行跟进。 （2）对于成立的客户投诉，品质部文员要将原因及对策登记入“产品不良台账”中。此台账与相应的“检查基准书”放在一起，以方便相关检查员及时了解投诉情况，并注意以改善对策对产品或作业方式加以控制。 6．对策效果验证 品质部助理工程师或以上人员负责跟进对策有否实施；并以“在实施对策后3个月内，OQC出货检查时有无客户投诉的问题再度出现”为判定依据，对改善效果进行评估。对策实施无效则由品质部助理工程师或以上人员召集相关人员重新制定对策。 7．客户投诉的预防 品质部文员汇总一周投诉，并根据“客户品质投诉通知书/调查报告”，制作“客户投诉周报”发放给相关部门及个人，总结经验，避免客户投诉的再次出现。 8．管理记录 （1）客户品质投诉通知书/调查报告。 （2）产品不良台账。 **四、附则** （1）本办法由品质管理部门制定，其解释权归品质管理部门所有。 （2）本办法经总经理批准后，自颁布之日起实施。

编制		审核		批准	

第二节　现场品质专项表格管理

品质管理涉及的表格很多，如现场品质问题记录日报表、品质信息反馈表、来料检验报告表等，每项表格应准确记录该项工作的内容，如现场品质问题记录日报表要记录产品型号、实际问题、发现人、发现日期等。

表格01：现场品质问题记录日报表

现场品质问题记录日报表

日期：　　　年　月　日

产品型号	件号名称	工序	实际问题	发现人	发现日期	责任部门

记录人：

表格02：品质信息反馈表

品质信息反馈表

<table>
<tr><td colspan="8">车间：
现将以下品质问题通知你们，请组织研究解决，并及时反馈处理意见及结果。</td></tr>
<tr><td colspan="2">填表日期</td><td colspan="2"></td><td colspan="4">存在问题及要求</td></tr>
<tr><td colspan="2">提出单位</td><td colspan="2"></td><td colspan="4" rowspan="4"></td></tr>
<tr><td colspan="2">产品、件号</td><td colspan="2"></td></tr>
<tr><td colspan="2">件名</td><td colspan="2"></td></tr>
<tr><td colspan="2">解决单位</td><td colspan="2"></td></tr>
<tr><td colspan="2">要求解决日期</td><td colspan="2"></td><td colspan="2" rowspan="3">分析：</td><td colspan="2">处理结果</td></tr>
<tr><td colspan="2">完成日期</td><td colspan="2"></td><td colspan="2" rowspan="2"></td></tr>
<tr><td colspan="2">重要程度</td><td colspan="2">A　B　C</td></tr>
<tr><td colspan="8">领导审批意见：</td></tr>
<tr><td colspan="2">填表部门</td><td colspan="2">认可部门</td><td colspan="2">品质部门</td><td colspan="2">解决部门</td></tr>
<tr><td>签字</td><td></td><td>签字</td><td></td><td>签字</td><td></td><td>签字</td><td></td></tr>
</table>

表格03：来料检验报告表

来料检验报告表

编号：　　　　　　　　　　　　　　　　　　填写日期：

<table>
<tr><td colspan="2">材料名称</td><td></td><td>材料规格</td><td></td><td>材料数量</td><td colspan="2"></td></tr>
<tr><td colspan="2">采购单位</td><td></td><td>采购日期</td><td></td><td>检验员</td><td colspan="2"></td></tr>
<tr><td rowspan="4">检验记录</td><td>检验项目</td><td>检验标准</td><td>检验结果</td><td>合格</td><td>不合格</td><td>备注</td><td rowspan="4">总 评
□合格
□不合格</td></tr>
<tr><td></td><td></td><td></td><td></td><td></td><td></td></tr>
<tr><td></td><td></td><td></td><td></td><td></td><td></td></tr>
<tr><td></td><td></td><td></td><td></td><td></td><td></td></tr>
<tr><td>总经理</td><td></td><td>品质检验主管</td><td></td><td>班组长</td><td></td><td>检验员</td><td></td></tr>
<tr><td colspan="2">仓库验收记录</td><td colspan="2"></td><td colspan="2">验收数量</td><td colspan="2">□充足　□溢交　□短缺</td></tr>
</table>

表格04：特采/让步使用申请单

特采/让步使用申请单

编号：

特采/让步使用类型：□原材料　□成品　　　　　　　　　填写日期：

<table>
<tr><td>客户/供应商</td><td></td><td>订单号码</td><td></td><td>批 号</td><td></td></tr>
<tr><td>产品名称</td><td></td><td>图号/版本号</td><td></td><td>标准/版本</td><td></td></tr>
<tr><td>规 格</td><td></td><td>数 量</td><td></td><td>标志</td><td></td></tr>
<tr><td rowspan="3">责任部门
申请描述</td><td>品质状况描述</td><td colspan="4"></td></tr>
<tr><td>申请让步原因</td><td colspan="4"></td></tr>
<tr><td>申请人</td><td colspan="2"></td><td>审核</td><td></td></tr>
<tr><td>处理决定</td><td colspan="5">□不准许特采/让步使用　□准许特采/让步使用　□准许改良后使用</td></tr>
<tr><td rowspan="4">品质管理
部门批准</td><td>职务</td><td colspan="2"></td><td>签名</td><td></td></tr>
<tr><td>职务</td><td colspan="2"></td><td>签名</td><td></td></tr>
<tr><td>职务</td><td colspan="2"></td><td>签名</td><td></td></tr>
<tr><td>职务</td><td colspan="2"></td><td>签名</td><td></td></tr>
<tr><td>备 注</td><td colspan="5"></td></tr>
</table>

表格05：供应商异常处理联络单

供应商异常处理联络单

自 电话： 日期：			至 E-mail： 编号：		
以下材料，请分析其不良原因，并拟订预防、纠正措施及改善计划期限					
料号		品名		验收单号	
交货日期		数量		不良率	
库存不良品		制程在制品		库存良品	
异常现象 IQC主管：　　　　检验员：					
异常原因分析（供应商填写） 确认：　　　　分析：					
预防、纠正措施及改善期限（供应商填写） 暂时对策： 永久对策： 审核：　　　　确认：					
改善完成确认 核准：　　　　确认：					

表格06：线上来料不良记录清单

线上来料不良记录清单

来料批号	检验批号	物料编号	来料性质	生产日期	不良品数量
合计					

表格07：半成品巡检记录表

半成品巡检记录表

日期	时间	用料名称	颜色	抽查数量	检验内容记录	通过		其他记录
					外观功能（测试、量度、试装）	是	否	

检查员（QC）：　　审核：　　批核：　　生产部：

表格08：待出厂成品检验表

待出厂成品检验表

编号：　　　　　　　　　　填写日期：

<table>
<tr><td colspan="2">机型</td><td colspan="5"></td><td colspan="4">客户</td><td colspan="2"></td></tr>
<tr><td colspan="2">规格</td><td colspan="5"></td><td colspan="4">数量</td><td colspan="2"></td></tr>
<tr><td colspan="2">材料</td><td colspan="5"></td><td colspan="4">制造号码</td><td colspan="2"></td></tr>
<tr><td></td><td>检验项目</td><td colspan="9">不合格箱号</td><td>合计</td><td>备注</td></tr>
<tr><td>1</td><td></td><td></td><td></td><td></td><td></td><td></td><td></td><td></td><td></td><td></td><td></td><td></td></tr>
<tr><td>2</td><td></td><td></td><td></td><td></td><td></td><td></td><td></td><td></td><td></td><td></td><td></td><td></td></tr>
<tr><td>3</td><td></td><td></td><td></td><td></td><td></td><td></td><td></td><td></td><td></td><td></td><td></td><td></td></tr>
<tr><td>4</td><td></td><td></td><td></td><td></td><td></td><td></td><td></td><td></td><td></td><td></td><td></td><td></td></tr>
<tr><td>5</td><td></td><td></td><td></td><td></td><td></td><td></td><td></td><td></td><td></td><td></td><td></td><td></td></tr>
<tr><td colspan="2">检验判定</td><td colspan="11">□准予出货　□再详细检验　□建议退厂处理　□等业务部门通知装运</td></tr>
</table>

检查员（OQC）：　　　　审核：　　　　批核：　　　　生产部：

表格09：成品检验月报表

成品检验月报表

年　月　日

状况 机种	检验批		检验数		不良情形	原因分析	改善对策
	合格	退货	合格	退货			
备注：							

核准：　　　　品管主管：　　　　制表：

表格10：品质不良率分析记录表

品质不良率分析记录表

编号：　　　　　　　　　　　　　　　　　　填写日期：

品名		件数		供应商		
检验型式	检验项目	入厂数	检验数	不良数	不良百分率	不良说明及处理

操作者：　　　　　　　　　经办人：　　　　　　　　　主管：

表格11：产品品质不良原因分析表

产品品质不良原因分析表

班：　　　　　　　　　　　　　　填写日期：

工令号码	产品名称规格	检验次数	不良数量记录						不良率

表格12：品质奖罚处理单

品质奖罚处理单

年　月　日

部门		职务		姓名	
奖罚缘由： 当事人确认：					
奖罚依据：根据《产品品质奖罚规定》有关条款项规定					
奖罚内容： □奖励：______元　□罚款：______元					

申请人		品质部		审核		批准	
备注：1．流程：各部门/单位责任人申请→品质部会签确认→副总批准→财务执行奖/罚。 2．当事人需签字确认，有异议可以按正规程序申诉；若情况属实，仍拒签，可由其上一级主管代签。							

第六章　现场成本控制专项管理

成本控制是企业要获得长远发展必不可少的措施。现场各级人员要通过各种措施来加强成本控制工作，尽最大努力为企业节省成本。

第一节　现场成本控制专项制度管理

成本控制涉及的制度很多，如物资领用“以旧换新”管理规定、工时定额管理办法、工时管理办法等，每项制度都是用于规范相关工作或行为的，例如物资领用“以旧换新”管理规定对物资的范围、“以旧换新”物资计划的管理、“以旧换新”物资的领用等作了明确规定。

制度01：物资领用“以旧换新”管理规定

文件名称	物资领用“以旧换新”管理规定	编号	
		版本	A／0

一、目的

为贯彻和落实“精细化管理”思想，加强对部门物资的管理和使用，降低生产成本和材料消耗，特制定本规定。

二、适用范围

适用于生产性消耗物资、大批物资的计划、领用、回收、回收处置等的管理。

三、内容

1．物资范围

对单位价值较大，便于统一存放和清点的物资实行“以旧换新”，即新领用某类物资时必须退回相应数量的废旧物资。实行“以旧换新”物资的范围包括阀门类、电器、仪表类（含电机）、轴承类、风机、泵类、灯具、工具类、有色金属、不锈钢类、各机型金属件等单位价值100元/件（含100元）以上的物资。

（续表）

2．“以旧换新”物资计划的管理

（1）物资计划的申报、审核、核库等按《关于物资计划的管理规定》执行。

（2）物资计划申报时，若属于新增物资，必须单独申报，并在计划上注明“新增”以及新增原因，经生产安全管理部、装备研发部、计划财务部、分管公司领导、董事长签字确认。凡未注明“新增”或未经相关部门、公司领导签字确定的，一律视同“以旧换新”物资进行管理。

3．“以旧换新”物资的领用

（1）原则上“以旧换新”物资在领用时遵循同规格、同品种，领用多少新物资即要退回同等数量的废旧物资（属新增或技改物资除外）的原则。未交回废旧物资的，按新物资价格的20%对责任部门进行处罚，并在三天内对其原因写出书面说明和整改计划。

（2）在生产、安装急需物资或其他特殊情况下需先领用新物资才能退回旧物资的，领用部门必须提交书面说明，并在领用新物资当日起5日内将旧物资交回，不得跨月。未按时间要求及时交回废旧物资的，一次处罚××元。

（3）对不便于运输的重量较重和体积较大的物资，由领用部门统一存放，信息物流中心人员定期到存放现场进行确定。信息物流中心人员未到存放现场进行确认的，一次处罚××元。各部门在确认后私自挪用的，一次处罚×××元；造成废旧物资遗失的，按新物资价格的20%进行处罚。

4．“以旧换新”物资的回收及再利用

（1）重量较轻及体积较小的物资由领用部门在领用新物资时交由仓库保管，由仓库统一进行回收及分类存放等管理。仓库未管理好废旧物资，造成废旧物资遗失的，按新物资价格的20%进行罚款。

（2）对不便于运输的重量较重和体积较大的物资，由各部门确定固定和统一的废旧物资存放地点进行存放，废旧物资必须分类、有序地进行堆放。

（3）仓库根据废旧物资数量通知相关部门及财务部对废旧物资进行鉴定，鉴定为能修复利用的物资则由相关部门负责在一个月内组织修复。如果一个月后还未修复，由相关部门组织再次鉴定，决定是继续修复还是交由工会回收组进行销售。修复完成的物资由相关部门及财务部核定新的计划价，各部门按新的计划价领用。

（4）仓库负责对各部门交回的废旧物资以及被鉴定为能进行修复的物资分别建立相关报表和统计台账。

5．不能修复再利用的物资的处置

（1）经鉴定小组鉴定为不能修复再利用的回收废旧物资，由仓库通知销售部门回收组进行分类销售。

（续表）

<table>
<tr><td colspan="6">（2）销售部在接到仓库通知后，5个工作日内必须对废旧物资进行回收销售。
四、附则
（1）本规定由生产部门主持制定，其修改、解释权归生产部门所有。
（2）本规定经总经理批准后，自颁布之日起实施。</td></tr>
<tr><td>编制</td><td></td><td>审核</td><td></td><td>批准</td><td></td></tr>
</table>

制度02：工时定额管理办法

<table>
<tr><td rowspan="2">文件名称</td><td rowspan="2">工时定额管理办法</td><td>编号</td><td></td></tr>
<tr><td>版本</td><td>A／0</td></tr>
<tr><td colspan="4">一、目的
为了加强劳动工时定额管理，使定额标准科学、先进、合理，使工时结算有据可依，真正实现按劳取酬，激发员工积极性和创造性，特制定本办法。
二、适用范围
适用于现场各车间定额工时或非定额工时的制定、修改、核算的管理。
三、内容
1．新产品工时的制定
（1）新产品试制阶段，由研发部门在编制产品工艺的同时，制定出零部件工时定额，相关部门/车间应积极参与工时定额的制定。
（2）新产品批量投产后，有关车间主任、定额管理人员、工程技术人员可参照研发部门制定的工时定额并根据实际加工情况及时制定出新产品的工时定额，由研发部门组织评审，生产副总经理审核，总经理批准后实施。
2．老产品工时定额的修改
（1）若出现下列情况，可提请研发部门修改工时：
①同型号产品数量在5台以上，因产品设计的一次性修改，造成工作量变化较大的。
②因客户提出与公司目前常规制作工艺不符的要求，引起工作量变化较大的；产品发生永久性更改后，工作量变化较大的。
（2）工时修改意见由车间主任提出，由研发部门负责组织相关人员进行评审，可针对具体情况作一次性或永久性修改，并报生产副总经理审核，总经理批准后实施。</td></tr>
</table>

（续表）

3．非定额工时的核定

（1）外协、批量加工或零星加工的工时核定：

①外协、批量加工或零星加工任务，以研发部门的“派工单”为依据。

②非本车间的责任外协加工，按7.5小时/天计算；属本车间责任（如品质问题、产品未完工出厂）不计工时。

③生产部门安排的外协零星加工任务，以实际工作时间计算工时。

（2）返工工时的核定：

①返工工时以实际返工时间计算，由车间主任负责评定，生产副总审核。

②非本车间责任造成的返工，一人实际返工时间超过一小时以上方可计算工时，属本车间责任不计工时。

4．定额工时的结算

（1）以《生产作业计划》工程项目为依据，加工车间以完工转序验收为准，组装车间以实际入库为准。

（2）以各车间《工时定额标准》为依据，由研发部门按各车间上月实际完工任务情况进行统计，每月2日（遇节假日提前）将上月各车间“完工任务统计表”交各车间主任核对后，返回研发部门。经研发部门报生产副总审核后，交由综合管理部计算计件工资。

5．非定额工时的结算

（1）外协、批量加工或零星加工工时由车间主任根据“派工单”，填写“外协、零星加工工时统计表”报研发部门经理审核，生产副总经理审批后，方可进入当月分配。

（2）返工工时由车间主任填写“返工工时统计表”，并说明返工原因及责任部门后报研发部门经理审核，生产副总经理批准后，方可进行当月分配。

6．要求

（1）各相关人员应积极参与工时的制定、修改工作，要本着实事求是、上下一致、对公司负责的原则，力求做到先进、合理。

（2）研发部门经理及车间主任应严格执行《工时定额标准》，对完工任务产品工时的准确性负责，不能弄虚作假，重复结算。

四、附则

（1）本办法由研发部门主持制定，其修改、解释权归研发部门所有。

（2）本办法经总经理批准后，自颁布之日起实施。

编制		审核		批准	

制度03：工时管理办法

文件名称	工时管理办法	编号	
		版本	A／0

一、目的

为确保公司生产运营的有序进行，准时交付给客户合格产品，力争公司各环节准时化进行，推行精益化生产，不断标准化各项流程，推行科学的工时管理，制定标准工时，减少浪费，节省成本，特制定本办法。

二、适用范围

适用于本公司的各生产部门。

三、内容

1．标准工时的设定及发行

（1）产品的标准工时配合新产品开发流程，于首批量产（含未完成先量产者）时，由研发部工艺工程人员通知该生产车间主管或由研发部工艺工程人员测定工时，原则上以马表测时法为准。

（2）标准工时包含观测时间及8%宽放率。

（3）研发部工艺工程科人员测得标准工时后，将工时定额明细表提供给生产部门、生产运营部及财务部、人力资源部作为效率计算、生产排程及标准成本计算、员工计件工资核算的主要依据。

（4）未定标准工时产品的生产绩效：依生产日报表中的实作工时进行统计后，以其85%作为暂定工时计算。

2．工时修改

（1）有关品质、制程技术等工作改善造成的工时修改，需由工时使用部门提出申请或由研发部工艺工程组视需要提出修正。

（2）研发部工艺工程部接获标准工时修改的申请，经调查并重新测定实际工时后，依标准工时发行流程重新发布工时定额明细表或更改通知单。

（3）产品标准工时需视公司情况随时请各部门重新检查修正。

3．工时管理作业规定

（1）各部门的作业日报表，由各班组长或专人负责填写，并由生产车间主管审核，由生产统计部建档统计，并留存第一联，第二联由各班组自存。

（2）生产统计员每月依报废单或返修／返工单中产品及原材料的报废或返修／返工

（续表）

数量，统计其累计损失的报废或返修/返工工时，在计算部门效率时将其扣除。

（3）生产部门统计员于每月结束后，统计生产部门的生产效率统计表、月度产量表、月度汇总工时表并注明责任部门，经生产车间主管审核后，上生产运营部经理审批，报人力资源部进行员工工资核算（生产效率统计表除外）。

（4）员工出勤率统计表由车间主管审批后交人力资源部统计存档。

（5）生产效率统计表经生产运营部经理审批后，报运营副总经理。

4．工作量统计规定

（1）车间各工序操作者根据当天实际工作情况填制“工序日报表”，记录当日工时情况，上报班组长审核。

（2）班组长审核“工序日报表”各项内容是否真实、准确，实际工时是否与额定工时相符，确认无误后填写“生产日报表”报生产统计员。

（3）生产统计员根据“生产日报表”进行统计：一是按人力资源部要求分产品、分类型统计工时，每月汇总报人力资源部；二是为统计每人每月工作量，对每人每天工时进行汇总。

（4）根据考勤统计每月实际出勤小时数。

（5）根据每人每月的工作量，分析生产效率。

5．相关记录

生产日报表、员工出勤率统计表、生产效率统计表、部门效率统计表、工时定额明细表。

四、附则

（1）本办法由生产部、研发部主持制定，其修改、解释权归生产部、研发部所有。

（2）本办法经总经理批准后，自颁布之日起实施。

编制		审核		批准	

制度04：工时损失管理办法

文件名称	工时损失管理办法	编号	
		版本	A/0

一、目的

为明确各类工时损失责任归属，有效管制人工成本，体现员工个人绩效的公开化和

（续表）

公平合理化，加强对员工的激励效果，特制定本办法。

二、适用范围

适用于本公司所有相关部门。

三、内容

1．权责

（1）研发部：负责工时损失管理办法的制定、修改、补充及执行过程的监督。

（2）生产部：负责过程实施。

（3）综合办：负责协助执行工时损失管理办法。

（4）其他部门：负责工时损失单的审核、确认。

2．设备、工/治/模具异常

设备、工/治/模具发生异常，但受影响人员有其他生产任务可做，即只可产生换线损失工时，按非计划性换线损失规定填写和审批。设备、工/治/模具发生异常，但受影响人员无其他生产任务可做，按以下规定处理。

（1）因对设备、工/治/模具操作不当，违规操作造成异常，由设备、工/治/模具管理部门明确注明，工时损失由责任人或责任部门100%承担。

（2）非人为操作原因由设备管理部门注明缘由，并由设备管理部门承担因设备、工/治/模具异常影响正常生产造成的工时损失。

（3）设备管理部门人员只确定维修时间，工艺人员确定恢复生产时间及受影响人数。

（4）故障时间以组长通知设备管理部门时间为起点，生产部确认合格为终点，恢复生产时间以设备、工/治/模具合格为起点至出合格产品为终点，由现场工艺员记录。

（5）受影响人数指因故障设备、工/治/模具（含）后工位配备受影响人数，具体计算方法如下：

设备、工/治/模具工时损失=（故障时间+恢复生产时间）×受影响人数。

3．工程变更

（1）成品、半成品、在制品由于工程变更导致的工时损失依实际发生时间计，由提出部门签认，要求工程变更部门100%承担。

（2）公司内部提出变更由责任部门100%承担；如因设计问题由项目组承担；因工艺难度大由现场工艺部门承担；因物料采购难度大由采购部门承担。

（3）客户提出可转嫁的由客户承担，不可转嫁者由公司承担。

（续表）

<table>
<tr><td colspan="6">

4．新员工作业

新员工以进公司第一个工作日起，试用期15日内为转正期限，过期未能转正的工时损失由生产部门和人力资源部门各吸收50%。新员工作业必须填写报表，否则一律不报工时损失，且经查实对负责人以“8小时/天”的直接人力工资进行处罚。

5．返工（库存返工、制程返工、品退返工、客退返工）

（1）因来料检验判为合格料后，在制程中或成品后发现因物料不符合客户品质要求而产生返工损失，工时损失由IQC承担或通过IQC、计划部转给供应商承担。

（2）产品生产完毕送检后由FQC判退，返工工时损失由FQC签认，由责任人或生产部门100%承担，无责任人则由生产部门承担。

（3）因IPQC首件检错，FQC判退，返工工时损失由IPQC承担40%，责任部门承担60%。

6．客户退货

（1）为批量性不良退货，返工工时损失由品管承担60%，相关责任部门承担40%。

（2）为客户认定为重大缺陷且为非批量性不良，返工工时损失由生产部门100%吸收。

7．供应商问题

（1）所有涉及供应商来料不良则由供应商100%承担工时损失，相关责任部门承担相应的责任处罚。

（2）支援返工，按支援项计算，工时损失100%由支援部门承担。

8．半成品/成品库存返工

（1）因产出不足，与客户达成放宽标准，重新将已判为不良的半成品投入生产，其工时损失由责任部门100%承担。

（2）因限度样板问题导致半成品返工造成的工时损失由QE100%承担。

（3）因客户取消订单导致库存过多，过后恢复订单需返工，其工时损失转嫁客户承担，无法转嫁则由公司和销售部各吸收50%。

四、附则

（1）本办法由总经理办公室主持制定，其修改、解释权归总经理办公室所有。

（2）本办法经总经理批准后，自颁布之日起实施。

</td></tr>
<tr><td>编制</td><td></td><td>审核</td><td></td><td>批准</td><td></td></tr>
</table>

制度05：生产物料消耗定额管理规定

文件名称	生产物料消耗定额管理规定	编号	
		版本	A／0

一、目的

为加强生产物料消耗定额管理制度，降低生产成本，特制定本规定。

二、适用范围

适用于本公司生产物料的消耗定额管理。

三、内容

1．消耗定额的制订

（1）物料消耗定额的管理，是工艺管理制度中的重要制度，也是进行经济核算和增产节约的基础。生产部负责制订各品种需要物料的规格、品质、配比和部门消耗定额。

（2）制订消耗定额时，应根据产品产量、产品工艺规程、生产设备状况和技术要求，以及本公司生产水平进行综合统计分析，由生产部先提出初稿，会同有关部门、生产车间讨论修改后，报总经理批准下达。

2．消耗定额的执行

（1）消耗定额下达后，各车间应对定额实行经济核算，生产部定期检查执行情况。

（2）物料供应部根据物料消耗定额、生产计划和品质要求，编制物料采购计划。

（3）各生产车间按物料消耗定额管理规定对物料实行按批限额领料。

（4）新产品投产时，开始可制订试行消耗定额，经一段时间实践后，再制订正式消耗定额。

3．消耗定额的修订

（1）消耗定额原则上每年修订一次。

（2）生产部、各车间在使用消耗定额的过程中，注意及时收集有关数据，以便修订时全面衡量。

四、附则

（1）本规定由研发部门、生产部门主持制定，其修改、解释权归研发部门、生产部门所有。

（2）本规定经总经理批准后，自颁布之日起实施。

编制		审核		批准	

制度06：节能降耗管理办法

<table>
<tr><td rowspan="2">文件名称</td><td rowspan="2">节能降耗管理办法</td><td>编号</td><td></td></tr>
<tr><td>版本</td><td>A／0</td></tr>
</table>

一、目的

为加强能源管理，科学合理利用各种资源，减少浪费、降低成本，提高部门整体经济效益，特制定本办法。

二、适用范围

适用于整个公司的节能管理。

三、内容

1．节能领导小组的主要职责

（1）贯彻执行国家、地方、行业主管部门的有关节能方针政策、法规和标准，组织制定节能管理细则、节能目标和各种有关管理制度并实施。

（2）根据公司的节能管理制度领导公司的节能工作，实现公司能源节约的基本任务，统筹、综合、协调、管理公司的各项节能工作。

（3）组织制定节能宣传和培训规划并组织实施。

（4）组织制订并实施节能技术改造和技术攻关计划及年度节能计划。

（5）组织审定公司年度各类能源消耗指标和节能指标。

（6）审定公司的重大节能成果和重大奖惩事宜。

2．节能规划

通过节能规划，加强节能经济核算，是企业管理的重要内容之一，对节约能源、提高公司经济效益，具有重要意义。现制订公司节能规划如下：

每年年底（或下一年初）公司需以本年度的能耗分析及公司生产实际情况，制订下一年度的节能目标。

为确保年度节能目标实现，本年度节能目标确定后，公司应依国家相关法规和公司上年度的“公司重点耗能设备分布一览表”和“公司各楼层能耗统计表”，制订实现节能目标的保证措施，以确保公司节能目标的实现。本年度公司节能目标保证措施如下：

（1）照明管理：拆掉不必要的灯管、更换节能灯或使用节能整流器。

（2）没有生产的时候及时关闭空调，以现场实际情况控制空调温度（车间保持在24℃～26℃，办公室空调保持在27℃）。

（3）超过4个小时没有生产时，关闭SMT（英文Surface Mounted Technology的缩写，是指表面组装技术，是目前电子组装行业里最流行的一种技术和工艺）回流炉和

（续表）

波烽焊。

（4）降低柴油使用量。

（5）空压机安装变频器或空调更换雪种（也称制冷剂）。

为确保节能措施得到有效实施，公司节能主管部门每月应组织节能检查，召开节能会议，分析各楼层节能情况，并及时跟进各部门的节能改善措施和建议。

3．节能管理指引

（1）生产部门人员应尽可能减少空载操作。

（2）生产部门人员在操作时，应按照工艺要求条件进行操作，不得随意更改。

（3）设备待机时间不能过长，如SMT回流炉、波烽焊等4小时内若无生产应关闭电源。

（4）生产部应每星期检查一次空压机储气罐及其管网的密封性是否良好；生产部人员使用完压缩空气后应及时关闭，且对自己周围的漏气异常应及时通知厂房组来进行修复。

（5）所有耗能设备应定期进行检查和维护保养，不能带故障运行。

（6）车间照明采用大功率节能灯，淘汰白炽灯、汞灯，替代以钠灯。

（7）公共区域照明安装自动控制开关。

（8）在满足照明度的前提下，减少用灯数量。

（9）生产现场各部门（包括仓库）应建立照明开关时间表，且各部门主管负责每班安排专人负责定时（如用餐、下班和公共假期等）开关照明灯（在照明开关控制面板上，贴有需关的照明开关，车间各负责人必须控制到关闭状态）。

4．节能奖惩制度

为促使大家积极做好本部门（区域）节能工作，确保公司节能目标的顺利实现，以降低公司能耗，对于年终节能奖金（若达成本年度节能目标，将获得公司节能奖金），拟按如下两个原则进行分配：

（1）各部门在本年度的节能贡献量。

（2）各部门在节能工作中的配合程度。

奖金具体分配比例由节能主管部门在本年节能目标达成后，依上述两个原则进行分配。

四、附则

（1）本办法由节能主管部门主持制定，其修改、解释权归节能主管部门所有。

（2）本办法经总经理批准后，自颁布之日起实施。

编制		审核		批准	

第二节　现场成本控制专项表格管理

成本控制涉及的表格很多，如产品生产成本计算表、产品成本控制表、产品质量成本计算表等，每项表格应准确记录该项工作的内容，如产品生产成本计算表要记录材料、直接人工、制造费用等。

表格01：产品生产成本计算表

产品生产成本计算表

成本项目 规格型号	材料			直接人工			制造费用			合计		
	标准单位成本	分摊率	单位成本	标准单位成本	分摊率	单位成本	标准单位成本	分摊率	单位成本	实际单位成本	标准单位成本	差异

表格02：产品成本控制表

产品成本控制表

批号：

<table>
<tr><td colspan="2">客户名称</td><td colspan="2">产品名称规格</td><td colspan="2">订购数量</td><td colspan="2">完工数量</td><td colspan="2">出口条件</td></tr>
<tr><td colspan="2"></td><td colspan="2"></td><td colspan="2"></td><td colspan="2"></td><td colspan="2"></td></tr>
<tr><td rowspan="3">销货</td><td colspan="2">售货价格</td><td rowspan="3">其他扣除金额</td><td colspan="2">净价</td><td rowspan="3" colspan="2">标准单价</td><td rowspan="3" colspan="2">备注</td></tr>
<tr><td>单价</td><td>总价</td><td>单价</td><td>总价</td></tr>
<tr><td></td><td></td><td></td><td></td></tr>
</table>

（续表）

	说明	单价		数量		金额		单位成本		备注
原料成本		实际	标准	实际	标准	实际	标准	实际	标准	
	合计									

	说明	单价		数量		金额		单位成本		备注
物料成本		实际	标准	实际	标准	实际	标准	实际	标准	
	合计									

	说明	车间1		车间2		品检		包装		合计		备注
直接工资		实际	标准	实际	标准	实际	标准	实际	标准	实际	标准	

	说明	制造费用		制造成本		毛利		销售费用	备注
利润		实际	标准	实际	标准	实际	标准		
	本批成本利润								
	单位成本利润								

	说明	本批成本	单位成本		%		备注说明	
汇总			实际	标准	实际	标准		
	净值							
	原料							
	物料							
	工资制费							
	制造成本							
	毛利							
	净利							

制表：　　　　　　　　　　部门经理：　　　　　　　　　　业务员：

表格03：产品品质成本计算表

产品品质成本计算表

产品名称：　　　　　　　　　　　　　　　　　　　　　　　　编号：

<table>
<tr><td colspan="3">品质不良说明</td><td colspan="8"></td></tr>
<tr><td colspan="3">不良品处置方式</td><td colspan="8">□废弃□整修□降级</td></tr>
<tr><td colspan="11">说明：</td></tr>
<tr><td rowspan="9">品质成本计算</td><td rowspan="9">此阶段良品成本</td><td rowspan="4">材料成本</td><td>说明</td><td>单价</td><td>用量</td><td>成本</td><td>说明</td><td>单价</td><td>用量</td><td>成本</td></tr>
<tr><td></td><td></td><td></td><td></td><td></td><td></td><td></td><td></td></tr>
<tr><td></td><td></td><td></td><td></td><td></td><td></td><td></td><td></td></tr>
<tr><td></td><td></td><td></td><td></td><td></td><td></td><td></td><td></td></tr>
<tr><td rowspan="3">人工成本</td><td>部门</td><td>平均工资</td><td>人数</td><td>成本</td><td>部门</td><td>平均工资</td><td>人数</td><td>成本</td></tr>
<tr><td></td><td></td><td></td><td></td><td></td><td></td><td></td><td></td></tr>
<tr><td></td><td></td><td></td><td></td><td></td><td></td><td></td><td></td></tr>
<tr><td colspan="9">制造费用</td></tr>
<tr><td colspan="9">合计</td></tr>
<tr><td rowspan="10">品质成本计算</td><td rowspan="5">整修成本</td><td colspan="3">说明</td><td colspan="2">成本</td><td colspan="2">说明</td><td colspan="2">成本</td></tr>
<tr><td colspan="3"></td><td colspan="2"></td><td colspan="2"></td><td colspan="2"></td></tr>
<tr><td colspan="3"></td><td colspan="2"></td><td colspan="2"></td><td colspan="2"></td></tr>
<tr><td colspan="3"></td><td colspan="2"></td><td colspan="2"></td><td colspan="2"></td></tr>
<tr><td colspan="3"></td><td colspan="2"></td><td colspan="2"></td><td colspan="2"></td></tr>
<tr><td rowspan="4">降级成本</td><td colspan="7">降级品与良品价格差异</td><td colspan="2"></td></tr>
<tr><td colspan="7">良品完成成本</td><td colspan="2"></td></tr>
<tr><td colspan="7">降级品完成成本</td><td colspan="2"></td></tr>
<tr><td colspan="7">降级损失</td><td colspan="2"></td></tr>
<tr><td colspan="10">总损失计算及说明：</td></tr>
</table>

制表：　　　　　　　　　　　　　　　　　主管：

表格04：主要产品单位成本表

主要产品单位成本表

产品名称：　　　　本月实际产量：　　　　本年累计产量：　　　　单位：元

成本项目	历史最低成本	上年实际水平	本年计划	本月实际	本年累计实际平均成本
直接材料					
直接人工					
制造费用					
产品生产成本					

制表：　　　　　　　　　　　　　　主管：

表格05：成本差异汇总表

成本差异汇总表

生产通知号码	产品名称	生产数量	原料成本			物料成本			人工成本			生产摊费		
			计划	实际	差异(%)	计划	实际	差异(%)	计划	实际	差异(%)	计划	实际	差异(%)
合计														

制表：　　　　　　　　　　　　　　主管：

第七章 现场员工专项管理

生产现场的各项工作都是由各位员工合力完成的。现场管理人员必须严格做好人员管理工作，为现场生产人员提供良好的工作环境。

第一节 现场员工专项制度管理

现场作业涉及的制度很多，如现场员工工作纪律、现场员工礼仪守则、车间员工奖惩制度、内部客户投诉处理办法等，每项制度都是用于规范相关工作或行为的，例如现场员工礼仪守则主要用来规范员工的日常礼仪，对员工的仪容仪表、待人礼仪、沟通应遵守的礼仪等作了明确规定。

制度01：现场员工工作纪律

文件名称	现场员工工作纪律	编号	
		版本	A/0

一、目的

为了规范本公司生产现场的人员管理，特制定本纪律。

二、适用范围

适用于本公司所有的人员工作纪律管理。

三、内容

（1）员工必须遵守上下班作息时间，不迟到、不早退。

（2）员工生产现场必须着公司统一的工作服，戴工作帽，穿工作鞋，正确佩带员工识别证。

（3）女员工工作期间不得化浓妆、不准披头散发。男员工不得染发留长发，不准戴耳环。

（续表）

（4）员工因特殊情况需请假的，应严格按照公司请假程序逐级向各级主管请假，得到批准后方可离开。 （5）禁止将个人衣物、餐具、茶叶等用品带入生产现场，饮用水杯要放在现场指定位置。 （6）未经生产或相关部门会签批准，禁止将原物料、半成品、设备部件等物品带出现场。 （7）生产现场除相关管理制度确认人以外，严禁其他人员携带公司生产制品和其他半成品外出。 （8）员工责任区内的物品必须按定置规定堆放在定位线内，严格遵守《消防安全管理规定》。 （9）严禁将消防器材挪为他用，特殊情况须报公司消防委员会批准。 （10）提倡文明礼貌，现场作业严禁使用侮辱性字眼，不讲脏话。 （11）现场员工必须专心作业，严禁嬉闹聊天、偷闲怠工。 （12）现场各工段应做好人员定岗工作，禁止脱岗、串岗、溜岗、睡岗等。 （13）现场员工在工作期间不得做与工作无关的事情，生产现场禁止吃食物、吸烟、看小说、读报等。 （14）员工必须服从合理的工作安排，尽职尽责做好本岗位工作，坚决反对违章指挥。 （15）员工必须按照生产工艺规定、操作指导进行现场作业，严禁向半成品投放异物或故意损坏机器设备。 （16）提倡节约，生产现场严禁水、电、气（汽）浪费现象。 （17）上班中途外出员工凭出入证进出车间，并正确登记出入时间。 （18）严禁私自撕毁公司公布的各项通知、规定，严禁在现场各白板上乱涂乱画。 （19）严禁在现场打架、聚众闹事。 **四、附则** （1）本纪律由生产部门、人力资源部门主持制定，其修改、解释权归生产部门、人力资源部门所有。 （2）本纪律经总经理批准后，自颁布之日起实施。

编制		审核		批准	

制度02：现场员工礼仪守则

文件名称	现场员工礼仪守则	编号	
		版本	A／0

一、目的

为端正员工工作态度，规范日常行为举止，创造一个具有良好风气的工作场所，特制定本守则。

二、适用范围

适用于本公司所有现场员工。

三、内容

1．仪容仪表

（1）女性避免穿着太过华丽的衣裳或佩戴贵重的装饰品。

（2）女性化妆宜淡雅朴实，不得涂指甲油。

（3）男士应穿着整洁、素淡的衣服。

（4）进入工作区必须按公司规定着装。

（5）整齐的头发会使员工显得更有精神，男士不蓄胡须显得年轻。

（6）指甲、牙齿、鞋子甚至内衣均要注意卫生。

2．待人礼仪

（1）不因对某人的喜恶，而影响对他工作的评价。

（2）不固执己见，应有雅量接受别人不同的意见。

（3）不要恃才傲物，不因某人的学历或职位低而轻视他人。

（4）不拉帮结派，不搞非法组织。

（5）和谐共处，同事之间要彼此保持适当的尊重与礼节。

（6）平时多与同事沟通联系，工作上协调合作。

（7）不随意批评别人，不言他人隐私，不宣扬别人过失，不搬弄是非。

（8）不随便发怒或斥责他人。

（9）不因资历老而自视高人一等。

（10）不以薪水高低论人。

3．沟通应遵守的礼仪

（1）保持轻松的态度，适当的音调、语速，清晰的发音。

（2）把握重点内容，长话短说。

（3）倾听对方所说的话，不随意打岔。

（续表）

（4）适时发表自己的观点。 （5）进入他人场所办事时，应先敲门。 4．休息守则 （1）用膳和吃零食不在办公场所进行。 （2）不高声谈笑、打电话、追逐嬉戏，工作时走动要放轻脚步。 （3）不占用会客室、会议室、培训室作为休息之用。 （4）应注意休息时的坐姿、站姿、睡姿。 （5）不因外出或休息过头而耽误工作。 （6）避免剧烈运动，以免下午精神不振。 **四、附则** （1）本守则由生产部门、人力资源部门主持制定，其修改、解释权归生产部门、人力资源部门所有。 （2）本守则经总经理批准后，自颁布之日起实施。					
编制		审核		批准	

制度03：车间员工奖惩制度

文件名称	车间员工奖惩制度	编号	
		版本	A／0
一、目的 为了促进公司的发展，确保产品品质，使各部门产品车间正常运作，明确奖惩制度，特制定本制度。 **二、适用范围** 适用于本公司员工的奖惩管理。 **三、内容** （1）员工应按时上班，迟到或早退一次罚款××元，旷工一次罚款××元。 （2）工作时间不允许串岗，违者每次罚款××元。 （3）上班时间应该穿工作服，戴安全帽，上班时间不允许穿拖鞋、短裤、赤膊或衣帽不整，违者每次罚款××元。			

（续表）

（4）上班必须佩戴工号牌，违法乱纪者每次罚款××元，涂改、遗失工号牌罚款××元。

（5）不得在车间工作时与班长、车间主任争吵，或与其他员工相互打骂、吵闹，违者一次罚款50元，并作检查。态度不好或一月内累计违反三次者予以通报批评，情节严重者予以解雇。

（6）酒后上班闹事并影响工作者，罚款××元，并写检查。态度不好或一个月累计两次者，予以通报批评，情节严重者予以解雇。

（7）车间内严禁吸烟，违者每次罚款××元。造成危害者，追究其经济、行政及刑事责任。

（8）上班时间禁止做私活，违者每次罚款××元。

（9）偷盗公物或他人财物者，按实物价值10倍罚款、扣发工资，予以解雇。

（10）完不成当日生产任务的班组或工序不能下班，直到完成。晚上加班者不记夜班费，完不成任务强走者每次罚款××元。

（11）严禁带小孩和外部人员进入车间，违者对当事人罚款××元。

（12）生产中不得聊天说笑、看书看报，不准会客、打电话、吃零食、睡觉，不得擅自离开生产岗位，不得在产品上坐、躺、踩、踏，违者每次罚款××元。

（13）严禁跨越或坐在任何机械部位，严禁随意拆除、挪动设备，严禁擅自拆装一切电器设施和变压器、控制柜、开关箱，新安装的各种设备未经测试、试转，不得擅自开动。违者每次罚款××元。

（14）严禁擅自挪用各类消防器材，或在消防设施附近堆放其他物品，违者每次罚款××元。

（15）不得在生产区内随意使用临时电线。如果急需使用，须经主管人员批准，并由电工接电，用后应及时按期限拆除。违者每次罚款××元。

（16）各车间卫生由各车间负责打扫，设备、桌凳及半成品要摆放整齐。打扫不干净的车间，每次对车间主任罚款××元，对清洁工罚款××元。

（17）操作机器要切实做到人离关机，停止使用时要及时切断电源，违者每次罚款××元。

（18） 中午、下午和夜班下班时各车间负责人负责关好门窗，锁好车间大门，关闭总电源。违者每次对车间主任罚款××元。

四、附则

（1）本制度由生产部门、人力资源部门主持制定，其修改、解释权归生产部门、人

（续表）

力资源部门所有。 （2）本制度经总经理批准后，自颁布之日起实施。					
编制		审核		批准	

制度04：内部客户投诉处理办法

文件名称	内部客户投诉处理办法	编号	
		版本	A／0

一、目的

在生产现场中，内部客户即指前后工序的生产人员。为妥善处理内部客户即生产现场前后道工序的投诉，及时明确责任并采取对策，避免互相推诿造成不良后果，特制定本办法。

二、适用范围

适用于生产现场内部客户投诉的处理。

三、投诉处理程序

1．明确前后工序之间具体的投诉途径

事先确定问题处理负责人、问题通知方式及会签期限等事项，避免引起“二次投诉”情况的发生。

“二次投诉”不仅是产品QCD（品质—Quality，成本—Cost，交货期——Delivery Time）问题，还有前道工序的工作态度问题。

2．排除潜在的投诉

要设法排除、预防可能产生的各种投诉，预防措施有以下三种：

（1）每次出货都征询一下前一批货的结果。

（2）留意后道工序的需求变化情况。如果不了解后道工序的需求情况，就不能适时应变。

（3）尽可能为后道工序提供技术支持。

3．对投诉内容进行分析和统计，找出原因，并研究对策

每周统计投诉信息，并根据原因制定改善对策。

（续表）

4．确定责任范围

（1）明确本工序所担负的责任范围。按《标准作业书》的要求，或按上级指示，或按事先与其他工序人员达成的协议进行。

（2）如果是管理体系中无明确负责人的灰色地带，则要由双方共同商议，通过行政手段加以明确。

（3）分清是自身的责任还是他人的责任。若是自身的责任，应立即查明原因，采取对策，若是他人的责任则要再向前道工序反馈。

（4）超出自身责任范围时，应请求上级指示。有些他人责任的项目虽然在本工序也可以采取对策，但鉴于成本或责任方面的考虑，是否在本工序进行应由上级决定。

5．投诉处理和制定防止再发对策

（1）先向后道工序道歉。

（2）确定先后处理顺序。

（3）投诉的基本对应方法有：返工、选别、追加工、良品替换、配对投放、限定条件使用、增加检查工序等。

（4）将原因及对策方法写成书面报告，通知后道工序，以挽回不良影响，增加对本工序的信心。

（5）处理后的产品标志清楚后重新输入后道工序，并连续跟踪确认3～5批的效果。

6．撰写《投诉处理报告》递交客户、上级并存档留底

（1）将来龙去脉简明扼要地写好，尤其是造成错误的原因和处理对策方法要写清楚，对错必须有结论，不能模棱两可。

（2）列明处理投诉所造成的损失，如花费的工时、成本等。

（3）必要时亲自向客户递交《投诉处理报告》，并视情况向上级再次口头报告。

（4）向客户递交《投诉处理报告》时，对策方案应正在或即将实施。

7．定期确认不良有无再发

（1）同样条件下不允许连续发生同样的错误。

（2）高级管理人员定期询问投诉有无再发生。

四、附则

（1）本办法由生产部门、人力资源部门主持制定，其修改、解释权归生产部门、人力资源部门所有。

（2）本办法经总经理批准后，自颁布之日起实施。

编制		审核		批准	

制度05：现场员工加班管理制度

文件名称	现场员工加班管理制度	编号	
		版本	A／0

一、目的

本公司员工于每日规定工作时间外，如赶上生产或处理急需事故，需进行加班。为规范加班手续办理及考核，特制定本制度。

二、适用范围

适用于生产现场员工加班管理工作。

三、内容

1．加班手续办理

（1）生产现场管理人员加班一律由直接上级主管报请主任级主管指派后填加班单。

（2）生产部门人员加班，先由生产管理小组根据生产工时需要拟定加班部门及人数，经生产部门同意后，由生产班长排班，报由车间主任核定，并将加班时间内的生产量由生产班长记录于工作单上。

（3）训练计划内必须的加班，经副总经理核准方能进行。

（4）加班人员的加班单，须于当日下午4时前送交人力资源部，以备查核。

2．加班考核

（1）生产部门于加班的次日，由生产调度室按其加班工时，依生产标准计算其工作是否相符，如有不符现象应通知行政人事部照比例扣除其加班工时，至于每日的加班时数，则由所属车间主任做记录，并予签证。

（2）生产调度室直属主管对生产一线员工的加班情况亦应切实核查，如有敷衍未达预期效果时，可免除其加班薪资加成。

3．加班请假

（1）操作人员如有特别情况不能加班时，应事先向班组长声明（该声明必须有具体事实）否则一经派定即须按时到岗。

（2）连续加班阶段，如因病因事不能继续工作时，应向班组长或值日值夜人员以请假单请假。

（3）公休假日加班，到上班前有特殊情况不能加班者，应以电话向值日人员请假，次日上班后再补交相关证明或叙明具体事实，填单补假（注明加班请假字样），此项请假不予列入考勤。

（续表）

4．注意事项 （1）加班的操作人员超过三人时，应派领班负责领导，超过15人时应派职员督导。 （2）公休假日应尽可能避免临时工加班，尤其不得指派临时工单独加班。 （3）分派加班，每班以连续不超过12小时，全月不超过46小时为原则。 **四、附则** （1）本制度由生产部门、人力资源部门主持制定，其修改、解释权归生产部门、人力资源部门所有。 （2）本制度经总经理批准后，自颁布之日起实施。

编制		审核		批准	

制度06：师带徒培训制度

文件名称	师带徒培训制度	编号	
		版本	A／0

一、目的

为使新员工能及时得到工作指导，尽快掌握各项工作技能，同时调动老员工生产积极性，使其在传授新人过程中更好地发挥“传、帮、带”的作用，以整体提高员工的操作能力和技术水平，特制定本制度。

二、适用范围

适用于生产部各个车间的师带徒培训管理。

三、内容

1．师傅资格认定须具备以下条件

（1）心态端正，服从工作安排，责任心强，有良好的沟通协调能力，头脑灵活，思路清晰。

（2）对本工位的工序流程非常熟悉，熟练掌握工艺并能严格按照工艺操作。

（3）从事当前岗位满一年以上。

（4）技术能力达到企业制定的师傅考核标准（需要考核通过）。

2．徒弟合格标准

（1）心态端正，服从工作安排，责任心强。

（续表）

（2）对本工位的工序流程基本熟悉，熟练掌握工艺并能严格按照工艺操作。 （3）技术能力达到企业制定的员工转正标准，即“生产部员工转正考核项目及要求”。 3．奖惩 徒弟考核通过，其师傅相应得到50～300元奖励，具体如下： （1）以签订师徒合同之日起1个月（含）内，徒弟通过考核，奖励师傅300元。 （2）徒弟2个月内通过考核奖励师傅200元。 （3）徒弟3个月内通过考核奖励师傅50元。 （4）超过3个月徒弟还未考核通过，师傅罚款50元。 4．考核周期 师傅资格考核每年举行一次，实行师傅人员非终身制，能者为师。 5．其他 （1）限定师傅人员数量不得超过本组总人数的20%，如果师傅考核通过的人数较多，考核标准将在下一年提高。 （2）师徒之间签订“师徒合同申请表”，交由人力资源部备档。 （3）师傅、徒弟考核相关数据资料，交由人力资源部备档。 **四、附则** （1）本制度由生产部门、人力资源部门主持制定，其修改、解释权归生产部门、人力资源部门所有。 （2）本制度经总经理批准后，自颁布之日起实施。

编制		审核		批准	

制度07：职业健康安全管理制度

文件名称	职业健康安全管理制度	编号	
		版本	A／0

一、目的

为贯彻“安全第一、预防为主”的方针，“以人为本，注重实效”的原则，根据总公司有关文件精神，结合项目实际，特制定本制度。

（续表）

<table>
<tr><td colspan="6">

二、适用范围

适用现场所有员工职业健康安全管理。

三、内容

（1）严格遵守国家及有关部门相关法律、法规的要求及生产部门有关职业健康安全的规章制度。

（2）积极创建文明工作场所，做到场区整洁、环境优美，加强劳动保护、消除事故隐患，创造良好的作业环境。

（3）建立健全安全生产管理体系，班组设立职业健康安全领导小组，领导和组织实施项目工程安全生产。项目经理任组长，各科室负责人、工种队队长为成员。

（4）三级安全教育由生产部办公室组织实施。特殊工种作业人员必须经过专业培训，考核合格并取得特殊工种作业人员上岗证方可上岗，并定期接受复审。

（5）班组安全员针对专业工种的特点以及项目工程施工的具体安全要求，对各工种队分别进行安全知识培训和安全意识教育。

（6）各工种队、班组要对作业人员进行经常性安全知识和意识的教育，在布置生产任务的同时提出安全要求。

（7）根据工种的特点编制切实可行的安全技术操作方案，编制安全防护手册，进行安全技术交底。

（8）根据操作中人的不安全行为、物的不安全状态、作业环境的不安全因素和管理缺陷进行安全控制。对重大危险源制定管理方案和应急预案进行控制。

（9）进入现场的作业人员应正确使用个人防护用品，建立劳保用品领用制度，对特殊工种配备必要的防护工具。

（10）提高食堂管理的整体水平，以维护和确保员工的身体健康为目的，建立食堂管理规章制度。

（11）生产现场经常利用标语、板报、广播、文件等形式进行安全知识宣传和安全意识教育，并定期召开安全生产会议，提高全体员工的职业健康意识，使全体员工充分认识职业健康的必要性和重要性。

四、附则

（1）本制度由生产部门、人力资源部门主持制定，其修改、解释权归生产部门、人力资源部门所有。

（2）本制度经总经理批准后，自颁布之日起实施。

</td></tr>
<tr><td>编制</td><td></td><td>审核</td><td></td><td>批准</td><td></td></tr>
</table>

制度08：职业健康检查管理制度

文件名称	职业健康检查管理制度	编号	
		版本	A／0

一、目的

为了预防、控制和消除职业病危害，防治职业病，加强职业健康监护管理，保护劳动者健康，特制定本制度。

二、适应范围

适用于本公司所有员工职业健康体检的管理。

三、内容

1．上岗前检查

（1）在新进员工确定岗位之后，由人力资源部及时将员工名册告知行政部，由行政部根据“职业性危害岗位一览表”确定需参加上岗前体检人员的名单，并出具体检证明。

（2）员工本人在收到体检证明后15个工作日内自行至体检机构进行体检，并自行取回体检报告，以上体检费用先自行支付。

（3）逾期未参加体检的，公司不予录用。

（4）经职业病体检合格者，公司予以录用，并签订职业危害岗位合同。相关的职业病体检费用在上岗6个月后由部门助理凭发票至财务部报销；若体检不合格者，公司将优先予以换岗，亦可不予录用，相关的职业病体检费用由公司自行承担。

2．在岗期间检查

（1）接触职业病危害岗位的员工，在上岗前体检满1年后；接触粉尘岗位的员工，在上岗前体检满2年后，由公司组织至体检机构进行在岗期间的职业病体检。

（2）根据“职业性危害岗位一览表”，由行政部确定当年度进行在岗体检的人员，并于每年年初排定当年度体检计划。

（3）依据年度体检计划，由行政部每月组织体检。体检费用由行政部统一请款支付。

（4）员工体检报告，由行政部统一归档备案。

3．离岗时体检

（1）从事职业性危害岗位的员工离职时，在距上次体检满3个月之后，须进行离岗体检。距上次体检未满3个月的，以上次体检报告结果作为离职体检的数据。

（2）员工提出离职申请，经本部门主管核准后，由部门主管确认是否属于职业性危害岗位。如发现属于职业性危害岗位时，应通知行政部，由行政部出具体检证明，员工

（续表）

本人凭体检证明自行至体检机构进行体检。体检费用先由员工本人支付。

（3）为防止未参加体检而离职现象发生，员工离职单须经行政部签字确认。经行政部签字确认后，于离职单上标注体检结果，体检单由行政部存档备案。

（4）经体检合格者，凭体检合格报告办理离职手续，其体检费用凭体检发票附于离职单之后，于本人薪资中补发。未进行离岗时职业病体检者，不予办理离职手续。

4．应急性检查

（1）员工在进行岗位异动时，由部门主管对员工异动岗位进行确认，当发现新的职业性危害因素时，联络行政部出具体检证明，由员工本人于15个工作日内自行至体检机构进行体检。

（2）体检合格者，予以办理调岗。体检合格报告附于异动申请单之后，由人力资源部存档备案。体检不合格者，不予办理调岗。

（3）员工疑似患有职业病时，由部门主管及行政部陪同进行联络职业病体检。体检费用先自行承担。当体检结果确认患有职业病时，凭体检发票，体检费用由公司承担，否则费用自行承担。

（4）以上体检结果应由行政部及时通知员工本人。主要为在岗期间体检结果的告知。员工须在体检报告上签字确认，必要时，员工可复印体检报告。

5．发现后检查

发现职业禁忌或者有与所从事职业相关的健康损害的劳动者，应及时调离原工作岗位，并妥善安置。对需要复查和医学观察的劳动者，按照体检机构要求的时间，安排其复查和医学观察。

（1）根据体检机构出具的体检报告结果，分为正常、异常但与工作无关、异常且与工作有关三种情形。

（2）公司只负担与工作有关的体检异常人员的医疗。根据体检机构的建议，对体检异常人员进行妥善安置。

（3）发现职业病患者或疑似职业病患者，应立即向卫生行政部门报告，并按照体检机构的要求安排其进行职业病诊断或者医学观察。

（4）对从事职业病危害岗位的员工，由行政部建立员工职业健康花名册，并对其体检状况进行记录，交人力资源部存档备案。

四、附则

（1）本制度由生产部制定，其解释权归生产部所有。

（2）本制度经总经理批准后，自颁布之日起实施。

编制		审核		批准	

制度09：职业病预防管理办法

文件名称	职业病预防管理办法	编号	
		版本	A／0

一、目的

为了预防、控制、消除职业病危害，防治职业病，保护员工的健康，特制定本办法。

二、适用范围

适用于本公司全体员工的职业病预防管理。

三、内容

1．职业病危害告知与教育

（1）产生职业病危害因素的作业岗位，应当在其醒目处设置警示标志和警示说明，告知产生有害因素的种类、后果、预防及应急救治措施等内容。

（2）人力资源部在与员工订立劳动合同时，应当将工作过程中可能产生的有害因素及其后果、防护措施和待遇等如实告知员工。

（3）各职能部门、各车间应对员工进行上岗前和在岗期间的职业健康培训。

2．职业病危害因素的防护治理

（1）对可能产生职业病危害的项目，建设部门在可行性论证阶段应向公司安委会提交职业危害预评价报告，对可能产生的有害因素强度（浓度）及对工人健康的影响作出评价，并制订切实可行的防护措施。

（2）安全办编制《工作环境有害因素监测一览表》，委托权威机构进行作业环境监测。

（3）职业危害因素超标的由安全办发出《不符合改善对策书》要求各车间进行整改，对于因设备或工艺存在的困难或尚不能解决的技术问题时，应采取必要的个人防护措施。

（4）作业环境中必须保证操作区域有充足的照明和通风，车间设备布局、物料堆放、车间通道以及生产区域的地面状况应满足国家或行业有关标准的要求。

（5）对可能发生急性职业损伤的有毒、有害工作场所，应当设置报警装置，配置现场急救用品、冲洗设备、应急撤离通道和必要的安全区。

（6）各车间应加强对作业现场的管理，积极推行“5S”（整理、整顿、清洁、清扫、素养）现场改善活动。

（续表）

3．从事接触职业病危害因素作业人员的管理 （1）各车间必须建立“从事接触职业病危害因素作业人员登记表”，安全办组织从事接触职业病危害因素作业人员职业性健康体检，并建立和妥善保管职业健康档案。 （2）职业性健康体检类别包括从事接触有害因素作业人员的上岗前体检、在岗期间的定期体检（每年至少体检一次）、离岗时体检及应急性体检。 （3）各车间不得安排未经上岗前职业健康体检的员工从事接触有害因素的作业；不得安排有职业禁忌症的员工从事所禁忌的作业；不得安排未成年人及需保护的女工从事接触有害因素的作业。 （4）对在职业性健康体检中发现有与所从事职业相关的健康损害以及有职业禁忌症的员工，应当调离原工作岗位，并妥善安置；对未进行离岗前职业健康体检的员工，不得解除或终止与其订立的劳动合同。 （5）在职业病普查中发现可疑病人，体检部门应及时通知各车间和安全办，医务室会同安全办根据病人的职业危害接触史、现场劳动卫生资料、病人的临床表现和化验检查结果等综合分析后作出初步诊断，再安排其到职业病诊断机构确诊。 **四、附则** （1）本办法由生产部制定，其解释权归生产部所有。 （2）本办法经总经理批准后，自颁布之日起实施。

编制		审核		批准	

第二节　现场员工专项表格管理

员工管理涉及的表格很多，例如员工考勤一览表、人员借用联系单、加班记录单等，每项表格应准确记录该项工作的内容，如员工考勤一览表要记录员工的姓名、每个月的出勤状况，以及累计假期等。

表格01：员工考勤一览表

员工考勤一览表

年　　月

序号	姓名	日期												备注	累计假期
		1	2	3	4	5	6	7	8	9	…	30	31		

表格02：人员借用联系单

人员借用联系单

部门：　　　　　　　　　　　　　　　　　　　　时间：

借用部门	被借用部门	借用人数	借用时间	借用事由	备注

审核（人力资源部）：　　　　　　　　　　批准（被借用部门负责人）：

表格03：加班记录单

加班记录单

姓名	部门	加班记录		部门负责人确认
		时间	任务	

编制：　　　　　　　　审核：　　　　　　　　批准：

表格04：出差申请表

出差申请表

申请人		部　门	
出差事由：			
出差日期	由　　年　月　日至　　年　月　日　共　　日		
出差地点	经由　　　　　　　　至		
部门负责人审核意见		副总经理审核意见	

表格05：员工辞职申请表

员工辞职申请表

该项由员工填写（辞退员工时该项由公司填写）　□员工辞职　□公司辞退

姓　　名		性　　别	
出生年月		身份证号码	
部　　门		职　　位	
入职日期		离职/辞退日期	
辞职/辞退原因			
签名：		日期：	
公司审批			
部门主管	□同意	□不同意	
	签名：	日期：	
副总经理	□同意	□不同意	
	签名：	日期：	

（续表）

<table>
<tr><td rowspan="2">总经理</td><td>□同意</td><td>□不同意</td></tr>
<tr><td>签名：</td><td>日期：</td></tr>
<tr><td colspan="3">以下由人力资源部填写</td></tr>
<tr><td colspan="3">________于______年____月____日提出申请辞职（或公司办理辞退），办理工作移交手续（□公司印件 □公司钥匙 □公司资料 □工服 □名片 □公司电脑软件 □宿舍 □员工卡 □其他______）已由________签收。</td></tr>
</table>

本人已从×××有限公司离职，工资结算清楚，并办妥离职手续。自即日起，本人在外的一切活动均不再代表公司，个人活动均由个人负责。

特此声明！

签　名：

年　月　日

第八章　现场环境专项管理

没有一个良好的环境，现场工作很难有序开展，因此，现场主管人员要严格做好现场环境管理，确保现场拥有一个良好的生产环境。

第一节　现场环境专项制度管理

环境管理涉及的制度很多，如现场卫生管理制度、生产设备布局管理规定、防尘、防毒及防噪声管理制度、现场温、湿度管理规定等，每项制度都是用于规范相关工作或行为的，例如现场温、湿度管理规定对现场温、湿度管理的职责以及详细的工作程序都进行了明确地规定。

制度01：现场卫生管理制度

文件名称	现场卫生管理制度	编号	
		版本	A／0

一、目的

为规范生产车间的现场卫生管理，特制定本制度。

二、适用范围

适用于生产车间的日常卫生清理、维护和管理工作。

三、内容

（1）生产区应布置合理，并与生活区严格分开。注意个人卫生，严格执行消毒程序，避免造成二次污染。

（2）每班生产结束后，必须彻底将生产设备、工具、器具、地面、墙壁、排水沟等清洗干净，所用物品摆放整齐，车间内不得堆放杂物，保持一个卫生、干净、整洁的环境。生产过程中不间断随时清洗。

（续表）

（3）车间空气消毒每天一次。

（4）污水池、厕所每周冲刷和消毒喷洒一次。

（5）接触产品或原材料的器具、物品必须离地存放，防止交叉污染，使用前必须清洗消毒，交班前必须清刷干净。

（6）不得将与生产无关的个人物品带入车间，严禁在车间内吃零食、吸烟，不得随地吐痰、闲聊、打闹、大声喧哗。

（7）保持车间整洁、无杂物、空气新鲜、地面洁净、无积水、设备无油污、无灰尘；更衣间有杀菌设施，灯检光源充足。

（8）车间内不得堆放废弃物，装溶液用的桶必须加盖。

（9）工作时落地原料必须及时清扫妥善处理。

（10）车间内运输所使用的工器具（运输车、塑料筐等）不得乱堆放，随时保持车间干净整洁有序。

（11）生产车间所有的窗口必须安装纱窗，防止蚊、蝇等进入现场，纱窗如有损坏应及时修补或更换，未经许可任何人不准打开纱窗。

（12）生产车间的门必须安装塑料软帘，防止飞虫进入车间。员工出入车间时要随手关门。

（13）车间对外的孔、通道、门、窗等要及时堵住或关闭，不得任意开关。

（14）工作中产生的垃圾，必须放入车间内的临时存放袋、箱中，每天上午、下午（下班前）两次将生产区域的垃圾清理出车间。

（15）未用的原料、辅料及时清理、堆放整齐。

（16）各种半成品用转运箱、输送平板及垃圾箱保持清洁。

（17）产品包装（塑料瓶、塑料桶、产品标签和纸板箱）保持清洁、摆放整齐。

四、附则

（1）本制度由生产部主持制定，其修改、解释权归生产部所有。

（2）本制度经总经理批准后，自颁布之日起实施。

编制		审核		批准	

制度02：现场人员卫生管理制度

文件名称	现场人员卫生管理制度	编号	
		版本	A／0

一、目的

为规范现场作业人员的卫生管理，特制定本制度。

二、适用范围

适用于生产现场所有员工。

三、内容

（1）所有人员须经员工通道进入车间。

（2）未经允许，非生产人员一律不得私自进入车间。

（3）进入车间人员（包括车间管理人员）穿戴整齐，执行“三不进”制度，即“不穿工作服、不穿工作鞋、不戴工作帽一律不得进入车间”。

（4）工作期间不得穿工作服、工作鞋外出，不得穿工作服上厕所，便后要进行手部清洗、消毒后方可进入生产车间。

（5）进入车间前工作鞋必须通过消毒池消毒，以防带入杂菌，造成交叉污染。

（6）新入职的车间员工必须到正规的医院进行体检，体检合格并经卫生知识培训，考试合格后方可上岗，在职员工每年必须进行一次体检。

（7）车间工作人员应保持良好的个人卫生，勤洗澡、换衣、理发、不得留长指甲和涂指甲油。

（8）着装正确，头发不外露，衣帽整洁干净，做到勤洗勤换。

四、附则

（1）本制度由生产部主持制定，其修改、解释权归生产部所有。

（2）本制度经总经理批准后，自颁布之日起实施。

编制		审核		批准	

制度03：生产设备布局管理规定

文件名称	生产设备布局管理规定	编号	
		版本	A／0

一、目的

为规范、优化现场生产设备的布局管理，创造良好的现场环境，特制定本规定。

二、适用范围

本制度适用于生产现场所有生产设备的布局管理。

三、内容

（1）生产设备的布局，首先要满足工艺流程的要求，其次要满足安全与卫生的要求。

（2）综合考虑便于操作、安全、作业流动等因素，在布置各种大、中、小型生产设备时必须确保各设备之间有足够的空间，具体要求如下：

——生产设备的间距以活动机件达到最大范围计算，其中小型设备与中型设备的间距不小于1米，大型设备之间的间距不小于2米。

——生产设备与生产现场的墙、柱之间的距离同样按活动机件达到最大范围计算，小型或中型生产设备与墙柱的间距不小于0.8米，大型生产设备不小于0.9米。

——小型生产设备的操作空间不小于0.6米，中型生产设备的操作空间不小于0.8米，大型生产设备的操作空间不小于1.1米。

（3）布置大型机械设备时，应考虑操作时原料、半成品、成品和废料的摆放，同时考虑到操作者的动作不可干扰别人，所以，必须留有宽敞的通道和充足的出料空间。

（4）产生强烈噪声的设备如不能采取减噪措施，则应布置在离生产现场较远的地方，同时需要注意不得影响公司其他的办公环境。

（5）生产现场中高于2米的运输线必须有防护网或防护罩进行保护。若使用防护网，则其网格的大小应能阻止所运输的物件坠入地面，运输线的始、终两端应有防护栏的保护，其高度不得低于1米。

四、附则

（1）本规定由生产部、设备管理部门主持制定，其修改、解释权归生产部、设备管理部门所有。

（2）本规定经总经理批准后，自颁布之日起实施。

编制		审核		批准	

制度04：工位器具、工件、材料的摆放规定

<table>
<tr><td rowspan="2">文件名称</td><td rowspan="2">工位器具、工件、材料的摆放规定</td><td>编号</td><td></td></tr>
<tr><td>版本</td><td>A／0</td></tr>
<tr><td colspan="4">

一、目的

为规范现场工位器具、工件、材料的布局管理，特制定本规定。

二、适用范围

本制度适用于生产现场所有器具、工件、材料的摆放管理。

三、内容

（1）生产现场的原材料、半成品、成品等必须按照操作顺序，整齐地放入指定的区域，并有安全可靠的固定措施，禁止乱摆、乱放。

（2）生产所用的工位器具、模具、夹具、量具等必须放到指定的地方，防止混乱与坠落伤人。

（3）生产用原材料必须限量放入生产现场，以免造成地方拥挤或其他事故。其具体存放量的标准如下：

——白班不超过加工额的1.5倍，夜班不超过加工额的2倍。

——大件原材料必须按照额度领取，禁止超过当班的生产额度存放。

（4）在生产现场码放各种物料时不得超高，一般的码放高度不允许超过2.5米（物品单位超高除外），高度与宽度的比例不超过2∶1。易滚动的物品要有垫块进行固定。堆垛的底部要牢靠，垛与垛之间的间距要合理，便于吊装和搬运。

四、附则

（1）本规定由生产部主持制定，其修改、解释权归生产部所有。

（2）本规定经总经理批准后，自颁布之日起实施。

</td></tr>
<tr><td>编制</td><td></td><td>审核</td><td></td></tr>
</table>

编制		审核		批准	

制度05：防尘、防毒及防噪声管理制度

<table>
<tr><td rowspan="2">文件名称</td><td rowspan="2">防尘、防毒及防噪声管理制度</td><td>编号</td><td></td></tr>
<tr><td>版本</td><td>A／0</td></tr>
<tr><td colspan="4">

一、目的

为充分保障现场员工的健康和人身安全，特制定本制度。

</td></tr>
</table>

（续表）

<table>
<tr><td colspan="6">
二、适用范围
本制度适用于生产现场防尘、防毒及防噪声的管理。
三、内容
（1）生产现场要注意防尘、防毒。加强防尘、防毒设备的检查检修与保养工作，确保设备于作业时间内正常运转，确保设备的主管道与支管道无破裂、泄露的状况。
（2）用于防尘、防毒设备的滤料或组件应根据其使用说明书定期更换，保证其完好有效。
（3）生产现场所产生的噪声要符合国家规定的标准，超过标准的要限期整改。
（4）对于产生噪声的设备和流程，生产部门应会同技术部门通过采用新技术、新工艺、新设备或新材料等手段使得生产现场的噪声符合标准。
（5）新建、改建、扩建或引进工程项目及采用新技术、新工艺、新设备、新材料等所产生的噪声危害，必须严格执行鉴定审查流程。未进行鉴定或鉴定结果不合格的，一律不准安装和投入生产。
四、附则
（1）本制度由生产部主持制定，其修改、解释权归生产部所有。
（2）本制度经总经理批准后，自颁布之日起实施。
</td></tr>
<tr><td>编制</td><td></td><td>审核</td><td></td><td>批准</td><td></td></tr>
</table>

制度06：现场温、湿度管理规定

<table>
<tr><td rowspan="2">文件名称</td><td rowspan="2">现场温、湿度管理规定</td><td>编号</td><td></td></tr>
<tr><td>版本</td><td>A／0</td></tr>
<tr><td colspan="4">
一、目的
为了掌握现场温度及湿度变化情况，控制温、湿度变化对员工的生产、生活的影响，特制定本规定。
二、适用范围
适用于各生产车间温、湿度的管理。
</td></tr>
</table>

（续表）

三、内容 1．职责划分 （1）各车间负责本车间的温度、湿度的登记及温、湿度计的维护管理工作。 （2）部门负责人监督登记工作及相关车间采取的相应处理措施是否妥当。 2．工作程序 （1）各车间在显眼处挂温、湿度计，并作登记工作及填写相关的处理事项。 （2）各车间必须每天填写“温、湿度检查表”做好车间温、湿度记录并保存。 （3）如发现温、湿度计不准确时，应及时更换。 （4）湿度在60%～80%属正常，高于80%时，应注意电器防潮，相对湿度50%以下为干燥气候，要注意防火。 （5）适宜于作业的温度为16℃～30℃，30℃以上需做好防暑工作；如货仓温度高于29℃，即须做好相应防暑措施。防暑措施包括：开窗通风，地面洒水，开启风扇、空调，给员工提供凉茶或防暑降温饮料等，并保存相关记录。 （6）温度在16℃（轻便工种除外）至5℃（轻便工种）时，通知员工做好防寒、保暖工作。防寒保暖措施包括：关好门窗，如有电热扇、空调的车间应开启电热扇、空调等调节温度，适当时工厂可给员工提供姜汤等祛寒物资，并保存相关记录。 （7）气温在4℃以下时，如车间温度低于此温度，暂停工作。 （8）气温在36℃以上时，要调整工作时间，避开高温时间作业。 （9）做好“温、湿度检查表”的相关记录。 **四、附则** （1）本规定由生产部主持制定，其修改、解释权归生产部所有。 （2）本规定经总经理批准后，自颁布之日起实施。

编制		审核		批准	

制度07：车间定置管理制度

文件名称	车间定置管理制度	编号	
		版本	A／0

一、目的 为使车间干净、整洁，更适宜工作，必须开展定置工作，特制定本制度。

（续表）

二、适用范围

本制度适用于企业所有生产车间的定置管理。

三、内容

1．定置管理的对象

（1）生产用品：原辅料、半成品、成品、包装材料、设备及其他与生产有关的用品。

（2）生产操作用品：运输工具、计量器具等。

（3）维修用品：工具箱、材料箱、备件箱等。

（4）清洁用品：扫把、拖布、废品储存器、吸尘器、抹布等。

（5）操作记录用品：桌椅、台账、记录本、笔、资料柜等。

（6）劳保、安全用品：更衣柜、消防设施等。

（7）生活用具：手提包、衣物等。

2．定置管理程序

（1）定置管理由各部门负责人负责，组织岗位人员对生产现场中人与物的状态进行分析，使物品的管理规范化。

（2）定置管理按如下顺序进行：作业、动作分析，确定定置对象、定置点、定置数量、定置物负责人，并检查考核。

3．生产设备定置要求

应按工艺流程合理布局，使加工物料按同一方向顺序流动，避免重复往返。

4．生产用品定置要求

（1）原辅料、半成品、成品、包装材料等要分类定置。

（2）原辅料放置在原辅料暂存室；中间产品、尾料等存放在中间站；内包装材料存放在内包材暂存室；外包装材料存放在外包材暂存室；标签等标示物存放在标签室（柜）。

5．生产操作用品定置要求

（1）运输工具定位，随用随推，用完就位。

（2）计量器具标志清楚，摆放整齐，保持清洁，位置合理。

（3）工器具：存放在车间工器具存放室，在规定的位置上摆放整齐，挂好状态标志。

6．维修用品定置要求

工具箱、材料箱（库）、备件箱，均有各自的定置。并分类定位，箱（库）内物品的存放要整齐有序、清洁，保证定置物品的数量准确。

（续表）

7．清洁用品定置要求 拖布、抹布等放在洁具室内，废物储存器要定期清理、保持清洁，定点放置。 8．操作记录用品定置要求 桌椅排放位置符合生产管理的需要，记录、台账要摆放整齐。 9．劳保、安全用品定置要求 （1）更衣柜内，衣物、鞋、帽要分类存放。 （2）消防器具数量和定置位置要按照消防安全规定摆放整齐，并应有明显标记。 10．生活用具（水杯、毛巾等）定置要求 （1）水杯、毛巾要分类摆放整齐。 （2）要符合食品企业卫生规范要求，不能对生活用品造成污染。 11．各类物品、用具分类定置要求 定置区标志线清楚、明显，物品摆放整齐有序，并有明显状态标志。 12．其他要求 （1）定置区域严禁摆放不属于本定置区的非定置物品。 （2）保持定置物品及环境的卫生，每班应清扫、除尘，符合所在区域生产环境要求。 （3）工具与用具按部就位，使用完毕后及时归位，使用者负责对其进行清洁，相关保管人员负责清点数量。 **四、附则** （1）本制度由生产部门主持制定，其修改、解释权归生产部门所有。 （2）本制度经总经理批准后，自颁发之日起实施。

编制		审核		批准	

第二节　现场环境专项表格管理

环境管理涉及的表格很多，例如防尘防毒设备检查汇总表、车间设备布局检查表、车间采光照明检查表等，每项表格应准确记录该项工作的内容，如车间设备布局检查表要记录车间名称、作业场所、设备总数、设备名称以及是否合格等。

表格01：防尘防毒设备检查汇总表

防尘防毒设备检查汇总表

单位	设备名称	设备编号	安装地点	安装时间	用途	检查维修记录

填表人：　　　　　　　　　　　　　　　联系方式：

表格02：车间设备布局检查表

车间设备布局检查表

单位：

序号	车间名称	作业场所	设备总数	设备名称	是否合格（不合格注明哪项哪个部位）

填表人：　　　　　　　　　　　　　　　联系方式：

表格03：车间安全通道检查表

车间安全通道检查表

单位：

序号	车间名称	安全通道拥有长度（M）	合格（不合格说明具体情况）

填表人：　　　　　　　　　　　　　　　联系方式：

表格04：车间采光照明检查表

车间采光照明检查表

单位：

序号	车间名称	作业场所	采光等级	检测结果（LX）	标准值（LX）	合格

填表人：　　　　　　　　　　　　联系方式：

表格05：公司主干道考评标准调查表

公司主干道考评标准调查表

填报单位：　　　　　　　　　　　　　　　　　　填报日期：

序号	标准要求	存在问题	解决措施及办法
1	需要占用公司主干道必须办理临时占道手续，并经公司交通、防火、安全部门审查，主管领导批准		
2	被占用道路的两端应禁止车辆通行，设置醒目标志		
3	在主干道上堆放物品（已办理临时占道手续）不应超过三个月		
4	一段道路不应有两处以上（含两处）被占道		
5	一段道路不应有一处占道超过路宽的1/3		
6	两道路交叉路口占道不应超过其中任何一条道宽度的1/3		
7	公司主干道占道率为零		
合计			

填表人：　　　　　　　　　　联系方式：

表格06：工位器具、工件、材料摆放检查表

工位器具、工件、材料摆放检查表

填报单位：　　　　填表人：　　　　联系方式：　　　　填报日期：

序号	标准要求	存在的问题	解决措施及办法
1	作业场所的原材料半成品、成品、工具柜等应进行定置管理、摆放整齐、平稳可靠		
2	各类工位器具，专用工、模、夹具摆放应稳固可靠、符合要求		
3	产品、坏料等应限量存放，不应妨碍操作		
4	工件、材料等应堆放整齐、平稳可靠，高度不应超过2米		
5	工作场所的工位器具、工件、材料摆放合格率应为100%		
合计			

基本要求：

1．生产单位应将工位器具、工件和材料、成品、半成品的合理摆放，作为生产管理的重要环节来抓，做到物定位，人定岗，人流有序，物流畅通。

2．生产管理部门应根据生产工艺流程，合理设计，配置工位器具和工件、半成品、成品周转箱，并做到定置管理。

3．工位器具、工件和材料摆放，应从有利于提高工效，有利于安全生产通盘考虑，不能顾此失彼，影响作业空间。

第五部分

怎样进行 5S专项管理

5S是指整理（Seiri）、整顿（Seiton）、清扫（Seiso）、清洁（Seiketsu）、素养（Shitsuke）五个项目，因为这五个单词的首字母都是“S”，所以简称为“5S”。通过实施5S管理，可以营造一个规范的、一目了然的生产现场，大大提高生产效率。

第一章　整理（SEIRI）

整理就是指经过对生产现场进行检查，将必需品与非必需品区分开，清除非必需品，在岗位上只放置必需品。整理是5S的开端，良好的整理工作能够确保5S顺利推行。

内容01：现场检查

对工作现场进行全面检查，包括看得见和看不见的地方，特别是不引人注意的地方。如设备内部、桌子底部、文件柜顶部等位置。

检查场所及内容

场所	内容
地面	（1）推车、台车、叉车等搬运工具 （2）各种良品、不良品、半成品、材料 （3）工装夹具、设备装置 （4）材料箱、纸箱、容器等 （5）油桶、漆罐、油污 （6）花盆、烟灰缸、纸屑、杂物
工作台	（1）破布、手套等消耗品 （2）螺丝刀、扳手、刀具等工具 （3）个人物品、图表资料 （4）余料、样品
办公区域	（1）抽屉和橱柜里的书籍、档案 （2）桌上的各种办公用品 （3）公告板、海报、标语、风扇、时钟等
材料架	（1）原材料、辅材料 （2）呆料、废料 （3）其他非材料的物品

（续表）

场所	内容
墙上	（1）标牌、指示牌 （2）挂架、意见箱 （3）吊扇、配线、配管 （4）蜘蛛网
室外	（1）废弃工装夹具 （2）生锈的材料 （3）托板 （4）推车、轮胎

内容02：清除非必需品

工作场所全面检查并实施定点摄影后，要将所有的物品逐一判别，哪些是“要”的，哪些是“不要”的。

1. 清理非必需品的着眼点

必需品是指经常使用的物品，没有它就必须购入替代品，否则影响正常工作的物品。即使是必需品，也不可保存太多。

非必需品可分为两种：一种是使用周期较长的物品，另一种是对目前的生产或工作无任何作用的，需要报废的物品。

清理非必需品的原则是看该物品现在有没有“使用价值”，而不是原来的“购买价值”，同时注意以下几个着眼点：

（1）整理前须考虑的事项：考虑为什么要清理以及如何清理；规定定期进行整理的日期和规则；在整理前要预先明确现场需放置的物品；区分要保留的物品和不需要的物品，并向员工说明保留的理由；划定保留物品安置的地方。

（2）对暂时不需要的物品进行整理时，当不能确定今后是否还会有用，可根据实际情况来决定一个保留期限，先暂时保留一段时间，等过了保留期限后，再将其清理出现场，进行认真的研究，判断这些保留的物品是否有保留的价值，并弄清保留的理由和目的。

2. 非必需品的判定步骤

（1）把那些非必需品摆放在某一个指定场所，并在这些物品上贴上红牌。

（2）由指定的判定者对等待判定的物品进行最终判定，决定其应卖掉、挪用、修复还是修理等。

3. 非必需品判定者

由于工厂里需要进行判定的对象物很多，并且有可以判断的和难以判断的物品，为了高效地完成判定工作，可以根据对象物的不同分层次确定相应的判定责任者，如下所示：

（1）一般物品：由班组长初步判定，主管最终判定。

（2）零部件：由主管初步判定，经理最终判定。

（3）机器设备：由经理初步判定，总经理最终判定。

非必需品也可以统一由推行委员会来判定，也可设计一个有效的判定流程，由各个不同部门对各类物品进行判定。

4. 判定的注意事项

（1）对那些贴有非必需品红牌的物品，要约定判定的期限，判定的拖延将影响5S活动的进行，因此，要迅速对这些物品进行判定，以便后续处理工作的完成。

（2）当那些贴有非必需品红牌的物品被判定为有用的时候，要及时向物品所属部门具体说明判定的依据或理由，并及时进行重新安置和摆放。

第二章　整顿（SEITON）

整顿就是将整理后所留下的必需品或所腾出的空间作一个整体性规划。它旨在提高取用和放回物品的效率。

内容01：整顿三定

整顿的关键在三定：定位（在何处，场所标志）、定品（何物，品目标志）、定量（几个，数量标志）。而三定的方法则是实施看板作战。

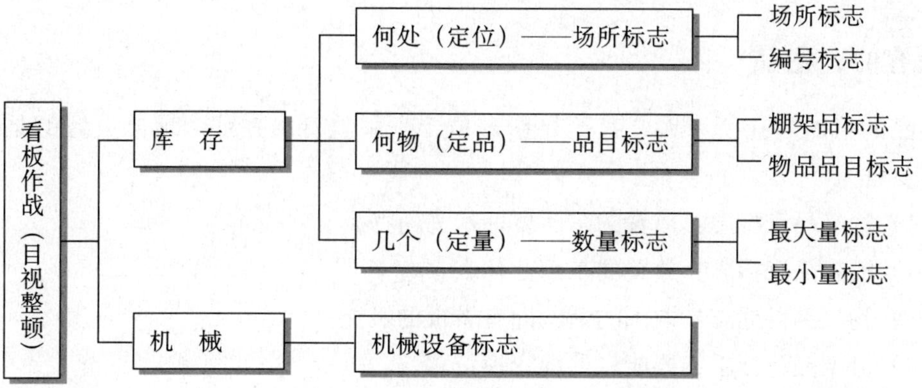

看板作战

内容02：定位

1. 定位的要点

（1）将该定位的地方区分为场所标志与编号标志。

（2）编号标志区分为地域标志与编号标志。

（3）地域标志可用英文字母（A、B、C）或数字（1、2、3）来表示。编号标志以数字表示较理想，最好由上而下1、2、3排序。

（4）棚架上绝对不要放东西。

物品定位须遵循两个原则：一是位置要固定，二是根据物品使用的频度和使用的便利性来决定物品放置的场所。

2. 物品与位置的关系

根据物品的特点，物品与位置之间的关系有以下几种：

（1）设备和作业台的定位。设备和作业台通常被固定在指定的位置上，若非特殊情况或需要进行区域再规划，原则上物品和位置的关系是固定的。

（2）工具、夹具、量具、文件等的定位。生产或工作过程中经常使用的这类物品通常被存放在各式各样的柜、台、架等固定位置上，使用的时候可以从其存放处取出，使用完毕放回原处。

（3）原材料、半成品、成品的定位。这些在生产过程中是流动的，对于每个个体而言，没有不变的固定摆放的位置。但为了明确这些流动的物品在每一工序的摆放位置，必须在工序附近指定存放区域，以便原材料、半成品、成品到达时的摆放。

（4）票据、样品等的保管与存放。对一些使用频率很小却又需要保管的重要物品，如财务票据、实物样品等，可以确定一些固定的场所或仓库的一角存放。

内容03：定品

定品的目的是让所有人，甚至是新进员工一眼就看出在那个地方放置的是什么物品。其要点为：

（1）物品品目标志：放置的东西要标示为何物。

（2）棚架品目标志：放置的东西是什么。

（3）物品品目标志：取下的话，即有看板的机能。

（4）棚架品目标志：要能轻易地变换位置。

内容04：定量

定量的目的是让库存品可以一眼就看出有多少的量，不是说“大概、大约”，而是要很清楚地说出有几个。

实施要点为：

（1）要限制物品放置场所或棚架的大小。

（2）要很明确地显示最大库存量及最小库存量。

①最大库存量——红色。

②最小库存量——黄色。

（3）与其用数字不如改为标记。

（4）一眼就可以说出数量（不用算）。

第三章　清扫（SEISO）

清扫是将工作场所、设备彻底清扫干净，使工作场所保持一个干净、宽敞、明亮的环境，使不足、缺点凸现出来。其目的是维护生产安全，减少工业灾害，保证品质。

内容01：清扫准备

1．安全教育

对员工做好清扫的安全教育，对可能发生的事故（触电、挂伤碰伤、涤剂腐蚀、坠落砸伤、灼伤等不安全因素）进行预防和警示。

2．设备常识教育

对员工就设备的老化、出现的故障、可以减少人为劣化因素的方法、减少损失的方法等进行教育。使他们通过学习设备基本构造，了解其工作原理，能够对出现尘垢、漏油、漏气、震动、异常等状况的原因进行分析。

3．技术准备

事先制定相关作业指导书，明确清扫工具、清扫位置、加油润滑基本要求、螺丝钉卸除和紧固的方法及具体顺序步骤。

内容02：清扫实施步骤

1．决定清扫的对象

清扫对象有物品放置场所、设备、空间三类。

清扫对象

分类	举例说明
物品放置场所	仓库、半成品棚架、治工具棚架等

（续表）

分类	举例说明
设备	机械设备、搬运工具、治工具等
空间	通道、窗户、会议室、厕所等物品的放置处

（1）物品放置场所。物品有各式各样的东西，其放置的场所也有很多，所以在清扫之前必须了解要清扫什么。物品放置场所的清扫对象为： 制品仓库、零件仓库、材料仓库、工厂内半成品放置处、零件放置处、生产线内放置处、机械工程内放置处、治工具棚架。

（2）设备。与设备有关的清扫对象为：机器、设备、焊具、工具、刀具、量具、模具、车辆、搬运工具、作业台、橱柜、桌子、椅子、备品。

（3）空间。空间的清扫对象为：地面、作业区、通道、墙壁、梁柱、天花板、窗户、房间、电灯。

2．**决定清扫人**

清扫前须决定清扫责任人及清扫周期（每天清扫，或隔日清扫）。具体要做到：

（1）编制清扫责任位置图。以平面图的形式，把现场的清扫范围划分到各部门单位，再由各部门单位划分至个人。公共区域可利用轮值和门前承包的方式进行。具体步骤为：

①绘制工作场所位置图。

②将位置图加以区分。

③分配清扫任务责任者。

④公布在显眼的地方。

清扫责任者

责任区域	责任人	色别	时间

（2）制定清扫日程表。把清扫作业制定出来，予以日程化。特别是共同使用的地方可采轮流值日制。制定日程表的步骤为：

①确定共同使用场所包括：会议室、休息室、厕所、图书室等。

②进行任务分配：分为使用人、责任担当者。

③将清扫作业清理出来：依程序逐日分配。

④编制日程表并公告，编制轮值表，责任人间相互传阅。

清扫轮值表

星期	责任人

3．决定清扫方法

决定了由谁来执行经常性的清扫后，接下来则是考虑如何来做。清扫方法要点：

（1）养成每天早晨5分钟清扫的习惯。

（2）从清扫程序中整理出必需的清扫用具并准备好。

（3）将其使用方法、使用程序予以明确。

4．建立清扫基准和制度

除了责任到人之外，还需要建立一套清扫的基准，制定一份清扫制度，促进清扫工作的标准化，以确保现场清洁。

5．准备清扫用具

整理出来的清扫用具，要放置在容易取用、容易归位的地方。准备要点：

（1）准备必要的清扫用具以便进行清扫作业。

（2）将这些连同所需的数量公告揭示。

（3）用具要考虑容易取用、容易归位的放置方法。

一般的清扫用具有：

扫帚：对于切屑或粉末散落满地的现场，首先拿起扫帚开始清扫地板。

拖把：主要是用于擦拭地板。

抹布：作业台、办公桌、机械类等，原则上是使用抹布清扫；灰尘或尘埃多的场合使用湿的抹布，需要磨光或除去油污者使用干抹布。

清洁用具的摆放，如扫帚、拖把等应该使用单支悬挂方式，手柄向上，不要杂乱堆放，拖把的拖头下方应放有盛水盆来盛装遗留的污水。污水应及时倒掉，以免引发异味和滋生蚊虫。抹布用完以后，应清洗干净，集中于一个地方晾晒，晾干后可叠放于指定柜内。

6. 实施清扫工作

清扫工作要点为握持扫帚、拿捏抹布，运用正确的方法：

（1）清扫地板的角落、墙角、梁柱周围的垃圾及灰尘。

（2）擦拭墙壁、窗户、门板等的灰尘、尘垢。

（3）彻底除去垃圾、碎屑、破片、切粉、油污、锈、灰尘、砂土、废料等污染物。

（4）使表面恢复到原来模样。

（5）不易除掉污秽的地方，使用洗涤剂。

（6）全员进行清扫。

（7）机械或设备由作业者自行清扫。

（8）使用抹布擦拭。

第四章　清洁（SEIKETSU）

清洁就是对清扫后状态的保持。将前3S（整理、整顿、清扫）实施的做法制度化、规范化，并贯彻执行及维持成果。

内容01：制定前3S检查表

清洁的标准包含有三个要素：干净、高效、安全。

在开始时，要对“清洁度”进行检查，制定出详细的明细检查表，以明确“清洁的状态”。检查的要点为：

（1）周围是否有不必要的东西？

（2）清洁工具可以立即使用吗？

（3）每天早上有做清扫工作吗？

（4）工作结束时有做收拾整理工作吗？

1. 检查有哪些不要的东西（整理）

（1）不要物品的检查点。在3S之后，应在身边周围检核是否有不要的东西，具体可运用表格形式：

整理检查表

部门：　　　　　　　　检查者：　　　　　　　　日期：

序号	检查点	检查		对策（完成日期）
		是	否	
1	放置场所有无不要使用的东西			
2	通道上有否放置不要使用的东西			
3	有无不要使用的机械			
4	栏架上下有无不要使用的东西			
5	机械周围或下边有无不要使用的东西			
…	……			

（2）将废弃物品编制一览表并处理，要点为：库存与设备是公司的资产，个人不能任意处分；编制废弃库存品、废弃设备一览表，一定要全数显示；与财务责任人协商后处理。

不要的库存品一览表

部门： 检查者： 日期：

序号	品名	规格	数量	单位	金额	不要品区分	价值	备注

不要的设备一览表

部门： 检查者： 日期：

序号	设备名	设备区分	资产号	数量	单价	取得金额	设备日期	累计折旧	账册	设备场所	备注

不要空间一览表

部门： 检查者： 日期：

序号	地点	管理责任人	面积（平方米）	使用预定	备注

2. 检查物品的放置方法（整顿）

（1）物品放置方法的检查要点。

整顿检查表

部门：　　　　　　　　　　检查者：　　　　　　　　　　日期：

序号	检 查 点	检查		对策（完成日期）
		是	否	
1	制品放置场所是否显得零乱			
2	装配品放置场是否做好三定（定位、定品、定量）			
3	零件、材料放置场是否做好三定（定位、定品、定量）			
4	画线是否已完成80%以上			
5	治工具存放是否以开放式来处理			
6	治工具是否显得零乱			
7	模具放置场是否可以一目了然			
…	……			

（2）列出整顿鉴定表来看看。

编订整顿鉴别表，对自己的工作场所进行再检查，“否”的项目在30个以上时则再次进行步骤（1）的整理。整顿表的主要项目应有：

①部门：填入对象部门或工程名。

②检查者：填入检查者的姓名。

③分类：将整顿的对象作分类。

④着眼点：整顿对象的着眼点。

⑤检查：检查者进行现场巡视的同时作检查。

“是”——有做到；“否”——没做到，需要对策。

⑥对策、改善案（完成期限）：针对检查中“否”的场合，想出对策或改善案，将其填入改善栏内。

整顿鉴定表

部门：　　　　　　　　　检查者：　　　　　　　　日期：

分类	序号	着眼点	检查		对策、改善案（完成日期）
			是	否	
库存品	1	置物场有无揭示“三定”看板			
	2	是否一眼即能看出定量标示			
	3	物品放置方法是否呈水平、垂直、直角、平行			
	4	置物场有没有立体化的余地			
	5	是否能够“先进先出”			
	6	为防止物品间碰撞是否有缓冲材料或隔板			
	7	是否能防止灰尘进入			
	8	物品是否直式摆放在地面			
	9	不良品的保管是否有明确的订定置物场			
	10	有无不良品放置场的看板			
	11	不良品是否容易看见			
治工具	1	有没有决定不良品的放置场所			
	2	放置场所是否有揭示“三定”看板			
	3	治工具本身是否有贴上名称或代码			
	4	使用频率高的治工具是否放置在作业的近处			
	5	是否依制品别整套方式来处理			
	6	是否依作业程序来决定放置方式			
	7	治工具在作业揭示书中有无指定场所			
	8	治工具是否零乱，能否在当场就看得出来			
	9	治工具显得零乱是否当场即予整理			
	10	治工具能否依共通化而将其减少			
	11	治工具能否依替代手段而将其减少			
	12	是否有考虑归位的方便性			
	13	是否在使用场所的10厘米以内规定放置处			
	14	是否放置在10步以外			
	15	放置方位是否恰当，不弯腰就可以拿到			

（续表）

分类	序号	着　眼　点	检查		对策、改善案（完成日期）
			是	否	
治工具	16	能否吊起来			
	17	即使是不用眼睛看，是否也能大概地归位放好			
	18	目标尺寸范围是否很广			
	19	治工具使用中，能否交替更换			
	20	是否依外观整顿			
	21	能否依色别作整顿			
	22	使用频率高的刀具是否放置在身边			
刀具	1	使用频率低的刀具是否可以共同使用			
	2	能否作制品别组合方式处理			
	3	有无采取防止碰撞的对策			
	4	抽屉有无使用波浪板			
	5	抽屉是否采用纵方向整理收拾			
	6	研削砥石是否堆积放置			
	7	有无采取刀具的防锈对策			
计量器具	1	放置场所是否有防止灰尘或污物的措施			
	2	计量器具放置场能否有“三定”处理			
	3	能否知道计量器具的有效使用期限			
	4	微米量尺、转动量是否放置在不震动处			
	5	有无下垫避震材料			
	6	方量规、螺丝量规是否有防碰撞措施			
	7	测试单、直角尺有无吊挂以防止变形			
油品	1	是否有做油罐→给油具→注油口的色别整顿			
	2	是否做油品种类汇总			
	3	在油品放置处是否有“三定”看板			
安全	1	通道有无放置物品			
	2	板材等长形物是否直立放置			
	3	易倒的物品有无设置支撑物			

（续表）

分类	序号	着眼点	检查		对策、改善案（完成日期）
			是	否	
安全	4	物品堆积方式是否容易倒塌			
	5	是否把物品堆积得很高			
	6	回转部分有没有用盖子盖上			
	7	危险地区是否有做栅栏			
	8	危险标志是否做得很清楚醒目			
	9	消防灭火器的标志是否从任一角度均可看见			
	10	消防灭火器的放置方式是否正确			
	11	防火水槽、消火栓的前面是否未堆置物品			
	12	交叉路口有无暂停记号			
合计					
综合结论：					

3．消除灰尘、垃圾的检查点（清扫）

（1）清扫的检查点。在窗框用手指抹抹看，即大致可以知道工作场所的清扫程度，也可运用白手套检查法。

清除、灰尘垃圾检查表

部门：　　　　检查者：　　　　日期：

序号	检查点	检查		对策（完成日期）
		是	否	
1	制品仓库里的物品或棚架上是否沾有灰尘			
2	零件材料或棚架上是否沾有灰尘			
3	机器上是否沾满油污或灰尘			
4	机器的周遭是否飞散着碎屑或油滴			
5	通道或地板是否清洁亮丽			
6	有没有执行油漆作战			
7	工厂周遭有没有碎屑或铁片			
…	……			

（2）填写清扫检查表。清扫检查表的用途是将库存、设备、空间等有关事项，在清扫时的检查要点加以整理的表格。其主要项目应有：

①部门：填入检查对象的部门或工程名。

②检查者：填入执行检查者的姓名。

③分类：清扫对象的类别。

④着眼点：与清扫有关的检查要点。

⑤检查：检查者一边作现场巡视一边进行检查。

“是”——有做到；“否”——没做到，必须采取对策处理。

⑥对策：检查中“否”的场合，要明确记载对策与完成期限。

清扫检查表

部门：　　　　　　　　　　检查者：　　　　　　　　　日期：

分类	序号	着眼点	检查		对策、改善案（完成日期）
			是	否	
库存品	1	有无清除与制品或零件、材料有关的碎屑或灰尘			
	2	有无清除切削或洗净后的零件所产生的污锈			
	3	有无清除库存品保管棚架上的污物			
	4	有无清除半成品放置场的污物			
	5	有无清除库存品、半成品的移动用栈板上的污物			
设备	1	是否清除机器设备周边的灰尘油污			
	2	有无清除机器设备下的水或油以及垃圾			
	3	有无清除机器设备上的灰尘、污垢、油污			
	4	有无清除机器设备侧面或控制板套盖上的油垢、手污			
	5	有无清除油量显示或压力表等玻璃上的污物			
	6	有无将所有的套盖打开，清除其中的污物或灰尘			
	7	有无清除附着于气压管、电线上的尘埃、垃圾			
	8	有无清除开关类的灰尘、油垢等			
	9	有无清除附着于灯管上的灰尘（使用软布）			
	10	有无清除段差面的油垢或灰尘（使用湿抹布）			
	11	有无清除附着于刀具、治具上的灰尘			
	12	有无清除模具上的油垢			
	13	有无清除测定器上的灰尘			

（续表）

分类	序号	着　眼　点	检查		对策、改善案（完成日期）
			是	否	
空间	1	有无清除地板或通道上的沙、土、灰尘等			
	2	有无除去地板或通道上的积水或油污			
	3	有无清除墙壁窗户等的灰尘或污垢			
	4	有无清除窗户玻璃上的手垢、灰尘			
	5	有无清除天花板或梁柱的灰尘、污垢			
	6	有无清除照明器具（灯泡、日光灯）的灰尘			
	7	有无清除照明器具盖罩上的灰尘			
	8	有无清除棚架或作业台等的灰尘			
	9	有无清除楼梯的油污、灰尘、垃圾			
	10	有无清除建筑物周遭的垃圾、空瓶			
	11	有无使用清洁剂将外墙的污脏加以清洗			
合　　计					
综合结论：					

内容02：巡查评比

自己负责的项目、区域已经改善了不少地方，不知上司对此有什么评价，周围的同事又是怎么看的，每个人都渴望得到公正地评价。因此应定期巡查评比，公布结果，表彰先进，督促后进。

5S评比表

序号	部门	区域评分				得分	备注
1	总经办	区域号					
		得分					
2	人力资源部	区域号					
		得分					
3	制造一部	区域号					
		得分					

（续表）

序号	部门	区域评分				得分	备注
4	制造二部	区域号					
		得分					
5	产品工程部	区域号					
		得分					
6	品质管理部	区域号					
		得分					
7	生产管理部	区域号					
		得分					
8	采购部	区域号					
		得分					
9	物控部	区域号					
		得分					
10	设计部	区域号					
		得分					
11	财务部	区域号					
		得分					

巡查中遇到的不合格项目，拍下相片，记录清楚不合格之处，除了让当事人明白之外，也能作为提醒他人不要再犯的一个良好素材。

内容03：坚持实施5分钟5S活动

每天工作结束之后，花5分钟对自己的工作范围进行整理、整顿、清扫活动，不论是生产现场还是行政办公室都要推进该活动。

以下是5分钟5S必做项目：

（1）整理工作台面，将材料、工具、文件等放回规定位置。

（2）清洗次日要用的换洗品，如抹布、过滤网、搬运箱。

（3）理顺电话线，关闭电源、气源、水源。

（4）清倒工作垃圾。

（5）对齐工作台椅，并擦拭干净，人离开之前把椅子归位。

开展该活动，应做好记录工作，具体内容应记录在下表中。

下班前五分钟5S活动记录表

姓名：________________　　职位：________________　　部门：________________

本周开始日期：______年____月____日　　编号：________________

注意：

1．在开始做时，每人会配给清洁用纸或一块白布（明天回收）。

2．尽可能全体员工同时一齐做。

3．第一周做时可能每天十分钟。

4．每个项目做完后要画“√”。

5．此表每星期每人要填一张。

编号	实施项目	周一	周二	周三	周四	周五	周六	周日
1	将掉在地面的任何文件、零件、产品、废料等物品都捡起来。							
2	用抹布擦净器材及仪表的主要部位以及其他隐蔽的地方。							
3	清洁溅落在物品表面的水、油、碳粉。							
4	将各种牌子和标签打扫干净，确保字迹清晰。							
5	确保所有的文件、工具、器材都放在应该放的位置。							
6	整理和彻底清洁自己工作台面。							
7	彻底清洁自己工作区域的地面。							
8	检查各类标签、说明书、防火设施，并纠正差错、防止脱落。							
9	扔掉（或退还）所有不必要的东西和倒垃圾。							

第五章　素养（SHITSUKE）

素养活动是使员工时刻牢记5S的规范，自觉地进行整理、整顿、清扫、清洁、节约、安全、服务和满意，使5S活动更重于实质，而不是流于形式的一种活动。素养是使员工在言行举止上都具有良好的习惯。

内容01：明确素养的目的

企业通过实施素养活动，营造一个积极向上、富有合作精神的团队，其目的是：全体员工高标准、严要求地维护现场环境整洁和美观，自愿实施整理、整顿、清扫、清洁、节约、安全、服务、满意的8S活动，培养遵守规章制度和具有良好习惯的人才。

素养是5S的核心，前面的8S活动都应包含在素养之中。

内容02：制定相关的规章制度

规章制度是员工的行为准则，是让员工达成共识、形成企业文化的基础。制定相应的“语言礼仪”、“行为礼仪”及“员工守则”等，保证员工达到素养要求的最低限度，并力求提高。

内容03：实施员工培训

公司应向每一位员工灌输遵守规章制度、工作纪律的意识；此外，还要创造一个具有良好风气的工作场所。绝大多数员工对以上要求会付诸行动的话，个别员工和新员工就会抛弃坏的习惯，转而向好的方面发展。此过程有助于员工养成制定和遵守规章制度的习惯，改变员工只理会自己、不用理会集体和他人的潜意识，培养对公司部门及同事的热情和责任感。

培训分岗前培训和在岗培训两种。

1. 岗前培训

岗前培训就是上岗之前的培训。岗前培训是素养的重要阶段，从新员工入职的那一天起，不论是技术人员、管理人员，还是作业人员都必须接受培训。它包括以下四个方面的内容。

（1）学习该岗位所需要的专门技能。

（2）学习企业的各项规章制度。

（3）学习待人接物的基本礼仪。

（4）熟悉企业环境、作息时间等。

2. 在岗培训

在岗培训是指为了提高员工的工作技能，员工在完成工作的同时，接受的各种有针对性的培训活动。在岗培训是将员工素养提高到一个更高层次的重要手段，但不能只限制在作业技能的提升方面，也应当重视日常行为规范方面，如对翘腿的员工进行培训，使其调整为标准坐姿。

不同岗位的在岗培训侧重点各不相同，常见的在岗培训内容包含以下四个方面。

（1）相同岗位间的信息横向交流、参观、评比，以先进带动后进。

（2）同一人员在不同工作岗位上轮训。

（3）组织外出参观、研修，获取新知识、新观点、新方法。

（4）就某一主题展开活动，如体育活动、演出活动、社交活动等。

内容04：检查素养效果

开展素养活动之后，要对素养活动的各个方面进行检查，查看效果如何。素养活动的检查内容包括：

1. 日常活动

（1）企业里是否已经成立5S小组。

（2）全公司是否经常开展有关5S活动方面的交流、培训。

（3）企业领导是否对5S很重视，并率先推广。

（4）全体员工是否都非常明确实施5S对企业和个人的好处，对实施5S活动充满热情。

2. 员工行为规范

（1）是否做到举止文明。

（2）能否遵守公共场所的规定。

（3）是否做到工作齐心协力，团队协作。

（4）是否遵守工作时间，不迟到早退。

（5）大家能否友好地沟通相处。

3．**服装仪表**

（1）是否穿戴规定的工作服上岗；服装是否干净、整洁。

（2）厂牌等是否按规定佩戴整齐。

（3）鞋子是否干净。

（4）是否勤剪指甲。

（5）是否勤梳理头发，面部是否清洁并充满朝气。

总之，素养可以持续推动5S，直至成为全员的习惯；使每位员工严守标准，按标准作业；净化员工心灵，形成温馨明快的工作氛围。

参 考 书 目

[1] 史长银. 全面现场改善. 深圳：海天出版社，2006.

[2] 徐明达. 现场管理十大利器. 北京：北京大学出版社，2007.

[3] 陈元. 生产计划与物料控制实战精解. 广州：广东经济出版社，2002.

[4] 邱绍军. 现场管理36招. 杭州：浙江大学出版社，2006.

[5] 后东升. 制造业生产现场管理课程. 北京：中国工商联合出版社，2006.

[6] 潘林岭. 新现场管理实战. 广州：广东经济出版社，2004.

[7] 傅利平. 进料检验与供应商管理. 深圳：海天出版社，2003.

[8] 聂云楚. 如何推进5S. 深圳：海天出版社，2001.

[9] 许小文等. 图解5S管理实战. 广州：广东经济出版社，2003.

[10] (台湾)中国生产力中心全面管理组. TQA全面品质保证手册. 台北：中国生产力中心，1993.

[11] (台湾)赖荣枝，胡宽心. 21世纪管理制度百科全书. 台北：凯信出版事业有限公司，2000.

[12] 〔日〕原崎郁平・西泽和夫. 生产现场问题解决110. 余幼龙，艾南珍译. 深圳：海天出版社，2002.

再版序

中国人民大学出版社要再版我的《中西美学与文化精神》，现在回想起来，此书对于确立我的学术思想和学术个性，具有相当大的作用。我在写作此书的过程中形成的做学方式，可以说一直贯穿我以后的学术著述之中。因此，此书与我的学术缘起和演进，都有甚多的关联。

此书于 1994 年北京大学出版社出版，然而其萌动却开始于我在四川大学中文系读本科期间（1978—1982），入校之初，正是文学理论界关于“形象思维”讨论热烈之时，在其影响下，我三年级时的学年论文写的是《论形象思维》。在写作的过程中，发现问题甚多，特别是与形象思维相关的“灵感”问题，惹我关注和好奇，为了真正地理解这一问题，我查阅了当时能够找到的中国古代和西方所有关于灵感的理论。我发现，中国与西方对灵感问题的理论，是相当不同的，中国的理论是以“突然性”为核心的，西方的理论是以“对象化”为核心的。于是写成了两篇论文，一篇是中国的，一篇是西方的，后来只用了西方的一篇作为本科毕业论文。这两篇论文的内容，基本上进入了《中国美学与文化精神》中“中西美学的灵感理论”一章。在北京大学哲学系读美学研究生（1982—1984）的时候，细读康德的《判断力批判》（上册），读到“崇高”内容时甚有感触，写了好几段感想，联想到以前读朱光潜介绍柏克的崇高，觉得在性质上很不相同，于是找来柏克《论美与崇高》的英文版，读后发现，康德和柏克都把崇高客体用于与人敌对的对象，这与中国把“崇高”一词都用于正面形象是不同的，于是全面搜寻中国和西方关于崇高的言说，写成了关于《从东西方哲学差异的角度看崇高》一文，此文经刘小枫推荐给李泽厚先生，李泽厚先生又推荐给叶秀山先生，略有删节后发表在 1985 年的《外国美学》上，该文的思想和材料构成了《中西美学与文化精神》中“崇高：中西文化超越意向的审美凝结”一章的主要内容。这两篇论文的写作，构成了我做学的主要模式。这就是：对任何一个重要问题，都要在中国和西方两个方面进行问题史细查，然后分析综合，以史出论。研究生毕业后分配到中国人民大学美学教研室工作后不久，中国比较文学学会在深圳召开成立大会，会前受乐黛云先生之命写一篇论文。（在北京大学毕业前，同窗刘小枫把我大力引荐给乐黛云先生。）我想借此机会对中西哲学的基本问题进行一次思考，在写此篇文论时到乐黛云先生家中借了相当的英文著作，包括当时国内极少的德里达的著作，后来写成了《有与无及其展开——论中西文化的根本差异》，该文很受乐黛云先生的赏识，安排我在大会上作了第一个主题发言，1986年略有删节后发表在胡经之主编的《文艺美学》第1辑上，后来进一步修改后，成了《中西美学与文化精神》中的第一章“中西文化的基本精神”。通过这篇论文的写作，我基本上形成了关于中西文化差异的基本观点，后来由于中国人民大学美学研究生课程体系的需要，我被授命开设“中西美学比较”课程时，基本上以此为核心，结合每一问题的具体材料，展开为此书的各个问题。自1987年在中国人民大学讲授此课后，一直开到1998年，边讲边写边改，在20世纪80年代末期还用此讲稿给北京大学比较文学研究生开过“中西比较诗学”课程。在几年讲课的基础上完成和出版了此书，之后1995年我去美国宾州州立大学做访问学者，1996年初又到哈佛大学。我在中国人民大学的同事冯禹博士先到哈佛大学燕京学院任教，我送了一本《中西美学与文化精神》给他，冯禹博士去过印度，他翻了一下之后，说了一句让我当时非常震惊的话，他说：与印度比起来，中国文化是不断变化而且变化很大的。我由此悟出了，从任何比较得出来的特点，只有与比较物在一起才能够成立。古代中国与西方历史的大变动相比，是相对静止不变的文化，与更为静止不变的印度相比，又是不断大变的文化。这是一个非三言两语能够说清楚的非常思辨且有意思的问题，不在这里展开。此后在哈佛大学的一年多时间里，我除了继续关注中西问题，对中西以外的文化给予了相当大注意，阅读、购买、复印了相当多的资料。正是在美国访学的积累，回国后不久，写出了《询问佛境》一书，于2000年出版，后来又作了一次增改，以《佛教艺术》之名于2004年出版，这一课题是对三大佛教圈——印度佛教圈（印度和东南亚佛教）、汉化佛教圈（中国汉地佛教及朝鲜、日本）、藏传佛教圈（以中国西藏佛教为主）的佛教艺术（佛塔、石窟、寺庙、佛像等）进行比较研究，可以说，是《中西美学与文化精神》的比较路子的进一步扩大。回想起来，写了《中西美学与文化精神》之后，在做每一学术研究时，几乎都有一种比较的视野，在一些看起来很专题的写作中，如《中国美学史》、《中国艺术：历程与精神》、《20世纪西方美学史》、《文艺与中国现代性》等，比较都占了相当的部分，比如在《走向全球化时代的文艺理论》中，在进行中西美学和艺术比较的同时，也把印度、伊斯兰的美学思想引进来，与之比较；在《美学导论》中，“美的文化模式”一章，是专就中国、西方、伊斯兰、印度四大文化的美学特色进行论述的，由于资料和水平的限制，对四大文化的美的模式的研究水平，尚处在起步阶段，但在中国美学原理的写作里，这一内容的提出，还是一种新的开拓。

我的做学历程，由此一直都在以一种比较的方式进行，至少在一点上自己较为满意，就是超出了现代学术演进中越来越严的学科分割所带来的局限的一面，现在回想起来，如果只把自己局限在一个小领域里，两耳不闻外域事，一心只读此域书，恐怕是很难把此域写好写深的，自己目前所写的书的水平就会比现在差很多。比如，我的《中西美学与文化精神》的内容已经写了一部分，可以开课时，正好美学教研室同时需要开设西方当代美学的课程，而在为这一门课写讲稿把西方后现代弄清楚了，继续写《中西美学与文化精神》时，整个内容也得到了提升。又如，倘若我在写《美学导论》之前，没有读相当的佛教和伊斯兰艺术的书，这一本书现在呈现出来的样子就一定会要差许多。

总之，自我进行学术研究以来，所写的东西，从题目名称上看，有点东一下，西一下，乱乱的，但从比较的眼光看，就可以得到一种理解。而这些都是受益于《中西美学与文化精神》一书的写作的，从而对此书颇有敝帚自珍的情怀。可以想象，当中国人民大学出版社要再版此书时，很让我浮想联翩……

2010年6月

目　录

韩文版序

1998年夏，我从北京到波士顿又从波士顿回北京都是乘坐韩国航空的飞机，我得到了与我以前数次搭乘的美国西北航空公司的飞机完全不同的感受，我无法确切地说出这种感受是什么，但可以确切地说，这是一种韩国味。两次飞行都在汉城转机，从空中看去，韩国首都给我的印象是：一种特殊的小巧。坐在汉城机场的候机室里，有那么一刻，我想，要是能够到汉城的大街上去逛逛，那该多好啊！

现在想起来，也许要由我的书来代我实现逛汉城大街的愿望了。如果它能躺在汉城书店的书架上，被人买下，拎着走上大街……

这是一本中西比较的书，中国古文化在书中之所以以这种形象呈现出来，完全在于拿它与西方文化相比，如果我写一本中国与印度比较的书，在印度不计时间与历史只重宗教关怀的文化的对衬下，中国古文化将会显出另一种形象。哲学家早就说，事物以什么样子显现，是由它以什么为自己的参考系决定的。从原则上说，参考系是无限的，因此事物可以有很多很多形象；但是只要你选定了参考系，事物会显现为什么样的形象又是一定的了。因此这本书虽然只讲了中西比较，然而它的书外之意又不仅是中西比较。

一本书的意义，是与读者的接受分不开的，当这本书由韩国人来读的时候，会生成出什么样的意义呢？这是我无法知道的。但一想到此，又使我觉得十分愉快——

人有他的缘分，书也有它的缘分。

作者

1999年7月

引　言
中西美学比较：缘起、内容、意义

一、比较潮流的兴起

比较美学是现代比较潮流中必然要涌现出来的一朵晶莹的浪花。这里的比较，不是随便地把这一个和那一个拿来比较，而是反映和代表着一种现代精神的比较。

与现代相对应的是古典。古典世界，从西方到东方，都有一个共同的精神：追求永恒真理。西方从柏拉图的理式、基督教的上帝到黑格尔的理念是如此，中国儒、道、释的道和真如也是如此。宋代哲人融汇儒、道、释而为理学，理学家张载的话很能代表整个古典精神："为天地立心，为生民立命，为往圣继绝学，为万世开太平。"

比较潮流是一股学术潮流。从"学"的古今之变就更能够理解为什么现代学术会出现比较潮流。科学划分为分门别类的学科，是西方文化的产物。一门学科要成为"学"，即达到科学形态，按照古典的要求，必须符合几个基本条件：(1) 有一批基本概念；(2) 这些概念的定义是明确的，逻辑是一贯的；(3) 按照逻辑形成一个完整的体系。这三点构成一门学科的理论形态。这个理论形态要成为科学，还须具有最后一个，也是最重要的一个性质：它的理论是普遍有效的。西方的"学"在文字上，很多都有一个后缀 logy，从这个词的源流看，确实包含了"学"的两大基本特征，它是道（逻各斯 logos），具有普遍性，道又是以严密的逻辑形式表现出来的。西方之学为什么会有如是的特征和以如是的形式出现呢？可能，西方文化的源头古希腊出现的几何学是至关重要的。欧氏几何由九条公理严格地推出整个精美体系，是一切科学的范本。几何学是抽象的（它的三角形不是任何现实中的三角形），又是普遍有效的（任何现实的三角形都服从三角形定理）。在近代，牛顿力学又以欧氏几何相同的精神圣化了“学”的含义。牛顿把整个宇宙规律化了。人们既可在规律中体会到宇宙的统一性，又可在宇宙的统一性中体会到给宇宙规律的上帝：

> 自然和自然的法则在黑暗中隐藏；
> 上帝说，让牛顿去吧！
> 于是一切都已照亮。
>
> ——亚力山大·蒲伯

总之，“学”的古典意义意味着，一门科学的基本原理，是普遍有效，放之四海而皆准的；意味着抽象的概念世界与具象的现实世界在根本上是对应的。因此，科学的理论追求也就是对世界的永恒真理的追求。

然而“学”的古典意义随着科学本身的发展，在现代被重新思考并发生了根本性的转变，这从三个重要的科学领域可以看出。在自然科学领域，爱因斯坦否定了牛顿，量子力学修正了经典力学，非欧几何证明欧氏几何并不是普遍有效的。在心理学领域，由弗洛伊德发端而不断变化发展的心理分析学派，揭示了一种与一般意识规律不同的无意识方式。在人类学领域，从弗雷泽的《金枝》到列维-布留尔的《原始思维》，表明了原始人有一套完全不同于文明人的思维方式，本尼迪克特的《文化模式》不仅表明了各文化思维的相对性，而且显示了习俗和情感方式的相对性。这样，科学理论，已经成“学”的逻辑严整、自成体系的理论的绝对真理与唯一真理和普遍有效性成问题了。（根据欧氏几何，由平行线外一点，只能引一条直线，与已知直线平行，根据非欧几何，由平行线外一点，可以引一条以上的直线与已知直线平行。）理论形态与现实世界严格的对应性也成问题了。（对人体及其病理既可作西医的解释，也可作中医的解释。）科学理论并不是现实世界的唯一真理，而是人在历史实践里由主客体相互作用而创造出来说明世界的一套范式（paradigms）。同一现实是可以用不同的范式来说明的。作为范式的理论不是现实的唯一解释，它的定义也不是普遍有效的，而是有范围的，超过范围就失效；并不是永恒如一的，而具有变化、变味、转化的可能。

理解了现代学术范式的特点，就可以理解比较文学曾出现的两大流派——影响研究和平行研究的深层意义。影响研究与科学理论在跨民族、跨文化研究中的放大失效有关。按“学”的古典意义，对某一作品的描述，对它所作的结论应该普遍有效，不然理论就失去了作为理论的意义。然而实际上，某一作品在传播，特别是在跨民族、跨文化的传播中，往往产生出理论意料之外的效果，这就是理论的失控，或理论的放大失效。因此在交流频繁的现代社会，对处于跨文化传播中的文学作品的研究，旧的文学理论无能为力了，比较文学的影响研究便应运而生。平行研究与科学理论在跨民族、跨文化研究中的演绎失败有关。某一概念作为对某一类事物的正确概括，应该是普遍有效的，但是在另一文化中，人们对同一类事物偏偏有另一套分类，另一套看法，完全搬套不过去，例如本书第五章讲的崇高（sublime）概念。面对跨文化之间的理论接触，旧的文学理论根本无法适应，比较文学的平行研究便应运而生。

比较潮流缘起于为历史的古今之变所推动的“学”的古今之变，然而在它的内部深处仍包含着一种为古典的“学”所包含的，也是“学”本身应有的基本精神：追求普遍的规律。只是在今天看来，一是“普遍规律”具有不同于古典的含义，二是对普遍规律的追求方式已完全不同于古典方式。

古典的普遍规律追求表现为本质追求，本质追求又具体为公理、定义、公式追求，一旦找到了事物的公理、定义、公式，就找到了事物的本质，这个本质是不以人的意志为转移的客观本质。而现代精神认为，人之所以从事物中找出公理、定义、公式，一方面在于事物自身的性质，另一方面又在于人的“找”，自然显现为一种怎样的面貌，是与人的“找”的方式、与人的实验设计分不开的（如波粒二象性）。或者用现代科学家的话说，人怎样提问（即人用什么方式去研究），自然就怎么回答（即自然就以什么面貌显示出来）。因此，所谓“规律”、“本质”、“公理”、“定义”表达的并不是一个纯客观世界的规律本质，而是人与世界相互作用后的符号世界，它也是自然面貌的一种显现，但不是唯一的显现，也是自然对人的回答，但不是最后的回答。因此，按照从爱因斯坦、后期的维特根斯坦、德里达的思想共同表达出来的现代精神，事物并不存在一个最后的本质，事物显现为一种什么样的面貌，在于你把它引入一个什么样的参考系。一部作品，显示为什么性质，在于你把它引入什么样的参考系。以作者的生平与个性来看作品，作品显示出一种性质；把作品放在同类作品群中，显出又一种性质；把作品放到一定的社会背景中，显出又一种性质……参考系可以不断引入。也许有人说，作品的本质就是作品在多种参考系中显出的性质的总和。然而，历史不会在某一点上停顿下来，新的参考系会不断地出现，从原则上说，参考系的引入是无限的，因此总和是不可能的，任何一种所谓的总和绝不是最后的总和。

事物的性质是由参考系决定的，这就是现代的普遍规律。具有现代精神的比较学，从基本上说，就是一种引入新的参考系的研究，通过新参考系的引入，显示出事物在原有参考系中无法显现的新的性质，从而深化对事物的认识。在参考系的不断引入和变化中，事物的固定和变化，单一和丰富，有限和无限敞示出来，人们对事物的认识也随之上升到一个新的高度，同时人对包括自身在内的世界的认识也上升到同一高度——现代科学和现代文化的高度。

二、本在范式冲撞中的美学

在各门学科中，美学的产生和发展最为命途多舛。公元前 4 世纪，古希腊哲人柏拉图面对美的小姐、美的马儿、美的雕像等具体的美的事物开始沉思：这些纷繁复杂、差异悬殊的美的事物的共同本质是什么？他写下了《大希庇阿斯》，专门询究美的本质问题。这篇专论包含着一种努力，要使美学成为一门科学。这种努力直到 1775 年才结出果实，德国学者鲍姆加通用 Aesthetics 使美学正式成为一门学科，前后历时两千余年。进入 20 世纪，是否应有美学这样一门学科在学术界又引起过激烈的争论。西方美学生成的艰难，从根本上说，源于西方古典思维把握不了复杂的人类审美现象。用西方古典的思维方式和“学”的标准去掌握美学，产生了既相互交叉，又相互排斥的三种不同范式的美学。一是以美的本质为核心的美学。古希腊人认为，在千差万别的具象后面有一个共相，一个本质。把握住了这个本质，就能说明一切具体的东西。从柏拉图的《大希庇阿斯》开始，很多人就源源不断地追求美的本质，建立了一种以美的本质为核心的美学。二是以审美心理为核心的美学。从古希腊开始，人们就把人的主体心理分为知、情、意三部分。知，研究真，与之相应的是逻辑学；意志与善相关，与之相应的是伦理学；情感呢，也应该有一门科学，这就是美学，美学是研究情感或感性认识的。从这一思路形成了以审美心理为核心的美学。康德美学和 19 世纪末 20 世纪初的审美心理学诸流派都属于这种美学类型。三是以艺术的共同规律为对象的美学。在古希腊，艺术和技术是不分的，绘画、建筑是艺术，裁缝和剃头的技术也是艺术，因为它们都遵循一定的规律、法则和技巧。直至文艺复兴才开始了艺术脱离技术的运动，到18世纪，巴狄斯（Charles Batteux）把七门艺术（绘画、雕刻、建筑、音乐、舞蹈、诗歌、雄辩术）与技术相区别，称为美的艺术（fine art）①，方被普遍接受。七门艺术既然同为艺术，就应有统一的性质，就是追求美。由此形成了艺术哲学式的美学。黑格尔的《美学》、丹纳的《艺术哲学》就属这种类型。这三种美学范式各有自己的最后核心、推导方式和演绎范围，在古典理性所规定的“学”的严格意义中，很难统一起来。到20世纪，随着现代观念的形成，美学所面对的不仅是如何看待三种相互冲撞的美学范式并将它们统一起来的问题，它还遇到了20世纪20年代兴起并迅速壮大而在基本趣旨上完全不同于古典美学的技术美学。比这些更为严重的是，它遇上了在整个套路上完全不同的中国古典美学。

乍一看来，中国古文化没有美学，细而察之，实为有美无学。从很早很早起，灿烂辉煌的原始彩陶就意味着，中国古人的实践活动产生了含人的文化特质于其中的审美对象，同时也在美的创造和欣赏中构塑了主体的心理结构。当然，更主要的是，对美学所包含的具体问题，中国古人都从理论上做过深刻的、富有特色的研究。然而另一方面，中国古人却没能从一门学科，从美学这个视点去看待这些问题。中国古代文艺学的形式特征之一是零散，不成系统，但诗话、词话、画品、书品等再零散，不成系统，毕竟有诗、词、画、书这些个角度、这些门学科，而却从未出现过美话、美的散记、札记，没有美学这个角度。既无美学这个角度，又对美学进行了深刻的研究，因而可以称之为有美无学的美学。

在今天，要想从“学”的高度讲美学理论，那么对这个理论的起码要求就是，它不仅能适合于西方美学，也应适合于中国美学。20世纪50年代，西方美学掀起了一个重建体系的热潮，产生了一批重要成果，如弗莱的《批评的解剖》、苏珊·朗格的《情感与形式》、杜夫海纳的《审美经验现象学》等。它们的一个共同特点就是用一套统一的逻辑体系把古典艺术和现代艺术、古典美学和现代美学融合成有机整体，可以说是一些在西方范围内横贯古今的美学理论。

① 参见托塔凯维奇（Wfadysfaw Tatarkiewicz）：《六概念史》（*A History of Six Ideas*）（英文版），20～21页，波兰科学出版社（Polish Scientific Publishers），1980。

但是，它们都忽视了中国美学，从而也显出未达到真正的时代高度。今天，美学要想从“学”的高度讲清楚，恐怕得先走一条贯通中西美学的道路。

三、中国美学走向现代形态的背景

也许，世界上很多国家的美学研究在进行选择的时候都是相对简单的，因为他们的文化中几乎就没有美学，从而可以毫不犹豫地选择已成体系的西方美学。而中国就不同了，几千年的历史业已形成了一个自成“体系”的美学。现代中国人不能无视传统，也不可能摆脱传统，而传统美学又完全不同于西方美学，这就使中国美学研究者比任何一国的美学研究者最先感受到中西美学冲撞的严峻性，最先感受到这种冲撞对整个世界美学的意义。

中国文化从鸦片战争开始，在迈向现代化的艰难过程中，一直受着三种文化势力的影响。一是有几千年历史的传统文化，二是同样有几千年历史并率先进入现代化的西方文化，三是融合着马克思、列宁、斯大林思想的苏联文化。美学上也是如此。1949 年前，在三方的张力中，占主导地位的是西方美学，以当时成就最为突出的朱光潜先生为代表。新中国成立后，随着中国想按苏联模式走向现代化，五六十年代占主导地位的是苏联式的美学，这种美学从基本观点、推论方式到形成的流派都与苏联美学有惊人的相似。“文化大革命”后，随着中国想在一种更广阔的背景中走向现代化，传统美学和西方美学的影响都在增强，一方面人摆脱不了传统，而且传统文化的价值在西方也不断被发掘和注意，另一方面西方又毕竟是最现代化的，虽然社会制度不同。从而又形成一种三方磁力互拉的背景。中国美学走向现代形态的过程，必将是三种力量的冲撞与融合过程。既然我们已经、并且还将受这三种力量的影响，那么我们应该对这三种力量的源流和本质进行科学的认识。当然，这种认识是以我们目前的实践为基础的，我们的实践构成我们去“看”的视野（horizon），因此这种认识必然是比较的。现代比较学认为，在比较中由于引入了新的参考系，各方的特点会更鲜明地显示出来。在三方中，中西比较更为重要，因为中西的差异最为明显突出。20 世纪的中国美学一开始就伴随着中西比较，最著名的美学家都自觉或不自觉地进行着中西比较，宗白华先生的美学业绩和美学特色主要就在于中西比较。似乎可以说，中西比较是中国美学走向现代形态的必经的炼狱。

四、中西美学比较：方法、内容、意义

中西美学比较是一个很大很大的题目。本书将从文化精神的角度来研究中西美学各自的特色。文化精神是一文化中一切时代、一切思想的总和，最鲜明地反映出该文化的特质。从中西文化精神来看具体的美学问题，会更容易弄清楚，对同一问题，为什么中国这么讲，西方那么讲。这样既能把握具体问题的文化意蕴，又能清楚文化精神是怎样暗中制约着美学面貌的。

从文化精神研究中西美学，决定了研究的范围。中国美学是指辛亥革命前的美学，只有把范围限制在中国文化与西方文化大规模冲撞和融合之前，才能从一个比较纯粹的角度研究中国文化和中国美学。西方美学却必须包括西方现代美学。只有包括西方现代文化，才能从一个全面的角度研究西方文化和西方美学。中西文化内部又各有不同的时代，不同的流派。在总结文化精神时必须充分注意这些差异。在中国，就时代而言，先秦、两汉、魏晋六朝、隋、唐、宋、元、明、清，各有差异；就思想而言，李泽厚先生提出儒、道、释、屈四大主干，成复旺先生提出了以李贽思想为核心的晚明浪漫潮流的重要性。中国文化中的差异最重要的不是时代的差异，而是思想流派的差异。一个特征要被说成是文化的特征，只有各派从最根本上都这么看，方能认为是文化特征。在西方，就思想而言，可基本分为希腊精神和希伯来精神；就时代而言，有古代、中古、近代、现代、后现代。与中国相反，西方文化中的差异最重要的是时代的差异，一个特征要说成是文化的特征，只有各个时代都是如此，方有说服力。因此，在中西比较中，也注意中国的时代差异，但更强调流派差异；也注意西方的流派差异，但更重要的在于时代差异。中国的流派有五，五又可以简化为三，儒和屈合为儒，道和释合为道，为儒、道、晚明思潮。晚明思潮的兴起主要在明代，且又没有完全成熟，除了在一些相关的专题中有所涉及外，很多时候是可忽略的，因而简略地说，中国文化和美学的特征主要是由儒、道互补构成的。西方的时代有五，五也可以简为三，古代和中古合为古代，现代和后现代合为现代，在有些问题上，中世纪和后现代的特征是很突出的，须专讲；一般地说，只要把握住了古代、近代、现代的内在共同点，就算把握住了西方文化的特征。

中西文化精神暗渗于中西美学中但又不能代替美学，中西美学

又有自己的套路。中西美学比较首先是探讨中西美学各重大问题（以命题和概念表现出来）的特色和关联，然后寻求决定这些相关问题异同的中西美学的整体结构，最后寻求决定中西美学体系何以竟是这样的文化范式。这是一条研究的路线，当用专著的形式把研究的结果表达出来时，就反过来，由文化范式到美学的整体结构，再到美学的具体问题。从美学的具体问题、美学体系、文化精神这相互关联的三层中来探讨中西美学的特色，就会在认清中西美学这两种不同范式的封闭、固定结构的同时，把它们置于一种开放的、可变动的场地之中，一比较，各自结构的建构性（construction）就突出来了，同时结构的可解构性（deconstruction）也显出来了。另一方面，当我们把中西美学的范式凸现出来的同时，我们自身的一套或模糊或清晰的美学结构的建构性和可解构性也就暴露出来了。这一结果必然产生一种愿望，在更高的层次上达到融合。这往往用一个通俗的说法来表达，即寻求横跨不同范式之间的共同规律。在现代的意义上，不是说已有一个普遍规律客观地存在于某处，只等我们去寻找。美学作为人文科学，是一套符号系统，或者说是一种文化，它是人的实践的创造性结果。因此，更高层次的融合，只是对迄今为止的历史作一次暂时的总结，创造出一套既符合人类从古至今的审美实践，又能代表人类审美的发展方向，而且能根据未来的发展不断自我调节和自我否定的美学理论。

第一章
中西文化的基本精神

文化精神，是一个很含混的词，但一时又找不到一个更恰当的，只好勉为其难地用它了，聊胜于无罢。本章谈文化精神主要基于两点，一是具有普遍性的，即文化精神之所以会被提出来的一个带有文化性的事实基础：在世界的诸文化中，只有西方文化从一开始起产生了民主制度，并以大起大落、重心不断转移的旋律突飞猛进，成为人类前进的火车头。在世界诸文化中，只有中国文化数千年来，成功地应付了各种内部和外部的挑战，毫无间断地延续了下来，而且是在一个不变的宇宙观、不变的政治制度、不变的伦理信条、不变的人生理想中毫无间断地延续下来的。中西文化何以创造了如此的奇迹，在于两者独特的文化精神。二是特殊性的，与美学有关。每当我们就美学的某一问题——悲剧、崇高、典型等——想要深入地谈下去，就会感到中西之间的巨大差异。这种差异在艺术上更是一见便知：中西绘画、中西诗歌、中西音乐、中国的寺庙与西方的教堂……怎样才能更深刻、更合理地把握这种差异呢？中西艺术家在进行艺术创造的时候，都奉信“外师造化，中得心源”的信条。然而当他们面对世界的时候，这个世界是不同的。中西人是按照各自的文化精神来看待和理解这个世界的。中西人都相信人是一个小宇宙，天人在根本上是合一的，但由于他们的世界是不同的，因此，与世界对应的人的心理结构也是不同的。中西人是按照各自的文化精神来理解人和人心的。这样中西人创造出的既反映世界又表达内心的艺术和指导艺术的理论当然也就不同了。这又使得要最后理解中西美学，必须理解中西文化精神。从中西美学到文化精神，好像是远离了本题，其实最接近本题，“超以象外，得其环中”。

由以上两点决定了我们谈论文化精神的角度，主要有三方面：(1) 世界的整体是怎样的。对世界整体的看法构成了对这个世界中的具体事物看法的基础。在某种意义上，对世界整体的看法与其说是表明了对客观世界的认识程度，不如说是表现了一种文化性质。文化按照自己的精神气质构造了客观世界，文化的精神气质就外化在世界观里。（2）世界的整体性质具体精致化为一套严整的理论。正是在这套理论中，文化精神完全固定下来，而且由之鲜明地显现出来。（3）以一套严整理论显示出来的世界模式带有自己独具的特色，这种特色是文化精神的夺目的外显。以上三方面又构成一个统一的整体。

第一节　有与无

世界的整体是怎样的，恰好中西文化都有专门的学问研究。古希腊人看来，具体的桌子后面有一个抽象的桌子，个别人后面有一个一般的人。但桌子、人都属具体项，犹如各门科学理论，是研究具体领域的。在分门别类的学科之上，还应该有一个把各类事物统一在一起的东西，一切理念的理念，一切科学的科学，这就是形而上学（metaphysics，该词由两部分构成：physics，物理学，即具体学科，meta，超、之上、之后，metaphysics，即物理学之后，亦即具体学科之上）。对形而上学作理性的理解就是哲学（它研究世界的统一性，世界的最后本体，或归于理念，或归于物质），作超理性的理解就是神学（上帝决定了世界的统一性）。哲学和神学的互补构成了西方的宇宙观。在中国，儒、道都奉为经典的《周易》说："形而上者谓之道，形而下者谓之器。"道，即宇宙的根本规律。分而察之，儒、道、释各有其道，合而观之，三者互补构成了中国文化的宇宙观。

要知道世界究竟是怎样的，在中西哲人看来，最根本的就是要知道，决定世界之为这样的世界的那个根本的东西是什么。对这个最根本的东西，中国文化有一系列概念：道、天、无、理、气、真如……西方文化也有一系列概念：Being（有，存在）、God（上帝）、idea（理念）、matter（物质）、substance（实体）、logos（逻各斯）……在中西互为参考系的背景中，Being（有）与"无"能够较好地揭示中西文化宇宙观的特色。上面所说的中国诸概念里，最重要的有四：道、无、理、气，这四个概念是相通的、互注的。

就中国自身而言，道，是核心；无，表明道的形而上特征，它不是具体的事物，“道可道，非常道”，“道”不是具体的事物，但具体的事物乃至整个大千世界又是因为有了它才成这样；气，就说明了“道”的生成运转变化；这种生成运转变化是有规律的，因而是理。但因引入西方宇宙观这一参考系，“无”的特征就异常突出了。无，在先秦就因其对道的根本特征之一的强调而获得了本体论的意义。“道之为物，惟恍惟惚。”（《老子》二十一章）这个恍惚之道就是“无”。“天下万物生于有，有生于无。”（《老子》四十章）在魏晋玄学中，“无”堂皇地登上了哲学本体论的王座。佛学的“空”也给“无”以有力的支持。必须强调的是，在与西方宇宙观的比较中，“无”是作为道、无、理、气一体化的中国宇宙观这一整体提出来的。正如汉儒郑玄所说：“以理言之为道，以数言之谓之一，以体言之谓之无，以物得开通谓之道，以微妙不测谓之神，应机变化谓之易，总而言之，皆虚无之谓也。”（《周易·系辞》正义）

在中国“无”的对照下，西方的 Being（有）的特点也格外突出。纵观西方文化发展史，Being 具有重要意义，Being 可汉译为有、是、存在，对 Being 而言这三义皆有而且契合无间。Being 在西方哲学的反复变化中，一直是一个根本概念。亚里士多德说：Being 永远是一个疑惑的主题，是一个以前、现在，而且永远要被提出来的问题。[①] 巴门尼德因第一个拈出 Being 而深受黑格尔和海德格尔的赞扬。紧随巴门尼德之后，亚里士多德认为，形而上学就是研究 Being 的学问。从 Being 始，黑格尔的绝对理念开始了漫漫征程。存在主义的中心问题，就是 Being 的问题，是 Being 的 Dasein（此在）或 existence（实际存在）的问题。Being 之所以可为西方宇宙观之核心，还因其包含着丰富展开的潜能，正像“无”包含着道、气、理一样。Being 在亚里士多德那里就与实体、逻辑、明晰性连在一起了。[②] 以中国文化为参考系，西方文化精神可以从 Being 及其丰富的展开上得到较好的理解。犹如哈姆雷特在沉思时说出的至理名言：“To be or not to be，that is the question。”（有与无，这是至关重要的问题。）

① 参见北京大学哲学系编译：《古希腊罗马哲学》，263 页，北京，商务印书馆，1961。

② 参见上书，263、241 页。

一、实体与虚空：西方宇宙模式

当巴门尼德把 Being 作为宇宙的本体的时候，西方文化的宇宙特性已显出端倪。认识世界，是从认识存在开始的，to be（是，有）就意味着是什么，有物存在，但作为宇宙的本体，不是具体的事物，不是是什么（to be something），作为某物的东西是会消失的，是有限的，而不是是、存在（to be）本身。只有超越了是什么的是，超越了存在某物的存在，才是永恒的，才是本体。巴门尼德的 Being 决定了西方文化探索宇宙本体论的方向。当亚里士多德进一步把 Being 推进到 substance 的时候，这个方向就完全被定型了。substance 是物体根本的、基本的、决定其性质的东西，汉译为本体，又译为实体。译为前者，它的根本性得到强调，这也正是亚里士多德用它来代替巴门尼德的存在和柏拉图的理式的本意。译为后者，从中西比较看更有意义，正好衬出西方迥异于中国的东西。从 Being 到 substance，西方宇宙的特质更加昭然：一个实体的世界。

这大概与古希腊文化一开始就有很明显的科学倾向有关吧。第一批古希腊哲人就是自然科学家，古希腊哲学史上的伟人们大都献出过《论自然》的著作。泰勒斯、阿那克西曼德、阿那克西米尼、毕达哥拉斯、赫拉克利特把世界的本原归结为水、无限、气、数、火等，都在为宇宙的统一性追求最终的、确定的、永恒的、明晰的、带科学性质的答案，都含着实体性，在通向巴门尼德。紧随巴门尼德，德谟克利特提出原子——物体的最终原素，宇宙最终的物质实体；柏拉图提出理式——宇宙最高的精神实体。当亚里士多德把 Being、substance、逻辑、明晰性进行一体化论述的时候，西方文化的实体世界就大功告成，牢不可破了。

Being 和 substanec 决定了西方文化的进行方向。在物质方面，原子、胚种（斯多葛）、微粒（笛卡尔）、单子（布鲁诺，莱布尼茨）、原子事实（逻辑实证主义）……不管怎么翻新，总跳不出实体这一窠臼；精神方面则为理式、逻辑、上帝、先验形式、理念、意志……柏拉图的理式是理想的、逻辑的、数学的，是实体；黑格尔的绝对理念同样是实体，他的绝对理念的艰难历程，就是概念实体沿着辩证逻辑之路的发展过程。问题的关键之点在于：西方人在追求宇宙本体的时候，看重的是有（Being）而不是无，是实体（substance）而不是虚空。

如果说，世界是由有与无、实体与虚空这两部分组成的，那么，当你只看重有、实体的时候，这个世界的有与无、实体与虚空的关系就决定了，世界的基本模式也被决定了。

毕达哥拉斯观看天上的星辰，悟出空间由点组成，积点可以成线，积线可以成面、成体，已显示了西方有与无的基本面貌，在德谟克利特那里成了清楚明白的“原子与虚空”，又经过亚里士多德、伊壁鸠鲁，直到卢克莱修，这位古罗马哲学家用漂亮的辞藻把西方的宇宙模式表述了出来：

> 独立存在的全部自然，是由于
> 两种东西组成，由物体和虚空
> 而物体是在虚空里面，在其中运动往来。①

这种宇宙模式决定了：(1) 实体与虚空是分离的，相互之间没有内在联系，虚空只是一个空间场所，实体才是唯一重要的，它占据空间，在空间里生存、活动、伸展、追求。(2) 实体是重要的，因此西人在实体与虚空合一的宇宙中只注重实体；实体与虚空是可分离的，因此西人在认识实体的时候，就可以把实体与虚空分离开来，从虚空中独立出来进行认识。由此必然会走向形式逻辑和实验。(3) 面对实体与虚空合一的宇宙，首要的是区分实体与虚空，然而何为实体，何为虚空，又是受人的历史实践能力限制的。实际上是我们把我们知道的实体视为实体，不知道的，都只能归于虚空。因此，实体意味着已知，虚空意味着未知。实体与虚空不仅是物体与空间的分离，还包含已知与未知的对立。后者更具有文化的特色。正因为实体与虚空的这一对立，当现代物理学以场、引力、电磁力否定了古典世界物体与空间的分离时，仍然摆脱不了已知和未知的对立，反而更尖锐地暴露和激化了这种对立。(4) 已知和未知的对立意味着实体的人化和虚空的敌对化。实体必是人所认识的，与人的实践水平相一致的。虚空与未知相连既给人一种压迫感，又成为人进一步的认识对象和征服对象。实体与虚空的这一内容决定了西方文化在对立中前进的性质。(5) 一方面，实体是人化的，这源于人必然受限于历史。另一方面，实体与虚空的模式本为宇宙模式，它要求得到的是宇宙的整体性质，这源于人的超越本性。这样，西方文化史上产生了一批批由近及远的因果推论和人化推演出的宇宙

① 北京大学哲学系编译：《古希腊罗马哲学》，391 页。

整体性质。如柏拉图从具体的桌子推出桌子的理式，又从具体事物的理式推出宇宙的理式。实际上，这类宇宙的整体性质是一种有限的无限化，即按照自己的形象来塑造宇宙之神的形象，按照人的现有水平给宇宙整体下定义。（6）实体与虚空的模式含有宇宙整体定义的不可靠内因，加之走向逻辑和实验必然使对事物的认识一步步深化。对事物认识的深化又会推动对宇宙整体认识的变化。实体与虚空的模式决定了西方的宇宙整体图式处于不断的否定和否定之否定之中。

从古希腊至今，在实体与虚空对立的推动下，西方文化的宇宙整体图式发生了三次巨大的变化，显示了四种图式。最初是古典的稳定世界，以托勒密的宇宙学说为背景，在古希腊，从巴门尼德不动的存在和柏拉图永恒的理式中表现出来，在古罗马，由普罗丁的太一作代表，中世纪则由上帝来体现。在古典时代，实体世界的逻辑图式是一种直线隶属图式，这种直线隶属图式又随时间的前进不断地由静趋向动。柏拉图的直线：具体桌子、桌子理式、宇宙理式，是一种唯静的直线隶属图。普罗丁的直线：绝对的太一像太阳一样把光芒撒向宇宙万物，离它越近，得光越多，离它越远，得光越少。光的“流溢”显示了动。中世纪天堂中的上帝与其子民的关系，由于有教会在其间，又要复杂一点。托马斯从具体事物的原因，到原因的原因，直到最后的原因，才证明出上帝。

继而是近代的动荡世界，哥白尼把宇宙无限地伸展开来，上帝除了转为新教的上帝外，还转成牛顿的上帝，是万有引力的第一推动者，也化为斯宾诺莎的上帝，泛寓在一切事物中。最后黑格尔把上帝和理念结合为绝对理念，像达尔文安排物种进化一样，用辩证逻辑编排宇宙发展图式。近代西方的实体世界，是一个辩证前进的逻辑图式。

然后是现代的隐喻世界。爱因斯坦摧毁了牛顿的权威，建立在牛顿权威之上的上帝和绝对理念也随之死亡。但是宇宙应该有一个整体性质呀！于是神学家认为上帝不是如尼采那个坏蛋所说的那样已死了，而是隐匿起来了。哲学家认为，各门科学不应只是由大学这种行政机构外在地组织起来，它有自己内在的统一性，即宇宙的统一性，这就是存在（Being），这个存在犹如上帝是隐匿的，不能由科学和逻辑来证明，因而它是无（Nichts），但这种无又绝不是虚无（neant），它确实存在着，因而是有（Being），它虽然不能由科学的逻辑来证明，却可以由在世的单个人（Dasein）在经验中体会到。现代西方的实体图式是单个人与上帝、存在与存在者之间的一种隐喻图式。

最后是后现代西方的无根的世界，解释学、解构主义、后期维特根斯坦、法兰克福学派一起反对存在者后面有存在。解释学认为，世界不是已完成的整体，只等着你去认识它的整体性，世界是过程的集合体，过程是未完成的，正像现在发生的事对我们认识过去有影响一样，未来将发生之事也会对今天有影响，由于宇宙整体是未完成的，因此任何整体性质都是虚假的。维特根斯坦和德里达认为，事物的性质是由它所在其中的参考系决定的，参考系可以改变、重选，因此事物并不固定地属于某一整体性，也没有固定不变的本质，人既可能被消极地抛进某一参考系而具有某一性质，也可以积极地介入某一参考系而获得某一性质。后现代西方的实体图式显出的是实体和诸参考系之间的关系。

从西方世界图式的变化可以看出，一旦西方人在文化的创造中把实体从虚空中分离出来，造成了主体与客体、人与自然、已知与未知的对立，不断深入地认识客体，就不断地从“整体”中独立出来，最后认识到整体性的虚幻，认识到个体的独特性及其存在于文化的符号世界之中的事实。然而无论怎么变化，西方文化都是以实体的眼光看世界，总要描绘出一个实体的世界，摆脱不了实体与虚空的模式。

二、气与有无相生：中国宇宙模式

西方以有为本，从有到实体，中国则以无为本，从无到有。无怎么能生有呢？依西方的有无观，无是无论如何也不能生有的。巴门尼德的存在“或者永远存在，或者根本不存在”。他说，“我不能让你这样说或想，它是从非存在物中产生”①。卢克莱修用来驱散人们心灵的黑暗、揭示自然面貌和自然定律的伟大教导一开始就是：“未有任何事物从无中生有。”② 实体只能由原子组成，上帝创造，理念外化，总之，只能来自实体。在黑格尔看来，无可以生有，有也可以生无，好像和中国人走到一起来了。其实这位辩证法大师的意思是：你说出有，就意味着无的存在，反之亦然。他的有无相生

① 北京大学哲学系编译：《古希腊罗马哲学》，52页。

② 同上书，379页。

要说的是“有实体就有虚空”和“一事物可以转化为他事物”。当他把 Being 化为绝对理念的存在，使之沿着辩证逻辑之路远征的时候，完全是从有到有。他的从无生有只是穿上辩证法衣装的“原子与虚空”的近代版本罢了。

中国的无之能生有，在于无不是西方作为实体的所占位置和运动场所的虚空，乃是充满着生化创造功能的气。张载说：“虚空即气”。“太虚无形，气之本体，其聚其散，变化之客形尔。”（《正蒙·太和》）中国文化作为无的广大无垠的宇宙空间充满气。气化流行，衍生万物。气之凝聚形成实体，实体之气散而物亡，又复归于宇宙流行之气。天上的日月星辰，地上的山河草木、飞禽虫兽，悠悠万物，皆由气生。人为万物之灵，亦享天地之气以生。“人者，其天地之德，阴阳之交，鬼神之会，五行之秀气也。”（《礼记·礼运》）

气在先秦哲学中就是一个本体范畴，《管子》开其先，孟、庄、荀随其后。汉代学术，在《淮南子》、董仲舒、王充的理论里，气一直养尊处优。宋代理学，气与理是两个最重要的范畴，南面而王，轮流坐庄。在王夫之和戴震的哲学庙堂里，气取得了独尊的地位。西方文化是一个实体的世界，中国文化是一个气的世界，在这个气的世界里，有、实体是气，是气之凝聚。“凡可状皆有也，凡有皆象也，凡象皆气也。”（张载《正蒙·乾称》）无也是气，是有形事物之始，又是有形事物死亡气散后的归宿。这样，有与无、实体与虚空不是截然对立的，而是气的两种形态，有无相反相成，虚实相异相生，“常无，欲以观其妙，常有，欲以观其徼，两者同出而异名，同谓之玄，玄之又玄，众妙之门”（《老子》一章）。正是有无的永恒转化，构成中国气的宇宙生生不息的运动，正是气的运动，演出万物竞萌，此伏彼起、生机勃勃的万千气象。

在气的宇宙中，无是根本，是永恒的气。“无也者，开物成务，无往而不存者也，阴阳恃以化生，万物恃以成形。”（《晋书·王衍传》）无是有的本源，又是有的归宿，有（实体）则是暂时的、有限的，而且在本质上是与无、与气连在一起并由之决定的。这种有无相生的气的宇宙决定了中国人对宇宙整体认识的三个特点：（1）不是把实体与虚空分离开来，而是必然把二者联系起来，气使得具体事物从根本上不能独立，必须依从整体。因而实验科学是不可能的。（2）物体中最根本的也是气，气本是功能性的，虽可观察但更靠经验，虽也可分析但更靠体悟，这使得中国思维没法走向形式逻辑，必然另辟蹊径。(3)物体之气来源于宇宙之气。对物体之气的认识必然依赖于对宇宙之气的认识。整个宇宙对于有限时空的人来说本有已知未知之分。如果重实体，这个分别会立即见出，由于重虚空，在气这个概念里，已知未知浑然一样。由于包含未知（在特定时空内不可能知）部分，气必然是体悟的、难言的、讲不清楚的；由于包含已知（在特定时空内可能知）部分，气又似乎是可以把握、洞见、心领神会的。由于物体含已知部分，中国人认为他把握住了宇宙整体之气，由于这毕竟不是宇宙整体之气，因此它既没法实验，也没法图式化，而只有用另一套特殊的方式来把握了。

宇宙整体之气，中国人本来没有把握，但他却以为把握了。西方人最初也以为自己把握了这个宇宙之道，但西人以重实体为核心的实践方式，依靠逻辑和实验，终于不断地否定了自己；而中国人以气为核心的实践方式始终无法察觉自己在宇宙之道认识上的迷误，只好在“天不变，道亦不变”的坚定信仰下徘徊了两千多年。

现在我们来总结一下：

一个实体的宇宙，一个气的宇宙；一个实体与虚空的对立，一个则虚实相生。这就是浸渗于各方面的中西文化宇宙模式的根本差异，也是两套完全不同的看待世界的方式。西方人看待什么都是用实体的观点，而中国人则是用气的观点去看的。面对一座房屋，西人重的是柱式、墙面等实的因素，中国人重的是虚空的门和窗；面对人体，西人重的是比例，中国人重的是传神；面对宇宙整体，西人重的是理念演化的逻辑结构，中国人重的是气化万物的“不见其事而见其功”的功能运转……

第二节　形式与整体功能

有与无、实体与气，各自按照自己的特性进一步展开，就是形式与整体功能。

一、形式：西方宇宙模式的理论化

西人眼中的世界是一个实体的世界，对实体世界的具体化、精确化就是 form。form 汉译为形式，往往比照中国文化的形、形貌、外形来理解。其实形、外形等在西文中是 body、shape 等，要从中文的“形式”一词理解 form，应特别注意“式”的含义。波兰美学家托塔凯维奇在《六概念史》中讲了“形式”一词在西方的五种含义：(1) 形式是事物诸部分的安排，与之相对的词是原素（element）。(2) 形式是直接呈现给感官的东西，与之相对应的词是内容。(3) 形式是客体的外形或者轮廓线，与之相对的词是质料或物质。〔形式（2）包括外形和色彩，形式（3）只是外形。〕(4) 形式是客体的概念性本质，与之相对的是客体的偶然特征。(5) 形式是主体知觉把握客体的先验形式。① 对在历史上先后出现的这五种含义作一内在逻辑的重组，就可以显出形式作为西方文化把握世界的方式的独有特色，最主要的是须强调中国人知之甚少的形式的 (1)、(4)、(5) 含义的重要性。还是从古希腊谈起吧。

古希腊一开始和世界其他文化一样是用神灵观念来看世界的。当第一位哲学家兼自然科学家泰勒斯把宇宙的根源不归于神而归于一种物质——水——的时候，标志着古希腊文化对世界的理性化和实体化的开始。当毕达哥拉斯把宇宙的本源归结为数的时候，则标志着西方文化对世界的形式化的开始。在毕达哥拉斯看来，事物的最后本质是一种数量关系。长短、粗细可以数量化，冷热、直曲、明暗也可以数量化，数形成对称、均衡、节奏，形成美。音乐的美靠音程之间的数量关系，人体的美靠人体各部分的比例。数既是事物的本质，又是从外面就可以看到的，而且能明晰地加以计算，给予形式化。当艺术家按照美的比例创造雕塑的时候，既给了石头一个外形，又给了一个本质。正是在这种氛围中，亚里士多德认为：形式就是本体。形式就是事物明晰的可分性，首先是各部分自身的大小，所谓数；然后是各部分之间的尺度关系，所谓比例；最后，各部分大小和相互比例构成完美和谐的整体，所谓秩序、安排。正是这种形式构成了人们对事物本质的认识，它既是形式，又是内容，是形式和内容的契合无间。形式决定着古希腊哲学的理论结构（柏拉图的理念体系和亚里士多德的逻辑体系），决定着理想的国家结构和心理中实体性的知、情、意结构，同时也是美和艺术的本质。

古希腊的形式即对事物的组织安排、形式即本体的观念鲜明地体现了人在文化创造基础上的本质观，也鲜明地体现出西方文化的特色。西方的形式概念一开始就包含着人的主体性和文化性，亚里

---

① 参见托塔凯维奇：《六概念史》，220～221 页。

士多德的形式与质料就很典型：艺术家给石头（质料）以形式，创造出雕塑，建筑师给材料以形式，创造出庙宇，政治家给城邦以法律，建造了国家，形式即本质。但对于纯粹的自然物呢？古希腊人用自己的文化创造来理解自然进化。在《梯梅厄斯》中，柏拉图描述了仁慈的造物主创造宇宙的过程，造物主把数学模式印在无形式的原始物质上，从而产生了宇宙万物。综合亚里士多德和柏拉图，显示了古代社会思维实体世界的方式：在人能控制的地方，形式和质料这对概念就行了，在人所不及的地方，引入上帝或理式。然而无论怎样，形式却具有突出的地位，而且，事物、形式、本质是形式为主导同时产生的。形式既是外形又是本质，当瑟息替斯是斜眼、跛腿时，他的内质就被决定了。

如果说古希腊是形式和内容的契合无间，那么近代则显出形式和内容的分裂。与哥白尼的无限宇宙相一致，文艺上迭放异彩，有浮士德的追求激情，有寻求弥合越来越明显分裂的宇宙的泛神论诗歌，有打破束缚，追求离奇、艳采、神秘、情韵的浪漫主义，也有走向世俗随物赋形的现实主义……席勒深深地感到，近代人已经失去了古代世界中人和自然的和谐关系，近代的诗人只能是感伤的诗人，他的诗是感伤的诗。在康德哲学里，形式只能把握现象界，把握不了物自体；而且在主体方面有天才，他无视形式，无须形式，自己创造形式；在客体方面有崇高，它无形式，无限，给人心灵以可怖的震惊。

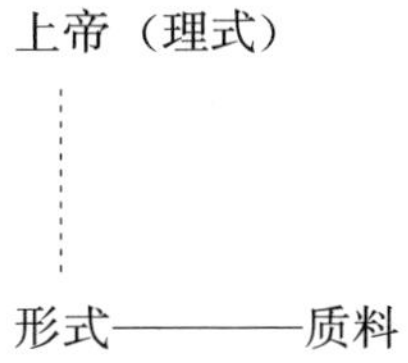

在古代的“理式——形式——质料”三级结构中，理式和形式是稳定的，质料则是散乱的。近代，形式也不稳定了（实质是形式所依赖的古典宇宙模式不稳定了）。黑格尔面对新的世界重铸了宇宙模式，他把形式和质料合一为外在形式，而把稳定性的力量全部集中在理念（经过改造的理式）上，结合成近代意义上的，可与中国形神论相通的内容和形式。内容和形式是可以不断变化的，以艺术来说吧，先有象征型艺术，形式大于内容；又转入古典型艺术，内容和形式相适应；再变为浪漫型艺术，内容大于形式。然而，不管怎么变化，它都为理念内容所统率，都是理念内容按照自身的辩证逻辑不断发展的结果。这样，黑格尔在把形式贬为只具次要意义的外形式的同时，又建立了内容的内形式：肯定，否定，否定之否定。黑格尔摧毁了形式的内容，却又建立了内容的形式，一种带着浮士德激情和达尔文进化论精神的内形式。我们看到，冲破形式的浪漫主义时代，同时又是一座座形式结构严整的思想体系的时代。充满激情的斯宾诺莎的泛神论也用严格的几何学方式来叙述。总而言之，在突破形式的近代，形式原则并没有消失，而是像春蚕那样，脱下旧皮，换上新装，变为内容的形式，又蓬勃前进了。

现代，随牛顿和上帝的陨落，黑格尔理念内容的崩溃，取而代之的是多层结构和深层结构理论。它弥漫于语言学、人类学、心理学、文艺学……在近代，形式和内容无论怎样矛盾，形式大于内容也好，内容大于形式也好，形式和内容的联系是明显的。而在深层结构的理论中，表层形式的深层结构之间的联系如果不是全然对立，至少也是非常隐晦曲折的，这表现在结构主义的言语和语言、精神分析的意识和无意识、存在主义的存在和存在者的关系中。然而，不管表层和深层的关系多么隐晦曲折，现代学者总是力图把深层结构形式化，而这正表明深层结构是西方文化形式原则的又一深入。尽管表层与深层的关系非常隐晦曲折，现代学者坚持要用深层来统治表层，用无意识来支配意识，以存在来决定存在者，仍然和古典一样，要以最后的、最高的性质，一种类似于宇宙整体性的东西来统率一切。在近代，无论内容和形式的关系怎么变化，总由理念的运动明显地支配着外在事物，在现代，如果说深层结构理论已隐晦显出了整体性统治的困难，那么多层结构则显出了最后的整体性是难以把握的。多层结构是从最表面开始，一层层严格地往里推，但到最后总会遇上类似于康德的物自体的东西。如茵加登的文学理论，从文学作品的第一层字音开始，到意义单位、图式化方面，被再现客体，再往下就推不走啦，虽然明知还有一个形而上品质，但因其可神会而难以形求，不得不把它排斥在文学作品的基本层次之外。绘画上，克莱夫·贝尔也把这个不好讲的东西称为意味。多层结构和深层结构都显出一种比近代更严格的形式原则，又都显出了要追求一个最后的根据以使形式安顿下来。

后现代终于从现代形式结构的困境中解脱出来，世界是未完成的，因此追求最后的东西是不可能的，世界是一个不断演化的过程，因此，任何结构都是一种建构，当然一旦建构起来，就成为一种固定的结构，但由于世界是变化的，建构的结构就必然是可以解构的。因此，存在者后面没有一个存在，意识下面没有一个无意识，表层结构深处没有一个深层结构。事物的意义不是被决定的，而是相对的、生成的、变化的；所谓似有若无、迷离恍惚的存在、无意识、深层结构只是事物的参考系可以转换这一现象产生出来的幻象。然而后现代也不过是否定了现代的形式原则而代之以自己的形式原则而已，虽然只有在这时西方人才认识到形式原则的真正意义。

形式在西方文化中具有根本性的意义，因为它是实体进一步的具体化，是科学明晰性的产物。形式，既是客观规律的明晰表现，又是人对客观规律的认识把握，形式使杂乱的现象取得秩序，使原始的质料获得新质，使神秘模糊的内容呈现理性，使混沌的自然为人理解，形式是人在与自然斗争中发展自己的自我确证，是客观规律性和主观目的性的统一，是人的实践力量在具体历史阶段的体现。正因为形式结构是主客观的统一，因此它的真理性程度全赖主体实践力量的发展程度以及和这种发展程度相适应的客观律的暴露程度。因而无论从哪个时代科学地抽象出来的形式，总是不可避免地带有历史的局限性和真理的相对性。西方文化形式原则的内在矛盾就包含在历史的局限、人的求真求全精神和科学明晰性要求之中。这个矛盾推动着西方形式的不断自我否定和自我改进。

古代西方的形式原则，主要是对一事物本身进行一种数的比例分析（亚里士多德论戏剧的头身尾结构）和对事物的性质进行种属层级划分（猫→动物→生物；桌子，桌子理式，理式）。近代西方对事物本身主要看重部分与整体的关系。笛卡尔方法论四大规则的第二条就是："把我所考察的每一个难题，都尽可能地分成细小的部分，直到可以而且适于圆满解决为止。"① 霍布斯说："一般事物的知识必须通过理性，亦即凭借分解而获得……如果有人提出金子的概念，他可以凭借分解而得到固体、可见、重（就是引向地心或向下）等观念，以及许多比金子更一般的东西，他可以对这些东西再进行分解，直到获得最一般的东西，像这样，凭借继续分解，我们就可以认识到那些东西是什么，它们的原因最初个别地被认识，后来组合起来就使我们得到关于个别事物的知识。"② 一事物的最后性质，不仅是种属等级关系，更重要的是一种转化关系，达尔文的物种是不断进化的，由一物变为他物，旧种变出新种，黑格尔的概念

---

① 杨百顺：《西方逻辑史》，323页，成都，四川人民出版社，1984。

② 北京大学哲学系编译：《十六—十八世纪西欧各国哲学》，68页，北京，商务印书馆，1961。

也是不断地否定，从旧的统一变为新的统一。现代西方，对具体事物，重视整体大于部分之和，系统论、结构主义、格式塔心理学是其代表，对一事物的最后根据则是表层和深层的关系。首先找出深层结构，然后再说明深层结构是如何转化为表层现象的。后现代西方，对具体事物，是潜能和参考系的关系。事物的最后根据没有了，变成参考系选择在原则上的无限多样性。

形式原则在西方的不断变化显出了形式的根本性质——求真。形式使西人对世界的认识不断地深入、开拓，但形式的运用又超出了西人运用形式的愿望。西人运用形式的初衷有二：一是求真，即真实地认识世界；二是求全，即认识世界的整体性质。形式满足了西人的第一个愿望，同时又不可遏止地否定了西人的第二个愿望。形式原则发展到后现代，一方面造成了人由整体性消失而来的荒诞感，另一方面又使人认识到形式原则的真正意义和人在世界的真正位置。

二、整体功能：中国宇宙模式的理论化

正像实体世界必然具体化为形式原则一样，气的宇宙具体化为整体功能。李约瑟说，中国是有机自然观；普里戈金说，中国重关系；这些都是对整体功能的朦胧认识。整体功能，其源远矣，“江畔何人初见月，江月何年初照人”已不得而知，在《周易》已有很完整的整体功能思想了。《周易》用 ⚋（阴）⚊（阳）两符号相互重叠和自身重叠，产生了 ☰（乾）☷（坤）☳（震）☴（巽）☵（坎）☲（离）☶（艮）☱（兑）八卦，象征八种基本物象：天、地、雷、风、山、火、水、泽，八卦再自身重叠和相互重叠，形成象征宇宙万物的六十四卦。这里，阴阳二爻不是实体的而是功能的，“一阴一阳之谓道”。八卦也是功能的，“八卦相荡，鼓之以雷霆，润之以风雨，日月运行，一寒一暑，乾道成男，坤道成女……”（《系辞》上），整个《周易》系统也是一个整体功能系统。从《尚书·洪范》开始的五行学说也是整体功能的。“五行，一曰水，二曰火，三曰木，四曰金，五曰土，水曰润下，火曰炎上，木曰曲直，金曰从革，土爰稼穑，润下作咸，炎上作苦，曲直作酸，从革作辛，稼墙作甘。”似讲五种物质，但完全从功能着眼，已超出具体事物本身了。因其强调的是功能性，它很快就演化为整个宇宙具有普遍联系的整体功能学说。

	色	味	音	季节	方位	位置	情	内脏	道德	神	帝……
木	青	酸	角	春	东	左	怒	肝	仁	句芒	太皞……
火	赤	苦	徵	夏	南	上	喜	心	礼	祝融	炎帝……
土	黄	甘	宫	长夏	中	中	思	脾	信	后土	黄帝……
金	白	辛	商	秋	西	右	忧	肺	义	蓐收	少皞……
水	黑	咸	羽	冬	北	下	恐	肾	智	玄冥	颛顼……

在这个表里包含纵横两个方向的分类。纵向分类是清楚的，分别为颜色、味道、乐音、季节、方位等，但横向系列的分类根据就不好捉摸，它既为西方人难以理解，又正是中国文化整体功能的奥妙之所在。《周易》里也包含着这一分类，乾不但为天，也为圜、为玉、为金、为冰、为马、为君、为父……坤不但为地，也为布、为釜、为文、为牛、为众、为母……在这里，既有中国古人对自然奥秘的独到认识，又含有中国古人自以为是的妄说瞎猜。另外，前面已讲过，从《管子》开始系统阐述的气的学说，也是整体功能的。从先秦到两汉，气论与阴阳五行不断融合，终于构成了中国文化气、阴阳、五行的整体功能的宇宙，它被运用于天地人，渗透于中国文化的各个方面。

这是中国宇宙整体的最基本的轮廓：（1）人体之气的阴阳五行与小农经济所依赖的自然之气的阴阳五行相通；（2）生理的阴阳五行（心、肝、脾、肺、肾等）与心理的阴阳五行（喜、怒、思、忧、恐、礼、仁、信、义、智等）相通；（3）家国的阴阳五行也是相通的，君臣如父子，亦如夫妇，“君为臣纲，父为子纲，夫为妇纲”；（4）大一统的朝廷作为社会的组织管理系统，又是顺乎自然，依乎天理的，“天尊地卑，君臣定矣，卑高已陈，贵贱位矣”（《礼记·乐记》）。这个宇宙是由在小农经济和大一统的农业社会中实践着思考着的人们把社会形态和自然天道相互参照、比附、交流，既把自然织入社会，又把社会织入自然而建立起来的一个天人合一的宇宙，它以一种整体功能既把天人化了，又把人天化了，从而形成了一个既永恒运转又永恒不变的天道。

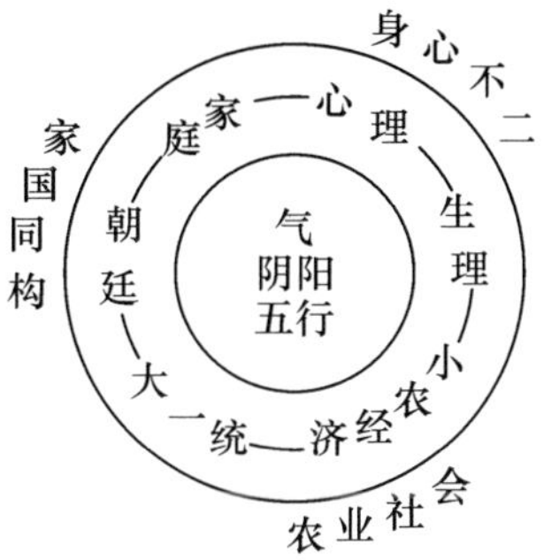

整体功能，就是从整体本身出发，以整体作为一个不可分割的

整体来把握。它绝不离开整体来谈部分，离开整体功能来谈结构，它认为离开了整体的部分，再也不是整体的部分，分割开来的部分再也不具有其在整体里的性质。把分割开来的部分考察、研究、透视得再精确、明晰、详细也没用，因为它已失去了原有的最本质的东西。例如人体解剖得到的知识，早已不是人体本质性的知识。人最重要的是神气，一旦解剖，神气已亡，谈何认识。各部分之所以存在，全赖整体的存在，整体功能是整体决定部分，而不是部分决定整体。

现代西方系统论、格式塔等也讲整体，也讲功能，也讲整体大于部分之和，但这种整体结构功能仍是建立在西方实体性和明晰性的传统之上的。它靠部分、层次、结构关系的明晰来提炼整体功能。它的大于部分之和的整体是以明晰这个具有历史性的东西和实体性这类明晰可见的层次关系为基础的。它的整体必须有部分的清楚，可以由部分来验证。从这种整体而来的部分，必然是实体性的、定位的，这种整体的部分中绝不会有从整体功能上推出有它而在具体部位中却找不到的东西。中国的整体功能却可以不管实体性部分的定位，中医的心、肝、脾、肺、肾就不是西医的实体性的心、肝、脾、肺、肾，而是功能的。从整体功能出发而发现的人体经络，明晰的现代科学也无法定位找到。关键就在于，西方的整体大于部分之和的这个整体是实体性的，它的功能全赖与各部分的实体相联系，而能发现整体有哪些部分是受历史水平限制的，因此，整体依靠的部分实际上只是已知部分，当然，已知部分的合力也大于各已知部分的相加，西方的整体功能是已知部分的整体功能，西方整体功能与中国整体功能的质量差别类似电脑与人脑的质量差别，中国的整体功能是包含了未知部分的整体功能，是气。它的整体性质的显现是靠整体之气灌注于各部分之中的结果，各部分的实体结构是相对次要的，而整体灌注在这一实体结构之中的气才是最重要的。因此谈某一整体，首先重整体的气，论人讲神情气度，论画以气韵生动为第一。谈某一整体的部分，也主要重灌注在该部分的整体之气。中医诊断，重在辨虚实，头等之事不是看此病在哪一部位，而是看此病是阴症还是阳症。谈论文艺作品的某一部位，也大讲骨气、筋气、形气、声气、笔气、墨气、文气，灌注在局部之气比实体结构重要得多。针灸讲究“宁失其穴，不失其经”，穴都是定位的，经是气的运行通路，只要经对了，就管事。绘画上讲“意足不求颜色似”，书法上讲“笔不周而意已周”，文学上讲“无字处皆其意”。中国的整体功能是迥异于西方的系统论的，迥异于从古典分析发展而来的实体性的结构功能的。之所以如此，还在于另一个更重要的差异。

西方的系统论里的系统是可以和其他系统分离开来研究的，其基础仍是具体事物可以和宇宙整体分离开来独立研究，得出其本质，从这里产生了西方的实验科学。正是这种分离决定了西方系统论的整体性必然是结构功能论。而中国的具体事物的整体性（气）是不能够与宇宙整体（天地之气）分离开来的。人体之气与地理、气候、时辰等天地之气密切相关；艺术作品也一样，诗，不仅是诗中的具体主题思想，更根本的是“诗者，天地之心”（《诗纬》）。画，也主要是“以一管之笔，拟太虚之体”（王微《叙画》）。正因为不脱离宇宙的整体来研究事物的整体性，从宇宙的高度来研究具体事物，才能发现一些仅从事物整体不可能发现的东西（人体经络、绘画作品之神、文学作品之气）。这种宇宙高度是一种超越性的，因此它发现的具体事物的部分（如人体的心、肝、脾、肺、肾）必然是整体功能的而非实体的。正是这种超越性的发展，堵住了通向实验科学之路，又反过来证明了宇宙整体的正确性。

然而这个宇宙整体如上节所述，包含两部分，从而对具体事物整体的认识也必然包含两个部分，既有独到的见解，也有荒诞的臆测。由于整体功能反分析解剖和反实验的本性，它的超越处妙在哪里，难以确切阐明，谬误处错在何方，也不易辨析，正因如此中国古人认为整体功能是绝对真理。几千年来，尽管有时间的推移，王朝的更替，中国宇宙的基本结构（自然方面的天地、日月、四时、男女，社会方面的君臣、父子、夫妇、朋友）是绝对不变的。中医汤头（即中药的经典配方）是不变的，永远能治这个病，只需对具体病人加减几味药，加减用药量就行了。诗歌上的“诗言志”为万世名言，绘画上也讲“六法精论，万古不移”（郭若虚）。西方人尊敬亚里士多德，因为他站在自己时代的顶峰，仅此而已。中国人尊敬孔子，却因为他是万世师表。如果说，形式原则本身使西方文化的形式不断变化，不断发展，那么，整体功能既给中国文化带来了某些超前性结果，也给中国文化带来了停滞性的灾难。

第三节　明晰与模糊

对实体世界结构的形式化必然是明晰的，明晰性既是形式结构的鲜明特点，也是它的基本追求。气的世界的整体功能模式必然是模糊的，模糊性既是整体功能的鲜明特点，也是它的基本追求。中国流传着很多这类的故事和格言：哲人智者们悟得了一门艺术、技术或宇宙的真理，不是“口不能言，有数存焉于其间”（庄子），就是“此难与俗人道也”（张彦远），总之都是可意得而不能言宣，可神会而难以形求。而西方某一学者宣布自己获得了真理，人们或是递一支笔给他：“请你算出来看。”如果你算不出来，只能证明你瞎吹。或是马上按他说的做实验，对或不对，真相马上大白于天下。这两类故事显示的正是中西文化形式与整体功能所带来的明晰与模糊的差异。

一、明晰：西方文化的理论特色

西方文化的理论建造，从泰勒斯开始就是明晰的：宇宙万物的本源是水。多么确定、明晰！确定、明晰得要前进就必须否定它。这正是西方文化前进的基本特征：否定→前进。我们看到几乎每个历史上伟大的哲学家都把以前的哲学家（甚至从历史上看比他还伟大的哲学家）说得一无是处，打翻在地，然后吹嘘自己开创了历史的新纪元。从泰勒斯始，经过一系列否定，否定之否定，达到了物质的明晰——原子，和精神的明晰——理式。更关键的是达到了亚里士多德的形式逻辑体系和欧几里得的几何体系，只有这时，Being、实体、形式才因明晰的洗礼而升到真正的文化高度。信教的中世纪，托马斯·阿奎那也是用明晰的亚里士多德逻辑来证明上帝的存在。近代，霍布斯、笛卡尔、斯宾诺莎都要求确实而普遍的知识、单纯而明晰的概念、明晰明确的思维。知识就是力量，是为了明晰地认识世界，怀疑一切，是为了最后找到明晰得无法怀疑的基点。17世纪“所有伟大的哲学家都力图把数学证明的严密性运用到一切知识——包括哲学本身——中去”①。18世纪，启蒙思想家们把天上

① 汉莫普西耳（Stuart Hampshire）编：《理性的时代》（*The Age of Reason: the 17th Century Philosophers*），17页，新美文库出版社（New American Library），1956。

人间的一切都放在明晰的理性法庭上给予审判。19世纪，是一座座明晰的思想体系大厦和黑格尔明晰的辩证逻辑。20世纪，由于牛顿、上帝、黑格尔的倒塌，宇宙整体变得模糊了，这种模糊典型地表现在宗教中上帝的隐匿和海德格尔的不能用科学和逻辑来证明的存在里，也表现在象征派诗歌和印象派绘画里。20世纪初宇宙整体的模糊给科学、哲学、文艺等各领域带来了一种巨大的荒诞感，因为人们用明晰的方法，明晰地发现了一个不明晰的世界，对确定的追求，结果是确定了一个不确定的世界。然而就在这模糊荒诞的惊涛骇浪中，西人仍执著于明晰追求，爱因斯坦一方面拿出使西方世界不确定的相对论，另一方面又苦心追求宇宙的统一场。弗洛伊德一方面发现了使心灵模糊的无意识，另一方面又把无意识性质确定下来，力图使无意识的意识和关系形式化。最后，结构主义用言语和语言，扫除了模糊的迷雾，重立了理论的明晰。不过结构主义的明晰和古典的明晰一样，是首先确定一个宇宙整体、一种普遍性的东西的明晰，然后再由这种明晰的普遍性的东西，明晰地说出具体的东西。然而西方科学发展到相对论、量子力学、非欧几何，都不支持一个普遍明晰的宇宙整体。以结构主义为代表的现代思想很快就遭到后现代思想的批判，后现代思想明晰地论证了本质的不存在，整体性的不可能，结构的解构性。到此，西方文化终于明晰地看清了自己的性质（自由而荒诞的地位）和自己所面对的世界的性质（人作用于世界之后出现的符号世界），同时也明晰地认识到了明晰的意义。

明晰性是人类认识世界和认识自身的要求，是人类发展自己、追求真理的要求。西方在总结认识过程和认识规律的过程中，在实体性和形式原则的暗中制约下，走向了工具的明晰。人类感官的作用范围是有限的，不能达到事物复杂的内部构造，人的头脑可以知觉、联想、想象、推理，如何保证这些心理活动的结果符合客观真理呢？处于有限时空的人怎样才能明晰地认识事物的本在本质，一事物与它事物的关系？怎样才能认识无限宇宙的内容和统一性呢？西方文化是通过工具来解决这一问题的。物质工具，即科学技术，在近代特别是通过实验手段达到完备；精神工具，即逻辑，在亚里士多德那里就体系化了。工具是人自然能力的延伸，人创造工具获得了对客观世界的明晰认识，改造工具和创新工具扩大和深化了对世界的明晰认识。

人通过工具明晰地认识世界，同时工具又是人在自身和世界之间建立起来的一个中介系统。正是这个中介的工具系统及其与之相适应的观念形态，包含了西方文化的内在矛盾。人自身不能明晰、确定、理性地认识世界，只有依靠工具才能做到这一点，人对世界和自身的认识成了依靠工具的认识，人的理性实质上是以工具为尺度的，受工具制约的。这样，工具的局限就是人的理性的局限。物质工具（科学技术）是什么程度，世界就是什么模样。让人们相信科学，就是让人们相信工具。理性实际上是工具理性，在古代是以不矛盾律为核心的亚里士多德逻辑，近代有辩证逻辑，黑格尔认为“通过辩证逻辑，我们就可以获得有关变化着的现实的恰当观念”①。20世纪，则有各种现代逻辑。明晰性必然要求重工具，并且无条件地服从工具。工具这个人和世界之间的中介系统，一方面帮助人认识世界，另一方面由于受实践程度的局限又歪曲着世界，你看建立在古代科学上的亚里士多德和托勒密的宇宙，看看建立在近代科学上的哥白尼和牛顿的宇宙，再看建立在现代科学上的相对论宇宙，都是明晰的理性和科学的产物，都是工具的产物。

正是由于重工具，使西方文化在科学的光芒中突飞猛进。工具使世界明晰，使人的认识明晰，深知什么是已知，什么是未知，什么应相信，什么应怀疑，什么是真理，怎样追求真理、修正错误、发展真理。正是工具的明晰才造就了灿烂的西方文化，而且使之成为世界前进的火车头。但从消极方面讲，它又造成人对工具的屈服，说尖锐一点，就是科技压迫人和逻辑压迫人。人本性中的无限潜能，只有在被明晰的工具的认可下，才能取得理性和真理的执照，不然就被打入迷信、神秘、非理性和谬误的旁门。其实科学和理性身上一直披着一件肉眼看不见的历史实践局限性的紧身衣。工具的明晰或明晰的工具一方面在人和世界之间造了一道两面有刃的墙，另一方面又在人内心的感性和理性之间造了一道两面有刃的墙。正是明晰性转化为工具的明晰性，造成了西方文化人和世界的分裂和心理内部的分裂：工具异化。从赫希俄德、色诺芬、恩培多克勒、巴门尼德开始，就宣布感官是骗人的，只有理性才可靠。柏拉图把世界分为两个：理式世界和现实世界，在亚里士多德那里也有天上的世界和地下的世界，中世纪则为天国与人间。近代科学开始起飞的时

① 阿金（Henry D. Aiken）编：《思想体系的时代》（*The Age of Ideology: the 19th Century Philosophers*），227页，新美文库出版社，1956。

候，随之就有浪漫主义兴起，以情感反理性，抬高艺术，贬低科学，鼓吹天才，蔑视规则，欣慕自然，批判文化。现代西方对科技异化和逻辑异化更是深感焦虑、惶恐，对中介在人与世界之间的遮碍作用体验更深。胡塞尔对中介要加括号括起来，好让人直面事物本身。海德格尔也想方设法，欲使存在无遮拦地本真地敞开。“真理本身，正如存在和思考一样，只存在于敞开的境况中。”① 然而在西方文化明晰性亦即工具理性带来的矛盾中，最突出的，也是最有文化特征的矛盾，莫过于一般和个别的矛盾。

明晰性要求经验实践的明晰和第一原理的明晰，最重要的是第一原理的明晰，即世界、社会、人生的普遍必然真理的明晰。经验主义者重经验，也是为了“最后达到最一般和精确规定的公理”②。但是由经验到理性，从个别到一般，就严格的明晰性而言，一直是困难的。这就是归纳法的困难。这在柏拉图那里就显示出来了。《大希庇阿斯》中，苏格拉底和希庇阿斯想从分析经验事物中归纳出美的本质，结果以失败告终。明晰性要求以经验为基础，但只要彻底地以经验为基础，总是像希庇阿斯那样碰得头破血流。英国经验主义从培根、霍布斯、洛克很快走向休谟，走向贝克莱。这个矛盾的根源在于，作为有限时空中的人要想达到无限宇宙的真理，有历史性的人要想达到超历史的普遍必然的明晰认识。从图腾崇拜到统一场的追求，表明人总有一种想一举定乾坤的意愿，但这种愿望是与实证科学相矛盾的。辩证法想用概念的可置换性来解决问题：只有相对真理，绝对真理依存于相对真理之中，一般对于更大的一般而言又是特殊。这实际上是承认永远达不到普遍必然。黑格尔让绝对理念在普鲁士达到顶峰，大概与为了使他的辩证法不蜕变为怀疑论的积极形式有关吧。由于归纳法始终不能正大光明、无懈可击地支持第一原理，因此西方更多的人坚信从公理出发的演绎法的明晰。柏拉图在《大希庇阿斯》中失败后，直接从理式论出发，明晰地宣布了明晰的美的本质：美是理式。亚里士多德用“直观洞察力”遮住了从个别到一般的裂痕，从第一原理建立起自己的逻辑体系。笛卡尔、斯宾诺莎，甚至霍布斯，都是找出明晰的、不证自明的第一原理而建立自己的庞大体系；费希特、谢林、黑格尔就更是如此了。

① 《马丁·海德格尔的主要著作》(*Martin, Heidegger Basic Writings*)，387页，若内基和肯保罗出版社 (Routledge and Kegn Paul)，1977。

② 梯利：《西方哲学史》下册，20页，北京，商务印书馆，1979。

归纳法的不完全性在古代动摇不了柏拉图和亚里士多德的体系，其背后有正近于形成中的欧氏几何，近代一座座庞大的思想体系也全赖欧氏几何、牛顿力学和达尔文进化论的有力支持。西方文化的明晰性最典型地表现在第一原理的不证自明的明晰和从公理、定理、公设推出整个体系的逻辑的明晰性。

明晰的第一原理本身包含着它们所由产生的时代的局限性，这就决定了由明晰的第一原理所建立的各种庞大体系的局限性。笛卡尔一本正经地认为再明晰不过的“我思故我在”，在今天看来，有点喜剧意味；萨特的“我在故我思”也是如此。随着历史的前进，旧的明晰的第一原理总是被新的明晰的第一原理所推翻，新的又被更新的推翻。“乱哄哄，你方唱罢我登场，反认他乡是故乡，甚荒唐，到头来都是为他人作嫁衣裳。”明晰性本身包含着矛盾，明晰性像一盏明灯照亮了四周的黑暗，同时也使光线照不到之处更显黑暗。明晰性要求在黑暗中扩大明晰，从而使西方文化在深度和广度上不断前进。每当明晰性上升到一个更高的层次，总的明晰观念就明晰地改变一次。每一次灿烂的日出，都给人们带来天空从此晴朗，阳光万年永照的幻觉，然后是幻觉的消失。“莫言下岭便无难，赚得行人错喜欢，正入万山圈子里，一山放过一山拦。”

然而，当非欧几何、相对论、不完全定理等现代科学成果相继出现以后，牛顿、上帝、黑格尔的权威倒地，第一原理不存在了，即使存在，也是或如相对论所示是相对的，或如卡尔纳普所言是无意义的，是语言的错用，或如波普尔所说是可以证伪的，或如哥德尔证明的那样是不可靠的……从巴门尼德到亚里士多德，到黑格尔，到海德格尔，Being从存在的确定到逻辑的确定，到理念辩证运动的确定，终于只落得个此在（Dasein）的确定，这是个被不明不白地抛到世界上来的，一直为虚无所困扰的，带着焦虑、烦恼、畏惧和孤独的此在。后现代思想使西方人明晰地认识到，西方文化一直追求的对客观世界的明晰认识并没有使它们认识到一个纯客观的世界，而是不断地认识着又不断地创造着一个文化的世界。明晰地认识到这一点的西方人正处在一个如何处理文化世界与客观世界关系的重要的转折点上……

二、模糊：中国文化的理论特色

中国文化从《周易》开始就是模糊的，翻开书：“乾，元亨利贞。初九，潜龙勿用。九二，见龙在田，利见大人……”模模糊糊。《尚书》讲五行，《管子》讲气，重功能倾向愈明显，模糊性愈固定。道家的“道”是“道可道，非常道”（《老子》一章），永恒的道只能是模糊的。孔子的“仁”，从其言谈看应是非常肯定的了，但孔子从不下定义，以至今天对“仁”的含义还有争议。对宇宙的根本，在孔子看来也是模糊的，所以“六合之外，圣人存而不论”（《庄子·齐物论》）。孟子开始谈天，不过他主要还是发展了孔子的人性论。在谈人的境界层次时，孟子说：“充实之谓美，充实而有光辉之谓大，大而化之之谓圣，圣而不可知之之谓神。”（《孟子·尽心（下）》）最高境界“神”是“不可知之”，是模糊的。荀子开始大谈天道，一方面他说“天行有常”，另一方面这种恒常性的根本是什么，他却认为不必去管，“所志于天者，已其见象之可以期者矣”，“唯圣人为不求知天”（《荀子·天论》）。因为天的运作是功能性的，是“神”，是模糊的。“列星随旋，日月递照，四时代御，阴阳大化，风雨博施，万物各得其和以生，各得其养以成，不见其事而见其功，夫是之谓神。”（《荀子·天论》）我们只能从它的现象中去体悟它，对于它本身，是无法说的。犹如《周易》所说：“神无方而易无体”，“阴阳不测之谓神”。当儒、道等各种思想融合为中国文化气、阴阳、五行的整体宇宙时，中国文化的模糊性就坚如磐石了。（模糊的中国文化也讲确定，气化万物，生生不息，一阴一阳之谓道，五行相克相生，都是万古不变的。但这种确定性是整体功能的确定性，本就是模糊的。）

模糊性就是不能用公式定义表达出来，不能给予形式化，不能让人明确地检验其对错。前面说过，中国的整体功能要把握整个宇宙（这是农业社会，尤其是大一统的农业社会的必然要求，这个要求是超出实践能力之外的。要求必须达到而实际能力又不可能达到的结果，就产生出整体功能），这就决定了它必然是模糊的。然而，由于中国人特殊的实践方式——农业方式和养生方式——确实又把握了一些宇宙的秘密，这种超前性的成功把整个未知的和已知的宇宙融合为一个气的宇宙，它的模糊性给中国文化带来独具的特点：

（1）道的崇高。由于气的宇宙包含着未知，因此总有一种不可穷尽感，所谓“仰之弥高，钻之弥坚，瞻之在前，忽焉在后”（《论语·子罕》）。道是没有穷尽的，深、远、高、古是中国文化的上等境界，也是中国艺术的上等境界。由于气的宇宙包含着已知，气是从人体自身和周围环境时刻可感的，人对把握道和朝向道又有充分的信心和深切的向往，这种信心具体为圣人已得道，这种向往又具体为对圣人之道的向往。“圣人含道映物，贤者澄怀味象。”（宗炳《画山水序》）“‘高山仰止，景行行止。’虽不能至，然心向往之。”（司马迁《史记·孔子世家》）道的崇高无穷使下至芸芸众生，上至大贤大德都不是想要否定它，而是只想朝向它、体悟它、阐明它。因而中国人的学问一以注经的形式，一以艺术的形式，一以历史的形式表现出来。史以事实表明天道的存在，诗恰与道的只可意会不可言传相通，注经则是通过得圣人之意而接近道。中国的道和得道的圣人之书是模糊的，模糊可以任意解释，使你没法推翻它，以至人们把自己的新创造也只认为是对圣人之心的解释，把自己的新见解也只认为是对古人之意的发掘。两千年来，孔、孟、老、庄、《黄帝内经》等尽管不断被丰富、发展，但始终是权威，是纲领性文件，具有万世不移的指导意义。模糊性使中国文化之“道”难以被否定。

（2）轻工具。中国整体功能宇宙的超前性内容包含了工具所不能达到的层次和部分，这些层次和部分又恰在整体功能中具有决定性的意义，这就决定了中国文化的轻工具特点。它首先表现在古人的语言观上，就语言与外物的关系而言是“言不尽物”。“可以言论者，物之粗也；可以意致者，物之精也。”（《庄子·秋水》）事物最精微处，语言是没法表达的。就语言对内心的关系来说就是“言不尽意”。“世之所贵道者，书也，书不过语，语有贵也。语之所贵者，意也，意有所随。意之所随者，不可以言传也。”（《庄子·天道》）“心之精微，口不能宣。”（程颢《答横渠先生定性书》）当然，另一方面中国人也知道非文无以写物，非言无以达意，这就使得中国文化只把语言作为纯工具来看，深知人要达到的是对事物本身的认识，而不是对工具的认识，只以工具作为媒介而直接进入对象本身。“筌者所以在鱼，得鱼而忘筌；蹄者所以在兔，得兔而忘蹄；言者所以在意，得意而忘言。”（《庄子·外物》）语言如此，技术也是如此，在《庄子》里，梓庆削木为鐻，之所以“鐻成见者惊犹鬼神”，在其超技术的“以天合天”。庖丁解牛之所以令人惊叹，在于“由技进乎道”。技术的精微处不能靠一定的程序去学习，也不能够传授一定的条理，“口不能言，有数存焉于其间”，只能靠体悟、心领、意得。由于技术的最深处非技术，所以最高的技术不是技术本身，而是人，是人的聪明才智，是人之得道。这造成了中国文化一切技术的艺术化、神秘化。技术如此，医术、武术、权术莫不如此。其结果当然必然是重道轻艺，其根源，又在于中国宇宙本是功能性的，因此，诗的体悟规律也就是了解其他事物的规律。科举是选拔管理人才的，却考试诗赋，在中国的很多学术科学著作和实用文件中都可以看到文艺化的倾向，因为与功能的世界相适应，“学”的最根本处在于悟。

（3）重心灵。整体功能的超前性，工具无法达到，是靠心灵来达到的。中国人认为，人来源于宇宙（气），是宇宙的产物，人的奥秘和宇宙的奥秘在根本上应是一致的，所谓“天人本无二”（程颐），“道与性一也”（程颢），“心包万理，万理具于一心”（朱熹），“吾心即是宇宙，宇宙即是吾心”（陆象山）。从宇宙方面来看，道是永恒不变的。董仲舒说：“天不变，道亦不变。”从人方面来看，心性也是永恒不变的。如陆象山所说：“千百世之上，至千百世之下，有圣人出焉，此心此理，莫不同也。”（《象山年谱》）心理的最深层部分与事物的最深层部分和宇宙是相通的，以这种天人合一的观念为基础，庄子启迪人们去“以天合天”，孟子教导人们尽心知性知天。

与轻工具重心灵相适应，中国古人的认识论可以说是儒家的实用理性和道家的经验直觉的互补。它可以简括为三点：第一，是清醒的、理性的，不是宗教迷信，自有一套功能性“逻辑”；第二，强调经验、体验和直觉，对外物仰观俯察，用整个心身体验，直到悟出最精微处；第三，在现实中是有效的、有用的、有利的，施之于社会人伦，用之于自然天道，都能见出实际的功效，就像针灸一样，尽管体内的反应怎样不清楚，但一扎针就有效。

深知工具的局限，中国的科学结构和逻辑体系始终未能完成，《墨经》似乎已很有些逻辑规模，但在中国整体功能的主潮中，它必然要流产而且果然流产了。正是深知宇宙整体和表达的有限性的矛盾，事物全貌的多层次多方面和描述的局限的矛盾，事物的运动性和表达的静止性的矛盾，总之，深知事物和事物的表达不是一回事，中国人轻工具，没有把事物从整体系统中孤立出来，没有把多层次、多方面、多功能的事物片面地固定在一个方面、一个层次、一种功能上，在谈事物的时候总是让人知道自己本身就是说明事物的一个方面，在谈一事物时总是让人知道谈的是与宇宙整体有联系的一事物。因此，中国文化的概念没有最后的明确定义，概念多是功能性的，可以置换的。张载《正蒙·乾称》说：“道则兼体而无累也，以其兼体故曰一阴一阳，又曰阴阳不测，又曰一阖一辟，又曰通乎昼夜，语其推行故曰道，语其不测故曰神，语其生生故曰易，其实一物，指事异名尔。”具体的论述总是对整体功能的某一方面或几方面在某一具体时空的显现的描绘，因此在描绘显现的一面时绝对不要忘了还未显现的其他几面，不要得有忘无，得静忘动，得其一忘其余。整体功能的模糊性使中国文化高扬了理性直觉，超越了工具中介，直接体悟整个宇宙的规律，甚至能够“众物之表面精粗无不到，而吾心之全体大用无不明”(朱熹)。

然而正如整体功能的宇宙包含着未知一样，中国古人自以为对工具的超越也属盲目乐观。诚然，中国古人是体会到一些非工具所能得出、所能分析的东西，然而，工具作为人和世界的中介具有显隐两个层次，显层即语言符号、逻辑体系、科学技术，隐层即文化的宇宙模式。就工具的表层来说，是被中国人超越了，然而就深层来说，却从未被超越。气、阴阳、五行的宇宙并不是一个纯自然的宇宙，而是一个文化的宇宙。但由于中国人有表层的超越，就觉得自己面对的是宇宙的本心，从而使这个宇宙非常稳定，它不用改变，也无法改变，因为它被认为是一个自然宇宙。中国古人把文化世界认为是客观世界，把文化之道认为是自然之道，人当然就只能与之合一、顺从了。西方人由于重工具，终于认清了文化世界和自然世界的关系，中国人却一直把文化之道认为是自然之道，两千年来，乐在其中，直到洋枪洋炮打破了这一迷梦……

模糊性是中国文化之道的卫道者。

第二章
中西美学的整体比较

整体比较并不是一个全面的比较，而是一个概貌的比较，使人从整体上知道中西美学的大概缩型。它主要从三个方面表现出来：一、中西美学的外貌是怎样的，也就是它们是以什么形态存在的；二、中西美学最内在的东西是什么，也就是它们的内在结构是怎样的；三、中西美学都有长时间的发展历程，它们的历史发展具有怎样的特点。

第一节　中西美学的存在形态

前面说过①，中国人对美学范围内几乎所有的问题都有研究，但是没有一本以“美学”命名的著作，连美话、美的随感也没有，这是中国美学具体的存在形态。中国美学为什么会有这样一种存在形态呢？这个问题可以恒等变形为：西方美学何以有它那样的形态呢？一比较，双方何以如此存在便都得到了说明。

一、中西美学形态的显与隐

前面说过②西方有美有学源于三个基础：对事物的本体追求，主体的知、情、意划分，艺术的统一性质。这三个基础中国古代都不存在，不是不存在美的事实、美的感受、美的创造和欣赏，而是不存在使美具有明确领域的三种把握和分类方式，因此美学的各方面研究也就没有形成统一的“学”的研究。先谈美学的第一个基础，本体论基础。中国古人从来不去追问美的本质是什么，虽然他们随

①② 参见本书“引言”二、“本在范式冲撞中的美学”。

时都谈到美。西方人追求美的本质是因为他们认为客观世界是可以认识的，这种认识可以用一套概念系统表达出来，这套概念系统是明晰清楚具有逻辑一致性的，犹如几何学体系，更主要的是，概念系统是与客观世界完全对应一致的。要认识一事物、一类事物、事物全体，首先意味着得出它的本质定义，明晰的语言表达。这种语言崇拜和公理崇拜推动着西方追求本质的认识方式。中国文化并不认为语言符号与事物是完全对应的，如前章所述，在客体方面是“言不尽物”，在主体方面是“言不尽意”，客观事物是可以认识的，但不能用精确的语言表达出来。没有一种语言表达可以作为公理或定义与一个对象、一类对象、整个世界完全对应。“道可道，非常道，名可名，非常名。”（《老子》一章）道家的“道”，在《老子》中随时被述说、被描绘，但没有一个定义；儒家的“仁”在《论语》中谈了 109 次，也没有一个定义。在语言与事物和思想的关系中，事物和思想更丰富，更根本。语言只是让你去认识客观事物和主体心灵的一种媒介，你不要把语言当成事物和思想本身。用古人的例子来说，事物和思想好比天上的一轮明月，语言好比手指头，某人用手指着月亮对你说“那里是月亮”，并不是要你去看他的手指头，而是要你通过他的手指头去看月亮。所谓指者所以在月，望月而忘指，言者所以在意，得意而忘言。在学习理论上也讲究师心不师迹。如果说，西方人的认识过程是从感性到理性，最高层的理性就是明晰的语言符号定义，那么，中国人则为从感性到语言符号到体悟，语言不是最高层，因为语言不能与事物完全对应，不能反映事物的最微妙处，对事物的最微妙处的把握，只能是超符号的心的体悟，因此中国古人最讲活法，讲神会，讲心领，因此中国人对美的把握和体验不表现为对美的本质的追求，不在语言公理、定义的把握和表达上下工夫，从而也没有以美的本质为核心来建立美学。

美学的第二个基础，主体心理分类。中国古人对主体心理的划分，不像西人的几何式划分，知、情、意分得清清楚楚，而是把心理看作一个整体进行整体功能把握。中国的性、心、意、志、情既不相同又互渗相交，这在古人对这些概念的论述中明显地表现出来。心与性相交，程颢《语录十八》：“心即性也，在天为命，在人为性，论其所主为心。”意与志也是既有区别又相交迭的：“意者，心之所发也，有思量运用之义”，“志者，心之所之。之犹向也，谓心之正面全向那里去”（陈淳《北溪字义》）。情与志也相交互渗，《毛诗序》云：“诗者，志之所之也，在心为志，发言为诗，情动于中而形于言。”情与志互文见义，以至唐代文字学家孔颖达认为情、志是一个东西。其实这里关键的问题不是概念的几何式析辨，而须从中国文化的整体功能观和与认识方式相连的语言观去把握。从语言观讲，正如王夫之在《夕堂永日绪论·外编》中所言：“统此一字，随所用而别，熟绎上下文，涵泳以求其立言之指，则差别毕见矣。”从整体功能上讲，只有一个东西，每个概念都是对它的具体表现情状的描绘，正如张载谈“道”，有许多词汇描绘：阴阳、神、易，等等，但“其实一物，指事异名尔”。心理上也是这样，程颢《语录二五》说：“性之本谓之命，性之自然谓之天，性之有形者谓之心，性之有动者谓之情。”对心理作整体功能把握的中国人绝不会离开性来讲情，也不会离开情来讲性，心之未发，仁、义、礼、智是性，心之已发，恻隐、羞恶、恭敬、是非是情。性与情是整体的体用动静关系。知、情、意截然划分不可能，在主体方面就不可能有一个范围确定的领域来谈论美学。

美学的第三个基础，艺术的统一性。中国的各门艺术从来未被统一论述过，因为各门艺术的地位是不平等的。诗文最高。“盖文章，经国之大业，不朽之盛事。”（曹丕《典论·论文》）“正得失，动天地，感鬼神，莫近于诗。先王以是经夫妇，成孝敬，厚人伦，美教化，移风俗。”（《毛诗序》）诗文与实用的教化相连，绘画和书法则更具士大夫的个人趣味，以至诗文理论不断闪现儒家思想，书画则多弥漫道、释精神，建筑和雕塑由于涉及匠人，地位就偏低，理论家对这两门艺术关心的程度比起其他艺术来差得多。音乐趋于两极：一是圣人作乐，用于制度仪式，太神圣，也太停滞；一是世俗化，如民歌俚曲，纯为享乐，后起的小说、戏曲也一直为正统文人所轻视，地位很低。各门艺术为了抬高自己的地位，都有扯上教化的企图，特别是小说、戏曲为之拼命努力，但实际上未能如愿。历史上也曾多次出现过综合各门艺术的现象，唐代士人就曾把诗、画、书、舞、剑等并论。又有琴、棋、书、画之论。明清时，戏曲可以说是诗、画、乐、舞、剧的综合。建筑也是诗、书、画、建筑的综合，但这些综合多从“闲情逸趣”着眼，未能打破诗文的教化高位，因此各门艺术的统一始终没有形成。在中国古代，文学有学，绘画有学，书法有学，音乐、戏曲、建筑都有学，但没有一门统一的艺术学，没有出现过一本像丹纳《艺术哲学》和黑格尔《美学》这样的艺术专著。从而在艺术方面也没有一个范围确定的领域来讨论美学。使美成学的三个基础中国都没有，中国美学呈现出有美无学的存在方式就是必然的了。

中国虽然有美无学，然而无学却有美，所以有人说中国是潜美学。通过中西的对比可以使中国美学由潜隐中显出来：

西方	哲学	哲学	**中国**
	美学	（美学）	
	艺术	艺术	
	生活	生活	

西方美学是以哲学理论、艺术理论、生活美理论综合而成的，中国文化里哲学、艺术、生活美都有丰富的理论，而且在这些没有被形式上综合的各种理论里，在其核心的概念上又都是统一的，都是使用中国文化的基本概念（如气、阴阳、虚实等），因此，一个整体的中国美学是存在的，中国美学由潜隐到显露是完全可能的。

二、中西美学的具体存在形态

西方美学存在于四种类型的著作中：一是一般美学理论的体系性著作，如黑格尔的《美学》、桑塔耶那的《美感》、丹纳的《艺术哲学》；二是对两个或多个部门艺术进行比较的著作，如莱辛的《拉奥孔》；三是论述某一个或几个重要美学问题的著作，如柏克的《论崇高与美》，沃林格的《抽象与移情》；四是只论某一部门艺术的著作，如亚里士多德的《诗学》、汉斯立克的《论音乐的美》。中国美学亦存在于四类著作中：一是两门或稍多门类一起论述的著作，如李渔的《闲情偶寄》、刘熙载的《艺概》；二是部门艺术专论，如刘勰的《文心雕龙》、孙过庭的《书谱》；三是诗品画品类，此类又分两种情况，第一种是线索清楚，但形式松散、各部分独立性较强，但又形散神不散，如谢赫的《古画品录》、王国维的《人间词话》，第二种是结构散松，随起随收，天南地北，不拘形式，如欧阳修的《六一诗话》；四是以诗论诗，如杜甫的《戏为六绝句》、黄钺的《二十四画品》。

综合中西，共得六类，三、四类为中西所共有，一、二类为西方所独有，而恰好是这两类，最能体现西方文化的精神（实体、形

总括	中国		西方
一			1
二			2
三	1	——	3
四	2	——	4
五	3		
六	4		

式)，也最能显示西方美学的特色。五、六类为中国所独有，而又恰好这两类，最能代表中国文化的精神，是中国古人观物方式、认识方式、运思方式的典型体现，在一、二、五、六的并列里，中西文化各自的特色（形式与整体功能，焦点透视与散点观察，逻辑推论与直觉体悟……）正好有一个鲜明的对照。

第二节　中西美学理论的结构方式

一、西方美学理论的四种结构方式

中西美学在建造体系的时候也深受其宇宙观和认识论的影响。西方是一个实体世界，单个实体可以从宇宙整体中分离出来从外到内加以认识，对实体的本质性认识形成概念，与实体的性质相一致，概念可以从外延到内涵加以严格的定义。概念和实体是对应的，同类同质的诸实体以一定的关系构成一个领域，与之相应，反映这一领域的诸概念也可以结合成一个概念体系。美学体系也就是能概括反映众多美的事物相互关系的一套概念体系。西方文化不断发展变化，美和艺术也不断发展变化，美学的体系也随之不断变化。美学体系的变化主要从三个方面表现出来，一是概念的扩大和变化，二是中心概念和基本概念的变化，三是结构组织概念的方式的变化。第三点尤为重要，要揭示一个体系的根本特征，主要的就是看它是怎样把诸概念结成一个完整体系的。以这个角度为中心，我们看到，西方美学体系基本上呈四种类型。

（一）种属等级结构。这是古代社会的体系类型，一种金字塔式的逐层上升或下降的结构。逐层下降表现在亚里士多德的《诗学》里，整个艺术是摹仿，由摹仿的媒介、对象、方式的不同，分别为音乐、绘画、诗。诗是对人的行动的摹仿，摹仿坏人的为喜剧，摹仿好人的为史诗和悲剧。悲剧又有一系列的特点……整个体系是以种属关系的等级系列来把握的。柏拉图在《会饮》中讲了人的审美活动的深化扩大的上升过程：首先，某一个美的形体，从而得出一般美的形式，接着心灵的美，进而，行为制度的美，再进一步，各种知识学问的美，最后，美的理式。柏拉图指出的是一条要人按照一种层级系统逐步上升，最后达到顶峰——对美的本质的把握的道路。这里也显出了一种美学理论的结构雏形。

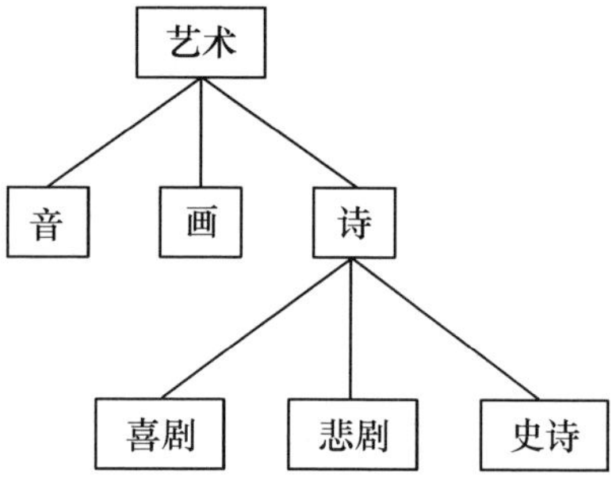

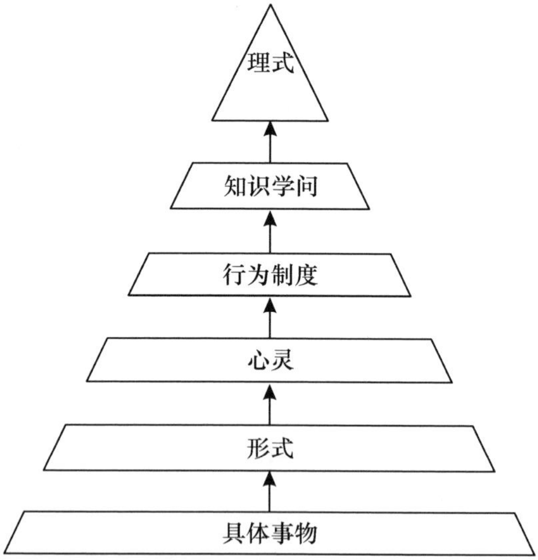

（二）进化等级结构。这是近代美学的体系类型。这里各种美的事物不仅是一个种属分类的问题，更是一个进化等级的问题。它们在被分类的同时，也被排列在不同的进化阶段中；整个美的系列又在宇宙的进化序列中有一个等级地位。这典型地体现在黑格尔《美学》里。美是从自然界进化等级最低的物类——无机物——开始萌芽的，然后植物、动物、人，美的成分越来越多，最后进入艺术——真正的美的领域。各门艺术也有一个进化等级，也是一个进化过程。具体地说，有由低到高的三级：象征型艺术、古典型艺术、浪漫型艺术。建筑是象征型，雕刻是古典型，绘画、音乐、诗歌是浪漫型。但这个进化程度的高低是从整个宇宙进化看，而不是从美学自身看。宇宙的进化表现为一事物不断地走向自己的否定，不断地转化为他事物，因此美也和其他任何事物一样有自己产生、发展、顶峰和死亡周期。从美学的观点看，美的典型不体现在宇宙进化序列中较高但马上就会转为更高一级的其他存在物的诗歌上，而是体现在美的王国之顶峰的雕刻艺术上。进化等级结构的体系需要一种双重的观点——美学视点和宇宙视点——的完美结合。

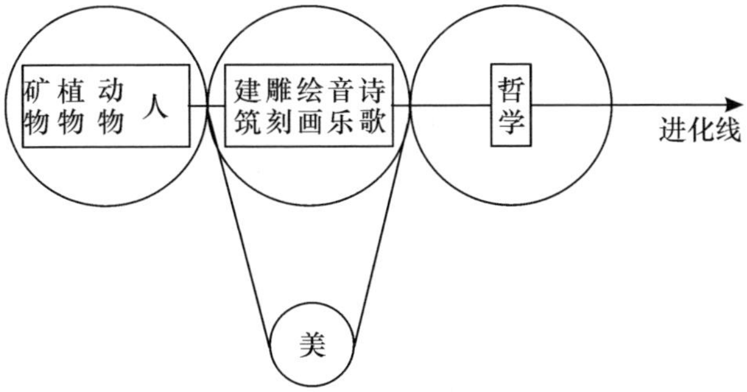

（三）循环转换结构。这是现代美学的结构类型。存在主义的存在和存在者、精神分析的意识和无意识、结构主义的言语和语言为这类结构提供了指导，弗莱的《批评的解剖》是对这种结构运用得最好的典范。弗莱对整个世界文学作一总体把握，他认为，文学中有两个永恒对立不变的世界，一是天堂的启示世界，一是地狱的魔幻世界，二者构成整个文学的深层结构。二者自己典型地反映出来，启示世界形成神话模式，魔幻世界形成反讽模式。启示世界和魔幻世界的相互作用，产生三种中间类型：传奇模式、高级摹仿模式、低级摹仿模式。各种事物——矿物、植物、动物、人等——由于处在不同的模式之中就显得极不相同。例如人物，在神话中他是神，在传奇中则为英雄，他既是人，又能超越自然法则（如死而复生），在高级摹仿中是领袖人物，高于一般人但不能超越自然法则，在低级摹仿中是普通人，在反讽中，他在体力和智力上都低于一般人。又如火，在启示世界里表现为天使的光环，在魔幻世界里，点点鬼火成为从阴曹地府进出的精灵，在传奇的天真世界里，火光往往是净化的象征，在高级摹仿中，火转为王冠上的金光和女人秋波的闪烁，在低级摹仿的世界中，火的象征常常具有讽刺性和破坏性，如《波音教的收藏品》结尾时的火。这五种模式并不是一种简单的形态并列，它们还显示为一种有规律的运动。从历史事实看，欧洲的叙事文学在过去的15个世纪的发展过程，恰是顺着神话、传奇、高级摹仿、低级摹仿、反讽这一顺序转移重心的。在中世纪以前的时代，文学紧紧地依附于基督教、古希腊罗马、凯尔特或条顿民族的神话。中世纪，文学的主潮为传奇，包括描写骑士爱情和骑士游历的世俗传奇和讲述圣经传统的宗教传奇。传奇文学的统治地位到文艺复兴结束，起而代之的是描写帝王朝臣和宫廷生活的高级摹仿，这最突出地表现在悲剧和民族史诗中，随后，中产阶级文化带来了低级摹仿，在英国，低级摹仿从笛福到19世纪末一直占主导地位，在法国则开始和结束都早50年，即结束于19世纪中期的象征派诗的出现。最近一百年，大多数严肃的小说都趋向于反讽，在反讽潮流中，神话的倾向愈益突出。① 透过历史，从深层上把握这种循环运动，又表现为四种叙述程式：喜剧、传奇、悲剧、反讽和讽刺。每一程式都有六个阶段，前三段与前一程式互渗，后三段与后一程式互渗，构成一个相关联的循环运动。

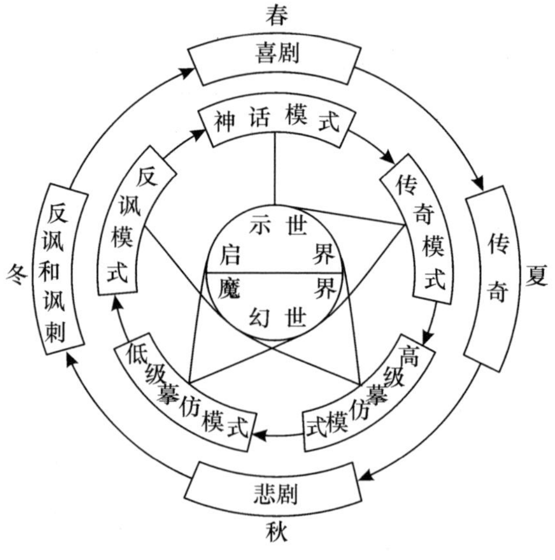

① 参见弗莱（Northrop Frye）：《批评的解剖》（*Anatomy of Criticism*），34～35页，普林斯顿大学出版社（Princeton University Press），1957。

（四）自由模式。这是后现代类型。所谓自由结合模式实质上是反对有一个固定的模式，反对体系。阿多诺的《美学理论》就不追求体系结构，想谈哪个问题，就谈哪个问题，并不去想这一问题与某一固定整体有关系。而是这一问题可以与任何问题进行联合，没有整体，只有联系和关系的变换。这种自由结构犹如法国新小说派作家马尔克·萨波尔达的小说《作品一号》。该小说共 52 页，每页 50 至 100 多字，都独立成章，但为未加装订的散页，读者在读此书时，像打扑克牌一样，把这些散页洗一遍，然后再读，由此得到一个故事，读第二次时，再洗一遍，又得到一个故事，每读每洗，可得到无限多个不同的故事。

二、中国美学理论结构的两大代表

中国文学中的事物虽然也有可睹可感可闻的形质，但其本质性的东西是气，气是功能性的，而且事物之气与天地之气相通，因此，要对事物作一内涵外延清楚明了的定义是不可能的。根据中国事物的形质与气的特点，中国人一般用形气、形神、形意之类来表达。宗白华先生说，中国美学始于魏晋的人物品藻。也确是人物品藻给中国美学把握美的事物提供了方式方法。人是分为形和神两部分的，为了对人作一较全面的整体把握，汉魏人创造了“目”的品评方式。“目”是用最简洁的语言对一个人作有特点而又全面的概括性结论。如“五经纵横周宣光”，“道德彬彬马仲文”，这是汉代的政治人才学之目。魏晋转入审美后，“武元夏目裴、王曰：‘戎尚约，楷清通。’”“有人目杜弘治：‘标鲜清令，盛德之风，可乐咏也。’”（刘义庆《世说新语·赏誉》）很多时候，不用“目”字，也是目：“殷中军道右军：‘清鉴贵要。’”“抚军问孙兴公：‘刘真长何如？’曰：‘清蔚简令。’‘王仲祖何如？’曰：‘温润恬和。’‘桓温何如？’曰：‘高爽迈出。’‘谢仁祖何如？’曰：‘清易令达。’”（《世说新语·品藻》）这种言简意赅的人物品藻，为美学提供了一种用精练的词、词组、句子来概括形象的方式，它直接为各门艺术所接受和运用。谢赫评陆探微：“穷理尽性，事绝言象。”评陆绥：“体韵遒举，风彩飘然，一点一拂，动笔皆奇。”（《古画品录》）王僧虔评书法：“孔琳之书，天然绝逸，极有笔力规矩。”“萧思话，全法羊欣，风流趣好，殆当不减，而笔力恨弱。”（《论书》）钟嵘评诗，说曹植：“骨气奇高，词采华茂，情兼雅怨，体被文质。”评张华：“其体华艳，兴托不奇，巧用文字，务为妍冶。”（《诗品》）这种精练性的词句在把握审美对象的特点时也把握住了它的神情气韵，但神情气韵作为本质性的东西在这种方式中还是表达得不够，给人的感受不深。为了突出这类本质性的东西，中国美学用了另一套方式——类似性感受。

这也是从人物品藻开始的。“裴令公目夏侯太初：‘肃肃如入廊庙中，不修敬而人自敬。’”“王公目太尉：‘岩岩清峙，壁立千仞。’”“卞令目叔向：‘朗朗如百间屋。’” “世目李元礼：‘谡谡如劲松下风。’”（《世说新语·赏誉》）这里的目，全用类似性感受。所谓类似性感受，就是某人的形象神态风韵给人的感受与某种自然物、自然景色或某种事物和场景给人的感受类似，就以物以景评人。对风、神、气、韵的感受是难以言传的，通过类似性感受的描绘，就不落言筌地把对风、神、气、韵的感受真切而深刻地传达了出来。这种方式也渗入各门艺术理论之中。钟嵘评诗：“范诗清便婉转，如风流回雪。丘诗点缀映媚，似落花依草。”（《诗品》）萧衍论书法：“孔琳之书如散花空中，流徽自得。”“薄绍之书如龙游在霄，缱绻可爱。”（《评书》）

中国文化的事物是功能性的，包括形、气两方面，中国理论对事物的把握也随之分为两种各有侧重的方式：精练性词组和类似性感受。清楚了中国文化概念与事物之间的关系，就可以进一步讲中国美学的体系结构了。

中国文化的审美对象作为整体有一发生发展过程。这使它从两个方面具有可把握性。一是从时间上，比如，诗歌是怎样从《诗经》发展下来，有一条清楚的历史线索。二是体裁的发展，比如，各种文体的类型不同，可以分门别类，就表现为一种空间的展开。综合前面所讲，中国美学的理论体系一般是由三个方面结构编织的：一是中国文化的根本性质，道——阴阳——五行的宇宙及其运转。二是具体研究对象的发生发展：时空序列。三是对整体中的个体进行概括时的两种方式：精练性词组和类似性感受。

最能代表中国美学体系成就的是刘勰的《文心雕龙》和司空图的《二十四诗品》。前者重在从外结构和偏于用精练词组来建造体系，后者重在从内结构和偏于用类似性感受来建立体系。在某种意义上，懂得了这两部著作，就懂得了中国古代一切美学著作的思考方式。

《文心雕龙》的体系性主要表现在四个方面：

（一）文的本体论。《文心雕龙》从“原道”开始，由道之文到人之文：中国的宇宙本身是美的，“夫玄黄色杂，方圆体分，日月叠璧，以垂丽天之象，山川焕绮，以铺理地之形”。处在如此宇宙中的人，“为五行之秀，实天地之心，心生而言立，言立而文明”。特别是圣人，“原道心以敷章”创造了社会之美和文学之美，成为文人学士的榜样。因此，原道，征圣，宗经，继而展开为各种文章体裁。这是中国文化关于美的起源、发展、规律的套路，凡欲从宇宙论高度谈某一艺术的，都是这一套路。(《吕氏春秋·大乐》一开头：“音乐之所由来者远矣，生于度量，本于太一。”《历代名画记》一开头：“夫画者，成教化，助人伦，穷神变，测幽微，与六籍同功，四时并运……”)

（二）体裁的一一罗列。犹如黑格尔的理念在艺术门类中展开，《文心雕龙》由道之文而来的人之文展开为骚、诗、乐府、赋、颂、赞等 35 种体裁，显出一种空间的宏伟。

（三）历史的条分缕析。道之文有一个历史的展开，各类文体诗、骚、赋、铭、箴等也各有历史的演变展开。对每一时代的美学风貌、文体因革、作家起伏，刘勰都作了有特色的概括，有强烈的历史感，从时间秩序上显出体系性来。

（四）总体结构。体裁（空间）和历史（时间）毕竟是一种外在的构造，要把体裁和历史的多样性联结为一个整一的东西，得依靠贯穿于体裁和历史之中的美学基本原理，也就是由道之文（宇宙结构）而来的人之文（审美结构）从内在机制来说是怎样的。《文心雕龙》从《神思》到《程器》等 24 篇就是谈人之文的基本原则的。但是一到这里，就看不见在体裁和历史那里的严密逻辑了。比如《情采》、《风骨》、《体性》、《才略》、《时序》、《隐秀》都是讲作品结构和风格类型的，似应有一个统一的核心，但它们却显得互不相干，没有从一个更高的、统一的角度加以论述，而完全与诗话、词话谈论问题一样。（试与王国维《人间词话》谈“境界”相比较。）然而这是因为中国文化中事物最本质性的东西是功能性的，一谈到最本质性的东西时，《文心雕龙》不得不采用诗话、词话的方式。在具体作家作品的评论上，刘勰同样是用诗话、词话方式，《体性》说：“贾生俊发，故文洁而体清……公干气褊，故言壮而情骇。”《才略》说：“仲宣溢才，捷而能密，文多兼善，辞少瑕累，摘其诗赋，则七子之冠冕乎！”这跟钟嵘的方式差不多，《诗品》评刘桢：“其源出于《古诗》，仗气爱奇，动多振绝。真骨凌霜，高风跨俗。但气过其文，雕润恨少。”

外结构（体裁，历史）清楚，内结构“模糊”，这是中国美学理论的特色，是由中国宇宙天地万物君臣父子明了而内在气化阴阳“模糊”所决定的。对此刘勰自己也是清楚的，他说：“思表纤旨，文外曲致，言所不追，笔固知止。”（《文心雕龙·神思》）为让内在模糊之物更鲜明地表达出来，中国美学产生了司空图《二十四诗品》这样的典型之作。

《二十四诗品》其实与《文心雕龙》有同样的体系。其一，它同样有时间的顺序。从《雄浑》到《旷达》，有一个从春到夏到秋到冬的流动。① 二十四品似亦可象征一年的二十四个节气。《文心雕龙》表现为一种历时的时间观，从远古至今；《二十四诗品》则表现了一种循环的时间观。在中国文化中历时是外在的，循环是内在的。②循环的时间观把历时共时化、逻辑化了，因此，诗的变化更重要的不是历史上各时代流派风格的嬗递，而是风格类型本身的展开。其二，这样，与《文心雕龙》以文体的一一罗列来显示宏伟体系不同，《二十四诗品》以风格类型雄浑、冲淡、纤秾、沉著、高古……的一一展开来显示一种空间的气象。文体的展开是外在的宏伟，类型的展开是一种内在的气魄，它是从更深的逻辑方面来建架空间结构的。《文心雕龙》的时空结构是较松散地结合起来的，历史的时间服从于体裁的分类。《二十四诗品》的时空结构却是高度紧密结合起来的，类型同时就表现时间，时间的流动同时就是类型的展开。甚至你分不出何是时间，何是类型，它以高度的时空合一的形式表现出来。

《二十四诗品》从类型上来展现审美意象，但审美意象的精微处是超绝言象的。刘勰说：“神道难摹，精言不能追其极。”（《文心雕龙·夸饰》）而《二十四诗品》把范畴和类似性感受结合起来，用独特的技巧，把握住了艺术的精微处。二十四品的题目：雄浑、冲淡、纤秾、自然等从概念的运用看，是对魏晋人物品藻中“目”的发展，用精练的词汇来概括对象。从二十四品的名称看，它是对唐代乃至整个诗歌审美类型风格的体系性把握。在具体说明每一类型的时候，又采用类似性感受。不是直接说某品怎样怎样，而是直接把你带进可以感受到该品最内在东西的一种境界里。什么是“纤秾”呢：“采采流水，蓬蓬远春。窈窕深谷，时见美人。碧桃满树，风日水滨。

---

① 参见肖驰：《中国诗歌美学》第二章，北京，北京大学出版社，1986。

② 参见拙著：《中国文化与悲剧意识》第一章第二节，北京，中国人民大学出版社，1989。

柳阴路曲，流莺比邻……”什么是“劲健”呢：“行神如空，行气如虹。巫峡千寻，走云连风……”不是让你把握一个定义，一个解说，去捉摸艺术之言，而是让你迅速由言入意，由言入境，直接在境中去感受，去体味，去心领。入一品之境，是为了让你知道该品什么。因为用概念、解说、定义都是达不到事物深处的，而用类似性感受之境，就达到了这深处。“不着一字，尽得风流。”它说了，又什么都没有说；它没有说，你却能通过鲜活的景象心领到其底蕴。

和《文心雕龙》一样，《二十四诗品》也是以宇宙之道贯注全部品类之中的，不过《二十四诗品》之道是不可道的，但它在时间中流动，在类型中显现。“若纳水辖，如转丸珠。夫岂可道，假体如愚。荒荒坤轴，悠悠天枢。载要其端，载同其符。超超神明，返返冥无。来往千载，是之谓乎。”（《流动》）从一品之境中，我们心领到该品的精神，从众品的流动中，我们神悟了宇宙之道的奥妙。

《文心雕龙》和《二十四诗品》就是把握中国文化宇宙的形与气的两种基本方式，其他的一切著作都可以从这二者中得到理解。

第三节　中西美学的历史发展

中西美学的历史发展，与文化的方式相一致，一为不断的否定和变换核心，一为由一个不变的核心不断地丰富和扩大。

一、西方美学发展的四大阶段

西方美学的历史发展可以分为四个时期。古代西方是西方美学的提出期。古希腊美学的范围是非常广泛的：形体、心灵、行为、制度、知识……都可为美。虽然当时艺术研究很有成效，出现了亚里士多德的《诗学》，也涌现了很多重要的范畴，如和谐、悲剧等，但作为美学标志的，是柏拉图的《大希庇阿斯》，它以追求本质的方式提出了美的本质这个美学的根本问题。是它使人们知道，应有美学这样一门科学。

近代西方，是西方美学的真正形成体系化时期。鲍姆加通以 Aesthetics 使美学正式成为一门学科。但是从柏拉图追求美的本质到鲍姆加通的 Aesthetics，可以看到一个明显的转变。Aesthetics 直译是感性学，鲍姆加通建造美学的依据不像柏拉图那样基于一切美的事物应有共同的东西，而是基于主体知、情、意的划分。鲍姆加通对美的定义是：美是感性认识的完善。它确实代表了不同于古代以本体论为重心，而以认识论为重心的近代美学倾向。英国经验美学，从夏夫兹伯里、哈奇生到柏克和休谟，都是结合心对物的感受来谈美与丑、优美与崇高；法国启蒙美学，狄德罗以“关系”来定义美，也重视人与物的对应。这意味着美学中以人的内心构造和心理感受来谈论美的新倾向兴起来了。鲍姆加通认为感性认识的完善主要体现在艺术上。而也正是在18世纪，各门艺术从技术中独立出来成为具有统一意义的美的艺术（fine art)。这样，自然形成了美学的另一种新倾向：美学即艺术哲学。当然这两种倾向都是以追求美的本质作为基础进行的，这时美学还是先问：“美的本质是什么?”但已不像柏拉图所设想的，从美的本质直接推出具体事物的美的性质，而是分别转入两个方向，一是美与心理的关系，一是各门艺术的统一性。康德用《判断力批判》把前一个方向体系化了，黑格尔用《美学》把后一个方向体系化了。

现代西方，美学的最根本的前提——美的本质——被分析美学认为是一个无意义的假问题加以拒斥，并获得普遍赞同。没有了美的本质的控制，美学的两个倾向立即以自身为中心形成了独立声势。前者的高潮是1900—1915年以移情论、直觉论、孤立论、距离论等为代表的审美心理诸流派，后者的高潮即1915—1950年的以英国形式主义、俄国形式主义、英美新批评为代表的艺术潮流。后来，苏珊·朗格在《情感与形式》中完全不用美的本质建立了一套艺术哲学体系，杜夫海纳在《审美经验现象学》中不用美的本质，结合主体心理与艺术，建立了现代美学体系。

现代西方，都是从一个基本点，如审美态度、形式、现象直观等去建立体系，后现代西方，对要从某一固定点去建立一个美学体系的“体系”本身进行质疑。古代西方，美学是无所不包的，近、现代，美学的范围却越来越小，以至从20世纪20年代兴起并日益壮大的技术美学也为美学家们所忽视，进不到美学主潮中来。而就是这么狭小也显得异常之大，就以把美学作为艺术哲学的观点来看吧，把握各门艺术，这一般是不可能的，仅是精通一门艺术就会花去很多人的一生。只要美学还保持一个体系的金字塔结构，要建立美学是很难的。后现代美学把建立体系的固定基点打破了。后现代美学本身的美学形态还不明显，但从其精神，可以体会出已进行了根本性的转换，就以艺术哲学这一思路来说吧，它不是要把各门艺术全部综合起来，而只是把各门艺术的某一点综合起来：

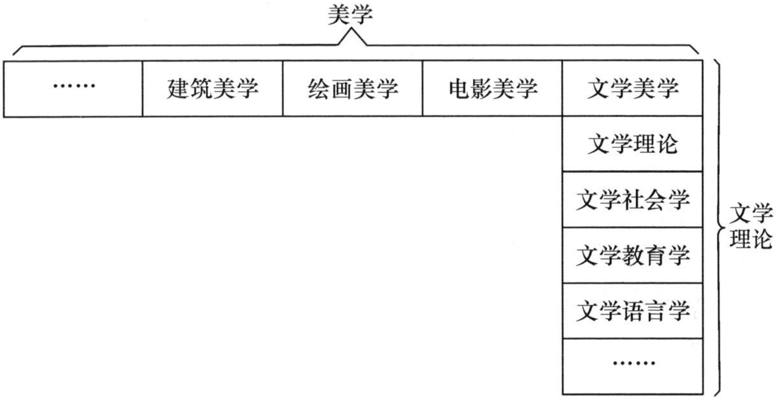

这样，美学将重新调整自己的范围，重新取得自己的角度。当然，范围会怎样调整，究竟什么是美学角度，现在还不明朗。西方美学仍处在演变之中……

二、中国美学发展的四大阶段

中国美学的发展大致可以分为四段：先秦两汉，魏晋南北朝，唐宋元明，清。

先秦两汉是中国美学萌芽期，主要有两件大事：一是中国文化宇宙结构的建立，中国美学正是在这个宇宙结构中生长起来的。二是以先秦的《乐记》、汉代的《毛诗序》为标志，建立了以社会伦理为中心的儒家美学理论。这是从中国宇宙结构中放射出的第一道美学之光。《乐记》从宇宙的高度来谈礼与乐的作用，详细论述音乐与人心、与风尚的关系，大力提倡音乐为教化服务。《毛诗序》也紧抓诗与社会治乱和道德风尚的关系，要诗为教化服务。儒家美学虽是美学之一色，然而不是主色。

魏晋六朝是中国美学正式建立期。这时期的美学从人物品藻开始，波及诗、文、书、画、山水、庭院……而且人们对这些美和艺术重的又是个人的情趣，而非教化功能。品人讲风度气韵，绘画要传出神韵，论诗讲究滋味……艺术和审美的特质从这时起真正受到重视。美学的主色开始以灿烂之光彩显现出来。曹丕要“诗赋欲丽”，嵇康主“声无哀乐”，沈约析“四声八病”，萧纲倡“文宜放荡”……各个领域共同形成了一种类似于人体的神、骨、肉结构的审美对象理论（参见本书第七章）。正像秦汉的教化美学是与宇宙结构一致的一样，六朝美学也是与宇宙结构一致的，六朝美学一再强调“物以貌求，心以理应”，“以一管之笔，拟太虚之体”，不仅“观象”，更要“味道”。六朝美学标志着中国宇宙结构真正放射出了美学之光。

唐、宋、元、明是中国美学的发展丰富期。唐代，审美各方面都蓬勃发展：入仕、归隐，内地、边塞，庙堂、田园，社会、自然……方方面面都引发为艺术，也凝结为各种理论，张彦远的画论，孙过庭的书论，韩愈的文论，白居易、司空图的诗论……表现出儒、道、释的相映生辉。宋代，美学明显地表现为道、释思想越来越浓。理学家重抬汉儒般的主张，影响甚微。宋画追求远与逸，宋诗讲究平淡，词也崇尚清空。“发纤秾于简古，寄至味于淡泊”（苏轼《书黄子思诗集后》）这句苏轼论诗名言可作为宋代美学总体风格的注疏。这股风气一直保持到元人的画论中，如倪瓒的“逸气”说。宋代美学总体风格从唐的雍容大度转为远、逸、平淡，有一个新的背景，就是市民阶层和市民文艺的兴起。市民的审美趣味从宋发展到晚明，形成了具有独立形态的美学思想，这就是以李贽、徐渭、汤显祖、袁宏道所代表的，以“童心”、“至情”、“性灵”、“俗”、“真”为主要概念的美学思想。这股思潮一直延续到清代的朱奁、曹雪芹、郑板桥、袁枚、李渔等。然而这种与雅相对的“俗”的美学仍然是与中国宇宙观相一致的，它仍表现为对中国文化基本原则的丰富。

当晚明思潮的余波在袁枚等人那里最后翻滚一阵就消失以后，清代美学对中国古典美学的总结这一整体风貌就显出来了。王夫之、叶燮、刘熙载、王国维是其代表。正是在他们的理论里，中国美学由一个不变的核心像滚雪球一样地不断丰富、扩大的特质显示出来，既博大精深又停滞而无超越……

第三章
和谐：中西文化理想追求的审美凝结

和谐是西方古代美学的一个主要概念。西方文化从毕达哥拉斯开始追求美的本质时就认为：美是和谐。随着西方文化的发展，不断有新的概念带着时代的特征进入美学，主持美学的中心，但和谐的追求却一直存在，只是随着形势不断改变自己的形态。“和”一直是中国文化的审美理想。和谐是中西美学具有可比性的第一个焦点。从纯理论的角度说，“和谐”这个词总意味着一种最美好的东西。这个“最美好的”当表现为具体事物时又显为千姿百态。如果以人类有限的经历对在有限中创造出来的含有无限意味的词进行试说的话，似可暂拟几点：1. 人体内部（生理、心理）处于一种最好的状态中；2. 人与他物、他人、团体、社会、自然处于最佳关系中；3. 与宇宙的演化规律相连，人的发展变化向一最优方向进行。总之，和谐意味着一种最佳的生存状态和最佳的发展状态，和谐是人类的一种理想追求。由于中西文化的差异，中西和谐又显出不同的内容、表现形式和发展道路。让我们从中西和谐的起源讲起吧。

第一节　中西和谐的不同起源

一、中国文化“和”的起源

中国文化“和”的观念是从原始仪式开始的。《尚书·尧典》记载：“帝曰：夔，命汝典乐，教胄子，直而温，宽而栗，刚而无虐，简而无傲，诗言志，歌永言，声依永，律和声，八音克谐，无相夺伦，神人以和。夔曰：於，予击石拊石，百兽率舞。”这段话反映的是还带图腾遗迹的原始巫术仪式。图腾，即人以为自己来源于某一动物或自然物，便将此物作为自己的保护神来崇拜。“百兽率舞”即以各种动物为图腾的诸部落联盟在一起举行仪式。远古人把自己及与自己相对立的自然看作由神主宰，认为部落内部的和谐和人与自然的和谐之关键在于人与神的和谐。而人与神的沟通是通过狂热的仪式活动来达到的。原始仪式是舞、乐、诗（咒语）、剧（舞有一定的情节）、饮食（很多仪式有祭品）的统一。《尧典》那段话既表明了远古原始仪式的一般性质：以“神人以和”为目的；又表现了中国原始仪式的特色：其一，它强调培养一种和谐的人格在神人之和中的重要性；其二，在仪式的诸因素中特别强调音乐的作用，人心的和谐通过音乐的和谐达到宇宙的和谐，乐也因而可以作为仪式的代称。为什么音乐会有如此重要的地位呢？音乐是最具神秘感的东西，它能一下子打动人的情感，骤然改变人的心境，以节奏为主体的原始音乐能奇妙地使很多人的行动整齐一律，神的力量被最大地附会在音乐上。还需要强调的是，很早就进入农耕社会的中国古人在对自然的细心体察中确实悟到音乐与气候的一些对应关系。在农业社会里，气候集中地表现了自然的变化、运动、规律和威力。当人们的观念随着实践能力的增长而渐渐理性化时，由神统治的自然界也转为以“风”为代表的自然界，原来人通过音乐想达到的人神和谐也转为通过音乐去达到风调雨顺，所谓“乐以调风”。自然界由神到风的演变在资料中也有迹可寻。《左传》记载了一大群风姓部落，即以凤为图腾。古文字风与凤是一个字。凤所涉及的范围更广，从帝俊到舜，从少昊、后羿、蚩尤到商契都与凤鸟有关。古代有关乐的起源和传说除后起的与祖先有关外都与风和凤相连。在理性化的过程中，风渐从凤中分出而自然化了，从感性上看，乐不可见而可感，是通过风来传播的，自然之风同样不可见而可感，由风到之处事物的摇动而表现出来。二者的共通性决定了乐在沟通人和以气候为代表的自然之间相互关系方面的重要性。《国语·周语（上）》有一段关于省风的详细记载，说立春之前阳气充满而上升，土地化解而松动，司管气象和农事的各官密切地注视着星宿日月和风土的变化，不断地把情况报告国君，国君督促各官作好籍田的准备，这时乐官的一项职责，就是通过乐器的音响效果听测风土的变化，判断协风是否到来。风从乐上可以测知，反过来，乐也可以影响风，通过乐来达到风调雨顺。《左传》昭公二十一年，“泠州鸠曰：‘……夫乐，天子之职也，夫音，乐之舆也，而钟，音之器也，天子省风以作乐’”，作乐就是为了调风，《淮南子》说：“夔令六律调五音以通八风。”《国语·晋语（八）》说：“夫乐以开山川之风也。”《国语·郑语》史伯说：“虞幕能听协风，以成乐物生者也。”在古人看来，乐，不仅是气候的问题，而且是整个宇宙万物的和谐问题。《国语·周语（下）》中泠州鸠就清楚地说明了这点：“夫政象乐，乐从和，和从平，声以和乐，律以平声，金石以动之，丝竹以行之，诗以道之，歌以咏之，匏以宣之，瓦以赞之，革木以节之，物得其常曰乐极，极之所集曰声，声应相保曰和，细大不逾曰平，如是而铸之金，磨之石，系之丝木，越之匏竹，节之鼓而行之，以遂八风，于是乎气无滞阴，亦无散阳，阴阳序次，风雨时至，嘉生繁祉，人民和利，物备而乐成，上下不罢，故曰乐正。”古人通过音乐要达到的是宇宙和谐的最高理想，魏晋人阮籍用更理性化的语言表达了同一理想：“昔圣人之作乐也，将顺天地之性，体万物之生，故定天地八方之音，以迎阴阳八风之声，均黄钟中和之律，开群生万物之情气。”（《乐论》）古人通过音乐所追求的和谐，不仅是人与自然的和谐，还是社会政治的和谐，整个宇宙的和谐。古人一再强调圣人作乐，也因与政治有关。在农业社会中，政治主要由农业生产来保证，然而乐又不仅是一个带政治性的农业生产问题，还是一个社会各阶层的和谐问题，一个政治伦理问题，社会伦理和谐和人与自然的和谐紧紧联系起来，一道构成中国文化整个宇宙的和谐。

中国文化的和谐观念源于音乐，音乐的和谐主要强调政治功能：人与自然的和谐以及与自然秩序紧密相关的社会秩序的和谐，就在这两种和谐中达到文化的最高理想——宇宙和谐。再强调一下，古人之所以从音乐和谐中发现宇宙的和谐，在于音乐与风的关系，风是中国文化的根本概念气的前身，这决定了中国文化和谐观的特点和发展方向。

除了由“乐以调风”到宇宙和谐这条线之外，中国文化和谐观还有一条一样饶有兴味的发展线索，即由乐到味到宇宙和谐。这与帝王的饮食有关，上古的帝王是每食必乐，即每顿饭必有音乐歌舞相随。这仍源于原始仪式。帝王饮食时的场面结构：诗、乐、舞、饮食与原始仪式的结构是相同的。上古的帝王本由原始的祭司演变而来，现代人类学著作指出，在原始的观念中，祭司身体的安危与整个部落的安危息息相关。同样，上古帝王掌握全国大权，他的身心健康对全国人民的命运至关重大。因此原始仪式演化为帝王的饮食仪式后，整个仪式的结构——饮食、诗、歌、乐、舞——其功能都在于保证帝王的身心能和谐健康地运转，所谓“五味实气，五色精心，五声昭德”（《国语·周语（中）》）。大概与既然是饮食仪式，首先就要把东西吃到肚子里有关吧，在仪式里，味对于帝王身心健康的作用得到了特别的强调。晏子说：“和如羹焉，水火，醯醢，盐梅，以烹鱼肉，燀之以薪，宰夫和之，齐之以味……君子食之，以平其心……先王之济五味和五声也，以平其心，成其政也。”（《左传》昭公二十年）古人还对味与政之间的具体影响关系作了详细的阐明：“口内味而耳内声，声味生气，气在口为言，在目为明，言以信名，明以时动；名以成政，动以殖生，政成生殖，乐之至也。若视听不和，而有震眩，则味入不精，不精则气佚，气佚则不和，于是乎有狂悖之言”（《国语·周语（下）》）。这是对饮食仪式的综合论述，如果专论味的话，则是“味以行气，气以充志，志以定言，言以出令”（《左传》昭公九年）。形成了味——气——志——言——令——政的逻辑，简言之就是味和，气和，心和，政和。这里中国文化的特色，味之所以与心有关，在于与气的联系被充分凸现出来了。如果说音乐的和谐与自然之气相联系构成中国文化宇宙和谐的基础，那么饮食和谐与人体之气的联系则构成社会和谐的基础。烹饪用的鼎在上古成为国家的最高象征。“中国士大夫阶级的一件重要的资历是他在饮食上的知识和技能。照《史记》和《墨子》的说法，商汤的宰相伊尹原来是个厨子。照有些资料上说，伊尹之获得汤的赏识，最初是由他的烹调技术而来的。”① 饮食的和谐和音乐的和谐对中国文化在秦汉时期最终确定整个宇宙和谐体系起了重大作用，而这两种和谐的最大特色，一是与政治紧密相连，二是以气、风这类模糊的功能性东西为传导。

二、西方文化和谐的起源

西方文化和谐的起源也是从音乐开始的。音乐具有的神秘性在任何文化的原始时期大概都是一样的，在希腊神话中有阿波罗用琴治疯病、埃菲用号吹塌城墙等故事。但当文明的曙光临照希腊半岛，毕达哥拉斯从音乐的秘密中探出宇宙的秘密时，走的是科学之路。音乐的秘密在于数，毕达哥拉斯学派创立了音程学，他们最早发现了发音体上长短、粗细、厚薄等的差别与音调之间的比例关系。数

① 张光直：《中国青铜时代》，222页，北京，三联书店，1983。

造就了音乐的和谐，造就了音乐的美，数的和谐不仅是音乐美的本质，也是一切艺术的本质。建筑的美在于数的比例，雕塑的美也在数的比例，毕达哥拉斯的再传弟子波里克利特在《论法规》中为人们建造美的人体雕像制定了具体的数学比例。毕达哥拉斯（再不就是他的门徒）说过："什么是最智慧的？——数。""什么是最美的？——和谐。"美的本质就是和谐，和谐在于合理的或曰理想的数量关系。

在中国文化里音乐通过风、气达到宇宙的和谐，在古希腊文化里音乐通过数达到宇宙的和谐，正像气是中国宇宙根本性的东西一样，毕达哥拉斯认为，数是世界万物的本源。"一切事物的质都必然是特殊的，只有数才是无始无终的。不是质决定了量（大小、长短、轻重、疏密等），而是量决定了质，不同质的物质不过反映了不同的数量关系，所以，用任何一种具体的物质说明宇宙都有其局限性和片面性，而宇宙间一切现象无不可以用数来计量。"① 因此，人的生命也正是一种和谐，身体可以比做一张琴，不过在人身上热与冷、干与湿的对立代替了长与短、粗与细的对立；整个天也是一个和谐，一个数目，任何物体的运行都会产生一种声音，日、月、星辰也不例外，它们的声音决定于它们的速度，它们的速度又决定于它们的距离，仍是数的关系使诸天体发出上天的音乐。

中西文化和谐观念的起源都关系到音乐，但西方强调的是音乐的科学性格，中国着重的是音乐的政治功能。西方的和谐是用明晰的数来说明的，经过数而获得宇宙的普遍性，中国的和谐是用模糊的风和气来说明的，经过风和气而上升为一种宇宙的性质。这种起源上的差异影响了中西和谐理论的形态。

第二节　中西和谐的基本特征

一、中国和谐的基本特征

中国和谐观的根本特点是整体和谐。这里的整体不是某一事物的整体，而是宇宙整体（这大概与农业社会的靠天吃饭有关吧）。以宇宙整体和谐为和谐的中心和基础，决定了中国文化和谐观念的基

① 阎国忠：《古希腊罗马美学》，23页，北京，北京大学出版社，1983。

本特点：（1）是一个容纳万有的和谐观；（2）是一个把时间空间化的和谐观；（3）是一个对立而又不相抗的和谐观。

要做到宇宙整体和谐，必须容纳万有，结合各种千差万别不同性质的事物，用古人的话来说，就是“和实生物”。春秋时代的史伯说：“和实生物，同则不继，以他平他谓之和，故能丰长而物归之，若以同裨同，尽乃弃矣。故先王以土与金、木、水、火杂，以成百物……声一无听，物一无文，味一无果，物一不讲。”（《国语·郑语》）这段话说明了：（1）和本就意味着不同质的因素的配合，把同质因素组合在一起，哪怕数量再多，只叫“同”，不叫“和”；（2）事物是由和产生的，如音乐由五音的配合产生，如果只有一音，无论怎样组合也成不了曲调（“声一无听”）；（3）整个宇宙也是由不同因素的“和”产生的，宇宙中千差万别的因素都可以归为五行：金、木、水、火、土，和谐说到最后就是五行和谐；（4）这里，使事物成为事物，使宇宙成为宇宙的和谐强调的是不同因素之间的配合关系、互助关系、相生关系。

然而在不同质的因素和事物中明显地有些是对立的、排斥的。初一看来，这是对和谐的否定，进而察之，它实为和谐的一种方式。古人称之为“相反相成”。《老子》说：“天下皆知美之为美，斯恶已；皆知善之为善，斯不善已。故有无相生，难易相成，长短相形，高下相倾，音声相和，前后相随。”正因为有了与一因素完全相反的因素，该因素才成为该因素。没有上，就无所谓下，没有丑，就无所谓美。正是相对立、相排斥的东西结合在一起，才有事物，才有世界，“一阴一阳之谓道”。晏子在总结两种和谐时说：“一气、二体、三类、四物、五声、六律、七音、八风、九歌，以相成也；清浊、小大、短长、疾徐、哀乐、刚柔、迟速、高下、出入、周疏，以相济也。”（《左传》昭公二十年）相成即不同因素的和谐，相济即对立因素的和谐。综合老子和晏子，可见中国把对立因素转化为比较关系（只有在比较中才成立）和相济关系（正因相反，实则相成），这样对立因素的和谐在根本上完全和不同因素的和谐是一样的，因此在理论化的阴阳和谐和五行和谐中，这两种和谐是被等同看待的。

中国文化的宇宙是人在其中的宇宙，人以自己的生存境况（大一统的农业社会）为基础创造了和谐的宇宙模式，并认为这是客观之道。同时，人在根本上也从属受制于这个宇宙的根本法则，人的社会也是遵守和参加进宇宙的和谐运动之中的。在这一思想的暗制下，古人把社会的和谐法则——礼，也织入宇宙的整体和谐之中。先秦政治家子产说：“夫礼，天之经也，地之义也，民之行也。”子大叔进一步解释说：“天地之经而民实则之。则天之明，因地之性，生其六气，用其五行，气为五味，发为五色，章为五声。淫则昏乱，民失其性。是故为礼以奉之：为六畜、五牲、三牺，以奉五味；为九文、六采、五章，以奉五色；为九歌、八风、七音、六律，以奉五声；为君臣、上下，以则地义；为夫妇、外内，以经二物；为父子、兄弟、姑姊、甥舅、昏媾、姻亚，以象天明；为政事、庸力、行务，以从四时；为刑罚、威狱，使民畏忌，以类其震曜杀戮；为温慈、惠和，以效天之生殖长育。民有好恶、善怒、哀乐，生于六气，是故审则宜类，以制六志。哀有哭泣，乐有歌舞，喜有施舍，怒有战斗。喜生于好，怒生于恶。是故审行信令，祸福赏罚，以制死生。生，好物也；死，恶物也。好物，乐也；恶物，哀也。哀乐不失，乃能协于天地之性，是以长久。”（《左传》昭公二十五年）社会制度是依照宇宙法则建立的，具有宇宙的客观真理性，大一统农业社会基础上的社会制度必是等级制。因此宇宙的和谐又显为一种等级和谐。封建社会和谐的中心在帝王，帝王按照内外等级“亲亲而仁民，仁民而爱物”。在中国，家是国的缩小版，家庭的和谐同样是由亲及疏，由内而外。在国际上，古人认为，中国是世界的中心，具有最优越的文化，中国的周围则是一些文化低贱的藩属国，所谓夷蛮，它们应接受中国的册封，并按约朝贡和与中国互市。家、国、世界都应按这种等级制度保持和谐的运转。这种和谐运转又汇入天道、气、阴阳、五行的和谐运转，构成中国文化容纳万有的宇宙整体和谐。简言之，即天人合一。

在宇宙整体和谐中，社会制度等级和谐的绝对真理性是最容易暴露出虚假来的，它又确实从周期性的王朝崩溃和士人的失意中暴露出来。然而每当身逢乱世或命途多舛，礼的虚伪暴露无遗时，士人们并不怀疑宇宙的整体和谐，并不怀疑天人合一这一根本结构，只是怀疑宇宙和谐这一整体中的社会部分，怀疑天人合一要通过社会制度——礼——这一中介来追求。于是他们去国遁世，还家洁身自好，或心斋坐忘，或寄情山水田园，成为道家中人，不与社会合一，而直接与自然合一。然而中国的历史乱世终会转为治世，个人的失意也多含着对得意的期待。每当这时，士人纷纷变为儒者，修身，齐家，治国，平天下，达到个人、社会、宇宙的和谐。似可说，在治世，人们把个人、社会、宇宙相比附，宇宙带上仁义的性质，这是儒家的宇宙和谐；在乱世，人们把个人直接与宇宙相比附，人和宇宙共同否定社会，这是道家的宇宙和谐。但这两个宇宙和谐都是建立在小农经济和大一统的农业社会之上的气、阴阳、五行的宇宙和谐。只是儒家侧重的是大一统之天，道家侧重的是小农经济之天。而中国文化认为社会的治乱和历史的兴亡是不断循环的，从而儒、道既是对立的，又是相互转化的，儒、道互补构成了中国文化的永恒的和谐循环。

整体和谐要保持住自己的整体性，保持住自己作为整体的永恒性，从逻辑上说，必然制止历史和时间可能对自己进行的颠覆。因此，当需要面对历史的时候，它把历史也纳入一种循环运行的和谐轨道。《老子》说："万物并作，吾以观复。"又说："大曰逝，逝曰远，远曰返。"把事物的时间运动看成是循环的。《周易》说："无往不复，天地际也。"又说："日中则昃，月盈则食，天地盈虚，与时消息。"把自然的运行看成是循环的。农业社会最尊重的是自然之天。自然之天，日往月来，昼往夜来，冬往春来。以自然天道来看待历史发展，从而把历史发展也理解为一种循环。以天干地支计年，60 年一个循环；王朝的兴衰也是天下大事，久合必分，久分必合，不断循环。中国文化意识形态的一个重要特点就是把历史自然化，把时间空间化。这样历史的运行除了是回复到过去已有过的盛世理想，重现圣人阐明过的准则，证明宇宙整体的规律性和永恒性之外，没有其他新的意义。

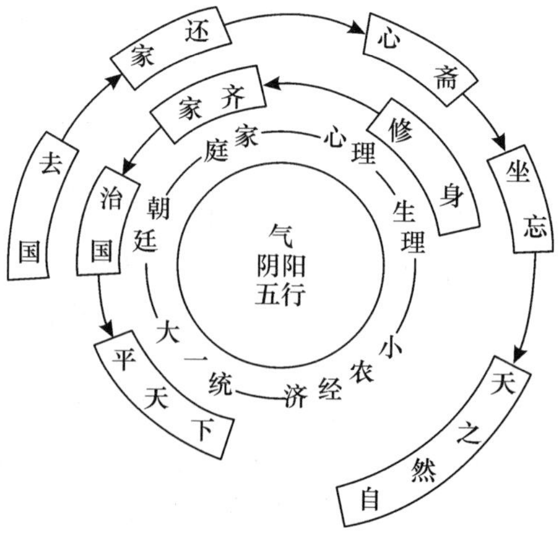

要保持宇宙和谐的整体性和永恒性，还必须防止对立面之间的

相互排斥与冲突任意发展结果导致对整体性质的否定。因此，如前面所讲，中国整体和谐的一个重要原则就是把对立的因素加以调和，使对立的东西不变为冲突，而显为相济，相反相成。中国文化整体和谐的这两个基本特点（时间历史的空间化和对立因素的调和）都最集中地体现在阴阳和谐和五行和谐的理论图式中。

《周易》的八卦、六十四卦有很多时间直线，但它总是把时间直线转化为循环的圆（空间化）。其中最著名的是《说卦》中的一段排列：“天地（乾坤）定位，山泽（艮兑）通气，雷风（震巽）相薄，水火（坎离）不相射，八卦相错。数往者顺，知来者逆。”一方面它是乾一、兑二、离三、震四、巽五、坎六、艮七、坤八的直线排列，从卦象上，(—) 为 0，(--) 为 1，又表现为二进位制的直线：000，001，010，011，100，101，110，111。该线本身就显为奇偶循环（自然数的规律即奇加减一为偶，偶加减一为奇），但不明显，仍主要显为直线。然而，把直线用方位排列起来，把直线组成圆形（如图一），时间就空间化了。由此进而演变为太极图（图二）。循环的特征完全显出。图中阴阳各半，其旋转，一边从小到大，另一边从大到小，此消彼长，任何一方，从大到小都化入另一方。两条阴阳鱼头尾互接，恰如中国文化的时间之线，像昼夜的运行，像四季的交替，既是无穷的，又是循环的。在八卦中，山与泽、水与火本是对立的，但这里一方面使之与天地风雷排在一起，只凸出其相对的性质，另一方面通过太极曲线使之通气，不相射，体现出一种对立而又不相抗的思想。当八卦图转为太极图时，对立而又不相抗的思想更精致化了：不是对立面的抗争，而是对立面的相互化入。

图一

图二

再来看五行和谐，当五行化为四季的时候，是时间之线，某些哲学家把五行化为王朝更替时，也是时间性的。但任何时间只要进入五行都会转化为循环论，化为空间性。四季通过五行可以换为四方。五行学说比阴阳学说更具体表现了中国文化“和”的思想是怎样调和对立面的。五行学说的五因素本身包含着很多对立：水与火、火与土……但五行学说以相克相生的整体关系把这些对立因素很好地协调起来（如图）。

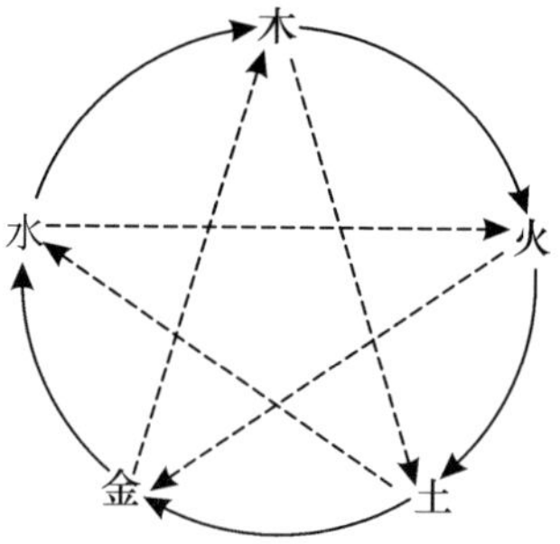

实线 ——表示相生
虚线 ------表示相克

五行是相生的，水生木，木生火，火生土，土生金，金生水；又是相克的，水克火，火克金，金克木，木克土，土克水。五行中任何相互矛盾的两行之间，都不是采取直接的对抗方式，而是用与调节或反馈机制相似的方式达到整体的平衡与和谐。试以火为例，在正常的情况下，火受水的制约，但火并不直接与水对抗，火能生土，土有胜水的作用，火通过土间接地对水发生制约性的反作用。以致水对火的克制不致过分，造成火的偏衰。火还受到木的滋助，如果这种滋助过分，会造成火的偏亢。这种情况一旦发生，火也不是直接反抗木，而是通过生土来克制水，削弱水对木的滋养，这样木对火的滋助过分就自然受到抑止。

通过阴阳和谐和五行和谐的理论升华，中国文化的和谐思想就成熟定型了。

二、西方和谐的基本特征

西方和谐思想还得从毕达哥拉斯讲起。

和谐思想的一个关键是如何处理对立因素，中国如此，西方也是如此。毕达哥拉斯学派通过音乐认识到，“音乐是对立因素的和谐统一，把杂多导致统一，把不协调导致协调。”① 把这种观点推而广之，他们拟定了十个对立面，作为基始：

① 北京大学哲学系编：《西方美学家论美和美感》，14页，北京，商务印书馆，1980。

有限	无限	静	动
奇	偶	直	曲
一	多	明	暗
右	左	善	恶
阳	阴	正方	长方

从上表可以看出，毕达哥拉斯派的和谐有着中国和谐相成、相济的两方面。但有一个基本的不同，在毕达哥拉斯派这里，作为杂多统一、对立统一的根本是数。十基始中，奇、偶，一、多，直、曲，正方、长方都明显地是数的问题。有些没有明显涉及数的，其实也与数相关，比如有限、无限，其对立是怎么转化的呢？0.333……这是无限的数，但用$\frac{1}{3}$来表示，就成为有限的数了。对立的统一，杂多的统一，其根本在数的和谐，因此这种统一是一种外在的统一，形式的统一。这种和谐与中国的和谐是貌合神离的。虽然在毕达哥拉斯看来，也是一种内在的统一，内容的统一，但是由于在这一方面，后来由赫拉克利特的理论取得了优势，因此，毕达哥拉斯的和谐观就只是在外在形式上受到尊崇。

在毕达哥拉斯那里，还能看到与中国和谐相似的东西，到赫拉克利特，西方和谐的特色就显出来了。诚然，赫拉克利特对毕达哥拉斯有所承传，他说，绘画的和谐在于白、黑、黄、红不同色彩的配合，音乐的和谐在于不同音调的高音、低音、长音、短音的配合，书法的和谐在于元音和辅音的配合，这些艺术和谐在于摹仿自然。“自然是由联合对立物造成最初的和谐，而不是由联合同类的东西。”① 这不就是毕达哥拉斯的思想，不也就是“和实生物，同则不继”吗？然而，赫拉克利特对和谐的基本原则作了全新的解释。他说：“互相排斥的东西结合在一起，不同的音调造成最美的和谐；一切都是斗争所产生的。”② 对立——斗争——和谐，这就是赫拉克利特的公式。在毕达哥拉斯那里，世界的本原是数，从而他的和谐是和平的、静态的。在赫拉克利特这里，世界的本原是火，从而他的和谐是冲突的、动态的，“火产生了一切，一切都复归于火，一切都

①② 北京大学哲学系编：《西方美学家论美和美感》，15 页。

服从命运，一切都为对立过程所宰制”[1]。“在对立物中，引起世界变化的，是所谓战争与冲突。”[2] “应当知道，战争是普遍的，正义就是斗争，一切都是通过斗争和必然性而产生的。”[3] 数是静态的、空间性的东西，火是变化的、时间性的东西，数的和谐体现了一种空间静穆理想，火的和谐反映了一种时间的变化趋向。赫拉克利特在西方文化上第一个提出了“一切皆流，无物常住”[4] 的辩证发展思想。他说：“同一事物既存在又不存在。”[5] 又说：“人不能两次踏进同一条河流。”[6] 还说：“太阳每天都是新的。”[7] 从宇宙的高度看和谐，和谐不仅是一事物之为此事物的问题，更是一事物如何转化为他事物的问题，是事物的发展和变化的问题。和谐就是对立面之间的斗争，这是与中国文化“对立而又不相抗”的和谐观完全不同的具有西方特色的和谐观。着眼于对立不相抗和空间和谐，中国文化是五行协调和保存，着眼于对立面的斗争和时间和谐，赫拉克利特强调的是斗争、否定和新生。他说：“火生于土之死，气生于火之死，水生于气之死，土生于水之死。”[8] 虽然在古典圆形宇宙的背景里，他的发展变化也是循环的，“上升的路和下降的路是同一条路”[9]，“土死生水，水死生气，气死生火；反过来也一样”[10]。然而，他强调了否定→前进这一西方文化的根本特色。

毕达哥拉斯的和谐、数的比例，是一种外在形式的和谐，赫拉克利特的和谐、对立面的斗争，是内在内容的和谐，二者的统一就构成了西方和谐的根本精神。在亚里士多德的悲剧理论里，一方面要求整一的形式，头、身、尾构成一个和谐整体，另一方面是悲剧主人公的反抗、争斗和毁灭。当然悲剧的根本特征是主人公的毁灭。在基督教里，一方面是教堂建筑的比例的和谐，另一方面是信徒们身上灵与肉的斗争，以及他们在整个生命过程中所体现的原罪与赎罪之间的斗争。近代社会，霍布斯也是用对立

① 北京大学哲学系编译：《古希腊罗马哲学》，15 页。
② 周辅成编：《西方伦理学名著选辑》上卷，10 页，北京，商务印书馆，1964。
③ 北京大学哲学系编译：《古希腊罗马哲学》，26 页。
④⑤ 同上书，17 页。
⑥ 同上书，27 页。
⑦ 同上书，19 页。
⑧ 同上书，26 页。
⑨ 同上书，24 页。
⑩ 同上书，26 页。

面的斗争来论述社会和谐：最初人与人像狼一样，然后在相互的斗争中，人与人之间形成明确的个人权利和义务的社会契约。达尔文用对立面的斗争来论述自然界的和谐：物竞天择，适者生存。在黑格尔那里，对立面的斗争是宇宙发展的根本规律，肯定、否定、否定之否定，正、反、合，这就是宇宙发展所发出的和谐的脚步声。现代，法兰克福学派最根本的方法论就是：否定的辩证法。

西方的和谐重在发展，强调对立面的斗争，中国的和谐重在保存和安定，突出对立而又不相抗。重对立面的斗争，西方和谐突出个体的发挥，由对立到暂时契约，随力量对比的变化又修改契约……中国和谐强调整体的协调。高扬整体的保存与安定，中国和谐给中国带来了两千年性质不变的封建社会；注重个体的发挥，西方文化不断发生革命性质变……中国文化可以自豪的是它从未中断地发展了两千年，西方文化可以自豪的是它现在走在世界的最前面。简言之：

保存——中国和谐的文化意蕴。

革新——西方和谐的文化意蕴。

第三节　中西和谐的美学表现

和谐是中西文化的理想追求，它也鲜明地表现在各门艺术中。由于中西和谐的侧重点不同，使中西艺术的和谐显出不同的情味。下面我们举三门艺术——绘画、建筑、文学，从三个重要的问题——整体、空间、时间来进一步深化中西的和谐思想。

一、整体：中西心灵的和谐意向之一

和谐从根本上说是从整体着眼的，但整体又是由部分（个体）构成的，因此整体和谐的具体意味就在于整体和部分（个体）的关系，诸部分（个体）以一种什么样的方式形成和谐的整体。中国文化的和谐首先强调整体的和谐，由整体的和谐来规定个体（部分），个体（部分）应该以一种什么方式，有一个什么样的位置都是由整体性决定的。这从绘画上鲜明地表现出来。古人画一幅画，先看画幅大小，作一整体安排，部分为了适合这一整体和谐往往令其变形。

阎立本的《历代帝王图》往往帝王占正中位置，如《晋武帝》，帝王形象很大，两侍从分立两旁，形象很小，头比帝王矮，脚跟又比帝王脚跟位置高，帝王双手向前摊开，分别由两侍从扶着。从透视的观点看根本扶不着，但中国画更需要从整体看，该画作为不朽名作，在于突出了帝王的威严，画面的整体构图非常和谐。更能说明问题的是陕西省博物馆藏的两幅达摩石碑图，一名《达摩东渡》，一名《达摩面壁》，两图一样的尺度，皆竖长方形。《达摩东渡》中达摩正在行走，身长显得不高；《达摩面壁》中达摩是盘坐的，头与《达摩东渡》像上头一样大，但盘坐的上身却几乎与“东渡”中的整个人身一样长，推算起来，盘坐的达摩比东渡的达摩，身材起码高出三分之一。两幅画明显出于一人手笔，但作者显然不计较身体的长短，重视的是整体的和谐。再说中国画是讲究神气而不管形似的。神、气正是个体与整体相通之处，求个体之神也正好是求个体身上的整体性。正像中国士人修身、齐家、治国、平天下的个人追求正是文化整体要求他的整体性追求一样。中国画所追求的神、气、意、韵也正是中国文化的整体性所要求的。中国画充满了离形、变形、轻形，获得了神似、气韵、意态，正是中国和谐以整体规定个体的艺术表现。

西方文化的和谐是强调部分（个体），以部分（个体）的实体性来形成整体的和谐。毕达哥拉斯派雕刻家波里克勒特早就说过：艺术作品的成功要依靠许多数的关系，而任何一个细节都是有意义的。① 西方画家画类似于阎立本《历代帝王图》这类作品的时候，是不会采取中国方式的。② 达·芬奇《最后的晚餐》并没有损坏耶稣十二门徒任何一人的实体性，为突出耶稣，画家采取的是把他放在中间，用他身后的窗户和仿佛以他为中心而散开的天花板的放射线条，从视觉上给人以比他本身实体更高大的感受。拉斐尔的《柏拉图学院》要突出柏拉图和亚里士多德也是用的同一手法。为了不损害任何个体的实体性而达到整体的和谐，西方画家寻找着各种最美的人体姿势，表现各种意蕴的明暗手段，适于各种情欲的构图方式。重实体和形式、重光线和色彩、重比例和构图、重实在和力的式样……正是西方和谐由个体形成整体的艺术表现。

---

① 参见北京大学哲学系编：《西方美学家论美和美感》，14 页。

② 中世纪和现代有例外，但另有原因。参见本书第八章第二节二、四部分。

二、空间：中西心灵的和谐意向之二

宇宙整体的和谐在可感的范围内展现为一种空间的和谐，具体空间和谐的意趣又是由整体和谐的性质决定的。最能体现空间和谐的艺术是建筑。

中国和谐首先强调的是整体和谐，中国的建筑无一不表现为一种群体性，不以个体的高大完美为目的，而以群体的宏伟壮观为气度。比较其他文化，中国建筑最重时间因素，本来中国的宇宙观就是时空合一的（上下四方曰宇，古往今来曰宙）。但是中国建筑里浓重明显的时间因素不是为时间而时间，就像五行图和八卦图的运行，是为了形成一种群体性，一种空间丰富的整体性，一种丰富多彩的整体和谐。它有三个特点：（1）内向性。民宅如四合院，其四周由各座房屋的后墙及围墙所封闭，一般不对外开窗。真可谓“闭门成一统”，达官贵人的府第，乃至王府皇城也无非是四合院的扩大版，只是墙更高、院更大而已。（甚至连国也要用长城围起来。）范围确定了，应怎样和谐就可以安排了。（2）等级性。中国的和谐是等级和谐，因此四合院按南北纵轴线对称地布置空间，院北为主人居住，院南的倒座为仆人所住，在院北一排房中，正房为长辈居住，东西厢房为晚辈居住。总之，院内的布置全按尊卑、老幼、主仆的等级关系设计为一和谐的整体。官宅、王府、皇宫无非是四合院的扩大而已。（3）自足性。等级和谐是依乎天理的，在封闭的等级和谐格式中能深感自足，在于建筑的空间布置，不出院就可以体会到自然和天道。与西方的建筑不同，四合院内充满了空间的虚（如图），正像

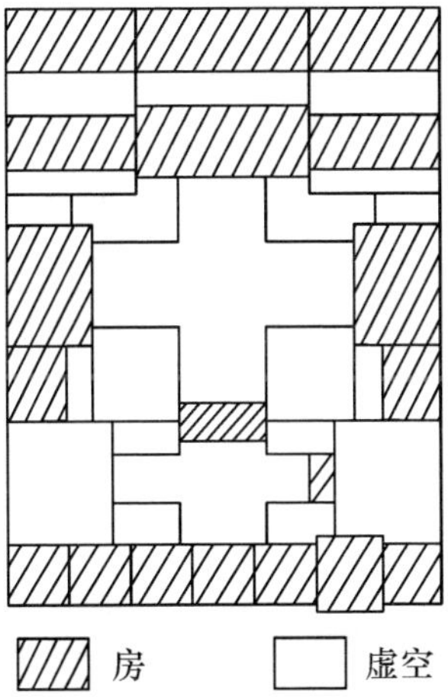

中国画一样，虚空很多，画上的虚不是西方的虚，虚空中是宇宙的灵气。“虚则灵气往来”。建筑中的虚使人在封闭的院内就能体察到自然的气韵、宇宙的盈虚。而且往往在院中种上植物。郑板桥在自己的“十笏茅斋，一方天井”中种的是竹。有了竹，“风中雨中有声，日中月中有影，诗中酒中有情，闲中闷中有伴……一室小景，有情有味，历久弥新乎！”（《题画》）看来非常自足。如果是官宅、富宅，常在院内修造大小不等的花园，规模最大也最有资格为最大的，就是皇家的后花园了。一旦有花园，就有了亭台楼阁，于是非常讲究对景，隔景，借景，似乎形成了一种外向的情味：

> 画栋朝飞南浦云，珠帘暮卷西山雨。（王勃）
> 绣甍结飞霞，璇题纳明月。（鲍照）
> 栋里归白云，窗外落晖红。（阴铿）

实际上它表达的还是与四合院的虚空一样的文化意蕴：安住在房舍里就能体会外部的大千世界，就能体察宇宙的盈虚变化。通过建筑的虚空，人在房中就感到了与天地的和谐，他就不封闭了，因为他获得了宇宙。而等级和谐也在人与宇宙的和谐中被合理化了。

西方的和谐是以个体的完整来形成整体的和谐，西方的建筑是以个体为主的，是“纯”空间的，它排除了中国建筑的时间性，它不需建立一种群体性来象征整体和谐，无须引入时间，它的和谐就体现在建筑个体的美的线形、美的比例上，体现在建筑个体的数的和谐上。由于整体宇宙的和谐也是一种数的和谐，因此当建筑个体表现出最完美的数的和谐时，它也就体现了最完美的宇宙整体的和谐。

中国宇宙整体是用气来感受的，因此建筑重虚空，以使气能往来，好与宇宙的整体相和谐。西方的宇宙整体不是气，而是实体性的，当基督教认为上有天堂的时候，也是存在于天上的实体，因此哥特教堂以挺拔高耸欲入云霄来表达自己与宇宙和谐的愿望。教堂的四面几乎都是严严实实地围起来的，它不需要虚空部分，因为对于它来说，空虚部分不是与外在的宇宙之气交流，而是与一个世俗的世界沟通，这是不行的。哥特教堂之所以在尘世之中自立一个空间，就是为了在尘世中建立一个与尘世隔绝的圣地。这个为拯救尘世罪人的圣地是自足的。哥特教堂是严格地按美的比例组织起的自足空间，这种自足性一方面体现在外部的数的和谐里，另一方面体现在教堂内部的圣洁的安排组织之中，这种内外的自足又体现了上帝的和谐之光。

中国建筑追求的是虚实之间的和谐（太极图模式），西方建筑追求的是实体之间的和谐（几何学模式）。

三、时间：中西心灵的和谐意向之三

人在时间中存在，时间的性质与文化之道是一致的。中国用天干地支纪年，时间表现为一种循环的圆。西方文化，亚里士多德说地上的运动是直线运动，当西人用公元纪年之后，时间正式表现为一条直线。直线抑或圆周是一种整体观念，时间在感性上，在个人中总是以一去不回的直线出现的，人与世界的和谐就以人与时间和谐的方式表现出来，即人在自己的时间之中完成与个人的愿望和文化的要求相符合的事业。人与时间的和谐主要从文学这一时间艺术形式中表现出来。

中国古人的和谐追求是由整体和谐出发对个体规定的追求。比如修身、齐家、治国、平天下就是一种理想追求，士人们都努力在这条追求道路上与时间和谐，以一种时不我待、时不再来的迫切感奋力向前，自强不息，犹如屈原的追求："日月忽其不淹兮，春与秋其代序。惟草木之零落兮，恐美人之迟暮……"另一方面，在这条由整体和谐规定的追求之路上，很多个体也许会被时间抛弃。然而，进退出处犹如阴阳盛衰，亦是天道和谐运行的必然。如果个人被从儒家之道上抛出来，对个人来说是不和谐的，但对整体来说仍是和谐的。中国文化的和谐整体为了增大和谐量，于是对那些被抛出儒家时间之道的人们，另准备了一条道家之道，让他们在田园山水中去获得另一种宇宙时间，得到另一种和谐。中国士大夫的追求轨迹里，充满了追求与转向，正如太极图，一边结束时就化为另一边，从而使中国人的追求意识表现为一方面溯洄从之，溯游从之，上下求索，另一方面"行到水穷处，坐看云起时"（王维）。一方面"天行健，君子以自强不息"（《周易》），另一方面"水流心不竞，云在意俱迟"（杜甫）。这又极合于中国文化的宇宙和谐和天人合一思想，"静而与阴同德，动而与阳同波"（庄子）。

中国文化的追求显为一种圆转的趋向，西方文化的追求意识则是一种直线的前进，荷马史诗中奥德赛的还乡历程是直线：无数的磨难和最后的成功。但丁的《神曲》经过地狱、炼狱，终于升达天

堂。浮士德在魔鬼的帮助下不断地追求生命的体验：爱情、政治、美、创造……在西方文化追求的磨难与成功里一直凸现出一条鲜明的直线，不像《西游记》取到真经又返回东土，形成曲线的圆，也不像众多的才子佳人故事，由私订终身的反抗礼教，到金榜题名的返回礼教，形成大团圆的圆的曲线。西方文化的追求意识中除了明显的直线之外，还有一个鲜明的特点，即人物的追求总是以个体性显示出来，是在完善自我的自我追求中显示出西方文化的和谐精神。这非常典型地体现在浮士德的追求中。

第四节　中西美学和谐的不同走向

中国文化的天道是不变的。建立在这个天道之上的宇宙和谐也是不变的。从先秦至清，修身、齐家、治国、平天下一直是天人合一的积极道路。当士人从这条道路中被抛出来时，一般进入三种心态。第一类是转入道家轨道，进入人与自然的直接和谐。这前面已说过，后面还将详说。第二类是虽然被从君臣之路上抛出，或一直进不去，但在失落中却一直执著地追求着、幻想着和谐，它从《诗经》、《楚辞》开始，在文学上以反反复复出现的相思模式①表现出来。我们举欧阳修的《踏莎行》为例：

> 候馆梅残，溪桥柳细，草熏风暖摇征辔。离愁渐远渐无穷，迢迢不断如春水。寸寸柔肠，盈盈粉泪，楼高莫近危栏倚。平芜尽处是春山，行人更在春山外。

中国文化中君为臣纲、父为子纲、夫为妇纲，君臣和夫妇是同构的。从屈原始，士人往往以夫妇关系比喻君臣关系。这首词，上阕是游子在外思念在家妻子，下阕是妻子在家思念外出的丈夫。整首词既可解释成上阕是实写，下阕是虚写，即妻子的思念是在游子的头脑里想象出来的。从心理学上讲，一个人在想念别人时（当此人与他的亲爱关系是清楚的），总会认为此人也在想他。王维七言绝句“独在异乡为异客，每逢佳节倍思亲。遥知兄弟登高处，遍插茱萸少一人”就属此类。但对《踏莎行》我们也可以说下阕是实写，上阕是虚写，丈夫的思念是由思妇想象出来的。但更应该作太极图式的理

① 参见拙著：《中国文化与悲剧意识》第二章第二节的第四部分。

解，丈夫的思念和妻子的思念，就像太极图中的黑与白一样，难以分出，也不必分出谁虚谁实，它表现为双方的思念。当一方以为另一方在思念他的时候，他会更坚定自己思念的情感。思念模式艺术地表达了中国文化处于不和谐的分离状况的人对和谐的信赖和追求，表现了中国人在困境中的幻想，而正是在这一幻想中，文化的和谐得到了保存。

第三类是虽然对个人能追求到和谐已经绝望，但对文化的和谐，对天道的规律仍怀着深深的信赖。这在陈子昂的《登幽州台歌》里典型地表现出来：

> 前不见古人，后不见来者。
> 念天地之悠悠，独怆然而泣下。

以前的历史上有过盛世明君，自己未赶上，按循环论，以后也一定还有盛世明君，自己又等不到了。天道悠悠，盛衰循环，只有自己身不逢时，这是个人的巨大悲哀。但是在这大悲哀中，又怀蕴着对文化天道和谐运转的巨大信赖。正是这种绝望中的信赖，使文化的和谐得以保存。

由于以上三类心态的保护，两千年来中国文化的和谐模式基本未变。

西方文化的和谐是建立在实体、形式、明晰性的文化性质上的。随着文化的直线前进，西方文化的宇宙模式不断变化，天人合一的方式不断变化，和谐模式也不断变化。进入现代，一方面随着知识的扩大，人们已经从生态环境、生物圈的高度研究人与自然的和谐；另一方面宇宙的整体规律又显得不可能知，一种宇宙的整体和谐是不可能的，谈论人和宇宙的最终关系也是不可能的，这是人的实际处境。正因为如此，现代西方人有一种荒诞感。因此从科学的观点看，西方的和谐走着一条曲折的路，从哲学的观点看，西方和谐的轨迹是——从和谐到荒诞。关于荒诞，本书第六章要详细论述。

第四章
悲剧：中西文化内在困境的审美凝结

悲剧是西方古代的一个主要美学范畴，以后也历久不衰。

悲剧一词在西方文化的语用中包含三层意思：（1）作为一个戏剧种类；（2）人类生活中的悲剧性；（3）对悲剧性进行文化观念把握的悲剧意识。在西方文化肇始的古希腊，悲剧最典型地体现了现实的悲剧性和文化的悲剧意识，因此，从古至今往往一词三用。但中国现实的悲剧性和文化的悲剧意识不仅是，甚至主要不是以戏剧来表现的。刘鹗《老残游记·自序》说："《离骚》为屈大夫之哭泣，《庄子》为蒙叟之哭泣，《草堂诗集》为杜工部之哭泣，李后主以词哭，八大山人以画哭，王实甫寄哭于《西厢》，曹雪芹寄哭于《红楼梦》。"因此在中西的理论比较时，我们一律准确地用"悲剧意识"。

和谐是文化最理想的一极，悲剧性则是最现实的一极，和谐使人充满了理想和希望，悲剧性却把人们最不愿意看到的事情展示给人们，这儿只有最严酷的事实和最绝望的痛苦，任何文化都有和谐，都有现实的悲剧性，只有成熟的文化才有悲剧意识。

第一节　悲剧意识的定义和中西形态

一、悲剧意识产生的条件

悲剧意识的产生得从人类的悲剧性谈起。现代历史学家汤因比把人类文明的起源和发展都归结为挑战与应战，这恰好很适合用来说明人类的悲剧性。挑战，即人的生存受到根本性的压力和威胁。应战，即人对这种根本性的压力和威胁进行了有效的斗争。冰河期结束之时，欧洲大陆上冰川收缩，大西洋的气旋地带再度向北移动，使非洲草原出现了逐渐的干旱过程，当地狩猎居民的生存受到了挑战。他们可以有三种选择：一是追随他们所习惯的气候环境和他们的猎物向北或向南迁移；二是留居原地，靠他们所能猎获的不怕干旱的生物勉强过活；三是仍留原地，但通过驯化动物和从事农业来寻求生存。在这场对付干旱的生死攸关的斗争中，不改变居住地点，也不改变生活方式的人灭亡了。那些没有改变居住地点而改变了生活方式的人，由猎人转为牧羊人，逐渐成为亚非草原上的游牧民族，那些愿意改变生活地点而不愿改变生活方式的人，一些随气旋区的北移而向北移动，其结果在无意中遇上了新的挑战：北方严寒的挑战。在这种情况下凡是没有倒地失败的都在身上产生了一种新的适应能力。另一些人向南撤退到贸易风区域。这里热带的单调气候令人昏昏欲睡。有历史意义的是，有些人对干旱挑战的反应是既改变了居住地点，又改变了生活方式。正是这些人从即将消灭的亚非草原上的某些原始社会中创造了古埃及文明和苏末文明。[①] 在汤因比看来，只有最后一种算是应战。汤因比的应战，意味着：（一）应付了挑战；（二）借着挑战使自身大大地前进了一步。人类就是在对挑战的应战中诞生的。然而，我们现在已无法从各种选择的行动本身和行动后果上判断其性格的勇怯，意志的强弱，思虑的深浅。那些留居而走向灭亡的人，可能有更强的意志，更大的毅力，更深的自信，为自己的生存进行过更勇敢悲壮的斗争。给人的生存带来根本性威胁的挑战本就具有非常规性、非预料性，它的出现是在人的已有知识和认识能力之外的，它对人的把握能力显出一种非理性的性质。另一方面，人对挑战的斗争并不是一场胜券在握的斗争，而是一场前途未卜的斗争，人们的斗争武器是生存本能加知识加信念。这种斗争的精神力量或曰指导力量具有一种超理性的性质。挑战的非理性和应战的超理性相加就是人类的悲剧性。人类的悲剧性决定了成功的概率性，一些人在悲剧性中失败、沉沦、灭亡，一些人在悲剧性中诞生、前进。历史的必然性就是在无数的偶然性中为自己开辟道路的。非洲的干旱诞生了埃及文明，洪水的灾难冲刷出苏末文明，热带森林的压力逼迫出了玛雅文明，海洋的挑战卷托起了米诺斯文明……人类的文明就是在挑战与应战的悲剧性中诞生的。但悲剧中的诞生远不是一劳永逸地摆脱劫难，玛雅文明终于被热带森林所吞没，锡兰文明在灼热的平原上死去，皮拉特文明和巴尔米拉

① 参见汤因比：《历史研究》上册，86～87页，上海，上海人民出版社，1966。

文明遭沙漠围灭，复活节岛文明在海洋的威力下消逝。文明就诞生于不断的挑战与应战的悲剧性中，文明的成长仍然是一串串悲剧性的挑战与应战。重要的差别是，在文明的诞生中，挑战与应战主要发生在人与自然之间，而在文明的成长中，挑战与应战不仅在人与自然之间，更主要的是在人与人之间，在阶级与阶级、社会与社会、民族与民族、文明与文明之间。古希腊文明的发展史就充满了多样性的挑战和应战。有城邦内部各阶层之间的斗争：梭伦改革，克利斯提尼改革；有各城邦之间的斗争：伯罗奔尼撒战争；有古希腊文明和波斯文明之间的斗争：三次波希战争。看看四大文明的兴衰史，再看看马其顿帝国、罗马帝国、阿拉伯帝国、蒙古帝国、奥斯曼帝国的兴衰史，人类在夺取财富、领土、荣誉的行动中有过多少悲剧性的崇高精神，在保卫自身、抵抗侵略的奋斗中激起过多少壮烈的悲壮情怀。文明就是在挑战和应战的悲剧性中夭折和成长、沉沦和前进的。

现实的悲剧性并不一定就随之产生一种具有意识形态性的悲剧意识。悲剧意识的形成意味着对现实的悲剧性有一种正确的认识和把握，对挑战的非理性和应战的超理性有一种正确的感受和把握。挑战的非理性和应战的超理性很容易使人对悲剧性进行一种宗教的把握。宗教使人在现实的悲剧性面前保持一种超然的宁静和虔诚的坚定。成功了是主的荣耀和恩宠，失败了是主对吾人的考验，或是对自己以前罪孽的惩处。如果自己毫无过失，那就是祖先的过失，或前世的过失，或始祖的原罪，自己则为之赎罪。自己应当无所怨悔地接受失败甚至毁灭。在这种宗教把握中，约伯的牛羊被人掳去，儿女被倒塌的房屋压死，他泰然处之："我赤身出于母胎，也必赤身回归，赏赐的是耶和华，收取的也是耶和华，耶和华的名是应当称颂的。"他又得了重病，全身长满了毒疮，仍毫无怨言："难道我们从神手中得福，不也受祸么？"① 亚伯拉罕要杀了自己的亲生儿子来献给上帝的时候，心池没有荡起一丝情感的漪涟。

悲剧意识的形成需要一种理性的前提，只有理性才能使人驱散宗教的超然和麻醉，使人直面严酷的现实，使人深切地感受到现实的悲剧性。在第一批灿烂的古代文明中，只有希腊文明和中国文明形成了巨大的理性主义潮流，产生了众多的世界性的哲学家，从而

---

① 参见朱光潜：《悲剧心理学》，226～227页，北京，人民文学出版社，1983。

也建构起了完整的悲剧意识。在古希腊，其代表是三大悲剧家埃斯库罗斯、索福克勒斯、欧里庇得斯的作品，在中国是《诗经》中的悲诗和《楚辞》。

理性是悲剧意识产生的前提，只有沿着理性之路前进才会抵达悲剧意识，但悲剧意识的产生却是对理性叛离的结果。人对挑战的非理性和应战的超理性，一句话，对现实的悲剧性进行理性的思考，想从理性上予以把握。但人生的悲剧性是理性所把握不了的，理性是建立在一定的时代的人的实践力量的总和之上的，受历史局限的，人生的悲剧性却有超时代的性质，它本是时代难题的暴露。想把现实的一切都解释得清清楚楚的时代理性，当然解释不清本来就解释不清的事情。狄克逊说："只有当我们被逼得进行思考，而且发现我们的思考没有什么结果的时候，我们才在接近于产生悲剧。"① 须补充一点，作理性把握既未成功，在理性氛围的主潮中又回不到宗教把握上去（宗教也以信仰的方式把困惑解释清楚了），这时候就能产生悲剧意识。而文艺以其既非逻辑所能穷尽，又非信仰所能容括的特性，恰好成为悲剧意识的载体。

在某种意义上，悲剧意识是反哲学和宗教的，但它不是反文化的。悲剧意识作为意识形态的一部分，与哲学和宗教一道，服务于所由产生的文化社会，只是与哲学和宗教比起来，它具有更大的促使文化更新的力量。

二、悲剧意识的定义

如果要对悲剧意识下一个定义的话，那么，似可说，悲剧意识是由相反相成的两极所组成的：（一）悲剧意识把人类文化的困境暴露出来，这种文化困境的暴露，本身就意味着一种挑战。（二）同时，悲剧意识又把人类文化的困境从形式上和情感上弥合起来。这种弥合也意味着对挑战的应战。亚里士多德说："悲剧是对于一个严肃、完整、有一定长度的行动的摹仿。"② 这里就暗含了上面所说的两个方面。严 肃，即陷入了困境，受到了挑战；一定长度，意味着把这种困境给予艺术的形式化。人给困境以一定形式，人就把握住了这种困境。司马迁说：屈原"正道直行，竭忠尽智以事其君，谗人间之，可谓穷矣。信而见疑，忠而被谤，能无怨乎？屈平之作

① 转引自朱光潜：《悲剧心理学》，212页。

② 《诗学·诗艺》，19页，北京，人民文学出版社，1962。

《离骚》，盖自怨生也”（《史记·屈原列传》）。“意有所郁结，不得通其道也，故述往事，思来者。”（《史记·太史公自序》）所谓“穷”、“郁结”即陷入困境，而《离骚》的写作，又给这种“忧愁幽思”以一定形式，把握住了这种情感。亚里士多德说，悲剧的效果是通过恐惧和怜悯之情的激发而达到一种情感的净化，主要是从悲剧意识的弥合功能讲的。钟嵘《诗品序》说：“凡斯（现实的悲剧性）种种，感荡心灵，非陈诗何以展其义？非长歌何以骋其情？……使贫贱易安，幽居靡闷，莫尚于诗也。”也着重在弥合功能。由悲剧意识（一），即其暴露困境的功能，使人们对现存的东西产生怀疑和询问，这是悲剧意识具有的推动进步的力量。由悲剧意识（二），即其弥合功能，使人们对困境产生一种韧性的承受力，这是悲剧意识具有的保持文化生存的巨大力量。由悲剧意识（一），它是反哲学（理性、统一、逻辑），反宗教（信仰、统一、道德）的；由悲剧意识（二），它又是弥补哲学和宗教的。西方文化从古希腊始，能够完整地发展到今天，并成为人类前进的火车头，与它有成熟的悲剧意识是分不开的。中国文化能够毫无间断地延续到今天，也与中国文化具有成熟的悲剧意识是分不开的。成熟的悲剧意识意味着文化的悲剧心理机制的确立，它使文化能够顺利地应付成长中的悲剧性。

人类的悲剧意识是由暴露和弥合这两个相反相成的功能场所组成的。具体的悲剧意识因其具体的原因或偏于暴露这一极或偏在弥合这一极，但都处在这两极的作用范围之内。初看起来，似乎西方悲剧意识偏于暴露困境，中国悲剧意识重在弥合困境。从形态学上看，这也是不错的，但重要的是，应从中西文化的性质差异和悲剧意识对文化应起的作用来看待中西悲剧意识的形态差异。

三、文化性质与中西悲剧意识的形态

悲剧意识的一个重要功能是帮助文化的成长，从而文化的性质决定着该文化悲剧意识的形态。西方文化是一个在剧烈的斗争中发展进步的文化，从古希腊始就有海洋文化和商业文化的特征，崇尚个性和自由，富于冒险和开拓，讲求力量与技术，具有批判精神、怀疑态度和否定勇气。亚里士多德的逻辑，真是真，假是假，来不得滑头；欧几里得几何，公理、定义、求证、推理，绝不容含糊；实验科学更是钉是钉，铆是铆，都充满了一种刚性。荀子说：“强自取柱。”（《劝学》）柱，折也，断也。太硬的东西就容易折断。西方文化的发展史就是一个不断地毁灭和新生的历史，文化的重心不断转移，希腊、罗马、威尼斯诸城，英国、法国、德国、美国，学说也是不断地一个否定一个。浮士德的追求精神代表着西方文化精神，黑格尔的哲学思辨也反映着西方精神。西方文化不就是在不断的追求，在肯定、否定、否定之否定中发展前进的吗？西方文化的性质决定了帮助文化成长的西方悲剧意识的形态。它描摹故事，是悲剧；强调行动，轰轰烈烈的行动，英勇的抗争；它的结局是毁灭，往往是双方的毁灭，以尸体加尸体落幕。在否定前进的文化中，只有悲剧能弥补哲学、宗教的不足，使人承认毁灭，询问毁灭，不断发展。黑格尔说，在双方的毁灭中是绝对理念的胜利。西方悲剧是有助于西方文化的进取性的。

与西方不同，建立在小农经济和大一统的农业社会基础上的中国文化是内陆型的，它的政治理想是稳定，它的哲学思想是中和，它不是一种进取型，而是一种保存型的文化："天不变，道亦不变。"中国文化的气质与西方比起来，显为一种柔性，一种韧性。荀子说："柔自取束。"束即放不开，没有超越性。中国文化本身就不需要超越，不需要标新立异，就是要"束"，要稳定，要延续，要保存。为了使这种保存型文化得以保存，中国的悲剧意识是柔性的，是内心的、情感的，是悲诗。中国的悲剧意识作为悲剧意识也暴露文化的困境，也有"上穷碧落下黄泉，两处茫茫皆不见"的强烈的询问和怀疑。但作为文化的悲剧意识，它又弥合着这种询问和怀疑，与文化的其他意识一道，保存着中国的保存型文化。

中西悲剧意识虽有着形态、特征、内容、韵味的差异，但二者都同样具有悲剧意识的两种功能（暴露困境和弥合困境），也都同样地帮助着各自文化的生长，在悲剧意识与文化的关系上，二者也是同构的。下面我们就从对任何文化来说都是最热的问题：爱情（性）与求知来看中西悲剧意识的特色。

第二节　保存与毁灭：中西爱情悲剧意识

爱情总是闪烁着最美的理想，一切现存的东西在它的光芒中都显得苍白、俗气、平庸；爱情又内蕴着最深的原欲，它的汹涌浪涛使一切现存的东西如防范河水的堤岸，显得僵硬、教条、死板。在一切文化中，爱情都明显地是一种不安分的因素，它的巨大活力和激情既表现出要冲破一切阻碍的破坏性，又表现为一种理想至上，蔑视现实的超越性。这两方面都预含了爱情的悲剧性。中西文化根据各自的性质，对爱情的悲剧性作了不同的导向。

一、抗争与毁灭：西方爱情悲剧意识

西方悲剧从古希腊至现代，一直充满着爱情主题。《阿加门农》（埃斯库罗斯）、《美狄亚》（欧里庇得斯）、《玩偶之家》（易卜生）、《安娜·卡列尼娜》（托尔斯泰）、《哀悼三部曲》（奥尼尔）……从各个方面展示了爱情悲剧的五彩缤纷。在这些五彩缤纷的悲剧中，又都显出了西方爱情悲剧意识抗争与毁灭的共同主调。这些抗争和毁灭是形形色色的，为了同中国的爱情悲剧意识有一个比较点，也为了使爱情悲剧的两方面（原欲和理想）更鲜明地表现出来，我们选择莎士比亚的《罗密欧与朱丽叶》和席勒的《阴谋与爱情》来说明西方爱情悲剧的特点。

这两个悲剧如大多数爱情悲剧那样，是一种三段结构。（一）越界行为。罗密欧和朱丽叶属于两个势不两立的敌对世家。两人的相爱越出了各自家庭规定的界限。从家规在世俗中的神圣性来说，二人大逆不道地破坏了家规，从家规在纯真爱情的衬照下显得如此狭隘来说，二人超越了家规。家规的狭隘仅是恋人的慧眼，家规的神圣乃为社会的共识。越界行为决定了爱情的坎坷。罗密欧和朱丽叶都是金枝玉叶。斐狄南和露易丝却相差甚远，一个是显贵的宰相之子，一个为穷贱的乐师之女。在一个讲究门第和等级的社会，等级的悬殊本就是一条难以跨越的鸿沟，加上宰相要把儿子的婚事作为自己政治阴谋的手段，犹如在鸿沟上又设障碍。等级和政治已为爱情划定了疆域，当两颗心充满天真无邪的爱碰到一起的时候，他们就越界了。（二）一反到底。越界行为必然遭到激烈的反对，而且是自己最亲爱的人的反对。严厉的甚至是冷酷的传统的压力一会儿显出父爱般的尊严，一会儿显出母爱般的温情，一会儿显出恶敌般的残暴。在《阴谋与爱情》中，宰相大人更是用尽了权力和手段。然而面对种种阻挠，越界的爱情信念愈坚，毫不退却，一反到底。（三）以死殉情。越界的爱情面对的是社会的狭隘共识。无论爱者意志多么坚定，行为多么勇敢，都是不可能取得胜利的。他们要坚持自己珍贵的爱，其结果就只能是走向毁灭。传统容不得这种越界的爱，爱要获得胜利只有彻底离开传统。死亡是他们摆脱传统的唯一方法。因此，爱选择了死亡。为了选择胜利，不屈服、不妥协的胜利，他们选择了死亡。从他们为情而死来说，他们失败了，从他们以死殉情来说，他们胜利了。正因为他们的死，给了传统、给了社会的共识一个巨大的冲击：这种使人必须死的传统和社会共识必须重新认识。恋爱的阻碍者本也是以一颗爱护之心和要使之幸福的愿望去阻碍的。当他们的“爱护”使恋人死去之后，他们的爱护本身也被逼进绝境。在《罗密欧与朱丽叶》中，二人死后，两个家庭化仇为友，和好了。在《阴谋与爱情》里，二人死后，宰相也绝望而自投法网。在一堆尸体中，等级和政治也被推上了思想的审判台，正如黑格尔所说，在双方的毁灭中是绝对理念的胜利。按否定之否定前进的文化就是在毁灭中获得了更高一级的新生。

二、追求与保存：中国爱情悲剧意识

西方爱情悲剧中恋人与亲人的斗争最能反映文化精神，中国爱情悲剧里，恋人与恋人的距离最能反映文化精神。这使得中国爱情悲剧由两套模式组成：追求模式和被追求模式。

追求模式是从《诗经·蒹葭》开始的：

> 蒹葭苍苍，白露为霜。所谓伊人，在水一方。溯洄从之，道阻且长。溯游从之，宛在水中央。
>
> 蒹葭萋萋，白露未唏。所谓伊人，在水之湄。溯洄从之，道阻且跻。溯游从之，宛在水中坻。
>
> 蒹葭采采，白露未已。所谓伊人，在水之涘。溯洄从之，道阻且右。溯游从之，宛在水中沚。

“所谓伊人，在水一方。”伊人是具体可感的存在，又是有距离的。有距离而又可感，对追求者的心理效应是把追求对象理想化。理想化了的伊人激发起人的全部热情、想象、勇气投入追求。但伊人是有距离、有阻碍的存在。阻碍，可以强化也可弱化追求。但当目标是追求者的人生理想的时候，阻碍只能强化追求。主人公溯洄从之又溯游从之，一次又一次地追寻，但伊人却忽近忽远，宛在水中央，宛在水中坻，宛在水中沚，总是可望而不可即。追求者遇上的是最理想的目标，同时又碰上了不可克服的阻碍。阻碍一开始就决定了追求的苦味，但对理想的追求是甘受苦味的。而一再努力都难越阻碍，苦味就转为悲伤，特别是理想的目标仍在前面具体而又

缥缈地闪动，仿佛能够达到，其实又达不到，达不到又仿佛能够达到……

《蒹葭》在被初读的时候，就会传达给人一种深沉厚重的悲伤情绪。进一步分析，它由三个基本因素所构成：（一）具体而缥缈的目标：美人意象。（二）不懈（带有超文化性质）的追求。（三）不可克服的阻碍。这三因素一起铸成了中国文化追求悲剧意识的基本模式。爱情融最深层的原欲和最美的人生理想为一体，潜蕴着最大的活力、激动、破坏、理想至上精神和超越性。西方悲剧的爱情追求充分显示了破坏、理想、超越的三位一体。中国文化却从《蒹葭》始，结成了符合文化性质的模式，它在后世反复出现。张衡《四愁诗》、曹植《洛神赋》、陶潜《闲情赋》都属这类模式。先看《洛神赋》和《闲情赋》。

两篇作品都有具体而缥缈的美人意象，你看洛神："徙倚彷徨，神光离合，乍阴乍阳，竦轻躯以鹤立，若将飞而未翔，践椒深之郁烈，步蘅薄而流芳……"《闲情赋》的美人呢？"表倾城之艳色，期有德于传闻。佩鸣玉以比洁，齐幽兰以争芬。淡柔情于俗内，负雅志于高云。"两个追求者都遇上了不可逾越的阻碍。《洛神赋》人神殊道，自不待言。陶渊明"欲自往以结誓，惧冒礼之为愆，待凤鸟以致辞，恐他人之我先，意惶惑而靡宁，魂须臾而九迁"。明明知道人神殊道，曹植硬要解下自己的玉带，请洛水的波浪向洛神转达爱意。其结果，当然是"浮长川而忘返，思绵绵而增慕，夜耿耿而不寐，露繁霜而至曙……"。陶渊明深晓"徒勤思以自悲，终阻山而滞河"，却偏偏苦思苦想，一往情深："我愿作美人衣上的衣领，承拥着她芳香的头面，但到晚上美人就把衣裳脱下了，我只有在孤凄中度过亘亘长夜；我愿做美人裙裳上的束带，系在她窈窕的腰身上，但天气一变冷，她又把旧裙脱下另换新装了；我愿……"（愿在衣而为领，承华首之余芳，悲罗襟之宵离，怨秋夜之未央；愿在裳而为带，束窈窕之腰身，嗟温凉之异气，或脱故而服新；愿……）感情之强烈、缠绵、深厚，一连说了十个愿，最后还是"考所愿而必违，徒契阔以苦心"。

《蒹葭》中不可克服的阻碍是什么，没有说，只是以水的形象显示了距离和阻碍，《洛神赋》的阻碍很明确，人神殊道，但这本身也是一种象征形式，还是《闲情赋》点得清楚："惧冒礼之为愆"，阻碍是礼。海外学人黄永武说："《诗经》中的水……大半含有一种共通的意义，‘水’是‘礼’的象征。”① 他举例很多，也包括《蒹葭》。何新在《学宫、辟雍、冠礼以及死亡与再生》中说，远古的男女隔离制度正是把男女的集体宿舍建立在有水环绕的地方。② 水是礼的实际体现。总之，不可逾越的阻碍为礼是不错的了。那么《蒹葭》模式中的爱情追求，一开始就是逾礼的追求，显出的是人的原欲的破坏性的一面；但它同时又含着人的本性的超越性的一面。爱，作为一种激情，本能地感受到现存文化之礼的历史局限性。追求者反现实和超现实的情感，加上追求目标的距离，使追求目标——美人升腾上了超现实的理想高度，成了一种理想的象征。

对《蒹葭》模式来说，关键性的一点，就是美人意象的理想性对追求者的反作用。追求者愈把自己理想化，那么，自己要配得上一个追求者，就愈要提高自己的情操，使自己也达到理想境界。理想作为具体的理想，总是文化的理想。这种理想化的要求，必然使自己的行为和内心向文化理想（礼）靠拢。实质上渐渐地加强着道德的力量、自律的力量，净化着原欲的非礼和反叛的力量，使之不知不觉慢慢又回到礼上来了。但一回到礼上来又意味着本就不该追求，这和内心的本能，和自己的初衷，和美人存在的具体感召力都是矛盾的。当这个矛盾又展开时，仍呈现为同一循环。追求者就在这个循环中既达不到目的，又不愿放弃追求而显出凄婉的深悲。

追求者之悲，从自身讲，是陷入了“发乎情，止乎礼义”的反应模式。只有发乎情，才是一个懂得情感的人，而非腐儒，能引人同情。只有止乎礼义，才能获得更大的同情。如果一味纵情，像潘金莲，就会成为反面形象，变悲剧意识为讽刺意识，而止乎礼义，自我舍去的越珍贵，自己越是感到舍去时的痛苦，越是满含泪水不让自己成功，心灵就越丰富，越强大，悲剧意识就越深厚。从对象上讲就是由于目标退却，即美人的退避而使整个追求陷入中国文化的五行动态平衡模式。③《蒹葭》模式就是一个简化了的五行图式。下图三角中，实线表示强追求，虚线表示弱反应。首先，追求者对美人以逾礼的强追求；而美人对追求者只有弱反应，而对礼强追求，持礼以自重。因此显出距离，显得缥缈。美人已持礼，礼也不用再

① 黄永武：《中国诗学——思想篇》“诗经中的水”，96页，台北，巨流图书公司，1979。

② 参见何新：《诸神的起源》，150～151页，北京，三联书店，1986。

③ 对五行动态平衡的论述，参见第三章第二节第一部分。

施于她，而对追求者以强追求。这样就形成了一个相克相生的动态平衡，其结果就是追求不得的悲剧意识，而这又恰恰符合中国文化的保存性、中庸性。只是这种动态的运行意味着蒹葭悲剧在漫长的封建社会要不断地反复出现罢了。张介宾《类经图翼》说："造化之机，不可无生，亦不可无制，无生则发育无由，无制则亢而为害，必须生中有制，制中有生，才能运行不息，相反相成。"中国封建文化就是要想永远循环下去。西方的爱情悲剧之所以达到一种惊心动魄的超越性，是由于男女双方站在一起反对旧势力，以死亡来暴露反对他们的势力的片面性。而《蒹葭》模式则因一方的退缩从而使追求理想的超越性转为文化理想的礼，结果追求者只有用文化的理想来证明自己追求的合理性，以无边的悲来证明自己心中的道德力量，从而也完全保全了反对自己追求的礼的神圣性。他的命运就是在这种五行式的循环中哀叹、悲伤、询问、诉说……

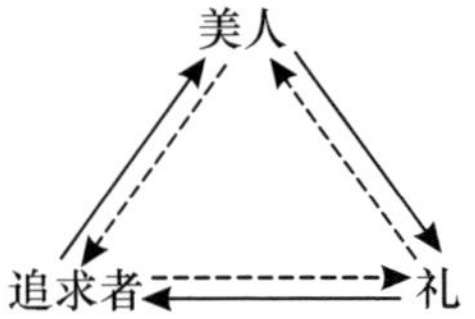

在《蒹葭》模式中，目标退却是关键性的。退却的美人在追求者看来是那样的悠然、空灵、若云、若霞。其实，美人本身也陷入了文化的困境。美人作为被追求者不是天仙，而是凡人，是一个与追求者一样处于悲剧之中而心性比追求者更柔弱，从而也是比追求者更加不幸的人。还是从《诗经》开始吧。请看《郑风·将仲子》：

> 将仲子兮！无逾我里，无折我树杞。岂敢爱之，畏我父母。仲可怀也，父母之言，亦可畏也。
>
> 将仲子兮！无逾我墙，无折我树桑。岂敢爱之，畏我诸兄。仲可怀也，诸兄之言，亦可畏也。
>
> 将仲子兮！无逾我园，无折我树檀。岂敢爱之，畏人之多言。仲可怀也，人之多言，亦可畏也。

仲子的爱情追求是逾里、逾墙、逾园的追求，一种违礼的追求。杞、桑、檀在上古皆为珍贵的树，暗喻了礼的神圣性。仲子逾里逾墙逾园，必然破坏珍贵的树、神圣的礼，从而必然要遭到礼的维护者——父母、诸兄、邻人舆论的反对。该诗以违礼的仲子为一方，以护礼的父母、诸兄、邻人为另一方形成尖锐对立，而主人公就处在这两种对立之间。作为陷进热恋中的爱者，她站在仲子一边，她内心本就隐埋着反叛的爱情之火；但作为文化中人，她一直爱杞、桑、檀这些珍贵树木，是守礼的，作为父母之女，诸兄之妹，邻人的友好，她应该和他们思想利益一致。诗一开始，主人公的社会本能使她站在维护杞、桑、檀树一边，反对仲子。随即爱情很快占了上风，爱仲子更甚于爱这些树木，尽管它们是珍贵的。然而树木虽然不会言语，礼是抽象的观念，树木和礼的维护者——父母、诸兄、邻人却是活的存在，是一种具体的威慑力量。一念及此，主人公就陷入爱仲子和畏父母、诸兄、人言的不可调和的情感冲突之中。处于两种对立之间的主人公如果彻底地倒向仲子一方，可能成为罗密欧与朱丽叶式的悲剧；如果倒向礼，就是另一种悲剧意识。从全诗来看，主人公是倾向于最后站在父母、诸兄、人言一边，即向礼屈服。《蒹葭》模式已从另一面证明了这一点，因为这是中国文化的要求。后世的同类作品也清楚地说明了这种冲突的结局。从冯梦龙《警世通言》、陈六龙《雷峰记》到方成培《雷峰塔》讲的白娘子的故事，就深层结构来说，就是《将仲子》模式。只是追求者是女方白娘子，被追求者是男方许仙。但表层的变换并不影响深层结构中作为同一项发挥一样的结构功能。这里，礼与非礼的区别以人妖的区别表现出来。白娘子多情，非常爱许仙；善良，从未害过人；勇敢，敢与任何阻碍自己爱情的力量，甚至比自己强大得多的力量进行斗争；机智，善于应付各种困难；忠贞，一心要和许仙好，甚至不念力量弱小，不顾自身安危而水漫金山……无论从哪方面讲，她都是完美的，她对许仙的追求是正当的，善的；但由于她是蛇，不是人，就从根本上决定了她的追求是不合礼的，超越了人（礼）与妖（非礼）的界限，必然要遭到维护人伦秩序、人妖界限的和尚道士们的反对。许仙像《将仲子》的主人公一样，一直处在白娘子和魏飞霞、法海等的矛盾冲突中，他爱白娘子，但又深知人妖之别。结果终于带着内心矛盾的痛苦站到法海一边。敢于打破人妖界限，不守本分的白娘子被镇在雷峰塔下。

以上是文艺中的人物，文艺是现实的反映。现实中，宋代著名诗人陆游，也陷入了《将仲子》的困境。据周密《齐东野语》、陈鹄《耆旧续闻》等书记载，陆游初娶表妹唐婉，夫妻感情很好。但陆母却不喜欢唐婉，婆媳不和，最终导致陆母非要其子休妻重娶。陆游既爱唐婉，又孝顺母亲，跌入了两难的困境。最后终归还是顺从了母命，休了唐婉。《将仲子》主人公的困境是在礼与非礼之间，许仙的困境是在人妖之间。陆游的困境是在大礼（孝）和小礼（夫妻）之间。夫妻为家庭之根本，是在礼的范围之内的。但当夫妻关系遇上母子关系时，爱与孝冲突时，还得舍爱求孝。

在中国的伦理体系中，孝也不是最高的。明代高明的《琵琶记》给了《将仲子》困境又一扩展的例子。蔡伯喈处在孝和忠的冲突之中。在家里，他处于孝这一伦理磁力场中。他父亲要他进京考试，好光宗耀祖。他本不愿去，就想在家中孝顺父母，夫妻恩爱，但经不起父亲的一再逼迫，不得不去。一旦赴考，这位饱读诗书的儒生就离开孝的磁场，进入忠的磁场。他非常有幸地考中状元，又非常不幸地被宰相看中，要招赘为女婿。他本有恩爱妻子，当然不愿意，但皇帝和宰相一个鼻孔出气，诏命婚配。在忠的磁场内，有什么办法呢？他迫于君命，入赘相府，滞留京城，连回家乡探亲的愿望也得不到允许，孝服从于忠。由于他不在家，家乡遭灾，父母双亡，其妻赵五娘受尽磨难，进京寻夫，幸亏宰相之女贤惠，容纳入府，算是一夫二妻，有个大团圆的结局。

从以上四例中，可见不同表层情节的故事有一个共同的深层结构：

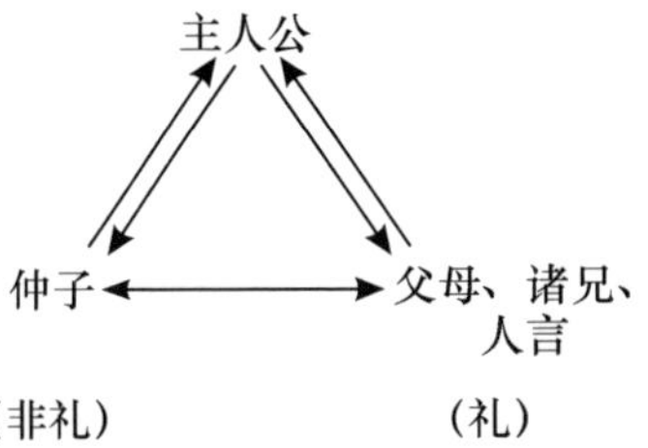

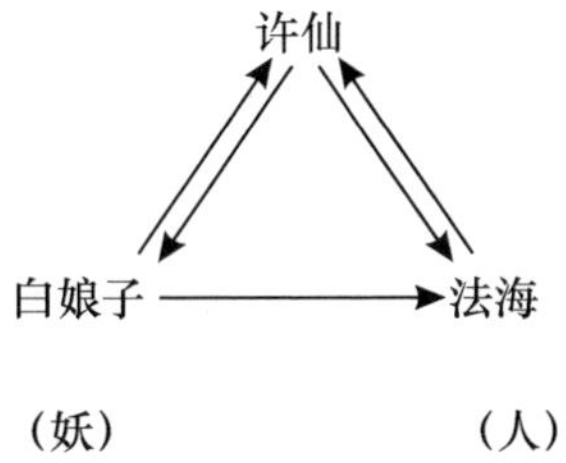

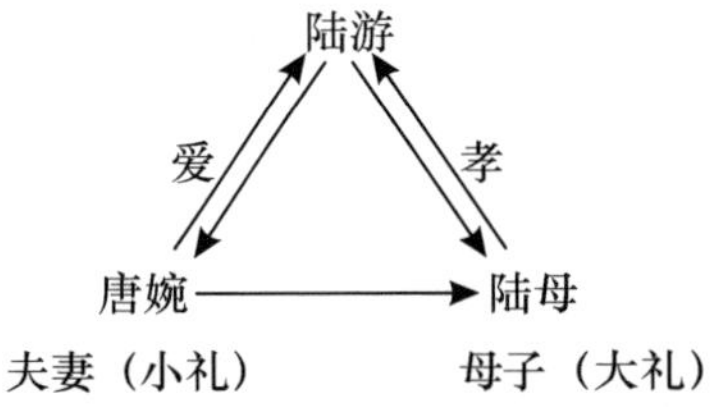

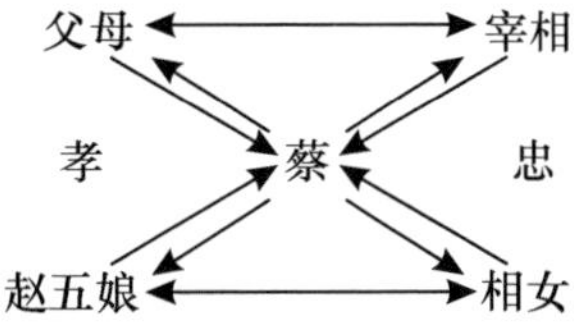

在《将仲子》模式中，主人公都是无力的、矛盾的。在情感上，在心灵深处，他们都倾向于非礼的、小礼的一方，但在理智上又觉得应站在礼或大礼的一方。可以看到，中国人在两难的冲突中，最后总是以一己的欲望服从按天地法则而设的“礼”，消灭动乱因素，走向安定局面。在礼和非礼之间是非礼服从礼，在小礼和大礼之间是小礼服从大礼。许仙服从了法海，陆游服从了母亲，蔡伯喈屈服于宰相。然而，就像这种困境是悲剧性的一样，这种服从也是悲剧性的。蔡伯喈在相府无日不思家乡的父母和赵五娘。陆游是一生都怀念唐婉的，直到75岁，还写了《沈园》之诗，怀念旧情。陆游和唐婉被迫分离后另娶，唐婉也改嫁赵士程。有一次陆游春日出游，在绍兴禹迹寺南的沈园遇上唐婉。唐婉以酒肴殷勤款待陆游，陆游十分感伤，在园壁上题了一首《钗头凤》：

> 红酥手，黄藤酒，满城春色宫墙柳。东风恶，欢情薄。一怀愁绪，几年离索。错！错！错！
>
> 春如旧，人空瘦，泪痕红浥鲛绡透。桃花落，闲池阁。山盟虽在，锦书难托。莫！莫！莫！

错！错！错！莫！莫！莫！典型地表达了《将仲子》模式的心态。在中国文化中，当个人被抛入这种困境，面对这种二难矛盾的时候，就是一种“莫！莫！莫！”的无可奈何的定式反应。连陆游这种具有“逆胡未灭心未平，孤剑床头铿有声”（《三月十七日夜醉中作》）、“壮心未与年俱老，死去犹能作鬼雄”（《书愤》）的豪情的钢铁男儿陷入困境也是如此，何况其他性格更柔弱的人呢？在对这种无可奈何的困境的悲剧性展现的同时，也是一种以自问的形式表现出来的对文化的询问：“错！错！错！”谁错了呢？是陆游？是唐婉？是母亲？是白娘子？是许仙？是法海？这是连问者自己都弄不清楚的。也许他们更应该问的是自己何以要对困境采取这种反应定式。罗密欧与朱丽叶、斐狄南与露易丝一旦陷入这种困境，就更加固执于自己的意愿和追求，用黑格尔的话说，是以自己的“片面性”来抗争和拼搏，但当他们将自己的片面性片面到底，以尸体加尸体躺在这个美好的世界上的时候，另一方——无论它把自己打扮得多么正义、合理、善良——的片面性也无法掩盖地暴露出来了。整个问题就在双方片面性的暴露中得到重新的思考，那以否定之否定的轨迹前进的绝对理念就在双方的毁灭中取得了胜利，文化的裂痕在一个新的层次上得到弥合。在中国，个人陷入这种困境，表现为克己护礼，以礼节情。这样一方面内心产生一种深厚无比的痛苦悲情，但自己又把持住了这种悲情，从而使礼在自己的内心取得了胜利，也使礼在社会中的神圣性得到了维护。中国的悲剧人物不是因情而毁灭自己以暴露礼的片面性，而是把情牢固在心的一角而使礼得到维护。当这情变为悲、化为泪时，已无损于文化之礼的完整和神圣了，这或者就是中国爱情悲剧的文化精神。

第三节　护礼与求真：中西悲剧意识的不同侧重

悲剧性是文化困境的暴露，困境可以使人产生不同反应。悲剧意识在暴露困境的同时要弥合困境，以使文化能够生存。文化的性质决定着人对困境的反应方式和弥合困境的方式。变革型的，以否定之否定方式前进的西方文化，充分利用悲剧意识的暴露功能，利用困境去认清真相，寻找真知，哪怕必须承受最大的痛苦、失败和毁灭，也要求真，从而其弥合的方式是在毁灭中重思，在否定中前进。保存型的中国文化既用悲剧意识暴露困境，又以不突破文化之礼为原则，而对困境，中国人不是竭力求真，而是努力护礼，维护礼的神圣性，甚至不惜自我欺骗和走向毁灭，从而其弥合方式是毁灭与保存。

一、毁灭与崇高：护礼的轨迹

中国文化中一个最易触及文化本质的困境就是君臣关系的困境。中国文化通过制度、礼仪、哲学和道德观念把君王神圣化了，把君权绝对化了。有德、有志、有才之士遇上昏庸无能之君，就陷入了文化的困境。君是不能反的，臣之悲又是很深很深的。为了保存型文化得以保存，中国的悲剧意识是怎样进行导向和给以弥合的呢？屈原是一个最好的例子。

屈原的政治事业是从一帆风顺开始的，他的美政理想虽然与贵族集团的利益相冲突，但由于楚王的支持，力量对比是有利于他的(如图一)。然而风云突变，楚王转向党人一边，反对屈原及其所推行的美政。在力量对比上，屈原由强转弱。屈原是必须依靠楚王支持来实现美政的，而楚王却成了美政和屈原的反对者。本来，屈原面临的客观图景如图二。在这个图中，屈原可以发挥自己的力量排除三角形另一端的楚王和党人的干扰去追求美政，但由于文化体制及其相应的观念和屈原对这观念的深信，屈原眼中的图景就显现为图三，楚王横在屈原与美政之间。要实现美政必须通过楚王。楚王反对屈原，屈原却不能反对楚王。屈原“致君尧舜”和楚王对他的排斥在屈原的内心激起了巨大的情感狂浪，但屈原的巨大情浪翻起的第一朵浪花却是“蒹葭模式”，这意味着屈原面对求真与护礼选择时把情感无意识地摆向了护礼。在屈原的“蒹葭模式”中，屈原是追求者，理想是美政，阻碍是楚王，但由于屈原悲剧本是政治悲剧，由于屈原对君臣困境的感受和追问，“蒹葭模式”在屈原这里产生了一系列畸变。

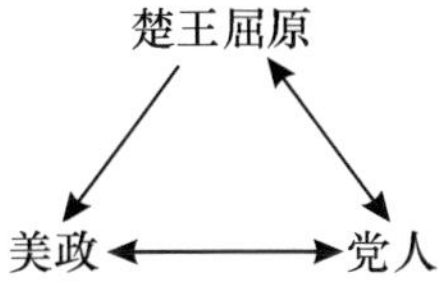

图一

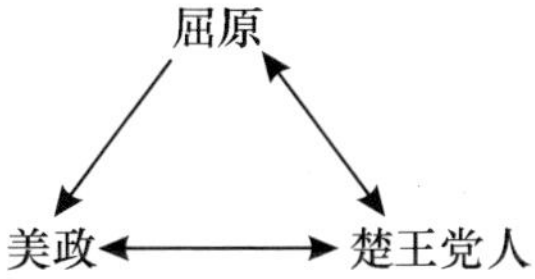

图二

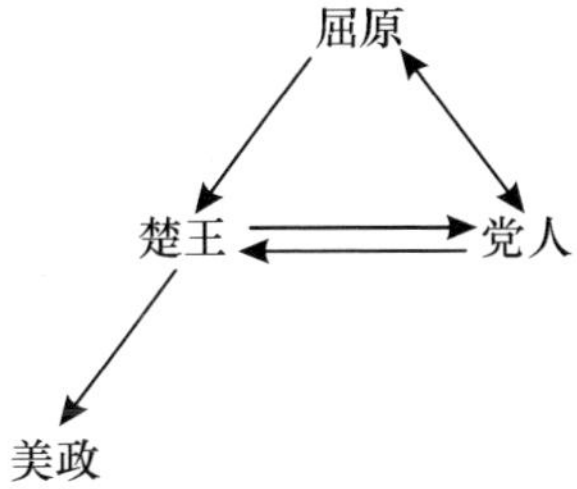

图三

首先是美人意象的畸变。《蒹葭》中的美人是尽善尽美的，而屈原的美人却不那么理想。屈原第一次追求的宓妃是这样的：“纷总总其离合兮，忽纬繣其难迁。夕归次于穷石兮，朝濯发乎洧盘。保厥美以骄傲兮，日康娱以淫游。虽信美而无礼兮……”（《离骚》）虽然外表漂亮，但脾气乖戾，行为放荡。这种由理想变为不理想的原因有两层。其一，屈原的美政必须通过楚王来实现，因此对美政的追求首先是对楚王的追求。追求对象由美政变为楚王，美人意象也就由理想变为不理想。其二，美人意向既是楚王的投影，又是当时其他国家君王的投影。楚王不用，屈原多次产生过像当时的众多游士一样的想法，到他国去施展才干。美人的不理想也暗示了屈原对这种内心意向的否定。儒家的也是屈原的治国平天下理想须通过一种明君忠臣的美政去实现。屈原的理想追求同时又是一种臣道追求，在臣道追求中，楚王既是他必须追求的，实际上又是阻碍他追求的，这使得屈原的“蒹葭模式”中美人理想发生了畸变，它反映的是屈原内心的矛盾：忠君和罪君的矛盾。这又表明屈原在困境中面临了选择——求真还是护礼。这在阻碍畸变中得到了确定。

在《蒹葭》中，神圣的礼的阻碍以水的意象表现出来。屈原遇上的阻碍，从根本上说，也是礼，是臣道，是君臣关系，是忠的道德律令。须追求的是君王，阻碍的也是君王，这个惊人无情的现实使屈原内心产生了忠君与罪君、求真与护礼的冲突。君是不能罪的，这是保存型文化的要求。屈原在承受巨大的心理冲突时产生了一种心理置换：君王之所以阻碍他，是因为有小人奸臣在君王面前说了他的坏话，因此，真正的阻碍不是君王，而是小人。本来是君王阻碍他，现在他把君王的阻碍变成通向君王的阻碍，对君王之怨就变成了对小人奸臣之怨。这种心理的置换一方面维护了君王的神圣性，维护了忠的合理性，强化着追求意向，另一方面罪怨之情也有了正当的发泄对象，对小人奸臣是可以毫不客气地予以谴责的。《离骚》中的三次求女清楚地显出了屈原这一心理置换的心路历程。第一次追求的美人是宓妃，屈原确信她长得漂亮但品德不好，明显地包含罪君意识。第二次追求的是有娀氏之佚女。“望瑶台之偃蹇兮，见有娀之佚女。吾令鸩为媒兮，鸩告余以不好。雄鸠之鸣逝兮，余犹恶其佻巧。心犹豫而狐疑兮，欲自适而不可。”这次美人也不行，但不是屈原确信她不行，而是媒人鸩鸠说她不好。屈原开始怀疑媒人了，这是罪君意识的转移。第三次追求的是有虞之二姚，同样未成功，但原因是“理弱而媒拙兮，恐导言之不固。世溷浊而嫉贤兮，好蔽美而称恶”，罪过完全在媒人身上，从而完成了罪君意识的转移。楚王的阻碍转变为小人奸臣的阻碍、媒人阻碍。

美人畸变有相应的阻碍畸变来保持平衡，强化着屈原的追求意识，使屈原陷入“蒹葭模式”的五行循环而不能自拔。阻碍畸变保证和加强了屈原的悲叹：“既惸独而不群兮，又无良媒在其侧。道卓远而日忘兮，愿自申而不得。望北山而流涕兮，临流水而太息……理弱而媒不通兮，尚不知余之从容。”（《抽思》）这也是《思美人》中的悲伤：“思美人兮，揽涕而伫眙。媒绝路阻兮，言不可结而诒。蹇蹇之烦冤兮，陷滞而不发。”屈原在《思美人》中，仍沿着媒人阻碍的思路，进而下定决心“不愿屈志改行以求”。这一方面坚定了自己的志向，另一方面也完全坚定了自己心理置换后的认识：媒人碍阻。这种置换的实质就是：为了文化之礼的神圣性，奸佞必须承担君王的全部罪过。

一旦奸佞承担了君王的全部罪过，成为忠臣的对立面，中国悲剧意识就由缠绵悱恻的君臣关系失落之悲转为悲壮崇高的忠奸之争。屈原奠定了忠奸之争悲剧的核心，它在后世不断复现，丰富完善，特别是元、明、清叙事文学兴盛之后，忠奸之争就以一种较完整的形式显示出来。我们选四个戏曲作品来探讨忠奸之争的基本结构和内在意蕴。

《鸣凤记》传说为王士贞所作，写明朝嘉靖年间震动朝野的杨继盛、邹应龙等忠臣反对严嵩及其党羽的忠奸之争。一开始“忠佞异议”“二相争朝”，以夏言、曾铣为一方，以严嵩、仇鸾为另一方，在是收复河套失地还是用和戎之策，是抗击入侵倭寇还是惧敌害民这两个事关重大的问题上发生原则性斗争。结果奸臣得胜，夏言被杀。忠臣杨继盛又挺身而起，一人上本反对严嵩，仍惨遭杀害。这并未能熄灭忠臣的反抗，董传策、张羽中、吴时来决定联合行动“二人同心，其利断金”，一起弹劾严嵩，结果还是失败，遭到刑罚和贬职外放。奸佞的嚣张气焰未吓倒忠心之士，不在谏官之列的郭希颜，抱一死的决心，孤身上本，进击严嵩，又遭枭首示众。然而“野火烧不尽，春风吹又生”，郭希颜的学生邹应龙、林润登上仕途与孙丕阳等忠臣一道又继续斗争，终于获得胜利。受文化模式的制约，《鸣凤记》的最后一幕和所有悲剧一样，总是放在一个团圆和胜利的点上，但整个戏剧里前仆后继的尸体加尸体的严重斗争，显出了忠奸之争的悲壮特色。

《鸣凤记》写的是朝廷内部的忠奸之争，李玉的《清忠谱》则结合市民运动来写忠奸之争。明末天启年间阉党魏忠贤把持朝政，为害四方。东林党人、吏部侍郎周顺昌不畏强暴，与之斗争。当忠臣魏大中被逮捕路过吴门时，周顺昌偏与之送行，并主动与他缔结儿女姻亲，对魏大中表示支持。当魏忠贤的党羽为其建生祠，欢庆落成时，他冲进去，指着魏忠贤像大骂。被捕后，他不拜不跪，直呼魏忠贤为阉狗，并踢翻桌子，用枷杻殴击魏党爪牙，最后“惨受酷刑，囊首狱底”。周顺昌反对奸佞的斗争，得到苏州市民的支持，颜佩韦、杨念如、周文元、马杰、沈扬五人听到宦官缇骑捉捕周顺昌，满怀忠义组织掀起了一场市民暴动。在被捕后，五人蔑视奸佞，含笑就义。周顺昌之子周茂兰闻父含冤刑死，用血写奏书，上达君上。最后魏党报败，周家获皇帝钦表，五人也平反昭雪。

明人冯梦龙《精忠旗》，围绕爱国忠君保民和叛国欺君害民来展开。岳飞进击金侵略者节节胜利，而受金兀术派遣回南宋朝廷做内奸且当上了丞相的秦桧假传圣旨，用12道金牌召回岳飞。继而他以莫须有的罪名，害死岳飞于狱中，又伪造假证，冤杀了岳云、张宪。岳飞夫人和女儿被逼得跳井身亡。两个小儿子岳震、岳霆在官府解押路上，一病死，一投水而死。真是秦桧一手遮天，万俟离、张俊帮凶为恶，奸佞当道，黑云满天。但忠奸之争并未停止。先有韩世忠愤怒诘问，不成后挂冠而去；后有施全到相府行刺，又失败。然而奸臣为天地所不容，秦桧湖中遇鬼，病笃而亡，在阴曹地府受到正义的审判。最后皇帝醒悟，太阳出，乌云散，岳家满门受彰表。

李开先的《宝剑记》以水浒故事林冲造反来写忠奸之争。《宝剑记》中的林冲不像《水浒传》中的林冲，对高俅的迫害一忍再忍，而是对奸臣主动进攻。高衙内看上林冲妻子也只是一条副线，主线是忠奸之争。林冲助征方腊，因功获征西统制，他看见高俅、童贯专权用事，就向朝廷奏本，弹劾二人。未成功，自己反被贬为巡边总旗。不久，由张叔夜提拔，做了禁军教头。这时，看见“朝廷听信高俅拔置，遣朱勔等大兴土木，采办花石，骚动江南黎庶，招致塞上干戈”，他又再度上本，责斥高、童，高、童二人知道后，由高俅设计，以看宝剑为名，将林冲骗入白虎堂，然后问罪发配。以后就是《水浒传》有的火烧草料场、投奔梁山。官军围剿，义军两赢童贯，三败高俅，威震京师。最后皇帝醒悟，由宿太尉招安，林冲手仞高氏父子。《宝剑记》虽没有肉身的毁灭，但林冲被逼得有家难归，有国难投，忠君之人不得不做反民，爱国之人不得不为叛逆，这也是一种毁灭，作为忠臣顺民身份的毁灭。林冲夜奔梁山，“一心投水浒，回首望天朝”，最深刻地体会到这种毁灭。男儿有泪不轻弹，此刻正是弹泪时。全靠后来皇帝圣明，招安免罪，才使他重获新生，回到臣位。

以上四个戏曲，《鸣凤记》专注于朝廷内的反复较量，《清忠谱》与市民斗争融为一体，《精忠旗》从对外战争取得背景，《宝剑记》与农民造反有机接连，表明忠奸之争能够把各种悲壮的内容都容纳进来，从核心上给予规范化。这四个悲剧，以及各种忠奸之争的悲剧都有一个共同的结构，一个四段式结构。

（一）奸佞当道。奸佞当道的一个隐含前提是君王受蒙蔽。因此整个国家笼罩在一片乌云之中，奸佞们做尽坏事，或残害忠良，或欺压百姓，或卖国求荣。他们胡作非为当然与皇帝这块金字招牌分不开，《宝剑记》就是皇帝直接出面贬斥林冲，《精忠旗》、《清忠谱》里则为奸佞一手遮天，假传圣旨，残害忠良。

（二）忠奸之争。面对满天乌云，以天下国家为己任、以忠君仗义为良心的忠臣义士挺身而出，或在君王面前揭露奸臣，或上书弹劾，或当面怒斥奸佞，或对忠臣的被害挺身相援，产生了一幕幕惊心动魄的场面。

(三) 忠臣失败。奸佞当道是受皇帝支持的。整个政权机构都为他们所把持，力量上占有绝对优势。忠臣们不但缺乏权势，而且怀着对皇帝的绝对忠诚，在心理上也把自己的手脚束缚起来，他们坚定地服从国家政权机构的裁决，虽然明知政权机构已为奸佞所把持。林冲只是在高俅于裁决之外还要另谋杀害时才反刃凶手，火烧草料场。忠臣们对国对君的忠，决定了他们的失败和毁灭。这里往往出现西方式的尸体加尸体的场面。但它的功能不是对现存秩序片面性的根本暴露，不是与旧的东西的彻底决裂，而是对现存神圣性的一种维护，对现存东西的神圣性遭到破坏的一种大痛大苦。

(四) 奸臣失败。这个结果是一开始就暗伏着的。奸佞当道的前提是君王受蒙蔽，既然受蒙蔽就总有清醒的一天。忠臣们的血已流得够多了，性本善的君王也可以醒过来了。于是旭日东升，驱散乌云，皇帝清醒之时，就是奸佞失败之日，奸臣们一个个下狱的下狱，处死的处死，另一方面，忠臣义士全部平反昭雪。死去的，由皇帝追加荣誉，幸存的，由皇帝亲赐恩宠，满门表彰。天道的正义得到了光辉的体现。

忠奸之争的四段式结构所包含的意义在作者们的头脑中是很清楚的。忠奸之争的悲剧是忠臣们的悲剧，忠臣们勇敢悲壮地走向失败和毁灭，在失败和毁灭中向人们树起了维护神圣的现存制度和现存观念的光辉榜样："前后同心八谏臣，朝阳丹凤一齐鸣。除奸反正扶明主，留得功勋耀古今。"这就是《鸣凤记》的主题。"岳少保赤心迎二圣，秦丞相辣手杀三忠。慢天公到头狠报应，好皇帝翻案大褒封。"这就是《精忠旗》的主题。在中国的悲剧意识里，忠奸之争达到了西方悲剧意识所要求的形式，壮烈地走向失败和死亡。然而这种英勇壮烈的悲剧气概是以忠臣们的心理置换来达到的。它鲜明地表现了中国文化面临君臣困境时，悲剧意识作出的反应和选择——护礼。这是保存型文化的必然要求。

二、知晓与跌落：求真的轨迹

西方文化的实体、形式、明晰本就包含着一丝不苟的求真精神。求真不但需要超凡的勇气，而且是要付出巨大代价的。一旦亚当、夏娃吃了智慧果，接着来的就是被逐出伊甸园的命运。智慧让人看清赤裸裸的现实，看清现实往往是不幸的。苏轼说"人生识字忧患始”，郑板桥说“难得糊涂”，表明中国人也是深知此中滋味的。然而西方文化的求真精神使其文化中人不顾一切地要“知道”，这就使他们免不了要跌进苦难的境地。从古希腊始，西方悲剧就显出明显的求真意向。索福克勒斯的《俄狄浦斯王》就是求真的悲剧。俄狄浦斯一定要抓住杀死前任国王的凶手，他不顾一切劝阻，包括知道内情的预言者忒瑞西阿斯的劝阻，一味追下去，从预言者到侍从，从侍从到牧羊人，终于真相大白，凶手就是他自己。他确实达到了目的，查出了真相；又确实未达到目的，他不是作为审判者审判凶手，而是自己作为被审判的凶手。真相获得之时，也就是他的悲惨命运来临之时。

莎士比亚的《哈姆雷特》也是求真的悲剧。哈姆雷特王子一开始就想弄清他父王的死因。当鬼魂告诉了他死因时，他又带着近代的实证精神去亲自证实鬼魂的话。而且，哈姆雷特的求真还不仅仅是凶手和复仇的问题，他更要知道的是社会的真实，人情的真实，人心的真实，要知道社会是怎样被颠倒的，人情为何是这样。他不但要重新看清别人：叔父、母后、恋人、朋友，还要重新认清自我，认清自己的理想、行为、心理究竟是怎样的。正因为他要“看清”，而不仅是复仇，以至一再拖延、思考，最后落得悲剧性结果。

易卜生的《人民公敌》也是求真的悲剧，斯多克曼医生发现了疗养区矿泉水中的病菌，当他想把这一科学求真的结果公之于众时，却遭到激烈的反对。虽然这一真相会使大量的疗养者免于疾病，但却会损害本地区的商业利益。斯多克曼医生带着求真的激情，努力奋斗，想克服阻力让人们知道真相，哪知阻力却越来越大，先是他当市长的哥哥反对他，随之报界也反对，最后整个人民都反对他。斯多克曼医生怀着求真之心，发现了自然病菌，接着又发现了社会的病菌，但是当他固执地要坚持真理、宣扬真理的时候，他自己反而成了病菌，成了人民公敌。如果说，中国的悲剧意识有护礼→毁灭的特点的话，那么西方悲剧意识有求真→毁灭的特点。

西方悲剧的求真毁灭几乎都有一个知与不知的痛苦的辩证转换过程。俄狄浦斯自以为是个智慧之人，他能猜破别人都猜不破的司芬克斯之谜。那个狮身人面的怪物以人为谜底出给俄狄浦斯猜：早上用四只脚走路，中午用两只脚走路，晚上用三只脚走路。俄狄浦斯马上就猜出来了。他似乎是最大的智者，知道人是什么，但实际上他又是无知，连自己做了杀父娶母的事还毫无知晓。因为他自以为知，而实际却一无所知，导致了他的毁灭，自己刺瞎双眼，远离家国，流浪他乡。然而，当他付出巨大的代价，知道自己无知的时候，同时也就在一个更高的层次上获得了知。斯多克曼医生也有一个知与不知的辩证过程，对自然他是知道的，对社会他是无知的。他找出了自然的病菌，自以为大有利于社会，谁知却遭到社会的激烈反对，当他一步步陷进越来越深的困境，他才一步步知道了自己的无知，同时也又越来越深地认识了社会。当他在现实中一步步失败的时候，他在求真的道路上却一次次地超越了自己以前的无知。

西方悲剧意识的求真倾向有三个鲜明的特点：(1) 主人公从高位，或稳定地位，或坚定的自信中跌落下来，正是在这悲剧性的跌落中获得了知。(2) 主人公几乎是同整个现存秩序、现存观念、现有的智慧和理性相反抗，正是在这种反抗中显出了现存秩序、观念、智慧、理性的有限性、局限性和片面性，从而达到一种求真的超越。(3) 求真的超越往往是在一种极端的状态中才获得的。俄狄浦斯王在眼睛正常的时候，并没有看清自己，在刺瞎双眼之后，才深深地知道什么是命运；李尔王在清醒的时候是糊涂的，当他疯了的时候，才真正清醒了；哈姆雷特要知道真相也必须装疯；斯多克曼医生陷入最大的孤独时，才清楚社会的真相。西方悲剧以一种极端的生理和心理症状——瞎、疯、孤独等——来显示悲剧主人公的自我否定和自我超越，这是求真的结果，也是区别于护礼的特色。

求真之“真”本是一个通向未知的历程，只有经过自我否定才能达到，护礼之“礼”却是一个已定的标准，只要坚定信心就可以去誓死捍卫，因此中国政治悲剧的主人公绝不会自我否定，他只否定那些与礼的原则不合的东西，他始终认为自己是清醒的，是看准了的。犹如屈原所说：“世人皆浊我独清，世人皆醉我独醒。”这是以自己心中未颠倒的礼的理想去对抗已颠倒的社会。陈子昂的《登幽州台歌》也是在最大的孤独中固守着万古不变的文化的信念。①

中国的悲剧意识是符合保存型文化的，正如西方悲剧意识适应进取型文化。

① 参见本书第三章第四节。

第五章
崇高：中西文化超越意向的审美凝结

从词源学来看，“崇高（sublime）概念形成于古代修辞学……崇高风格被认为是三种修辞风格中最高级的一种”①。从文化的角度看，崇高却可以说是近代的产物。只有当文艺复兴开始了以人为中心的观念，哥白尼把静态和谐的宇宙变为无限伸展的宇宙，科学实验开始显示人的力量，崇高才成为美学的热门话题。朗吉弩斯《论崇高》的影响也主要发生在它被埋没很久而于近代被布瓦洛译为法文之后，而且纵观西方美学史，崇高理论的核心是柏克和康德的理论，柏克和康德的理论体现的正是近代精神。古代贡献的主要美学范畴是悲剧，近代则是崇高。悲剧是抗争与毁灭，崇高是抗争与胜利；悲剧的效果是恐惧和怜悯，崇高的效果是痛感和快感。悲剧强调的是毁灭中的净化，崇高强调的是抗争中的超越。西方近代的氛围最适于人类认识到崇高现象。然而从中西比较的观点，首先应把崇高看作一种超文化的人类现象。

第一节　崇高的核心及其在中西文化中的展开

崇高理论要表明的是人类的一种超越性心态，而且它要详细地描绘出超越是怎样进行的，是怎样发生、怎样发展、怎样完成的。各种崇高理论基本上都承认这个过程的几个基本点：（1）首先是一个自我的存在，处在一般状态之下；（2）然后，是刺激物的出现，其功能是使自我感到自己的渺小；（3）继而，自我求助于一个更高者，其功能是超越自己的渺小，达到一种崇高的境界。各种崇高理

① 托塔凯维奇：《六概念史》，171页。

论的变化都是在刺激物和更高者这二者上的变化。人类是不断进步的，始终伴随着超越活动，因此崇高现象是一个普遍现象，只是由于具体的文化形态和历史阶段的不同，而表现为不同的具体形态。我们先来看一下原始社会的崇高，相对来说，各原始文化具有更多的共通性，可以给理解后来差别较大的中西文化以一个发生学的基础，也有助于理解中西文化崇高的差异。

黑格尔从宏伟的历史观出发，把崇高作为象征型艺术的特征，放在他认为是人类最早的艺术类型中。当时他对现在已大量发现的原始艺术全然无知，然而其理论实质却与原始艺术基本吻合，可以说抓住了原始社会崇高的特征，因此我们可以借黑格尔的一些思考结合原始社会的实践活动来勾画原始崇高的基本特征。

人类初期，人的实践力量十分微小，与大自然处于经常的敌对关系之中，人对周围的空间、动物植物、山水天空等等不能理解又必须去理解，对自己赖以生存的食物的获得，狩猎或粗陋的农业等不能把握又不得不去把握。原始人在同自然的斗争中，虽然积累了一定的实践力量，但是他们周围感官世界的神秘性，狩猎和农业活动成败的不定性，整个生活斗争的艰苦性，都使他们不能相信，在偶然性中为自己开辟道路的成功主要来自自己的实践力量；与其实践力量相一致的原始人的思维方式，既不能正确地认识自然，又不能正确地认识自己。由此产生了图腾崇拜和巫术仪式。图腾崇拜第一次表明了人超越于动物的主体性，表示了人对自然和自身的认识，表明了人和自然的同一性。人是孤立的，通过图腾观念与动物、植物直至风云日月结成血缘关系。人是不安全的，通过在村前竖立图腾柱，在身上文上图腾标志而得到安全感。图腾就是他们的保护神。人的力量是微小的，通过图腾仪式感到与动植物的互渗而取得神秘的威力。图腾使人周围的不可理解的自然变成可以理解的自然，使混沌杂乱的自然取得秩序，使恐怖的自然呈现出“理性”。图腾既是人的力量被歪曲的集中体现，又是对自己周围自然的一种非理性的理性概括。原始人近取诸身，远取诸物，把未知自然表现在图腾和神话里。原始图腾是为人的，又是外在于人的、神秘的。在狩猎前的巫术舞蹈仪式中，原始人摹仿动物，预演成功，献媚和乞求于猎物神；在乞求丰收的舞蹈仪式中，摹仿植物的生长……在这些图腾巫术仪式以及有关的神话里，可以看到早期崇高的特点：第一，依托着自己的力量（虽然微小）面对不能把握或不能完全把握的自然；

第二，在恐惧不安中达到一种与图腾的互渗和合一，从而取得战胜自然的信心。这正如黑格尔所说："在崇高的这个阶段里，人的个体正是从这种对万物虚无的承认以及对神的崇敬的赞扬里，去寻找自己的光荣、安慰和满足。"① "他们尽情地向神，向一切值得赞赏的对象抛舍自己，但是在这种抛舍中却仍保持住自己的自由实体性，去对付周围的世界。"② 图腾艺术作为崇高是原始思维的产物。它是现实中的幻想，是用幻想的形式表现出来的现实。在图腾的崇高里包含着人的力量，但更多的是未知的自然力量。因而崇高的感受首先是恐惧，这种恐惧已经不是纯粹对未知的和敌对世界的恐惧，而是对经过想象和幻想加工过的未知和敌对力量的恐惧。这种想象和幻想的转化是通过把自己的力量异化出来，归于图腾而取得的。正因为图腾中有自己异化出去的力量作为人与图腾同一性的中介，使得图腾里有为人的一面，这样，对未知敌对力量的恐惧便变成对图腾威力的恐惧，从而能够由恐惧而敬畏，而皈依，而互渗，最后从图腾中获取力量达到心理情感的激昂和愉快，保持住了自己的自由实体性，去对付周围世界。

在原始的崇高中，图腾一身二任，作为未知和与人敌对势力的代表，它是使人感到自身渺小的压迫者；作为人的保护神，它又给人以勇气，使人超越自身。当原始的宇宙转为了西方的宇宙时，特别是在近代，图腾的这两个方面产生了彻底的分裂，而当转为中国的宇宙时，这种合二为一的性质和功能也发生了变化。

第二节 西方崇高的诸形态

西方文化有与无、实体与虚空的对立使得图腾的二重性分裂了。当然在不同的理论家那里，又有不同的面貌。

一、柏克的崇高理论

18 世纪，崇高成为美学家们的热心对象后，英国经验主义美学家柏克从人的生理心理角度对崇高现象进行了详细的研究。柏克认为，人有两种本能，自我保存和社会交往；与之相应的有两种情感，

① 黑格尔：《美学》第二卷，95 页，北京，商务印书馆，1979。
② 同上书，87 页。

痛感和快感；引起快感的外物为美，激发痛感的外物是崇高的刺激物。“任何事物只要以任何一种方式引起痛苦和危险的观念，就是说，任何事物只要它是可怕的，或者与可怕的东西有关，或者以类似恐怖的方式起作用，就是崇高的来源。”① 当然不是任何痛苦和危险都能成为崇高，因为崇高不仅在于刺激物，而且还在于由刺激物引起的超越，在心理感受上就是要由痛感转入欢愉之情（delight）。“当危险或痛苦压迫太近，它们不可能产生任何欢愉，只是可怕。但有一定距离，因一定的缓解，它们就成为欢愉的对象。”② 柏克的两种情感的划分，必然使他在崇高中偏重痛感。“惊惧是崇高的最高度效果。”③ 柏克特别重视对引起痛感、给人惊惧的刺激物作现象形态的研究。

按社会、自然、艺术来分类，崇高的来源于社会是专制政府，异教徒的寺庙，“建立在人们的情感，主要是恐怖情感之上的专制政府，不使自己的领袖在公开场合露面”④，给人以一种可怖的神秘性。同样，在异教徒的寺庙里，它们的偶像都立在黑暗之中，也具可怖的神秘。于动物，是狮、虎、狼、蛇，它们都危及人的生命。于自然，是悬崖、高山、布满星斗的夜空。在诗歌里，就是维吉尔和密尔顿诗中的鬼魔。如密尔顿《失乐园》中的冥界君王：

说有形难辨识
肢体迷离
说有质但见影
影而形，形忽影
他屹立在那里如漆黑的黑夜
他的凶残胜十倍复仇女神
他的恐怖就是一座地狱
他挥舞着致人死命的枪矛
有物似王冠盖蔽在头颅般的矛头上⑤

按色、声、味分类，于色彩，是黑、褐、紫等暗深色；于声音，

①② 柏克（Edmund Burke）：《论崇高与美》（*On Sublime and Beauty*），36 页，纽约，1909。

③ 同上书，51 页。

④ 同上书，52 页。

⑤ 同上书，54 页。

是雷霆、大炮、大批人众的叫喊、野兽的怒吼；于气味，是苦味和恶臭；还有光，如强烈的日光、急速的闪电，“过分强烈的光，通过征服视觉感官，湮没了一切客体，具有同黑暗相同的效果”①。

柏克自己主要从性质上分类，上面的一切划分都可以集中在性质上，有：晦暗、力量、庞大、无限、沉寂、困难、突然性等等。柏克描述的种种崇高来源，其共同特征都是可怖性，与人敌对，对人的感官和心灵以强烈的对抗性刺激，都是使人感到自己的弱小、无力、渺小的客体。当然，这些客体要成为崇高，人必须从惊惧中解脱出来，柏克说，可怖之物要成为崇高必须与人有段距离，即人处于安全地带，仿佛危险而其实没有危险，这样“一种痛苦并没有达到极其强烈的程度，一种恐怖并不立即威胁人的生命，那么，这些情绪就能够产生一种欢愉之情。因为它们从机体的细致的或粗糙的各部分里清除了危险而麻烦的阻碍物”②。

崇高是一系列可怖对象，可怖对象成为崇高既在于它给人以痛感，使人自觉渺小，更在于人紧随着克服痛感，超越渺小，转为欢愉快感。这里对象的二重性（恐怖对象和崇高对象）仍然存在，但使人超越，同时也使恐怖对象成为崇高的却已不是客体自身了，而在人自身，在人处于安全地带。对于安全地带，柏克从经验主义出发只给予表面的心理解释，要真正解决崇高的根源问题，不应从抽象人性自我保存的心理感受，而应从人的实践活动的本体论入手。

洪荒时代，当人类还在从猿到人的漫漫长路中艰难行进的时候，被柏克称为崇高来源的那些客体，对人来说只是恐怖，根本没有崇高，只有当人类用实践力量从混沌一片的自然中开辟出了一部分直接实践领域（哪怕这一领域在我们今天看来显得多么可怜），为自己取得了一块安全之地以后，可怖的事物才因为虽然可怖未知但又往往危及不了人类而渐渐成为人的观照对象；另外，有些事物虽然恐怖未知，且又时时加害于人类，但人的实践力量使人有保护自己的领地，有一定的与之抗拒的能力，并按照从实践活动中产生的、与自己的实践力量相一致的观念来理解这些不可理解的可怖事物，这些事物才逐渐变为不单是可怖的崇高。康德对柏克的这种仿佛危险而实无危险的观点作了进一步的推进。他认为崇高的主体条件是：（1）处于安全地带；（2）有一定的文化修养；（3）无所畏惧和抵抗

① 柏克：《论崇高与美》，71页。
② 汝信：《西方美学史论丛续编》，73页，上海，上海人民出版社，1983。

的决心。这三点都可以从实践观进行更深入的推演：安全地带从根本上说，来自人的实践对自然的征服，即直接实践领域的产生；人的文化教养由实践力量所孕育产生，其程度的高低亦受实践力量的制约，无所畏惧和抵抗的决心只有依靠直接实践领域才能得以产生。

崇高从根源上讲，来自人与自然的斗争，人是通过征服自然宣告自己的诞生的，是从直接实践领域获得力量的，但人不是仅在直接实践领域安然自得，与神秘的未知领域紧密相连的间接实践领域也使人不能够安然自得。要发展自己，人的实践必须指向未知自然，要真正理解已知的领域，也必须理解与之连成一体的未知领域。间接和未知领域，就其与已知领域的密不可分和与人的活动密切相关来说，迫使人去理解它，掌握它，而不能只是恐惧；就已知部分和人的实践力量的有限性来说，人又不能真正地理解和掌握未知领域。因此未知领域以及和它紧密相连的间接领域对人来说是必须理解的不可理解的对象，是不可理解的理解对象。它既与人的实践相关，又与人的实践相抗拒，这就是崇高客体的起源。

二、康德的崇高理论

在德国思辨的氛围中，康德真正体现了对崇高的哲学沉思。柏克的崇高所涉范围很广，康德的崇高则限于自然界。正是范围的狭窄，才使他的崇高达到了抽象的深刻性。柏克虽然感到但未深入，往往只略一触及又匆匆避开的重要之处，康德却予以了深入的考察。

康德从逻辑推导中看到直接实践领域和间接未知领域是有着相互联系的两个东西。康德把崇高分为数量的崇高和力量的崇高。力量的崇高基本上与柏克的力量和可怖性相同，而数量的崇高则从自然的两个层次，即实践的两个层次，从间接未知领域的特点来谈崇高。康德说："自然界的美是建立在对象的形式，而这形式是成立于限制中。与此相反，崇高却是也能在对象的无形式中发现，当它身上无限或由于它（无形式的对象）的机缘无限被表象出来，而同时却又设想它是一个完整体：因此美好像被认为是一个不确定的悟性概念的，崇高却是一个理性概念的表现。"① 用实践观仔细分析，可以得出：在康德那里，（1）崇高客体不是被人的实践所掌握，而是被人的观念所掌握；（2）人掌握崇高客体的观念不是来自崇高客体

① 康德：《判断力批判》上册，83页，北京，商务印书馆，1964。

本身，而是来自与崇高客体密切相连的为人的实践所掌握的领域；（3）崇高客体对未掌握它的人来说不具有科学真理的意义，它表现为神秘、无限、无形式；它确实与未知自然相连。所以康德说，它是属于“理性概念的表现”。在康德哲学里，“理性”是可以思维但不可认识的东西，是“物自体”。

因为崇高属于间接未知部分，所以康德指出了它的“无形式”、“无限”、“没有一个对象的目的作为规定”。因为间接未知部分是人没有真正掌握的，所以面对崇高客体，主体的想象力“极尽最大的努力仍不能和它相应”，主体感到自己的“渺小”、“无能”、“经历着一瞬间生命力的阻滞”。但是由于人处于“安全地带”，“心意预先装满着一些观念”，其实是，人在一定的实践力量基础上和崇高客体相对。对于大自然，人一回又一回地征服了它，一步步地扩大着自己的领地，一次又一次显示了自己力量的伟大崇高。依托着自己已获得的巨大胜利、丰富经验、深厚力量，未知的、未真正把握的自然现象以可怖的特征虽然使人感到阻滞、拒绝、不悦、渺小、无力……但这种未知的恐怖又激发起人类再一次向自然争高下的激情，激发起再一次试验自己虽有挫折而最后屡胜的实践力量的愿望，因此是吸引、愉快、心情的提高，生命力的更强烈的喷射……康德说：“关于自然界的美，我们必须在我们以外去寻找一个根据，关于崇高，只需在我们内部和思想的样式里。这种思想和样式把崇高带进自然的表象里去。”① 这时候，他已把自己的思路摆放在一条可以抵达从人的主体实践活动寻找崇高根源的路上。

在崇高客体方面，康德看到了自然的两个不同层次。在崇高的主体方面，康德也没有停留在柏克的生理心理水平，提出了人的使命的崇高。“它（自然在不可度量中的）威力之不可抗拒性虽然使我们作为自然物来看，认识到我们物理上的无力，但却同时发现一种能力，判定我们不屈属于它，并且有一种对自然的优越性，在这种优越性上面建立着另一种类的自我维护，这种自我维护是和那受着外面的自然界侵袭因而能陷入危险的自我维护是不同的。在这里，人类在我们的人格里面不被降低，纵使人将失败在那强力之下。照这样，自然界在我们的审美判断里，不是在它引起我们恐怖的范围内被评为崇高，而是因为它在我们内心里唤起我们的力量（就这些角度来看，我们固然是屈服在它们的下面的），对

① 康德：《判断力批判》上册，85 页。

于我们和我们人格仍然并不看作是下述这样的努力，即：当它牵涉到我们的最高原则，对这些最高原则予以维护或放弃的时候，我们将要屈服在它的下面。所以，自然界在这里称作崇高，只是因为它提升想象力达到表述的那些场合，在那些场合里，心情能够使自己感觉到它的使命的自身的崇高性超越了自然。"①

康德的崇高也是既使人自感渺小，又使人超越渺小的客体，但他把决定这一转换的本质归结为类的理性，归结为人的使命的崇高。

三、布拉德雷的崇高理论

在柏克、康德那里，崇高客体完全是与人敌对的可怖之物。因而崇高与美两者是截然对立的。19 世纪，出现了把崇高解释为美的潮流，崇高客体不仅有反面的，也有正面的形象。毁灭性的暴风雨是崇高的，高大挺拔、枝干万千、树叶茂密的大树也是崇高的；麦克白和埃古是崇高的，普罗米修斯和安提戈尼也是崇高的。这样，柏克的可怖性不能作为涵盖一切崇高的核心，康德的与人对立的数学力学二分法也显得太窄。新黑格尔主义者布拉德雷用"力量"来作为崇高的总的特点，具体而言，则有因物理力量而来的崇高，生命力量而来的崇高，道德或精神力量而来的崇高。由于力量的不同，崇高的特点也显出差异。

在柏克那里，以未知可怖为崇高的核心，毒蛇并没有巨大的形体，狼并不比狗大，斗牛也不大于耕牛，但因其可怖力量远远超过其外形而成为崇高。在布拉德雷看来，道德力量也不受形体的局限，总会突破外在形体而放射出崇高的光芒。

形貌岂能表现
心灵伟大无限
预言先知真堪赞
吾侪毕生所追求
早在斯人胸怀②

——华兹华斯

道德力量也是康德崇高理论中的重要因素，但道德力量在康德

---

① 康德：《判断力批判》上册，101～102 页。

② 布拉德雷（Andrew Cecil Bradley）：《牛津诗学讲演集》（*Oxford Lectures on Poetry*），43 页，麦克米伦与柯出版社（Macmillan and Co.），1909。

那里只存在于主体身上，在布拉德雷这里却是崇高客体的特征。客体，特别是形体弱小的客体，之所以成为崇高，唯因其内部拥有巨大的道德力量。布拉德雷举了屠格涅夫的一篇散文诗来说明道德的崇高，其文大意是：主人公沿小路狩猎归来，前面地上有一只羽毛未丰的幼小麻雀，是被刚才的暴风从树枝的窝上吹刮下来的。当主人公的猎狗正扑向幼雀之时，一只老雀像石子一样向猎狗的鼻子上投撞，带着凄厉的叫声，它一再向猎狗冲击，直到生命的最后一息。

“这麻雀会被认为是崇高的，那么是什么使它成为崇高的呢？”答曰：完全不是它躯体的庞大，而是它的爱和勇气。这里的爱和勇气是什么意思呢？我们常常看到爱和勇气，而且总是敬佩和赞赏它，但并不总认为它们是崇高。那么为什么爱和勇气在麻雀身上却成了崇高呢？因为这爱和勇气的异常伟大，不单靠爱和勇气的质，还靠质中的量，这正是崇高之所在。很显然，我们试想，如果这爱和勇气的量大大减少，如果作为母亲的雀，在第一次勇敢的努力之后，就退缩地飞开，或者，这雀的牺牲不是为了自己的子女，而是为了火鸡。不管在哪种情况下，爱和勇气都依然存在，但崇高将减退或者消失，仅因这爱和勇气再也不拥有崇高所要求的巨大的量了。

“小小的麻雀因超过或压倒大而来的崇高，毫不亚于苍穹和大海的崇高。然而这大不是范围的大，而毋宁说是力量的大，在这种情况里，是一种精神力量的大。诗云：‘爱的力量比死更大，完全压倒了使其忍痛离开的本能。’司各特和华兹华斯诗歌中的狗也是这样，它的主人在享维恩的巉崖中遇难，三月之后，它也在其主人的尸体旁被发现了：

昼夜抚育相伴
岂忘爱之崇高
情感力量化血肉
伟大谁能料想”①

同样，普罗米修斯是崇高的，他有反抗宙斯无比威力的道德力量，又有忍受无比痛苦的精神力量。苏格拉底是崇高的，他面临死亡的平静态度，超越压倒了死的力量。

19 世纪以来，美和崇高的统一和正面形象进入崇高，并没有偏离西方的精神核心，布拉德雷关于崇高感的两个阶段的描绘，直接

① 布拉德雷：《牛津诗学讲演集》，44～45 页。

承接了柏克的惊惧与欢愉，康德的痛感和快感：“在崇高中，它的感受看来并不如此简单或直接。崇高感中看来确有两个方面或两个阶段。第一阶段是受挫或阻碍，或者甚至惊呆，或者，可能甚至是拒绝或者被威胁的感觉。好像某种我们不能接受或把握，或者不能勇敢地直面的事物影响了我们。有那么一个时刻，我们想要逃避它，好像它刺痛了我们，使我们感受到自己的无力和卑微。我们可以用‘消极阶段’这个方便的也是有力的词来称呼它。它是崇高的本质。……显然，对崇高来说，第一阶段或方面还不是它的全部。接之——可能是一瞬间，也可能是逐渐地——而来的，是另一阶段：一个力量的反作用，一个自我扩张的突然涌现，或者一个升腾提高，或者是要勇敢地承受自我受挫而产生的感觉，或者，甚至是要除去，要超越一切阻碍和限制的感觉。甚至当崇高的事物被称为险恶的、威吓的、恐惧的时候，这些感情也总是积极的，是要与它合一的感受。而且只要它的性质允许，它们可以相当于狂喜和崇拜。然而，由消极阶段产生的痕迹，‘火的余味’常还留在其中，可能我可以说的是，合一要求一种自我放弃，狂喜和崇拜常常强烈地与敬畏混合在一起。”①

在布拉德雷关于崇高感的论述中，明显地有想要容纳各种理论内容的企图，但其核心是分明的。正是这核心必然要发展到或推出道德力量的崇高。凯瑞特更是天衣无缝地把正面的崇高和反面的崇高糅合在一起：“尽管它们美，然而只有它们被认为与人的意志相敌对的时候，那产生出的受挫、阻碍、惊呆、拒绝或者被威胁的感觉——就我的理解而言——才与美的客体联系在一起，这些感觉被大多数人认为是崇高的标志……在所有这些情况下，都要求一个摆脱自我保存本能的努力，为客体的美——这是客体自身的目的性——而喜悦。”

“暴风就是这样，我们因它的毁灭性而拒绝它，又因它壮丽的力量而为它吸引。悲剧英雄亦然，我们因为他的受难或受难的起因而拒绝它，又因他承受苦难的坚韧，或者因他死守自己的爱或职责的坚贞而为之吸引。你看暴风，审美想象战胜了人的恐惧，你看普罗米修斯，但见他征服了痛苦，他享有自己的胜利。”②

---

① 布拉德雷：《牛津诗学讲演集》，51～52 页。

② 凯瑞特（Edgar Frederick Carritt）：《美的理论》（*The Theory of Beauty*），241～242 页，英国梅休因出版社（Methuen），1914。

在布拉德雷的理论里，崇高对象也像图腾一样，成为两种因素的合一。人的超越靠一种自我放弃和对崇高对象的崇拜。这明显的是一种基督教精神的影响，也许应有基督教的理论才能给布拉德雷的消极阶段一种深刻的基础。

四、凯瑞特的崇高理论

凯瑞特不同意柏克，他认为“崇高与其说是敌对的，不如是优越的（superior），崇高的主体感受与其说是恐惧，不如说是敬畏”①。凯瑞特对柏克的批评从其最深层的意蕴讲，反映了基督教精神对近代精神的批评。在基督教那里，一切都是上帝创造的。上帝说要有光，于是就有了光。洪水、瘟疫是代表上帝对有罪的人类的惩罚和规诫，高山大河也体现着上帝的伟大和崇高，18 世纪以后，诗人们都把用以形容上帝的伟大的语句用于自然山水上来。就人也来自上帝之创造而言，崇高的东西与人在根本上不是敌对的；从人的始祖亚当、夏娃使人永远带有原罪来说，崇高的东西是比人优越的。崇高之物不管是反面的洪水，还是正面的高山和高耸入云的哥特教堂，人们对它们的感受最首要的应当是敬畏。

在基督教的崇高中，人们按照自己的力量创造了上帝，上帝集中了人的一切优点，它是人自身的异化，人把自己的一切优点都交给了上帝，而把一切缺点都留给了自身。同时上帝又是人不可知的自然和社会力量的人格化代表，它使一切不可知的东西成了可知的东西，它给一切祸害、威胁、苦难、奇迹一个可以理解的解释。它把人与不可把握的东西的交往变成了与上帝——自己熟悉的对象的交往，它把人对未知的恐惧变成对一个主宰者即人的创造者的敬畏。上帝是崇高的最后根源，崇高是上帝力量的体现，它不是敌对的东西，而是优越于人的、比人更高的东西。

“宗教是被压迫生灵的叹息，是无情世界的感情”②。在中世纪，人类心灵的崇高心理结构具体地表现在基督的诞生、受难、死亡、复活这一过程中。人们把自己的理想寄托在对来世和天国的幻想中，人们的崇高感表现在对人生苦难的无比的忍受力上。他们甚至“不把所忍受的痛苦看作一种冤屈而是把它看作一种神福，只有这样，

---

① 斯宾夏特（F. E. Sparshott）：《美学结构》（*The Structure of Aesthetics*），78 页，多伦多大学出版社（Toroto University Press），1963。

② 《马克思恩格斯选集》，1 版，第 1 卷，2 页，北京，人民出版社，1972。

人才能克服生来就是有罪的能感受的肉体、心肠和情感，从而达到自己与神的和解”①。布拉德雷和凯瑞特崇高感中的与客体合一，凯瑞特说恐怖的崇高客体就其自身的目的性来说是美的，从而使之对人有吸引力，都曲折地反映了基督教精神。那用遮蔽结构把世俗生活隔绝开来，而从外观显得腾空而上耸入云天的哥特式大教堂则从艺术上典型地体现了基督的崇高，人们在现实的苦难中，在对苦难的崇高的忍受中，感到了全能的上帝，瞥见了天国的幸福，来世的希望，于是敬畏之情油然而生，决心脱尽自己的罪恶，洗涤自己的污点，抖掉自己的怯懦，否定自己的有限性，为向一个伟大的造物主皈依而净化自己。“基督的死与复活是基督教的基础，没有基督的死与复活，便没有犹太人与外邦人的得救；全人类亦无从获得拯救。基督的死蕴藏着代替一切人死的潜在性；在他的复活中，人类战胜了死亡，获得了永生。但是，只有跟他一体同心，一起钉在十字架上，一起从死里复活的人，才能真正得救。”②

在基督教的崇高里，人的自感渺小转为人因（正面或反面的）外物刺激而感到自己有罪，感到自己的被抛弃的处境。西方文化有与无、实体与虚空的对立最容易产生的就是一种被抛弃感和有罪感；而人对自身的超越转为人的赎罪激情和向上帝的皈依。整个崇高过程都被宗教化、神圣化了。

五、朗吉弩斯的崇高理论

西方崇高理论无论是理性的，还是宗教的，都充满着一种巨大的冲突意识、斗争精神，一种对超越和胜利的巨大渴望。当人的力量取得了完全的胜利，人站在自己意想不到的业绩的顶峰的时候，崇高的激情会变为另外一种表现形式：人会没有恐惧全然自豪地感到自己的崇高。从这个意义上讲，朗吉弩斯的《论崇高》虽是专论文章风格的，但如果我们披文入情、知世论文、忘言得意的话，可以把它视作——而它确实也是——横跨欧、亚、非三洲的罗马帝国的崇高精神的理论表现。

罗马由一个小小的城邦发展为横跨欧、亚、非三洲的赫赫帝国，不是对自然的征服，而是对社会的征服，不是对高山大海的观照，而是对另一些人类的奴役。三次布匿战争，三次马其顿战争，苏拉

---

① 黑格尔：《美学》第二卷，307页。

② G.F.穆尔：《基督教简史》，24页，北京，商务印书馆，1981。

的东征，恺撒的北伐，他们的对手不是洪水、暴风、沙漠、大海，而是或文化落后，或装备较差，或力量较弱，或意志力低的社会力量，他们面对的不是有无限内蕴、无限空间、无限力量的自然，而仅是有限的地理、人口、力量的社会组织和社会集团，他们不需要诉诸理性、超感性官能、上帝，只要有信心、力量和勇敢。辉煌的罗马帝国是罗马人自己的业绩和成就，用恺撒的名言来概括是再恰当不过的了："我来了！我看见了！我征服了！"

朗吉弩斯对文章崇高风格的要求，代表的是帝国精神对文章风格的要求。在这里，"崇高就是'伟大心灵'的回声"①。

伟大的心灵也在伟大的自然现象中寻求自己的对应物，朗吉弩斯希望诗人不要关注小小的溪流和篝火，而要迷恋尼罗河、莱茵河，要关心壮丽的群星和活的火山。"作庸俗卑陋的生物并不是大自然为我们人类所订定的计划；它生了我们，把我们生在这宇宙间，犹如将我们放在某种伟大的竞赛场上，要我们既做它丰功伟绩的观众，又做它雄心勃勃、力争上游的竞赛者；它一开始就在我们的灵魂中植有一种所向无敌的，对于一切伟大事物，一切比我们自己更神圣的事物的热爱。因此，即使整个世界，作为人类思想的飞翔领域，还是不够宽广，人的心灵还常常超越整个空间的边缘。当我们观察整个生命的领域，看到它处处富于精妙、堂皇、美丽的事物时，我们就立刻体会到人生的真正目标究竟是什么了……总而言之，一切为日常所必需的事物，人们视之为平淡无奇，他们真正欣赏的，却永远是惊心动魄的事物。"②

"崇高语言对听众的效果不是说服，而是狂喜，一切使人惊叹的东西无往而不使仅仅讲得有理，说得悦耳的东西黯然失色。相信或不相信，惯常可以自己作主；而崇高却起着横扫千军、不可抗拒的作用；它会操纵一切读者，不论其愿从与否。"③

可以看到，朗吉弩斯的崇高在内在精神上与柏克、康德等是相通的。它强调与大自然的竞争精神，要求达到超越世界的最辉煌的顶点。关于崇高效果的描述，也与柏克相似④，都有横扫千军，不

---

① 朗吉弩斯：《论崇高》，见伍蠡甫主编：《西方文论选》上卷，125 页，上海，上海译文出版社，1979。

② 同上书，129 页。

③ 同上书，122 页。

④ 参见柏克：《论崇高与美》，51 页。

可抗拒的作用，只因体系和角度不同，在同一心态中，柏克强调的是惊惧和欢愉，而朗吉弩斯看重的是惊心动魄和狂喜。

六、西方崇高理论的动态结构

从朗吉弩斯的狂喜到柏克的可怖反映了西方崇高理论的大幅度摆动，但它们又都是建立在西方文化所面临的巨大阻碍和超越意识之上的。凯瑞特在《美的理论》“崇高”一章中，对崇高的整个动态过程作了较详尽的分析：

> 如果我们概括出布拉德雷先生解释的主要之点，那就是：
> 1. 超常的体积或力量，它引起我们
> 2. 首先是，一个受挫或拒绝的消极状态，然而
> 3. 随后，一个自我扩张或提高，其最后的情感是
> 4. 与客体合一的积极情感。
>
> 我们可能承认，在某种情况下，所有这些要求都被实现。可能它会常常——虽然不总是——被认为是崇高的典型例子。然而就崇高而言，很有些具备同等能力的竞争者：
>
> a. 客体满足1、3、4，但不必然有2，如彩虹、高山。
> b. 客体满足2、3、4，但不必然有1，如伦勃朗的《老乞丐》。
> c. 客体满足2、3，但不必有1和4，如毒蛇、人格化了的贫困。
> d. 客体满足1、2、3，但不必有4，如命运、埃古、地震。
> e. 客体满足1、2、3、4，如耶和华、英雄悲剧，或按布拉德雷先生的例子：飓风。①

从凯瑞特的论述再参之以前面所讲崇高的诸形态，我们不难体会西方崇高理论的具体面貌与西方精神的关系。

第三节　中国崇高理论的诸形态

中国气与整体功能的宇宙观，既排除了人与自然的对立，也没有人在上帝面前的原罪，从而没有一种巨大的精神压力使中国产生系统的崇高理论。但作为人类的超越意向中国古人还是有的，只是在中国文化的规范下采取了另一种形式。

---

① 凯瑞特：《美的理论》，244～245页。

一、人物的崇高：大

18 世纪西方有过崇高与美的对立，中国先秦时期，类似于崇高的“大”是和美相对的概念。《庄子·天道》说：“美则美矣，而未大也。”《孟子·尽心（下）》说：“充实之谓美，充实而有光辉之谓大”，皆美、大并举。大，最初是颂扬天的，孔子说：“巍巍乎！唯天为大”（《论语·泰伯》）。《庄子·天道》说：“夫天地者，古之所大也，而黄帝尧舜之所共美也。”都是这种遗迹的表现。奴隶社会，帝王是天之子，受命于天，也是“大”。在先秦的理性化中，去掉了神秘主义成分，转为效法天而“大”，孔子说：“大哉！尧之为君也。巍巍乎！唯天为大，唯尧则之。”大，在孔子那里，只用来称圣王。一方面圣人不可企及，另一方面孔子要求志士仁人主要是安分守己，克己复礼，由孝而忠，己立而立人，勿犯上作乱，不要求大，也不应该大，只应是“文质彬彬”的君子。到孟子时，周天子早已威风扫地，七国争雄，人才辈出。孟子认为，谁行仁政就能得天下，志士仁人，应该自身奋起，为平定天下而努力。“待文王而后兴者，凡民也，若夫豪杰之士，虽无文王犹兴。”（《孟子·尽心（上）》）按照孟子的人性本善、人性平等思想，人人都可为尧舜。“大”已不为帝王圣人所专有，而是人人通过努力都能达到的境界。以前帝王圣人的大是受命于天，现在人性得之于天而同善，同样有达到成为圣人的内在根据。“尽其心者，知其性也，知其性，则知天矣。存其心，养其性，所以事天也。”（《孟子·尽心（上）》）只要人保持自己的“善端”，养其浩然之气，就能够达到崇高——大，这就是孟子的“充实而有光辉之谓大”。达到大的崇高境界就能“富贵不能淫，贫贱不能移，威武不能屈”（《孟子·滕文公（下）》），也就是“天行健，君子以自强不息”的崇高精神。文天祥在《正气歌》里开宗明义就是：“天地有正气，杂然赋流形。下则为河岳，上则为日星，于人曰浩然，沛乎塞苍冥……”他的“人生自古谁无死，留取丹心照汗青”就是充实而有光辉的大，就是英雄人物的崇高！

中国古典美学中人物的崇高——大，有一个从天的崇高到与天合一、受命于天的帝王的崇高和理性化后效法自然的圣人的崇高，再到具有浩然之气的英雄和君子的崇高的演变过程。但都是正面形象，夏桀、殷纣绝不可能成为崇高，董卓、严嵩也绝不能成为崇高。在中国天人合一的哲学中，只有正面人物才能得天之正气而为崇高，反面人物皆逆天而行，再可怖、再有力也成不了崇高。在西方反面人物成为崇高是因为人与自然的对立，而反面人物恰与未知自然在精神上脉脉相通，在对人类的敌对危害上同心协力。

西方人物的崇高一方面是柏克讲的鬼魔，布拉德雷讲的麦克白、埃古，给人以痛感，人必须转靠安全地带才能化为快感；另一方面是人对之有原罪的上帝，人必须经炼狱般的考验，忍受极大的痛苦才能超越自身。中国的"大"却没有这种可怖可震的痛感，当然人深觉自己的渺小还是有的，孟子说："舜，人也，我，亦人也，舜为法于天下，可传于后世，我由未免为乡人也，是则可忧也。忧之如何？如舜而已矣。"（《孟子·离娄（下）》）这是由圣人英雄而感到自己的缺点，自己的不完善，从而升腾激发起要达到崇高境界的愿望。布拉德雷说："惊惧、狂喜、敬畏，甚至自我谦卑（self-abasement）都在崇高引起的情感之中。"[①] 如果说，惊惧在柏克、康德的崇高中最为突出，狂喜在朗吉弩斯的崇高中最为突出，敬畏在基督教精神的崇高中最为突出，那么，中国人崇高中的自我渺小感也许可以用"自我谦卑"来概括。当然，中国崇高更强调的，还是自己被提高了那一时刻的情感——乐。这，将在论山水的崇高时详论。

二、建筑的崇高：台

崇高，在中国最初就是指台。《说文解字》曰："高，崇也，象台观高之形。""高"的古文字字形与台有关。台的出现很早，夏启有庙台，文王有灵台，台的出现和作为崇高是与宗教有关的，"庙"、"灵"也透露出一点消息。神在天上，天有多高，不得而知，耸入云霄的高山大概与天相通吧，所以神们都住在昆仑山上。无山的平原则是台。"临台以观天文"，即从天象上领会上天的意图，也与神交往。另一方面，站在台上，俯临四方，可以眺望很远，《尔雅》说："观四方而高曰台。"台不仅观天，也观地。《周易·系辞（下）》云："古者包牺氏之王天下也，仰则观象于天，俯则观法于地"，恐怕就是在台上。有权观天观地是与受命于天相连的，在甲骨文中还有一些与高相近的字，如亳，是殷的都城，体现出崇高与威势。还有京，

① 布拉德雷：《牛津诗学讲演集》，38 页。

应劭《风俗通义》说："京，谨按《尔雅》，'丘之绝高大者为京'，谓非人力所能成，乃天地性自然也。"《说文解字》与此同，虽恐非初意，然段玉裁注云："凡高必大"，确然。春秋战国，大兴土木，台有一个大的发展，齐有桓公台，卫有新台，楚有章华台……这时台已脱离神学而理性化，台越建越高，越造越美，追求"崇高彤缕"之丽。后来汉武帝时，台高三十丈。魏文帝"筑台基台四十丈，列烛置于台下，曰烛台，台远望如列星之坠也"（《太平御览》"台"）。

台最初的崇高在于它是祭司的专用物，带有与神与天交往的神性，当其演变为帝王之台，也因帝王们受命于天在万民之上而具有一种伟大性。后来，魏晋名人文士好游山水，在名山胜水中建造亭、台、楼、阁之风也获得发展，登楼登台成为一般人的审美习惯，登楼登台也成为中国人触发宇宙人生的一种普遍方式。如果说哥特式建筑作为崇高主要是以下观上，它的墙柱、窗扇、尖顶，它的整个外形都给人造成一种飞腾向上、直入云天的超越尘世的宗教崇高感，那么中国的台（楼、亭、阁）作为崇高则主要是以上观下，站在台上，仰观宇宙之大，俯察品类之盛，眺望四方之远。这是中国古人触发宇宙人生的崇高感的崇高：

> 会当凌绝顶，一览众山小。（杜甫《望岳》）
> 天高地迥，觉宇宙之无穷。（王勃《滕王阁序》）

如果说哥特式建筑的心灵升华作用的高潮是在与外面尘世完全隔绝的弥漫着宗教气氛的教堂内部；那么，中国台的心灵升华作用的高潮则是在与天地万物有更多样的观照，更深远的体察，更亲切的交流的无遮蔽的四向敞开的台上。可供仰观俯察、四面游目的台的崇高最深地体现了中国美学人与自然和宇宙交流的特点，也因此，台、亭、楼、阁的崇高与山水的崇高几乎是水乳交融在一起的。对台的崇高的整个感受过程，我们将在山水的崇高中一起讲。

三、高山大河的崇高：乐

西方柏克、康德将高山大海作为与人敌对的崇高客体，是因为其与未知自然相连；而基督教义对"大洪水以后在地球上出现的山"的解释，认为山是"破坏了造物主的（合于对称、节制、整齐的）

完美的东西，所以称之为自然界的‘羞耻与病’”①。在黑格尔的眼中，自然属于绝对理念的低级阶段而被摒于美学之外。18 世纪的旅行者把山水视为上帝伟大的显露而对其欣赏，但仍受西方基本精神的左右。在英国著名诗人济慈那里，我们可以找到这样的诗：

诗神哟，从蒙雾的尼维斯山巅，
请教我一课，请大声说！
我窥视深渊，深渊藏在一片雾中——
人类对地狱所知道的，也就这么一点；
我仰望，这一片阴沉的雾——
人类对天堂所能说的也就这么一点；
雾障铺展在大地上，在我脚下——
人看到自己也这般，也这般朦胧！
在我脚下是嶙峋的石头——
我就知道这么一点；
我踩着这个可怜无智的妖精——
我眼见的全是大雾和风巉岩，不仅在此在，
也在思想和智力的世界。

——《本·尼维斯》②

中国人与宇宙和谐的整体功能观是绝不会产生这些思想的。在中国，高山大河的崇高最初也是与天和受命于天的奴隶主首领有关的。《诗经·崧高》云：“崧高维岳，骏极于天。维岳降神，生甫及申……”《诗经·天作》云：“天作高山，大王荒之。彼作矣，文王康之……”《周易》云：“河出图，洛出书，圣人则之。”这几处都显出这种思想。理性化以后，高山大河的崇高脱离神学向儒家和道家两方面发展。孔子说：“知者乐水，仁者乐山。”（《论语·雍也》）一“乐”字既点出了崇高客体山水令人乐的性质，又表明了人对山水的感受是乐。对山水何以为乐，孔子仅从主客体的相似性讲了“知者动，仁者静，知者乐，仁者寿”，语焉不详。《孟子·尽心（上）》有所发挥。《荀子·宥坐》算是讲得比较清楚的：“孔子观于东流之水，子贡问于孔子曰：‘君子之所以见大水必观焉者，是何？’孔子曰：‘夫

① 叶维廉：《中西诗歌山水美感意识的演变》，见《寻求跨中西文化的共同文学规律》，111 页，北京，北京大学出版社，1987。

② 《济慈诗选》，316 页，上海，上海译文出版社，1983。

水大遍与诸生而无为也，似德；其流也埤下裾拘必循其理，似义；其洸洸乎不淈尽，似道。若有决行之，其应佚若声响，其赴百仞之谷不惧，似勇；主量必平，似法；盈不求概，似正；淖约微达，似察；以出以入，以就鲜洁，似善化；其万折也必东，似志；是故君子见大水必观焉。'”这段话表明了大水与人类社会法则和人的社会品德有内在的相通之处，人在大水中感到的是自然、社会、人的和谐和内在一致。这种比德的审美观不是崇高客体与人的相互刺激，而是相映生辉。在道家那里，《庄子·秋水》谈海说：“夫千里之远，不足以举其大；千仞之高，不足以极其深。禹之时十年九潦，而水弗为加益；汤之时八年七旱，而崖不为加损。夫不为顷久推移，不以多少进退者，此亦东海之大乐也。”这里，海是无形的道的体现。借用宗炳的话说，是“山水以形媚道而仁者乐”（《画山水序》），乐也是基于人与自然的和谐意识。

比德和味道都偏重于理智上的分析，当然这种理智分析而来的意识会暗中支配审美实践。但真正审美的当下体验，更多直接性，不假思索，它比理论抽象丰富得多。孟子说：“孔子……登泰山而小天下。”这里少有比德成分，而是登泰山而四望，众山皆小，宇宙辽阔，平原接天，心胸霎时间被提高了。魏晋南朝，人们篡也看惯了，乱也看惯了，社会一片混乱，在自然中，反而感到自由自在。人们喜好山水，山水诗画的兴起也在此时。大画家宗炳说：“余眷恋庐、衡，契阔荆、巫，不知老之将至。”他因病从衡山返回江陵后，感叹道：“噫，老病俱至，名山恐难遍游，唯当澄怀观道，卧以游之。”高山大河及其艺术反映对他来说是畅神，他说：“畅神而已，神之所畅，孰有先焉。”（《画山水序》）

比德也好，味道也好，畅神也好，都是有助于人格的正面培养，用今天的话来说，是大自然的陶冶。在中国哲学里，整个宇宙是气，“山水质有而趣灵”也是气，人也是气。而人的壮气，正气，一种博大的胸怀，在很多人看来是必须在崇高山水的浸染下才能培养出来的。司马迁游名山大泽而作《史记》，自曹丕提“文以气为主”之后，很多人谈论养气问题。宋代苏辙认为，养气必须像太史公那样游名山大川，“求天下奇闻壮观”，而充实自己。总之，在中国，高山大河作为崇高客体，不是与人敌对的可怖形象，也非违反上帝原则的丑陋造型，没有在黑格尔体系中的卑下地位，而乃会天地之阳刚正气，是人的江山之助。

中国人对高山大河的感受基本上与对崇高人物的感受是一样的。孔子说："大哉！尧之为君也。巍巍乎！唯天为大，唯尧则之。荡荡乎！民无能名焉。巍巍乎！其有成功也，焕乎其有文章。"司马迁赞扬孔子说："'高山仰止，景行行止。'虽不能至，然心向往之。"（《史记·孔子世家》）人们面对天、圣人、高山这些伟大的自然和社会现象，内心感到一种崇敬，同时升腾起要达到这种崇高境界的愿望："虽不能至，而心向往之。"这是一种对崇高事物的崇敬，要与之合一的感受，它不像康德那样，先是痛感，然后主体唤起抵抗，诉诸道德力量，超感性官能，从而提高自己，感到自己比自然界更崇高。它也有崇敬和愉快，但崇敬是对人的道德力量的崇敬，是对主体的崇敬；愉快也是一种征服者的愉快，对未来斗争充满勇气的愉快。中国的崇高对象是圣人英雄和自然的壮美，因此崇高的愉快是对自己本源的皈依。它不像康德那样，"让我们在内心里发现另一种类的力量，这赋予我们勇气来和自然界的全能威力的假象较量一下"①，也不是布拉德雷的对客体的敬畏和与之混杂一起的"一种自我放弃、狂喜或崇拜"② 的与客体合一，而是"高山仰止，景行行止"。用现代汉语来说就是："巍巍的高山，我们抬头仰望，充满阳光的大道，我们沿着它前进。"

西方的崇高注重突出的是痛感——不管是受挫、阻碍、惊呆，或拒绝，中国的崇高特别突出的则是乐。它肇始于孔子的"知者乐水，仁者乐山"。这种乐既来自"比德"，即人从山水那里感受到人的社会性与自然的内在一致，又来自"澄怀味道"，即从山水那里体会到无形的，生生不已的道。中国崇高中乐的突出主要源于天人合一的整体功能宇宙观，西方崇高引起可怖性和敬畏的主要之点，如空无、晦暗、无限……在中国美学中，都无可怖可言。

空无，按柏克，包括空虚（vacuity）、黑暗（darkness）、孤独（solitude）、寂静（silence）。而在中国哲学里，空，不是西方的空，"空即是色"。空灵是极高的艺术境界。无，也不是西方的无，无包含着有，有生于无。虚比真实真，"唯道集虚"，没有虚空，万物不生。静，中国人顺应自然法则而运行的宇宙是虽动而静的。总之，中国人的"空"、"无"、"虚"、"静"充满了宇宙的灵气。"静故了群动，空故纳万境。"（苏轼）

---

① 康德：《判断力批判》上册，101 页。

② 布拉德雷：《牛津诗学讲演集》，52 页。

清晨入古寺，初日照高林。曲径通幽处，禅房花木深。
山光悦鸟性，潭影空人心。万籁此皆寂，唯闻钟磬声。
（常建）

如此静寂，如此空灵，又如此充满无限意味。

空山不见人，但闻人语响。返景入深林，复照青苔上。
独坐幽篁里，弹琴复长啸。林深人不知，明月来相照。
（王维）

如此孤独，如此虚静，又如此包含着无限深意。

中国画往往留出大块的空白，然而“虚实相生，无画处皆成妙境”（笪重光）。清人郁永河“独坐舷际，时近初更，皎月未上，水波不动，星光满天，与波底明星相映，上下二天，合为圆器，身处其中，遂觉宇宙皆空”（《台湾行》），毫无柏克的恐怖，反而大发诗兴。

晦暗、模糊也是柏克大谈可怖性的因素。晦暗、模糊在西方文化中与未知相连，当然易生可怖。在中国，晦暗、模糊与空、无相连，恰为最高境界。《老子》说“道之为物，惟恍惟惚”。孟子的美、大、圣、神，不可知之的神为最高。作为这种哲学观的反映，艺术上是“是有真迹，如不可知，意象欲生，造化已奇”（司空图《二十四诗品》），是“羚羊挂角，无迹可求……透彻玲珑，不可凑泊”（严羽《沧浪诗话》）。正是在这种背景下，张怀瓘《法书要录》说：“道心唯微，探索幽远”，“临不测之水，使人神清，登万仞之岩，自然意远。”

中国人的宇宙是一阴一阳、一虚一实的有节奏的宇宙，中国古人的观赏也不是只把晦暗作为一个孤立绝缘的意象来看待，而已经暗渗着宇宙观的定式。“若夫日出而云霏开，云归而岩穴暝，晦明变化者，山间之朝暮也……朝而往，暮而归……之景不同而乐亦无穷也。”（欧阳修《醉翁亭记》）

无限也是西方崇高可怖性的重要根源。柏克说：“在我们的所有观念之中最能感动人的莫过于永恒和无限；实际上我们所认识得最少的也就莫过于永恒和无限。”① 康德从哲学上深感人永远不能把握无穷的宇宙，在人的认识能力之外，永远有一个物自体。而中国人

① 朱光潜：《西方美学史》上卷，243 页，北京，人民文学出版社，1979。

的宇宙——“道”是能够体味的。中国人容纳万有的整体性宇宙观体现在美学和艺术上，如汉赋包括万物，绘画三远法俯仰天地，建筑的群体性和时空合一。由于中国人与自然的内在同一，“中国人不是像浮士德追求着无限，乃是在一丘一壑一花一鸟中发现了无限，表现了无限，所以他的态度是悠然意远而又怡然自足的。他是超脱的，但又不是出世的。他的画是讲空灵的，但又是极写实的。他以气韵生动为理想，但又要充满着静气。”① 因此，西方的无限与未知相连给人以刺痛，中国则没有，你看：

> 楚塞三湘接，荆门九派通。江流天地外，山色有无中。
> 郡邑浮前浦，波澜动远空。襄阳好风日，留醉与山翁。
> （王维《汉江临泛》）
> 白日依山尽，黄河入海流。欲穷千里目，更上一层楼。
> （王之涣《登鹳雀楼》）

柏克认为，一些事物本身不是无限，但可以造成无限的感受，如各部分的连续和重复。中国古人是不会这么想的：

> 山随平野尽，江入大荒流。
> 月下飞天镜，云生接海楼。
> 仍怜故乡水，万里送行舟。（李白）
> 平芜尽处是春山，行人更在春山外。（欧阳修）

都没有想到无限。

中西对客体感受的差异在于由宇宙观所决定的观赏方式的差异。西方人从一定点（这个定点既是历史的、文化的，又是个人的）向高山、海洋、无限的苍穹望去，结果必然是视觉把握不住客体，想象力不能与客体相适应，感性受到否定，人感到阻滞、拒绝、渺小、无力……而中国人对崇高客体的观照方式是流动的，俯仰往还的。原始的彩陶艺术就不但可以平面环绕观赏，又可以从上往下观赏。《周易》讲仰观俯察，《礼记》讲上下察，绘画讲三远：“山有三远，自山下而仰山巅谓之高远，自山前而窥山后，谓之深远，自近山而望远山，谓之平远。”（郭熙《林泉高致》）对于“一片山景‘仰山巅，窥山后，望远山’，我们的视线是流动的，转折的。由高转深，由深转近，再横向于平远，成了一个节奏化的行动。郭熙又说：‘正

① 宗白华：《美学散步》，125页，上海，上海人民出版社，1981。

面溪山林木，盘折委曲，铺设其景而来，不厌其详，所以足人目之近寻也。傍边平远，峤岭重叠，钩连缥缈而去，不厌其远，所以极人目之旷望也。’他对于空远、深远、平远，用俯仰往还的视线，抚摩之，眷恋之，一视同仁，处处流连”①。这样山再高再远也无可怖之感。

最后我们对中西崇高理论作一简短的小结。

崇高作为主客交流的整体反映的是人的自我超越过程。中西崇高理论明显地有三点差异：(1) 使人自感渺小的东西，即超越的压力是不同的。在西方的崇高中是一种敌对者（上帝也是把人放在一个与之敌对［有罪］的位置上），自感渺小是以一种对立冲突的方式表现出来的；在中国的崇高中是一种伟大者，自感渺小是以劝励的方式表现出来的。(2) 超越的方向不同。西方的超越，特别是柏克、康德的理论，是以战胜对方和原来之我为目的，因而是多样的、未规定的，表现为一种胜利的多种可能。中国的超越自我是向以前的劝励者皈依，它的方向是规定的、有榜样的，这种皈依又毫无基督教否定自己的赎罪意识。(3) 超越的过程不同。西方体现为一种激烈的否定之否定，中国则为正面的愉快的提升。

① 宗白华：《美学散步》，90页。

第六章
荒诞与逍遥：中西文化自由极境的审美凝结

如果说和谐和悲剧是古代西方最主要的美学范畴，崇高是近代西方最主要的美学范畴，那么荒诞就是现代西方最主要的美学范畴。荒诞的出现主要是与西人的自由追求相连。人，作为自然存在物，是受自然规律束缚甚至强制的。人在物种的进化中能进化为与自然相对立的人，是一步步摆脱或征服自然束缚和强制的结果。自由，即摆脱束缚和强制，要求自主和自决的追求，也许是与人俱来的一种追求。自由总是相对于束缚而言。束缚归根到底无非两类：一为外在的，即自然律令和社会规范的束缚；一是内在的，即肉体自然和心理观念（内化了的社会观念）的束缚。自由和束缚的对立是要求发展的人的运动本能和相对静止的自然和社会律令的对立。人生成为文化，自然规律也被赋予了社会性，自由追求也因文化的差异而有了具体的形态和历程。

自由是西方文化中的一个重要概念，然而只是在现代，自由与荒诞连在一起的时候，才对美学发生了举足轻重的影响。逍遥是中国古代与自由最近似的一个概念。它在庄子那里一出现就对中国美学产生了巨大影响，一直到宋代，逍遥与梦幻感相连时，才从美学的显赫地位慢慢地退了下去。要对中西美学进行总体把握，自由和逍遥都有非常重要的地位，不过只有把二者各自的相连系统放在一起进行考察，其重要性方能敞开出来，这就是抗争、自由、荒诞和退隐、逍遥、梦幻感。

第一节　抗争、自由、荒诞

一、从抗争到自由

西方文化是从抗争开始走向自由之路的。希腊文学与《圣经》

都充满了抗争和自由的主题，抗争一开始主要是对外在的束缚。普罗米修斯反抗宙斯的禁令，把火带给了人类，被宙斯派威力神和暴力神用铁链钉在高加索山上，他坚强不屈，拒绝和解，显示了一种刚强的自由意志。俄狄浦斯面对神谕，坚决反抗这种无理的冥冥之中的命运，诚然，他失败了，但他勇敢地承担起自己的“罪责”，刺瞎自己的双眼，退位出国，流浪他乡，同样表现了一种刚强的自由意志。亚当不顾上帝的禁令，偷吃禁果，被逐出伊甸园。密尔顿在《失乐园》中这样描写了亚当和夏娃被逐出伊甸园的情景：

> 他们一回首，刚才是他们幸福
> 驻地的乐园的东侧尽收眼帘，
> 上面舞动闪耀的飞剑；那大门
> 则拥挤着狰狞的怪脸和火红的兵器。
> 他们自然落了泪，但很快就擦去，
> 世界全摆在眼前，他们要选择
> 安身的地方，神意是他们的向导。
> 他们手携手，以踯躅而缓慢的步伐
> 通过伊甸园走向孤寂的征途。

这个《圣经》故事用一种隐喻的方式说明了：以自由意志反抗外在律令就是人的原罪。

当人感到外在事物的束缚时，产生的是对外的抗争，当人感到内部机体对人的束缚时，又开始了对自己的抗争。柏拉图第一个系统地把灵魂与肉体相分离。灵魂是不死的，要认识美本身只能通过灵魂对上界真正的美的回忆。要洞见美，必须要有一个纯净的灵魂。而灵魂的纯净除了天赋，还靠培养，培养的主要方式就是抵抗和克服肉体的欲望。内在的自由就是灵魂摆脱了肉体束缚的自由。柏拉图根据人灵魂的净化程度，分人为九等，第一等是摒绝内欲，毅然自持的爱智慧者、爱美者或是诗神和爱神的顶礼者。柏拉图的理论经过普罗丁，最后融入基督教，在基督教那里灵魂与肉体的斗争演出过一幕幕悲壮的活剧。

与外在事物的抗争，自由精神主要凝聚为一种知识的力量；与自己的肉体斗争，自由精神主要表现为一种意志力量。在对内争取自由的斗争中，意志力量与信仰相连，于中世纪竖立起一个具有现实力量（教会）的上帝来帮助芸芸众生开展灵魂与肉体的斗争。上帝这个最高的指挥者还随着时代的演变而演变，哥白尼、牛顿改变宇宙后，上帝成为宇宙的第一推动者，资本主义在封建母体中日益强大，从天主教中枝生出新教以继续领导灵魂对肉体的斗争。

知识力量与理性相连，自文艺复兴以后，产生了真正的近代科学。经验主义和理性主义一道帮助人们进行争取外在自由的斗争。一方面是对自然的征服，科学技术在不断地飞跃发展；另一方面是对社会的征服，从人与人像狼一样到社会契约的达成，从启蒙运动到各国冲破封建束缚的资产阶级革命，争取自由一直是人们斗争的主要目标。黑格尔哲学是西方文化在近代争取自由斗争的顶峰，他把上帝的指导、宇宙的进化和理念的运动结合在一起，给人们指出了通向自由之路——自由就是对必然的认识。

然而认识了规律、必然性人就能获得自由吗？如果不管我的意愿如何我都得服从规律，都得听从上帝，都得按照外在于人的一种预定轨道进行，实质上只是说，只有听从上帝的自由，没有不听从的自由，只有按照必然性行动的自由，没有反对必然性的自由，这还是自由吗？如果必然性就是如在《俄狄浦斯王》中那样叫你杀父娶母，你认识了这个必然性，又能获得什么自由呢？人们认识到，在上帝、牛顿、黑格尔的观念的统治下，没有自由。

从 19 世纪下半叶到 20 世纪初，西方的科学、哲学、宗教、美学、文艺等各领域产生了一批杰出人物：爱因斯坦、海森堡、莫诺、海德格尔、萨特、尼采、克尔恺郭尔、马塞尔、陀思妥耶夫斯基、卡夫卡……他们一起整个地改变了西方文化的世界图式，从而使西方人真正地获得了自由。

二、从自由到荒诞

新的世界图式是怎样使西方人获得自由的呢？这种自由又是一种什么样的自由呢？还是从古典世界图式和现代世界图式的关联和变化谈起吧：

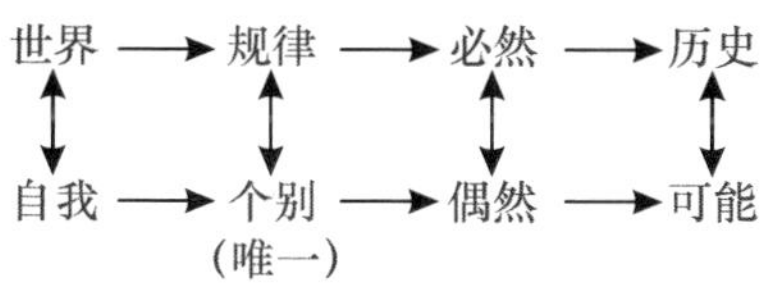

上面一组概念是以理性和上帝为核心的古典文化的宇宙统一性的基本概念，可以说是古典文化的四大支柱。在古典文化中，这四

个概念也包含着和它们相对应的下面四个概念，它们以矛盾的主要方面之势力统治、压迫、管束着下面四个概念，而下面四个概念在相对论、量子力学、非欧几何、莫诺的生物学的支持下，挣脱了上面四个概念的束缚，构成了现代文化的主要支柱。

古典的世界是具有统一性的世界，它至大无外，至小无内，人、自我是世界的一个组成部分，人是一个小宇宙，它与大宇宙和谐共振。重要的是，在古典世界里，正如个别和一般、现象和本质、个人和上帝的关系一样，自我是由世界决定的，不管是以人对理性和规律服从的方式还是以人对上帝服从的方式显示出来，自我始终是被决定的、受动的，他不能自己把握自己，自己认识自己，只能通过从属上帝或者认识规律才能认识自己，把握自己。人通过一种对人的本质的认识，对宇宙的统一规律的认识和对上帝的信仰把自我安顿在一个稳定的整体之中，像行星围绕太阳旋转那样，让整体的性质来决定自己的一切。然而，现代文化揭示了人的本质并不是一个固有的抽象物，宇宙并不是不受时空变动影响的固定模式，上帝本是人按自己的形象虚构出来的偶像。当人们发现自身虚构的真实性的时候，他就不再把真实的虚构作为上帝来信仰，上帝死了。爱因斯坦追求宇宙的统一场并未成功，即使成功了，也不会是宇宙的统一场，而是宇宙之一部分（虽然大得惊人）的统一场。作为小宇宙的人，怎样与一个相对的宇宙和谐共振呢？自我失去了依托，失去了根，他只能自己决定自己。现代文化作为古典文化的深入，显出了古典思维所决定的追求依托和追求本质的虚幻，它就把古典文化中世界与自我的关系破坏了：不是世界决定自我，而是自我决定自身。现代人在相对宇宙和多元现世中只能自己设定自身。人，自由了。

世界统治自我具体说来就是规律支配个别。整个世界都是由规律所支配的，自然界按自然规律运动着，人类社会由社会规律、历史规律所支配。人违犯了规律就受到规律的处罚，人掌握了规律就会获得自由，这是古典文化中科学和哲学给人的信心。然而人们究竟是怎样去获得规律，人们所获得的规律又究竟具有什么样的性质呢？相对论、非欧几何、不完全定理、证伪理论动摇了规律的绝对性、普遍性。特别是在社会、历史、人的领域，以前认为是铁的规律，一些属统计规律，即概率，另一些从个别归纳出来的一般规律，完全舍去了个别的丰富性。这两种规律都只是从作为类的人来看问题，指出类活动的运行特点、趋向，而完全不能说明单个人的丰富性和单个人的命运。你可以从规律、逻辑上掌握交通事故以一定数量发生的必然性和将发生在一切进行交通活动的人身上的可能性，但规律永远说明不了为什么是“我”遇上了车祸。人可以懂得很多恋爱规律，但这些规律解决不了为什么偏偏是“我”碰上了失恋。而且更重要的不是在我已经遇上了车祸、失恋之后用规律、逻辑、理论去说明它，或用它来说明规律，不是这些规律对我的遭遇有意义，而是遭遇本身对我才有意义，是我在遭遇中独有的痛苦对我才有意义。类的规律不能说明个人的命运，这个人只属于这个人。坚决反对黑格尔的理念统治个人的克尔恺郭尔就在自己的墓志铭上提上：唯一者。当上帝、绝对理念、普遍规律如日之沉落之后，完全不能由规律来说明的个人的独特性就敞亮出来。人，自由了。

从世界的统一性、从规律、从类来看待人的活动，当然要强调必然性的力量，再偶然的事物和事件，下面也有必然性在起作用。古典世界是必然支配偶然。现代世界不从统一性、规律、类看问题，而从个别、从这一个来看问题，必然要突出偶然性的重要。地球的出现是偶然的。并非只要有恒星的演化就会有地球，按概率，在一定量的恒星系统中，会出现一定的地球类行星，但问题的关键是这个地球。用人的例子更能说明问题。人的出生是偶然的，有父母就会有子女，但不一定有你。某一精子和某一卵子的结合概率是非常之小的。有父母就会有子女是必然的，有你是偶然的。每个人都有幼、少、青、壮、老，是必然的，但你具有怎样的幼、少、青、壮、老则是偶然的。从具体的事物、具体的人出发来研究它们的具体性，在上帝消失、绝对理念陨落之后，在因果论为概率论取代之后，我们唯一能承认的就是偶然性。偶然性就是说，他可以出现，也可以不出现，可以这样做，也可以那样做，没有一个高于他之上的存在物或显或隐地决定他必然地、具体地是怎样。人，自由了。

古典世界的统一性、规律、必然，经达尔文进入自然史，然后又进入社会历史，黑格尔在哲学中把统一性、规律、必然作为一种历史的展开，同时也把历史纳入规律和必然性中。现代西方在冷落了统一性、规律、必然的同时，也就抛弃了历史进化的必然性，历史并不是命定的由低级向高级的必然进化，历史本身是具体的，它充满了各种可能性，在具体的历史变更和重要事件上并不是必然的，不是哥伦布必然要在某年某月某日横渡大西洋，不是法国大革命早在地球诞生之前就命定地要发生在1789年7月9日。个人在历史中也不是作为历史的工具，或者推动历史前进成为英雄，或者阻碍历史前进变为大坏蛋，个人是作为人而非工具处于历史之中，面临各种可能性，他不是让历史决定他的行动，而是自己决定自己、选择自己的行动，创造自己的命运。个人的命运不是历史的必然，而是敞开的可能。人，是自由的。

现代西方一旦在世界与自我、规律与个别、必然与偶然、历史与可能这些传统对子中崇尚自我、个别、偶然、可能，就彻底地打碎了这些对子。世界、规律、必然、历史一旦被贬斥、拒绝，就不再对自我、个别、偶然、可能起统治和牵制作用，自我、个别、偶然、可能在现代西方，特别是在存在哲学中进行了自己的自我重组。在脱离或曰抛弃了世界、规律、必然、历史的自我、个别、偶然、可能的新的组合中，西方人获得了真正的自由。人是自由的，这是萨特反复、严肃地申说的一个主题，也是整个存在主义思潮乃至整个西方现代的意绪。然而正是在这种真正的自由里，产生了一种弥漫整个现代西方的感受——荒诞。荒诞的人，这是加缪严肃地反复地申说的主题。存在主义的，也是现代西方人的自由，是没有了上帝的自由，否定了规律的自由，离开了必然的自由，与这种自由紧紧相连的必然是一种荒诞感，自由和荒诞是一枚钱币的两面。

在现代西方，自由和荒诞在理论上主要是由存在主义来探讨的。因此我们可以从存在主义的理论中进一步深入认识现代西方的自由和荒诞。

物质和精神、客观和主观是西方传统哲学的两个最根本的范畴，存在主义把这两个范畴从本体论的角度化为虚无，是说明自由和荒诞的关键。

海德格尔在失去了形而上学的现代氛围中，对形而上学的追求给予我们西方本体论从有到无的一个图形。现代西方以科学为主力，把形而上学作为虚无否定了。但是，作为西方文化实体性典型的各门学科，它们以不同的方法研究不同的对象，难道只是被各大学的行政机构组织在一起，只靠各自的实际意义才保持意义吗？它们没有一个共同的根吗？古代世界有一个共同的根——巴门尼德的存在及其各种演化形态（理式、原子等），中世纪有一个共认的根——上帝，近代世界也有一个公认的根——黑格尔的理念。现代，这个根被科学否定了。海德格尔要寻找一个确实的东西，只找到此在（即个人的具体存在）作为其基础本体论。然而，此在只是哲学研究确定明晰的出发点，而非形而上之根，虽然这个根可由此在的本质处境来追问。

海德格尔认为，形而上学是无（Nichts）而不是科学否定它时所认为的虚无（nêant）。形而上学是由明晰的科学明晰地否定掉的，因此不能由科学之路登堂入室。“如果前提是：要在这个问题中以‘逻辑’为最高准绳，要以知性为手段并通过思维的途径，以求原始地把握‘无’并对‘无’可能暴露的真相作出决断，——那么在这样的前提之下，因为我们始终无法把‘无’作为对象，我们就对追问‘无’的问题已经山穷水尽无计可施了。”① 传统文化把形而上学作为一个对象，一门学科，作为存有（Being）来把握，必然要在逻辑和知性的发展中暴露马脚，终而被科学否定掉。海德格尔化有为无，就化解了科学、逻辑、知性的否定。形而上学之无不是虚无，因为人和文化必须有意义，它又不是有，因为上帝、理念、必然在理性面前已显为子虚乌有。对于执著于形而上的大全的西方心灵，对于人类和文化虽不能证明、未能寻出、但确有的统一和意义来说，人是要坚持追问形而上问题的，因此，海德格尔提出了“无”。无不是虚无，显示了西方心灵的执著，无不是有，它避开了逻辑的打击，超越了知性的局限，适应了现代的形势，在没有形而上学的现代，指出了一个形而上的代替物。然而这个代替物是“无”，“无是对在者的一切的否定，是根本的不在者”②。对于有思辨头脑的海德格尔来说，区分无与虚无是容易的，但对芸芸众生，又怎样对既不是一个对象，也根本不是一个在者，既不自行出现，也不依傍着它仿佛附着于其上的那个在者出现的“无”③ 去进行思考呢？他们只有沉沦在虚无之中了。

在虚无中要固执形而上之根的海德格尔，只有用“无”来维持这个根，“无”不能够用逻辑和知性来证明，但海德格尔说，可以靠我们对无的基本经验来证明它。什么是无的基本经验呢？焦虑、孤独、无聊、畏惧……当海德格尔避开逻辑和知性，转入经验和体验中来寻求无的显现时，已不知不觉地从哲学转入美学了。如果我们仍用物质和精神、客观和主观这一概念框架来看问题的话，那么可

①② 洪谦主编：《西方现代资产阶级哲学论著选辑》，346 页，北京，商务印书馆，1964。

③ 同上书，353 页。

以说，物质、客观世界的本体论已经化为虚无了。或者换言之，它已经转向了，转入此在（单个人）的经验和体验中去了。这正好使我们从精神这一传统概念来进行存在主义的考察。

萨特以现象学的方法来建立存在的本体论，以对意识的现象学考察来开始他的名著《存在与虚无》。意识，这个被各种古典唯心主义以各种方式神化为九天之上的东西，现在要跌入尘世了。现象学认为，一切意识都是对某物的意识。萨特由此得出，意识本身是空洞的，是不存在的，是虚无，意识是一种自发的活动，意识活动和意识对象是同时出现的。意识一出现就是对某物的意识，意识对象出现了，意识这个虚无才同时附在某物上，成为某物的意识，才化无为有。

当世界的本体变成无的时候，人的外在失去了最根本的依赖，当意识本身也是虚无的时候，人的内在失去了最根本的依靠。人真的自由了，这是一种处境尴尬的自由。加缪在《西西弗的神话》中说："一个哪怕可以用极不像样的理由解释的世界也是人们感到熟悉的世界。然而，一旦世界失去幻想和照明，人就会觉得自己是陌路人，他就会成为无所依托的流放者，因为他被剥夺了对失去的家乡的记忆，而且丧失了对未来世界的希望，这种人与他人生活之间的分离，演员与舞台之间的分离，真正构成了荒诞感。"①

人是荒诞的，特别是作为单个人更显得荒诞。我被不明不白地抛到世上来了，我为什么是如此之我，是这一人种，生这一国度，处这一时代，居这一阶层，这是讲不清楚的。不从传统的本体论，把人归为类，而从存在主义的本体论，突出与类不同的我，我是谁的问题是难以回答的，我的命运、我的生活之路是荒诞的。这种与类不同的我的突出，规律的世界转为我之世界，世界也显得荒诞了。人固执于我，成为局外人，世界也疏远于人，成为卡夫卡所描绘的世界，成为荒诞派戏剧和黑色幽默所描绘的世界。人固执于我，我与他人的沟通就成问题了，人我关系就成了萨特戏剧《间隔》中三个人之间的关系，成了尤奈斯库《秃头歌女》中那对夫妇之间的关系。突出了与类不同的我，脱离了上帝和规律的管制，是自由了，但这种自由是荒诞的，一方面脱离了外在的规律，另一方面又不能阻止异己规律对自己产生的压力，这就是尤奈斯库的《椅子》、《未

① 加缪：《西西弗的神话》，6页，北京，三联书店，1987。

来在鸡蛋里》、《新客房》等戏剧中显出的人受物的压迫的窘境。规律与自己无关，也就显为一种神秘性，犹如卡夫卡的小说世界。

荒诞是现代人的普遍感受，当后现代理论从参考系的变换来谈事物的性质，从人朝各种参考系开放来谈人的自由的时候，荒诞感才慢慢地开始淡下去……

第二节　退隐、逍遥、梦幻感

一、从退隐到逍遥

西方的自由追求面对束缚采取的是进攻方式，它以解除束缚来获得自由。然而旧的束缚解除了，新的束缚又出现了。它的追求表现为一次又一次的奋斗，一步又一步的提升，直到进入荒诞的自由。

中国的自由追求也是基于束缚，但它获取自由的方向却是退却。中国文化大一统的等级制度创造了集典章制度、行为规范和思想意识为一体的礼。封建社会的儒家正统思想一方面对礼大加美化，另一方面还认为与礼一致的仁、义、礼、智就是人的本性，人应该保持这个本性，发扬这个本性，人与制度的契合完全可以达到一种自由，所谓“从心所欲，不逾矩”。但礼与制度相连，本身是严肃的，孔子要人们“非礼勿视，非礼勿听，非礼勿言，非礼勿动”；礼作为一种行为规范是一种程式化的东西，使人感到更多的是束缚，礼作为一种社会理想，与现实是有距离的。治世之时，政治清明，理想和现实的距离尚小；乱世之时，政治黑暗，理想与现实出现巨大的反差，那些守礼的理想主义者们便陷入巨大的困境。

面对困境，中国的理想主义采取了两种方式，一是屈原方式，持道以论政，坚持理想，进行斗争，评论政治，这种方式走向的不是自由而是毁灭。二是儒家方式，持道以待政，坚持理想，但并不争斗，平心静气地等待政治的清明。为什么不争呢？在封建专制制度里，政治黑暗，主要原因是君王的昏庸。争，意味着批评君王，这是违反礼的。另外，君王昏庸，争，是危险的。所以孔子一再用典型的人和事教导人们：“邦有道，则知，邦无道，则愚”（《论语·公冶长》）。“危邦不入，乱邦不居。天下有道则见，无道则隐。”（《论语·泰伯》）“用之则行，舍之则藏”（《论语·述而》）。孟子也说："达则兼济天下，穷则独善其身。"但儒家是以治国平天下为理想的，藏、隐、愚并非本心，实乃不得已。不过，不得已亦是天道的必然会有之事，于是儒者们为了坚定持道以待政的如磐之心，创造了所谓的孔颜之乐。颜回"一箪食，一瓢饮，在陋巷，人不堪其忧，回也不改其乐"（《论语·雍也》）。孔子"饭疏食，饮水，曲肱而枕之，乐亦在其中矣"（《论语·述而》）。住得差，吃得少而次，仍应快乐，持道以待政。然而既然人生的目标在于政治，而藏与隐也只是为了"待"，这种乐很难达到真正的乐是可推断的了。孔子自己后来就等不及了，不但周游列国，希望被任用，甚至就连危邦乱邦也想去干一番。真正按照孔子的教导去待政，是很难获得乐的，就是孔子像他一时的气话说的那样出走到海外去，也必是带着一肚子的失望和辛酸，恐怕能使他有一丁点儿乐的只是他仍持着"道"，能够独善了。

在昏君不断、乱世不断的封建社会，对怀着理想的士人来说，能带来真正的平静和快乐的是道家。道家以处乱世昏君中士人们的隐、藏、愚立论。为了使隐、藏、愚达到真正的快乐，它对儒家之道进行了根本的转换。

儒家认为，社会之礼是天道的神圣体现，道德、仁义、君臣、父子是人生符合天道的正道。道家与之相对，认为社会是堕落退化的结果，"失道而后德，失德而后仁，失仁而后义"（《老子》三十八章）。社会之礼是不得已的行为，"大道废，有仁义，智慧出，有大伪，六亲不和，有孝慈，国家昏乱，有忠臣"（《老子》十八章）。因此最好的追求不是对社会秩序的追求，而应是对自然天道的追求。儒家认为，人人都欲眼、耳、鼻、舌、身的愉快，追求美的色彩、声乐、饮食、房舍、衣装，这是人的自然本性，"食色，性也"（《孟子·告子（上）》），只是这些追求应依礼的规定，按等级享受，不能乱来。道家与之相反，认为饮食、房舍、衣装、声乐、色彩不是越美越好，而是越美越糟，因为这不是人的本性，而是加在人的本性上的一层不必要的修饰，人迷恋这些修饰反而会忘掉人的本真的存在。"一曰五色乱目，使目不明；二曰五声乱耳，使耳不聪；三曰五臭薰鼻，困惾中颡；四曰五味浊口，使口厉爽；五曰趣舍滑心，使性飞扬。"（《庄子·天地》）儒家觉得理想的人物形象是"文质彬彬，然后君子"（《论语·雍也》）。有仁义的内心是重要的，同样，有与礼相适应的外貌穿戴也是重要的，等级制度必须要以一系列外在的象征符号表现出来。与此相反，道家认为外在的形貌完全不重要，关键是要顺其自然的天性。其最主要的方式是心斋坐忘。坐忘是心斋的外部感受，即“堕肢体，黜聪明，离形去知”（《庄子·大宗师》），忘却自己形体的存在，也忘掉日常的心理状态，甚至仿佛“无己”“丧我”了；心斋是坐忘的内部状态，专注于自己内心气流的运动，“若一志，无听之以耳而听之以心，无听之以心而听之以气”（《庄子·人间世》）。人体的气是与宇宙之气相通的，正是在气功状态下，人体之气与自然之气相互交流。“气也者，虚而待物者也，唯道集虚。”气功的境界在道家看来就是一种“同一大道”的天人合一境界。因此人生在世最美好的追求不是外在的社会等级符号的修饰，而是内心的炼气，炼意，炼神的与自然合一的境界。

从社会是对人的束缚这一基础出发，道家摆脱社会束缚的追求，同时又成为人的自由追求。这种自由追求的特色在于，它不仅要摆脱社会的外在束缚，而且还要摆脱自身肉体的欲望束缚，而气的宇宙给它以理论的和实践的根据。气功境界确实给人以一种离形去智、身与物化、与天合一的生动感受。很自然，这种感受使他们认为，由此努力的最佳成果，会成就一种与万物共春秋，“静而与阴同德，动而与阳同波”的完全无待的逍遥境界。

那些处于隐、藏、愚状况下的士人如果接受了这套思想，就完全用不着苦苦地待政，而可以愉快地安贫乐道了。儒家的守穷是甜葡萄主义，心里会老是想念，不得安宁。道家的守穷是酸葡萄主义，心里就彻底地安心了，超然物外了。道家思想作为儒家思想的结构之“补”，也就成功了。仕途顺利，可接受儒家思想，努力工作；仕途不顺，不妨接受道家思想，离世自乐。儒、道一起保证着中国文化的稳定性。

中国文化的自由追求——逍遥游，同时又是一种退缩追求。大一统和小农经济是这种追求的社会条件，这种追求都要经历一个由儒入道的心理转换过程。陶渊明就是通过这种转换而获得逍遥的典型例子。

陶渊明本来主要信奉儒家思想。他本有“精卫衔微木，将以填沧海；刑天舞干戚，猛志故常在”（《读山海经》）的济世之心，他的诗中也常出现“诗书敦宿好”，“游好在六经”，“先师有遗训，忧道不忧贫”之类的句子。然而，他所处的时代，篡乱不断，没法济世。出仕吧，不但难以行道，还多受很多窝囊气，因此，他归隐了。有孔、颜之乐为榜样，他是不忧贫的，然而却“忧道”。老是忧，隐居田园也难以超然，时常“善万物之得时，感吾生之行休”，怎么办呢？还得自己劝慰自己：

已矣乎，寓形宇内复几时，曷不委心任去留？胡为乎遑遑欲何之？富贵非吾愿，帝乡不可期。怀良辰以孤往，或植杖而耘耔。登东皋以舒啸，临清流而赋诗。聊乘化以归尽，乐夫天命复奚疑？（《归去来兮辞》）

与其惶惶地忧儒家之道，不如靠道家思想转忧为乐。陶渊明多多少少地这样做了。

少无适俗韵，性本爱丘山。误落尘网中，一去三十年。羁鸟恋归林，池鱼思故渊。开荒南野际，守拙归园田……久在樊笼里，复得返自然。（《归园田居》）

你看，他说他的本性就是爱田园而非仕途，仕途再不是光明之道，乃是束缚自由的樊笼。心理转换带来的不仅是身的解放，还是心的自由：

结庐在人境，而无车马喧。问君何能尔，心远地自偏。采菊东篱下，悠然见南山。山气日夕佳，飞鸟相与还。此中有真意，欲辨已忘言。（《饮酒》其五）

陶渊明写出这首诗之时，他的心理转换已经成功了。正如叶嘉莹先生所说，一个伟大的灵魂，从种种矛盾失望的寂寂悲苦中，以其自力更生，终于挣扎解脱出来，转悲苦为欣愉，化矛盾为圆融，达到了超然的逍遥境界。①

道家只是讲社会文化对人的束缚，佛家却指出整个人生都是痛苦，从而成为补儒家不足的另一法门。

佛家说，生存就是痛苦，人在娘肚里时，犹如关在黑暗的地狱里，母亲喝热汤，就受煮烧，饮凉水，就遭冷冻。出生之时，冷风触身，犹如刀刮，婴儿总是以尖厉的哭声报道自己的降世，这哭声以本能的方式发泄了在腹和出腹的痛苦。出生之后，仍是痛苦不断。人之为人有所欲、有所求、有所好，往往难以遂愿；而且所欲越广、所求越奢、所好越高，越难以得到，痛苦越大，用佛家术语说，这

---

① 参见叶嘉莹：《迦陵论诗丛稿》，47页，北京，中华书局，1984。

是求不得苦。人追求着人与人的情爱，然而现实中往往父子东西，兄弟南北，骨肉分离，佛家名之曰爱别离苦。人生免不了得病，身病之时，疼、痛、痒、晕，痛苦！心病之时，忧、愁、悲、怨，痛苦！佛家名之曰病苦。人到老时，头白齿落，饮食不便；四肢力弱，行动不便；五官失灵，闻见不便；神智昏暗，思维不便，佛家名之曰老苦。人之将死，或遭事变，或遇灾祸，或壮志难酬，或心愿未了，百感交集，愤戚而亡，佛家名之曰死苦。中国僧人说，人的面容就是一个“苦”字，眼眉是草字头，两眼和鼻子合成“十”字，嘴就是“口”。受苦是人的宿命，而且不但现世受苦，过去之世与未来之世也仍然是苦。“三界无安，犹如火宅。”依照十二因缘的因果律，“生生于老死，轮回周无穷”。

为了摆脱苦海，佛教主张“灭”。苦的根源在于人有生命，有欲望，“灭”就是泯灭自己的欲望，达到涅槃。小乘佛教的涅槃是消灭肉体，焚骨扬灰，不留痕迹。以灭生命来灭欲望。大乘佛教的涅槃是要正确认识宇宙的“实相”：万物皆空，万事皆空。一般人认识到的实体都是表面的，而且以表相为实相，就很难不对现世的事物起欲望，就容易执著于现世的事物而陷进苦海。而按照佛学，认识到宇宙之空，就能做到内心之空，抵达清净无为的涅槃境界，也就是摆脱苦海的自由境界。为了获得这一境界，佛教教徒用寺庙的大墙把自己和世俗世界隔离开来，用一套戒律把自己的欲望限制起来，参禅打坐，念佛诵经，以求正果。

佛家思想也成为志士仁人仕途失败转换心理获得解脱的另一条大道。唐代诗人王维是由此获得自由逍遥的典型。

王维也曾有过青春热血激荡的年华，这从他写的慷慨激昂的边塞诗就可以见出：

> 忘身辞凤阙，报国取龙廷。岂学书生辈，窗间老一经。（《送赵都督赴代州得青字》）
>
> 出身仕汉羽林郎，初随骠骑战渔阳。孰知不向边庭苦，纵死犹闻侠骨香。（《少年行》其二）

但他很快就不得不从仕途中退了下来，为了解脱人世的辛酸而转入佛教，用他自己的话说是：“一生几许伤心事，不向空门何处销”（《叹白发》）。不过王维并未进入古佛孤灯的寺庙，而是隐居于山水幽美的终南山和蓝田辋川。“虽与人境接，闭门成隐居。”（《济州过赵叟家宴》）佛家也有不入寺庙而接受其思想的居士，王维就以著名居士维摩诘为自己的名和字。当然更主要的是他以佛家的思想使自己获得了自由：

独坐幽篁里，弹琴复长啸。深林人不知，明月来相照。（《竹里馆》）

人闲桂花落，夜静春山空。月出惊山鸟，时鸣春涧中。（《鸟鸣涧》）

这里，人是孤独的，是自我选择的摆脱社会束缚后的孤独。其实，并不孤独，他与自然为侣，桂花、山鸟、幽篁、明月、春涧都是他的伴侣。在这孤独里，他以自然的本来意义体味着自然和自我，他的自我也渐渐融入自然之中，达到“色即是空，空即是色”的无我禅境：

木末芙蓉花，山中发红萼。涧户寂无人，纷纷开且落。（《辛夷坞》）

飒飒秋雨中，浅浅石溜泻。跳波自相溅，白鹭惊复下。（《栾家濑》）

人从自然中体会到宇宙的禅意，又以禅意去体味自然和人生，就达到了一种超越尘世和政治的逍遥心态，进入一种自然真趣之中。“桃红复含宿雨，柳绿更带春烟，花落家僮未扫，莺啼山客犹眠。”（《田园乐》其六）这是他的静，“兴来每独往，胜事空自知。行到水穷处，坐看云起时。偶然值林叟，谈笑无还期。”（《终南别业》）这是他的动。无论动与静都含着一片禅机、一份悠意、一种超然。

二、从逍遥到梦幻感

佛、道虽然使一些人达到逍遥的佳境，然而归根到底，他们还是有所“待”的，和尚靠寺庙，道士赖道观，隐居者依托山水田园。从理论上讲，还不算彻底。《庄子》第一篇《逍遥游》讲得很清楚，真正的逍遥是无待。退隐者靠田园山水毕竟是一种有待，因此古往今来很多人走这条路未能通向逍遥，如谢灵运、柳宗元等。以本心为主的禅宗兴起以后，在实践上把逍遥的思想推到最高峰。依禅宗的观点，需要田园山水才能达到自由逍遥，还是向外作工夫，所谓“日日勤拂拭，莫使有尘埃”（神秀语），而以本心为主，“佛性常清净，何处染尘埃”（慧能语），并不一定要山水、田园。正如对宋代士大夫影响甚大的临济宗的义玄所说："佛法无用功处，只是平常无事，屙屎送尿，著衣吃饭，困来即卧。愚人笑我，智乃知焉。古人云：'向外作工夫，总是痴心汉。'你且随处作主，立处皆真……自为解脱大海。"（《古尊宿语录》卷四）总之，要靠本心本性，靠心理自身的智慧，即使有所借待，也不要执著于借待。宋代文学家苏轼就是以这种方式来获取逍遥自由的。他也以酒忘忧，但重要的是从酒中体会禅意：

醉中虽可乐，犹是生天境。云何乐此身，不醉亦不醒。（《和陶饮酒》）

他也寄情山水，但重要的是从山水中体会禅意：

白云出山初无心，栖鸟何必恋旧林。道人偶爱山水故，纵步不知湖岭深。（《赠昙秀》）

他以一种无往而不可的禅意去看待自然，自然或与他同俱禅意，或启发着他的禅意：

水光潋滟晴方好，山色空濛雨亦奇。欲把西湖比西子，淡妆浓抹总相宜。（《饮湖上初晴后雨》）

只要有一颗禅心，淡妆、浓抹，山林、庙堂，酒肉、粗食……总是相宜的。"横看成岭侧成峰，远近高低各不同。不识庐山真面目，只缘身在此山中。"（《题西林壁》）历尽了种种政治苦难，苏轼并没有退隐、归田。有禅宗思想的渗入，归田退隐已不能解除束缚，给心灵以逍遥自由了。他最推崇陶渊明、王维，但已没法走他们走过的老路，他只能入禅，也达到了一定的境界，从其被贬海南后的诗中，可窥一斑：

白头萧散满霜风，小阁藤条寄病容。报道先生春睡美，道人轻打五更钟。（《纵笔》）

然而心灵无论多么超然，毕竟生活在一定的社会环境之中并不断地与之相互交流。禅学可以通过调整心理而平静内心，却不能制止现实不断向心灵发来各种刺激。禅学贬低了山水田园的防范作用，同时也使人失去了可以做到眼不见心不烦的物质依托。以一己之心面对整个宇宙人生，结果就必然是一种对整个宇宙人生的空漠感。李泽厚说得好："苏一生并未退隐，也从未真正'归田'，但他通过诗文所表达出来的那种人生空漠之感，却比前人任何口头上或事实上的‘退隐’、‘归田’、‘遁世’要更深刻更沉重。”① 这是一种“对整个存在、宇宙、人生、社会的怀疑、厌倦、无所希冀、无所寄托”的空漠感。正像自由和荒诞一样，无待的逍遥与人生的空漠感也是一枚钱币的两面。正是这两面形成了苏轼非常浓厚的人生如梦的感受：

故国神游，多情应笑我，早生华发。人生如梦，一尊还酹江月。(《念奴娇·赤壁怀古》)

世事一场大梦，人生几度秋凉。(《西江月》)

古今如梦，何曾梦觉，但有旧欢新怨。(《永遇乐》)

在辛弃疾那里，也闪动着这种人生如梦的感受：

为谁醉倒，为谁归去，都莫思量。(《朝中措》)

钟鼎山林都是梦，人间宠辱休惊，只消闲处过平生。(《临江仙》)

又携书剑路茫茫。明年此日青云去，却笑人间举子忙。(《鹧鸪天》)

中国的逍遥达到真正的无待，极端的自由，同时也就显出了逍遥本身的梦幻性。也正因此，禅宗本欲抵达真正无待的逍遥，结果却很快促成了自然人性论的产生，它集中表现为李贽哲学。自此以后，退隐与逍遥再也没能担当文化的主角了。

① 李泽厚：《美的历程》，161页，北京，文物出版社，1981。

第七章
文与形式及其深入：中西审美对象结构理论

很早很早，智者们就开始沉思人的外貌与心灵、艺术作品的内容和形式的矛盾统一，一句话，沉思审美对象的构成了。现在仍在沉思，将来还将沉思。这个尚无定论的问题却由无数结论形成了一条历史发展之线，它有交响乐一般的节奏、旋律、和声，从远古延伸到现在，没有结束，却有开端。其实在审美现象中就复演着审美的历史和发生。审美是从对象的感性外观开始的。美在形式，是西方美学史上最早的关于美的本质的理论。形式（form）一词在历史的演进中至少衍为五种含义①，但形式是事物的外观这一含义似应为最早。中国美学没有专门研究美的本质，但却有一个与美的本质近似的概念：文。文，古文字字形表示文身，是身体的一种修饰、一种外观。文作为美学的天之骄子，君临了中国从原始社会到春秋之际的漫长历史；而形式也作为美学的宙斯统治了整个希腊文化。文与形式既是中西美学审美对象结构的历史起点，又是中西美学审美对象结构的逻辑起点。它们的特点决定了中西美学审美对象结构理论由表及里的不同发展方向。

第一节　文与形式

一、文与中国审美对象结构的初源

文与形式都是外观，而从外观始，中西美学就显出了各自的特点。

文，前面已讲到，其起源是文身，是对身体的一种修饰。但在原始社会里，文身与原始图腾观念相连，用于重大时刻、重要场合：

---

① 参见托塔凯维奇：《六概念史》，220～221页。

战争、宴会、少年进入成年的仪式等，是一种带有社会意义的文饰。在成年礼中，它是原始人作为氏族人的完成；在战争中，它体现图腾的神力；在宴会上，它是原始文明的光环。从《左传》文物昭德的描绘中①，尚可见其内结构完全一致的发展扩大了的奴隶社会版本。而孔子的“文质彬彬”，同样是原始文身的扩大版。质，皇侃义疏云：实也。就是禀性（出身门第）、本质（士以上等级）、品德（与出身门第相应的德行）的统一。② 文，皇侃义疏云：华也。质好比是树，文就是树上开的花。文包括君子的仪态、举止、言谈、服饰、饮食、车马等与身份等级相连的外在方面。文是质的外显、外观，是质的光辉，是君子之为君子的完成，正如文身是原始人作为氏族人的完成一样。因此，文是一种与内质契合无间的形式，文就是质。当然对孔子讲，已面对文质分裂的动乱时代，想回到文质契合无间的西周理想中去。但文就是质，确是从原始社会到西周的状况。因此要说明以后的发展，须首先讲清这种文质契合无间的状况。

正像文身是人作为氏族人的完成一样，氏族的包括文身仪式在内的一切重要的图腾巫术仪式——礼，是社会作为氏族社会的完成。礼，即社会之文，从原始社会到西周皆如此。所以孔子说尧舜“焕乎其有文章”，赞西周“郁郁乎文哉”。章炳麟解说道：“孔子称尧舜‘焕乎其有文章’，盖君臣、朝廷、尊卑、贵贱之序，车舆、衣服、宫室、饮食、嫁娶、丧祭之分，谓之文；八风从律，百度得数，谓之章；文章者，礼乐之殊称也。”（《国故论衡·文学总略》）

文作为原始人的文身、奴隶社会君子的服饰衣冠和原始社会图腾巫术仪式、奴隶社会文物昭德的礼制，是一种外观。它的第一个特点是饰，即修饰性。饰就其自身来说，发展为多样性统一的和的思想。饰，单一不行。“物一无文”，《周易·系辞》说：“参伍以变，错综其数，通其变遂成天下之文。”线条上，“错画为文”，色彩上，“五色成文”，声音上，五音成文，“乐，声之文也”，“五音比而成韶夏”。这是与西方数的和谐不同的中国的和。但更重要的，作为饰的文是质的外显，是在质的基础上的物的完成。文的第二个特点是规定性。原始人身体上作何种文饰，是由图腾观念决定的。公侯、大

---

① 参见《左传》隐公五年臧僖伯谏观鱼和桓公二年藏哀伯谏取郜大鼎。

② 从《离骚》可见质的内涵：“帝高阳之苗裔兮，朕皇考曰伯庸。摄提贞于孟陬兮，惟庚寅吾以降。皇览揆余初度兮，肇锡余以嘉名。名余曰正则兮，字余曰灵均。纷吾既有此内美兮……”内美就是皇族血统，贵族之子，在一个黄道吉日出生，又有一好的名字。

夫、士等要怎样穿戴，乘几匹马的车，在什么场合、遇什么对象作何种举止言谈，是由礼决定的。颜色、线条、声音、饮食、居室等的配合及比例尺度是由礼规定好了的。规定性使中国的文一开始就表现出浓厚的社会政治伦理倾向。因而中国的和谐观念有一个重要的内容是中，以中来决定多样性的统一是否为和。多样性的统一重在物自身的组成，重在事物的纯客观性，中则标出该物的参考系。和在物自身（五色、五音、五味）的配合，中强调一物与更高层次（音与人心，人与社会、自然）的和谐。中是和的核心，中统治和，“季氏八佾舞于庭”，天子的八佾从舞乐本身讲，当然比大夫的四佾更美，也是和谐的，但孔子气愤已极，因为它违反了礼的规定性，不中。

文的规定性来自图腾、礼制这些具有历史性的社会制度，决定了这些规定的约定性和可改变性。约定性揭示了文质的契合无间其实是一种机械的凑合。但是在宗教政治的神圣光照下，文的约定的规定性被目为天命，是不可改变的，是事物的客观本质。文，成了整个文化的美的外观。当时的艺术——诗歌、舞蹈、书法、音乐——被从文的角度予以理解。人的周围世界都被作这种理解。日、月、星，是天之文；山岳、江河、动物、植物，是地之文。“天地间万物有条理而弗紊乱者，莫不文。”（宋濂《曾助教文集序》）

文，这个美学的天之骄子，只有在礼崩乐坏、政出多门的春秋战国，其内在矛盾才充分暴露出来，从而也无可挽回地从荣耀的高位跌落下来。

二、形式与西方审美对象结构的初源

形式（form）就是外观。与中国的文深扎在政治伦理中不同，古希腊的形式走向了科学的道路，精确些说，数学的道路。数：各部分自身的大小；比例：各部分之间的尺度关系；秩序：各部分大小比例关系构成完美和谐的整体。这就是古希腊人的美的法则。不是符合礼制的文物昭德的外观，而是遵循数学法则的形式。毕达哥拉斯认为“‘由于数，一切事物看起来才是美的。’这观点为柏拉图所承传，他宣称，‘尺度和比例的保持总是美的’，同时认为‘缺之尺度就是丑’。亚里士多德继承了这观点，他断言，‘美包含在体积和有秩序的安排中’，‘美的主要形式是秩序和比例的明确’”①。美

① 托塔凯维奇：《六概念史》，126页。

的形式法则集中体现在古希腊最有代表性的艺术门类——雕塑中。古希腊雕塑以人体——符合美的尺度比例的人体，代表了古希腊文化的审美标准和审美理想。人是一个小宇宙，人的秘密包含着宇宙的秘密，和谐的人体体现了和谐的宇宙。雕刻家波里克利特在其著作《论法规》中，以雕塑“持矛者”为典范，定出了人体一切方面的比例对称关系。建筑也“必须按照人体各部分的式样制定严格的比例”①。古罗马建筑师维特鲁威记载了一则古希腊故事，“说多立克柱式是仿男体的，爱奥尼柱式是仿女体的”②。毕达哥拉斯谈音乐，感叹其数学的惊人一致。亚里士多德论戏剧，要求必须是有头有身有尾的有机整体，符合美的尺度比例。

外观之美在于数的比例和秩序，形式不仅是外观，还是有着数的比例和秩序的外观。由此产生形式的另一含义，形式是事物诸部分的安排。在这一含义中，形式已由外向内挺进了。数的原则毫无例外地体现在一切美的事物中，形式由于数成为美的普遍法则，数也因形式而获得美的光辉。数是美学由外而内、由具体而抽象的中介。由于数，几何形、三角形、圆形是美的，纯粹的直线、曲线也是美的。中国的文作为饰必须“错画为文”，得出“物一无文，声一无听”的结论。形式作为数却可以有“一条简单的曲线美，一件平面模塑的美，或一个单独的色彩或乐音的美”③。在美的内化和抽象化的方向中，柏拉图提出美在理式，也是形式的数的原则的一种自然延伸，而且理式也带着浓厚的形式色彩。由于数，一切都是美的。艺术是美的，数学的线与形是美的，政治、制度、工艺也是美的。“一个政治整体中的一个成员可以同一座雕像的面部的一部分拿来比较”④。道德也是美的，“善的原则还原为美的法则，因为分寸和比例总是要转化为美和优美”⑤。

由于数的法则，形式不但向内、向抽象发展，还从客体向主体发展。形式不是随便什么尺度比例，而是美的尺度比例。艺术家创造艺术品，是给质料以形式，工匠制作产品，也是赋形式于质料，公民制定法律，是给城邦社会以形式……因此形式又引申为事物的

---

① 陈志华：《外国建筑史》，29页，北京，中国建筑工业出版社，1979。

② 同上书，28页。

③ 鲍桑葵：《美学史》，53页，北京，商务印书馆，1985。

④ 同上书，51页。

⑤ 同上书，46页。

概念性本质。① 形式作为美统治了整个古希腊文化，连灿烂的星空也以点、线、面的形式闪耀着美感的光辉。

文与形式都是事物的外观，认识从现象始，审美从外观始，这是人类认识的普遍规律，也是审美认识的普遍规律。中国从原始社会到西周以及古代希腊，文与质、形式与内容契合无间，文就是质，形式就是本体。这既与当时的社会实践有关，又与当时的认识水平一致。然而由于文化的特殊性，中国的文深扎在政治的基础上，古希腊的形式却沐浴在数学的阳光中。文作为饰，只是外观，不能内化，只能作为具体之物，难以抽象化。僵硬必然带来脆弱，“峣峣者易折”，注定了要衰落。形式借数学之力，既显于外又入于内，既是事物的外观，又是抽象的数的比例和秩序。形式的圆转伸缩力使之在各种冲击面前应变灵活，以柔克刚，美在形式的观念在西方美学史上不断涌现出来。文既是外观又是内质，形式既是外观又是本质，虽为一个时期审美观念的主潮，但毕竟不是审美对象的真正本质。《诗经》作为君子之文，作为外交辞令和论文立论的经典佑证，并不是《诗经》作为审美对象的最深刻处；比例尺度的形式远不能说明古希腊各时期丰富多彩的雕刻，且不谈内容更丰富的史诗和戏剧。文与形式必须要向前发展。

第二节　文与形式的展开

一、文的演变与深入

文作为美的外观，如前所述，有两个特点：修饰性和规定性。修饰即颜色、声音、线条、形体、饮食、宫室都以美的法则来造型和配合，是人的多层次多方面需要的一种精致化、美化；规定性即赋予色、声、味、形等以社会的神圣意义，使美的外观成为礼的符号和象征。然而，春秋时期，礼崩乐坏。因文有规定性，使得有野心的诸侯大夫们用突破规定的享乐文饰来暗示自己的政治愿望，因文有美的精致性特点，使得无野心的诸侯大夫们为享乐而采用更高级的文饰。于是在“紫之夺朱”，“服美不称”，“郑声乱雅乐”，宫室

① 参见托塔凯维奇：《六概念史》，220 页；汪子嵩：《亚里士多德关于本体的学说》，177～183 页，北京，三联书店，1982。

楼台越造越高越建越美的历史流潮中，文与质、修饰与规定的内在拼凑性暴露出来。当人们采用旧的文饰时（季氏八佾舞于庭，晋侯用“天子享元侯”的乐来招待穆叔），尚可与礼对照感受其僭越的野心。当人们为享乐而创造出新的美时（俗乐新声传入宫廷，建筑的崇高形缕为礼所未曾记载），在旧制度和思想材料中已找不到它的政治伦理意义了。文，美的外观，失去了礼的规定，失去了社会政治意义，沦为纯粹的享乐品。春秋时代，很多志士仁人为维护文的规定性进行着艰苦的斗争，孔子为其光辉代表。战国时已经没有了这种斗争。春秋后期，伍举在章华台上谏楚灵王，只把目观之美与抽象的善相对立。而墨子的《非乐》则标志着整个社会都把文看成纯享乐的东西了。墨子的乐，就是文，包括音乐、舞蹈、美食、服饰、美人、宫室，其功能和效果只是“身知其安也，口知其甘也，目知其美也，耳知其乐也”（《非乐》），一句话：享乐。文离开了质，离开了礼的规定，成了纯粹的饰，其结果是遭到墨、道、法诸家的全面攻击。政治上，声乐害政，儒以文乱法；事物中，文不是质的完成，而是质败坏的表现。“白玉不毁，孰为珪璋！道德不废，安取仁义！性情不离，安用礼乐！五色不乱，孰为文采！五声不乱，孰应六律！”（《庄子·马蹄》）“礼为情貌者也，文为质饰者也，夫君子取情而去貌，好质而恶饰，夫恃貌而论情者，其情恶也，须饰而论质者，其质衰也。”（《韩非子·解老》）

先秦，美的事物的内外分裂只是一种简单的文质分裂，修饰与规定的分裂，而人的文质分裂却显出了一种双重的分裂。一是文质分裂，修饰言行不合礼制。有的过分，如齐庆封车美不称（参见《左传》襄公二十七年）；有的毫无讲究，“君子质而已矣，何以文为?”（《论语·颜渊》）二是德与质的分裂。质是实体性的出身和地位，德是与该地位相称的品德修养。动乱之秋，君之不君，臣之不臣，人而不仁，可谓比比皆是。从美学上看，文与质的矛盾在人上比在物上暴露得更充分、更突出，矛盾的解决也就更彻底，走得更远。文的特点决定其不能像形式那样内化，结果是文的衰落和气的兴起。这场文气的代兴是由孟子和庄子来完成的。

在声、色、味沦为享乐品的战国，孟子通过划分眼、耳、口、鼻、身、感官的快乐和心的快乐，通过比较感官之乐与仁义之乐的高下贵贱及矛盾冲突，高扬了仁义之乐，贬低了感官之乐。“饱乎仁义也，所以不愿人之膏粱之味也；令闻广誉施于身，所以不愿人之文绣也。”(《孟子·告子(上)》)这种心悦仁义的充实之美完全是一种内而不外的东西，是一种道德的善。但是孟子依靠哲学的气论，使善转为美。中国哲学认为，宇宙根本是气，人禀天地而生，最根本的也是气。孟子认为人体内充实着气，人的思想意志，不是干巴巴的，而与气包融在一起。“志至焉，气次焉”，“志壹则动气，气壹则动志也。”(《孟子·公孙丑(上)》)这样，道德的培养和完善，就不仅是智力的学习，善恶的识辨，精神的锻炼，而且是生理上气的培养，是“养浩然之气”。这种配道与义的气，“以直养而无害，则塞于天地之间”而“至大至刚”(《孟子·公孙丑(上)》)。因此，孟子的“充实之谓美”就不仅是道德的纯化，仁义的完善，而且是气的充溢。道德仁义就在气中，二者契合无间。仁义是一种内在的认识对象，气却是外在的观照对象，道德是一种理性精神，气却是一种感性力量，当道德仁义与气合二为一的时候，道德仁义就获得了感性的性质，具有了动人的魅力，充满了情感的热量，洋溢着审美的情味。“君子所性，仁义礼智根于心，其生色也睟然，见于面，盎于背，施于四体，四体不言而喻。”(《孟子·尽心(上)》)

孟子以内在的道德之气来代替对美饰的追求，“充实之谓美”。庄子则以得之于天的自然之性来超越一切外形式的束缚。一方面是内在的“心斋”，沉静内听而忘形丧我与道同化；一方面是外在的逍遥，不为物累，超脱死生，与天合德。在《庄子》里，雉、马、鸟都因人为的装饰而痛苦不堪，饰并不美；奇丑的人、残废畸形的人因为德有所长的精神气质而超越了形体，德是不受形体束缚的，外貌的奇丑反而更有力地表现出精神的力量。当然，那“乘云气，御飞龙，而游乎四海之外”的神人，其外貌，也有“肌肤若冰雪，绰约若处子”(《庄子·逍遥游》)的。庄子哲学认为，“通天下一气”，同样“人之生，气之聚也，聚则为生，散则为死”(《庄子·知北游》)。重要的不是形的美丑，更不是文饰之美，而是气的培养，虚无恬淡，以天合天，才能达到自由的美的境界。

孟、庄皆因引入气而超越了形式。文是外在的形式，气是内在的东西，文外而不能内，气却内而能外。文就是在最辉煌的时期也是一种外在的东西，是内在的显现，气却一开始就是内在的东西，更主要的，它是宇宙最根本性的东西。因此文气的代兴，对中国美学的中国特色具有极为重要的意义。

但是孟、庄对人格内在精神的强调，是在轻视和否定一切现实社会审美对象的情况下达到的。孟子认为使眼、耳、鼻、口、身快乐的色、声、味、宫室等审美对象是低级的、微贱的，庄子则干脆认为是对心和感官的巨大危害。① 他们的美学进步仅仅是人格美的进步。如果说在当时的社会氛围中，一般的审美对象半是审美半是享乐的话，那么，孟子的充实之美半是美学半是道德，庄子的逍遥之美也半是美学半是哲学。孟、庄的进步是画地为牢而取得的，是脱离广大审美实践的。因此对当时普遍的审美实践的艺术理论并未发生大的影响，他们的本意也不是要对其发生影响。但气的引入暗含了中国美学审美对象理论的新方向，虽然是在后来，在魏晋南北朝才大放光芒。

随着封建制度的巩固，荀子在承认美的享乐性的基础上，重释孔子学说，复兴了“德必称位，位必称禄，禄必称用”（《荀子·富国》）的文质统一观。它标志着儒家美学在新的社会制度下的再确立。荀子是哲学和政治学的集大成者，但就美学来说，却停留在文原有的修饰和规定的简单结构上，比起孟、庄的人格美也显得要低，当然就更不能说明当时已蓬勃发展的艺术了。然而，屈赋已经像太阳一样在审美领域升了起来，随后是汉代作家群的交相辉映，人们认识到，文学作品远不同于宫室、车马、衣冠、服饰等政治制度的简单文饰符号。礼之文已不能占据审美领域的中心了，文学才是审美对象的最高形态。

在铺陈事物、雕绘辞采的汉赋中，审美对象内与外的矛盾再一次暴露出来。如果说服饰、车马等礼之文在修饰与规定上只有一重矛盾，君子的内与外有两重矛盾，那么文学作品在内容和形式上却显出三重矛盾。一是事与辞的矛盾，“事胜辞则伉，辞胜事则赋，事辞称则经”（扬雄《法言·吾子》），即文学内容和语言表现的问题；二是文学的丽的追求与统治思想的矛盾，“诗人之赋丽以则，辞人之赋丽以淫”（《法言·吾子》），即内容正邪的问题；三是人与文的矛盾，“言，心声也；书，心画也。声画形，君子小人见矣”（《法言·问神》）。在三重统一中，事与辞的统一是文章本身的内容形式统一。文如其人，从人的道德修养来保证内容符合社会要求。“丽以则”从社会要求来防止辞对事的背离，好使文学能“经夫妇，成孝敬，厚人伦，美教化，移风俗”。这种形式与内容的三重结构是文的政治倾

① 详见本书第十一章。

向的进一步发展。它离开了直接的社会制度象征符号，进入了文学的事与辞，不过又用文如其人和“丽以则”来保持审美与政治的紧密联系。就审美对象本身讲，这种三重结构并未深入，事辞相称和文质彬彬处在同一水平上，所谓三重，只是一种外部联系的扩展，这是一个勿过勿不及的平面理论。本来，由于文化的性质，中国的审美对象结构理论的深入，是由气来进行的。汉代的文学理论虽未进入正道，但文学的相对独立却为审美对象理论在魏晋的深入提供了必要的条件。

二、形式与内容的辩证关系

前面讲过，古希腊形式就是内容，健全的肉体就意味着健全的心灵，神具有人一样的情感脾气。欧洲中世纪人的肉体和灵魂却截然对立，正与天国和世俗世界的鲜明对比相一致，灵魂趋向上帝，肉体耽于世俗；而人的幸福就在于摆脱情欲，厌弃肉体，带着赎罪之心，承受现实的苦难，好在辞世时升入天堂。在圣维塔列教堂的镶嵌画中，皇帝、皇后及其侍从侍女都毫无生气，仿佛深受其身躯之累，基督被钉在十字架上的形象更是骨瘦如柴，痛苦不堪。但形式仍为中世纪的美学法则。奥古斯丁的新毕达哥拉斯主义，托马斯·阿奎那的亚里士多德观点，都使上帝创造的世界充满了数的和谐，只是数的比例的尺度是按宗教原则进行的。哥特式教堂是数的比例的典范，但又大异于帕特农神庙，用数的比例构成了升腾向上、渴望天堂的和谐整体。这个由神学家们建立起来的和谐宇宙并没有忽略苦难与丑，他们指出：丑是整体和谐的有机部分，丑只是不完善，但它犹如大军里的一士兵，诗中的一个字，服务于整体的美。况且即使跳蚤之类的微小生物也有精微的有机结构。形式法则由其抽象的数和比例保持其普遍性。又因其宗教的象征意味而保持其具体性。这时艺术还未从技术中区分出来，灵魂与肉体的分裂还没有体现在艺术作品的理论上。

形式法则能够作为上帝的美的体现统治中世纪，还要归因于托勒密的和谐宇宙。当哥白尼改变了宇宙的时候，数、形式、和谐面临了真正的危机。哥白尼、布鲁诺让宇宙以无限的形式展现开来，地上也进行着政治、经济、社会的大动荡：文艺复兴，宗教改革，百年战争，圈地运动……文艺复兴把对现世幸福和美的追求用神的故事形式表现出来，既把人的生活神圣化了，又把神的生活世俗化了。法国的古典主义也用古代生活和古代形式美法则来表现现实的感受、激情、思考。然而这已不是唯一的形式的美了。康德哲学充分体现了这一近代的转变，形式不是宇宙的普遍形式，而是人作为类给自然立法的先验形式。形式只能把握现象界，把握不了物自体。这种主客体的分裂，如前所述在主客体两方面又进一步分裂，在主体方面有天才，他无视形式，不需形式，自己创造形式；在客体方面有崇高，它不像中世纪的丑，服务于整体和谐，本身也有形式结构，崇高无形式，无限，给人的心灵以可怖性的震惊。这种形式与世界的矛盾，主观与客观的冲突，在人身上突出地表现为感性与理性的对立。在席勒那儿，人身上固有着感性冲动（即情欲冲动）和形式冲动（即理性冲动），二者互相矛盾，互不相容，使人焦虑不堪。"当我们怀着情欲去拥抱一个理应鄙视的人时，我们就痛苦地感到自然的压力，当我们仇视一个值得尊敬的人时，我们就痛苦地感到理性的压力。"① 席勒希望用审美的游戏冲动来协调理性和感性的对立，对自然人向道德人的迈进铺了一条金色的审美之道。但他已深知，现代人已失去了古代人与自然的和谐关系，他是自然的主体，他不像古代人那样就是自然，而是追求自然，近代的诗人只能是感伤的诗人，他的诗是感伤的诗。

近代世界天上、地下、自然、社会、阶级、个人的动荡，显示了人的活动的多样性的展开。它既有一种现实丰富的实践活动带来的多样性，又有一种由历史的变迁，由古代、中古到近代的大起大落而显出的多样性。在现实的多样性中，产生了审美范畴的多样性：美、崇高、雅、大、怪、丑……产生了多种多样的艺术形式：古典主义戏剧、泛神论诗歌、感伤游记、浪漫传奇、现实主义小说……在历史的多样性中，东方艺术（主要是埃及、波斯、印度）、希腊艺术、中古艺术、近代艺术各有特色，斗艳争芳。在现实的历史的双重多样性中，能外能内能具体能抽象的形式已难以驾驭五光十色的质料了。且不说主观与客观、内与外、感性与理性、历史的多样性与现实的多样性等多方面如何统一的问题，无限的宇宙和动态的历史就首先把它难住了。黑格尔站在近代科学和哲学的高度，用绝对理念的辩证发展代替了理式的机械推演，用内容与形式的辩证关系代替了形式与内容的数的和谐，用内与外的有机论代替了亚里士多

---

① 朱光潜：《西方美学史》下卷，449 页，北京，人民文学出版社，1979。

德头、身、尾的有机论。

形式在康德和席勒那儿还带着的由古代而来的理性本质的灵光圈，被黑格尔取了下来。形式就是感性形象，包括质料在内。内容在康德、席勒那里还是由古代而来的无形式的质料、现象、感性物，黑格尔则清除了这些感性成分，将之上升到不沾世俗感性的纯逻辑的宝座。只有当绝对理念走完自己的逻辑行程，外化为自然界时，才从天上来到人间，投入感性事物的怀抱。但它降入尘世，是为了完成自己的命定行程。绝对精神行至艺术阶段，开始了美的历程。这里，黑格尔以自己特有的方式深刻地阐述了审美对象形式和内容的辩证关系。

艺术是内容和形式的统一，美的理念和外在形象的统一。理念决定着适合自己的艺术形象。美的理念本身是一些重要差异面的整体，是在发展中运动着的理念。它的差异面的运动，从历史类型和艺术门类两方面展开了内容和形式的多种关系：东方象征型艺术，形式大于内容；希腊古典型艺术，形式与内容契合无间；近代浪漫型艺术，内容大于形式。这是美的理念的历史展开。在艺术门类上，建筑属象征型，雕刻属古典型，绘画、音乐、诗属浪漫型。形式和内容在历史类型和艺术门类两方面的多种关系是从艺术概念的本质和理想来看的，从美的理念的发展看，每一艺术类型的门类又与内容是一致的，“因为理念本身就是外在形象的内在意义”①。象征类型和门类，“理念本身还是抽象的，未受定性”②；古典类型和门类，美的理念达到自己的理想，浪漫类型和门类，美的理念作为绝对精神，是独立自主的精神，它不满足于外在界，而要退回精神自身。

黑格尔谈艺术的形式与内容，既顾及关系的多样性，又坚持了艺术的理想，从美的本质阐明了艺术内容与形式的有机统一，又从美的理念的历史发展揭示了艺术内容与形式的矛盾运动。然而艺术是宗教和哲学的前阶段，美的理念不过是绝对理念进入艺术阶段的理念，它从根本上说是一种逻辑性的东西。艺术形式与内容的矛盾，或是由于理念未找到适合自己的感性形式，或是理念要想从感性形式中挣脱出来。内容与形式的统一，也是理念具体融合在形象中。哲学是一切科学的科学，是绝对理念发展的顶峰。黑格尔的理念的逻辑性决定了艺术内容的逻辑性，决定了他审美对象结构理论的浓

---

①② 黑格尔：《美学》第二卷，4页。

厚的逻辑倾向，逻辑的概念毕竟不是艺术的真正内容。

在审美对象内容与形式（文与质）这个层次上，中西美学都揭示了形式和内容的矛盾状况，都把内容和形式的统一作为理想。但中国美学的“内容”有很浓的政治色彩，西方美学则带极重的逻辑和概念意味，这是中西美学前一阶段文与形式的政治走向和科学走向的进一步发展。在“天不变，道亦不变”的中国，对形式和内容的矛盾，文胜质，质胜文，事胜辞，辞胜事，以及为文造情的丽以淫，都是坚决反对的。而处于发展进化观的西方近代，虽以形式与内容统一的古典艺术为理想，也同时承认形式大于内容的象征型艺术和内容大于形式的浪漫型艺术的历史必然性与合理性。素朴的诗和感伤的诗、美与崇高都代表时代精神。

中西美学对审美对象形式与内容关系的研究，都不是表现为纵深的挺进，而是显现为平面的展开。中国的人与文、事与辞、丽与则三重结构是在共时性上的平面展开；西方形式大于内容，形式与内容的统一，内容大于形式是在历时性上的纵向展开，这种历时性终究又转为艺术门类的共时性。审美对象结构理论的平面展开，既是偏重联系的结果，又是偏重联系的表现，它更多地以一种整体的统一性来看待艺术。中国是把艺术放在与天一致的人道——社会政治伦理中，黑格尔是把艺术放在牢笼万有的绝对理念的辩证发展中，因此他们把政治伦理内容或逻辑概念内容看成是艺术的内容。中西审美对象理论必然还要进一步发展。

第三节　多层结构的审美对象

在黑格尔那里，形式完全成了理念显现的外形式，它被动地为理念所决定。只有理念按照自己的内在必然性走到哪里，哪里的感性事物才放出光彩来。黑格尔贬低了形式的内容，却又建立了内容的形式：自身对立发展的理念，按照辩证逻辑形成了有节奏、韵律、动态的内形式——肯定，否定，否定之否定，质，量，度……这种内容形式、理念形式，不像中国的气，只能内不能外，完全是一种内形式、逻辑形式，和近代一座座思想体系一样，毫无感性光辉。这种内容的形式，对整个文化来说是重要的，有时代特色，对美学来说，却仅是形式被降在理念的奴仆地位。理念这个只内难外的逻辑之物，靠着哲学凌驾于一切科学之上的赫赫威势，占据了艺术内容的核心。

时至现代，爱因斯坦用相对的宇宙，海森堡用测不准的微观世界，哥德尔用不能证明的大前提改变了牛顿理性而机械的世界。存在主义用活生生的单个人遭遇的人生疑团来反对必然性和规律，精神分析用无意识来揭示理性的虚伪一面……在绝对理念无可挽回地衰落后，美学也开始向内容的逻辑性正式开火。在艺术领域里，文学作为语言艺术最接近理性概念和逻辑，主攻任务理所当然应由文学来承担。历史把使命赋予了俄国形式主义和英美新批评派。关键性的战斗是从否定逻辑内容的美学性开始的。兰色姆认为作品有肌质（texture）和结构（structure）两部分。结构就是作品的中心逻辑或意译核心，肌质即作品的具体性。从这个二分组合看，无论如何结构也应是最重要的。但兰色姆宣称，结构是非文学的，只有肌质才是文学的特性。雅各布森在地球的另一端也曾指出：不是文学作品本身，而是文学性才是文学科学研究的对象。随着潮流的进一步发展，布鲁克斯反对老师兰色姆把中心逻辑作为结构，他不承认有独立于形式的内容。他说："诗人不会先选一个抽象的主题，然后用细节把它装扮起来，恰恰相反，他必须创造各个具体细节，展开细节，通过细节的完成，达到由细节应达到的无论什么样的一般意义。"① 这也就是克鲁采尼兹所主张的形式决定内容，不同的形式便会有不同的意义；新的形式必须造出新的内容。俄国形式主义和新批评都反对给文学作品写内容提要，认为文学就是在作品的具体性中，在其形式中。从作品中抽象出的中心思想、内容梗概，已不是文学了。从形式、从具体性出发，俄国形式主义把文学作品视为各因素相互依存不可分割的整体，新批评把文学作品视为完整的有机体。新批评和俄国形式主义不但要把逻辑理念从文学中抛出去，不但拒斥社会、政治、历史、经济等外在因素对文学内容的干预，维姆萨特和比尔兹利还专门写了《意图迷误》和《感受迷误》，反对以作家的意图和读者的感受来决定作品的内容。排斥了各种外在因素之后，它们把文学的本体论完全建立在作品本文上。首先是作品的语言。穆卡洛夫斯基区分着诗歌语言与标准语言，雅各布森辨别着诗歌语言与实用语言，他们都在探索诗歌语言的特殊性和唯己独有

① 亚当斯（Hazard Adams）编：《柏拉图以来的批评理论》（*Critical Theory Since Plato*），1041页，美国哈比基出版社（Harcourt Brace Jovanovich），1977。

的规律。新批评也着力于文学语言的语境、含混、反讽、张力、隐喻……新批评和俄国形式主义，不管在具体问题上有怎样的差异，总的来说可归为两点：一是有机整体，二是语言分析。这里一切外在的因素都被排除了，文学作为审美对象建立在自己的作品本体论上。没有逻辑理念内容，没有社会政治经济道德内容，也没有作者的意图和读者的感受，只有作品，作品自身就是本体，它有自己的形式和内容，自己的语言功能和结构组织，是一个自身完善的有机整体。

在新批评和俄国形式主义把本体建立在作品自身以后，涌现出了多种审美对象的结构理论，其中最有代表性的是三种：1. 现象学茵加登的作品结构论；2. 象征符号学苏珊·朗格的作品结构论；3. 结构主义和原型批评的作品结构论。这三种理论都是多层结构论，但又有各自的特点。茵加登的作品论就单个作品讲作品如何是一个多层次的结构。象征符号学讲作品如何是生命的形式、情感的形式，是与其他符号不同的艺术符号。结构主义和原型批评从作品群来看待作品，以深层结构来揭示文学作品的普遍联系和意境。先来看茵加登的多层结构论。

茵加登认为，文学作品有四个层次：1. 字音，2. 意义单位，3. 图式化方面，4. 被再现客体。字音层就是语言。（何以叫字音，涉及茵加登文学作品的存在方式，与本题无关，故略去。）语言必须有意义，把语言的一句、一段、一章或整部作为一整体单位，就构成意义单位。意义是指向客体的，意义单位就包含着被再现客体，然而被再现客体由作品语言表现时，不可能全都表现，而只能以一种图式化的方式表现出来，因而从意义单位直接显出的是被再现客体的图式化方面，再由图式化方面想象出一个完整的、活的被再现客体。这四层是逐步深入的，没有第一层，就无从谈第二层，没有第二层，无从谈第三层，没有第三层则无第四层。茵加登又说，在四层之外，作品还有一种形而上品质（metaphysical qualities），就是从整个作品中体现出来的悲剧性、崇高、怪诞、轻柔等使人感到一种较深的人生境界的东西。但因为“这些品质不是客体的性质（properties），也非心态的特征（features），而是作为一种超乎环境的事件之上而又暗渗于环境和事件之中的氛围（atmosphere）被揭示来”①，难以形求，所以茵加登承认

① 茵加登（Roman Ingarden）：《文学艺术作品》（*The Literary Work of Art*），291页，美国西北大学出版社（Northwestern University Press），1973。

有形而上品质而又将之排除在作品的基本层次之外。这是一个由表及里、逐层深入、层层互连的多层结构理论。为了通俗和方便，我们以孟浩然的《宿建德江》为例来解说一下：

> 移舟泊烟渚，日暮客愁新。
> 野旷天低树，江清月近人。

我们首先感到的是字音层，五言 20 字，平仄相间，声韵和谐。由字音构成意义单位。每字各有其意义，字在句子中又因其上下文产生特有的意义，如第四句中“月”字，本义是月亮，在“江清月近人”句中，是指月亮在水中的倒影。每句自有其意义，句在整个诗中又产生意义。如“江清月近人”，就一句看，是月亮倒影在清澈的江水中，距离人很近。但从全诗看，人是羁旅之人，月便增有了盼亲人团聚之意，而月在水中，美丽朦胧，似幻似真，意义就骤然丰厚了。意义单位构成被再现客体。从全诗看，这是一个由舟、江渚、夜色、旷野、树、江水、月亮等自然景物以及与自然景物融为一体的心情所构成的世界。被再现客体在诗中是以图式化方面显出的。舟是什么舟，不知道；舟的移动和停泊具体是怎样的，不知道；人为何人，不知道；“野旷天低树”，天与树究竟是怎样的位置，均不清楚。其间充满空白，但读者自然会用自己的想象按照图式化方面规定路线的指引，填充这些空白，由图式化方面层进入被再现客体层。最后各个层次的合力：语言形式由一般句到对偶句，景物的由动到静，天色的由明转暗再转明，心理的由愁到思……使整首诗渗透着一种由羁旅而产生的人生的淡淡的哀愁和沉思的形而上品质。就整个作品论，从语言形式到意义单位，到被表现的客体世界到形而上品质，都是随作品自身的构成而来的，是从艺术自身立论的多层结构的审美对象。

茵加登作品论是就作品本身一层层揭示其作为有机整体的形式和内容，苏珊·朗格则力图从人类学本质上阐明艺术独有的形式和内容。艺术是一种符号，是一种与科学、宗教、哲学、政治、历史完全不同的符号，它表现的是语言不能表达的内在生活、情感生活，一句话，艺术是情感的形式。符号美学把艺术符号提高到与宗教、哲学、科学、语言并驾齐驱的地位，就排斥了其他符号对艺术内容的干涉，维护了艺术独有的意义。艺术就是情感形式，这仿佛是向古希腊的复归，但古希腊的形式是几何形式，其根基是数学，符号学的形式是情感形式，其根基是人类学。在古希腊，形式是比例尺度，是外形式；在符号学，形式是情感形式，是内形式，然而情感与气一样是内而能外的。苏珊·朗格认为，艺术的结构完全可以和生命的结构相比拟。她说："艺术品包含着张力和张力的消除、平衡与非平衡以及节奏活动的结构模式，它是一种不稳定的然而又是连续不断的统一体，而用它所标示的生命活动本身也恰是这样一个包含着张力、平衡和节奏的自然过程。"① 我们看到，苏珊·朗格要想探出艺术的生命形式，但却对生命形式作了对生命来说是最简单的形式——节奏、平衡、张力——可以说是作为低级有机体形式的理解。西方精神使命题与中国美学相似的符号学作品论在内容和形式上都大不同于中国美学。它实际上是把作品作为一个相互联系的三层结构：形式、意象、情感形式。就文学来说，语言形式和意象都是为了达到情感形式的完成，苏珊·朗格专门反驳了从重诗歌意象的观点对史文朋《阿塔兰塔》一诗的指责。她说艺术的"每一个成分都是为加强它的符号性表现——对生命、情感和意识的符号性表现——而存在的"②。现在我们仍以孟浩然的《宿建德江》为例来解说一下符号学作品论。

从语言形式看，前两句是动态的，第一句有两个动词"移"、"泊"。"泊"既是动，又包含着动的完成，是明显的物体的动。第二句没有动词，却有两个具有动词功能的形容词"暮"、"新"，表现不能明显计量的天色的变动和心情的波动。后面两句是静态的，一个动词也没有，全由名词、形容词和方位词组成。前两句动态，用非对偶句，后两句静态，用对偶句，从句式上形成动、静的对比。从意象上看，是客船移向江渚，停泊下来；天色渐渐转暗，客人产生了一种新的愁绪；凭船远望，原野旷远，深蓝的天空展现在近处的树枝下；夜深了，月亮倒映在船边清澈的江水中。但这两方面都是为了创造一种情感形式，含着人生的愁绪和沉思的情感形式。"移舟泊烟渚"，船的移动暗喻着情绪的波动，停泊在烟渚上应和着心灵的迷茫。"日暮客愁新"，天色的渐渐转暗同步着愁绪的渐渐增厚。动词和具有动词功能的形容词的选用和非对偶句式都服务于情感形式的创造。"野旷天低树"，船已泊定，夜色已深，原野空旷辽远，既把人的愁绪带向远方尽头，又把心境推向遥远的天边夜空。愁在向无穷的远方伸展的时候，会添进很多联想——远方的亲人、辽阔的

① 苏珊·朗格：《艺术问题》，8页，北京，社会科学出版社，1983。

② 同上书，155页。

宇宙、旷达的胸怀——而暗变为宇宙之思。直觉上的天低于树也仿佛启示着什么哲理……“江清月近人”，江澄浪静，明月倒映水中，它既加深着离人盼望亲人团聚的愁绪，又以美丽的形象安慰着漂泊的羁旅，凝视水中之月，难免浮想联翩：月亮有圆有缺，循环不已，月亮永世长存，人生何等短暂……现象上的远可以近，虚胜于实也仿佛暗说着什么东西。全无动词和对偶句的运用也帮助着心灵的沉思和宁静气氛。这首诗的真正内容就是呈现出了用其他符号不能表达的人生的愁绪与沉思的艺术符号——情感的形式。

与现象学和符号学不同，原型批评和结构主义不但要从作品的文字开始一层层向里深入，还要从一作品与众多的作品的关系中寻出文学的深层结构。在这个意义上，弗莱可说是集中了原型批评和结构主义两个流派的精华。首先，他表现为一个多层结构论者。文学的第一层是词汇层。但文学是虚构，因此文学作品的词汇的意义与外物无关，只与其他词汇有关。作品的词汇是内指的。词汇在文学中总要描绘。第二层是描绘层。一方面作品总是描述一些人物、事件，另一方面这些叙述描绘又总是按一定的方式进行。就是在巴尔扎克和左拉那儿，也不是人物、事件高于描绘方式，而是描绘方式高于人物、事件。因此描绘不是朝外指向事物，而是向内指向形式。形式是第三层。形式主要集中为意象结构。“每部诗作都有由文体要求、作者偏好和无数其他因素所决定的特殊的意象分光带。例如，在《麦克白》中，血的意象和失眠意象就有一种主题般的重要性，因为它是谋杀和悔恨悲剧的真正本质。”① 意象结构一方面是个人创造，另一方面它又是整个文学中这一类意象的特例。为了更深地理解这一意象，就得进入作品的第四层：神话层。在形式层中，我们只从密尔顿的《黎西达斯》本身理解它的牧歌意义，在神话层中，我们就会联系从忒奥克里托到维吉尔到《牧人日历》等牧歌传统，也会想到《圣经》和基督教会中复杂的牧歌象征系统，还会伸入锡德尼《阿卡迪亚》、斯宾塞《仙后》、莎士比亚的“森林喜剧”、雪莱、阿诺德、惠特曼、狄兰·托马斯等作品中的同一意象。神话层使文学的自律体系开始显露，也向人们开启了一种认知定式，比如，“一个像海洋或荒原这样的象征不会只停留在康拉德或哈代那里：它注定要扩透过许多作品，进入作为整体文学的原型象征中去。

① 弗莱：《批评的解剖》，85页。

白鲸不会滞留在麦尔维尔的小说里，它被吸收到我们自《旧约》以来关于海中怪兽和深渊之龙的想象性经验中去了。”① 神话层中显透出的意象群进一步推动我们去寻求整个文学的深层结构以便发现该作品的意象在其中的位置。这样我们就从神话层进入寓意层。这里，我们在第二章中描绘过的整个深层结构及其表层变换图敞显出来。这时，一作品的意象作为文学整体中的单子（monad）性质也敞显出来。

现象学、符号学、原型批评和结构主义都揭示了艺术作品由表及里的多层结构。其中原型批评和结构主义代表现代的一种倾向——寻找深层结构，然后由此说明多层结构。现象学和符号学代表的是现代的另一种倾向，从最确定的外层起，一层层往里推，让最后的东西确实可靠地敞显出来。正是在这一倾向里，现代精神显出了困境，苏珊·朗格得出，情感的形式是非语言能明晰把握的，茵加登也因形而上学的难以形求而不得不将之摒于文学作品的基本层次之外。困境把西方美学从现代推向后现代。后现代只是否定有最后的东西（如深层结构、形而上品质），否定只有一个单一的视点，并未否定多层结构，因此多层结构仍为西方美学审美对象理论的主潮。

第四节　人体结构的审美对象

与西方在现代文化的氛围中达到审美对象的多层结构不同，中国美学对审美对象政治—艺术二元论的超越是通过人物品藻达到的。中国文化的成就主要体现在人体认识、医疗保健上，审美对象理论的发展也深受人体学的推动。

还得从政治讲起。汉代选拔官吏是采用推荐制度，包括察举和征辟。察举是由中央政府下诏规定所需要人才的性质，要求地方政府在自己境内发现这种人才推荐上去。征辟是各地方政府选拔人才给自己用，或中央政府直接从布衣或地方上卑微的官吏中征召有名望的人来做大官。但怎样才能确定某人是或不是某种人才的呢？这就需要一套鉴别人才的理论。汉代哲学家承传先秦思想，认为人主

① 弗莱：《批评的解剖》，100页。

要是由气决定的，然后有最基本的善恶划分。董仲舒说，人有贪仁二气，决定其性之善恶（参见《春秋繁露·深察名号》）。王充说："禀气有厚泊，故性善恶也。"（《论衡·率性》）在具体的人才鉴别上，这远远不够，人物鉴别与做官有关，人物品藻成为普遍的社会风气。实践的得失成败推动着理论的前进。魏人任嘏《道论》说："木气人勇，金气人刚，火气人强而躁，土气人智而宽，水气人急而贼。"是引进五行理论来区分人物的材性。刘劭《人物志》更进一步认为，人"含元一以为质，禀阴阳以立性，体五行而著形"，人体的木、金、火、土、水对应着生理的骨、筋、气、肌、血，又与社会品质的仁、义、礼、信、智相连。对人物的全面考察可详为：神、精、筋、骨、气、色、仪、容、言，所谓"九征"。而神的平陂，精的明暗，筋的勇怯，骨的强弱，气的躁静，色的惨怿，仪的衰正，容的态度，言的缓急，综合起来，就可以断定该人是什么样的材性。刘劭把禀气不同的各类人才分为十二类，人性也分为十二类，才性之间又有离有合。

政治人才学人物品藻理论发展的各阶段，恰好构成静态定形的各层面：气——阴阳——五行——九方面。从功能逐渐到结构定位，逐步具体化为生理特征和心理类型，即从内在之气逐步到外在形态。政治人才学是生理与心理、自然性与社会性统一的学说，达到九征时，它已摆脱了简单性的生理决定心理，先天禀气决定后天形神之说，而从具体上由表探里，因外寻内了。与人体学拉开距离的政治人才学在品藻实践中重视感性直觉的描绘。九方面可归类为三：神与精一类，属神；筋与骨一类，属骨；色、仪、容、气、言一类，属肉。神、骨、肉又可以进一步简括为形神。这样由先秦以来的人体学的气论和形神论都在政治人才学的人物品藻中丰富了。

随着魏晋之际的权力倾轧，政治气氛日益严酷，士大夫人人自危，学术空气的主潮由政治的清议转为形而上的清谈。人物品藻的主潮也由政治学的材量人物演为审美的欣赏。在政治人才学中，人物的形、神、骨、肉及九方面都要落在实处，要揭示才性的确切性质，长短优劣如何，如：

> 若夫德行高妙，容止可法，是谓清节家，延陵、晏婴是也；建法立制，强国富人，是谓法家，管仲、商鞅是也。（《人物志·流业》）
>
> 刚略之人，不能理微，故其论大体，则弘博而高远，历纤

理，则宕往而疏越；抗厉之人，不能回挠，论法直，则括处而公正，说变通，则否戾而不入。(《人物志·材理》)

有漫谈陈说，似有流行者；有理少多端，似若博意者；有回说合意，似若赞解者。(《人物志·材理》)

而在审美的人物品藻中就大不一样了，虽然人体结构神、骨、肉是一样的。同样重神，什么“神理隽彻”、“神矜可爱”、“神锋之隽”之类；亦讲骨，“王右军目陈玄伯，垒块有正骨”(《世说新语·赏誉》)，“旧目韩康伯，将肘无风骨”(《世说新语·轻诋》)；也谈肉，“蔡叔子云：‘韩康伯虽无骨干，然亦肤立”(《世说新语·品藻》)。但这时的形、神或神、骨、肉或九方面不是要求得出人物才性类型的确定答案，而是对人物的姿态、体貌、仪容、神气、风采、韵度的赏玩：

王戎云：“太尉神姿高彻，如瑶林琼树，自然是风尘外物。”(《世说新语·赏誉》)

王公目太尉：“岩岩清峙，壁立千仞。”(《世说新语·赏誉》)

有人叹王恭形茂者云：“濯濯如春月柳。”(《世说新语·容止》)

殷中军道韩太常曰：“康伯少自标置，居然是出群器。及其发言遣辞，往往有情致。”(《世说新语·赏誉》)

第一例突出神，第二例突出骨，第三例突出形，第四例突出言辞，但都是既突出特点又包含着整个形象的品藻。审美的人物品藻重的是具体的感受和体悟。其深入，一是审美范畴的丰富。与“神”近似，有交叠又有差异的范畴就有：风、气、韵、势、情、意……具体讲神的还有清、雅、秀、远、渊、逸……仅与“清”相组合的，又有清远、清蔚、清畅等十多种。二是类似性感受，即用有类似性感受的彼物来比喻人的风貌。这第二章已讲过了。人，“含元一以为质，禀阴阳以立性，体五行而著形”，本是整体功能的，不像几何学那样一层层一面面划分得清清楚楚，而只能给以整体把握，人体中最根本的东西气与神是功能的，虽从形中体现出来，但不能以形求，可体悟而难以定位，可意得而难以言宣。因此审美的人物品藻在理论把握上是评点式的，一方面用精练的词或词组，点到即止，一方面用类似性感受，让你感性地体悟其中的神韵。

中国美学历来信奉诗以言志，文如其人。人物品藻对美学的影响不仅在于为美学提供了范畴和方法，更主要的是为审美对象提供了一套结构模式，使艺术成为人体结构的审美对象，一个由二到三到多的整体功能的审美对象。

书法上，王僧虔《笔意赞》说：“书道之妙，神采为上，形质次之。”这是从两层谈。卫夫人提出意、骨、肉的问题，萧衍《答陶隐居论书》说：“肥瘦相和，骨力相称……棱棱凛凛，常有生气。”即生气、骨力、肌肤，是从三层谈。苏轼《论书》云：“书必有神、气、骨、肉、血。”这是神、骨、肉的进一步展开。

绘画上，顾恺之说：“四体妍媸，本无关妙处，传神写照，正在阿堵中。”谢赫评晋明帝说：“虽略于形色，颇得神气。”（《古画品录》）这是形、神两层。张怀瓘评画说：“张（僧繇）得其肉，陆（探微）得其骨，顾（恺之）得其神。”（《历代名画记》）这是三层。荆浩《笔法记》说：“笔有四势，谓筋、肉、骨、气。”谢赫绘画六法，除传移模写外，气韵生动、骨法用笔、应物象形、随类赋彩、经营位置，既可为三：气韵、骨法、形色，又可为多：气、韵、骨、形、色、筋。

文学上，刘勰的情与文、风与骨（“辞之待骨，如体之树骸，情之含风，犹形之包气”）是从两层讲。王国维说：“飞卿之词，句秀也，端己之词，骨秀也，后主之词，神秀也。”（《人间词话》）是从三层讲。刘勰论文章，“以情志为神明，事义为骨髓，辞采为肌肤，宫商为声气”（《文心雕龙·附会》）。姜夔《白石道人诗说》云：“大凡诗自有气象、体面、血脉、韵度。”胡应麟《诗薮》指出诗有骨肉、气韵、意象、声色。这是展开为多。

人体结构的审美对象是真正的如符号学所说的生命的对象。它是中国文化对待事物的整体功能观的产物。这种审美对象的核心：神、气、韵、趣等是功能性的。它的第二层骨、质、体、象等按照严格的几何式分割会显得游移不定，以致一些论者认为它是神，另一些又认为是辞。在它具体展开为多的时候，可以清楚地看到，它完全不能按照“层”和“面”来界定划分，它是以整体功能来进行组织结构的。这是一种在观念上完全不同于西方多层结构审美对象的东西。但它也和西方的多层结构审美对象一样，是排除了外在因素作为主要内容而从艺术自身立论的审美对象。

人体结构的审美对象在中国艺术理论中占有决定性地位。不过在文学上除了人物品藻而来的人体结构外，还有从《周易》而来的言、象、意结构的影响。言意之辨也是魏晋玄学讨论的大题目，对人物品藻审美方式也有影响。言、象、意和神、骨、肉一道造就了中国美学意境理论结构方面的特点，这是一个多层的又有功能性的结构。把它和茵加登的作品论比较一下，可见：

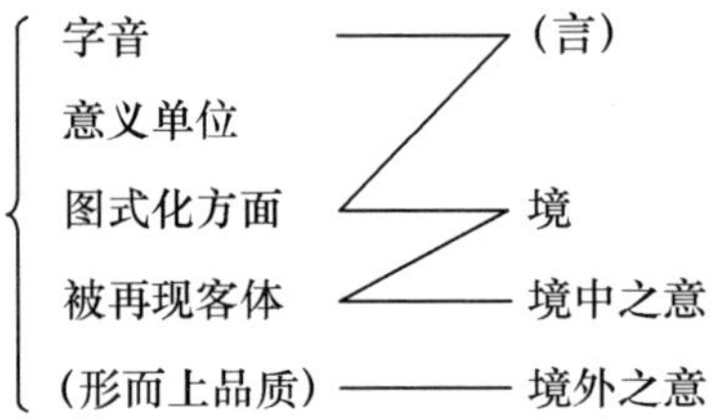

茵加登是从可把握的形式，一层层下来，首先是最明晰确定靠得住的字音，然后通过语言分析，细读，弄清语境、意义，继而进入形象等。最后的形而上品质难以形求，就不能算在基本层次之内。中国美学相反，认为言是不重要的，读作品应该由言入境，得境忘言，因此言根本不能算一个层次。而最强调的是境外之意。孔子的文质、德言不算意境理论，扬雄的事与辞也不算，刘勰的作品论欲算难算。只有钟嵘重释赋、比、兴，提出了“文已尽而意有余”的滋味说，意境理论才算诞生。境外之意是意境理论的核心。王国维《人间词话》说：“古今词人格调之高无如白石，惜不于意境上用力，故觉无言外之味，弦外之响，终不能与于第一流之作者也。”意境论在结构上重境外之意是因其结构的整体功能性质。“不着一字，尽得风流”、“味外之旨”、“韵外之致”正是整体功能的传神写照。

在突破政治伦理和逻辑概念对艺术内容的统治地位后，西方美学走向了多层结构的审美对象，中国美学形成了人体结构的审美对象。人体结构重的是难以形求的神、情、气、韵，从而保持了自己的稳定，从魏晋到清代，并无变化。多层结构理论，就是原型批评和结构主义，也讲究从语言一步步往里推，弗莱的原型整体结构是如此的明晰确定，因此它的被否定或修正的命运是免不了的。

第八章
典型与意境：中西审美对象的最高境界

典型（type）是近代西方最通行的概念。但人们论述它时往往追溯到亚里士多德，说亚里士多德虽未用该词，却实际上谈的是这一内容。这说明在典型一词中含有一种普遍性的东西。现代西方，典型一词已很少出现了，然而它所包含的那种普遍性的东西仍然是存在的。因此，典型是横跨古今的，我们谈典型当然要超越典型一词的古典定义。意境概念在中国出现略晚，但这概念贯流于各个朝代、各门艺术的普遍性是公认的。

多层结构和人体结构是中西审美对象的普遍结构，只要是审美对象都有此结构。典型和意境是中西审美对象的最高境界，只有优秀的作品才称得上典型和意境。典型和意境强调的是优秀艺术要体现一种文化精神。

第一节　典型与意境及其文化精神

典型这个词在希腊文是 Tupos，原意是铸造用的模子，与 Idea 同义，Idea 也是模子和原型，又由此派生出 Ideal，即理想。① 典型就意味着最接近理想之型的具体之型。西方文化是重实体，重形式的，对审美个体也主要是重“型”，宇宙中最根本的东西也是实体的，是理式，因此具体之型要获得较深的存在意义就必须同时又是理式的典范性显现，仿佛它是由理式的模子一样不差地铸造出来似的。典型理论的核心，可以说是由一个三角形构成的（如图）。西人面对形象时，注重的是形象中较稳固的形式，而何以具有这样而非

① 参见朱光潜：《西方美学史》下卷，695 页。

别样的形式，又是由理想决定的。不管西方文化在各个历史阶段有怎样的差异，典型的这个基本核心一直未变，随时代的变化而变化的只是它的具体形貌。

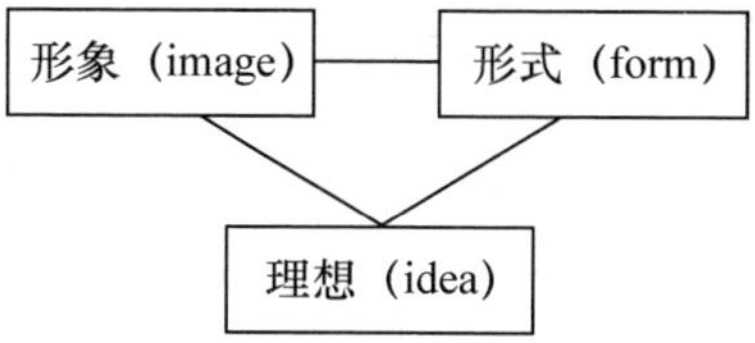

中国意境理论的奠基者是钟嵘。中国文化气的宇宙是重功能的，但从先秦两汉起在审美对象上却一直以实体为主。孔子的文质彬彬、有德有言，质、德皆偏于实体。扬雄的事辞相称，事，还是实体味重。到魏晋，随着中国美学结构趋于形成，曹丕提出“文以气为主”，陆机提出“诗缘情而绮靡”。气、情已转为功能性，但意境的特色尚不明晰。钟嵘提出“文已尽而意有余”的“滋味”，就把意境的特色点出来了。审美对象的特质在其文已尽而意有余的滋味，这是与老子的不可道之道，与孔子知其难语而不语的天道相一致的东西，在滋味说里，艺术精神与文化精神浑然一体了。

然而，艺术作为审美对象又有自己的特色，用西人的话讲，有形象（image）。不过，在中国古人的眼中，形和象是有区别的。《周易》说：“在天成象，在地成形。”形是实体的，象是虚体的。因此，在一个统一的形象中，西人重“形”（body），因为它要通向“式”（form），中人重“象”，因为实体的“式”并不重要，而虚性的“象”才通向宇宙之气。所以可以澄怀味象，味象与观道相通，而不能澄怀味形（形和式都一目了然，不用去味）。以象为主，艺术形象要用一个范畴来准确地表达，就是境。境，是唐人的发现，唐以前主要是重在“文”、“辞”、“言”、“采”，唐人在文辞与情意之间发现了境：

诗有三境，一曰物境……二曰情境……三曰意境。（王昌龄《诗格》）

取境之时，须至难至险始见奇句。

夫诗人之思初发，取境偏高，则一首举体便高；取境偏逸，则一首举体便逸。（皎然《诗式》）

诗者其文章之蕴耶？义得而言丧，故微而难能，境生于象外，故精而寡和。（刘禹锡《董氏武陵集记》）

> 上人心冥空无而迹寄文字，故语甚夷易，如不出常境……（权德舆《送灵澈上人庐山回归沃州序》）

唐代繁荣的诗歌创作，使境的层次很容易被人注意到：“潮平两岸阔，风正一帆悬。”（王湾）“大漠孤烟直，长河落日圆。”（王维）“蓝水远从千涧落，玉山高并两峰寒。”（杜甫）这些诗都使你但见境象，不睹文字。

境使艺术作为审美对象有了坚实的基础：1. 境乃审美之境，区别于现实之景，所谓“身与事接而境生”（祝允明）。2. 境不同于文，不必“词必穷力而追新”，“争价一字之奇”（刘勰），而应“但见性情，不睹文字”（皎然），“不着一字，尽得风流”（司空图）。3. 境有自己的标准，不管外在的标准：“境界有大有小，不以是分优劣。”（王国维）4. 境以象为主，与宇宙之气相通，是滋味之所在。境使滋味、神韵有了艺术的安顿处，形成了意境。

中国文化之道不变，意与境皆不变，然而各时代侧重的意境又是有所不同的，意境的具体形态又随着时代而变化。

第二节　典型及其历史演化

上节已讲到，西方的典型是由一个三角形组成的。西方文化在其发展中，理想不断变化，三角形之间的关系也随之不断变化，从而作为三角形的整体——典型也不断变化。

一、纯形与古希腊精神

古希腊，人们把理想不仅看成是实体的，而且看成是形式的。毕达哥拉斯以数作为宇宙最终本源和几何学的示范，起到了关键作用。在柏拉图看来，各种具体事物都有作为其理想标准的理式。柏拉图的理式（idea）基本上可以说是理想和形式的统一。因此，在典型的三因素中，理想和形式重合为一，这就决定了古希腊典型理论的面貌——纯形。（就其自身来说，理想已在形式中，形已不纯，但相对于典型的后来形态而言，说纯形还是比较恰当的）。其典型三角具体如图。因其理想和形式的合一，雕塑成为古希腊艺术的典型代表，《掷铁饼者》、《维纳斯》乃至整个古希腊雕塑，都是形式和理想的完美

体现。波里克利特《论法规》中的思想可作为古希腊典型论的思想。不过，用雕塑来说明纯形的典型，最直接，最简单，也最容易。纯形作为一个时代的原则，它应能说明一切艺术，正是在这个意义上，亚里士多德成为古希腊典型论的代表。绘画中，有人按现实的样子画，有人按理想的样子画，亚里士多德认为："一桩不可能发生而可能成为可信的事，比一桩可能发生而不能成为可信的事更可取……画家所画的人物应比原来的人更美。"① 整个古希腊绘画和雕塑基本上都是按这一原则进行的。戏剧需要虚构，亚里士多德说："诗人的职责不在于描写已发生的事，而在于描述可能发生的事，即按照可然律或必然律可能发生的事。"② 也正因此，戏剧具有了普遍性和哲学意味。这种虚构而更理想是通过一系列规范的形式化而达到的，如悲剧，需要（1）结构的整一，有头有身有尾；（2）行动的整一，由顺境转入逆境；（3）效果的规定，引起恐惧和怜悯……理想、普遍性正体现在规范的形式里，规范的形式本身就包含了理想和普遍性。亚里士多德在《修辞学》卷二里以年龄和境遇为标准把人分为幼年人、成年人、老年人和出身名门者、有钱者、有权者几类，并对每一类型都作了概括，也仍是依照形式即理想的原则进行的。

二、轻形与中世纪精神

中世纪，统一的宇宙被分为两半：尘世和天堂，此岸和彼岸。这个分裂的宇宙为上帝所主宰，上帝是真善美的统一，尘世作为上帝的创造物当然也体现上帝的精神，从而和谐、比例、组织也依然存在于尘世。因此，尘世之美具有二重性，就其作为上帝创造意志的体现来说，它是美的，就其与天堂之美相对而言，它的美是低级的。托马斯·阿奎那说："各种事物能使人一见而生快感即称为美。"又说："美的条件有三：第一，完整性或完备性，因为破碎残缺就是丑；第二，适当的匀称与调和；第三，光辉和色彩。"③ 快感属形象，完整、匀称、调和是形式，这都是尘世的美；光辉和色彩则来自天上，是上帝的光辉。天地的二分决定了典型三因素的组合：形象和形式是尘世的，理想是天上的，形象和形式是有形的，可见的，理想则是无形的，非尘世之人的能全见的。形象、形式和理想之间

① 《诗学·诗艺》，101页。
② 同上书，28页。
③ 伍蠡甫主编：《西方文论选》上卷，149页。

有一条巨大的鸿沟。这决定了中世纪的典型理论是轻形的（如图）。

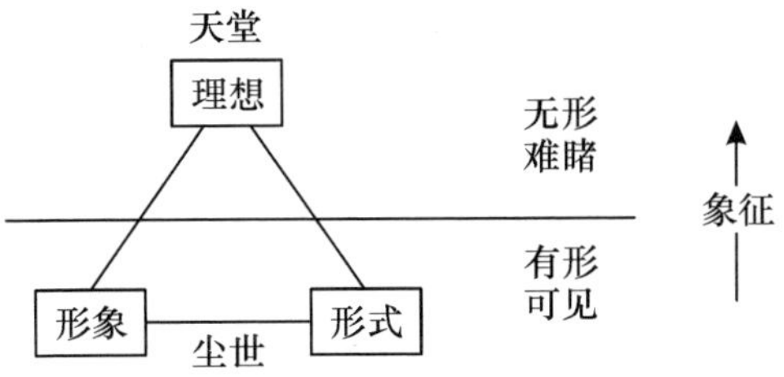

人们把尘世的感性世界看成是虚幻的，如水中月、镜中花。因此，感性世界的美，形象和形式都是远离最高美（上帝之美）的低级之美。艺术的地位也是很低的。“在马尔岑·卡别尔的百科全书里，提出了七种‘自由艺术’：文法，修辞学，辩证法，音乐，算术，几何学和天文学。这里未曾提到诗与绘画。实质上，诗有时被视为逻辑学或修辞学的附庸。荷兰的工匠歌者都自称为修辞家，因为当时诗仅仅被认为是‘第二流的修辞学’，而由于亚里士多德曾经说过，不求助形象，人们就不能进行逻辑思考，所以诗有时也作了逻辑学的入门课程。画家经常被划归马匠之列，因为当时的马鞍都是要绘饰的”①。总之，艺术和技术一样，“当某一种材料，在鞋匠或者雕刻家的手里，经由熟练合理的加工制造而获得确定的形式时，它就成为美的了”②。声音有了节奏和韵律，能使听者想见出理想的数的秩序的统一，它就成为美的了。而这些都是尘世的美，它们的真正意义在于象征性。正像圣·方济各眼中，河里住着三位一体，狮子、公牛和雄鹰身上散发着福音书的气息，蜗牛象征着耶稣基督从棺材里复活一样，中世纪的理论家要人们从艺术形式中感悟到象征意义。中世纪尘世事物之美具有两重性，一是本身的美，一是象征的美。思想家们要人们欣赏的是象征的美，而不是事物之美。奥古斯丁一再告诫人们，不要把眼光停留在事物本身的美上。“如果他把自己的眼光停留在景象本身上，则他的眼睛就坏了，他就会像蝙蝠或者猫头鹰一样，在黑暗里才看得最清楚，在夜里才能飞。以色列的美嗓歌手对待音乐的态度，应成为我们的典范。大卫是个能歌善唱的人，他热爱音乐的和谐，不是出于对快感的一般嗜好，而是出于自己纯

① 中国社会科学院美学研究室编：《美学译文》第2辑，156～157页，北京，中国社会科学出版社，1982。

② 同上书，157页。

粹精神的心理状态，他用和谐这个伟大事物的神秘原型为他的上帝——真正的上帝服务。”① 重象征轻实体，决定了中世纪典型的轻形特征。

地上最接近上帝的是教会，地上之美等级最高的是教堂。教堂既是地上之美的最高代表，又是象征之美的典范。古希腊艺术以人体雕塑为代表，神的塑像也是人化的，以最美的人表现出来，形式即理想。中世纪艺术以教堂为代表，它精妙的比例、尺寸、造型是服务于象征的。建筑的特性就是以抽象的形式表现观念，抽象加上象征，轻形倾向大大地突现出来。其他艺术：绘画、诗歌、音乐本来或如技术一般的低级，或虽高于技术也仍无高位，但教堂以唱诗班、圣歌、壁画的形式把它们集中起来，为上帝服务；在教堂的神圣氛围里出现，增加了它们的象征意义，使它们与上帝更接近了，提高了它们在美的阶梯上的地位。它们更具有了中世纪的理想性，但同时也更显出了中世纪的“轻形”特征。最明显的是绘画，在古罗马就臻于完备的透视法则在中世纪教堂画中完全消失了。人物多不合正常比例，动作与表情多是呆滞的，显出了人深受肉体之累的时代精神。绘画可以作为中世纪艺术的缩影：是轻形的，又是理想的。

三、典型与近代精神

近代，哥白尼、牛顿把宇宙变为无限展开的宇宙，地球中心说明显的谬误使持此学说的教会也失去了灵光。资本主义的崛起使个人从封建社会的束缚中解放出来，弗洛姆说：“自中古时代结束以来的欧美历史，就是个人‘脱颖而出’的历史。”② 具有丰富个性和自立精神的现代意义的个人是近代的产物。艺术也打破了建筑独尊的局面，绘画、音乐、诗歌、戏剧、小说先后获得重要地位。在展现人的个性的丰富性方面，戏剧、诗歌、小说无疑具有更为重要的意义，近代的典型理论主要围绕着这三门艺术展开。个人是以独立的有个性的方式出现的，然而不管他个性怎样独特，总还是应或显或隐地服从于一种普遍性。因此，如何在突出个性的时候显示其普遍性，如何在显示普遍性的时候突出个性，一句话，如何正确把握个性与普遍性的关系，就成为近代典型理论的核心。

对个性的普遍性的第一次理论把握是类型理论。个性的普遍性

---

① 中国社会科学院美学研究室编：《美学译文》第2辑，150页。

② 弗洛姆：《逃避自由》，13～14页，哈尔滨，北方文艺出版社，1987。

被认为是普遍的人性。它在古典主义艺术特别是古典主义戏剧里得到鲜明体现，又由法国理论家布瓦洛给予明晰的理论阐述。布瓦洛认为，有个性的人就是鲜明地拥有某一特点的人，如青年、中年、老年各有个性，英雄、小丑、风流浪子、守财奴、老实人、糊涂蛋亦各有个性，为使人物个性突出，就要始终如一："你打算创造一个新的人物形象？那么，你那人物要处处符合他自己，从开始直到终场表现得始终如一。"① 伪君子一言一行莫不虚伪，吝啬人一举一动都显吝啬，也千万不要"使青年像个老者，使老者像个青年"②。同时，要突出人性的普遍性也最后落实到类型上，因为类型是一切人中这类特性的集中典型化。类型既是个性，又是共性，是个性和共性的统一。类型是很容易严格地予以形式化的，因此布瓦洛提出了人物塑造的法规，以及与人物塑造的理想要求相一致的三一律等一系列艺术规则。在古典主义美学中，典型的三因素：形象（这里具体为个性）、形式（这里具体为法规）、理想（这里具体为人性，或曰共性）都在类型中统一起来了（如下图）。

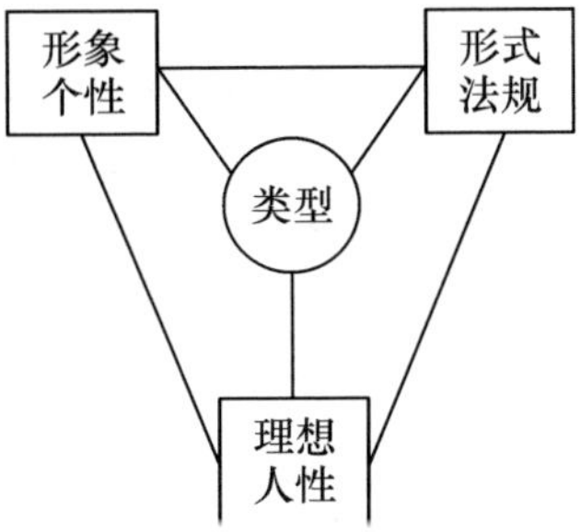

把个性类型化就是把个性融于共性，使个性单一化了，这样到最后，个性也就没有了。真正体现出近代个人性的任务主要是由浪漫主义来承担的。为写出独特的个人，浪漫主义不是寻求外在的现实和法则，而是追求内心的表现，他们主要描写主观的情感，情感是没法规范的。奇色异彩从情感中流淌出来，当以情感面对现实之时，不是客观地描绘外在现实的形色，而是抒写外在现实在内心的主观表现，写人对现实的主观感受。情感被诗化了，英国产生了波澜壮阔的浪漫主义诗歌，出现了一批著名的浪漫主义诗人：华兹华斯、科勒律治、济慈、雪莱、拜伦……情感是放纵不羁的。浪漫主

① 伍蠡甫主编：《西方文论选》上卷，298页。
② 同上书，302页。

义提倡天才。天才的特征就是想象，想象不是摹仿，它不摹仿现实，而是自己创造出一个现实。当情感和天才在戏剧和小说中表现出来，造人写物之时，就展示出奇异的环境，离奇的情节，特殊的人物。正因为不受一般法则限制的环境和情节，才使独特的个性得以表现。浪漫主义在典型的三因素中就有了完全不同于古典主义的强调：在形象因素中特别强调个性的刻画，在理想的因素中特别强调一种追求意识。个性形象和理想追求都容不得古典主义的程式化。浮士德把《圣经》里的“泰初有道”译成“泰初有为”，就是以“纵身跳进时代的奔波”之行动来破除法规性的“道”。个性化的理想追求形成了具有近代精神的在个性与普遍性的关系中强调个性的典型理论（如右图）。用歌德的话说，它是从特殊中显出一般，它们在把握特殊时虽然并不想到或指明一般，但在把握住特殊时，同时也就把握住了一般。

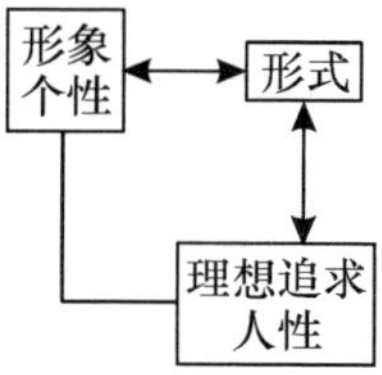

浪漫主义的主观、情感、天才具有冲破一切法规束缚的威势，代表了近代精神激情的一面；现实主义则以冷静的观察和实证代表近代精神理性的一面。现实主义非常重视人物的个性，但同样重视个性人物的普遍意义。不过，在现实主义看来，普遍性主要在于社会性，是社会环境造就了各式各样的人物，形成了他们性格和行为的动机。因此，现实主义强调客观。巴尔扎克说：“法国社会将要作历史家，我只能当它的书记。”① 在巴尔扎克的小说中总是先大段大段地细写环境，使你明白人物之所以为此人的根据。和浪漫主义强调情感不一样，现实主义强调理性和分析。巴尔扎克说：他要“编制恶习和德行的清单，搜集情欲的主要事实，刻画性格，选择社会上主要事件，结合几个性质相同的性格的特点揉成典型人物。”② 由于重客观重理性，在现实主义的典型三因素中，形式法则未被排除，它与环境结合起来形成人物个性和共性之间的一个中介。因此现实主义的典型理论尤其强调个性和共性、特殊和一般的统一，人物和环境的统一（如右图）。

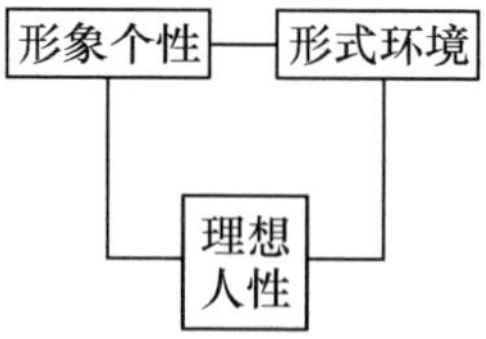

近代的典型理论主要是由现实主义典型论和浪漫主义典型论构成的。

①② 伍蠡甫主编：《西方文论选》下卷，168 页。

四、变形与现代精神

近代典型理论一般和特殊的统一是建立在宇宙的整体性和总的规律之上的。牛顿、上帝、黑格尔都体现着一种整体性的理论。现代，自爱因斯坦以来，表明无法证明宇宙的整体性。以前认为整体的宇宙，实际上只是文化所认识的宇宙，只是无限宇宙的一部分，而且由此之如此推不出彼也如此。建立在一定实践基础上的理性的有限性暴露出来了。牛顿、上帝、黑格尔的跌落很快波及其他方面。作为整体性的一般消失了，特殊也就无从去与子虚乌有的一般相统一了。作为一般、上帝、绝对理念消失了的直接反映是绘画由焦点透视变为散点透视，音乐由调性音乐变为无调性音乐，小说由全知的叙述者变为与主人公同知甚至少知的叙述者。面对业已消失了的整体，特殊之上没有一个绝对更高者，特殊处于一系列参考系中，随着参考系的变化，它的“性质”和“意义”也不断地变化。这样特殊就表现为一系列的“变形”。

另外有一些人认为，整体性并没有消失，只是不是以我们以前所认为的那种形态存在；上帝也未死亡，只是隐匿起来了。因此在存在者的后面有一个虽不能用逻辑证明但可以感受到的存在，意识的下面有一个无意识实体，它在暗中统治着意识，事物的深处有一个固定不变的深层结构，它决定着丰富多样的表层现象。这样，近代特殊与一般的关系就变成了存在与存在者、意识与无意识、表层与深层的关系，这关系不是直接的，而是间接的、曲折的、隐喻的。它同样以一种变形的方式表现出来。

典型三因素在现代的变化就显示为：以前作为一般或共性的理想现在变为深层结构或者变为德里达似的无结构的阙如（absence）。深层结构或无结构与形象的联系是以变形的方式进行的。从而形式转为变形，形象也表现为一种变形形象。变形成了现代典型理论的中心（如右图）。这样，不仅现代艺术的典型形象主要为变形形象，如卡夫卡小说、先锋派电影、表现主义音乐、荒诞派戏剧、毕加索绘画所显示出来的形象，就连古典艺术在这一眼光注视之下也显出变形的意蕴，如弗洛伊德对《哈姆雷特》、《蒙娜丽莎》的分析，罗兰·巴尔特对巴尔扎克小说

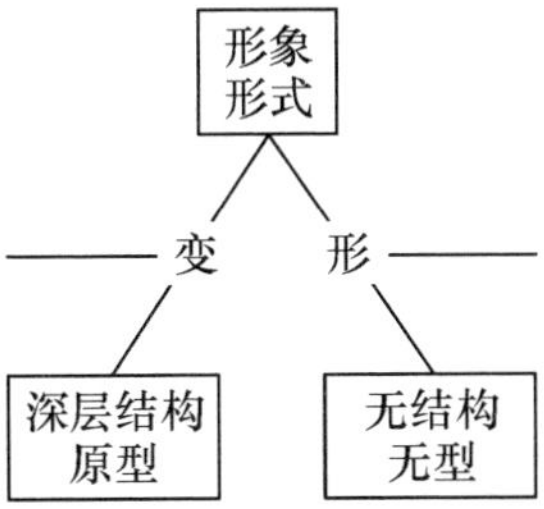

《萨拉辛涅》的分析。

第三节　意境及其历史演化

典型的核心是怎样的“形”才能最好地反映文化精神，意境的核心是怎样的“境”最为文化所推崇。中国的审美对象从层次上分，如前所述，可为：文，境，境中之意，境外之意；从意境上看，则为作品给人一怎样的意境，境是何境，意是何意。意境虽由各层合力组成，要分析也可以从具体的某一层谈，但意境一经形成就由整体功能构成一种整体境界。因此论意境从方法论上，可以从整体谈，以类似性感受为主，如唐代窦蒙《述书赋语例字格》：“天然，鸳鸿出水，更好仪容。逸：纵任无方曰逸。”也可以从某一层入手进入整体风格，以精练性词组为主，一般为一个结构性实词加一个表明是何种意境的形容词。如钟嵘《诗品》：“文彩高丽”，“其体华艳”，“骨气奇高”，“自有清拔之气”。

魏晋南北朝是既讲究玄言深意，又讲究华美艳丽的，因此我们从钟嵘《诗品》中基本上可知中国倡导的是什么样的意境：

褒扬之意境：（1）着重从意（即气、情、意、神等）上谈的有：深、渊、远、高、逸、闲、淡、雅、典、古、清、净、真；（2）着重从境、言、辞①等上谈的有：华艳、华绮、妍冶、流亮、绮密、美赡、丰饶、繁富、彪炳、葱菁、鲜明……这两个主要层次又是可以互相组合的，如：典丽、高丽、秀逸、清润、清巧、闲雅……

贬斥之意境：浅、嫩弱、轻巧、讦直、质直、凡俗、平美、鄙促、鄙质、细密、靡嫚、繁芜、峻切、淑诡……

仅此一家还是粗略一谈，就有些令人眼花缭乱，要分析清楚已觉很费力。从魏晋至清代，时代、思想、流派、个人诸多因素错综复杂，更容易使人迷失方向。为了简明扼要，我们从文化思想结构以及历史演变这两方面来谈中国意境的基本类型及其变化。

一、阳刚阴柔：意境类型与文化结构

中国文化的宇宙从根本上说是由气、阴阳、五行、八卦组成的。

① 钟嵘在境这一层上更强调辞、体对境的作用。

气、阴阳、五行、八卦、万物本是既可以收起来一以贯之，又可以散开去衍为各类，也可以由任何一层切入而再扩大或缩小，还可以以一层而象征全体。从历史的发展看，意境类型是以文化结构为参考系又不断趋向这个文化结构。

意境类型仍是萌芽于人物品藻，刘劭在《人物志》中把人物分为 12 种个性类型：强毅、柔顺、雄悍、惧慎、凌楷、辨博、弘普、狷介、休动、沉静、朴露、韬谲。基本上是以阴阳刚柔为指导划分的，强、雄、凌、弘、动、露属阳刚，柔、慎、博、狷、静、谲属阴柔。当然这还谈不上美学，当人物品藻转为审美之后，开始具有了意境的意义：

> 时人目王右军："飘如游云，矫若惊龙。"（《世说新语·容止》）
>
> 有人叹王恭形茂者云："濯濯如春月柳。"（《世说新语·容止》）

这类类型很多，仍可见文化结构的影响，但难以规范化。从整个历史发展看，形成意境类型主要有四条线。一是由作者的性质决定作品的意境。曹丕《典论·论文》说："徐干时有齐气……应瑒和而不壮，刘桢壮而不密，孔融体气高妙。"刘勰认为，个人的才、气、学、习四方面的不同组合产生独特的作品意境，"贾生俊发，故文洁而体清，长卿傲诞，故理侈而辞溢……嗣宗俶傥，故响逸而调远；叔夜隽侠，故兴高而采烈。"（《文心雕龙·体性》）这方面有无限扩展的趋向，正如严羽《沧浪诗话》中说："以人而论，则有苏李体（李陵、苏武也），曹刘体（子建、公干也），陶体（渊明也），谢体（灵运也），徐庾体（徐陵、庾信也）……"从汉一直排列到与他同时的杨诚斋体。显然，随着历史的发展，由人而来的体还会不断增添、延续。二是由文体的性质决定意境的类型。曹丕《典论·论文》说："奏议宜雅，书论宜理，铭诔尚实，诗赋欲丽。"陆机进一步说："诗缘情而绮靡，赋体物而浏亮，碑披文以相质，诔缠绵而凄怆，铭博约而温润，箴顿挫而清壮，颂优游以彬蔚，论精微而朗畅，奏平徹以闲雅，说炜晔而谲狂。"（《文赋》）这里也有向多的无限展开的趋向。三是由时代的性质决定意境的类型。《礼记·乐记》就有"治世之音安以乐，其政和，乱世之音怨以怒，其政乖，亡国之音哀以思，其民困"。刘勰《时序》讲得更清楚，如建安文学"雅好慷慨，良由世积乱离，风衰俗怨，并志深而笔长，故梗概而多气也"。胡应麟用一句这一时代的诗来说明该时代的文学意境："盛唐句，如

‘海日生残夜，江春入旧年’；中唐句，如‘风兼残雪起，河带断冰流’；晚唐句，如‘鸡声茅店月，人迹板桥霜’。”（《诗薮》）严羽显示了时代类型向多的无限发展趋势：“以时而论，则有建安体（汉末年号，曹子建父子及邺中七子之诗），黄初体（魏年号，与建安相接，其体一也），正始体（魏年号，嵇阮诸公之诗），太康体（晋年号，左思潘岳二张二陆诸公之诗），元嘉体（宋年号，颜鲍谢诸公之诗）……”（《沧浪诗话》）从建安一直排列到江西诗派。四是由自然方面决定意境的类型。中国是农业社会，人对自然的变化规律十分敏感：“春秋代序，阴阳惨舒，物色之动，心亦摇焉。……献岁发春，悦豫之情畅；滔滔孟夏，郁陶之心凝；天高气清，阴沈之志远；霰雪无垠，矜肃之虑深。”（刘勰《文心雕龙·物色》）人们或以心写自然，或以自然写心，在作品中形成了自然意境类型。王维《山水论》说：“春景则雾锁烟笼，长烟引素，水如蓝染，山色渐青；夏景则古木蔽天，绿水无波，穿云瀑布，近水幽亭；秋景则天如水色，簇簇幽林，雁鸿秋水，芦岛沙汀；冬景则借地为雪，樵者负薪，画舟倚岸，水浅沙平。”郭熙《林泉高致》亦有“春山艳冶而如笑，夏山苍翠而如滴，秋山明净而如妆，冬山惨淡而如睡”。

在四种系列中，作者、文体、时代都有无限发展的直线倾向，只有自然是完全规范化的，是循环明显的。本书前面讲过，中国文化的宇宙是靠把历史自然化，把直线变成循环的圆而形成的。在意境理论中也一样，由于有自然的渗入，无限发展的多也变为循环的、滚雪球似的，虽有展开而又可收拢，意境的结构就与文化结构相同构了。

四种系列都要从作品中反映出来，或曰集中到作品中来，具体地说，时代、自然融集于人，人形成作品，刘勰把它综合起来归为体：“一曰典雅，二曰远奥，三曰精约，四曰显附，五曰繁缛，六曰壮丽，七曰新奇，八曰轻靡。”（《文心雕龙·体性》）八类中又可分为两两相对的四组：“雅与奇反，奥与显殊，繁与约舛，壮与轻乖。”这四组又可明显归为两大类（如右图）。显然这是按照《周易》的格式来分类的。《周易》以八卦代表八种基本事物。宇宙万物正是由这八种基本类型演化发展而来，八卦演为六十四卦，三百八十四爻，象征宇宙万物。八卦又可两两相对分为四组。再精练，八卦可收入阴阳二爻。所谓“太极生两仪，两仪生四象，四象

阳	雅	奇	阴
	显	奥	
	繁	约	
	壮	轻	

生八卦”。刘勰之总结为八体，是为了给四方面具有的无限展开性以一收拢的规范，给无数“各师其心，其异如面”的个别类型以一总类，这是一大成就，然而他对八体的具体解释不够理想。他说：“典雅者，熔式经诰，方轨儒门者也；远奥者，馥采典文，经理玄宗者也；精约者，核字省句，剖析毫厘者也；显附者，辞直义畅，切理厌心者也；繁缛者，博喻酿采，炜烨枝派者也；壮丽者，高论宏裁，卓烁异采者也；新奇者，摈古竞今，危侧趣诡者也；轻靡者，浮文弱植，缥缈附俗者也。”这八体有的从思想立论，有的从文字立论，确实，有的风格主要由思想反映出来，有的又主要由行文表现出来，还有的从体式表现出来。因此后来谈风格类型的也是对各层有所偏重，来回跳跃的。皎然谈风格类型十九种，有“高，风韵朗畅曰高；力，体裁劲健曰力……德，词温而正曰德”（《诗式》）。因为在古人看来，作品各层的划分不是严格的，而是互通的，要想说得言简意赅就成了刘勰和皎然这样。当司空图把每一品都讲得很详细的时候，这种贯通性就表现出来了。

似可说，从刘勰的八体起，中国美学就把四大方面集中为作品来谈意境类型。它可无限展开，如唐代窦蒙《述书赋语例字格》有近百种；也可以扼要把握，如司空图二十四品，皎然十九式，严羽九品，刘勰八体……再要更精练的把握，就得归为二了。在这一层讲得最好的是清人姚鼐：

> 鼐闻天地之道，阳刚阴柔而已，文者天地之精英，而阴阳刚柔之发也。惟圣人之言，统二气之会而弗偏。然而《易》、《诗》、《书》、《论语》所载，亦间有可以刚柔分矣。值其时其人，告语之体各有宜也。自诸子而降，其为文弗有偏者，其得于阳与刚之美者，则其文如霆，如电，如长风之出谷，如崇山峻崖，如决大川，如奔骐骥；其光也，如杲日，如火，如金镠铁；其于人也，如冯高视远，如君而朝万众，如鼓万勇士而战之。其得于阴与柔之美者，则其文如升初日，如清风，如云，如霞，如烟，如幽林曲涧，如沦如漾，如珠玉之辉，如鸿鹄之鸣而入寥廓；其于人也，漻乎其如叹，邈乎其如有思，暖乎其如喜，愀乎其如悲。（《复鲁絜非书》）

阳刚阴柔是两类最基本的意境类型，一切都可以归为二，“一阴一阳之谓道”。受文化结构的影响，意境也是一个一、二、五（或四）、八、多的上下可伸缩的结构。

二、浓淡神逸：意境类型与儒道互补

意境的最高境界，从浑然整体看，是得天之气的全美；从二分看，是两种美：阳刚之美与阴柔之美；从四、五、八、九分看，其高下等级就显出来了。刘勰八分，第一第二的是典雅和远奥，司空图二十四分，第一第二的是雄浑和冲淡，这两种实际上一是儒家的最高境界，一是道家的最高境界。凡尚儒者总是以典雅、雄浑、阳刚之美为第一。凡崇道者，总推冲淡、远奥、阴柔之美为最高。儒、道的境界之差别，简而言之，就是浓与淡、神与逸的差别。

儒家是重社会等级和尊卑秩序的，在外貌上崇尚文饰。孔子特别强调文的意义。文，前一章已说过，就是符合社会地位的一切居食设施、服装仪容、言谈举止。《论语·乡党》详细地记叙了孔子的服装、饮食、居处和在各种场合中的仪容举止：在本乡地方上怎样，在宗庙里怎样，君召使摈如何，与下大夫言和与上大夫言又如何不同。“君在踧踖如也，舆舆如也”，“升车，必正立执绥；车中，不内顾，不疾言，不亲指”。甚至细微到“席不正，不坐”；“朋友之馈，虽车马，非祭肉，不拜”。孔子最得意的门生颜渊死了，孔子哭得很伤心，并呼叫：“天丧予！天丧予！”然而当颜渊的父亲请孔子把车卖掉来替颜渊办外椁的时候，他答道：“才不才，亦各言其子也，鲤也死，有棺而无椁，吾不徒行以为之椁，以吾从大夫之后，不可徒行也。”（《论语·先进》）此事很遭后人的非难，然而孔子的思想是，他之必须有车，正如“不学诗，无以言，不学礼，无以立”一样，是“文”必不可少的一部分。孔子说过：“文胜质则史，质胜文则野，文质彬彬，然后君子。”如果他没有了车，至少在这一点上是质胜文，会落得有一点“野”的窘境。

孔子主张人的本性在于社会性，因此提倡与质符合的文。庄子认为人的本性在于自然性，因此觉得一切社会性的修饰，一切文，都是对人的自然本性的束缚。在《马蹄》中，马受到伯乐的各种装饰和训练的时候，是它最痛苦的时候，当马没有任何管束与修饰在野外自由自在的时候，才最舒畅自如。庄子看来，最重要的是质，是自然天性，而加在质上的文是多余的，有害的，而且自然天性并非一定要长得是模是样才美，而是只要是自然而来的都是美的。在《人间世》、《德充符》中，庄子写了一大批残缺、畸形、外貌丑陋之人，但这些人都受人们的喜爱，因为他们知道，长得美或丑皆得之于天。“知其不可奈何而安之若命，德之至也。”（《人间世》）不是外貌的好看或好看的修饰是美的，只有自然本性本身才是美的。那些自以为自己容貌好，或穿戴打扮好而自鸣得意的人，恰恰忘掉了什么是自己的自然之质。有饰无德，因貌失德，根本就谈不上美。孔子之文与庄子之质形成了美的两种境界。

孔子之文是与整个封建社会的礼连在一起的。等级伦理之礼外化为朝廷上下的衣食住行、典章制度，从皇宫到县城，从官府到私宅，五色配合，五声配合，五味配合，行为、举止、朝见、宴乐……构成一种富丽而有序、多彩而有法度的美。庄子之质是与山林田园连在一起的，远离朝廷，归守田园，轻视礼俗，放意山林，饥来则食，困来即卧，兴起而往，意尽而归，随其本性，因其自然，形成一种恬淡自然的美。

孔子之文与庄子之质，朝廷之富彩与山林之素朴，都市之喧浓与田园之静淡构成了中国美学的两种基本意境——错彩镂金与出水芙蓉。鲍照比较谢灵运和颜延之的诗，说谢诗如“初发芙蓉，自然可爱”，颜诗如“铺锦列绣，亦雕缋满眼”。正如宗白华先生所说，这“代表了中国美学史上两种不同的美感或美的理想”①。这两种美的理想交织在整个中国的审美对象之中：楚国的图案、楚辞、汉赋、六朝骈文、颜延之的诗、宫殿建筑、颜柳的楷书、李思训的青绿山水、民间年画、明清的瓷器、京剧的舞台服装……这是“错彩镂金，雕缋满眼”的浓艳之美。汉代的铜器、陶器、王羲之的书法、陶潜的诗、私家园林、倪元璐的画、宋代的白瓷、戏曲的布景，这是“初发芙蓉，自然可爱”的冲淡之美。

错彩镂金之浓与出水芙蓉之淡是从意境中之“境”着眼谈整个境界，如果从意境中之“意”着眼，儒、道的理想境界之区别就表现为神逸之争。绘画中，谢赫把作品分为六品，唐代张怀瓘又分为神、妙、能三品。朱景玄后来又加上逸品，但未论高下。张彦远《历代名画记》中分为自然、神、妙、能、谨细五等，自然列为第一。书法上，庾肩吾把书法家 123 人分为九品，唐代李嗣真在九品之上加上“逸品”，张怀瓘仍与在绘画上一样，分神、妙、能三品。可见唐代已有神逸之争，只是不明显。宋代，黄休复在《益州名画录》中把逸格放居首位，形成逸、神、妙、能的位次。而后宋

① 宗白华：《美学散步》，29 页。

徽宗赵佶主持宫廷画院，否定黄休复的排列，以“神、逸、妙、能为次”（参见《画论·论远》）。南宋邓椿又把案翻过来，以“逸”为第一。

神和逸的差别究竟在哪里呢？黄休复是论述得最详细的：

> 大凡画艺，应物象形。其天机迥高，思与神合，创意立体，妙合化权。非谓开厨已走，拔壁而飞。故目之曰神格尔。
>
> 画之逸格，最难其俦。拙规矩于方圆，鄙精研于彩绘。笔简形具，得之自然，莫可楷模，出于意表。故目之曰逸格尔。（《益州名画录》）

如果从审美对象的神、骨、肉结构来谈，神和逸都属于神，也属于气韵生动之气。然而从意境的理想境界来讲，神为儒家之神，逸为道家之神。儒家之神作为文化之神，仍具“阴阳不测之为神”，“神无体而易无方”的超法度性质，但作为儒家之神，又讲究从法度而来，由形而神，由法度而超法度，从“应物象形”到“思与神合”，最后达到神的境界。这在杜甫那里表现得最清楚。杜甫作为儒家典范最讲法度：“觅句新知律，摊书解满床”（《又示宗武》），“熟精文选理”（《宗武生日》），“遣词必中律”（《桥陵诗三十韵》），“美名人不及，佳句法如何”（《寄高三十五书记》）。然而由法必须达到神，“读书破万卷，下笔如有神”（《奉赠韦左丞丈二十二韵》），“思飘云物外，律中鬼神惊”（《敬赠郑谏议十韵》）。整个诗一方面韵律、平仄、对仗、承转、法度严整如错彩镂金，另一方面又气韵生动，达于神境，“挥翰绮绣扬，篇什若有神”（《八哀诗》），“醉里从为客，诗成觉有神”（《独酌成诗》）。儒家之神是以形写神，法度严整，由形显神，形神兼备。杜甫之诗，赵佶之画，颜柳之楷书，司马相如之赋，皇家园林……皆儒家之神。

道家之神是逸，道家精神本是超出朝廷的法度，超越世俗的习规，因而逸不讲法，“拙规矩于方圆，鄙精研于彩绘”，不求精确的形似，不要按部就班的法度，而求“笔简形具”，“笔才一二，象已应焉……笔不周而意已周”（《历代名画记》）。它不是以形写神，而是以神写形，只要得神、得意，形似与否是无关紧要的，“意足不求颜色似”。正因以这种以神写形的逸为最高境界，苏轼说：“论画以形似，见与儿童邻。”（《书鄢陵王主簿所画折枝二首》）逸的境界体现在张旭、怀素的狂草中，体现在陶潜的诗歌中，更明显地显现在宋元的文人画里。

三、雅俗韵态：意境类型与历史发展

浓淡神逸是渗润着儒道思想的两种基本类型，从魏晋到唐代，二者相互辉映，各放异彩。但进入宋，淡与逸相对于浓与神，明显地在理论上占据了绝对优势。这一方面是儒学转为理学，更加理论化、伦理化，也更加远离艺术。另一方面，士大夫们除了时局的压力之外，既面临着理学理论的冷酷性，又面临着市民阶层新带来的世俗气。士人心态几乎整个地倒向了亦道亦释的艺术思想。绘画上，黄休复把逸放在最高位，郭熙提出“远”的山水画境界；诗歌从梅圣俞到欧阳修，把“平淡”视为最高；连词本是极绮丽柔艳的，张炎也提倡“清空”，要“如野云孤飞，去留无迹”（《词源》）。

正像儒、道思想的互补相通一样，浓、淡，神、逸，一重由形而神，一重由神带形，也是相通的，儒者讲究内圣外王，“简文入华林园，顾谓左右曰：‘会心处不必在远，翳然林水，便自有濠濮间想也，觉鸟兽禽鱼，自来亲人。”（《世说新语·言语》）这是浓中含淡，神中蕴逸。苏轼说：“外枯而中膏，似淡而实美。”（《评韩柳诗》）“发纤秾于简古，寄至味于淡泊。”（《书黄子思诗集后》）这是淡中包浓，逸中蕴神。因此自先秦至宋代，儒与道都推崇典雅，都是具有雅气的。刘勰《文心雕龙》谈的典雅是儒家的典雅，“熔式经诰，方轨儒门”。司空图《二十四诗品》说的典雅是道家的典雅：“玉壶买春，赏雨茅屋。坐中佳士，左右修竹。白云初晴，幽鸟相逐。眠琴绿荫，上有飞瀑。落花无言，人淡如菊……”浓淡神逸皆为雅，皆为理想的审美境界。与雅相对的是俗。宋以前，对于儒者之雅来说，俗是民间的新奇轻靡，对于道家之雅来说，是机械刻板的社会习俗。陶渊明有“少无适俗韵，性本爱丘山”。司空图有“少有道契，终与俗违”（《二十四诗品·超诣》）。到宋代，市民兴起，俗有了新特点，即市民性。雅俗之争变得非常激烈。严羽《沧浪诗话》说：“学诗先除五俗：一曰俗体，二曰俗意，三曰俗句，四曰俗字，五曰俗韵。”张炎《词源》提倡“雅正”反对“俗”，其门生陆辅之作《词旨》也说：“凡观词，须先识古今体制雅俗。”元人黄公望《写山水诀》说：“作画大要，去邪、甜、俗、赖四字。”然而，随着市民的壮大，明中后期，涌出一股浪漫洪流，以李贽、徐渭、汤显祖、公安三袁为代表，造成不是雅，而是俗成为美学的最高境界。

雅之所以为理想境界，因为它体现了道心，俗之为雅之所不齿，

因为它不合道心，既无儒者的雍容高贵，又无道家的闲淡飘逸。然而李贽推出“童心说”反对道心，为俗超越于雅之上奠定了哲学基础。“童心者，真心也……绝假纯真，最初一念之本心也。”（《童心说》）道心是反对人的欲望的，儒家以封建等级限制人的欲望，“存天理，灭人欲”是理学的纲领。道家的一个根本的主张就是去欲。童心说则是肯定人的欲望的。“夫私者，人之心也，人必有私，而后其心乃见；若无私，则无心矣。”（李贽《德业儒臣后论》）道心是反对人的情感的，儒家要人以理节情，道家要人去情。童心说则主张任情，这特别在汤显祖那里得到强调。他们认为只有从童心中泻出的性情才真，是真心真性真情，而由节欲节情去欲去情所形成的东西却是虚假的。由童心而来是本色，由道心而来是相色。“本色犹正身也，相色犹替身也。”（徐渭《西厢记序》）诚然，道家也讲童心，认为能像婴孩那样最好。但它强调的是婴孩的无知无欲。因此，在道家，童心即道心。在李贽，童心即真心、私心、俗心。诚然，荀子也讲过性恶，但他认为通过礼法可以使人由恶变善，成为文质彬彬的君子乃至圣人。而李贽的童心则是与礼法完全对立的：“苟童心常存，则道理不行。”（《童心说》）童心在公安派那里就表现为性灵。袁宏道在《序小修诗》里说：“独抒性灵，不拘格套，非从自己胸臆流出，不肯下笔……真人所作，故多真声，不效颦于汉魏，不学步于盛唐，任性而发，尚能通于人之喜怒哀乐嗜好情欲，是可喜也。”童心在汤显祖那里则表现为“至情”。汤显祖痛感自己生在一个灭才情的有法之天下，而非有情之天下，深觉情与理法的对立：“情有者，理必无！理有者，情必无！”（《寄达观》）

由反对道理的童心，反对格套的性灵，反对理法的至情而来的审美浪潮“率心而行”，“任性而发”，怀情而往，创造出了“俗”的崭新境界。俗，不仅是如“穿衣吃饭就是人伦物理”（李贽）之类的思想理论，它更表现为一种新的审美意境。

俗从意境中的意方面来说，表现为狂、奇、趣。面对封建礼法，俗的最激烈的一端就表现为狂。李贽就是狂人写狂文，“其胸中有如许无状可怪之事，其喉间有如许欲吐而不敢吐之物，其口头又时时有许多欲语而莫可所以告语之处，蓄极积久，势不能遏。一旦见景生情，触目兴叹，夺他人之酒杯，浇自己之垒块，诉心中之不平，感数奇于千载……发狂大叫，流涕恸哭，不能自止”（《杂说》）。徐渭更是狂人狂文狂字狂画。这个自谓南腔北调之人要求作品应能兴观群怨，但兴观群怨不是儒家的温柔敦厚，而是要使人“如冷水浇背，陡然一惊”（《答徐北□》）。

面对社会的束缚，市民俗意最艳采的一端就表现为奇。汤显祖就是奇士奇心写奇戏，“天下文章所以有生气者，全在奇士，士奇则心灵，心灵则能飞动，能飞动则下上天地，来去古今，可以屈伸长短生灭如意。”（《玉茗堂文之五》）杜丽娘因情生梦是奇，因梦而死亦奇，死而复生更奇。为情死、为情生的《牡丹亭》是奇，《紫钗记》、《邯郸梦》、《南柯梦》同样是奇。

市民俗意享乐追求的一端则包蕴在“趣”里。公安三袁，特别是袁宏道可谓趣人趣文。“世人所难得者唯趣，趣如山上之色，水中之味，女中之态，虽善说者不能下一语，唯会心者知之……夫趣得之自然者深，得之学问者浅。当其为童子也，不知有趣，然而无往而非趣也……山林之人，无拘无缚，得自在渡日，故虽不求趣而趣近之。愚不肖之近趣也，以无品也，品愈卑故所求愈下，或为酒肉，或为声伎，率心而行，无所忌惮，自以为绝望于世，故举世非笑之不顾也，此又一趣也。”（《叙陈正甫会心集》）

俗从境与言方面看则表现为：直、露、俚、新。这是由童心、性灵、直情的率心而行，任性而发的狂、奇、趣必然产生的表现方式。徐渭说：“夫曲本取于感发人心，歌之使奴、童、妇、女皆喻，乃为得体……与其文而晦，曷若俗而鄙之易晓也。”（《南词叙录》）袁宏道说：小修诗“愁极则吟，故尝以贫病无聊之苦，发之于诗，每每若哭若骂，不胜其哀生失路之感……而或者犹以太露病之。曾不知情随境变，字逐情生，但恐不达，何露之有”？（《序小修诗》）本来小说、戏曲、散文要写凡人俗事，欲得人物之本色，必然俗，要从人物的语言、举止、行动中传其神，必然也显得俗，显得直、露、俚、鄙。

在雅里面，神与逸都包含着韵。宋人王定观认为，潇洒，生动，简而穷理皆为韵；范温不同意，觉得巧丽、雄伟、奇、巧、典、富、深、稳、清古等，只要“行于简易闲淡之中，而有深远无穷之味”都可以有“韵”。但二人一致认为韵与俗是绝对对立的。“定观曰：‘不俗之谓韵’。余［即范温］曰：‘夫俗者，恶之先；韵者，美之极。书画之不俗，譬如人之不为恶。自不为恶至于圣贤，其间等级固多，则不俗之去韵远矣’。”（范温《潜溪诗眼》）浪漫潮流已把俗抬上高位，然而他们又在中国传统美学的范围之内，因而也主张韵，只是这韵被赋予了新潮流的内容。袁宏道说："大都士人有韵者必入微，而理者又不可以得韵，故叫跳反掷者，稚子之韵也，嬉笑怒骂者，醉人之韵也，醉者无心，稚子亦无心，无心故理无所托，而自然之韵出焉。由斯以观，理者，是非之窟宅，而韵者大解脱之场也。"（《寿存斋张公七十序》）这里，韵带着童心，和袁宏道前面讲的"趣"几乎完全一样。在明清小说和戏曲理论中，谈趣的人很多。叶昼甚至说："天下文章当以趣为第一。"（《水浒传》五十三回评）趣这个古典概念和韵一道世俗化、市民化了。但趣比韵更能说明世俗性。不过，要更准确地概括新潮流的俗的趣韵，可用一个"态"字。"晋人尚韵，唐人尚法，宋人尚意，明人尚态。"态确实不仅是明代的书法特色，而且可为整个新潮流的总体特色。态一方面有韵与趣的韵味意趣内容，另一方面又很能说明新潮流的世俗性、市民性。戏曲、小说、说唱、版画等是当时的文艺主潮，无不与市民趣味有关，无不可以说是"尚态"。同时，尚态的时代精神也波及正统艺术门类：诗、文、书、画之中。

似可说，雅、俗，韵、态，从逻辑上代表了中国意境类型的历史发展。

第九章
中西美学的创作理论

人怎样看待自身和周围世界，鲜明地体现在艺术作品里。人何以这样来创造艺术作品，又集中地体现了人的文化观和文化的审美观。因此，创作理论是美学理论的一个重要方面。

与西方文化一样，西方美学的创作理论也以否定——→前进的方式运行。与古代、近代、现代相联系，显示出三套不同的创作理论。古代以摹仿概念为核心，近代以想象概念为核心，现代以直觉概念为核心。三套创作理论一道构成了西方美学创作理论的基本面貌。中国文化以一个基点为中心向四面衍射、丰富、扩展。在西方以断裂方式出现的东西，在中国却呈为一种统一而丰富的整体现象。这也是中国美学创作理论的特征。西方的三套理论可以视为一个理论的三个方面或三个集群。中国创作理论也同样可以由这三方面来予以组织和把握。当然，由于中国的宇宙结构完全不同于西方的宇宙结构，因此，就是从这三方面予以组织的时候，也显示出自身的特色。这特色从概念、结构、意蕴诸多方面表现出来。当中国的特色显出之时，西方的特色同时也被凸现出来了。

第一节　摹仿自然与心师造化

一、造化与自然

《周易·系辞（下）》说："古者包牺氏之王天下也，仰则观象于天，俯则观法于地，观鸟兽之文与地之宜，近取诸身，远取诸物，于是始作八卦。以通神明之德，以类万物之情。"师法自然是古人创造文化的法则，同样是艺术创造的法则。唐代画家张璪说："外师造化，中得心源。"（《历代名画记》）中国的"造化"包括人在内，但主要指天地。宇宙要进行大的分类，按古人看来，首先分为天和地。宇宙间的万物都是由天地相合而生。因此，中国的“心师造化”这个“造化”主要指自然。明代画家王履说：“吾师心，心师目，目师华山。”（《华山图序》）可算一个注释。正因有师法造化的原则，中国的艺术世界有很大一部分是自然世界，山水、花鸟充斥着诗坛画苑，居室总连接着庭园，门窗要求面对自然佳景。而且自然用造化这个词来表达，深得中国文化自然的精神，是气的宇宙中的自然，它是不断流动变化的，同一山，同一水，春、夏、秋、冬，旦、午、暮、夜，不断地变动着形象、色彩、韵味。

中国的自然主要指天地自然，西方的自然（nature）一词包含两层意思：1. 本性；2. 自然。自然主要指与人工相对的自然本性。“这样，自然既指动物、植物，也指人。”① 因此，当古希腊美学提出：“摹仿自然”之时，主要是指摹仿人及其活动。这里既不寓指山水诗，也不暗包花鸟画，而呈现为人体雕塑、绘画和摹仿人行动的戏剧。自然指动物、植物和人，暗含了古希腊的实体而静态的宇宙观。它开启了摹仿自然的西方发展之路。造化与自然的文化内容差异构成了心师造化和摹仿自然的差异的基础。

二、摹仿自然

在摹仿自然中，最关键的还是摹仿。摹仿（imitation），这个词可能起源于原始仪式中祭司的表演行动。在原始思维中，祭司表演摹仿的是自然中的本质性东西。仪式是以诗、乐、舞、剧一体化的方式进行的，因此仪式从多重意义上显示了艺术摹仿自然的意蕴。到德谟克利特，摹仿一词具有了一种哲学含义：人的一切行动都源于对自然的摹仿，织网是摹仿蜘蛛，造房是摹仿燕子，唱歌是摹仿天鹅和夜莺，同样，艺术也是摹仿自然。② 艺术摹仿自然为古希腊哲学家、理论家和艺术家们不断地讨论。其中最主要的是两种观点，一种是柏拉图的观点。《理想国》第十章说：摹仿就是被动地、忠实地复制外部世界。另一种是亚里士多德的观点。亚里士多德区别了诗与历史的不同，诗不像历史那样表现具体的事实，而是反映本质性的东西。因此，“他认为摹仿不是忠实地复制现实，而是自由地处

① 托塔凯维奇：《六概念史》，291 页。

② 参见上书，266～267 页。

理现实，艺术家可以用自己的方式显示现实”①。柏拉图和亚里士多德的摹仿论奠定了整个西方文化摹仿论的双原色。以后的各种摹仿或者是某一种的直接演绎，或者为两种色调的混合。

摹仿论从绘画、雕塑中表现出来时，给人印象最深的似乎是忠实而逼真的摹仿。当其结合到建筑和音乐里时，忠实摹仿的底蕴就显示出来了：一种理式的本质观，既忠实逼真又具有一定的形式。亚里士多德把这种观点引入诗学。后来，当摹仿论进入小说时，又有了两个方面的添加：一是使逼真与忠实区别开来，二是在形式上多出了一种精神性的东西，在形式的普遍性上还有一种精神的普遍性。这样，在摹仿论中至少有这么几种倾向存在：(1) 忠实而逼真。从古希腊人体雕塑到自然主义小说和印象派绘画。(2) 摹仿本质之一，本质主要是形式，从古希腊人体雕塑到 17 世纪的古典主义戏剧。(3) 摹仿本质之二，本质为社会精神本质。从古希腊人体雕塑到现实主义小说。这三种倾向我们都从古希腊人体雕塑开始，是因为不从理论把握而从艺术实绩看，古希腊雕塑确实包含了这三种倾向。古希腊人给奥林匹克运动会的胜利者雕像，是忠实而逼真的，毕达哥拉斯派给美的人体定了法则，是形式。温克尔曼说：古希腊雕塑具有一种静穆的伟大，是一种精神的普遍意蕴。忠实而逼真方能显出西方自然（nature）的特质，形式显出古希腊宇宙的静态性质。普遍性精神是静态宇宙转为近代无限宇宙后而来的带有社会历史特征的本质。

摹仿理论的核心，在人与现实的关系。人面对自然，重视自然，忠实和逼真是摹仿的出发点。但是，作为一种具有文化高度的理论，它不仅仅停留在忠实而逼真上，而是要进一步深入现实的本质。从这里引发出三种摹仿途径：1. 寻找现实中最美的来摹仿，这里只要忠实和逼真就够了（印象主义）。2. 从众多一般的事物中综合出最美的（现实主义）。3. 摹仿别人摹仿自然的成功之作（古典主义）。也引发出古代和近代两种基本的本质观：形式与精神。然而形式和精神又须以逼真的形象显示出来，因此摹仿的过程可以说是一种从逼真到本质的活动，同时又是一种从逼真到逼真的活动：

本质{形式、精神}

摹仿——→逼真（现实）——→ 本质 / 逼真 （艺术）

---

① 托塔凯维奇：《六概念史》，268 页。

三、心师造化[①]

中国美学心师造化“师”的方式不同于西人的摹仿，与“造化”的性质极为有关。中国文化造化主要体现在自然山水里。“山，春夏看如此，秋冬看又如此，所谓四时之景不同也。”“山，朝看如此，暮看又如此，阴晴看又如此，所谓朝暮之变态不同也。山，近看如此，远数里看又如此，远十数里看又如此，每远每异，所谓山形步步移也；山，正面如此，侧面又如此，背面又如此，每看每异，所谓山形面面看也。”（郭熙《林泉高致》）心师造化要表现出造化，即“欲与其造化”（郭熙），“运山川之气脉”，“贯山川之形神”（石涛），“以一管之笔，拟太虚之体”（王微）。“师”的方式必然不同于摹仿的方式。西方画家必须对景作画，写生是一大基本功。画家以自己的锐眼形成取景框，选择美的景色，以焦点透视，尺寸比例，色彩效果，画出美的自然。法国画家柯罗说：“要画你所见，并照你所看见的样子画。”[②] “假定某一景色使我激动，我一定潜心表现它的时候，丝毫不放过使我激动的东西……首先要在大自然中寻找形式，然后寻找色价或色调的对比，寻找色彩和表现的手法，并让一切服从你的感觉。”[③] 西方的山水之本质和宇宙一样是以形式（形状和色彩）及其所含的意蕴来决定的。对景作画，最能准确地反映出比例、色彩和意蕴，也最能典型地反映出西方宇宙的本质。但中国的宇宙不是实体的、形式的，因而用焦点透视，偏于一隅的形色是不行的。当然心师造化必须对景，但不是对景写生，而是对景观察。中国画家从来不写生，但从来都讲究“饱游饫看，历历列罗于胸中”（郭熙《林泉高致》）。大画家都有游历山水的经历。石涛说：“收尽奇峰打草稿。”（《石涛画语录》）这草稿是打在心里的。王微说：“盘纡纠纷，咸纪心目。”（《与何偃书》）董逌说：“积好在心，久则化之。”（《书李成画后》）为了掌握山水之精神，画家必须游历山水。为了表现山水之精神，他却不能对景写生。因为写生的方式和所能写之景都离中国山水精神太远。中国画家是以散点透视和以大观小的方式来表现山水的。散点透视正是画家“饱游饫看”时“步步移”“面面看”的概括。以大观小即画家所经众多，所览纯熟，所养充实，名

---

① 本目受惠于肖驰《中国诗歌美学》甚多，参见该书九章。

② 盖多凯维契编：《柯罗·艺术家·人》，80 页，北京，人民美术出版社，1983。

③ 同上书，80～81 页。

山胜水“历历列于胸中”，站在宇宙的高度作画，这样所画出的东西无论是北宋似的全景山水，还是南宋似的山水一角，都能显示出与中国宇宙精神相一致的山水精神。

西画是对景写生，用焦点透视保证了各物的比例和关系，从而准确地认识到色彩在固定景和固定光中的变化。如“当太阳染红地平线上的云块时，由于距离遥远而披上蓝色的物体也映上这红色光辉，造成蓝红的混合”①，“远景的阴影部分比受光部分更蓝”②。中国画家不是对景写生，而是背拟作画，加之用散点透视，因此不用物色的光效应，而用固有色，所谓“随类赋彩”。树叶为绿则一树之叶皆绿，为红则皆红。当然也有季节的特点，“水色，春绿，夏碧，秋青，冬黑”。但是散点透视的空间，也还是有光的问题，于是产生了皴染技法，“山坳染重，端因阴影相遮；山面皴空，多是阳光远映”（笪重光《画筌》）。由于整幅画的光与文化的阴阳学说相连，比单个事物之色具有更重要的地位，从整幅画的光来考虑色彩，产生了由墨取色法：“画之色，非丹绿青绛之谓，乃在浓淡明晦之间，则情态于此见，远近于此分，精神于此发越，景物于此鲜妍。”（沈宗骞《芥舟学画编》卷一）水墨成了中国画的色彩，墨分五彩，“运墨而五色具”（张彦远）。墨之成为画家眼中的色彩又正合于中国美学的意境追求，恰如《宣和画谱·墨竹叙论》所说：“绘事之求形似，舍丹青朱黄铅粉则失之；是岂知画贵乎有意，不在丹青朱粉之工也。故有以淡墨横扫，整整斜斜，不专于形似而独得象外者。”色为现象之色，墨为本质之色，大音希声，大象无形，大色无色，以墨为色正合中国的哲学意蕴。因此张彦远说：“夫阴阳陶蒸，万物错布，玄化无言，神工独运。草木敷荣，不待丹绿之采，云雪飘扬，不待铅粉而白，山不待空青而翠，凤不待五色而粹，是故运墨而五色具，谓之得意。”（《历代名画记》卷二）墨不仅体现着阴阳明暗之光，还象征着宇宙的生化之气。

非常有意思的是，中国诗的心师造化却是对景而吟的。这又与西方文学相反。西方诗人摹仿自然，主要是人及其活动，其主体显为戏剧和小说。戏剧的创作如亚里士多德所说：“诗人在安排情节，用言词把它写出来的时候，应竭力把剧中情景摆在眼前，唯有这样，看得清清楚楚——仿佛置身于发生事件的现场中——才能作出适当

① 《芬奇论绘画》，219页，北京，人民美术出版社，1979。

② 同上书，218页。

的处理。”① 现实主义和自然主义最重视在现实中收集材料，但也是把大千世界了然于心之后在屋内写作，就像中国的画家。中国的山水诗大都是在一联一句之间寓目入咏的。陈后山说：“余登多景楼，南望丹徒，有大白鸟飞近青林，因得句‘白鸟过林分外明’。”（《后山诗话》）“诗人们偏爱在吊古登临之际题壁，书楼，写下即景诗篇；在月下赏花，临水送别之时吟出即兴佳作。‘张祜喜游山而多苦吟，凡历僧寺，往往题咏……如杭之灵隐、天竺，苏之灵岩、楞伽，常之惠山、善卷，润之甘露、招隐，皆有佳作’。”② 诗人们都是写眼之所见。“钱塘风物湖山之美，自古诗人，标榜为多。如谢灵运‘定山缅云雾，赤亭无滞薄’，郑谷云‘潮来无别浦，木落见他山’，张祜云‘青壁远光凌鸟峻，碧湖深影鉴人寒’，钱起云‘渔浦浪花摇寺壁，西山树色入秋窗’之类，皆钱塘城外江湖之景，盖行人客子于解鞍系缆顷刻所见尔。”（《韵语阳秋》卷十三）王士祯《带经堂诗话》卷十四说：“余两使秦蜀，其间名山大川多矣，经其地始知古人措语之妙，如右丞‘秋山敛夕照，飞鸟逐前侣，采翠时分明，夕岚无处所’，二十字真为终南写照也。”诗人能作到“寓目则书”是因为诗歌作为语言艺术正好可以当即把人的仰观俯察、远眺近看的散点透视不受任何限制地实录下来。如杜甫《登高》一诗：“风急天高猿啸哀”，仰观之景也；“渚清沙白鸟飞回”，俯视之景也；“无边落木萧萧下”，是视线的由近而远；“不尽长江滚滚来”，是视线的由远而近……中国诗歌的一句一景正好符合审美视线的远近俯仰的散点透视，也正好表现中国面面看、步步移的气韵生动的山水本质。因此中国诗学从钟嵘到王夫之都强调“直寻”、“兴趣”、“现量”，告诫人们要亲往身临，“眼处心生句自神”（元好问）。

如果说，山水画为了与造化一致不得不突破空间的有限性从而走向固有色和以墨为色，那么，山水诗由于语言的特性使之能够用鲜艳的色彩来表现自然的造化：

> 红入桃花嫩，青归柳叶新。（杜甫）
> 雨中草色绿堪染，水上桃花红欲燃。（王维）
> 道由白云尽，春与青溪长。（刘慎虚）

由于有绘画的随类赋采，我们还不知道这是固有色还是光效应。

---

① 《诗学·诗艺》，55～56页。

② 肖驰：《中国诗歌美学》，196页。

那么多看些就清楚了：

雪岭界天白，锦城熏日黄。（杜甫）
日落江湖白，潮来天地青。（王维）
日照香炉生紫烟，遥看瀑布挂前川。（李白）

诗能够表现，也应该表现自然色彩的造化之妙。理论家对此也是清楚的。遍照金刚在《文镜秘府论》中说：写诗须“目睹其物，即入于心，心通其物，物通即言”。但事物早、中、晚色彩又是不一样的。“旦，日出初，河山林嶂涯壁间，宿雾及气霭，皆随日色照暮处便开。触物皆发光色者，因雾气湿著处，被日照水光发。至日午，气霭虽尽，阳气正甚，万物蒙蔽，却不堪用。至晓间①，气霭未起，阳气稍歇，万物澄净，遥目此乃堪用，至于一物，皆成光色。”观察之细，无异于西方画家，但是为心师造化。

心师造化和摹仿自然的根本差别在于：中国是气的世界，西方是实体的世界，中国的事物以神气为主，西方的事物以实体为主。因中国以神气为主，顾恺之画人，认为形体画得好坏，关系不大，重要的是要传人之神。赵雪松画马，不是对着马画，而是自己学着马的姿势，以期能心得马之神。因西方以实体为主，所以莫奈 20 多天，在同一时刻去画那阳光下的草堆。西方的宇宙是实体的，因此摹仿自然的西画用焦点透视，背景皆为实景；因为中国的宇宙是气的宇宙，因此中国诗画用散点透视，画的背景大都为一片空白，诗歌的最高境界也是要“终篇接浑茫”（杜甫）。

第二节 想象与内游

心师造化与摹仿自然强调对眼之所见，耳之所闻的当下知觉对象的重视。当然，在面对客体的时候，同时也是要反映和领会其普遍意义的，所谓“物以貌求，心以理应”（刘勰）。然而在很多情况下，一来对景并不一定能反映审美之心，二来创作的欲求不一定在对景之时，而在背景之时，这样心灵的主动性突现了出来。不管对景或真见过此景与否，以心灵的主动性为中心来谈创作论，在中国为内游神思，在西方为想象。由于中国的宇宙一直未变，神思内游

① 《文镜秘府论》点校者周维德注曰：“‘晓’疑为‘晚’。”

与心师造化相交的地方很多，虽然其强调的重心不同。如果可以把中国创作的总特征归为“神与物游”的话，那么，心师造化为对景之游、外游，神思则为背景之游、内游。想象主要是西方近代美学的产物。西方古代的静态宇宙产生的是摹仿的创作观，在亚里士多德那里，“想象就是萎褪了的感觉”①，只有缺乏智力的人才像畜类一样受想象的影响。大概由于亚里士多德的权威吧，对想象有所认识的斐罗斯屈拉塔斯对想象是否属于摹仿显得很犹豫。② 只有近代宇宙观产生之后，想象才拥有了如摹仿在古代的权威，甚至比摹仿还火红。专门研究想象概念的学者恩格尔说：“创造性想象从1660年到1820年的历史是一部逐阶段展开的人类活剧，在西方文化中，很少有一个观念像它这么样在如此长的时间里激动了如此多杰出人物的心灵。特别是从1750年以来，它变成了艺术和知识，文学和哲学，乃至在某些政治和社会思想中的推动力量。”③ 近代宇宙显示了不是如我们眼之所见、心之所感那样，太阳围绕地球转，而是地球围绕太阳转。无限展开的宇宙需要想象的力量。“想象，作为思想中如日初生的因素，推动文学、美学、哲学、批评、宗教和心理进入了一个崭新局面。”④ 正是在这样的氛围中，想象成为创作的中心概念，并由它重新来组合整个创作理论。

一、想象与内游的心理特征

想象与内游神思都认为自己比摹仿和直寻更能获得宇宙精神，但西方的宇宙精神已发生变化，中国却没有变化。中国的宇宙不同于西方近代的宇宙，从而想象和内游为获得宇宙精神而采取的内心依据是不同的。中国的内游以“虚静”为前提。刘勰说：“陶钧文思，贵在虚静，疏瀹五脏，澡雪精神。”（《文心雕龙·神思》）这是论文。布颜图说：“夫惟胸涤尘埃，气消烟火，操笔如在深山，居处如在野壑。”（《画学心法问答》）这是论画。欧阳询说：“澄神静虑，端己正容，秉笔思生，临池志逸。”（《八诀》）这是论书。他们都一致强调心灵的虚静。更极端的就如陈后山写诗，赵雪松画马，必须

① 《外国理论家作家论形象思维》，8页，北京，中国社会科学出版社，1979。

② 参见伍蠡甫编：《西方文论选》上卷，133～134页。

③ 恩格尔（James Engell）：《创造性想象》（*The Creative Imagination*），4页，哈佛大学出版社（Harvard University Press），1981。

④ 同上书，3页。

紧闭门户。杨表正也说：“凡鼓琴，必择净室高堂，或升层楼之上，或于林室之间，或登山巅，或游水湄，或观宇中；值二气高明之时，清风明月之夜，焚香静室，坐定，心不外驰……”（《弹琴杂说》）艺术家们都强调虚静是因为哲学家认为只有虚静才是达到洞见宇宙本质的心理方式。老子强调“涤除玄览”（《老子》十章）。荀子强调“虚一而静”（《解蔽》）。中国气的宇宙是虚的，因此心灵之虚是认识决定万物运动规律的宇宙之气的最好方式。“致虚极，守静笃，万物并作，吾以观复。”（《老子》十六章）“虚一而静，谓之大清明，万物莫形而不见，莫见而不论，莫论而失位。坐于室而见四海，处于今而论久远，疏观万物而知其情”（《荀子·解蔽》）。总之，儒、道都强调虚静是获得宇宙精神的方式，艺术家要用艺术反映天地之心，也奉信“静故了群动，空故纳万境”（苏轼），把虚静作为内游能够顺利进行和取得成果的保证。虚静之有如此大的作用，是由其三个特点决定的：（一）超俗忘身。人是生在具体环境中的。耳闻目染身触，容存于心中有很多东西，这些东西在具体环境中是有用的，但对于宇宙来说又是有限的。虚，就是要使人从这些东西中超脱出来，即超出俗见。超俗从主体心理来说，就是摆脱头脑的日常习惯套路和思维方式，忘掉自己的俗人俗心。超俗忘身即以一尘不染之心境虚照万物。虚静之心犹如宇宙之心，从高视下，全而不偏，能直照事物的本质；又如童子之心，对一切都新奇，能使事物以新的方式展现，敞出事物的本质。（二）凝神专一。俗常之心是繁杂的，虚静之后，排除了日常的繁杂就能专一于对象。精神的专一就能得到对象的本质，“用志不分，乃凝于神”。（三）虚静的生理心理和哲学根据在于气。中国宇宙的根本在气，人体人心的根本也是气。虚静不同于白板说，在于平心静气，使人心之气返回于人之本源的宇宙之气。神与物游，也在于得物之气。遍照金刚《文镜秘府论》中谈文学创作说：“凝心天地之外，用思元气之前。”徐上瀛《溪山琴况》论琴说：“一在调气，一在练指。调气则神自静，练指则音自静。”符载述张璪画松石说：“员外居中，箕坐鼓气，神机始发。”（《观张员外画松石序》）。

中国的内游靠虚静，西方的想象则强调天才。虚静是让艺术家之心达到宇宙之心去创造，天才则是以个人的主观能动性去创造。天才的特点是打破法则，这几乎与超凡脱俗同义的“打破”全赖个人的能力、个人的天才做成的。古代的摹仿遵照的是理性的形式法则，近代想象奉行的是超规律的创造法则，因此想象的一个巨大特点是独创。虚静是为得事物之神和宇宙之神，把自己提高到宇宙的高度。独创则强调一种个人性的结果，它也得事物和宇宙之神，但这“得”，是他的独创。可以说，一方面近代的无限宇宙促生了与推理并驾齐驱的想象，另一方面近代的个人以自己的力量，不用依托一种宇宙力量就能够反映宇宙整体。摹仿依靠普遍的法则，想象自信个人的力量，想象是天才的禀赋，想象要独创出一个世界。

二、联想与神游

虚静给艺术家的内游以广阔的场地，天才给艺术家的想象以打破陈规的动力。内游和想象的第一个特点就是神游与联想。

用刘勰《文心雕龙·神思》中“思理为妙，神与物游”的“神游”来指内游的一种特点，首先要强调的是内游的广度。艺术家在神游中不仅把身之所历浮现眼前，也把文献所写，作品所书，浮现眼前，总之力图包容万有。各类艺术创作都是如此。司马相如谈赋的创作说：“赋家之心，包括宇宙，总览人物。”（《西京杂论》）陆机论文：“收视反听，耽思傍讯，精骛八极，心游万仞。”（《文赋》）韩拙论画：“默契造化，与道同机，握管而潜万物，挥毫而扫千里。”（《山水诗全集》）张怀瓘谈书法：“探文墨之妙有，索万物之元精……虽迹在尘壤，而志出云霄。”（《文字论》）胡应麟谈诗歌创作说：“荡思八荒，游神万古。”（《诗薮》卷五）

万古神游是为了获得宇宙的广度，有了这个广度，还得将之提炼为具体的作品，这时各门艺术物质形态的制约性就显出来了。在文学，有一个具体形成文学语言的问题。这时，“神居胸臆，而志气统其关键，物沿耳目，而辞令管其枢机”（刘勰《文心雕龙·神思》）。随后，一方面意象越来越鲜明集中（“情瞳昽而弥鲜，物昭晰而互进”［陆机《文赋》］），另一方面要找到恰当的词汇来表现意象也很费劲（“沈辞怫悦，若游鱼衔钩，而出重渊之深，浮藻联翩，若翰鸟缨缴，而坠曾云之峻”）。文学凝结为言象，绘画则以画显出：“立稿时须凝神澄虑，存想主山从何处起，布置穿插，先有成见，然后落笔。”（唐岱《绘事发微》）书法则须落实为字形：“心终于则，目想其容。”（王僧虔《书赋》）“凝神静思，预想字形大小，偃仰平直，振动筋脉相连，意在笔前。”（王羲之《题笔阵图后》）

神游的结果表现为后一阶段，但它的重要性却在前一阶段，有了宇宙神游，它才达到了文化的高度，才使后一阶段的意象凝结具有“观古今于须臾，抚四海于一瞬”的文化深意。

与神游较为对应的是西方的联想。西方近代的想象从培根、霍布斯、洛克的经验主义到伏尔泰、狄德罗的启蒙主义都力图从经验的基础和理性的逻辑去把握想象。他们总是把想象与回忆和追忆相连。与神游联系于宇宙不同，回忆和追忆联系于个人。“想象是人们追忆形象的机能。”①（狄德罗）“想象是每个有感觉的人能够体会到的一种能力……这种机能与记忆有关。”②（伏尔泰）狄德罗认为这种联想就是一种特殊的推理。“把一系列必然联系的形象按照它们在自然中前后相连的顺序加以追忆，这就叫做根据事实进行推理。”③想象被归结为理性，但同时理性又被艺术化、情感化了。“事物本身使心灵感动，而事后的回忆使心灵更为感动；但在天才人物身上，想象力走得更远：他回忆概念时，情感之强烈甚于当初接受概念的时候。”④ 当想象与天才一结合，它就逸出一般回忆的范围，奔进自己的跑道了：“天才陷于它所留意的事物的包围之中，它不是在回忆，而是看见，不只是看见，而且受到感动。在那寂静、阴暗的斗室里，它观赏那悦目而富饶的田野；怒吼的狂风使它全身冰凉，烈日烤炙它，暴风雨使它畏惧。心灵往往喜爱这些转瞬即逝的感受，它们给予心灵一种无比珍贵的快感。心灵也不遗余力地增添这种快感，它想借助真实的色彩和不可磨灭的线条，使得那些作品，那些使它感动或欢娱的幻影获得躯体。”⑤ 也因此，培根、霍布斯和伏尔泰等都指出，想象属于艺术。他们也都指出，想象对记忆形象进行了修改、综合、组合。培根说：“想象因为不受物质规律的束缚，可以随意把自然界里分开的东西联合，联合的东西分开。”⑥ 由于想象明显地具有天才之心超越推理的自由活动特征，霍布斯强调：“说得更确当些，这只是心灵的捏造。”⑦

想象的联想和内游的神游都尊重自然和社会的规律，因此二者创造的世界都是一个现实世界。与神游相连的是中国的诗、书、画；与联想相连的是德拉克洛瓦和藉里柯的绘画、门德尔松和舒曼的音

① 《外国理论家作家论形象思维》，27页。

②③ 同上书，29页。

④ 《狄德罗美学论文选》，541页，北京，人民文学出版社，1984。

⑤ 同上书，541～542页。

⑥ 《外国理论家作家论形象思维》，13页。

⑦ 同上书，15页。

乐、司各特和雨果的小说。这些艺术中的人物、事件、环境在根本上不违背自然和社会规律，但人物是奇特的，环境是特异的，事件是离奇的，既遵守经验和理性，又不受束缚，随意组合，创造出了与近代精神相一致的崇高、激情、艳采、离奇的形象。

三、同情与物化

想象与内游的第二个特点是同情（sympathy）与物化。随着近代社会的展开，以英国为中心兴起了一种同情学说，后来又在德国引起了强烈的回声。古代社会或是用形式去把握宇宙（古希腊），或是用形式去象征宇宙（中世纪）。但形式对近代的无限宇宙已无能为力了。世界再也不能按从前的方式来理解了。英国新柏拉图主义者夏夫兹伯里提出内在感官说：人有一种超越眼、耳、鼻、舌、身的内在感官，正是它使我们想象和理解到具体事物的美，进而体会到宇宙的美。心灵担当起了理解宇宙的重任，而心灵主要是想象。就是不从新柏拉图主义的眼光看也是这样。哈热特说："想象统治着我们与他人的关系和我们对自然界的理解。"① 同样，在近代，上帝也不能以中世纪的方式存在了。斯宾诺莎改成：上帝存在于一切事物中，人们应当在具体事物中去体会神性。更多的人认为上帝虽然不是以过去我们所认为的方式存在着，但是存在的。阿布克说："我们可以在造物主给予我们的想象的功能里看到他的地位。"② 总之，近代的新宇宙给万物都带来了一种新的面貌，无论神学家还是新柏拉图主义者，无论是唯理论者还是经验论者，都一致认为，要活生生地体悟事物和宇宙，靠的是想象，想象在这里主要显为同情。同情的想象吸引了各种各样的优秀人物：夏夫兹伯里、哈奇生、库柏尔、休谟、柏克、基雷特……同情的核心是以己之心体察所见人之心，使自己之情相同于他人之情。这样人己之间获得了完全的沟通，而人之心和己之心本包含着宇宙的普遍性（在夏夫兹伯里那里为内在感官，在休谟和柏克那里为普遍人性）。对人如此，对自然也如此，同情之心在花草树木、山水苍穹中也感到一种灵性，在这灵性里同时就蕴含着宇宙的灵性。浪漫主义诗人在谈自己的创作时，特别强调心灵的体会和情感的作用，犹如黑格尔所说："艺术家所选择的某对象的这种理性必须不仅是艺术家自己所意识到的和受到感动的，

①② 恩格尔：《创造性想象》，145 页。

他对其中本质的真实的东西还必须按照其全部广度和深度加以彻底体会。”① “一方面要求助于常醒的理解力，另一方面也要求助于深厚的心胸和灌注生气的情感。”② 同情的想象最明显地表现在英国华兹华斯、柯勒律治、雪莱、济慈写人的诗歌中。

对心灵和情感的推重，产生了想象的同情。中国的内游有一与此相似的方面：物化。内游之时，充满情感和生气，“登山则情满于山，观海则意溢于海”（刘勰《文心雕龙·神思》）。随着情感的移入，人也仿佛身入其景，甚至忘掉自己，仿佛进入事物之中。这在绘画、小说、戏曲创作中常常出现。文与可画竹，“嗒然遗其身，其身与竹化”。罗大经画草虫，“不知我之为草虫耶，草虫之为我耶?”（《画说》）李渔论戏曲的人物创造时说：“欲代此一人立言，先宜代此一人立心，若非梦往神游，何谓设身处地，无论立心端正者，我当设身处地，代生端正之想，即遇立心邪辟者，我亦当舍经从权，暂为邪辟之思。”（《闲情偶寄》）绘画与戏曲表现为设身处地的身与物化，也就是顾恺之说的“迁想妙得”。书法则在点、横、竖、捺之中投入了作家的情感。“写乐毅则情多怫郁，书画赞则意涉瑰奇……所谓涉乐方笑，言哀已叹。”（孙过庭《书谱》）笔画中也体现出一种物物相通的宇宙通性。“横，如千里阵云，隐隐然其实有形。点，如高峰坠石，磕磕然实如崩也。”（卫夫人《笔阵图》）

同情的想象和内游的物化是最接近的，都是从情感和精神上与对象交融一体，但由于中西文化对事物之神和宇宙本质的认识是不同的，从而同情与物化又是有差别的。当想象与内游进一步展现为幻想与玄游时，同情与物化的差别也豁然开朗了。

四、幻想与玄游

在近代浪漫主义的展开中，想象与幻想的区别朦朦胧胧地从德国掀起，流行于欧洲主要国家，一大批重要人物，莱布尼茨、霍布斯、洛克、艾德生、柏克、约翰生、伍尔夫、柯勒律治、谢林、康德都卷入了讨论。但是如果我们把想象作为一个总概念，将联想、同情、幻想作为次级概念，我们就可以从罩在幻想上的云雾中摆脱出来。如果说联想主要关注的是以现实世界为根据的创造，同情主要强调的是心灵对创造意象的体悟，那么，幻想则主要属于现实并

① 黑格尔：《美学》第一卷，358页，北京，商务印书馆，1979。

② 同上书，359页。

不存在的形象之创造。对想象的幻象性的开拓主要是由德国思想家来进行的。在注重沉思的德国人看来，近代社会一开始就面临着两个方面的问题，一是宇宙无限地展开后，人与宇宙普遍性的关系，人如何才能获得一种宇宙的普遍性；一是社会技术化、功利化之后，人面对散文化的现实如何坚持和寻找理想之心的问题。无限的宇宙使人怀疑理性公理的能力，散文化的世界使人不满意庸俗的现实。这两方面都使德国人抬高了诗的地位。诗的想象是宇宙整体的保证，诗心诗意是克服散文化的良药。施莱格尔要求创造包罗万象的诗，诺瓦利斯认为宗教和诗是二而一、一而二的东西，谢林主张哲学的最高顶峰是艺术。他们既用诗的想象超越现实，又用诗的想象创造出最高理想。这种超现实的理想，不是从经验而是从超验，不是从现实而是从理想来进行的，因此就是显为一种“幻想”。这种超离现实的幻想很多时候依凭某一历史而显现出来，温克尔曼和席勒展示出了古希腊的理想，诺瓦利斯和施莱格尔描绘出了中古基督教的理想。当然，他们心醉神迷地痴情描绘的古希腊和中世纪并不是历史上本来的古希腊和中世纪，而是具有现代意义的理想模式。而歌德则用浮士德的传说故事体现出了一种进取追求的近代精神。想象的幻想创造的是现实没有的形象，同时又是最具理想性的形象，是一种具有宇宙精神的形象。

西方近代的宇宙意识需要想象的幻想，中国的宇宙意识需要的则是玄游。“玄”即中国的宇宙本质。《老子》曰：“玄之又玄，众妙之门。”嵇康诗云：“目送归鸿，手挥五弦。俯仰自得，游心太玄。”艺术家内游的最高境界就是能“游心太玄”。中国文化气的宇宙决定了“太玄”的空灵性质。当我们达到了玄游的高度，就会更深地理解神游和物化的特殊性。神游中之所以“荡思八荒，游神万古”般不着边际，是因为宇宙玄理的空灵性。物化中的得物之情，情往兴来，不知何者为我，何者为物，也是在空灵的玄理的背景中才更深厚。与中国宇宙空灵的玄理相一致，艺术的最高境界是景外之景，象外之象，味外之味，韵外之致。陶渊明的“采菊东篱下，悠然见南山。山气日夕佳，飞鸟相与还。此中有真意，欲辨已忘言”具有空灵的玄理。王羲之的书法流丽自然，也具空灵的玄理，吴道子的画“笔才一二，象已应焉，离披点画，时见缺落，此笔不周而意已周也”（张彦远《历代名画记》）亦有空灵的玄理。宇宙的玄理是空灵的，艺术家的玄游所重的不是实体，而是气象，不在事物的典型化，而是形象的气韵化，它“凝神遐想，与物冥通”（郭若虚《图画见闻志》卷三），有一种西方想象所未曾有的景象：“善画者观猛士剑舞，善书者观担夫争道，善琴者听淋雨崩山。”（汤显祖《序丘毛伯稿》）中国文化各类事物在内在玄理上的相通性，使得不同的物象可以达到相同的宇宙精神，而内游也仅是在玄游阶段，才真正离开了艺术的技术性，超出了具体的对象性而升腾到了宇宙精神的高度。然而这种精神高度又丝毫没有离开现实，完全以现实世界的形象表现出来。

西方想象的幻想创造了一个超验的非现实世界。中国内游的玄游呈现出的却是道地的现实世界。幻想得到的是对现实的超越，无限的宇宙鼓励一种超越精神。玄游得到的是现实的生动气韵，虽动而静的气的宇宙主张原地的自足。“不出户，知天下，不窥牖，见天道。”（《老子》）在幻想和玄游这一向度里，西方想象和中国内游的文化差别敞亮了出来。

第三节　直觉与兴

随着西方文化由近代到现代的转变，近代的无限宇宙变为现代的相对宇宙，在无限的宇宙中，人为了追求和获得那永恒的无限，大大地提高了想象的功能。在相对的宇宙中，已经不存在去获得无限的问题，因此想象的重要性也随之减轻。但是理解新的宇宙的本质仍然是重要的。如何在当下中去体会宇宙的本质，法国哲学家柏格森和意大利哲学家克罗齐系统地提出了直觉理论。柏格森是从宇宙的高度来推崇直觉的，但与直觉最为相关的却是艺术，因此在柏格森那里，艺术比科学还重要。克罗齐的直觉是纯美学。以克罗齐为主、以柏格森为辅的直觉理论一跃而成为审美感受和艺术创造的核心。想象退位，直觉登台，其他的艺术创造概念也围绕着直觉重新认识自己的位置。在中国美学中，无论是对景的外师造化，寓目则书，还是背景的神思内游，都包含着一个根本性的前提：兴。有了兴，对景直寻才“书”得出来，背景的内游方能发动。从《诗经》、《乐记》开始，兴就一直是中国美学艺术创造的一个重要论题。

撇开历史的具体性，从理论的深层看问题，直觉与兴又有诸多的一致性。还是先从其各自体系相连的特殊性谈起吧。

一、兴

兴是一种内心情感的发动。兴，古体作“𦥑”，商承祚认为古文字字形像两人或更多的人共抬一件ᕳ形物。郭沫若认为所托之物为“槃”，意即盘牒和盘旋。后来金文添了口。陈世骧说：“兴”为初民合群举物旋游时所发出的声音（参见陈世骧《原兴》）。在原始人的游行仪式中，有一种狂热的兴发感动力量，使情绪处于亢奋状态。这种内心激情贯穿于整个活动之中，并外化为这种活动本身。原始仪式本为诗、乐、舞的合一，随着社会的进步，艺术从原始仪式中分化出来，兴也转为艺术之兴，它集中表现在三个方面：起兴、兴象、兴味。起兴是艺术之情的发动：“兴，起也。”（刘勰）“触物以起情，谓之兴。”（李仲蒙）兴象乃为发动的诗情所浸润的形象：“春日迟迟，秋风飒飒。情往似赠，兴来如答。”（刘勰《文心雕龙·物色》）兴味是由形象包含着诗情显出的一种意味：“文已尽而意有余，兴也。”（钟嵘《诗品序》）兴是艺术创作至关重要的东西，有兴则有艺术，无兴则无艺术，“兴至则神超理得，景物逼肖；兴尽则得意忘象，矜慎不传。”（王绂《书画传习录》）因此艺术家非常重视兴。就是杜甫这样讲究学习古人、细研法度的人也不例外：

> 云山已发兴，玉佩仍当歌。（《陪李北海宴历下亭》）
>
> 郑县亭子涧之滨，户牖凭高发兴新。（《题郑县亭子》）
>
> 东阁观梅动诗兴，还如何逊在扬州。（《和裴迪登蜀州东亭送客逢早梅相忆见寄》）

这类的句子杜诗里还有很多，都是经验之谈。中国诗是讲究对景直寻的，因此特别强调观物起兴，什么“观物有感焉，则有兴”（葛立方《韵语阳秋》卷二），“江山满怀，合而生兴”（《文镜秘府论》）之类很多。其他艺术门类，不必或不能对景即写，便多为背景之兴。“司马相如为《上林》《子虚》赋，意思萧散，不复与外事相关，控引天地，错综古今，忽然如睡，焕然如兴。”（《西京杂记》）“何意六十载后，云亭山人以承平圣裔，京国闲曹，忽然兴会所至，撰出《桃花扇》一书。”（顾彩《桃花扇序》）“山水之胜，得之目，寓诸心，而形于笔墨之间者，无非兴而已矣。是卷于灯窗下为之，盖亦乘兴也。”（沈周《书画汇考》）

兴，乃创作之必需。无学问之人，妇女儿童，耕夫舟子，塞曲征吟，市歌巷引，饥者歌其食，劳者歌其事，创作出秀丽篇章，依靠的是兴。雅人高士，读万卷书，行万里路，满腹经纶，一胸丘壑，要写出名章迴句，也还得依靠兴。布颜图说："夫境界曲折，匠心可能，笔墨可能。然情景入妙，必俟天机所到。"（《画学心法问答》）

无论对景与背景，不管高士与俗夫都依靠兴，兴的性质也从一些相邻概念中显示出来。这些相邻概念是：感、触、遇、会……

> 诗者，发于情而止乎礼义也。感事触物，心形于言，有不能自已也。（宋濂《刘母贤行诗集序》）
>
> 情动于中而形于言，无所感则无诗。（王闿运《论诗法》）
>
> 人情之感，欲罢不能，心声所宣，有触即发。（姚华《曲海一勺》）
>
> 有时情与境会，顷刻千言，如水东注，令人夺魄。（袁宏道《序小修诗》）
>
> 辞无因，因乎情，情无异，感乎遇，遇有不同，情状形焉。（蔡羽《顾全州七诗序》）
>
> 情者，动乎遇者也……故遇者物也，动者情也，情动则会，心会则契，神契者音，所谓随寓而发者也。（李梦阳《空同集》）

从这些相邻概念中，会使人觉察到在讨论兴本身时已有所显露的一个问题：兴具有灵感的性质。确实如此。但灵感是下一章要详论的。这里只需记住：兴是贯穿于心师造化和神思内游中的共同因素。它既是艺术创作的发动前提，又是创造过程的基本特征。

二、直觉

兴存在于心师造化和神思内游之中，直觉却是与摹仿和想象断裂的产物。美学的断裂只是宇宙断裂的反映。柏格森把实体的世界变为一种生命的冲动或意识的绵延。这样，钟表的时间并不是时间本身，活生生的人物和事件也不能归结为各种概念体系。总之，宇宙人生都不是由一套概念就可以把握的，需要直觉。古代的形式宇宙要求的是摹仿，近代的无限宇宙要求的是想象，现代的相对世界需要的是直觉。历史的断裂在克罗齐这儿表现为概念和直觉的断裂。克罗齐认为，人类的知识有两种形式，直觉和概念。两者是二度关系，直觉是基础，概念是上层建筑，对直觉的抽象思考成为概念。概念知识需要直觉为基础，直觉却并不需要依傍概念。二者不是主仆关系，而是上下层关系，各自独立。审美是一种直觉，直觉不依靠概念，不由概念而来，它针对的是黑格尔的“美是理念的感性显现”，它显示了审美从文化的概念世界中断裂出来，自成体系。

直觉与概念无关，但又不是对事物和世界的直接感知，对事物和世界的直接感知称为感受或印象。克罗齐用亚里士多德的形式与质料关系来说明直觉与感受的区别，“在直觉线以下是感受，或无形式的质料，这质料就其为单纯的物质而言，心灵永不能认识，心灵要认识它，只有赋予它以形式，把它纳入形式才行”①。直觉是心灵的主动活动，是一种形式把握和形式创造，而非感受和印象。与感受和印象相连的是古典美学范围内的自然主义和印象派，与直觉这种主动的形式把握相联系的则是现代派。

直觉与概念无关，不为逻辑、规律、程序、技巧所左右，又不同于感受和印象，它与外物没有直接的对等关系，它是一种创造，一种表现。直觉既可以产生于对景的纯形式的观照中，也可以产生于背景的自我活动中。直觉一旦形成，就是美；心灵中的直觉形象用物质媒介表现出来，就是艺术。有直觉就有艺术，无直觉就无艺术。在摹仿自然中有一个内在的意向是要想获得一种理式般的典型，在想象概念中，内在的意向也是要从有限中获得无限。处于相对宇宙中的直觉已无法获得整体了，它直觉到什么就算什么，本就体现了现代精神。摹仿和想象都是刻意追求美的，直觉却并不避讳丑。克罗齐说：“只要丑恶和混浊有一天还在自然中存在，不招自来地临到艺术家头上，我们就无法制止这些东西的表现，表现已成就了，要取消已成的事实也是无用的。”②

直觉不依赖概念，无逻辑可寻，又不依赖现实，无实体可寻，从而和兴一样带有灵感的意味。但直觉与兴又有很多地方是不同的。兴是与气相连的（“文章兴作，先动气，气生乎心，心发乎言，闻于耳，见于目，录于纸”[《文镜秘府论》]），显得空灵；直觉则重在形象，显得质实。兴，虽然不依赖学问，但也并不一定排斥学问，连提倡神韵说的王渔洋也认为建立在学问之上的兴是最高的境界。他说：“夫诗之道，有根柢焉，有兴会焉，二者率不可得兼。镜中之像，水中之月，相中之色，羚羊挂角，无迹可求，此兴会也。本之风雅，以寻其源；泝之楚骚、汉魏乐府诗，以达其流；博之九经、

---

① 克罗齐：《美学原理·美学纲要》，11～12页，北京，外国文学出版社，1983。

② 同上书，61页。

三史、诸子以穷其变，此根柢也。根柢原于学问，兴会发于性情，于斯二者兼之，又干以风骨，润以丹青，谐以金石，故能衔华佩实，大放厥词，自名一家。”（《带经堂诗话》卷三）而直觉是绝对要排斥概念的。加上前面所说兴与心师造化和内游的共存以及直觉与摹仿和想象的断裂，可知兴与直觉的差别主要是文化性质带来的。

第十章
中西美学的灵感理论

灵感一词出自西方，灵感作为艺术创作中的一种现象又是普遍存在的。纵观中西，灵感主要由三个特点组成：（一）非规律，不是从逻辑上可以必然地推出来，其来与去都是偶然的、突然的、无法预料的；（二）不由人，不依人的意愿，不受人的控制；（三）超越性，在灵感过程中，人做出了自己平常不能做的事情，体验了自己平常体验不到的情感，在灵感中，人超越了自身。然而，由于文化、时代各异，理论家的气质有别，艺术体裁不同，灵感理论又呈现为千姿百态。在西方文化的发展变化里，要细察秋毫，灵感理论也是人言言殊。不过，从大的方面来看，各种灵感理论随着三大历史阶段的分野，基本上为三个群集或三种理论类型：古代的神赐论，近代的天才论，现代的无意识论。中国美学里，前面提到，创作中的兴、触、感、会，都与灵感有关。另外，气的理论、悟的理论、性灵理论也明显地是一种灵感理论。

对西方灵感理论的三种类型，仅从字眼看，就可以体悟到一个不断进化的逻辑序列，灵感的特权是一个由神到天才到普通心理的进化过程，也是一个不断地断裂和否定的过程。这与文化的性质是一致的。不同的类型，又各自揭示了灵感的不同侧面，综合起来看，显出层次感、逻辑性较强的特色。相对而言，中国灵感诸理论则互通互交，犹如中国的天道，迴环往复，又如八卦图，阴阳互含。这就使得中西灵感的比较难以找到理想的对应点。因此，我们权以西方灵感为参考系来对照中国，但在对照中又力图显出一种主体对主体的互为参照的关系。

第一节　确然神赐与宛如神助

一、神赐论：以人人关系为主的灵感论

灵感，希腊文为 εοπυεοτια，意为神的灵气。这正与柏拉图的灵感"神赐论"相吻合。在古希腊，灵感应是人们常谈的题目，德谟克利特就谈过，但柏拉图谈灵感最全面，可作为古代灵感论的代表。

柏拉图的灵感论主要有两个要点：（1）灵感的实质是诗神凭附在诗人身上。诗人能写出优美的篇章，说出那些珍贵的辞句，是因为诗神附体，这时诗人不是受自己驱遣，而是受神力的驱遣，不是说出自己心中的东西，而是代神说话。（2）诗人获得灵感时的心理特征：迷狂状态。当诗神凭附在诗人身上的时候，即诗人获得灵感的时候，就"失去平常的理智而陷入迷狂"①。

无疑，柏拉图是以当时的宗教神秘主义思想来总结创作现象的。问题在于，它究竟指创作中的哪一种现象，是以什么实际根据把这种现象归为"神赐"的。

问题的症结在"迷狂"上，迷狂很可能源于原始的图腾歌舞和巫术仪式。随着社会的发展和行业分化，迷狂这一心态也随之出现各种类型。柏拉图《斐德诺》中列举了四种迷狂：爱情迷狂、预言迷狂、巫医迷狂和诗人迷狂。迷狂的共同点就是陷入迷狂者，不是平常的我，失去理智成为另一个人，而且成为另一个人竟不自知。为了说明这种迷狂状态，柏拉图采用了传统的解释，认为这是神灵附体。四种迷狂中，爱情迷狂也与审美相关。"有这种迷狂的人见到尘世的美，就回忆起上界里真正的美，因而恢复羽翼，而且新生羽翼，急于高飞远举，可是心有余而力不足，像一个鸟儿一样，昂首向高处凝望，把下界一切置之度外，因此被人指为迷狂……在各种神灵凭附之中，这是最好的一种。"② 这种迷狂超凡脱俗，心游上界，本也为文学中抒情作品的创作心态之一，但西方重的是叙事性文学，因此爱情迷狂未被算入迷狂。在柏拉图的心中，诗即《荷马史诗》，或者就是戏剧。在叙事性作品中，为了写活人物，关键性的

① 伍蠡甫主编：《西方文论选》上卷，19 页。

② 《柏拉图文艺对话集》，125 页，北京，人民文学出版社，1963。

就是作者与人物的关系。柏拉图知道，艺术有三种叙述方式（他称为体裁）：单纯叙述、摹仿叙述和二者混用。单纯叙述即作家作为叙述者对事件的叙述，摹仿叙述是“诗人站在当事人的地位说话……尽量使那话的风格口吻符合当事人的身份”①。这里就有作者进入角色的问题。叙述作品创造时的迷狂状态，就是作者进入角色，失去自己，变为人物。柏拉图在《法律》中说：“当诗人坐在诗神的祭坛上的时候，他不是神志清醒的；他就像一个喷泉一样，让任何流入的东西自由地喷射出来，而他的艺术则是摹仿的，他往往被迫去表现具有相反气质的人。”② 在《伊安》中，苏格拉底为了向伊安证明后者确实“失去自主，陷入迷狂”了，指出两点：（1）他已身入作品中，“好像身临诗中所说的境界”③。（2）他“对着两万多待他友好的听众哭泣，或是浑身都表现恐惧”④，心态已变为作品中人物的心态。由此可见，柏拉图的灵感针对的现象就是叙事作品创作中作家对象化为自己所写的人物，与自己的人物合而为一时的状态。古今中外的作家谈到创作经验时几乎都有与福楼拜说的“包法利夫人就是我”相类似的话。中外理论家也反复用类似迷狂的词——幻觉、梦、无意识等——来谈论这一现象。其中，斯坦尼斯拉夫斯基与柏拉图谈得极为相似，主要之点完全可以对应起来，而又完全将之理性化了。斯氏说：当演员达到“我就是”［变为人物的斯氏用语］的状态的时候，“由于你所扮演的人物的生活和你本人的生活在某些瞬间突然完全溶合在一起，你就会觉得自己的脑筋迷迷糊糊的，那时候，你就会觉得你成为角色的一部分，而角色又成为你的一部分”⑤。这种“迷迷糊糊”的状态，在神灵论者看来，不是迷狂，又是什么呢？斯氏又说：“只有当演员了解并且感觉到，他的内部和外部生活是循着人的天性的全部规律，在舞台上，在周围条件下自然而然地正常进行着的时候，下意识的深邃的隐秘角落才会谨慎地显露出来，从中流露出我们并不是随时都能理解到的情感。这种情感在短时间内或者在较长的时间内控制着我们，把我们带到某种内心力量指定它去的地方，我们不晓得这种内心力量是什么，

① 《柏拉图文艺对话集》，48 页。

② 汝信：《西方美学史论丛》，29 页，上海，上海人民出版社，1963。

③ 伍蠡甫主编：《西方文论选》上卷，20 页。

④ 同上书，21 页。

⑤ 《斯坦尼斯拉夫斯基全集》第二卷，438 页，北京，中国电影出版社，1959。

也不知道怎样去研究它，就用我们演员的行话干脆把它叫做‘天性’。”① 正是斯氏所称的“天性”使得很多艺术家“本人也很相信自己受到了启示”（狄德罗），这在神灵论者看来，不是诗神附体又是什么呢？

灵感神赐论者要讨论的问题是清楚的：为什么艺术家能失去自我，变为人物；忘去自己的心态，变为人物的心态，而又正是这种心态变化使他创造出了优秀的作品。创作中这种超逸自己的行为是非规律的，不为艺术家本身所能控制，在古希腊的宗教氛围中，就被总结为神赐灵感的理论了。

二、突然性：以人景关系为主的灵感论

中国艺术创作也讲究灵感，在野史杂录中，亦有一些关于“神赐”的记载。如：

> 谢氏家录：康乐每对惠连，辄得佳句，后在永嘉西堂，思诗竟日不就，寤寐间，忽见惠连，即成：“池塘生春草”，故尝云：“此语有神助，非吾语也。”（钟嵘《诗品》引）
>
> 初，（江）淹罢宣城郡，遂宿冶亭，梦一美丈夫，自称郭璞，谓淹曰：“我有笔在卿处多年矣，可以见还。”淹探怀中，得五色笔以授之。尔后为诗，不复成语，故世传江郎才尽。（钟嵘《诗品》）

但这些传闻犹如鬼狐故事，难登大雅之堂。士大夫们姑妄听之，并不深信。“冷斋云：谢公平生喜见惠连，而梦中得之，此当论意，不当泥句。”（《滹南诗话》卷一）艺术创作中确有非人力所能把握的灵感现象，但中国艺术家和理论家都是以理性主义态度看待的。陆机对灵感，采取的是“君子于其所不知，盖阙如也”（《论语》）的态度。他说：“虽兹物之在我，非余力之所勠，故时抚空怀而自惋，吾未识夫开塞之所由也。”（《文赋》）紧接着，刘勰就深入进行了理性探讨，在《神思》中列举了历代著名作家的创作情况，从人的禀赋和文章体裁两方面说明“思之速”和“思之迟”是正常现象。在《养气》中对“思有利钝，时有通塞”从大脑生理方面进行了论证，并指出两条补救的方法。（1. “烦而即舍，勿使壅滞。意得则舒怀以命笔，理伏则投笔以卷怀，逍遥以针劳，谈笑以药倦”。2. “常弄闲

① 《斯坦尼斯拉夫斯基全集》第二卷，27页。

于才锋，贾馀于文勇，使刃发如新，凑理无滞。”）在文化的理性主义氛围中，中国的灵感理论没有走向神赐论，说得最厉害的，顶多也只是：“有时意静神王，佳句纵横，宛如神助。”（皎然《诗式》）“读书破万卷，下笔如有神。”（杜甫）“神会之，默思之，思之思之，鬼神通之，峰峦旋转，云影飞动，斯天机到也。”（布颜图《画学心法问答》）“宛然神助”即不是神助，“如有神”即不是神，“鬼神通之”也明显是个比喻。宛如神助显然不同于确然神赐。不过更重要的是宛如神助所实指的灵感内容与神赐论所实指的灵感内容是有差异的。

神赐论是建立在叙事文学基础上的，叙事文学主要是表现典型的人物和事件。虽然作者也抒发自己的思想情感，但这种抒发必须通过人物和事件间接地表现出来。必须强调的是，作品中的人物并不是作家本人，而是外在于他的另一个人。作家为了塑造出活生生的人物，不得不克服主客之间的距离和矛盾，根据人物的需要来写。本性慷慨的作家，写吝啬人时，必须变成一个彻头彻尾的吝啬鬼，本性怯懦的作家写无畏者时，必须变成勇敢无畏的人。因此，失去自我，进入角色成了灵感迷狂的主要内容。

中国文学是以抒情写意的诗文为主体的，叙事文学小说和戏曲在明清方大盛。这时，“欲代此一人立言，先宜代此一人立心”（李渔《闲情偶寄》）的进入角色的“梦往神游”问题也提出来了。从焦循、王骥德到李渔、金圣叹到梁启超都论及这一问题。但他们完全是以清醒的、理性的方式去看待这一问题的。中国美学强调文如其人，言者心声，小说戏曲中的英雄并不给作者多添光彩，而凡人、坏人反使作者权且降格。金圣叹说，施耐庵动笔之前是施耐庵，不是小偷、淫妇，但写小偷、淫妇之时，“实亲动心而为淫妇，亲动心而为偷儿，既已动心，则均矣”（《水浒传》第五十五回总批）。一方面作者在进入角色中难免不断降格，另一方面又没有一个诗神附体来把降格行为神圣化。虽然小说戏曲作家们为人物立心，创造了不少神来之笔，然而，中国美学的注意焦点在这里停留甚少。这一现象也没有被纳入灵感范围。正如在柏拉图那里爱情迷狂被排斥在诗人迷狂之外一样。况且，就是在明清，小说戏曲的地位也一直是在诗文之下的。

中国文学以抒情写意的诗文为主体。在诗文中，作者的思想情感是直接抒发出来的，没有主客之间（如勇敢与怯懦，正人君子与小偷淫妇）的尖锐对立，从而也没有为进入角色、克服矛盾而产生的迷狂和幻觉。从创作角度考察中国诗文，大致可分三类：1. 直接抒情。如：“生年不满百，常怀千岁忧。昼短苦夜长，何不秉烛游。”（《古诗十九首》）2. 寓情于景。如：“菡萏香消翠叶残，西风愁起绿波间。”（李璟《浣溪沙》）3. 寓情于人。如秦韬玉《贫女》：“蓬门未识绮罗香，拟托良媒益自伤。谁爱风流高格调，共怜时事俭梳妆。敢将十指夸针巧，不把双眉斗画长。苦恨年年压金线，为他人作嫁衣裳。”三类中，直接抒情的作品很少，王国维说：“专作情语而绝妙者……求之古今人词中曾不多见。”（《人间词话》）寓情于人的作品往往是同类相比，以美人喻君子，用怨妇写怨臣，按五行的横向同构原则进行。既是以人道己，又是以己道人，人我本属同情同心，因此没有克服人我矛盾的问题。寓情于景的最多，王国维说：“词家多以景寓情。”（《人间词话》）这说明中国诗人的灵感面对自然时最容易触发，“情与景会，顷刻千言”确为中国美学所津津乐道。寓情于景也是按照五行的横向同构原则进行的，“喜柔条于芳春，悲落叶于劲秋”。美花香草，以喻君子，松、竹、梅、兰，象征高洁……在人与人的同构中，作者与对象处于同一层级；在人与自然的同构中，由于自然与天道相通，人与自然就染上了一种形而上的超越性。在寓情于人的作品中，很少感到对道的体悟，在寓情于景的作品中，悟道的感受却屡见迭出。如果说，西方建立在叙事文学基础上的灵感论是以人（作者）与人（人物）的关系为主的话，那么，中国建立在抒情文学基础上的灵感论则是以人（作者之情）与景（自然之景）的关系为主，以人人关系为主，重要的是心态的转变，在转变的迷狂中，不知何者为我，何者为他。以人景关系为主，重要的是心灵的体悟和融入，在情景的交融里，不知何者为我，何者为物。

以人景关系为核心的灵感有什么特点呢？在人人关系中，作者的心态完全转为人物的心态是难的，在人景关系中，诗人之情要与景相融也非易事。因此中国的灵感论首先表现为非作者所能控制的突然性。陆机《文赋》说：“若夫应感之会，通塞之纪，来不可遏，去不可止。”李德裕《文章论》也说：“文之为物，自然灵气，惚恍而来，不思而至。”中国宇宙本为气的周流不息的生化运动，因此对具体事物的产生发展，人之命运的穷达通塞也讲究时、缘、感、会。抒情文学最重要的因素就是情，真挚、深厚、强烈的感情。情亦如气，是非逻辑、非知识性的，诗人不能用意志给自己规定，何时做诗，一日做几首。必须先有情，方有诗。顾恺之画人，三年不点睛，应是在等灵感之情。刘勰也说："若夫善弈之文，则术有恒数，按部整伍，以待情会。"（《文心雕龙·总术》）灵感的突然性也就是情感来临的突发性和不可预料性：

> 物有恒姿，而思无定检，或率尔造极，或精思愈疏。（《文心雕龙·物色》）
>
> 久用精思，未契意象。力疲智竭，放安神思。心偶照境，率然而生。（王昌龄《诗格》）
>
> 诗本无形在窈冥，网罗天地运吟情。有时忽得惊人句，费尽心机做不成。（戴复古《石屏集》）

在以人景关系为中心的灵感中，诗人有的"以我观物"，即以自己浓烈的情感去对待景物，这时"物皆看我之色彩"，表现为"有情芍药含春泪，无力蔷薇卧晚枝"（秦观）一类的意境。有的以物观物，人融入物的自然生气和宇宙情韵之中，表现为"寒波淡淡起，白鸟悠悠下"（元好问）一类的意境。然而不管是以我观物，物人化了，还是以物观物，人物化了，在人化或物化的那一瞬间，作者完全"不知何者为我，何者为物"，物我两忘，浑然一体，这里没有人人关系进入角色时的尖锐对立，因而"迷狂"就表现为一种超凡脱俗，与自然一体的悟道的"忘境"。"忘，道之适也。"然而无论是物显人之情感，还是人入物的韵态，在灵感之中都突出地表现为写作的顺利。陆机在谈到灵感"通"时说："方天机之骏利，夫何纷而不理。思风发于胸臆，言泉流于唇齿。纷葳蕤以馺遝，唯毫素之所拟，文徽徽以溢目，音泠泠而盈耳。"（《文赋》）苏轼在《文说》中也说："我文如万斛泉源，不择地而去。在平地滔滔汩汩，虽一日千里无难。及其与山石曲折，随物赋形而不可知也。所可知者，常行于所当行，常止于不可不止，如是而已，其他虽吾亦不能知也。"

陆、苏二人都把灵感中的顺利具体为最后形成文字、形成作品的顺利。这确实也属灵感中的一方面。苏轼《答谢民师书》说，诗人不但要"求物之妙"而"了然于心"，还要"了然于口与手"。王国维说："'红杏枝头春意闹'，着一'闹'字而境界全出，'云破月来花弄影'，着一'弄'字而境界全出。"（《人间词话》）是强调"手"（类似于娴熟的技巧）的力量，倘若没有手的能力，就会像简斋说的那样，有了灵感也会跑掉："朝来庭树有鸣禽，红绿扶春上远林。忽有好诗生眼底，安排句法已难寻。"（《诗人玉屑》卷五）这同时也说明了，灵感是超越诗人平常思想和能力的，不但其降临不可捉摸，降临了也极易消逝。宋人张镃《觅句》云："觅句先须莫苦心，从来瓦注胜如金。见成若不拈来使，箭已离弦作么寻。"苏轼也说："作诗火急追亡逋，清景一失永难摹。"（《腊日游孤山访惠勒惠思二僧》）

第二节　天才与人品

一、天才论的六位代表

天才这个以前一直与才能同义的词，在18世纪突然崛起，成了一种荣誉的称号（H.奥斯本）。天才是艺术的创造者，与科学不同，艺术不是靠原理规则创造的。艺术不能传授，想作为祖传秘方也办不到。甚至艺术家本人也弄不清自己完成天才作品的真正奥秘在哪里。在宇宙无限地伸展开去，艺术作为独特的创造物的性质业已突出，人们就用天才这一概念来表达艺术的创造之秘。这样，关于灵感的理论就变成了关于天才的理论。在神赐论中，诗人是代神说话的傀儡，艺术创造完全是神的创造；在天才论中，艺术是人——天才的作品。因此，天才理论不仅是灵感的理论，而且是把灵感和艺术家的禀赋联系在一起的理论。天才的出现是西方近代文化发展的结果，天才论是一种用近代精神来重释灵感的理论。

德国的浪漫哲学综合英国经验主义和大陆理性主义，兼融宗教神学和科学理性，推出了一整套体系。在康德、谢林、黑格尔的口中，天才也成为一个重要话题。

康德说："天才就是那天赋才能"[①]，它表现为四个特征：（一）独创性。艺术创造活动不受概念的限制，不为规律所束缚，是摆脱羁绊的自由活动，因而是独创的。（二）典范性。实际中，"也可能虽然有独创性，但却是无意义的东西，所以天才的作品必须同时是典范的"[②]。典范也就是说，具有普遍意义。但这普遍不是像科学和理论那样，是一种确定概念，而相反，是一种不确定概念。从而推出天才的第三个特点。（三）"它（天才）怎样创造出它的作品来，它自身却不能科学地加以说明……作品有赖于作者的天才，作

①② 伍蠡甫主编：《西方文论选》上卷，410页。

者自己不知晓诸观念是怎样在他内心里成立的，也不受他的控制，以便由他随意或按照规划想出来，并且在规范形式里传达给别人。”① 走到此，当然只有归之于天才了。（四）“大自然通过天才替艺术而不是替科学定法规。”② 所谓的“大自然”就是一种宇宙精神。这在谢林那儿显得特别清楚。

谢林哲学认为，宇宙精神是一种绝对，绝对产生自我（即主体、人、精神、有意识）和非我（即客体、自然、无意识），然后又把自我和非自我融而为一，形成一种绝对的同一。需强调的是，谢林的自然，不是物质性的，而是精神性的，它和人的差别在于，人是一种有意识的精神，而自然是一种无意识精神。在谢林的体系中，有意识的活动和无意识活动是一种矛盾、对立。但二者的对立恰是“一切创造的条件”③，绝对产生这对矛盾正是要使它们达到同一，它们确实在艺术中达到了同一。谢林认为，艺术包括两个部分，一部分是“既能教，也能学，是能用别人传授和亲自实习的方法得到的”，“它会经过深思熟虑而自觉完成”④，属于个人的有意识活动；另一部分“是不能学的，也不能用实习的方法和其他方法得到，而只能是由那种天赋本质的自由恩赐先天地造成的，这部分属于参与了艺术创造的无意识活动”⑤。艺术统一了两种活动，那么创造艺术的天才也统一了这两种活动。谢林说：“天才……是凌驾于两种活动之上的东西。”⑥然而当天才在艺术创造中统一这两种活动之时，一方面超越了自身，另一方面又失去了自身：“艺术家不由自主地甚至怀着矛盾被驱使着从事创造活动……受着一种力量的影响，这种力量把他同其他一切人分开，逼着他谈吐或表现那些他自己没有完全弄清，而有无穷含义的事件。”⑦ 然而正是在艺术创作的失去自我和超越自我的灵感中，“使我们对那最崇高的事物的绝对实在确信无疑”⑧。

康德和谢林都用创作灵感的不能自身说明这一现象来说明艺术天才去创造一个新世界（为艺术立法，统一人的有意识活动和自然的无意识活动），并在这一创造活动中表现一种宇宙精神。在他俩那

---

① 伍蠡甫主编：《西方文论选》上卷，410～411 页。

② 同上书，411 页。

③ 谢林：《先验唯心论体系》，364 页，北京，商务印书馆，1976。

④⑤⑥ 同上书，267 页。

⑦ 同上书，266～267 页。

⑧ 同上书，267 页。

里，创作灵感还有一片神秘的余烟。到黑格尔时，对天才的描述就更加明晰。黑格尔从想象、才能、灵感三方面来说明天才。天才看得多，听得多，记得多，他那深广的心灵总是把兴趣推广到无数事物上去，他把众多的重大东西摆在胸中玩味，一方面对之按全部广度与深度加以彻底体会，另一方面又深刻地被它们掌握和感动。这是一颗容纳宇宙之心。天才又有一种天生直接的推动力，有一种非把自己的情感思想马上表现为艺术形象的内在冲动，并且确有实际完成作品的能力。“凡是在他想象中活的东西好像马上就转到指头上……而且有本领迫使最枯燥和表面上最不易驯服的材料听命就范。”① 有了翱翔宇宙之心和得心应手之能，灵感就会不召自来。它可以从内心突然迸发，也可以来自外物的启迪。无论内外，都能左右逢源。然而，灵感究竟是什么呢？黑格尔说：“灵感就是这种活跃地构造形象的情况本身。”② 灵感使艺术家完全沉浸在主题里，一方面，把自己的特殊癖性及其偶然的个别现象抛开，另一方面，他把对象变为自己的对象。在灵感出现的瞬间，他失去了自我，在失去自我的瞬间，他获得了对象。这里仍暗示着人人关系的迷狂，但已不是诗神的外在主宰，而为天才的自主活动。

如果说，康德、谢林、黑格尔的天才论显示了近代灵感理论的总精神，那么，狄德罗、雪莱、巴尔扎克的天才论则可视为近代总精神的多方面展开。

狄德罗，这位法国启蒙思想家的天才论表现的是一种打破束缚，向往崇高的现世的搏斗精神。“广博的才智，丰富的想象力，活跃的心灵，这就是天才。”③ 天才的作品不是学习和时间的产物，而是在片刻之间完成的，天才不立足于确定或假定的法则和标准，它打碎这些法则和标准而飞往崇高、悲怆、伟大的境界。美的东西必须是娴雅、完整、精雕细琢、天衣无缝的，而天才的作品有时却必须粗糙、随便、艰涩、原始，好似长空中的闪电。荷马深感一种方言的局限，密尔顿时时破坏他的母语的语法，二人都让自己天才的火焰破除阻碍，自由燃烧。在狄德罗看来，横扫一切的天才又正是在创作灵感中人人关系的迷狂里上升到崇高境界的：“天才给物质以生命，给思想以色彩，在兴奋的激情中，它支配不了天性，也支配不

① 黑格尔：《美学》第一卷，363 页。

② 同上书，364 页。

③ 《狄德罗美学论文选》，541 页。

了思想的连贯性；它被移置在它所创造的人物环境中，它取得它们的性格；如果它最高度地感受到英雄的激情，例如伟大的心灵所具有的渺视任何危险的自信心，或发展到忘我境地的爱国心，它就产生崇高：美狄亚的'我'，老贺拉斯的'让他死'，布鲁图的'我是罗马的执政'。在其他激情的冲击下，它使爱米奥娜说出'谁叫你这样做的?'，使奥罗斯曼说出'当时我被爱着'，使提厄斯忒斯说出，'我认出了我的兄弟'。"①

雪莱，这位英国浪漫主义诗人的天才论表现的是超越现实，飞向理想的崇高神圣之情。他说："诗是神圣的东西"，它"高飞到筹画能力驾着枭翼所不能翱翔的那些永恒的境界，从那儿把光明与火焰带下来"②。"诗独能战胜那迫使我们屈服于周围印象中的偶然事件的诅咒，无论它展开它自己那张斑斓的帐幔，或者拉开那悬在万物景象面前的生命之黑幕，它都能在我们的人生中替我们创造另一种人生，它使我们成为另一世界的居民。"③ 由于诗的理想性和彼岸性，雪莱特别强调灵感的"来时不可预见，去时不用吩咐"④ 的性质，还把灵感的瞬间描写为至乐至善的瞬间："诗灵之来，仿佛是一种更神圣的本质渗彻于我们自己的本质中，但它的步武却像拂过海面的微风，风平浪静了，它便无踪无影。"⑤ 灵感中的心境是与一切卑鄙的欲望不相容的神圣之情，在灵感中，诗人"捉住了那些飘入人生阴影中一瞬即逝的幻象，用文字或用形象把它们装饰起来，然后送它们到人间去"⑥。由于诗人联系着此岸和彼岸，现实和理想，诗人自身的二重性在雪莱这里显得特别明显，一方面，诗人具有天才，"是不可领会的灵感的祭司，是反映出'未来，投射到'现在'上的巨影之明镜；是表现了连自己也不了解是什么的文字，是唱着战歌而又不感到何所激发之号角；是激动而不被动之力量。诗人是世间未经公认的立法者"⑦。另一方面，诗人又只是在灵感中才是天才，"在诗的灵感过去了时——这是常有的，虽然不是永久的，——诗人重又变为常人"⑧。诗人的二重性一直是西方灵感论的核心，只

① 《狄德罗美学论文选》，542页。

② 《十九世纪英国诗人论诗》，153页，北京，人民文学出版社，1984。

③ 同上书，156页。

④⑤ 同上书，154页。

⑥ 同上书，155页。

⑦ 《十九世纪英国诗人论诗》，160页。

⑧ 同上书，157页。

是在雪莱这里表现得更突出罢了。

巴尔扎克，这个法国现实主义大师的天才论表现的是书写历史，反映现实，描摹风俗而得其神髓的一面。巴尔扎克说："法国社会将要作历史家，我只能当它的书记。"① 这必须是一个具有伟大心胸和无比天才的书记。书记是需要灵感的，灵感逝去之后，"纵令有最高的爵位，最多的资财也都不足以吸引他去拿起画笔，塑蜡制模，或是写出一行文章来"②。艺术家无力控制灵感，反而受灵感控制，灵感的到来是突然的：

> 某一天晚上，走在街心，或当清晨起身，或在狂饮作乐之际，巧逢一团热火触及这个脑门，这双手，这条舌头，顿时，一字唤起了一整套意念；从这些意念的滋长、发育和酝酿中诞生了显露匕首的悲剧，富于色彩的画幅，线条分明的塑像，风趣横溢的喜剧。③

不过现实主义毕竟是面对现实的，写作靠灵感，灵感也靠现实的基础，巴尔扎克在《〈驴皮记〉初版序言》中说："写书之前，作家应该已经分析过各种性格，体验过全部风尚习俗，跑遍整个地球，感受过一切激情；或者，这些激情、国土、风尚、性格、自然的偶然现象、精神的偶然现象——都在他思想里面出现。当他勾画董毕琪小姐的肖像时，要不是他自己吝啬，就是暂时懂得这种吝啬心情，当他写《莱拉》时，要不他自己就是罪犯，懂得犯罪心情，要不就教唆和目睹过犯罪。"然而这宽广的胸襟、深邃的学识并不能使艺术家在创作灵感里成为主人，相反"他是某种专横的意志手中的驯服工具，他冥冥中服从着一个主子。别人以为他是逍遥自主的，其实他是奴隶。别人以为他放浪不羁，一切都随兴之所至，其实他既无力量，也无主见，他等于是个死了的人。他那庄严无比的权力和微不足道的生命本身是一种永续的对照：他永远是神或永远是一具尸体。"④ 这种二重性在于作家要写活人物，必须克服人人关系的对立。雪莱是写理想的，他的迷狂充满崇高圣洁之感。巴尔扎克是写现实、写凡人的，他的天才表现为一种相反的感受，是无品格的。艺术家"习惯于使自己的心灵成为另一面明镜，它能烛见整个宇宙，

---

① 马奇主编：《西方美学史资料选编》，445页，上海，上海人民出版社，1987。

②③ 同上书，471页。

④ 同上书，72页。

随己所欲反映出各个地域及其风俗，形形色色的人物及其欲念，这样的人必然缺少我们称之为品格的那种逻辑和固执，他多少有点像那种卖私的女人（原谅我用语粗齿）。什么他都能假设，什么他都能体验”①。

在整个天才理论中都贯穿着矛盾的二重性：要成为天才就必须失去自我。只是在不同的论者那里，这二重性呈现出不同的形式，放射出不同的光彩。

二、人品论的三种理论

中国也是讲究“天才”的。宋人孙仅说：“五常之精，万象之灵，不能自文，必委其精，萃其灵于俊伟之人以焕发焉……非夫腹五常精，心万象灵，神合冥会，则未始得之矣。”（孙仅《读〈杜工部诗集〉序》）明人王文禄也说：“诗文之妙，非命世之才不能也，惟养浩然之气，塞乎天地之间，始能驱一世而命之也。”（王文禄《诗的》）不过，在西方天才论里，诗人在灵感中才成为天才，灵感之前和之后都是常人，灵感使人整个地超越了自身，从而灵感造成的结果是：作品超越作为人的作者。文超其人是天才论的显著特征。在中国灵感里，艺术家首先要达到高尚的人品，才有灵感，才能创造出优秀的作品。与西方相反，中国是文如其人。因此中国的天才论实际上是人品论。在中国文化中，儒、道、释都以修身养性为第一。孔子曰：“有德者必有言”（《论语·宪问》），庄子讲：“道也，进乎技”（《养生主》），佛家也求明心见性，神冥空无。不过由人品论进入灵感领域的主要有三：一是以儒家思想为主的追求雅正的养气灵感论，二是以道、释思想为主的标举逸韵的高士灵感论，三是以李贽童心说为基础的求真人真声的性灵派灵感论。

首先讲养气灵感论。

中国的宇宙是气的宇宙，人生天地间要与天地合德，当然是离不开气的。孟子之为圣人，与他“善养浩然之气”有关。儒家一贯讲究诚中形外，文如其人，其具体的关联就是人之气外化移转为文之气。曹丕《典论·论文》对此作了理论的阐发：“文以气为主”；而且诗才之气是独特的，“气之清浊有体，不可力强而致……虽在父兄，不能以移子弟”；这样，其人如何，其文亦如何：“徐干时有齐

① 马奇主编：《西方美学史资料选编》，475页。

气”，“公干有逸气”，“孔融体气高妙”，气不能传，但可以养。韩愈在《答李翺书》中谈了自己养气的艰苦历程：“学之二十余年”，第一段后，“当其取于心而注于手也，惟陈言之务去，戛戛乎其难哉！”第二段之后，“当其取于心而注于手也，汩汩然来矣……如是者亦有年，然后浩乎其沛然矣”。当韩愈历20余年“养其根而竢其实，加其膏而希其光”，成为仁义之人后，文章也成大家，超越法度，挥洒自如，自谓云：“气盛则言之长短与声之高下皆宜。”

苏辙也是主张养气的，“文者，气之所形。然文不可学而能，气可以养而致”。但与韩愈不同，他养气的方式是行万里路，“求天下奇闻壮观，以知天地之广大，过秦汉故都，恣观终南、嵩、华之高，北顾黄河之奔流，慨然想见古之豪杰。至京师，仰观天子宫阙之壮，与仓廪府库，城池苑囿之富且大也，而后知天下之巨丽……”如此广游，得天地之气，“气充乎其中，而溢于其貌，动乎其言，而见乎其文，而不自知也”（《上枢密韩太尉书》）。

韩愈是从书本得古人之气，苏辙是从自然得天地之气，但都是一旦养成，气充乎内，人就成为具有灵感能力之人。

其次讲高士灵感论。

曹丕说文以气为主，气是学不到的。对于绘画，谢赫提出六法，以气韵生动为第一，遂成定论。宋代郭若虚说：“六法精论，万古不移，然骨法用笔以下五法，可学。如其气韵，必在生知，固不可以巧密得，复不可以岁月到。默契神会，不知其然而然也。”（《图画见闻志》卷一）这“不知其然而然”又是怎么回事呢？还是明人董其昌讲得清楚：“画家六法，一曰气韵生动，气韵不可学，此生而知之，自然天授。然亦有学得处，读万卷书，行万里路，胸中脱去尘浊，自然丘壑内营，成立鄞鄂，随手写出，皆为山水传神。”（《画禅室随笔》）文的气论以儒家思想为主，韩愈、苏辙讲读万卷书，行万里路，是要得以天下国家为己任的儒者之气。画的气韵论，以道家思想为主旨，董其昌的读万卷书，行万里路，是为了“胸中脱去尘浊”得道家的超然物外之韵。画之气韵只是诚中形外，文（画）如其人的另一方向展开。董其昌认为只要成为超凡脱俗的高人雅士，自然会有灵感，会产生气韵生动的作品，正如郭若虚所说：轩冕才贤，岩穴上士们“高雅之情，一寄于画。人品既高矣，气韵不得不高，气韵既高矣，生动不得不至”。清人周工亮也说：“大都古人不可及处，全在灵明洒脱，不挂一丝，而义理融通，备有万物。断断非尘襟俗韵所能摹肖而得者。”（《读画录》）钱选论画大讲士气，倪瓒论画大讲逸气，其核心亦在人品的高洁。画如此，诗亦然，陶渊明有“心远地自偏”的品性，方能于“采菊东篱下，悠然见南山”之际，忽得忘言之真意，司空图怀“畸人乘真，手把芙蓉，饮之太和，独鹤与飞”之心，方有“俱道适往，着手成春，如逢花开，如瞻岁新”之遇。

最后讲性灵灵感论。

做仁人和高士都必须经过一段努力过程。明代中后期，在市民意识和呵祖骂佛的禅宗的合力中，产生了李贽、徐渭、汤显祖、袁宏道为代表的浪漫潮流，其余波直到清代的袁枚、郑板桥、石涛、朱耷、曹雪芹等。同儒道所追求仁人高士相对立，李贽提出童心，童心即真心，有真心自有真人，有真人自有真文。“天下之至文，未有不出于童心者。”（《童心说》）童心的一大特点，是不避甚至宣扬为儒道所鄙视的俗。李贽说：“身履是事，口便说是事，作生意者但说生意，力田作者但说力田，凿凿有味，真有德之言，令人听之忘厌倦矣。”（《答耿司寇》）袁宏道说：“或今闾阎妇人孺子所唱《擘破玉》《打草竿》之类，犹是无闻无识，真人所作，故多真声，不效颦于汉魏，不学步于盛唐，任性而发，尚能通于人之喜怒哀乐嗜好情欲，是可喜也。”（《序小修诗》）又说：“愚不肖之近趣也，以无品也，品愈卑故所求愈下，或为酒肉，或为声伎，率心而行，无所忌惮，自以为绝望于世，故举世非笑之不顾也，此又一趣也。”（《叙陈正甫会心集》）这是够俗的了，然而并不是世俗，真正的世俗不仅是酒肉声色、穿衣吃饭，更在无主见、愚昧和不能坚持主见，一味从众。袁宏道等人在俗言俗行中有自己的真心、真情，而且能不畏任何压力坚持自己的真情，是“举世非笑之不顾也”。这也体现了浪漫流潮的总体特色：

> 随其意之所欲言，以求自适，而毁誉是非，一切不问。（袁中道《妙高山法寺碑》）
>
> 众人所息余独详，众人所旨余独唾。（徐渭《西厢记序》）
>
> 一世不可余，余亦不可一世。（汤显祖《艳异编序》）
>
> 宁使见闻者切齿咬牙，欲杀欲割，而终不忍藏之名山，投之水火。（李贽《杂说》）

因此，相对于儒、道的仁人雅士来说，他们是俗，相对于世俗来说，他们一点也不俗，他们要求的是真，是我，是性灵，有性灵便有至文。汤显祖用奇士奇心来表达性灵："天下文章所以有生气者，全在奇士，士奇则心灵，心灵则能飞动……"（《玉茗堂文之五》）金圣叹用妙士妙眼来表达性灵："天下妙士，必有妙眼，渠见妙景，便会将妙手写出。"（《金圣叹全集》卷二）有童心，有真性，有性灵，就有灵感。李贽说："世之真能文者，比其初皆非有意于文也……一旦见景生情，触目兴叹，夺他人之酒杯，浇自己之垒块……发狂大叫，流涕恸哭，不能自止。"（《杂说》）袁宏道说："独抒性灵，不拘格套，非从自己胸臆流出，不肯下笔，有时情与境会，顷刻千言，如水东注，令人夺魄。"（《序小修诗》）

在西方的天才论里，诗人既是天才又是常人，因此灵感闪耀着一道神秘的光环。在中国的人品论里，诗人真正成了天才，"生而知之，自然天授"。虽然也"其初皆非有意于文也"，"见乎其文而不自知"，但他们那汩汩而来，随意挥毫，自由超迈，"言之长短与声之高下皆宜"，"顷刻千言，如水东注，令人夺魄"，"随手写出，皆为山水传神"，又完全是艺术家主体"气盛"、"气逸"、"童心"的结果。相形之下，天才论中，天才不像天才，人品论中，诗人更像天才。

第三节　无意识与参悟

一、无意识

西方文化进入现代，产生了以弗洛伊德为代表的精神分析学说，并迅速影响到文化的各个方面。该学说提出的心理结构又恰为解释灵感问题提供了一个新的理论框架，因此，正如英国著名美学家H.奥斯本所说：在现代，灵感问题被看成了无意识的问题。① 为进入无意识灵感论，得先弄清弗洛伊德关于人的心理动力结构。

弗洛伊德开始用意识、前意识、无意识这三个概念来描绘人的心理结构。意识，在其现象描述上，仍与以前所说的意识一样；前意识是随时都可以浮现或召回到意识来的意识；无意识是不能在意识里出现的意识。前意识之能来去自由，因其内容是为意识所接受的。无意识之所以不能在意识里出现，因为它的内容是为意识所反对的。因此它一欲出现，就遭到意识的抵制，被压抑下去了。压抑

① 参见奥斯本：《论灵感》，载《国外社会科学》，1979（2）。

是精神分析的一个重要概念。无意识的内容是被意识拒斥的，但对人来说又是最重要的。人作为一种生命的存在，作为一种生物，他的本能就是追求快乐，用弗氏的话来说，本能遵循快乐原则，而意识遵循的则是现实原则。无意识本能只顾自己的快乐，不管现实是否允许其实现，意识则只能让本能按照现实所允许的方式实现。无意识时刻想冲破意识的防线而显现出来，意识则时刻防范，抵制着无意识的显现，人的内心时刻都存在着意识和无意识之间的无形而激烈的斗争。后来，弗洛伊德又用一组概念——本我、自我、超我——来表述人的心理动力结构。本我是人的原始本能情欲（其主要有二：一是性本能，也即爱本能；一是死本能，也即攻击本能）。本我是人的生命活力之所在，是人的各种行为的最后根源和决定因素，是活动的内驱力。由于充满活力的原始本能和情欲无惮文明的道德和律令而只顾追求自己的满足，从而构成无意识的主要内容。自我是人经父母训练和与现实接触而形成的个人品格，它代表人的常识和理性，它一方面使本我的欲望适应现实的需要，以现实允许的方式予以满足，另一方面对本我不合现实的欲望则施以压抑。超我，是由父母、老师及社会的教育和训令而内化为人的道德理想和道德律令，它是一个具有父母般权威和制裁力量的监督者。它不断以犯罪感和内疚来对付不合理想和偏离理想的行为。超我一方面和自我一道同心协力压抑本能的原始内容，另一方面当自我远离它时，它也对之给予批评，施以控制。弗洛伊德的这两套说法是互为补充的。人的心理图式概而言之，就是意识和无意识的斗争。后来荣格、阿德勒、霍伊、弗洛姆等对无意识的内容各有新的界说，但意识和无意识的对立及其结构未变。而这套结构恰好可以对灵感理论的二重对立给予一新的说明。

在神赐论中，灵感是诗神和诗人的对立，诗为诗神所主宰。在天才论里，灵感是天才和常人的对立，诗是天才的创造，灵感过去之后，诗人不再是天才，而为常人。现在，灵感的对立表现为意识和无意识的对立，诗是无意识的成果。但无意识灵感论与前两者的差别在于，在神赐论和天才论中，诗人和常人是本我，是人的一般状态，诗神和天才是外在于人的。在无意识论中，无意识是本我，是最后根源，是最后真实，而意识则是派生的、虚假的，尽管是有用的。

无意识论完全从人本身来重释灵感现象。灵感是突然的，来不可遏，去不可止。其原因在于意识对无意识的压抑。无意识何时能冲破压抑显现出来是不可预料的，这种显现能持续多久，也是不可预料的。灵感中的失去自我，化为人物，实际上是失去意识的自我，显露无意识的本我。弗洛伊德认为，作家创作正像儿童游戏和成年人的白日梦一样，是无意识愿望的满足。但又和成人的白日梦不同，成人为自己的白日梦害臊，并在别人面前将之隐藏起来，艺术家却在创作中尽情地享受自己的白日梦而不必自责和羞愧。弗洛伊德认为，艺术家化为人物，进入角色，在于角色中隐藏的是作者的无意识欲望。人物只是自己欲望的隐喻。现代作家毛姆也同意这一观点，他说："一个恶棍的性格如果刻画得完美而又合乎逻辑，对于创作者是具有一种魅惑力量的，尽管从法律和秩序的角度看，他决不该对恶棍有任何欣赏的态度。我猜想莎士比亚在创作埃古时可能比他借助月光和幻象构思苔丝德梦娜怀着更大的兴味，说不定作家在创作恶棍时实际上是在满足他内心深处的一种天性，因为在文明社会中，风俗礼仪迫使这种天性隐匿到无意识的最隐秘的底层下；给予他虚构的人物以血肉之躯，也就是使他那一部分无法表露的自我有了生命，他得到的满足是一种自由解放的快感。"① 斯坦尼斯拉夫斯基谈性格演员时也说："当他们以本人的名义演一个善良的人或好人时，他们觉得把别人的优良品质加在自己身上是有失谦虚的，当他们演作恶的、放荡的和欺诈的人物时，又觉得把那些恶习加在自己身上是可耻的。但是，只要用起别人的名义，也就是化一下装，像戴上一个假面具似的，他就再也不怕表现自己的恶习和优良品质了，而且可以说出和做出那种在不带假面具时决不敢去说，不敢去做的事情。"② 按照弗洛伊德的观点，这正是消除了意识的管制，而让无意识充分展开的结果。因此，灵感的迷狂就是白日梦般的感受。一股外在的力量，其实是内在的、为意识所不知的无意识的力量。这样，灵感的主要特征就在人的心理动力结构中得到说明。

二、参悟

无意识论提出了艺术创作不是意识的产物，而是无意识冲破意识控制的结果。创作灵感表明了艺术创作是属于与意识逻辑不同的另一套路。在中国，把艺术创作区别于理性思考而归于自身的独特

① 毛姆：《月亮与六便士》，187 页，北京，外国文学出版社，1981。

② 《斯坦尼斯拉夫斯基全集》第一卷，147 页，北京，中国电影出版社，1958。

套路的，是宋代一批以禅喻诗、讲究悟入的作家和理论家。“诗有别材，非关书也；诗有别趣，非关理也。然非多读书，多穷理，则不能极其至。所谓不涉理路，不落言筌者，上也。”（严羽《沧浪诗话》）诗是另一套路，但这“不涉理路，不落言筌”的套路不像无意识论那样，代表了为理智所压抑和不容的东西，而是在于诗道与宇宙之道一样，非语言和理论所能表达。孔子不语性与天道，老子说永恒之道不可道，惠能在《金刚般若经》中说：“诸佛理论，若取文字，非佛意也。”诗也如此，“其妙处透彻玲珑，不可凑泊，如空中之音，相中之色，水中之月，镜中之象，言有尽而意无穷。”（严羽《沧浪诗话》）诗的性质决定其不能从法度、规矩上去掌握和学习，那么应当怎样进行呢？作家、理论家纷纷求索。“后山（陈师道）论诗，说‘换骨’；东湖（徐俯）论诗，说‘中的’；东莱（吕本中）论诗，说‘活法’；子苍（韩驹）论诗，说‘饱参’。”（曾季貍《艇斋诗话》）他们都是想探求诗的特殊之道。后来这一探讨在借用禅学术语——“参”、“悟”来表达上统一了起来，曾季貍在说了上面的话后，紧接着说：他们“入处虽不同，其实皆一关捩，要知非悟不可”。严羽更十分明确地说：“大抵禅道惟在妙悟，诗道亦在妙悟。”（《沧浪诗话》）与理路不同的悟和与意识对立的无意识一样进入美学了。弗洛伊德为了把握无意识，从释梦中分析出了一套梦的工作方式；而悟有什么特点呢？

谈参谈悟的人并未讲悟的特点（本身也不能讲，能讲已成法度，就死板了）但却谈了参悟的方向：一是面向古代优秀作品。优秀作品之为优秀作品，在其已得诗之秘。这秘在其中犹如禅，不可讲，只可参，须去悟。但可以给你开个书目，指一条应参之路。杨万里指的路线是：从江西诸君子，到后山五字律，到半山七字律，最后到唐人绝句（参见《诚斋荆溪集序》）。严羽指的路线是：从楚辞到古诗十九首、乐府四篇、李陵苏武诗、汉魏五言到李白杜甫最后博取盛唐名家。这样的遍参，熟参，饱参，虽然不能确定那一天，但总有一天会豁然开朗，所谓“久之自然悟入”（严羽）。陈师道也说过：“学诗如学仙，时到骨自换。”（《答秦少章诗》）杨万里谈了上面所指的参悟路线后讲：“戊戌三朝时节，赐告，少公事，是日即作诗，忽有所悟，于是辞谢唐人及王、陈、江西诸君子，皆不敢学，而后欣如也。”

二是面向生活。陆游就是这样。他在《九月一日夜读诗稿有感，走笔作歌》中说：

> 我昔学诗未有得，残余未免从人乞。力孱气馁心自知，妄取虚名有惭色。四十从戎驻南郑，酣宴军中夜连日；打球筑场一千步，阅马列厩三万匹；华灯纵博声满楼，宝钗艳舞光照席；琵琶弦急冰雹乱，羯鼓手匀风雨疾。诗家三昧忽见前，屈贾在眼元历历。天机云锦用在我，剪裁妙处非刀尺……

在《题庐陵萧颜毓秀才诗卷后》中，他又说："法不孤生自古同，痴人乃欲镂虚空。君诗妙处吾能识，正在山程水驿中。"佛学《杂阿含经》说："法不孤生，仗境而生。"只有在生活的景色中，才能体悟禅法，禅与诗通，只有在生活中才能悟得诗之三昧。当然，你何时方能悟入，也是灵感性的。

当参悟由书本转入生活时，就与"兴"汇在一起了，这明显地体现在杨万里的理论中：

> 郊行聊着眼，兴到漫成诗。(《春晚往永和》)
>
> 炼句炉槌岂可无，句成未必尽缘渠。老夫不是寻诗句，诗句自来寻老夫。(《晚寒题水仙花并湖山》)
>
> 大抵诗之作者，兴上也……我初无意于作是诗，而是物是事适然触乎我，我之意亦适然感乎是物是事。触生焉，感随焉，而诗出焉。我何与哉天地。斯之谓兴。(《答建康府大军库监徐达书》)

但参悟与兴又是不同的，兴只强调诗的突然产生，参悟却含有向一种高境界的生成。因此参悟论更像人品论。如果说，在无意识论中，也像天才论一样，当创作灵感过去之后，诗人又为理性意识所主宰。无意识的存在也犹如诗神和天才，是外在于意识的。那么，参悟论也与人品论一样，只要一经悟入，就一了百了：

> 诗有活法，若灵均自得，忽然有入，然后惟意所出，万变不穷。(吕本中《与曾吉甫论诗第一帖》)
>
> 学诗浑似学参禅，竹榻蒲团不计年；直待自家都了得，等闲拈出便超然。(吴可《学诗诗》)
>
> 学诗当如初学禅，未悟且遍参诸方；一朝悟罢正法眼，信手拈成皆文章。(韩驹《赠赵伯鱼》)

这时，参悟论已和人品论差不多了。

最后，我们对中西灵感理论作一简短的总结。西方灵感理论从神赐论到天才论到无意识论，始终包含着一种对立：诗人与诗神，常人与天才，意识与无意识。诗人、常人、意识代表着日常、现在、法规；诗神、天才、无意识代表着超常、非现在、超法规。灵感总意味着对日常、现在、法则的突破，意味着超越。否定——前进的文化性质在这里又闪亮了一道光芒。西方文化的实体性和明晰性一会儿使人自觉伟大（如普罗泰戈拉说"人是万物的尺度"），一会儿又自觉渺小（如俄狄浦斯的命运）。一方面它们确实在前进，在取得惊人的成就，犹如神灵附体或成为天才；另一方面前进的轨道——不断的否定——又是很痛苦的，它们常感到自己的渺小，感到自己与生俱来的原罪。因此，使它们产生飞跃和超越的灵感迷狂也表现为一种二重心理，一是成为天才的骄傲，一是失去自我惶惑。从迷狂里透出的仍是西方文化的性质：否定——前进。

中国的灵感理论，宛如神助的突然性，人品论，参悟论，从文化根源上讲，都与中国宇宙的气的非实体性和道的超绝言象有关。灵感，从最深层的意义上，表现为人与道的瞬间的契合。而中国人是一直诚心信道的，因此这里少有冲突对立，多为一种愉悦幸福的提升。那突然而来的灵感不是使人失去自我，而是使人获得了道境的体验。艺术的灵感是一种与得道相一致的感兴和悟入。中国文化认为，人和天地一样，也是伟大的，如《老子》所说："道大，天大，地大，人亦大。"人能够与天地相参。人品论和悟入论都要人从修身养性中去把握获取灵感之源。这样，它们不是以失去自我去获得一瞬间的灵感，而是以成就一种人格去获得永久性的灵感。在中国文化中，艺术灵感成为天人之和的一种方式，成为人的自足性的一种证明。中国的灵感理论，同样闪耀着文化性质之光。

第十一章
中西美感的主体构成

审美感受是中西文化都大量存在的事实。但究竟何为美感，又问题很多，犹如乱麻。但有两个方面可以作为观察问题的视点：（一）主体在审美感受中运用的是哪些生理心理原素，也就是中西文化是怎样定义审美感官的。（二）审美过程被中西文化解释成怎样一种过程。从这两方面基本上可以显示出中西美感的各自特色。当然这两个方面本身又有很多问题。在这一章里，我们就专门考察第一个问题：审美感官在中西文化中是怎样被定义的，即美感的主体构成是怎样的。当然，这是一个，或者说是两个很长、很曲折的故事。还是用“同时性蒙太奇”的方式从中西美感构成的源头讲起吧。中国美感的形成历史很长，到先秦方定型，西方美感是在古希腊产生和形成的。

第一节　中西美感主体构成的初型

一、五官整合的美感主体构成

中国文化的美感最初是什么样的呢？已邈远难求。较可靠的是从“美”、“乐”二字的起源，再参之以历史予以推测。

由于中国文字的特殊性，“美”字既作为客体事物之美，又作为主体对客体之美的感受。（如《孟子》有：“口之于味也，有同嗜焉……目之于色也，有同美焉。”）从这个结合美与美感为一身的字之源头，可窥见古人最初对什么感到美。美，《说文解字》说：“美，甘也，从羊大。羊在六畜给主膳也。”符合甲骨文字形。宋人徐铉注说：“大则美，故从大。”简言之，羊大则味甘，故大羊为美。依此，美是与饮食连在一起的，美来自味觉。今人萧兵认为：美的原初含义是冠戴羊形成羊头装饰的大人。（“美”是正面而立的人，即进行图腾扮演、图腾乐舞、图腾巫术的祭司或酋长。）依萧说，美感源于原始图腾舞蹈。萧兵又说：最初是羊人为美，后来演变为大羊为美。如果确有这个演变，那么就意味着，美的感受重心从舞蹈者渐渐转移到饮食祭品上。何以会有这样的转移呢？这与中国古代的原始仪式——礼本身的特殊性有关。在原始仪式（礼）中，饮食具有重要的地位。《礼记·礼运》说：“夫礼之初，始诸饮食。其燔黍捭豚，污尊而杯饮，蒉桴而土鼓，犹若可以致其敬于鬼神。”礼，古文字为豊，就是盛饮食的器皿之象形①。殷周的青铜器大量的是饮食具，依《周礼》所载，“在负责帝王居住区域的约四千人中，有三千二百多人，或百分之六十以上是管饮食的”②。而鼎，这一烹饪用的器物，成为夏商周三代政权的最高象征。这一系列事实说明了饮食从原始社会到周代都不仅是口腹之事，而且还包含着更深的文化意义。从而包含带来的快感也并不仅仅是生理快感，口腹之乐里面还包含着一种形而上的精神享受。如果确有过羊人为美的话，羊人中毕竟具有“鬼力乱神”之嫌，为中国上古史的理性化进程所不容，必然要转化为大羊为美。为什么大羊（饮食之佳者）能承担起羊人所转移过来的巨大意义？或者“夫礼之初，始诸饮食”本就是大羊为美，那么，饮食为什么能够长久不衰地担当起巨大的文化意义呢？原因大概很多：（1）上古“味和、气和、心和、政和”的观念，（2）烹调之和对哲学之和的示范意义，（3）饮食对人人关系和人神关系的重要意义……对美感来说，最重要的是饮食之“味”对审美感受的重大意义。烹调主要靠调味，进食讲究尝味、品味。中国哲学最重要的是无形无质的气，对事物最重视的是无固定落点的神、情、韵、态，与这些感受极为契合、极为相似的就是饮食之味了。味是无形质的，存在于饮食之中，又是可以尝到、品出的。因此味觉的感受对中国人来说，不仅仅是一种饮食的享受，还是一种具有普遍文化哲学意义的享受。美，甘也，美就是味道好。《说文解字》云：“甘，美也，从口含一。”甘就是口中含有一块食物，含在口中，并不咽下去，关键在于美存在于品味之中。因此味觉之美能最典型、最生动、最切身地表达出中国美感的特质。上古的客观世界由神向道演化，道是气，是空灵的，也是最大的美。与空灵的道之美的形成相一致，

① 参见《说文解字》“豊”“豆”条。

② 张光直：《中国青铜时代》，222页。

应有一种感受这种道之美的主体结构。在这个历史的演化中，饮食之味担负起了此任。在古文字中，好些以盛酒器皿“酉”作偏旁的字，如醋、醇、醰……和好些以“肉”作偏旁的字，如臙、胎、膻……都训作美。① 当然，这些之为美是在其味。正像饮食之和对中国哲学和美学之和产生了巨大的影响一样，饮食之味在中国文化的美感中起了巨大的作用。第一次山水画出现时，宗炳用“澄怀味象”来描述审美特征。在第一篇纯诗学的论文里，钟嵘用“滋味”来表达诗歌的审美特征。要描述中国的审美是离不开味的：体味、玩味、寻味、研味、吟味、细味、深味……成为常用词。著名理论家司空图、白居易、苏轼、杨万里等都用饮食过程来比喻诗的欣赏过程。不过在先秦，最主要的是饮食之味使五官的味觉无可争议地成为审美感官，对中国美感形成的五官整合的主体构成起了决定性的作用。

中国美感形成五官整合的主体构成，还在于乐的作用。乐，古文字表示乐器的象形②，指音乐。乐在原始社会是与图腾仪式——礼连在一起的，“无礼不乐”。前面所引“夫礼之初，始诸饮食”一段话里的“蒉桴而土鼓”即原始乐器。音乐能使人愉快，“乐（音乐）者，乐（快乐）也。”（《荀子·乐论》）从而乐字，也用来指由音乐产生的心理快感。前面说过，原始仪式是诗、乐、舞、剧、饮食的整合。在原始仪式中，音乐的旋律和节奏对整个仪式活动中的俯仰进退、迟速转折、段落层次都有指导性作用。在仪式中所感的音乐之快乐不单是音乐的快乐，还包含着整个仪式的快乐。由于原始仪式（礼）的整合性和音乐在礼中的重要性，由音乐而来的内心愉快——乐，也有了一种整合性，这意味着乐的广泛化，既包含听觉的快感，也包含着视、味、嗅、体肤的快感，还包含着实用功利快感和宗教神秘感。仪式都与现实有关，又都与神灵有关。乐（快感），作为一种整合性快感的总称，可以指整合物的整体，也可以指整体中的任何一部分。它促成了乐所代表的快感的转换，比如由诗歌、饮食所引起的快感，也称为乐。中国快感的具体演化历程，已

① 参见笠原仲二：《古代中国人的美意识》，5～6 页，北京，北京大学出版社，1987。

② 修海林《乐之初义及其历史沿革》（载《人民音乐》，1986（3））说，古乐字为谷物成熟结穗之象形。然也得联系到农作物的收获与喜庆。在原始社会，收获与喜庆都有仪式。如果说在原始社会，农作物的收获为最大的喜庆之一，那么在喜庆仪式中，音乐又占有最重要的地位。

难寻轨迹，但“乐”字确实成了一个运用范围最广泛的词汇：饮食快感可说口腹之乐，男女快感可言床笫之乐，艺术快感可称丝竹之乐，道德快感可言仁义之乐……任何一种快感都可以算作“乐”。只有在各种快感平列起来时，乐才显出其音乐快感的本位：“身知其安也，口知其甘也，目知其美也，耳知其乐也。”（《墨子·非乐》）

乐能够成为最具广泛性的概念，又同音乐与无形的道的对应有关。上古之神演化为气体性的道，是空灵的，音乐诉诸听觉，不可见又能迅速影响内心情感，也是空灵的，音乐在人神之和及天人之和中一直担当了最重要的媒介作用。这使音乐之乐和饮食之味一样具有了最高的形而上根据，也最能反映万物之神、情、气、韵。

随着由神到气的演化，中国宇宙成为整体功能的宇宙，与之同步，中国人的心理也成为整体功能的心理①，由此又决定了心理快感的整体功能性质。对整体功能快感的把握需要一个整合性的概念。在现实中，仪式本是一整合的整体，仪式的快感本是一个整合的快感，乐作为仪式整体快感的表达正好用来作为对整体功能的心理快感之表达。大概因此，音乐之乐成了整体的普遍快感。

由于心理的整体功能和快感的整体功能，人的各类感官眼、耳、鼻、舌、身是被等同平列地看待的，在先秦的典籍中，它们总是不分高下地被一块提及：

> 五色令人目盲，五音令人耳聋，五味令人口爽。（《老子》十二章）
>
> 一曰五色乱目，使目不明；二曰五声乱耳，使耳不聪；三曰五臭薰鼻，困惾中颡；四曰五味浊口，使口厉爽……（《庄子·天地》）
>
> 身知其安也，口知其甘也，目知其美也，耳知其乐也。（《墨子·非乐》）
>
> 口之于味也，有同嗜焉；耳之于声也，有同听焉；目之于色也，有同美焉。（《孟子·告子（上）》）
>
> 若夫目好色，耳好声，口好味，心好利，骨体肤理好愉佚，是皆生于人之情性者也。（《荀子·性恶》）

中国美感的主体构成是五官整合的。

---

① 关于中国的整体功能心理，请参见第二章。

二、眼耳独尊的美感主体构成

从柏拉图论及美的对话中，我们知道，美的范围是很宽泛的。《大希庇阿斯》中谈到的美就有：漂亮小姐、母马、竖琴、汤罐、野鸡、海陆交通工具、习俗、制度……古希腊的美，一方面是宽泛的，这与中国先秦相同，另一方面又是分析性的，这与中国先秦相异。中国的“美”字，既是名词，又是形容词。古希腊却是一个名词 χāλλos（美）和一个形容词 χāλōs（美的），而且，用于美的具体事物有一个词 zσχαλōu，用于抽象的目的，又有一个词 χαλλōs。① 这种分析精神影响了几乎西方各种语言和思想方式。这种分析方式，当然影响到美感的主体构成。

从毕达哥拉斯起，古希腊人就把视觉和听觉作为审美感官，而排斥其他感官。也许是，当古希腊的宇宙由神转化为实体宇宙的时候，只有视觉和听觉才跟得上时代的步伐，能领会具有宇宙本质的东西。毕达哥拉斯说：“我们的眼睛看见对称，耳朵听见和谐。”② 人体的其他感官味、嗅、触，当然是没法嗅、闻、感触到比例、对称、均衡等具有宇宙本质性的东西了。在古希腊，视觉的美专门有一个词 συμμετριā，听觉的美也专门有一个词 ἄρμουία，但绝不可能像中国那样，产生一个味觉的“甘”与视听之美相并列。亚里士多德在《伦理学》中说得清楚极了：视觉和听觉的快感是人的快感，因为它们能感受到和谐，吃喝而来的快感是动物的快感，因为它完全是一种生理的快适。③

从毕达哥拉斯到亚里士多德，奠定了贯穿于西方文化的一个基本观点：视觉、听觉是审美感官，味、嗅、触觉是非审美感官。其背景是西方文化形成的实体宇宙和形式明晰的分析方式。④ 眼、耳作为审美感官，面对一个广泛的审美对象世界。古希腊人强调美的对象的视觉实体性和听觉形式性的特点也凸现出来了。而这又反过

---

① 参见托塔凯维奇：《六概念史》，121 页。

② 同上书，313 页。

③ 参见上书，314 页。

④ 从黑格尔的一段话也可体会出眼、耳独尊与文化性质的关系：“艺术的感性事物只涉及视听两个认识性的感觉。至于嗅觉、味觉和触觉则完全与艺术欣赏无关。因为嗅觉、味觉和触觉只涉及单纯的物质和它的可直接用感官接触的物质，触觉只涉及冷热平滑等等性质。因此，这三种感觉与艺术品无关，艺术品应保持它的实际独立存在，不能与主体只发生单纯的感官关系。”（黑格尔：《美学》第一卷，48～49 页）

来巩固着眼耳独尊的美感主体构成。

第二节　中西美感主体构成的历史发展

一、感官与心气：孟、庄理论

在中西文化的建立期——先秦和古希腊——就开始了对感官的审美本体性的怀疑。在中国，这种怀疑是由社会历史的发展所推动的。

中国美感的五官并重是由礼（从图腾仪式到周礼）的整合性产生的。春秋以来，随着天人的分离，色、声、味的神性消失了，但作为社会制度（礼）的象征标志意义还存在。社会的动荡又使色、声、味作为享乐的性质日益突出，作为礼的象征的意义日益丧失。虽然很多志士仁人如臧哀伯、魏绛、医和、宰屠蒯、晏子、子产、单穆公、泠州鸠、史伯、孔子都为维护色、声、味的礼的意义进行过艰苦的斗争，但由于诸侯们既无天的威吓（天的神性也消失），又无天子管辖（周天子已无权威）而拼命追求享乐。一方面，他们沿用旧的享乐方式，但采用本与自己的身份地位不应有的规模和形式，如季氏八佾舞于庭，晋侯用天子享元侯的乐来招待穆叔；另一方面，他们用旧的礼制所没有的方式享乐，如爱好俗乐新声。雅乐的政治伦理意义是规定得很清楚的。如穆叔在受晋侯招待时知道，《夏》是天子享元侯的乐章，《文王》是两君相见之乐，《四牧》是君劳使臣之乐。而俗乐呢，在民间本有其人民心声的深厚含义，但传入宫廷，其原有的意义已模糊或消失，在旧的制度和思想材料中，又找不到它与政治伦理的联系，更主要的是，统治阶级把它采入宫廷本身就是为了享乐，因而俗乐新声在他们那里只显出享乐的性质。而旧的与礼密切联系的享乐方式，随着僭越的愈演愈烈，离政治伦理的联系也愈来愈远，愈来愈淡。季氏八佾舞于庭，因为八佾是天子之乐，完全可以和礼联系起来，认为他有想做天子的野心。但倘若季氏觉得六十四人的舞队还不够味，要来个十佾舞于庭，又是违反哪一条礼呢？按礼，城池宫殿楼台也有严格规定的，然而，与追逐新声新乐相伴随的是楼台愈起愈高，愈起愈华丽，这已很难与僭越连在一起，因为它是照哪一等级的标准建造已搞不清楚，它本身也确就是艺术的创新。如此，色、声、味与政治伦理的联系越来越模糊，最后，人们对这些在旧礼制条文中找不到所出的东西，只能认为是用来享乐的。各国的统治者也确实为享乐的目的巫术一般地在大地上呼唤出了新型的美和艺术。伍举在章华台上谏楚灵王，就把土木建筑的崇高彤缕之美，看作是与"上下、内外、小大、远近皆无害"的美相对立的，纯为享乐的"目观"之美（《国语·楚语（上）》）。犹如本书第七章所谈到的：墨子的《非乐》标志着整个社会的美学观都把审美对象看作纯享乐的东西了。墨子的"乐"包括音乐、舞蹈、美食、服饰、美人、宫室，其功用和效果只是享乐。从孔子之"文"到墨子之"乐"的转变是先秦审美观划时代的转变。"乐者，乐也"，享乐也，成为整个战国时期美学理论的基础。把《左传》、《国语》和《战国策》论审美对象的性质、功能、效果比较一下，可见其鲜明的差别。《左传》、《国语》的志士仁人为维护美的整合性，即维护美的礼的含义进行着艰苦的斗争，《战国策》中再也没有了这种斗争。《左传》、《国语》提到美时，是色、声、味、宫室、衣饰并列，《战国策》则是色、声、味、美人、珍宝、良马、黄金并列。春秋提到美，总与礼相关，战国则少与礼相关，唯视为享乐。审美对象变化了，审美快感当然也随之发生了变化。以前人们面对色、声、味之乐（快感）是感官快适、礼的愉悦和天的神圣的统一。现在则只有感官快适。乐（快感）的社会意义（礼）和哲学意义（天）没有了着落，但人又确实有对这两种乐的要求，这就导出了对乐（快感）的重新思考。

其实当乐（快感）随着美的分裂而分裂的时候，人们就对由整合而分离开来的乐的性质进行思考了。《左传》襄公十一年，"晋侯以乐之半赐魏绛……［魏绛］辞曰：'夫乐以安德，义以处之，礼以行之，信以守之，仁以厉之，而后可以殿邦国，同福禄，来远人，所谓乐也'。"襄公二十四年，"范宣子为政，诸侯之币重……子产寓书于子西以告宣子：'……有德则乐，乐则能久'。"伍举将"安民以为乐"和"以金石丝竹之昌大，嚣庶以为乐"进行对比（参见《国语·楚语（上）》；司马侯也区分升台而望的"临下之乐"和"德义之乐"（《国语·晋语（七）》）。正是在这种历史氛围中，孟子和庄子从快感（乐）的主体构成来重新确定各种乐（快感）的意义。

《孟子》一书，对美的论述，与《战国策》一样，认为纯为享乐。《梁惠王（上）》里有："为肥甘不足于口与？轻暖不足于体与？抑为采色不足视于目与？声音不足听于耳与？便嬖不足使令于前与？”色、声、味、衣饰与女色相连，都是就享乐而言，毫无政治伦理含义。另外，孟子对梁惠王的“非能好先王之乐也，直好世俗之乐耳”回答是：“今之乐犹古之乐也。”（《梁惠王（下）》）这里孟子不是要赋俗乐以古乐一样的政治伦理意义，而是认为古乐与今乐一样只有享乐的性质。因此孟子当然也知道，从色、声、味而来的乐（快感）只是享乐之乐。作为儒家，孟子要让人们的心理快乐中有道德之乐的位置，为此，孟子在眼、耳、鼻、口、身之外提出了心。人的眼、耳、鼻、口、身、心都是有欲求的，眼睛的欲求是喜看美丽的形色，耳朵的欲求是喜听美妙的声音，口舌的欲求是爱吃美味，鼻子的欲求是好闻芳香的气味，体肤的欲求是图安逸的宫室、床椅、衣饰，心呢？欲求的是喜爱仁义。孟子说，眼、耳、鼻、口、身对色、声、味的追逐是人人生来就有的，所谓“性也”。但承认了时代的共识之后，孟子马上提出了自己的新看法：心悦仁义也是人人生来就有的，也是人的本性：“恻隐之心，人皆有之；羞恶之心，人皆有之；恭敬之心，人皆有之；是非之心，人皆有之。恻隐之心，仁也；羞恶之心，义也；恭敬之心，礼也；是非之心，智也。仁义礼智非由外铄我也，我固有之也。”（《告子（上）》）孟子把心与五官并列，把心悦仁义的社会获得性，说成是人的先天生理本性，因而顺理成章地提出了人的两种乐（快感）：声、色、味之乐和仁义之乐。进一步，孟子又为眼、耳、鼻、口、身、心排座次，分高下，他说：“体有贵贱，有小大。”（《告子（上）》）心是大体，为贵；五官是小体，为贱。这样，五官所乐与心之所乐虽同为人性之乐，但心悦仁义之乐当然高于五官的声、色、味之乐。

心与五官的快乐都是人的本性要求，人可以而且应该“兼所爱”“兼所养”。但是在战国的现实环境中，五官享受的追求和实行仁义完全是矛盾的、分离的，时代的风尚使得追求五官享乐就背离仁义；追求仁义，要使仁义明显地表现出来往往必须舍去五官享受。面对五官之乐与仁义之乐的互相妨碍、不可得兼的现实，孟子要求人们勇敢地选择仁义之乐。“无以小害大，无以贱害贵。养其小者为小人，养其大者为大人。”“鱼，我所欲也；熊掌，亦我所欲也，二者不可得兼，舍鱼而取熊掌者也。生亦我所欲也，义亦我所欲也，二者不可得兼，舍生而取义者也。”（《告子（上）》）现实中，人们往往只知道追逐五官的享乐，忽视或不顾仁义之乐，所以孟子特别把心悦仁义的重要性反复强调：“饥者甘食，渴者甘饮，是未得饮食之正也，饥渴害之也。岂惟口腹有饥渴之害？人心亦皆有害。”（《尽心（上）》）心悦仁义虽为先天固有，但只是一种胚芽，即“善端”。人在整个成长过程中能保持它，培养它，就成为善人，反之则为恶人。“有四端（仁、义、礼、智）而自谓不能者，自贼也。”（《公孙丑（上）》）“故曰：求则得之，舍则失之。”（《告子（上）》）人固有的善端之所以会失去，人之所以要花大力气不让其失去，是因为感官的享受总是妨碍善端的发扬成长。“耳目之官不思，而蔽于物。物交物，则引之而已矣。心之官则思，思则得之，不思则不得也。此天之所与我者，先立乎其大者，则其小者不能夺也。”（《告子（上）》）孟子甚至进一步提出：“养心莫善于寡欲，其为人也寡欲，虽有不存焉者，寡矣；其为人也多欲，虽有存焉者，寡矣。”（《尽心（下）》）现在已经很清楚了，孟子否定五官的纯粹享乐，虽然承认它们是人性的要求；肯定心的仁义之乐，认为只有这种快乐，才是乐的最高境界：“饱乎仁义也，所以不愿人之膏粱之味也；令闻广誉施于身，所以不愿人之文绣也。”（《告子（上）》）仁义之乐被抬高了，但它似乎不是审美之乐，而是一种道德之乐。然而孟子依靠中国文化的气论使仁义之乐转为了审美之乐。这在第七章中已讲过了。

概而言之，在孟子那里，审美感官分为两类：心和五官，心所愉悦的是充满道德精神的人格美，五官所愉悦的是色、声、味的享乐美，前者是高级的乐，后者是低级的乐。

现在我们讲庄子。

庄子与孟子一样，处于声、色、味被普遍认为是享乐的时代，但庄子不像孟子那样为失去物质载体的道德快感另确立一个内在的感官——心，以及外在的载体——充满仁义之心的人物，而是为失去了物质载体的哲学快感寻找另外的载体和内在感官。这时宇宙已由神意的宇宙转为气的宇宙。“天地有大美而不言。”（《知北游》）美就是周流不息，听之不闻其声，视之不见其形的运行自然的天地之气。相对于整个宇宙的自然运转来说，一切文化建构、人为的追求都是违反天道的。因此，一切社会的色、声、味，非但不是小美，它完全不是美，是反美。人的五官接触到这些东西，表面上看是获得了自己的享乐，而就实质而言却是扭曲，损害了人的五官：“失性有五，一曰五色乱目，使目不明；二曰五声乱耳，使耳不聪；三曰五臭薰鼻，困惾中颡；四曰五味浊口，使口厉爽；五曰趣舍滑心，使性飞扬。此五者，皆生之害也。”（《天地》）

在庄子这里，心与五官不是并列的，而表现为一种内外关系；但心并不像在孟子那儿，是只悦仁义的，而是和五官一样可好可坏。庄子认为，只要进入文化的、人为的领域，就是受局限、受歪曲的，如《老子》所说："为学日益，为道日损。"但就是进入自然，也并不一定能得道，因为道在事物中，但又不是事物的形质。因此与事物形质相接触的五官是无法感知的。道在具体事物中，但又不局限于此事物，倒是此事物必须随道的运转而发展变化，因此用"运思"的方式也是不行的。因为人本身是站在一个有局限的定点观察事物的，在这定点上运思难以见道。"秋水时至，百川灌河，泾流之大，两涘渚崖之间，不辩牛马，于是焉河伯欣然自喜，以天下之美为尽在己。"（《秋水》）然而当他顺流而到北海之后，方知自己的短识。同样，"毛嫱、丽姬，人之所美也；鱼见之深入，鸟见之高飞，麋鹿见之决骤。四者孰知天下之正色哉?"（《齐物论》）孟子确定仁义为目标，通过心的运思，就可以获得仁义；庄子以宇宙之道为目标，处于一时一地的运思当然就难以达到目的了。

与孟子一样，庄子用文化之气找到了解决办法。在庄子看来，整个宇宙是气，人也是禀气而生。人来源于宇宙，和宇宙具有内在的同一性。人根据自己未受社会文化扭曲的本性就可以获得宇宙之道。这就是"心斋"、"坐忘"：

> 堕肢体，黜聪明，离形去知，同于大道，此谓坐忘。（《大宗师》）
>
> 回［颜回］曰："敢问心斋?"仲尼曰："若一志，无听之以耳而听之以心，无听之以心而听之以气。听止于耳，心止于符。气也者，虚而待物者也，唯道集虚。虚也者，心斋也。"（《人间世》）

人与外物相对有三层，一是五官感受外物的形质；二是心智，即作为思考的心；三是心气，这里，心完全是虚空的，正因其虚空，方能容纳万物，与宇宙之气往来而感受到宇宙之道，即："视乎冥冥，听乎无声。冥冥之中，独见晓焉；无声之中，独闻和焉。故深之又深，而能物焉，神之又神，而能精焉。"（《天地》）也即："圣人之心静乎，天地之鉴也，万物之镜也。夫虚静恬淡寂漠无为者，天地之平而道德之至……"（《天道》）能达到虚空，又是"离形（五官）去知（心智）"的结果。在庄子这里，只有以天合天的体道之乐才是符合人的本性的乐，才是最高的乐。与之相应，不是五官，不是心智，而是心气的虚，才是感受到天地不言之大美的“感官”，这种内在的心气可以表现为“神”。“气”重在人和宇宙的契合，“神”重在人和宇宙契合基础上的人的主动性。如果说，“无听之以耳而听之以心，无听之以心而听之以气”，是人为了获得宇宙之道的方式，那么“以神遇而不以目视”，“官知止而神欲行”（《养生主》），就是人在获道之后的自由行动。

庄子的气和孟子的心都超越了五官。孟子的心的超越是一种超形式的气盛的崇高；庄子的气的超越是一种离形得似的逍遥。但庄、孟都没有破坏五官的整合，只是贬低了五官的整合。

二、感官与灵魂：从柏拉图、夏夫兹伯里到康德

古希腊在确立视、听觉为审美感官的同时，也产生了另一种轻视视、听的趋向。这两种趋向都源于古希腊对世界的现象和本体的划分。由于几何学的示范，人之眼能够看见具有本体意义的最美的线，人之耳能够听见具有本体意义的最美的旋律。支持这一观点的在柏拉图之前除了毕达哥拉斯派外，还有智者派的知觉即知识的理论。但智者派的理论遭到柏拉图的批判。柏拉图说：“知识不在于对事物的感受中，却在于对所感受而起的思维中，显然，由思维能达到事物之‘存在’与事物之理，由感觉则不能。”① 要认识本质，靠的是心灵。在古希腊，人是有类别的，柏拉图就把人分为九等。等级的差别是由于人们灵魂净化的程度不一样。第一流是爱智慧者，爱美者，也就是哲学家。他们“屏绝肉欲，毅然自持”，甚至“自幼不识市场的路，不知法庭、议会，或其他公共会场之所在；法律、政治，无论宣读或见于文告，一概不闻不睹；政党之争权位，会社之广招摇，宴饮之乐，声色之娱，并亦梦想所不及”。“他们高寄远引，并非好名，实则但寄形骸于国土，其心视此一切若无物。他们游心于六合之内，八方之外，如聘达洛士所云：‘上穷玄穹，下极黄泉’，‘仰窥天象，俯测地形，遍究一切物性，而求其真其全，从不肯降尊到肤近的俗事俗物’”。其余等级之人，尽管灵魂净化程度尚有略高些的，都不能窥见真正的美的本体，因为他们“入于目爱美色，入于耳爱美音”，“专顾念肉体，沉迷于物欲之享乐，驯至以为惟形体所能触、能见、能食、能享者始为有，凡目之所不能见者率

① 《泰阿泰德》，81页，北京，商务印书馆，1963。

以为妄，畏而避之”①。很明显，放纵五官的人离美的本体很远，他们的眼耳可以看见美，但那是具体的美、低级的美，犹如柏拉图的著名例子，现实的床摹仿床的理式，画家又摹仿现实的床，艺术美与美的本体隔了两层。真正能洞见美的本体的恰是轻视眼耳见闻之美的人。不过在古希腊，眼、耳作为审美感官，毕竟高于非审美感官的味、嗅、触，欲见美的本体之人虽必须屏绝生理快适，但却可以欣赏美的形体，只是不要停止在具体形体上，而须一步步向上升腾，由美的形体到形体美的形式，到美的心灵，到行为和制度的美，到各种知识的美，最后到美的本体。这一走向美的本体历程——由具体的美到社会文化的美，到哲学的美——与庄子相反而与孟子略近，当然，与孟子的人格美历程——“可欲之谓善，有诸己之谓信，充实之谓美，充实而有光辉之谓大，大而化之之谓圣，圣而不可知之之谓神”（《尽心（下）》）——相比，又有实体与气、明晰与模糊的文化差异。然而柏拉图的最大特点是他认为人能洞见美的本体在于灵魂的回忆，灵魂是不死的，轮回的，灵魂在上界曾有幸观照过美的本体，因此灵魂下世成人后，“见到尘世之美，就回忆起了上界真正的美”②。

简而言之，在柏拉图这里，美感的主体构成是灵魂和眼、耳，前者高于后者。

柏拉图开拓了一条从灵魂方面探讨美感的主体构成之路，其后不断有人响应。普罗丁名满天下，固不必说。在中世纪，亦有伊雷吉拉（John Scotus Erigena）提出灵魂的内在感觉，圣保拉文琴（St. Bonaventure）提出精神的视觉。③ 当然，真正使这一思路在西方美学史上为人大加重视，并使西方美感的主体构成在此方面重奠基础的，是近代英国的新柏拉图主义者夏夫兹伯里提出的“内在感官说”。

由培根开始，特别是经过霍布斯和洛克，经验主义构成了一股强大的潮流，一切都须由经验和功利来予以推断和说明，美感也被说成是一种悦愉感官的快感。夏夫兹伯里从新柏拉图主义出发，坚决反对这种“肤浅的”解释，而要给人们的经验感受和经验行为一种宇宙论的根据。人们的道德并不是建立在功利的基础上的，而是天生的，人们感到美，也不能由经验来分析，而是天生就能感到美。

① 以上引文见阎国忠：《古希腊罗马美学》，97页。

② 《柏拉图文艺对话集》，125页。

③ 参见托塔凯维奇：《六概念史》，316页。

夏夫兹伯里说："眼睛一看到形状，耳朵一听到声音，就立刻认识到美、秀雅与和谐。行动一经察觉，人类的感动和情欲一经辨认出（它们大半是一经感觉就可辨认出），也就由一种内在的眼睛分辨出什么是美好端正的、可爱可赏的，什么是丑陋恶劣的、可恶可鄙的。这些分辨既然植根于自然（nature，指人的本性），那分辨的能力本身也就应是自然的，而且只能来自自然。"① 美感的主体构成并不在五官，不在眼、耳，而在心灵的内在感官。夏夫兹伯里认为，如果审美感官在眼、耳，那么动物也有眼、耳，但动物却不知道美。同样，人的外在感官是动物性的，内在感官才是心灵的和理性的。他说："如果动物因为是动物，只具有感官（动物性的部分），就不能认识美和欣赏美，当然结论就会是：人也不能用这种感官或动物性的部分去体会美或欣赏美；他欣赏美，要通过一条较高尚的途径，要借助于最高尚的东西，这就是心和他的理性"②。

夏夫兹伯里之所以提出内在感官来对抗经验主义的感官快适论，就审美现象本身来说，基于两点：（1）审美时，人不把事物看作可欲的事物，而把事物看作美的事物。（2）审美感受不是对对象个别因素的感受，而是对象的整体感受。这两点都在他的追随者哈奇生那里得到明显的发挥。哈奇生认为，内在感官与外在感官既有区别，又有类似。其区别在于耳、目之类外在感官只能接受简单的观念，只感受到较微弱的快感，但是认识美、整齐、和谐的内在感官却可以接受复杂的观念，所以伴随的快感较强大。另一方面，内在感官虽属理性而又不叫理性而叫感官，"因为它和其他感官在这一点上相似：所得的快感并不起于对有关对象的原则、原因或效用的知识，而是立刻就在我们心中唤起美的观念"③。哈奇生在发展夏夫兹伯里的观点时，在美感的主体构成上又把外在感官从夏夫兹伯里的完全动物性转为有审美快感，虽然很微弱。他们的内在感官和外在感官的关系略似于中国孟、庄的心气与五官的关系。这里，夏夫兹伯里与庄子同，否定五官，哈奇生与孟子同，承认感官属审美感官但地位很低。不过哈奇生承认外在感官有快感时，只限于眼、耳。

夏夫兹伯里提出内在感官使美感主体构成的重心从感官转到心灵。但在实体性的西方文化中，内在感官究竟是怎样的呢？这又会

---

① 转引自朱光潜：《西方美学史》上卷，212～213 页。

② 同上书，213 页。

③ 同上书，221 页。

成为注意中心。在夏夫兹伯里那儿，内在感官是不分的，它既感受道德的善恶，又感受美学的美丑。到哈奇生，就已把审美的内在感官和道德的内在感官区别开来。吉阿德（A. Gerard）更进一步认为，内在感官有七种：美、新奇、和谐、崇高、想象、滑稽、善。①

实际上，具有神学倾向的美学家区别内在感官和外在感官主要是基于区别肉体感受和精神感受，与非神学倾向的美学家区分视、听和味、嗅、触觉一样。只是前者认为眼、耳作为身体的组成部分也还是不洁的，仍属动物性。但是一旦把审美感官归为纯精神的内在感官，又引出了审美感受与其他精神感受的关系和区分。因此，内在感官说的理论要进一步向前发展，从逻辑上说，它需要解决两方面的问题：(1) 内在感官和外在感官的关系；(2) 审美的内在感官与其他精神因素的关系。

康德提出审美的判断力为解决这个问题作了进一步的努力。他仍以内在感官为基础，既把美感作为一个整体，又坚持美感的独有特征。一方面，美感是一种愉快，但又不是生理的快适；另一方面，美是一种普遍性的东西，但又不依存于概念。从区分上康德是讲得够清楚了；但从主体构成讲，审美判断力究竟是什么呢？这就该由现代美学来思考了。

第三节　中西美感主体构成的定型与转向

一、中国美感主体构成的定型：心气五官动力结构

中国从图腾仪式到等级礼制的美感中，五官是统一的，在五官的乐（快感）中，哲学（天）快感、社会（礼）快感和生理快感是合一的。战国的局势使哲学快感、社会快感同五官分离了。孟子和庄子分别以心和气分担起社会快感和哲学快感，到荀子，这个为大一统的新圣设计着职能、礼仪、法制、威势的大思想家，以“人性就是追求享乐，但社会必须要有秩序”为指导思想，想重新统一整合美感，按等级高低分配享受，“德必称位，位必称禄，禄必称用”（《富国》），使色、声、味的享受同时又符合社会之礼和天道。然而荀子重新统一整合美感的思想，一是未含庄子的哲学深度，二是忽

① 参见托塔凯维奇：《六概念史》，320页。

略了战国时期已明显崛起的、不同于礼的特性的艺术潮流。因此，中国美感的主体构成，直到汉代辞赋作为艺术，魏晋书法、绘画作为艺术并为社会普遍承认，人们体会到了艺术的愉悦，而哲学上，儒道思想经过汉代董仲舒的融合，又经过魏晋玄学的融合，文化的宇宙结构为社会普遍承认，人们体会到了一个艺术化、人情化的宇宙之后，方才基本定型。

中国美感的主体构成，为两层结构：心气与五官。不过这心气与五官不像在孟、庄那儿是对立的，而是统一的，是一种动力结构，是建立在中国的宇宙观和与宇宙观相一致的艺术观之上的。

中国的宇宙是气的宇宙，大千世界的变化都是由气的有规律的流动生化所致："气之动物，物之感人。"（钟嵘《诗品序》）"春秋代序，阴阳惨舒，物色之动，心亦摇焉。"（刘勰《文心雕龙·物色》）"两间之固有者，自然之华，因流动生变而成绮丽，心目之所及，文情赴之。"（王夫之《古诗评选》卷五）古人凡谈到景物，总是大体分为两层：一是物貌本身；一是决定物貌生气的宇宙之气。（第七章讲过，审美对象可收缩为一，也展开为多，但概而言之则为二，如形神。本章主要从二讲。）中国艺术提倡"心师造化"，是反映宇宙之心的，因此古人谈及艺术与谈及宇宙一样。论文，讲"文以气为主"，"气盛则言之长短与声之高下皆宜"。论画，讲"以形写神"，"当其有事，已知遗去机巧，意冥玄化，而物在灵府，不在耳目，故得于心，应于手，孤姿绝状，触毫而出，气交冲漠，与神为徒"（符载《观张员外画松石序》）。论书，讲"意在笔先"，"情动形容，取会风骚之意，阴阳惨舒，本乎天地之心"（孙过庭《书谱》）。基本上表现为两层：一是笔墨、形色、字句等，一是使笔墨、形色、字句具有生气的神、气、情、意。宇宙的基本划分、体现宇宙精神的艺术的基本划分，决定了美感主体构成的基本划分：心气与五官。这样，美感的主体构成正与审美对象（自然和艺术）的客体构成相对应。审美的过程又正是一个天人合一的过程："应目会心……应会感神，神超理得。"（宗炳）

在宇宙与艺术的两个基本层中，客体有形貌的一面，而在美感的主体构成中有五官这一层；第七章讲过，整体功能的审美对象二可以化为多，形本是多方面的，同样主体构成中的五官也能展开为五，眼、耳、鼻、舌、身。这里必须澄清一个问题。西方的眼、耳、鼻、舌、身从亚里士多德起就正式具体为五种感觉：视、听、嗅、味、触。身具体为触，大概因为西方文化的实体性，触是身体最切实的感受，最具有西方文化的实体精神。而在中国，身，具体为肤觉，中国的宇宙是气的宇宙，身体对物体的接触的有形感受并不算重要，而身体对气的无形感受却具有文化的深味。因此中国的五种感觉是：视、听、嗅、味、肤。言归正传，审美对象之形具有多样性，主体的感受也常是五官的全面感受，因此在中国的审美感官中，五官一直没有高低之分。只是在自然和艺术中，口舌的用武之地不多了，但只要对象有这一面，用得上，就会用上。郑日奎《游钓台记》说："山既奇秀，境复幽茜……足不及游，而目游之。清风徐来，无名之香，四山飘至，则鼻游之。舟子谓滩水佳甚，试之良然，盖是即陆羽所品十九泉也，则舌游之……返坐舟中，细绎其峰峦起止，径路出没之态，惝恍间如舍舟登陆，如披草寻蹬，如振衣最高处……盖神游之矣……舟泊前渚，人稍定，呼舟子劳以酒，细询之曰：若尝登钓台乎？山之中景何若，于是乎并以耳游。噫嘻，快矣哉，是游乎！"这儿是全用上了。但艺术毕竟不同于仪式，面对饮食场面的时候不多，因此味觉在总量上用得很少，但鼻之嗅觉却比比皆是：

> 小园香径独徘徊。（晏殊）
> 暗香浮动月黄昏。（林逋）
> 蜡照半笼金翡翠，麝熏微度绣芙蓉。（李商隐）

身体的肤觉，一方面和嗅觉有同样的用途，如：

> 石滑岩前雨。（张宣）
> 风头如刀面如割。（岑参）
> 莺啼如有泪，为湿最高花。（李商隐）

另一方面由于与气相通，而更有一番中国艺术的韵味：

> 蓝水远从千涧落，玉山高并两峰寒。（杜甫）
> 泉声咽危石，日色冷青松。（王维）
> 月明如水浸楼台，透出了西风一派。（《焚香记》）

总之，在中国美感的主体构成中，五官是相等的。虽然由于具体对象的性质或各门艺术的材料性质，在具体的情况下会偏重某一感官。但中国古人却更倾向于用"通感"的方式去感受。宗炳面对山水画，却"抚琴动操，欲令众山皆响"。常建"江上调玉琴"，效果却是“能使江月白，又令江水深”。

五官之能相等，又在于五官都要通向心气，应目会心，由耳入心，因味寻韵。由五官通向心气的过程同时也是五官接触事物后进而体会其神韵的过程。因此王阳明说：“目无体，以万物之色为体；耳无体，以万物之声为体；鼻无体，以万物之臭为体；口无体，以万物之味为体；心无体，以天地万物感应之是非为体。”（《传习录》下）以万物为体，对外物来说就是得万物之神，对主体来说，是由五官层进入心气层。心气是整体功能的，合而言之为一，分而言之，心偏于强调质实的一方面，它既可对应于审美对象中的理、情、意，也可对应于审美对象中的骨、体、质、式。气偏于强调虚灵的一方面，它对应于审美对象中的神、韵、情、气、无、玄。心气层在主体方面也可以展开为多：神、情、意。

在中国美感的主体构成中，五官是低于心气的，以达到心气为最后目的，因为只有内在的心气才与外物的神气相通。这种从五官到心气的过程，从主体方面着眼，就是“应目会心”，“物以貌求，心以理应”，“以神遇而不以目视”；从客体方面着眼，就是“深识书者，惟观神彩，不见字形”（张怀瓘《文字论》），“但见性情，不睹文字”（皎然《诗式》），“目送归鸿，手挥五弦。俯仰自得，游心太玄”（嵇康）。由五官到心气，在心气中获得内在统一，这就是中国美感主体构成的心气五官动力结构。

二、西方美感主体构成转向的三种倾向

宏观地看，西方美感的主体构成，主要是两个传统。一为经验主义和科学主义传统，以眼耳为审美感官。一为神学传统，以内在感官为审美感官。这两方面在现代都有了全新的变化。

先看经验传统的变化。以眼、耳为审美感官，因为眼、耳是有形有质具体可考的。然而严格地按照经验的、科学的精神“考”下去，得到的却是对“唯眼耳论”的否定。这主要在自然主义美学中反映出来。桑塔耶纳的《美感》是典型的代表。

桑塔耶纳给美下的定义是：“美是客观化的快感。”客观化的快感不是一种超自然的快感，而是一种自然的快感，它不应唯理地来推导，而应由经验来验证。从自然主义的观点看，人是一个有机体，因此人的快感，哪怕是由目之所视、耳之所闻得来的快感，也不仅仅由眼、耳作主，而会牵动整个机体。桑塔耶纳说：“人体的一切机

能，都对美感有贡献。”① 不仅五种感觉：视、听、嗅、味、触是造成美感的材料，三种心灵能力：知、情、意也是造成美感的材料，连体内的血液循环，新陈代谢，喉头和肺部的感受，呼吸吐纳，都是形成美感的力量。例如，“我们把吐纳松快与情趣高尚连在一起，把屏息不动同畏惧之感连在一起，那并非只是一番比喻而已；正是喉头和肺部感觉的一种复现，才赋予那些印象一种直接的威力，随后我们才思索出它们的意味。所以，那些事物之动人心弦是直接出于深长呼吸或喘不过气这种生理感觉。”② 这是从生理心理层次讲，从人是社会动物看，人的家庭之爱，祖国之爱，社交趣味，都是生长美感的土壤。“例如‘家’在社会意义上是一个快乐的概念，如果具体化为茅屋一楹，小园一角，它就变成一个审美概念，变成一件美丽的东西，快乐客观化了，事物也就美化。”③ 根据经验和自然的原则，桑塔耶纳认为，功用的作用也是不能忽视的，功用既是自然界的组织原则（适者生存），又是艺术上的组织原则（建筑形式），因此功用是造成美感的一种因素，甚至价格也可以成为这样的因素，“珠宝的感性美虽然甚大，它们的稀有和价格却给它们加上一种名贵之表现力，假如它们是廉价的话，它们就不会有此表现力。”④

美感的主体构成在这里完全泛化了，五官、内脏、生理、心理，甚至生理的任一部分、心理的任一观念都可以成为美感的因素。人是一个有机体，对有机体作官能的实证考察必然带来美感主体构成的贬化。

西方美感主体构成转向的第二种倾向是态度转换。

20 世纪前 15 年，出现了一股强大的审美心理潮流，直觉论、距离论、孤立论、内摹仿论、移情论等纷纷登台。它们都主张一种美感主体构成的整体态度转换，认为美感并不在于某些感官或心灵因素，而在一种主体态度，你用审美态度去看事物，感官和心灵都成为美的承担者；你不用审美态度而用理智态度，感官和心灵又都成为理智的承担者。我们略举几例。

直觉论认为，人面对事物的时候，可以采取两种态度。一种是认识的态度，它的方式就是把对象进行归纳。看见垂柳，知道是树，

---

① 桑塔耶纳：《美感》，36 页，北京，中国社会科学出版社，1982。

② 同上书，38 页。

③ 同上书，43 页。

④ 同上书，143 页。

属植物；路过房屋，知道它的主人是谁。总之要获得一种关于对象的概念。还有一种就是直觉态度，看见垂柳不管它叫什么名字，兴趣仅在它枝条细柔，曬曬如烟的仪态；看见房屋，不管它是谁所造，归谁所有，只感到它们或轻巧欲飞，或凝重如睡。同样，一切客体都有两方面，一是外在形象，一是内在性质，外在形象是供人直觉感受的，内在性质是供人理智认识的。当主体以直觉方式观看事物和世界的时候，事物和世界就以纯粹的形式、色彩、姿态向主体呈出，而与它的概念性、实用性割断了关系，表现为纯粹的直觉形象。而这时，在直觉态度下，心灵和感官都成为美感的主体构成。相反，人不以直觉态度，而以认识态度去对待事物之时，既不会产生美感，也不会出现美，主体用眼在看、用耳在听、用心在思，但都不是美感的主体构成。

距离说认为，人生在世，总有对外物的需要，外物也存在为人所利用的一面，这使人与物常处于实用关系之中，也常以实用态度待物。看见商店，就思量有无自己需要的货物，遇上好景致，也马上想到这里可开辟为旅游点能赚大钱，甚至买珍宝书画也因其能显示身份，这样，即使你具有感官与心灵，也不是审美感官，无法获得美感的。要获得美感，必须从对世界的实用态度中超脱出来，与之保持一段适当的距离。例如，秦汉的瓦当，当时有多少人欣赏呢？历史的距离消除了它的实用性，就容易成为欣赏对象。历史故事，在当事人，是谈不上审美的，但现在读起来就容易引起美感。自己的经历，在回忆中出现，也容易变得美，就是街对面的杂货摊和往来的行人，当我们悠闲地从窗里向外望去，也会成为一幅很美的图画。绘画之所以要画廊，戏剧之所以要戏院，就是在于以一道门把你和现实世界拉开距离，使你放弃日常的实用态度。因此能否获得美感，关键在于是否能从心理上采取一种距离，采取了距离，就能获得美感，心灵和感官就成为美感的主体构成。不这样，就不是。

其余的孤立说、内摹仿说、移情说都是阐述一种审美态度导致主体的整体转换。

西方美感主体构成转向的第三种倾向是格式塔心理学美学关于大脑感官的动力结构理论。

这个理论主要是由阿恩海姆在《艺术与视知觉》一书中提出的。该书主要讲视知觉，但只要其原理成立，一样可以运用于听知觉。

格式塔美学认为，看，不是纯粹的对客观对象进行实录。观看，意味着捕捉眼前事物的某几个最突出的特征，如："天空的蔚蓝色，天鹅那弯曲的长颈，书本的长方形……仅是几条简略的线条和点组成的图样，就可以被人看作是一张脸。"① 总之，仅仅是少数几个突出的特征，就能够决定对一个知觉对象的认识，并能创造出一个完整的式样。看，实际上就是通过创造一种与刺激材料的性质相对应的一般形式结构来感知眼前的原始材料的活动。看，形成的是一种完形。完形不是客观事物的纯外形，而是看之中主客体相互作用的结果，是知觉中的完形。举例说吧，一个正方形中心有一个圆点，该图看起来是稳定的，觉得很舒服，如果圆点略偏离中心，就不平衡，使人觉得它想回到中心，而且觉得有一种力要把它拉回中心。如果圆点不在中心附近，而在正方形的边线附近，也给人一种不稳定感，好像边线有一股力要把它吸引过去。这里，图形中的力不是理智判断出来或想象出来的，而是眼睛感知的，是看出来的。它并不是客观地存在的，却是客观地存在于知觉中的，存在于完形中的，它是一种心理力。我们为什么会体会到完形中的力呢？得从知觉过程来理解。在视觉感受中，任何一条画在线上的线条，一块用泥土捏成的形状，都像是抛入池塘中的石头，产生运动直到达到平衡。大脑视皮层本身就是一个电化学力场，任意一个点受到刺激，都会立即扩展到临近的区域中去。大脑皮层中局部刺激点与局部刺激点之间的相互作用是一种力的相互作用，视知觉对客体形式的知觉过程，亦是大脑皮层生理力的活动过程。观者从客体的形式上"经验到的'力'是活跃在大脑视中心的那些生理力的心理对应物，或者就是这些生理力本身。虽然这些力的作用是发生在大脑皮质中的生理现象，但它在心理上都仍然被体验为是被观察事物本身的性质"②。由于知觉式样实际上是一个力场，所以即使完形中静止之处，也"并不表明这些地方不存在积极的力，所谓'死点'并不是真正死的，而是说在这一点上感受不到任何一个方向上的拉力，因为在这一点上，来自各个方向上的力都达到了平衡，对于那些敏锐的眼睛来说，这个平衡的中心点上充满着活的张力，这种静止，就像拔河比赛中由双方的力量势均力敌而绳子产生的静止一样，它虽然静止不动，却负载着能量"③。另一方面，与完形力的式样相同

① 阿恩海姆：《艺术与视知觉》，49～50页，北京，中国社会科学出版社，1984。

② 同上书，11页。

③ 同上书，8页。

步，心理也产生一种情感兴奋。情感兴奋本质上也是一种力的结构，各种不同的情感生活都有各自不同的力结构，舒服、紧张、不稳定感的情感结构就是与完形中力的式样相同步相一致的力的情感，它虽然是发生在内心的情感现象，但很多时候也被体验为事物的性质。

格式塔心理学美学关于美感的主体构成就是这样一个知觉感官、大脑、情感的动力统一过程。

西方美感的主体构成在现代转向的三个方面，似乎又可以综合为一个整体：（1）人是一个有机整体，人的一切部分都可以成为美感的构成因素。当然眼、耳具有突出的地位。（2）它们成为美感构成因素的关键在于审美态度。（3）一旦因审美态度进入审美过程，主体的具体活动方式就是感官、大脑的动力过程。

第十二章
中西审美的具体方式

中西的审美方式具有各自的个性特色，主要从四个方面表现出来：一、在观照方式上，中国采取仰观俯察，远近往还的散点游目，西方运用的是选一最佳范围，典型地显示对象的焦点透视；二、在进行纵深观赏时，中国讲究品味和体悟，西方重视认识和定性；三、在审美过程中，中国要求主体虚心澄怀，去情去我以体会对象的神韵，西方主张主体通过放纵情欲而净化自己；四、在审美效果上中国要求主体在审美中提高自己，达到或趋向客体的境界，西方希望主体在主客的交流中，既突破自己的局限，又突破对象的局限，而达到一种主客都未曾有的境界。

第一节　观照方式：游目与焦点

一、中国之观：远近俯仰

观，是在先秦时就已普遍使用的认识事物的方式。老子由万物的循环而观道，孔子通过人的言论而观其志，孟子通过眸子而观人，季札观乐以知各国的风尚民情……观，可以追溯到远古的伏羲时代。《周易·系辞（下）》就谈到：包牺氏的“仰则观象于天，俯则观法于地”，“近取诸身，远取诸物”。包牺即伏羲，伏羲的观照方式——仰观俯察，远近游目——成为中国审美观照的典型方式。《中庸》说：“诗云：‘鸢飞戾天，鱼跃于渊’，言其上下察也。”王羲之登兰亭，“仰观宇宙之大，俯察品类之盛，游目骋怀，极视听之娱，信可乐也”（《兰亭序》）。这种俯仰远近的游目，包含着两个方面的“游”，一是人之游，中国人不是固定地站在一点进行欣赏之观，而是可以来回走动地进行欣赏之观。山水画的平远、高远、深远，让人“仰山巅，窥山后，望远山”（郭熙《林泉高致》）。因为人是在移动游目观看，所谓“步步移”，“面面看”，画家们如此，诗人们亦然，王维《终南山》有“白云回望后，青霭入看无。分野中峰变，阴晴众壑殊”，也是人在移动的游目。即使人在亭、台、楼、阁中观赏，被给定了一个范围，但人还是可以来回地走动。亭、台是四面皆空的，楼、阁的栏杆屏窗也是四面皆空的，四面对景正是为了让人慢慢移动，慢慢观看。苏轼诗云“赖有高楼能聚远，一时收拾与闲人”，张宣诗云“江山无限景，都聚一亭中”，都带有四面游目的趣味。游目的另一意义就是人不动而视觉移动。西方人的审美最终要归结到一个类似于由取景框所范围的景色上，人的目光形成一个焦点向景物直直地放射而去。而中国人的观赏，如果人不动，目光也必须按照文化的观赏方式上下移动，远近往还：

残萤栖玉露（俯），早雁拂金河（仰）。
高树晓还密（近），远山晴更多（远）。（李商隐《早秋》）
风急天高猿啸哀（仰），渚清沙白鸟飞回（俯）。
无边落木萧萧下（由近而远），不尽长江滚滚来（由远而近）。（杜甫《登高》）

中国的诗词中充满了这种人不动的游目，正像充满了人动的游目一样。人动的游目和人不动的游目都须仰观俯察，远近往还。游目虽以目为主，但也包含着多种感官的配合。王羲之说：“极视听之娱。”按古代汉语的惯例，视听可作众感官的借代，正如孟子的“心悦仁义”借代“心悦仁义礼智”。这在具体的描写中就显出来，如在杜甫的《登高》中，听觉、嗅觉、肤觉的感受都是很明显的。

游目中多感官的感受是在具体的有范围的时空中进行的。但中国的诗人画家总想在有范围的时空里体悟反映出宇宙的意味。偏于道、释的诗人往往在游目的同时就达到了宇宙的玄意：

松风吹解带，山月照弹琴。
君问穷通理，渔歌入浦深。（王维《酬张少府》）
一路经行处，　　莓苔见屐痕。
白云依静渚（远），　芳草闭闲门（近）。
过雨看松色（高），　随山到水源（低）。

溪花与禅意，　　　相对亦忘言。（钱起《寻南溪常道士》）

偏于儒家的诗人则往往不但感官作景色的游目，内心还作历史的游目，他们的宇宙意识包含着历史的盛衰在内，游目不仅是寄情山水，而且还要怀古伤时，吟世叹己。杜甫《登高》在“不尽长江滚滚来”之后，随即开始心灵的游目：“万里悲秋常作客，百年多病独登台。”同样，杜甫在川东之时，“千家山廓尽朝晖（远），日日江楼坐翠微（近）。信宿渔人还泛泛（俯），清秋燕子故飞飞（仰）。”马上转入历史与今天的心游：“匡衡抗疏功名薄，刘向传经心事违。同学少年多不贱，五陵衣马自轻肥。”（《秋兴八首》其三）游目偏于儒，是“乾坤千里眼，时序百年心”（杜甫）；偏于道，是“俯仰自得，游心太玄”（嵇康）。

中国文化气的宇宙是流动而空灵的，只有游目，才能感受和表现出中国的宇宙精神，而游目的俯仰远近的节奏正是中国宇宙的循环节奏。《老子》云：“万物并作，吾以观复。”《周易》云：“无往不复，天地际也。”中国的天道是循环的，审美视线也是循环的。有仰必有俯，有远必有近，有去必有来。人在俯仰远近之中获得了宇宙，在获得宇宙的同时又获得了自我。北朝《敕勒歌》云：“敕勒川，阴山下，天似穹庐，笼盖四野，天苍苍，野茫茫，风吹草低见牛羊。”这里仰望昊天，俯瞰大地，由近而远，“天苍苍，野茫茫”，体会到宇宙的无穷。然而很快又由远而近，回到当下，“风吹草低见牛羊”。这里的当下是有了一种宇宙意识后的当下，在天人一体的文化中，这当下眼前的事物显得特别亲切甜美。在循环的宇宙观里，中国人不怕远，有远必有近，不怕去，有去必有来，不怕高，有高必有低，不怕穷，有穷必有变。“山重水复疑无路，柳暗花明又一村。”（陆游）“不愁明月尽，自有夜珠来。”（宋之问）“海日生残夜，江春入旧年。”（王湾）“行到水穷处，坐看云起时。”（王维）

中国人的观照要俯仰远近，因为在气的宇宙中，要认识一事物，仅从该事物本身是不行的，联系到与之相关的事物，视线就得开始流动，最终要联系到宇宙之气。只有上升到天道，才算从根本上把握了该事物。从而对一事物的观照自然引申为对天道的观照，产生出仰观俯察、远近往还的审美视线。正是在仰观俯察、远近往还的游目中，中国人自认为不仅把握了现在当下，而且把握了整个宇宙。

二、西方之观：焦点透视

与中国相反，西方人认为：要认清一个事物，必须将之独立出来进行明晰的观察，这种实体明晰精神终于在文艺复兴产生了实验科学。这种精神体现在审美上，就是焦点透视。早在古希腊，亚里士多德就说："一个美的事物——一个活的东西或一个由某些部分组成之物——不但它的各部分应有一定的安排，而且它的体积也应有一定的大小；因为美要倚靠体积与安排，一个非常小的活东西不能美，因为我们的观察处于不可感知的时间内，以致模糊不清；一个非常大的活东西，例如一个万里长的活东西，也不能美，因为不能一览而尽，看不出它的整一性；因此，情节也须有长度（以易于记忆者为限），正如身体，亦即活东西，须有长度（以易于观察者为限）一样。"① 这里亚里士多德着重谈的是：审美对象是有限度的，不能太大或太小，必须以人的感官为尺度来予以范围。而人是作为在一个固定点上的人；人固定了，审美对象应有的尺度范围也就固定了。人在定点上对审美对象采用的是焦点透视。只有焦点透视，才能获得一种固定的光照，上帝说要有光，于是就有了光，光的确定是一种文化精神和观照方式的确定。在确定的光照中，事物准确的比例显示出来，事物的色彩层次显示出来，事物的背景范围也得到明晰的确定。从毕达哥拉斯就开始的对形式尺度的追求，在焦点透视中得到了更具文化深意的体现。中国人以流动的游目来寻找客观对象的气韵，西方人以寻找最佳的视点来显出事物最美的方面。中国的游目是几种感官并用，西方的焦点透视力图突出单一感官。西方并非不重视多感官的运用，其多感官的运用表现为不同的感官有最适于自己的艺术种类；视觉是造型艺术，听觉是音乐，戏剧是综合性的，但以"回忆"为主（亚里士多德）。然而无论在什么艺术中，都可以看到"焦点透视"所表现出的基本精神。在音乐里，曲式类似于比例，也决定了感受范围，主音类似于光。在戏剧里，结构的头、身、尾类似于比例，情节的整一类似于光。

用焦点透视，"离眼睛最远的物体最难认，因为最先消失的是最小的部分，再远些，跟着消失不见的是其次小的部分。细节就这样逐次消失，到最后一切部分以至整体都消失不见，并且由于

① 《诗学·诗艺》，25～26页。

眼与物体之间的空气厚度连颜色也消失殆尽，以致遥远的物体终于全不能见”①。焦点透视把西方人在宇宙中的位置显示了出来，他能清晰地看清一些东西，他拥有存在，他也清晰地知道自己看不清一些东西，他意识到虚无。焦点透视典型地反映了西方实体和虚空的宇宙观。在实体与虚空的宇宙里，焦点透视的核心是找一欣赏事物的最佳视点，犹如几何的公理，超人间的上帝，理论结构的逻辑起点。然而随着西方文化进入到现代，上帝和绝对理念的消失，审美欣赏也不存在一个唯一的最佳视点，焦点透视就让位于多角度之观，这将在后几节进一步讨论。

第二节　体悟与认识

一、观、味、悟

在对对象进行纵深观照这一问题上，中国美学有一个发展过程，即由先秦之观到魏晋之味，再到宋代之悟。

先秦的观，除了仰观俯察、远近往还的外在视线，还有另一层含义，即由表及里。孔子由弟子们的发言，观到其内心的志向，季札通过聆听各国的音乐，观到各国的风俗国情：

> 吴公子札来聘……请观于周乐。使工为之歌《周南》、《召南》，曰：“美哉！始基之矣，犹未也，然勤而不怨矣。”为之歌《邶》、《鄘》、《卫》，曰：“美哉！渊乎，忧而不困者也，吾闻卫康叔、武公之德如是，是其《卫风》乎?”为之歌《王》，曰：“美哉！思而不惧，其周之东乎?”为之歌《郑》，曰：“美哉！其细已甚，民弗堪也，是其先亡乎?”为之歌《齐》，曰：“美哉！泱泱乎，大风也哉！表东海者，其大公乎，国未可量也。”（《左传》襄公二十九年）

这种由表及里的观，就是后来儒家美学的“观风俗之盛衰”。无论是对人之观志，还是对乐之观风俗都是实体性的。魏晋人物品藻，观人转为对风神气度的欣赏。志是实的，风神气度是虚的。虚的风神气度可意得而难以言宣，观也随之转为味。这个转变由人物品藻

① 《芬奇论绘画》，88页。

很快波及各审美领域。音乐上，嵇康提出“声无哀乐”；诗歌上，曹丕提出“诗赋欲丽”；绘画上，顾恺之“以形写神”，都与风俗无关。最后钟嵘提出“文已尽而意有余”的滋味，标志着审美欣赏的质实之观完全转入虚灵之味。本来，人物之神气，文艺之情韵，山水之灵趣也只能味。宗炳在《画山水序》中提出的“澄怀味象”四字很能代表新的欣赏方式：

郭景纯诗云：“林无静树，川无停流。”阮孚云：“泓峥萧瑟，实不可言。每读此文，辄觉神超形越。”（《世说新语·文学》）

玄晖灵心秀口，每诵名句，渊然泠然。觉笔墨之中，笔墨之外，别有一段深情妙理。（沈德潜《古诗源》卷十二）

这就是味出来的。因此，在审美欣赏的词汇里，出现了一大批与味有关的词组：玩味、咀味、吟味、细味、熟味、寻味……

宋代，禅宗语汇在士林中流行，“悟”又成为专门术语进入审美欣赏。“大抵禅道惟在妙悟，诗道亦在妙悟。”（严羽）悟与味针对的对象都是一个，都为难以形求的神、情、气、韵。如果分开用，悟即味；如果一起用，味专指悟的前一阶段，悟专指味的后一阶段。范晞文《对床夜语》说：“咀嚼既久，乃得其意。”咀嚼即体味、寻味、品味，得其意乃“悟入”。元人杨载《诗法家数》说“熟读玩味，自见其趣”，也是这个意思。元人刘壎《隐居通义》说：“世之未悟者，正如身坐窗内，为纸所隔，故不睹窗外之境，及其点破一窍，眼力穿透，便见得窗外山川之高远，风月之清明，天地之广大，人物之错杂，万象横陈，举无遁形。所争惟一膜之隔，是之谓悟。”这是着重强调悟作为最后阶段的特点。

味与悟也并不排除观，只是有了与味与悟的比较，观的外在质实的特点相对突出了。刘勰《文心雕龙·知音》谈欣赏也提出观。“是以将阅文情，先标六观：一观位体，二观置辞，三观通变，四观奇正，五观事义，六观宫商。”全谈的是质实性因素。仰观俯察，远近游目也以质实为主。综合观、味、悟，恰好可用这三个概念来描述中国美学欣赏的三个阶段。先是观，俯仰远近；然后是味，由观形质而味气韵，由言入意，披文入情；最后是悟，玩味既久，自然悟入，进入象外之象、景外之景、味外之味。

审美对象的神、情、气、韵只有味与悟方能得到。

二、认识与定性

中国的审美最后是要体悟出韵外之致；西方的审美最后是要认清对象的性质意义，其向纵深发展的倾向是认识型的。西方文化的本体是实体，审美中也要求对对象的意义定性。亚里士多德说：“我们看那些图像所以感到快感，就因为我们一面在看，一面在求知，断定每一事物是某事物，比方说：‘这就是那个事物’。”① 虽然在近代，康德提出了审美属于不确定概念，但是文化的定式又使得必须获得意义的定性，欣赏才算获得了对象。

定性意味着标准的引入。怎样才算正确地认识了对象，获得了对象的本质，西方美学史在艺术作品的审美上主要有五种方式：

（1）古典主义方式。它明晰地规定了美的法规：结构上的三一律（时间、地点、情节），人物的类型化，以理性的精神反映自然，表现人性。人们从作品中体会到符合这些规则，于是就获得了作品的本质。这类似于中国的绘画六法，但六法之首“气韵生动”只能体悟，古典主义法规却是可以明白地讲出来，给以定性的。

（2）作者方式。这在传记批评中突出表现出来。圣佩韦是其典型。要深刻地欣赏一部作品，必须熟悉作品的作者，知晓了作者的家庭出身环境、身体情况、经济状况、气质性格、经历遭遇，对作品也就可以定性了。这似乎类似于中国的文如其人，但中国的文如其人主要在人之气与作品之气的联系，是难以形求的，传记批评却一板一眼，证据了然。

（3）环境方式。这在环境批评中表现出来，丹纳是其典型代表。要理解一部作品的深层意蕴，必须知晓该作品所产生的环境和种族。古希腊雕塑的静穆和伟大，只有从爱琴海的地理环境和希腊民族的一般精神去理解。这似乎类似于中国的知人论世，然而中国的“世”主要是历史的治乱兴衰，所谓治世、乱世、盛世、末世，而且世之根本在于气象，作品与时代的关系亦在气象，不能精确定位。

（4）形式方式。这在英美新批评和俄国形式主义中典型地表现出来。作品与一切外在的东西无关，作品的内在意义就在作品的形式本身，在作品的字、词、句、段、节奏、音步、韵律、色彩、结构、情节、题材之中。只要你用放大镜一般的眼光去细读作品的每

① 《诗学·诗艺》，11页。

一个字，注意每一个词的意义，洞烛词句之间的一切微妙的张力关系，发现作品中的隐喻、含混、反讽、象征，你就能认识作品的意义。这似乎类似于中国古人的炼字炼句，作品的张力也似乎类似于气韵。然而新批评的细读就是为了认识清楚和给以定性。

（5）精神分析方式。精神分析认为，作品的意义不在于作品表面的字句、情节和结构，而在于隐藏在表层现象下面的东西。精神分析美学又可大致分为两派：一是弗洛伊德派，他们从表层现象中寻找人物的无意识动机，如从哈姆雷特的犹豫中发掘出他内心深处的恋母情结；一是荣格派，他们从表层现象中寻找人类从原始时期一直绵延下来的原始意象。总之，找出了深层的东西，作品的本质和意义就得到了确定。

西方的认识和定性，或是像新批评那样从作品内部寻出本质，似乎类似作品的神情气韵和境内之景，或是像古典主义、传记批评、环境批评那样从作品之外去寻找根据，似乎类似于景外之景。但关键在于，西方是认识的而非体悟的，它要得到的是一种确定的最后本质，这样就显出一种不断否定的历史之线。蒙娜丽莎的微笑被人不断解释，对哈姆雷特的犹豫，各有各的说法。与此相对照，中国的体悟方式一旦悟出就成定论，似乎万古不变，难以推翻。李白的“豪放飘逸”，杜甫的“沉郁顿挫”，谢灵运的“出水芙蓉”一直为人们所叹服。没有人想要否定它，因为它既得其神韵，又不着边际，你没法否定它。当然，如果你想把它定性化，用几条几款来定性解释何谓“豪放飘逸”，你这几条就有被否定的危险，但豪放飘逸本身是无此危险的。

然而，西人的认识和定性既展示了一幅不断否定的热闹场面，又显出不断深入的超越气象。

第三节　去除情欲与激发情欲

游目与焦点，体悟与认识，都偏于从审美认识论的角度谈审美方式，即围绕着主体是如何认识或体悟客体进行的。它基本上把客体作为只等待主体去欣赏和认识的一个静止的对象。这也确是审美过程的一个方面，但审美过程还有另一方面，即客体对主体发挥作用的一面。主体认识欣赏客体的过程，同时也是客体对主体发挥作用的过程。在审美过程中，主体和客体本来就是互动的。这一节着重讨论的就是，当客体作为一个主动发挥着作用的客体时，主体是怎样采取相应的行动的。

一、去情去我以体物

中国美学从《礼记·乐记》和《荀子·乐论》开始，就为欣赏过程中作品对欣赏者的作用作了定论性的解释。荀子说："凡奸声感人而逆气应之，逆气成象而乱生焉。正声感人而顺气应之，顺气成象而治生焉。唱和有应，善恶相象。"《乐记》的话与之基本类似。这个理论是说：音乐有奸、正两类，人心有顺、逆二气。奸声使人心中的逆气大大增长，人会由此变坏，正声使人的顺气成长，人会变好。归纳起来，就是作品与欣赏者的一一对应关系。作品是主动的，有决定的意义，读者是被动的，只有被决定的意义，此其一。其二，作品的作用是单一的，好的作品必然产生好的作用，坏的作品必然产生坏的作用。这个理论在诗、文、小说、戏曲理论中都有很多支持者，直到近代，梁启超在《论小说与群治之关系》中，还用小说对人的"熏"、"浸"、"刺"、"提"，对这个理论作了详细的发挥。从先秦至清，该理论在中国的欣赏理论中占有统治地位。不过，这种一一对应关系还是在两方面引起讨论。一是好的作品能否起到好的作用，这个问题的隐含前提是，作品高于欣赏者。在这一不平衡中，主体并不一定能达到作品高度，理解作品深度。这在下一节再讲，因为在对应理论中，这个问题并不重要，重要的是另一个问题：坏作品是否必然起坏的作用，在这一问题上，儒、道都是支持荀子的。儒家认为："人生而静，天之性也"，感于物而动，"物使之然也"（《礼记·乐记》）。感于物而动，就既可能好，也可能坏。"性相近，习相远"。另一方面，"食色，性也"。为了不使人的低级需要过分危及伦理、政治，就必须用礼加以节制，把它纳入礼的范围，因此对引诱人心内部坏的因素的外物刺激，要采取避开、拒绝、排斥、抵制的态度。孔子说："非礼勿视，非礼勿听，非礼勿言，非礼勿动。"（《论语·颜渊》）道家也持同样的观点："不见可欲，使民心不乱。"（《老子》三章）

大概因为这理论太机械，因而引出了一种与之截然相反的理论，嵇康和李世民提出了声无哀乐论。嵇康说：音乐和人心是两个系统，"殊途异轨，不相经纬"，"声音自当以善恶为主，则无关于哀乐，哀乐自当以情感，则无系于声音”（《声无哀乐论》）。李世民对御史大夫杜淹的“前代兴亡，实由于乐”的说法驳斥道：“不然，夫音声岂能感人？欢者闻之则悦，哀者闻之则悲，悲哀在于人心，非由乐也。将亡之政，其人心苦，然苦心相感，故感之则悲耳。何乐声哀怨能使悦者悲乎？今《玉树》、《伴侣》之曲，其声具存，朕能为公奏之，知公必不悲耳。”（《贞观政要·礼乐》）这是作品与欣赏者了无关系的理论，完全走向了极端，因此应者寥寥。然而它却提出了人心的主动性问题。人心的主动性在唐以后得到广泛的重视。金圣叹说：“《西厢记》断断不是淫书，断断是妙文。今后若有人说是妙文，有人说是淫书，圣叹都不与做理会，文者见之谓之文，淫者见之谓之淫耳。”（《读第六才子书〈西厢记〉法之二》）他把作品的作用与欣赏者的品性联系起来考虑。但他未讲文者对于淫者所见之淫时，心理状态是怎样。在这一问题上，宋人苏轼有寓意于物与留意于物的理论：“君子可以寓意于物，而不可以留意于物。寓意于物，虽微物足以为乐，虽尤物不足以为病，留意于物，虽微物足以为病，虽尤物不足以为乐。”（《宝绘堂记》）寓意于物者，只让物令我乐，而不让我被物牵着走；留意于物者，整个心都被物占有。与此相近而讲得更好的是邵雍的以物观物论，他说：“圣人之所以能一万物之情者，谓其圣人能反观也；所以谓之反观，不以我观物也；不以我观物者，以物观物之谓也，既能以物观物，又安有我于其间哉。”（《观物篇·内篇》）又说：“以物观物，性也，以我观物，情也。性公而明，情偏而暗。”（《观物篇·外篇》）“任我则情，情则蔽，蔽则昏矣，因物则性，性则神，神则明矣。”（《观物篇·外篇》）要观物而又不为物所牵引，就必须放去自我，不以情欲之心观物，放弃对物的占有利用欲望，初虚其心，继而以心为物，站在物的地位观物，这时，我与物一道达到一种宇宙的高度。

苏轼和邵雍都不排除客体会作用于人，“留意于物”和“以我观物”时客体的作用是很明显的，但二人认为关键在于主体的态度。而主体态度的关键又在于去情去我。荀子不是说“奸声感人而逆气应之”吗？如果主体已去情去我，逆气已无，当然也就无所谓“应之”的问题了。

二、纵情任我以净化

压抑人性中恶的部分，抵制外物对这一部分的诱发，在西方，可以看到柏拉图对诗的谴责。他认为，诗人往往摧残人性中的理性部分，而培养人性中的低劣部分。伤感、滑稽、粗鄙、忿恨、性欲等平时我们都要理智给予压制的东西，诗却尽量给以满足。这些诗对人只能产生坏的结果。因此，柏拉图说："除掉颂神和赞美好人的诗歌以外，不准一切诗歌闯入国境。"① 这几乎与荀子唱的是同一个腔调。然而，西方对这种观点的反驳却走的是一条和中国相反的路。

第一个最有力地批判柏拉图"坏作品使人坏"的观点的是他的学生亚里士多德。这位信奉"吾爱吾师，但吾更爱真理"的学者提出了净化（katharsis）说。他认为悲剧确实激起人的恐惧和怜悯（所谓人性的低劣部分）之情，但它激起这些情绪并不是扩大、强化了这些情绪，而是激起这些情绪，然后使之得到净化。在《政治学》卷八里，亚里士多德说："像怜悯和恐惧或是狂热之类情绪虽然只在一部分人心里是很强烈的，一般人也多少有一些。有些人受宗教狂热支配时，一听到宗教的乐调，就卷入迷狂状态，随后就安定下来，仿佛受到一种治疗和净化。这种情形当然也适用于受怜悯恐惧以及其他类似情绪影响的人。某些人特别容易受某种情绪的影响，他们也可以在不同程度上受到音乐的激动，受到净化，因而心里感到一种轻松舒畅的快感。"对净化的解说有很多，但这一点是都公认的，即激发起情感，又使人得到净化，尽管对具体怎样净化有争议。亚里士多德的权威使得不是压制情感，而是激发情感，宣泄情感，从而净化情感在西方美学中占了主导地位。

近代，黑格尔用一种理性的方式发挥了净化说。他说："艺术对于情欲的这种粗野性和未经驯服的暴力首先就起着缓和的作用，因为艺术把当事人在这种情感下所感所行化为意象摆在他面前，使他可以看到，尽管艺术仅限于把情欲的图形摆在当事人面前，让他观照，尽管那图形是奉承他的，那里面也还是有一种缓和的力量，至少是它使当事人因此意识到他不借这种图形就意识不到的他自己的直接存在。他因此就观察到他的冲动和意向。本来这些冲动和意向驱遣着他，使他无暇反省，现在他已经看到它们作为外在对象和自己对立，因而获得了自由，不再受它们控制了……自古以来尽量哭出来和说出来都被看成解除愁苦的沉重负担或是至少是暂时宽慰心胸的一种办法。情欲的力量之所以能缓和，一般是由于当事人解脱

① 伍蠡甫主编：《西方文论选》上卷，40 页。

了某一种情感的束缚，意识到它是一种外在于他的东西（对象），他对它现在转到一种观念性的关系。艺术通过它的表象，尽管它还是在感性世界的范围里，却可以使人解脱感性的威力。"① 黑格尔认为，人本身是有情欲的，但当从艺术中观赏情欲的时候，正是通过对情欲的观照而把自身内在的情欲作为外在于自身的对象，可以对之进行反省和认识。本来是内在的、活生生的实际的东西，现在变成了外在的、观念性的东西，这样，他既感受到情欲，又摆脱了情欲。

黑格尔是从理性认识的作用来发挥净化，现代弗洛伊德则是从宣泄的方面来发挥净化。弗洛伊德认为，人的根本的本能冲动是野心（ambition）和性，然而在社会中却不得不常常压抑自己的欲望以迎合社会，人由社会而来的理智也对自己的欲望感到厌恶。然而当他观看文艺作品时，他被压抑的欲望就得到了安全的发泄：

> 观众是一个经历不多的人，他感到自己是一个可怜的人，对他来说，没有什么重要的事情会发生，他不得不长期沉沦，或者无所适从，他的野心却让他处于世界性事件的中心；他渴望根据自己的愿望去感觉去行动和处理事情——简而言之，他渴望成为一个英雄，剧作家和演员通过让他以英雄自居而帮助他实现了这一愿望。他们还为他省掉了一些麻烦。因为观众相当清楚地知道，要是不经历痛苦、灾难和强烈的恐怖，剧中的英雄的实际行动对他来说是不可能的，而这些经历几乎会把快乐抵消掉。况且他还知道，他只有一次生命，他也许会在这样一次反抗恶运的斗争中夭折。因此，他的快乐建立在幻觉上；就是说，他的痛苦被这样的肯定性所缓和：首先是另一个人而不是自己在舞台上受苦，其次这毕竟只是一个游戏，这个游戏对他个人的安全不会造成什么危害，在这些情形中，他可以放心地享受作"一个伟大人物"的快乐，毫不犹豫地释放那些被压抑的冲动，纵情向往在宗教、政治、社会和性事件中的自由，在各种辉煌场面中的每一个方面发泄强烈的情感。②

同样，观众在看《俄狄浦斯王》、《哈姆雷特》时，心中最隐秘的欲望得到了宣泄。在宣泄中，他的欲望得到了代替性满足。而且，

① 黑格尔：《美学》第一卷，60～61 页。

② 《弗洛伊德论美文选》，21 页，北京，知识出版社，1987。

文艺是一种美的形式，他在美感的形式中享受了自己的愿望，文艺又是为社会允许的，他可以尽情地宣泄而不必感到羞愧和自我责备。在宣泄中，观众摆脱了压抑的精神紧张，从而有助于保持健康的人格。

从亚里士多德到黑格尔，到弗洛伊德，显示了纵情任我以净化在西方美学欣赏理论中的巨大声势。

第四节　心向往之与双向超越

荀子和《乐记》认为，好的作品必然起到好的作用。前面说过，该命题的隐含前提是，作品高于欣赏者。这是一种不平衡状态，欣赏的过程是要使不平衡达到平衡，使欣赏者的水平达到作品水平。很多人认为这是可以达到的。萧统《陶渊明集序》说："尝谓有能观渊明之文者，驰竞之情遣，鄙吝之意祛，贪夫可以廉，懦夫可以立。"但实际上读陶文而能达到其人品的概率很小。欣赏者能否达到作品的水平也是很有疑问的。因此王夫之说："作者以一致之思，读者各以其情而自得。"（《薑斋诗话》）刘勰《文心雕龙·辨骚》也说：人人都学屈原，但由于各自的水平、情趣、志向不同，其所得也就各式各样了。"才高者菀其鸿裁，中巧者猎其艳词，吟讽者衔其山川，童蒙者拾其香草。"按中国的普遍思想，如果是最优秀的作品，欣赏者是不能完全达到作品的水平的，中国的道是不可穷尽的，圣人的学问也是不能全学到的。孔子的学生对教师的学问赞叹说："仰之弥高，钻之弥坚，瞻之在前，忽焉在后。"严羽谈学诗说："学其上仅得其中，学其中斯为下矣。"（《沧浪诗话》）对于高尚的事物虽然不能达到对象的水平，但却能产生一种趋向美好事物的愿望。司马迁论孔子说："'高山仰止，景行行止。'虽不能止，然心向往之。"（《史记·孔子世家》）"心向往之"可以说是中国欣赏好作品过程中的基本心态。钟嵘评陶渊明诗云："每观其文，想其人德。"郑板桥佩服徐渭，刻一印章，自称"青藤门下走狗"。永忠读《石头记》抄本后赋诗云："传神文笔足千秋，不是情人不泪流。可恨同时不相识，几回掩卷哭曹侯。"

心向往之的心态表明了作品坚实而高大的存在，也表明审美过程中欣赏者坚信作品、趋向作品的特征。趋向作品，欲达到作品的高度，同样意味着去情（比作品低下的情感）去我（比作品低下的自我），因而在根本基点上，仍与“寓意于物”、“以物观物”要去情去我以达到更高境界一样。只是心向往之面对的是好作品，作品类似“道”，它去情去我要达到的是作品的境界。寓意于物，以物观物，面对的是坏作品，它去情去我先要达到的是道的境界，获取了道心，就可以不为坏作品所累。

西方理论少有正声奸声之分，除了从对人的心理情欲是有利或有害论述作品外，就是一般地谈作品与欣赏者的关系。正像从亚里士多德到弗洛伊德都坚持纵情任我以净化一样，在作品与欣赏者的一般理论中，强调主体主动作用之论总占上风，到了现代的解释学和接受美学更强调欣赏者与作品的双向超越。

人绝不会，也不可能带着一个空空如也的头脑，而总是带着前理解（preunderstand）来面对作品的。前理解包括三方面内容：（1）前有，人必须生于某一文化之中，历史文化在人意识到它们之前就已经占有了人，这是人进行理解的先决条件。（2）前见，人在文化中接受了语言以及运用语言的方式，又必然将此带入理解之中。（3）前识，在任何理解之前，人已具有某种观念、前提和假定，有一定的知识。总之，人是带着融文化传统、时代观念、自我经历、个性特征为一体的前理解来面对作品的。人离不开前理解，正如离不开历史性一样。如果说前理解意味着一种偏见的话，那么，它是一种“合法偏见”。这种具有历史性的前理解不仅不是欣赏理解作品的障碍，恰恰相反，它是进行理解和欣赏的必要前提和基础，是人得以观看的视点，也决定了人所能看的视界。

另一方面，作品不是一个有绝对确定意义，只待欣赏者去认识的东西，而是一个不确定的、开放的、有待欣赏者去发掘、去解释，有待和欣赏者一道建立一种新关系的东西。绘画是由线条和色彩组成的，音乐是由音响组成的，文学是由语言组成的。当然，作品有一个创造者，有创造的时间和文化环境，因此在这些可见因素中蕴含着（1）社会规范内容，（2）艺术传统内容，（3）作者个性内容。但这些内容并不成为作品的确定意义，因为这些内容进入作品本文（text）之后，经过本文的组织而变了形，只是作为一种“背景”存在。作品的本文则是开放的，它不断朝向新的读者，从而不断取得新的背景（参考系），不断建立新的关系，不断产生新的意义。因此，只要作品不断地被流传，它就不断地进入新的参考系，就会不断变化，不断被赋予新的意义。因此从根本上说，作品的意义是无穷尽的，犹如西方美学批评中的一句名言：莎士比亚是说不完的。然而这种说不完，不是如中国的道与圣人，在道和圣人本身，而在于作品之外的参考系的无穷。

欣赏者的性质和作品的性质决定了欣赏过程的性质：一场主体对主体的对话。在欣赏过程中，作品和欣赏者犹如两个不同观点和个性的个人，相互提问和回答，不固执自己的观点，而抱着开放的态度，不是按各自的“视界”去推导，而是受对话逻辑的引导而朝向真理。在对话式的欣赏中，欣赏者不是去获得一个早已存在于作品中的真理，而是通过自己与作品的交流重新建立真理，也不是完全把作品纳入自己前理解的范围，成为自己前理解的例证，而是通过外在于自己的，不同于自己前理解的作品而突破自己的前理解，扩大或者改变了自己的前理解，获得了一个新的视界。而在欣赏者通过作品突破自己的前理解的同时，作品也通过不同于自己的欣赏者而突破了自己原有的意义，获得了一种新的意义。本来作品就不是以一个高高在上的施予者的身份，也不是以一个娱乐对象或移情对象，而是以一个交流者的身份进入欣赏过程的。当它与新的欣赏者建立关系，获得新的意义的时候，也就扩大丰富或者改变了自己原来的意义，通过欣赏者而超越了自身。

欣赏过程是欣赏者和作品的双向超越活动。

后　记

我先后在中国人民大学美学研究所给研究生讲授“中西美学比较”课程和在北京大学比较文学所为研究生讲授“中西比较诗学”课程。本书就是在多次讲课的讲稿的基础上完成的。北京大学比较文学所所长乐黛云先生鼓励后学，对本书大力予以推荐。值此学术著作出书难的时期，北京大学出版社张文定老师慨然决定出版本书。如果本书能对比较文学和比较美学研究起到一些推动作用，读者能从本书中获得一些收益的话，那么，首先得感谢乐黛云先生和张文定老师，汪又红女士细读了本书书稿并认真核对了书中的引文，纠正了不少疏漏和笔误。在此一并致谢。

作　者

附录一
主要西方人物原名及生卒年表

（以译名的汉语拼音为序）

阿多诺	Theodor Wiesengrund Adorno（1903—1969）
阿恩海姆	Rudolf Arnheim（1904—2007）
阿那克西曼德	Anaximandros（约前 610—前 546）
阿那克西米尼	Anaximenes（约前 588—约前 525）
埃斯库罗斯	Aeschylos（约前 525—前 456）
艾略特	Thomas Stearns Eliot（1888—1965）
爱因斯坦	Albert Einstein（1879—1955）
奥尼尔	Eugene O'Neill（1888—1953）
巴尔特	Roland Barthes（1915—1980）
巴尔扎克	Honoré de Balzac（1799—1850）
巴门尼德	Parmenides（约前 515—约前 445）
柏格森	Henri Bergson（1859—1941）
柏克	Edmund Burke（1729—1797）
柏拉图	Plato（前 427—前 347）
拜伦	George Gordon Byron（1788—1824）
贝克莱	George Berkeley（1685—1753）
毕达哥拉斯	Pythagoras（约前 580—前 500）
布拉德雷	Andrew Cecil Bradley（1851—1935）
布鲁克斯	Cleanth Brooks（1906—1994）
布鲁诺	Bruno of Cologne（1030—1101）
布洛	Edward Bullough（1880—1934）
布瓦洛	Nicolas Boileau-Despréaux（1636—1711）
达尔文	Charles Robert Darwin（1809—1882）
达·芬奇	Leonardo da Vinci（1452—1519）

丹纳　Hippolyte Adolphe Taine（1828—1893）
但丁　Dante Alighieri（1265—1321）
德拉克洛瓦　Eugène Delacroix（1798—1863）
德里达　Jacques Derrida（1930—2004）
德谟克利特　Democritos（前 460—前 370）
笛卡尔　René Descartes（1596—1650）
杜夫海纳　Mikel Dufrenne（1901—1995）
杜威　John Dewey（1859—1952）
凡·高　Vincent van Gogh（1853—1890）
费希特　Johann Gottlieb Fichte（1762—1814）
弗莱　Northrop Frye（1912—1991）
弗雷泽　James George Frazer（1854—1941）
弗洛姆　Erich Fromm（1900—1980）
弗洛伊德　Sigmund Freud（1856—1939）
福克纳　William Faulkner（1897—1962）
伽达默尔　Hans-Georg Gadamer（1900—2002）
伽利略　Galileo Galilei（1564—1642）
哥白尼　Nicolaus Copernicus（1473—1543）
哥伦布　Christopher Columbus（约 1451—1506）
歌德　Johann Wolfgang von Goethe（1749—1832）
海德格尔　Martin Heidegger（1889—1976）
荷马　Homer（约前 9 世纪）
赫拉克利特　Heraclitos（约前 540—前 480）
黑格尔　Georg Wilhelm Friedrich Hegel（1770—1831）
胡塞尔　Edmund Husserl（1859—1938）
霍布斯　Thomas Hobbes（1588—1679）
霍夫曼　August Heinrich Hoffmann（1798—1874）
籍里柯　Jean Louis André Théodore Géricault（1791—1824）
济慈　John Keats（1795—1821）
加尔文　Jean Calvin（1509—1564）
加缪　Albert Camus（1913—1960）
卡夫卡　Franz Kafka（1883—1924）
卡西尔　Ernst Cassirer（1874—1945）

恺撒	Gaius Julius Caesar（前 100—前 44）
康德	Immanuel Kant（1724—1804）
康拉德	Joseph Conrad（1857—1924）
柯勒律治	Samuel Taylor Coleridge（1772—1834）
柯罗	Jean-Baptiste Camille Corot（1796—1875）
克罗齐	Benedetto Croce（1866—1952）
库恩	Thomas Samuel Kuhn（1922—1996）
拉斐尔	Raffaello Sanzio（1483—1520）
拉辛	Jean Baptiste Racine（1639—1699）
莱辛	Gotthold Ephraim Lessing（1729—1781）
兰色姆	John Crowe Ransom（1888—1974）
朗格	Susanne K Langer（1895—1985）
朗吉努斯	Casius Longinus（约 213—273）
立普斯	Theodor Lipps（1851—1914）
列维-布留尔	Lucien Lévy-Bruhl（1857—1939）
列维-斯特劳斯	Claude Lévi-Strauss（1908—2009）
卢克莱修	Lucretius Carus（约前 99—约前 55）
卢梭	Jean-Jacques Rousseau（1712—1778）
路德	Martin Luther（1483—1546）
洛克	John Locke（1632—1704）
毛姆	William Somerset Maugham（1874—1965）
米开朗琪罗	Michelangelo Buonarroti（1475—1564）
密尔顿	John Milton（1608—1674）
莫里哀	Molière 本名 Jean Baptiste Poquelin（1622—1673）
穆卡洛夫斯基	Jan Mukarŏvskȳ（1891—1975）
尼采	Friedrich Wilhelm Nietzsche（1844—1900）
牛顿	Isaac Newton（1643—1727）
诺瓦利斯	Novalis（1772—1801）
欧几里得	Euclid（活跃期：前 300 左右）
欧里庇得斯	Euripides（约前 480—约前 406）
培根	Francis Bacon（1561—1626）
蒲柏	Alexander Pope（1688—1744）
普罗丁	Plotinos（205—270）
普罗泰戈拉	Protagoras（约前 481—前 411）

乔伊斯　James Joyce（1882—1941）
荣格　Carl Jung（1875—1961）
瑞恰兹　Ivor Armstrong Richards（1893—1979）
萨特　Jean Paul Sartre（1905—1980）
桑塔耶纳　George Santayana（1863—1952）
色诺芬　Xenophon（前430—前354）
莎士比亚　William Shakespeare（1564—1616）
圣佩韦　Charles Augustin Sainte-Beuve（1804—1869）
什克洛夫斯基　биктор Вороисобич Щкчобский（1893—1984）
斯宾诺莎　Baruch de Spinoza（1632—1677）
斯宾塞　Edmund Spenser（1552—1599）
斯坦尼斯拉夫斯基　Константин Сергеевич СтанисπαВский（1863—1938）
苏格拉底　Socrates（前469—前399）
索福克勒斯　Sophocles（约前496—前406）
索绪尔　Ferdinand de Saussure（1857—1913）
泰勒斯　Thales（前624—前547）
汤因比　Arnold Joseph Toynbee（1889—1975）
托勒密　Ptolemy（约90—168）
托马斯·阿奎那　Thomas Aquinas（1225—1274）
维特根斯坦　Ludwig Wittgenstein（1889—1951）
沃林格　Wilhelm Worringer（1881—1965）
席勒　Johann Christoph Friedrich von Schiller（1759—1805）
夏多布里昂　Francois René Chateaubriand（1768—1848）
夏夫兹伯里　The Earl of Shaftesbury（1671—1713）
谢林　Friedrich Wilhelm Joseph von Schelling（1775—1854）
休谟　David Hume（1711—1776）
雪莱　Percy Bysshe Shelley（1792—1822）
雅各布森　Roman Jakobson（1896—1982）
亚里士多德　Aristoteles（前384—前322）
燕卜荪　William Empson（1906—1984）
尧斯　Hans Robert Jauss（1921—1997）

伊壁鸠鲁	Epicurus（约前 341—前 270）
伊泽尔	Wolfgang Iser（1926—2007）
易卜生	Henrik Johan Ibsen（1828—1906）
茵加登	Roman Ingarden（1893—1970）
尤奈斯库	Eugène Ionesco（1909—1994）
雨果	Victor Marie Hugo（1802—1885）
左拉	Emile Zola（1840—1902）

附录二
主要西方概念中英对照表

（以汉译的汉语拼音为序）

奥卡姆剃刀	Occam's razor
悲剧	tragedy
悲剧意识	tragic consciousness
本体	Being，Noumenon
本体论	ontology
本我	Id
本质	essence，entity，nature
辩证法	dialectic method
表现	expression
波粒二象性	wave-particle duality
测不准原理	uncertainty principle
超我	Super-ego
崇高	sublime
纯粹理性	pure reason
存在	being，existence，presence
存在主义	existentialism
单子	monad
地球中心说	geocentric theory
第一原理	prime principle
第一原因	Prime causes
典型	type
反讽	irony
范式	Paradigm
否定	negation

感官知觉	sense-perception
感情	feeling，emotion
格式塔	Gestalt
公理	axiom
含混	ambiguity
合题	synthesis
和谐	harmony
怀疑主义	scepticism
荒诞	absurd
或然性	probability
基督教	Christianity
肌质	texture
几何学	geometry
解构	deconstruction
解释学	hermeneutics
结构	structure
结构主义	structuralism
经验主义	expiricism
精神	spirit，mind
精神与物质	mind and matter
净化	katharsis，purification
绝对	absolute
绝对理念	absolute idea
类比意象	analogical imagery
理念世界	world or ideas
理性	reason
理性主义	rationalism
灵感	inspiration
灵魂	soul
灵魂与肉体	the spirit and the flesh
轮回	transmigration
逻各斯	logos
逻辑	logic
绵延	duration

明晰	clearness
魔幻意象	demonic imagery
模糊	obscureness
摹仿	mimesis，imitation
凝缩作用	condesation
普遍	universality
启示意象	apocalyptic imagery
普遍规律	general law
前理解	preunderstanding
前意识	preconsciousness
认识	cognition
认识论	epistemology
肉体	body，flesh
上帝	God
实体	substance，entity
视野	horizon
太阳中心说	heliocentric theory
天才	genius
天国	Heaven
同一	identity
我思	cogito
无意识	unconsciousness
物自体	things-in-themselves
现象	phenomenon
相对论	theory of relativity
想象	imagination
象征	symbol
形而上学	Metaphysics
形式	form
形式与内容	form and content
形式与实体	form and substance
形式与质料	form and matter
虚空	void
演化	evolution

意识	consciousness
意志	will
因果律	causal laws
隐喻	metaphor
印象主义	impressionism
永恒	eternity
语境	context
原始推动者	First Mover
原型	archetype
原因与结果	cause-and-effect
原子与虚空	atom and vacuum
原罪	original sin
张力	tension
拯救	salvation
正题	thesis
直觉	intuition
置换	displacement
主体与客体	subject and object
造物主	Creator
自然	nature
自我	Ego
自由	liberty，freedom

本版附录一
一次关于中西美学比较的中韩对话*

柳中夏　韩国延世大学中文系教授
张　法　中国人民大学哲学系教授

柳： 先让我们在这个纸上认识一下吧。我是在延世大学中文系工作的柳中夏。学位论文写了鲁迅。先生的《中西美学与文化精神》一书，读得很是尽兴，又受诸多启发。首先应该感谢您欣然同意将您的书译成韩文。相信通过对中国和西方"美"的理解，韩国的读者将会自觉地对我们自己进行一番反省的。

下面将拜读您的著作时所受的感受及一些疑问束成几条请教于您。

张： 十分高兴能认识柳先生。十分感谢先生对拙著的兴趣，我想，书如果像人一样有情性，也会对人特别是另一国度的人理解自己而情动于中。拙著虽出版于 1994 年，但写成于 1990 年。近十年来中国和世界都发生了很大的变化。中西比较是一个大题目，里面可以讨论的问题很多，我也非常有兴趣讨论里面的问题，我觉得，在这个题域里，重要的不是得出的结论，而是讨论本身会给讨论者带来很多的启发。

顺便说一下，这种书面对话是我第一次遇到，它带给我一种新的写作体验，我很高兴它的别是一番滋味在心头。

柳： 从先生著作的题目提出第一条。"中西"这个范畴，在中国已是由来已久了。而且，"西"的概念在历史的长河中也发生了变化。我认为，从古代过渡到中世纪的过程中与"西域"的相通；转入到近代赋予"洋夷"的称谓；再以后以鲁迅为首向西方进行"拿

---

* 本文为韩文版正文前的对话。

来主义”；又与苏联的结盟；这些都应该归入西方——更准确些说是西方的东方——的范畴里去。但是值得注意的是，与那些“西”相冲撞的过程中，中国将那些“西”的东西成功地溶化到自己体系的一部分中来了。中国的佛教，以及中国式的社会主义等均是那历史实践中的重要史例。故此，我们亦能预测：最近中国所奉行的与西方资本主义国家的关系改善，引进资本主义的某些规律，会无所大冲突，副作用会被溶化到中国的体系里来。

那么，何谓“西欧的美的核心”这一问题就很重要了。以侧重于中西的不同区别点，这是在拜读先生著作中的感受，通过文化的相撞，再展望文化的综合，中西之间的相互给予又是什么呢？也就是说，中国——如果把范围再扩大的话，就是生活在东亚细亚的我们——能够向西方提供的美的核心是什么？在此之前，我们从西方得到的“美”的诸因素中应该保持、发扬光大的核心又是什么呢？

张：先生说得很对，“西方”这一概念，对中国来说，有古今之异，在古代，西方一词主要用来指对中国文化发生了重要影响的天竺（印度），近代以来，西方一词主要是指以西欧、北美国家为代表的西方文化。西方一词还可以有很多用法，根据不同的语境可以用不同的含义，拙著中，西方一词用来专指在古希腊罗马文化基础上，融合源自希伯来的基督教而成长起来的西方文化。先生敏锐地看到了中国总是能把其他文化的长处吸收到自己体系中来，古代的社会容纳佛教和现代的学习西方是两个最经典的实例。但古今的最大不同是，在古代，佛教并未能改变中国文化的基本结构，而成为了中国文化基本结构的一种补充，因此中国文化融合佛教并创造出汉化佛教是较容易的事。而在现代，西方文化却极大地改变了中国文化的基本结构，因此，中国文化在融合西方文化的过程产生的矛盾、痛苦、曲折是前所未有过的。在这一意义上，拙著将中国文化限定在现代以前，正是为了中西的现代冲突提供一种文化背景。

先生提的后一大主题和与之相关的几个问题，目前我还无法回答，因为它涉及的基本原理太复杂了点，非三言两语说得清楚。我想，提出问题比回答更重要。说实话，你的问题稍为变换一丁点角度，就变成了我平常在思考的问题：西方文化已经为当今的全球化的世界提供了什么？中国文化曾经为和可能为当今的全球化世界提供什么？（这包括两个问题：1. 中国古文化能为当今世界提供何种文化资源？2. 中国以古文化为基础和以西方冲击为契机的现代化经验会为当今世界提供何种经验?)以儒家和佛教为基础又一直在对西方冲击的挑战进行回应，并取得了相当成就的东亚（用杜维明先生的说法，包括工业东亚和共产东亚；用亨廷顿先生的说法，是儒家文化圈）将对当今世界提供什么呢?

柳：平素我常认为，人的生命现象的中心既是活动又是运动。如果让我概括一下西方对运动的观点，我会很自然地想起辩证法一词。我的粗略认识是：那辩证法的运动观是从古希腊开始，到黑格尔，又到马克思、恩格斯，再到列宁阶段。从观察当今中国的情势中发现了辩证法又迈向了新的一步或是进入了一个崭新的局面。这是在看到系统论或是反馈论等新的理论相互结合而得出的。

与西方的辩证法相对的就是阴阳论。我认为，是不是辩证法与阴阳论之间的冲撞及其相互渗透才是走向“新的世界观”的途径之路口，当然，这里又涉及美学问题。比如说，中国古典美学里一贯称美的是“和谐”——本译文里用了“调和”这样一个不太自如的用语——而西方则跨越了和谐将悲剧更推向极端以至于悲壮的境界。所谓“和谐”，会很容易坠落到“假中庸”。迎接21世纪我们所要追寻的美也离不开这样的问题。东亚细亚的阴阳论美学与西方的辩证法之美学之间的美的原理相互畅通的可能性欲在何处得以发现?

张：辩证法是西方文化的主要方法论之一。它经黑格尔→马克思→列宁而进入中国，在现代中国产生了很大的影响，并且有了自己的独特形式，即毛泽东的以对立统一律为核心的矛盾斗争学说。随着中国的改革开放，特别是1990年苏联解体后两极世界的消失和以因特网为特征，以经济全球化和文化全球化为主流的新一轮全球化浪潮，中国思维必然要改变、在一些方面已经改变、在另一些方面正在改变自己的形式。

我认为，中国的思维就其最基本而言，包含在太极图中，它从最基本的层面来说，有两个相互关联又相互补充的方面，一是阴阳论，一是有无论。只就阴阳论与西方的对立统一来说，一个最大的不同，它是阴中有阳，阳中有阴。这是拙著未曾谈及而在我后来的一些著述中有所讨论的。这里展开去谈会太花时间，我的基本观点是，辩证法不能完全代表西方文化，发展到今天的西方文化，以福柯、德里达、后期维特根斯坦、阿多诺、伽达默尔、鲍西亚为代表的后现代思维将对包括中国在内的世界产生更大的影响。以气—阴阳—五行为构架的中国思维有它深厚的内蕴，当然也会在世界发生作用。是不是以后要把这些不同的东西综合成一个新东西，我还有保留，我更偏向于同意一位西方思想家的看法，思想是一种工具，各种思想相当于各种工具，每种工具都有自己独自的别的工具不能代替的用武之地，对于人来说，就是该用什么工具的时候，你就拿什么工具来用。当然如果出现这种情况，现有的工具都不适合新的情况的时候，就是需要创造新工具的时候了。对于而今十分复杂的全球形势来说，可能没有一个工具可以成为万能工具，我们所能做的，一是清理人类的工具库，二是根据现实需要新造工具以增加工具库的种类库存。各种思想既是文化的，又是人类的，当现实需要某些思想汇通的时候，它自然会汇通起来。而没有这种需要的时候，人就想不起去做某一种汇通的事。

柳：最后，先生与我，韩国与中国之间的问题了。

作为研究鲁迅者，我认为，鲁迅是中国的“革命家、思想家又是文学家”，又是摆在世界文坛也毫不逊色的作家，宛如歌德、莎士比亚的文学就是世界的文学一样。从这一点上，鲁迅既是中国人，同时又是世界人。然而，走向“世界人鲁迅”的过程中，如果我们能够搭起一个桥梁作用的话，那将是再美不过的事情了。那是因为东亚人鲁迅这一事实。鲁迅是东亚人，但他不是世界人。鲁迅是中国人，但他又不是韩国人。然而鲁迅是中国人，又是东亚细亚人。每年有众多的中国学者访问韩国，又停留在韩国。从他们身上感受到的第一个印象是他们对去理解韩国却没有什么兴趣。一年多在韩国停留时间里，对学习韩语，理解韩中两国文化的热心度不高，这是我所遇见到的大多数的中国人的共同点。当然，我并非向他们发出什么“订单”。令人值得注意的事实是：西方文明已经过了立秋又经过了末伏再通过秋分的季节，我们——包括日本、越南——应该共同构画能够窥视新文明的可能性的东亚之巨像，即群像。此问题的提出一方面是基于今后中国前景的乐观，另一方面是忧于中国重新走向“唯我中华中心”之道。我最关心的是先生如何看我这一观点的，换句话说，不仅仅是中国一个国家，而是通过对东亚这样一个联合体的发掘来重新调整新文明以及美的精髓。

张：十分感谢先生对鲁迅的爱好、兴趣和理解。我与先生有同感，鲁迅是中国的，是东亚细亚的，也是整个非西方文化的，当然也是世界的。我是从世界史的背景去理解鲁迅的。人类历史，大致可以分为三大阶段，一、被称为轴心时代（公元前 700—前 200）以前的100多万年漫长岁月，各原始文化基本上以大致相同的文化形态分散地发展着，孕育和准备了轴心时代的到来。二、轴心时代，世界各地同时出现各具特色的文化模式：希腊、印度、中国、波斯、玛雅……这些文化各带异彩，按照自己的内在规律和外在际遇，在近两千年的岁月中，基本上分散地在世界各地演化发展。三、16世纪资本主义在西方文化中兴起，并向全球扩张，分散的世界史变成了统一的世界史。西方文化带动了全球的现代化并成为世界的主流文化。全球化的过程也就是各非西方文化在西方文化的催逼下走向现代化的过程。鲁迅首先代表了中国走向现代性的痛苦、决心和深度；其次可以表征整个东亚走向现代性心态的某一方面；再次还可以象征整个非西方文化面对现代性挑战时的感受；最后，鲁迅是从分散世界史向统一世界史的世界现代性大潮中产生的某一方面的典型。

中国人对韩国的兴趣不大，这个问题很复杂，我暂谈一下自己的感想。先生如果放眼看去，就会发现，中国不仅仅是对韩国，对东南亚，对印度、对阿拉伯、对非洲、对拉美的兴趣更小。这是中国从1840年以来的痛苦造成的。从辉煌的古代突然跌落到悲贱的现代，能极大地牵动中国人心灵的只是世界的先进者，中国人认为西方最先进之时，是西方，认为苏联最先进之时，是苏联。日本在现代化的浪潮中后来居上，尽管现代史使中日之间有很大的不快，中国对日本的兴趣相当大。中国人对韩国以前是知之甚少，但韩国作为东亚经济奇迹的一个必要组成部分之后，中国对韩国的兴趣的增长是相当快的了，在北京到处都可以看到韩国餐馆。连北京大学和人民大学里面也各有一个。在一个以经济为主要指标的现代世界中，谁强盛谁就获得最大的关心和注意，在美国，学日文的人比学中文的人还多，是同一个道理。如果韩国的发展超过了日本，世界包括中国在内对韩国的兴趣就会超过日本。中国在追赶先进的过程中，有太多的东西要学。我们还不能静下心来细细体味许多民族和文化的独特意味的美。我想这是我们自己都感到很遗憾而又无可奈何之事。

对于世界大势，我谈不上有研究，只能算有一些感受。我不认为西方文化已经过了秋分，而是觉得，西方文化现在是，在下一世纪仍将是世界主流文化。东亚起飞（尽管有了金融危机）给世界学界提出的问题是：现代化是否只有一种西方文化示范给世界的模式？

有没有一种东亚模式？韩国、中国台湾和香港地区、新加坡、中国大陆、越南在一段时间内先后产生经济增长，是由什么决定的？是像好些人说的那样，由一种共同的文化（同属儒家文化圈）所促使的吗？无论怎样，东亚的共同性是人人都能感受得到的。我觉得，以东亚经验对人类的意义为课题对东亚各国的特殊性和共同性的研究应是东亚学人的共同责任。

感谢先生对中国前景的乐观。从客观上说，中国不可能成为唯我中华中心，从主观上说，在现代的知识背景上，学人智者不会去构筑这样一个中心。从传统上看，虽然古代中国形成了以华夏为中心的夷夏世界等级结构，但它不是古希腊式的殖民模式，更不是近代西方的殖民模式，而是一种和平主义的朝贡体系。因此这个传统不会演变为一种现代霸权。因此，对你的忧虑，我想说，如果中国能强大，将是东亚和世界的福音。对于我来说，我的忧虑是，中国能否找到更好的方式克服和解决自己的种种困难，并以这些困难的解决给第三世界国家一个示范。

柳： 详读言不成章的提问，再次表示感谢。遥祝先生的研究硕果累累。如有机会，希望能面以相对促膝交谈，也期望东亚细亚圈交流的那一天早日来临并在此相会。

该是最后一个问题了，你好喝酒吗？

张： 感谢先生心志宏大的提问，使我也一时间进入了一种宇宙人生之思。不知对其中的提问有没有误解，这些问题有的太复杂，也许要在一种面对面的辩证对话中才能清澄起来。真希望有机会"何日一斟酒，与君细论文"。我不常喝酒，但有一定酒量，不知韩国的酒度数有多高，倘若像西方一样都是低度，要我醉就不是那么容易了。

本版附录二

比较文化学：缘起、内容、方法*

一、比较文化学缘起的现实背景

1990 年，出乎每一个理论家、历史学家的预料，庞大的苏联突然崩溃，苏联东欧一体化的社会主义阵营骤然变色。从那时起，历时半个世纪的世界格局发生了根本的变化，一个以苏美两个超级大国为核心和代表的两极世界消逝了，与两极世界紧密联系在一起的林林总总关于世界、历史、社会的理论体系也一道或终结或修正或改变。在两极为主的世界中，除了以苏联东欧集团为一方以美国西欧等为一方的对峙之外，还有一个中间地带第三世界，当两极不在之后，以两极为基础的三个世界结构也要重整合。未来世界将如何变化？人类演进将走向何方？这时，作为冷战胜利者的美国理论界，由著名学府（哈佛大学）的著名理论家（亨廷顿）提出了“文明冲突论”（1996），作为未来世界历史的演化模式。文明冲突论在全球学界引起了巨大的回应，赞成的，反对的，修正的，各有说法，但都围绕着亨廷顿的概念核心，从逻辑上说，文明冲突观念一旦提出，你要进来讨论，结果无非是：文明之间要冲突，文明之间可和谐，文明之间有和谐有冲突。不管究竟是哪一种观点符合由当前向未来演化着的世界史的实际，也不管哪一种观点占了上风会影响人们对世界现实的看法，从而影响了世界史的实际演进，这一观念的提出和讨论本身就说明了一个巨大的现实，文明替代意识形态，成为人们看待世界史演化的一个重要因素。2001 年 9 月 11 日，美国纽约的标志性建筑，巍然并列矗立的世贸大厦惨遭恐怖袭击，大高楼瞬间变成灰土，千万人刹那命死身伤，袭击者强调的是一种具有文明因

---

* 此文发表在张法：《跨文化的学与思》，重庆，重庆出版社，2006。

素的“圣战”。“9·11”在一定的程度上改变了世界的面貌，也成了新时代世界史演化中一道红线般的标志，其意义很为复杂，但也确实在某种非浅层表面的意义而是深层的内在的意义上突出了一种文明冲突。文明作为世界史演进的一种重要因素，将受到也应该受到更为深切的理论关注。其实，早在20世纪80年代，文明的因素就成了世界学界的一个重要话题，这就是亚洲四小龙（韩国、中国台湾、中国香港、新加坡）的经济起飞和中国大陆的改革开放，被归结为一种儒家文明的内在动因。再早一些，在韦伯的研究里，现代社会的兴起，被总结为一种西方文明的必然结果。随便举这两个例子，是为了说明，对文明特性的研究源远流长，只是当以意识形态对立为主的两极世界崩溃之后，才一下跃入人们的理论关注中心。

上面说的1990年的转折，只是从政治领域去看，如果从更宽广的视野，就不得不提到现在大家常挂嘴上的“全球化”潮流。全球化至少表现为四个方面：第一，以卫星电视和计算机网络的普遍化而来的信息交流全球化；第二，以跨国公司为载体的资本的全球流动而来的经济全球化；第三，以消费社会在各地的出现带来的商品广告全球化和旅游全球化而形成的消费全球化；第四，以好莱坞电影、牛仔服、麦当劳快餐、流行音乐、现代和后现代建筑为代表的大众文化的全球流行。从这一角度看，截然对立的两极社会和三个世界的消失，正好符合全球化四方面的内在要求。站在这一视野，不但导致1990年剧变的苏联东欧的改革符合了全球化的内在要求，沿此理路，东亚四小龙的崛起，中国大陆自1978年开始的改革开放，印度在1991年拉奥政府开始的经济改革，东盟经济区的形成，都与这一全球化的内在要求和演进逻辑相关。然而，从世界范围内出现的政治冲突和军事冲突，引出了文明冲突的话题，这里文明冲突被放置进一个文明多元和价值多元的框架之中，突显了人类历史和现实的严峻性和严重性。但全球化却是一种世界一体化的要求，从这一角度看，似乎，它把文明多元和价值多元纳入了一个统一的内在规律和历史的必然趋势之中，似乎，它要树立了一种一元性的价值，去统合不同文明的价值，或者要以自己的一元性价值，去引导不同价值观的文明朝向或转向自己的价值。在这一意义上，文明冲突好像就变成了不同文明由此自身文明的价值特性与正澎湃向前的全球化趋势之间的一种关系。而作为全球一体化主导者的国家或文明很容易把自己的国家和文明看成是全球化本身，同时依靠自己的优势，把自己国家和文明的价值看成是代表全球化历史趋势的价值。因为在这里容易误判，因而在现实中，我们看到，不少美国学者就把全球化看成是美国化，而欧洲学者则批判着这一美国化的全球化。实际上，全球化虽然目前为美国所主导，但美国本身只是全球化的载体，是全球化的一种表现，只有从这一角度看，美国人才能摆正自己文明与全球化的关系，同样，其他文明才能避免自己陷入自己与全球化关系上的误区。现在，已经不是哪一种文明表面顶层的意识形态与全球化的关系，而是文明特质本身与全球化的关系。全球化不是各文明放弃自己的文明特性而加入到全球化的共性之中，而是带着自身的文明特性，进行一种全球化的共创活动。各种文明如何去看待自己已经身处其间的全球化的现实，怎样在全球化的现实中去重组自身的文明资源，迎接全球化的挑战，并在应对全球化的过程中去发现全球化的内在理路，并以这种内在理路去更新自己的文明价值，重创自身文明的时代辉煌，并在重创自身文明的辉煌的同时，造就人类全球化的辉煌，成了摆正各文明中的一个严峻的现实课题。

如何认清自身文明的特质，从理论上讲，比较文化学是一条较好的入门之路。这里不得不先提一下，上面所说的文明，与比较文化学中的文化同义，对与文化与文明二词的同异析辨，将在导言第三节中进行专门的讨论。在第二节里，请暂把文化与文明作为可以互换的词进行理解。

二、比较文化学的学术来源

严格意义上的比较文化学来自于西方文化于17世纪产生现代社会并向全球扩张。这种全球扩张，对世界的整体关系主要以西方和非西方的结构呈现出来，通过理解西方和非西方的对立来把握一个整体的世界成了西方学术内在要求的一个组成部分。在一个由西方扩张带来的全球图景中，非西方是多样的，不但有美洲诸文化，伊斯兰诸文化，还有印度文化、中国文化、日本文化，等等。于是一个西方与非西方的文化比较关系同时也就是一个全球范围内的文化比较。这一文化比较，包含着两个内容，一是从客观上（即学术真理上）讲，西方与非西方究竟是怎样，二是在现实中（即在文化观念冲突和利益矛盾中）对西方与非西方做一个怎样定义使自己在这场冲突和争夺中更有利。这两个方面异常复杂地纠缠在一起，这样或那样地推动了西方文化中关于西方与非西方文化比较的学术发展。

关于如果把西方文化 17 世纪现代性以来的历史，进行分段的把握，那么，可以分为三段，从 17 世纪到 19 世纪末，可以看成“近代”，19 世纪末至 20 世纪 60 年代，可以看成“现代”，20 世纪 60 年代至今可以称作“后现代”。对于比较文化学来说，最重要的是从近代向现代的转变，在近代，从西方的扩张到世界被西方列强瓜分完毕；显出了西方对非西方的优势和霸气，这时的西方思想，以牛顿、达尔文、黑格尔、基督教神学为代表，在西方与非西方的文化比较上，显出了强烈的西方价值优越观，给出了一个清晰的西方/非西方二元对立世界等级图式，坚定地认为西方是先进的、文明的、科学的、理性的、民主的，而非西方是落后的、野蛮的、愚昧的、迷信的、专制的，西方的扩张与殖民，就是给广大的非西方文化带去先进、文明、科学、理性、民主。然而，西方文化两百年的扩张和胜利，并没有证实自己的观念，而是不断地证伪着自己的观念。近代西方思想转变为现代西方思想，它典型地表现为爱因斯坦的现代物理学、海德格尔的存在主义、弗洛伊德的精神分析、列维-斯特劳斯的结构主义和现代神学，这时的运思方式，以一种存在/存在者、无意识/意识、语言/言语的本体/现象的复杂结构进行，存在者、意识、言语是表层现象，存在、无意识、语言是本质，但这一本质与现象的关系，不是一种明晰的结构，而是以隐晦曲折的方式呈现。这种现代方式更尊重各现象的复杂性和特殊性，将这一思维引申到西方与非西方的关系中，可以得出，西方文化的表现是一种现象，各非西方文化也是一种现象，从本体层面看，西方与非西方是平等的，没有价值高下之分。这种本体论上的平等是比较文化学的基础。西方思想从近代向现代的转折，是以西方与非西方的当文化之间的交往在前所未有的广度和深度上进行并达到一个新质点为基础的，正是在这种新型文化交往的推动下，学术领域兴起了比较学：比较文学、比较哲学、比较法学、比较宗教学、比较社会学、比较历史学、比较语言学、比较神话学……为什么要产生比较学呢？一个基本的原因就是，自己所持的理论，本以为放之四海而皆准，但面对新出现的情况，却屡屡失效。且以比较文学为例，比较文学出现了两大流派——影响研究和平行研究。这两种研究模式都与基本理论的理论失效相关。影响研究与科学理论在跨民族、跨文化研究中的放大失效有关。按“学”的本有意义，对某一作品的认真研究而得出来的关于这一作品的结论应该普遍有效，不然理论就失去了作为理论的意义。然而实际上，某一作品在传播，特别是在跨民族、跨文化的传播中，往往产生出理论预料之外的效果，这就是理论的放大失效。因此在交流频繁的现代社会，处于跨文化传播中的文学作品的研究，旧的文学理论无能为力了，比较文学的影响研究便应运而生。平行研究与科学理论在跨民族、跨文化研究中的演绎失败有关，某一概念作为某一类事物的正确概括应该是普遍有效的，但在另一文化中，人们对同一事物偏偏有另一套分类，另一套看法，另一套定义，完全搬套不过去，例如西方文化中的崇高（sublime）概念，一进入到中国文化，找不到完全的对应物，西方崇高所指的客观对象和主观感受，与中国的壮美，基本对不上号，引来的是一次又一次的误读和曲解。面对跨文化之间的理论接触，旧的文学理论根本无法适应，比较文学的平行研究便应运而生。

比较学的视野，既是有西方文化与非西方文化大规模的交往相关，又与西方学术自己积累到一个关结点而产生的质变有关。在自然科学领域，爱因斯坦否定了牛顿，量子力学修正了经典力学，非欧几何证明欧氏几何并不是普遍有效的。在心理学领域，由弗洛伊德发端而不断发展变化的心理分析学派，揭示了一种与一般意识规律不同的无意识方式。在人类学领域，弗雷泽《金枝》到列维-布留尔《原始思维》、列维-斯特劳斯《野性的思维》表明了原始人有一套完全不同于文明人的思维方式，本尼迪克特《文化模式》不仅表明了各文化思维的相对性，而且显示了习俗和情感方式的相对性。这样，科学理论，已经成"学"的逻辑严整、自成体系的绝对真理与唯一真理和普遍有效性成问题了。（根据欧氏几何，由平行线外一点，只能引出一条直线，与已知直线平行；根据非欧几何，由平行线外一点，可以引一条以上的直线与已知直线平行。）理论形态与现实世界严格的对应性也成问题了。（对人体及其病理既可作西医的解释，也可作中医的解释。）科学理论并不是现实世界的唯一真理，而是人在历史实践里由主客体相互作用而创造出来说明世界的一套范式（paradigm）。同一现实是可以用不同的范式来说明的。作为范式的理论不是现实唯一的解释，它的定义也不是普遍有效的，而是在范围内的，超过范围就失效；并不是永恒如一的，而且有变味、变质、转化的可能。与跨文化交往紧密相关的比较研究和与西方学术整体演进相关的范式转换，具有共同的时空背景。在这一背景产生出不少的学术领域，其中，对比较文化学来说，有三大领域具有重要的意义，一是以人类学为总纲的各类研究，二是以历史研究为总纲的各类研究，三是以宗教研究为总纲的各类研究。

以人类学为总纲的研究，包括人类学、民族志、风俗研究、神话学、语言学等学术领域，英国学者爱德华·泰勒（1832—1917）为正式开始的文化人类学通过考古发掘和田野调查，对远古的各种原始人类遗迹和现存的各类尚处于原始状况下的人类群体进行研究，在这种研究中产生出了两大特点，一是把文化作为一个区别人类群体的总体概念，一个文化（例如印第安文化）与另一个文化（例如古欧洲文化）相区别，文化这一概念用来突出一个人类群体中的独特的性质。二是在对不同文化进行具体的区别中，不作本体论意义上的等级高下的价值判断，不是现代文化高于原始文化，也不是处于同一历史阶段的某一文化高于另一文化，而是以文化作为一个现象描述概念，重要的是用文化概念去突出被研究文化的特点。这种本体论上的开放性，极大地增加了对一切人类群体研究的魅力，同时也极大地推进了对人类存在多样性的了解。然而，文化人类学的主要对象是对原始社会的群体的研究，是对业已失落的文化或正在消失的文化的研究。对人类学者来说，这种失落和正在失落的性质本身就说明，在这些文化中，可以显出更多与现代社会的人类完全不同的特征，从而有利于发现仅从现代社会中不易发现的人的多样性和可能性。正是人类学研究的这两大基点，使之成为比较文化学研究的重要基础之一。

然而，对人类的整体来说，这一优点同时又是其弱点，人类社会经过几千年的演化，形成现代社会，这个演化的主体，同样显出了人类的主要特征，因此，面向原始人群和边缘人群的人类学研究是重要的，对作为历史主要存在并在历史演化中存活下来且成为前进主体的人群进行研究同样是重要的，而且更为重要。正是以人类的演进主体为对象，历史研究提供了另一重要的视角。阿诺尔德·汤因比的《历史研究》（1933—1961），奥斯瓦尔德·斯宾格勒（1880—1936）的《西方的没落》（1918—1922），卡尔·雅斯贝斯（1883—1969）的《论历史的起源与目标》（1949），伊曼纽尔·沃勒斯坦《现代世界体系》（1974），威廉·麦克高希《世界文明史》（2000），以上这些20世纪以来出现的著作，从不同角度和不同相位勾画了人类历史的波澜壮阔的演化，突出了人类历史的多样性、复杂性、丰富性。如果说，人类学注目于理论意义上之原始文化，那么，历史研究则焦点于从原始文化进化而来的文明类型，但对文明类型作了比人类学家对原始文化所作的更为丰富的展开，更多角度的思考。如果说，文化人类学主要是对原始文化的比较研究，那么，历史研究则主要是对原始文化以后的文明史的比较研究，二者正好形成互补。

人类学和历史研究面对的是文化的整体，而对宗教学来说，文化的核心是精神，精神的核心是宗教，宗教研究对文化研究具有举足轻重的意义。从宗教学的眼光看来，文化人类学中最重要的，是原始宗教，历史研究中，宗教也起了一种最核心的作用。而随着西方的扩张和西方与非西方交往的深入，宗教研究也从西方的基督教，深入到了整个世界宗教的研究，因此，宗教研究从四个角度展现开来，一是世界宗教，意味着要把世界上的所有宗教都包括进来，进行分门别类的研究。如奥克斯托巴主编的《世界宗教》（2002）包括从古代宗教到犹太教、索罗亚斯德教、基督教、伊斯兰教、印度教、佛教、耆那教、锡克教、儒教、道教、神道教，等等。二是宗教史研究，把世界宗教史作一总体的把握，如米哈尔·伊里亚德的《宗教思想史》（三卷，1975—1983），在这里，无论是在一般的世界宗教著作中出现的主要宗教，还是没有出现的次要宗教，都被组织进了一个历史的整体之中，因为是写史，一些过渡性的宗教，如厄琉西斯教和狄奥尼索斯教，卡尔特人、日耳曼人、色雷斯人、盖塔伊人的宗教也都被组织进来。三是比较宗教研究，因为世界的各种宗教是不同的，因此宗教研究必然是比较的，宗教比较可以是比较同，如丹尼·卡门德与约翰·卡门德合著的《中心之路》（1980）以圣物、神话与仪式、巫师三大主题比较了美洲印第安人、爱斯基摩人、非洲人、澳洲人的原始宗教，又以自然、社会、自我、最高实在这四个主题比较了印度教、佛教、中国宗教（儒、道、释和现代思想）、日本宗教、美索不达米亚、埃及、伊朗、希腊、犹太教、基督教、伊斯兰教。也可以比异，如爱德华·路丁和安拉·路西的《比较宗教观念》（1996）不但比较了各种宗教（包括历史悠长的各大宗教和当代出现的新兴宗教，如美国黑人宗教和拉美自由神学），而且还就女性宗教、生态宗教、宗教教育、长寿与宗教等观念主题，进行了文献学型的比较研究。四是神话学。神话学把世界各地的神话，美索不达米亚的、埃及的、伊朗的、希腊的、罗马的、卡尔特的、芬兰的、斯拉夫的、印度的、中国的、日本的、北美的、南美的、非洲的、澳洲的神话，或进行整体排列作个案研究，如苏各特·里特列顿主编的《神话学》（2002），或进行综合性的主题研究，如米哈尔·伊里亚德的《比较宗教的模式》（1958），对神话中的共同主题，天空与天空神，太阳与太阳崇拜，月亮与神秘追求，水及其象征，圣石现象，土地与生殖女神，植物与再生象征，农业与丰产仪式，圣地对庙与宇宙中心，时间与永恒循环，进行了跨文化的比较研究。

人类学、历史学、宗教学这三大领域的研究，无论有多大的不同和有多大的交叠，却有内蕴着一个共同意向，即把文化看成人类最主要的特征，把人类历史看成是文化演化史，把社会的差异看成文化的差异。因此，这三大学术领域都通向比较文化学的研究，而比较文化学本与这三个领域相交叠，从而这三个领域的成果，成为比较文化学最主要的来源。

三、文化概念的定义与释义

现在应该对“文化”一词作一具体规定了。

这首先涉及文化与文明的联系与区别。在西方的意义上，文化（culture）与自然（nature）相对，强调了人类从一开始就在自然之中成长起来，而又区别于自然，人之为人，就在于其有文化，文化是人的创造物，是人的自我确证。因此，原始社会遗址，我们可以称为文化。如中国 2 万年前的山顶洞遗址，可称为山顶洞文化，8 000 年前的磁山遗址，可称磁山文化，6 000 年前的仰韶遗址，可称仰韶文化。进而，凡是可以用来确证人的相关物，都可以说成文化，从器具来说，有石器文化、彩陶文化、青铜文化；从生存方式来说，有狩猎文化、游牧文化、农业文化。从字源上说，culture 一词派生于拉丁文 cultura，其词根 colere，原有耕作（cultivate）、居住（inhabit）、保护（protect）、崇敬（honor or worship）等义，可知 culture 源于农业，农业带来定居，使人受到保护，耕作的神圣化形成农业社会的神。整个农业活动的整体性构成了用文化来指称人类社会的统一性。拉丁文进入法文，又进入英文（5 世纪），又进入德文（18 世纪初拼写为 Cultur，到 19 世纪改为 Kultur），在现代性的兴起中，文化一词得到了普遍的提升，在英文里，16 世纪早期扩义为：人类的发展过程。在德文里，文化一词得到了德国接受了启蒙运动史学家所用的含义，主要表现文明化或教化的过程，文化即有“耕作”

(agriculture 与之关联）之义又有“耕心”（animiculture 与之关联）之义。在 1871 年，由于泰勒名著《原始文化》的发表，文化一词上升到了文化学意义的普遍性高位。

文明（civilization）与野蛮（barbarization）相对，源于拉丁词，意为城市。维柯说，是城市中的祭坛，祭坛为城市的核心，是城市的精神，是罗马城邦区别于其他非城邦文化形态的本质。有意思的是，希腊的城邦是 pole，与政治相关，可以推知，希腊城邦注重的是一种独特的政治形式。在希腊罗马人看来，城市意味着文明，相对于野蛮，这是文化的更高级形态。希腊面对的是东西之争，突出的是政治形式与东方（波斯）的不同，罗马面对的是蛮族的骚扰，强调的是文明与野蛮的对立。由于文明的这两种含义（城市和与野蛮相对），因此文明用于人类历史，就是指那些具有高度发展了的社会形态，历史学家关于能否称得上文明提出了一些标准，如：有了城市，有了青铜，有了文字，有了宗教。

由上可知文化与文明的同异：第一，从人类的进化史的角度看，文化可以指人类社会的一切形态，无论是处于石器时代的原始社会，还是处于机器时代的现代社会，都可以叫文化，文明则只用来称属于某种高级形态以上的文化。因为文化与文明在某种高级文化以上的相通性，当论题仅在这一范围内时，两个词汇可以换用；因为文化与文明在某种高级文化以前的不相通，因此当论及原始社会时，都只用文化而不用文明。第二，从范围上看，由于文化可以指一切时代的人类形态，因此数量众多，领域广阔，文明只限于某一高级形态以上的人类形态，因此数量不多。汤因比《历史研究》，指涉了 21 个文明，斯宾格勒《西方的没落》研究了 8 个文明。亨廷顿《世界秩序与文明的冲突》主要讲 3 个文明。第三，从空间上来看，由于文化一词的范围很广，它可以指很小的单位，一个小的氏族，一个小的村落，就可以是一个文化，因此，文化一词可用于很小的空间；由于文明意味着较高程度，须时间和经验的积累，因此，文明一词一般都用于一种广大的空间，如去指一个优秀的文化，如埃及文明，去指一个高级的宗教，如基督教文明。第四，从宽广性来看，由于文化是一个普泛性的设定，因此，人类社会中的一切，从物质到精神，从器物到行为，从仪式到思想，都可称为文化。因此常可以听到饮食文化，服饰文化，建筑文化；文明则是一个高级标志，我们一般不会说饮食文明，服饰文明，建筑文明，即便这样说了，那么，也不能用饮食文明去指一切饮食，用服饰文明去指一切服饰，用建筑文明去指一切建筑。

从这四个方面，可以知道文化与文明的一致与区别。但这一区别是由西方文化和西方学术发展起来的，如果回看中国，文化与文明这两个词又有所不同。

在中国文化中，文的起源是原始仪式中的人（巫）的文身，所文图案则为人所在氏族的图腾，当人的身体文上图腾符号之后，人就成了氏族（社会）之人，人的身份就得到了确定，人的属于氏族的本质得到了确认。文身是人的外观，这种外观又是内质的外显。正像人身上有必属于氏族本质的图腾符号一样，仪式中的其他因素，建筑，器物，都刻缕着图腾符号，从而，人身、建筑、器物上图案的一致性，使以人身之文为具象的文，又引申扩大整个仪式之文，成为仪式本质的外观，再进一步引申扩大了整个社会的外观。孔子称尧舜“焕乎其有文章”，赞西周“郁郁乎文哉”，章炳麟解释说：“孔子称尧舜‘焕乎其有文章’，盖君臣、朝廷、尊卑、贵贱之序，车舆、衣服、宫室、饮食、嫁娶、丧祭之分，谓之文；八风从律，百度得数，谓之章；文章者，礼乐之殊称也。”（章炳麟《国故论衡·文学总略》）由此可以知道，文的发展就是仪式（礼）整体外观的发展，也是与仪式相关的各种关系在外观形式方面的发展：在器物方面，是从岩画、彩陶、玉器、青铜到先秦时期完备的典章制度、器物、旌旗、车马；在人方面，由简单的文身到等级分明的朝廷冕服体系；在乐方面，从简陋的“击石拊石”之乐和简单的咒语到表明各等级身份的身体服饰和优美的言辞体系，俯仰进退的身体语言程式，曲式多样的仪式音乐体系；在建筑方面，由简单的房屋坛坝到宫室、城邑、宗庙、陵墓。这一文的从原始的简单形态到先秦丰富体系的具体发展过程，其中大的环节，除了从彩陶、玉器、青铜图案等考古材料和文献资料中零散而又复杂地透出外，已难确切考证，然而，从语言学上却可以看到，“文”以其一万多年（从 18 000 年前山顶洞人的仪式到夏商周三代甚至到春秋战国时代）的发展中，最后覆盖了整个中国社会和宇宙，成为“美”的总称。在先秦的典籍的语言运用里，文可以用来指人的服饰衣冠、身体礼节、语言修辞（言，身之文），可以用来指社会上的朝廷、宫室、宗庙、陵墓等制度性建筑，可以用来指旌旗、车马、器物、仪式等美观性事物（文物昭德），可以用来指意识形态中的文字、著作、诗歌、音乐、绘画、舞蹈（乐，声之文；错画为文，五色成文）。人在创造社会之文的同时，也以相同的眼光来看自然，日、月、星，天之文；山、河、动、植，地之文。因此，文成了包括自然和社会在内的整个宇宙的外观。文，一方面是自然和社会本质的美丽外观，另一方面又是自然和社会本身的本质、典型化、精致化。因此，在中文里，文明，就是文的明确性和光辉性显现，明者，光也，亮也。文化，就是以这种内蕴着仪式本质的文，去影响天下，这影响不是说理的、逻辑的、强迫的，而是情感的、艺术的、不知不觉的，是“化”。只有“化”，才深入人心，才变为人们和整个社会的自觉行为。《周易》说：“观乎天文，以察时变；观乎人文，以化成天下。”中文中的文化，即以文去化，达到天下的文明。如果说，西方的文化一词，是在现代性过程中才强调了与物质“耕作”相似的精神“耕心”的“教化”功能，那么，在中国，文化一词，一开始就是美学外观和精神境界的统一。当用现代汉语的“文化”一词来释西方的 culture 时，文化的内涵已经有了一个中西的综合。

如前所述，泰勒是第一个从文化学的意义上给文化下定义的人。从此时起，根据美国文化学家克罗伯和克拉克洪的统计，1871 年至 1919 年，关于文化的定义有 7 种；1920 年至 1950 年，又出现了 157 种定义。迄今为止，一些人估计，关于文化的定义已有 500 多种，另一些人估计，已经有近 1 000 种定义了。综合所有这些定义，可以从三个方面解说文化：

第一，文化是一个具有独特内涵的整体。这是从泰勒的文化定义开始就十分重视的内容，它强调所有在文化这个整体之中的一切因素，从物质工具，到生活习惯、社会风尚，到政治制度、法律、思想、宗教、文艺，都是文化。从这一视角来看，社会中的一切，都是文化，我们可以把任何物质工具、用具、器具与文化一词相结合，如石器文化，彩陶文化，刀叉文化，旗袍文化……可以把任何风俗和制度与文化一词相结合，如小脚文化，运动文化，政治文化，办公室文化，法律文化……可以把任何思想观念与文化一词相结合，如基督教文化，道家文化，水墨文化，油画文化，诗歌文化……但之所以能把一个具体的物质或制度或思想的词与文化一词相结合，都是要指出在这一词中包含着由文化整体而来的内容，都意味着，理解一个具体的物质或制度或思想对象，不能仅仅从这一物质或制度或思想本身去看，而要从决定这一对象之为如此这般的对象的文化整体去看。比如，一个坐落于省城的衙门，它是一种建筑形式（物质形态），又是一省行政长官办公之处（制度形态），还是中国文化尊卑等级观念的具体落实（观念形态），只有联系到中国文化这一整体，一个省城衙门的物质的、制度的、观念的内容，一句话，其文化内容和文化性质，才被揭示出来。因此，我们可用衙门文化这一概念去讲衙门的不仅是物质、制度、观念，而且还由这三个层面生发出来的各种丰富内容。

第二，文化专指以文学艺术为主的思想、艺术、仪式。由于在一个文化中，最核心的东西，最精致的东西，最典型地体现在文艺、思想、信仰、仪式上，这些形式一直为文化一词所专有，“文者，德之花也”，它们是文化最光辉的体现，占有了文化中的高位，可以本质地代表一个文化的本质。在比较文化学的意义上，如果把社会大体分为物质、制度、文化，那么文化因代表了社会中的精华部分而可以用来指整体文化，因此，文化一词，从广义上说，指包括物质、制度、文化在内的全体，从狭义上说，则指文化中上层建筑的精华部分。而这一部分又本质性地可代表文化整体。当我们用基督教文化来代替西方文化、用儒家文化来代表中国文化的时候，是用其精粹部分来代表全体。

第三，文化是一种教化的结果。这一点是强调文化一词中的“化”的动词本义，因为“化”，文化是一种建构，因此，世界上出现了被建构起来的各种各样的文化。这一点也强调了文化本义中与自然相对的特点。因为“化”，文化是一种建构的结果，化，意味着已经把人的建构变成了第二自然，成了人的本性，成了习俗和习性，成了一种品德，成了一种生活方式、生存方式、生命方式。因为“化”，文化是一种最高境界。“耕心”的目的是要成圣，“大而化之之谓圣”，当我们说一个人一个社会有文化还是没文化，就是看其在物质、制度、文化三层中最高层的建构上的成就，就是看其在最高层面上境界的高下。

以上三点，要说得言简意赅，那就是，文化是一种建构（相对于自然），文化是一个整体（相对于其他文化），文化升华为一种精神境界（突出地表现在与物质和制度相对的思想、艺术层面）。理解了第一点，可以理解文化的兴衰变异；理解了第二点，可以理解一个文化的内在精神；理解了第三点，可以理解文化在一个文化内的丰富意义。因为文化有此三方面内容，比较文化学首先是以对文化整体进行比较（这与第二点相关）；其次在整体比较的同时聚焦在文化的核心点上（这与第三点相关）；再次，在比较中关注文化的建构与解构，冲突与融合，发展与变化（这与第一点相关）；最后，在比较中呈现出人类文化的丰富类型、演进理路、整体特征。

四、比较文化学的目的、方法、内容

比较文化学的理论目的，以整个人类历史出现的文化作为研究对象，通过不同文化特别是具有差异性文化的比较，达到对人类文化的总体认识。这里，需对“总体”概念进行诠释，第一，由于人类历史从古到今，还在继续向前演化，是未完成的，因此，这一总体是未完成的，但由于人类历史从古到今，已经有了非常丰富的内容，对从远古以来到今天为止的历史，作一个“总结”，不仅是可以的，而且是应该的，其实，上面所提到的人类学、历史学、宗教学，还有不少尚未提到的学术领域一直都在进行这样的总结，可以说，用时代性的总结，对人类历史给出一个时代性的总体，是每一时代的人对人类应有的贡献。只是当今时空的人，对自己总结出的总体是一个未完成的总体，从而可以被也必将被重新修正和改写，有一个自觉的意识。第二，这样一个带有时代性的总体，是由比较文化学之眼去看的，正如比较文化学的这一具体的视点给它带来长处一样，也会因这一视点带来遮蔽。意识到遮蔽，是现代学术的学术自觉。比较学本就因意识到遮蔽而兴起，因此，比较文化学得出的总体，就时代自身的高度而言，又不是一个完全的总体，而只是一个从自己学科角度看出的总体。意识到总体的未完成性（对历史而言）和非完全性（对时代而言），应该成为比较文化学的学术自觉。

比较文化学的“比较”一词，已经决定了讨论的基本定式：把两个或两个以上的文化进行区分和比较，这个文化怎样，那个文化怎样，第三个文化又怎样，依此类推。在这一基本框架中，产生了两种不同方式。第一种为：这个是这样，那个也是这样，另一个还是这样……第二种为：这个是这样，那个是那样，另一个又是另一个样……采用第一种方式，意味着文化有一个共同的规律，真理只有一个，只是其在各个文化里表现得有所不同，这“不同”是与显现的强弱有关，与发展的程度有关，与价值的定位有关，而与根本

的性质无关。通过这一比较，于是知道了正确的文化形态应该是怎样的，人类历史上各种各样的文化应该怎样通过比较，就在这一真理性的尺度里得到了自己的定位。简略地说，这种比较方式，是求同比较（comparison）。采用第二种方式，意味着文化具有多样性、丰富性、独特性，通过比较显示出各个文化中为其他文化所不能替代的独特性。而文化真理是各个文化的独特性中分别表现出来的。这种方式建立在两个基本原理之上，一是文化真理与具体文化之间形成有无结构，二是各文化之间形成互补结构。文化真理是无，具体的文化是有，无只有成为有才显示出来，但有又不是无，而且必然小于无。每一具体文化既是文化真理某一方面的体现，是对文化本质的肯定，同时又因仅是某一方面的体现，而是对文化真理的限定。古往今来，一个个文化的出现，从这一方面或那一方面，在这一点上或那一点上呈现了文化真理，但又没有穷尽文化的真理。因此，文化真理与具体文化的关系，是有与无之间的关系。具体文化之有，作为无的显现，不是以一种简单的呈现方式，直线的发展方式，而是以一种丰富展开的方式，曲折复杂的演化，呈现出来，因此，文化与文化之间，不是一种田径场上的接力赛方式，而是以一种量子力学的互补方式，呈现出来。这种比较方式，是求异比较（contrast）。文化比较在西方近代模式中，多是求同的比较，也就是以西方文化为指标，去指认各非西方文化，将之排列到以西方为中心的结构中去；而自西方现代以来，多用求异的比较，力求从有无结构和互补原理去理解文化的多样性、丰富性、独特性。本书的比较基本上是以有无结构和互补原理为基础的比较。

人类文化是多样的，又是发展的，从发展的角度来说，人类文化有五个层级，这就是：（一）原始文化阶段；（二）神庙文化阶段；（三）轴心文化阶段；（四）现代性文化阶段；（五）全球性文化阶段。这五个层级，同时又构成了人类文化的大类。每一个高的层级出现，都意味着人类的一个新方向的出现，同时，高层级的文化在现实的生存竞争中，相对于仍处在以前层级上的文化，具有质的优势。但这并不意味着，处于更高阶段的文化，在本体论上拥有更高的文化真理，只是意味着在生存论上具有质的优势。区别这两点，对于思考文化的发展是重要的。然而，发展的层级对于文化的分类，具有重要的意义。由文化层级而来的大类，有一个时间上的开始，有一个类型上的特征，列表如下：

文化层级	代表性文化	发生时间	类型特征
原始文化	尼安德特人	5万年前	仪式突破
神庙文化	埃及、巴比伦、印度、中国商代	前3000年—前1500年	宗教突破
轴心文化	印度、中国、地中海	前700年—前200年	哲学突破
现代文化	西方	17世纪	科学突破
全球文化	西方	20世纪60—90年代	信息突破

这个表建立在人类文化的历史和类型的总和上，既注重文化的类型的多样（以五大类为基点展开），又关切文化的演化的层级性（抓住五大类型），还注重文化所呈现的精神深度（突出类型特征）。更具体更集中地说，这五个层级，提供了人类文化丰富和多样展开的类型基础，又呈现了人类文化在向上演化的历史主线，还为把握人类文化的类型和历史特征提出了综合指标。这个表的五大阶段是以历史演化为主划出来的，但一旦划出来以后，又将之作类型上的处理。而对类型的划分，是以演化等级来标志的，因此，表中的划分是时间性、类型性、等级性的统一。

从表中可知，从文化相对于自然这一点出发，把文化的起源定在仪式的出现上，正如“文”起源于仪式中的文身之人。仪式的出现标志了人类有了一套文化制度和观念，这时，经过几百万年演化的人类（原始人类）进入了文化（原始文化）。因此，原始文化，从时间上说，尼安德特人的葬礼仪式是原始文化的开始，从类型上说，那些还停滞在以原始仪式为核小的社会文化，如美洲的诸文化，澳洲的诸文化，非洲的诸文化，无论是19世纪、20世纪，还是21世纪，都属于原始文化。神庙性文化从时间上说，以公元3000年前美索不达米亚和埃及为起点，从类型上说，在原始仪式中发展出了一种宗教形态作为社会的核心，具体来说，以历史学上四大文明（埃及、巴比伦、印度、中国商代）为其典范。因此，只要处在同一类型上的文化，无论处在历史的哪一段，美洲的玛雅文化，欧洲的卡尔特文化，亚洲的西藏文化，都属于神庙性文化。轴心性文化，起源于公元前700年—前200年，在中国、印度、地中海三大区域同时出现的哲学突破，构成了人类文化史上新的发展轴心，哲学突破就是轴心文化的等级指标。以后只要出现具有同一哲学内涵的文化都属轴心时代文化，如公元7世纪出现的伊斯兰文化，10世纪归皈东正教之后的俄罗斯文化。现代文化，其时间起点是17世纪现代社会在西欧的兴起，其类型指标是科学突破。科学和理性成为了社会的核心。随着西方文化的全球扩张和非西方文化的迈向现代，以后凡是吸收现代文化指标，并成为自己社会中重要因素的文化，如俄罗斯、日本、中国、印度、伊斯兰世界……都进入或正在进入现代文化。现代文化的出现是人类文化的一个大关结，它从三个方面显示出来：第一，世界成了一个真正的统一体。如果说，以前的人类文化的发展，基本上是在一个分散的世界史中进行的，各自互不干扰地按照自身的文化规律运转，那么，现代化则把世界上的一切文化全都卷进了一个统一的世界史之中，正是这一“统一”的特征，沃勒斯坦的“世界体系”的历史效应开始发生作用。各类现代以前层级的文化，已经不能像在前现代的任何时期那样，自由自在地游离于历史主潮之外，而是完全被“组织”进以主流文化为首的世界一体化之中，并按照其为之提供的一个结构而重新呈现“意义”。第二，文化打破了人与以自然为主的平衡，主导了人与自然的冲突。如果说，现代性以前的文化，文化之人与自然基本上处于平衡与和谐之中，那么，现代性以后，文化之人打破了这一平衡，人与自然开始了质的冲突，并不可逆转地向前迈进。第三，文化的与自然不同的文化性得到了突显。如果说，在前现代的文化中，每一个文化都认为，文化就是自然，文化的规律就是自然的规律，那么，现代文化在突显了文化与自然的冲突，创造了前所未有的环境危机和生态危机的时候，文化不是自然的本质突现了出来，对文化是什么和自然是什么，必须进行重新思考。当现代性的这三方面内容以自觉的意识得到质的提升，现代文化从科学主导转到了信息主导，一个全球时代来临了。如果说，现代文化把世界在地理上、政治、经济上拼组成了一个整体，那么，全球性文化则以卫星电视、互联网、跨国资本、文化工业、国际旅游、联合国、世贸组织等，把世界组织成了一个紧密的整体。在这一整体中，人类再也不是像以前的各个时期那样，从各自的文化去思考人、文化、宇宙的究竟，而是从人类的整体，从文化的总和中去重思人、文化、宇宙的本质。在全球化时代，每当一个文化中人思考这些重要问题的时候，他总会情不自禁地想，其他文化的人是怎么思考这一问题的呢？

而今我们已经身不由己地来到了的这个全球化的时代，正是一个必然地要用比较文化学的方式，去重思文化的时代。前面的表已经指出了比较文化学的基本方式，一是从五种历史类型进行进化类型比较，这一比较呈出的是文化的进化图式；二是以五大类型为基点，进行同一类型之内的比较，这一比较显示的是文化的多样展开。

当比较文化学把历史与类型综合为一体进行研究的时候，在整体图景上显出了如下的特点：

第一，起源性的点由多到少。原始文化，虽然从文化起源基质——人的起源来说，有两种理论，一是由一而来的，从非洲到全球，二是多元发生，两种理论随着考古学的进展彼此起伏。倘若人类的一元发生最后被证实了，这种由一到多，还处于人种学和民族学层面，对文化的产生来说意味着什么，尚须研究，但仪式是由这由一到多的人所创造的，因此，在作为文化起源的仪式突破的多元性里，有一些共同的因素在起作用，是这些因素决定了原始文化的统一性。倘若一元发生被证伪了，一种生物进化的总规律，一种地球渐变的总规律，一种宇宙演化的总规律，仍然支撑着多样现象后面的一，因此，在从作为文化起源的仪式突破的多元性里，仍然可以看到一些共同的因素在起作用。但是，作为文化起源的仪式突破，就现在的考古学材料来说，确实是多元发生的，它散布在全球各处，只见那星星点点，基本上互不相干，呈现出千光万彩。正是这种原始文化的多样性和丰富性，构成了以后时代的文化多元性。到神庙文化这一级，点就相对少了，在汤因比选出 21 个文明中，有 12 个属于神庙文化①，对这 12 个再作一点归纳，只有 5 个系统，埃及、两河、印度、中国、美洲。在此之外，还应加上西欧的卡尔特文化，共为六点。然后由这六个点向四周扩散。汤因比列举的 12 个，基本上是由六点扩散后的图景。因此，可以说，神庙时代是六点扩散出来的彩图。轴心时代，是三个点，地中海、印度、中国。这三个点各自扩张形成了自己的文化区域。中国文化影响了整个东亚地区，即越南、朝鲜、日本。印度文化影响了南亚、东南亚、中亚。地中海文化则向整个周边扩散。在轴心时代的文化扩散中，印度与中国这两个文化区都得到了整合，而地中海以希腊思想、希伯来思想、波斯思想为中心，则未完成文化整合，逐步演进为相互斗争的三个文化区域，天主教文化区、东正教文化区、伊斯兰教文化区。现代文化率先在西方出现，然后向全球扩张，是由一点扩张，对全球进行整个的技术覆盖。从现代性进入到全球化，是由西方文化中最强大的美国兴起，然后扩向全球。因此，人类文化的五级跃进的原点，从原始文化的万点，到神庙文化的六点，到轴心时代的三点，到现

① 汤因比的 12 个属于神庙文明的是：埃及、苏美尔、米诺斯、赫梯、巴比伦、叙利亚、中国、印度、玛雅、安第斯、尤卡坦、墨西哥文明。

代文化和全球文化的一点，构成了思考文化比较的多重角度。

第二，高一级文化建立在初一级文化的基础之上，其扩张，就变成了文化冲突与文化融合的不同模式。从原始文化向神庙文化的跃进，是高级文化影响低级文化的过程，这里的高低，主要包括三个方面，工具一经济形态，制度一组织形式，思想观念形式。当一个点上发生升级变革，升了级的文化就会向未升级的文化扩张，于是造成了文化间的冲突，然后是以高一级的文化为主的文化间的融合。已升级的文化的性质不同，其扩张的方式不同，文化冲突的方式就不同，文化融合的方式也就不同。在由原始文化向神庙文化的升级中，既是由石器向铜器的升级，也是由部落向国家的升级，还是图腾向主神的演变。在从神庙文化向轴心文化的升级中，既是由铜器向铁器的升级，也是由国家向一种大一统（帝国）的升级，还是由神学向哲学的演进。在从轴心文化向现代文化的演变中，不仅是由铁器向机器的升级，也是由大一统向民族国家和世界体系的转变，还是由宇宙论的古代哲学向主体性的现代哲学的转变。由现代文化向全球文化的升级，不但是由机器到电器的升级，民族国家向世界治理的演化，还是由现代思想向后现代思想的转变。以上讲的是升级的共同性，在这共同性里又有差异性，从原始文化向神庙文化转化的时候，四大河域形成核心的典型，四大河域的不同文化，形成了在这四大河域中文化冲突与融合的不同形式。地中海的两大河域在地理上的接近，以及与周边原始文化的复杂关系，构成了一种斗争型的组合。中国文化以黄河为中心形成一种夏商周的天下共主观念。印度河域升了级的神庙文化与周边原始文化的关系资料不足，但从轴心时代的演变，可以由后猜测其以前的基本框架。从神庙文化向轴心时代转变的时候，地中海文化在同时产生了三大思想，波斯的索罗亚斯德教、希伯来的犹太教、希腊哲学思想，后来又产生了伊斯兰教，四方的先知和哲学家在这里进行着思想上的拼斗，未能统于一尊，却形成了独特的地中海文化演进模式。轴心时代的印度文化在外来的征服者与本土人融合的基础上产生，一种独特的心灵关怀形成了印度模式。这种模式决定了印度文化对周边的巨大影响是以和平方式进行的。轴心时代的中国文化以家/国/天下一体构成政治一社会形态，以儒道互补、儒法互用、儒墨互持的形式，铸成思想上的和合性，以夷夏观念和朝贡体系形成了独特的天下观。当现代文化在西方兴起，西方文化建立在地中海文化的斗争性上，决定了现代文化向全球扩张的形式。当这种扩张进入到与之不同的其他文化中时，其激荡起的冲突是不一样的，其产生出的现代文化形式也是不一样的。一方面，西方现代文化的扩张形成了一种世界体系的景观，另一方面，这个世界体系中的具体构成，因各大文化在轴心时代已成模式的不同，而形成了各种不同的现代性历程，进而形成不同的现代性模式：俄罗斯的，日本的，中国的，印度的，伊斯兰的，拉美的……从现代文化到全球文化，一方面，西方文化经过与各非西方文化的400年交往，在主导现代性和走向全球化中，不断反省自身；另一方面，各非西方文化在已经走向现代化的历程中，体验形形色色的困难，积累了相当的经验，取得了各有特色的成就，当全球化的到来要求各文化有一个新的组合的时候，400年的现代性历程构成了全球重新组合的基础，同时也提供了重新组合的多种模式。在从原始文化到全球文化的漫长历程中提供的冲突与融合模式，为思考文化比较提供了多重角度。

第三，文化在进化中越是走向高的层级，低级文化就越是难以存活。在原始文化时期，人类的文化形态，从求同的方面来说，是相对类同，从审异的方面来说，又是多种多样的，“1915年，人类学家算出了650种各种类型不同的文化”①。到高级文化时期，只有大类6种，亚型10多种了。到轴心时代，大类是减为3种，亚型不到10种，到现代文化兴起之前，前两个时代中曾辉煌过的文化，好多都已经灭亡了，如埃及，两河、卡尔特、维京文化，希腊、罗马文化。但在现代性以前，神庙文化和轴心文化的灭亡，只是说在这些文化的高级形式的演化中，进入了新的融合，如希腊、罗马、卡尔特、北欧诸文化，融合进了基督教文化之中。但与之并存的各种原始文化还并存在神庙文化和轴心文化的边缘，以及更远的地带。现代社会开始以后，玛雅、阿兹克、印加文化灭亡了，这种灭亡是未能融入现代社会的灭亡，同时，还有更多一直与神庙文化、轴心文化并存的原始文化在现代性的全球扩张中，也纷纷危殆和消失了。文化的层级进化，首先是生存性的，优胜劣败，由于是生存性的，那么，这优，只是工具性的，这劣，也是以工具衡量。这样一来，工具利钝，成了衡量文化进化的标准。然而，文化的本质，不仅是工具，而有更多的内涵。如果说，一种文化，是对人类某一方面的

① 威廉·麦克高希：《世界文明史》，31页，北京，新华出版社，2003。

独特性发展，那么，一种文化的灭亡，就是人类这一方面独特性的被灭绝。然而，在很长的时间内，这一文化的本质，从现代社会兴起之时，就没有被世界的主流文化认识到。在西方文化的全球扩张过程中，这种文化灭绝都被看成是好事，因为文化被作了价值分级，这种文化是野蛮的/愚昧的/低级的，那种文化是文明的/理性的/高级的。野蛮/愚昧/低级的文化应该灭亡。只是在这一灭绝文化的过程进行了几百年之后，西方文化对这一问题才有质的省悟。

然而，如何认识文化，仍然有很多问题摆在人类的面前。而比较文化学正是人类去认识文化的一种方式。它通过对人类文化五层级的历时展开和在每一级的共时呈现，来思考文化的共性问题。

本版附录三
从中西印思想比较，看何以西方率先进入世界现代性进程*

中国现代哲学人梁漱溟1921年出版《东西文化及其哲学》，提出了中国、西方、印度在哲学上是三种不同的向路，以一种哲人的敏锐，看到了轴心时代三大地域的思想家在哲学突破中各自的特点。自此之后，论西中印思想异同者亦不断有之，如唐君毅在20世纪60年代写的《哲学概论》，是以中西印思想比较立论，新世纪初余敦康在北京大学讲《哲学概论》课程，也是以中西印思想比较立论。这里，且在前人的基础上，从一个韦伯提出的历史难题来对中西印思想比较进行询问：在世界文化中，何以只有西方进入现代性进程。不过，本文在这样做时，把韦伯难题放在雅斯贝斯的思想史框架之中，德国哲学家雅斯贝斯提出，公元前700年至公元前200年，中国、印度、地中海同时实现哲学突破，对人类思想具有重要的意义，以后世界思想史的演进，基本上是在对轴心时代的思想进行解释、完美、发挥，也就是说，地中海的思想，即希腊哲学思想、犹太教先知思想、波斯的索罗亚斯德教思想，中国先秦以孔子和老子为代表的诸子思想，印度以《奥义书》、佛教、耆那教为主的思想，决定了以后世界思想的基本框架。雅斯贝斯的这一观念为世界学术界和哲学界普遍接受。本文结合韦伯与雅斯贝斯的思想，进一步问：轴心时代同时辉煌的有中国、印度、地中海，何以只有由地中海文化演化而来的西方率先进入了现代化进程？在这样问的同时，把这一提问与中国、印度、西方的思想性质关联起来，从三大思想的内在性质来解说这一问题。

一、中西印思想比较：三种不同的思想类型

从思想的类型讲，古希腊的思想是哲学型的，柏拉图的辩证法

---

* 此文发表在《人文杂志》，2010（1）。

和亚里士多德的逻辑学和宇宙型运思，成为主要标志；中国的思想是思想型的，儒家整合家国天下运思，成为中国思想的主流；印度的思想是宗教型的，《奥义书》、佛教、耆那教，全以摆脱轮回，舍幻（现实之幻）求真（宇宙之真）为自己的追求目标。从思想的对象讲，当三大地域的思想家面对宇宙人生仰观俯察极虑深思的时候，古希腊哲学型思想的重心，具有面向外在世界求索本质真理的科学型倾向，中国思想型思想的重心，具有整合家国天下社会秩序的人伦型倾向，印度宗教型思想的重心，是求得摆脱现世之染，回到本体之净的宗教型倾向。这三种倾向的不同，造就了三种不同的思想特色。古希腊思想的核心是 logos（逻各斯），中国的核心思想是道，印度的核心思想是梵（Brahman）。这三类思想的核心概念，呈出了三种思想的特性。

在古希腊，logos（逻各斯）就是逻辑，具体地体现为柏拉图的辩证法和亚里士多德的形式逻辑，更为典型地体现为欧几里得几何学体系。柏拉图学院的门牌写着“不晓几何，切莫入内”，欧几里得几何学用九条公理形成一个严密的体系，是一切科学的范本，也是一切思想的范本，最为精深完美地体现了古希腊思想之 logos（逻各斯）。柏拉图的辩证法，亚里士多德的逻辑学，欧几里得的几何学，都是明晰的、逻辑的、实在的、精致的，一句话，西方型的。

在中国，道由人（以头部代表）和道路两部分组成，是人在道中行走。道路具有路线、方向、规则，从而是理，但这规则是人在走之中呈现出来的，“人能弘道，非道弘人”（孔子）。道既可以为具体事物之道，但更主要的，是包含在具体事物之道中的天地之道，是从对以天为主的天地观察而来，天道圆，因此，中国之道不是直线的，形式逻辑的，也不是柏拉图式的辩证逻辑的，而是太极图型的，太极图一阴一阳，形成“一阴一阳之谓道”（《周易》）。太极图黑白两个部分，白之中有一小黑点，黑中有一小白点，阴中有阳，阳中有阴，阴阳互含，呈现了宇宙中一切事物具有一种中国式的内在关联。太极图一阴一阳之间由一条动态的曲线分开，这一太极曲线，就是中国之道的特点，曲径通幽，曲线呈道，由于这一曲线，阴之部分，随曲线完结时，化入阳之中，阳之部分，随曲线完结时，化入阴之中，“变动不居，周流六虚”（《周易》），“行到水穷处，坐看云起时”（王维）。因此，中国的道的运行就是如中国的龙的形象，龙既在水中，大到海小到潭都可有龙，“水不在深，有龙则灵”，又在地上，中国建筑选址的风水理论，山为龙，中国居室背后山脉绵延不断，称为“龙脉悠远”。龙还在天上，“飞龙在天”(《周易》)，天上云雨，与龙有密切的关联。龙还与人关联，朝廷的帝王是真龙天子；还与一切动物相关：鱼龙腾跃，龙马精神，龙腾虎跃，龙蛇腾雾……而龙的形象，总是以一 S 型的太极曲线方式呈现出来。因此，正如西方的逻各斯从亚里士多德的形式逻辑和欧氏几何最鲜明地体现出来一样，中国的“道”由龙的形象和太极图的图形最生动地体现了出来。

在印度，梵是宇宙的本体，它既以一种抽象概念的方式出现，梵存在于一切事象物象之中，正如《唱赞奥义书》第六篇第十四章中的故事：

> 父对子说：把此盐放于一碗水中，明晨再来见我。
>
> 儿子遵命而行。第二天执碗见父。
>
> 父：且将水中盐取出给我。
>
> 儿看向碗中水，不知盐在何处。
>
> 父：尝上面的水——怎样？
>
> 儿：咸的。
>
> 父：尝中间的水——怎样？
>
> 儿：咸的。
>
> 父：尝底面的水——怎样？
>
> 儿：咸的。
>
> 父：放下碗，你坐到我这儿来吧。
>
> 儿子坐定后。
>
> 父：你的身体犹如那碗水。在身体之中，你察觉不到那存在者，犹如在碗中你看不到水中之盐一样，但它本就存在于你的身体之内。那是宇宙之中的精妙，宇宙万有以此为自性，它就是“真”，就是神我，儿子啊，你即是他。①

梵在一切事物中，就如咸在水中一样，无形无色而又确实存在，而且决定了水的味道性质。梵又以一种神的形象体现出来，不但在梵被哲学化之前，来自于宇宙之神梵天（Brahma），《梵书》说：“这个世界千真万确始于梵天，即无限的太一。”又说：“这个世界千

① 参见徐梵澄译：《五十奥义书（修订本）》，140～141 页，北京，社会科学出版社，1984。

真万确就是梵天。让人人都平静地崇拜它吧，因为人既从它之中产生，也将在它之中消解，在它之中呼吸。”而且当梵被哲学化之后，在宗教的叙述里，它还与很多最高神同一。摩罗奴者（Ramanuja，1017—1137）说：梵与毗湿奴教的最高人格神是同一的；摩陀婆（Madhva，1238—1317）说：最高的梵就是毗湿奴。室利康泰（约14世纪）说，梵就是湿婆神；筏罗婆（1473—1531）说：梵就是大黑天神（湿婆的化身之一）① ……回到梵的宗教面相梵天上来。当清晨梵天从睡梦中醒来，睁开眼睛，宇宙和一切事物，就在这一时刻产生了。到黄昏，梵天入睡，闭上眼睛，宇宙就进入毁灭。梵天一天天的醒又睡，睡复醒，一个一个的宇宙就这样不断地生与毁、毁复生。不过，梵天的一天等于世上的43.2亿年。印度思想的宗教形式又把宇宙的不断生灭具体化为三大神：梵天（创造之神），毗湿奴（保持之神），湿婆（毁灭之神）。创造、保持、毁灭是宇宙运行和轮回的基本节奏，这一宇宙的基本节奏既可以三位主神来体现，也可以一位主神来体现，当采用后一方式，那么，创造、保持、毁灭三者在充满火焰的圆形中舞蹈，圆形边上都以一位主宰来体现，如上面讲的梵天的睡与醒。但最具印度特点的是湿婆之舞。湿婆在一个圆形中舞蹈，圆形之边充满火焰，显示了宇宙运动的必然去向：毁灭。毁灭正是湿婆在三大主神中最突出的特征。湿婆用身体的四臂在进行舞蹈，右上臂的手中，拿着一面计时沙漏形的手鼓，手鼓象征宇宙的创造，在传说中宇宙万物最先创造出的是声音，手鼓又显示着宇宙舞蹈中的音乐，点点的鼓声，应和着燃烧的火焰。与火焰一道显示宇宙运行的节奏，湿婆的左手臂上，就托着一团花朵状的燃烧的火焰。火焰又是毁灭，左右两手形成的动态平衡里的右手之鼓与左手之焰，正好象征了宇宙的开端与结束，创造与毁灭。音乐是时间，沙漏也表时间，火焰的燃烧也在时间之中，又象征着宇宙在时间的节奏里有规律地保持和运行，显出了宇宙的秩序。湿婆之舞具有非常丰富的内容，这些内容都关系到印度思想的特点，这里只指出一点，印度思想之圆不是希腊的几何学式的圆，也不是中国的太极图式的圆，而是包含着丰富印度特色的湿婆之舞之圆。梵不但可呈现为抽象的概念和形象的主神，还是人最内在的本质：神我（Atman），它区别于希腊的人的具有逻辑能力和领悟理式能力的

① 参见孙晶：《印度吠檀多不二论哲学》，10～12页，北京，东方出版社，2002。

理性本质，也区别于中国的能够知天合天的心性，它本身就是人体中的具体宇宙本体的梵。正是在印度的神我概念中，体现了印度文化在本质上的出世倾向，体现了印度思想就是达到哲学突破的最高度时，也是以宗教的形式出现。在神我的概念中，可以理解，何以在印度思想中，瑜珈是体道的必需的形式和最好的形式。印度人进行思考的地点，不是在希腊式的学院中，不是在中国式的书院中，而是在神庙里和森林里。人身中的本质是神我，体现在佛教里就是人人皆有佛性和我即是佛的思想。知晓了人的本质是本就与梵同一的神我，就可以理解，何以在印度的四大种姓中，处于最高级是作为僧侣的婆罗门。只有在婆罗门身上，人的本质（神我）得到了最充分的彰显。婆罗门（Brahmanas）这个词本就是梵（Brahman）的知晓者，是知梵的僧侣（priests who are knowers of brahman or Brahman）。从印度的最高概念梵在四个方面（理论概念、宗教形象、人的本质、种姓阶层）的体现，以及四个方面与梵的关联，已经可以体会到印度思想的特色了，但用印度思想自身的话语来说，梵在这四个方面（乃至更多方面）的体现，还只是法相，而非法性。法相只是梵的可以言说的一面，法性方是梵的不可言说的一面。在希腊思想中，逻各斯这个词即是宇宙的真理，又是关于真理的言说；在中国思想中，道这个词既是宇宙真理（常道），又是关于宇宙真理的言说（可道）；在印度思想里，表现为梵及其具体的呈现。这三种思想就其“同”这一方面来讲，用现代哲学的话语方式来说，都关系到本体与现象这一思维形式。逻各斯、道、梵都是宇宙的本体，但这宇宙本体之道，可道（说）还是不可道（说），这一宇宙本体的具体呈现，究竟具有怎样的性质，三种思想却完全不同，正是从这一角度，可以进一步呈现三大思想的不同特色。

二、中西印思想比较：三种不同的思想结构

先从本体与现象这一角度看。在希腊，本体论的根本概念是“有”（Being）；在印度，本体论的根本概念是“空”；在中国，表述起来比较困难，从中国自身讲，应该推出“天”，作为本体论的天，即“天人合一”中的“天”，它集现象和本体为一体，既是天运动着的现象，又是决定这一运动着的现象后面的本体，在与西方的比较中，天既是自然之天（sky）又是神性之天（heaven），是二者的合一（只用其中之一都会失去中国的本义），但从本体的角度讲，可以

说它是“无”，这“无”就是老子从本体与现象的关系上立论时讲的“天下万物皆生于有，有生于无”之“无”（《老子》）；也是孔子对“天”进行本质论强调时，讲的“天何言哉？四时行焉，百物生焉”（《论语》）时的那个在四时运行和百物生长后面的、无法讲出无法描述的“无”。在这一内容上，可以说，中国的本体论的根本概念是“无”，这个“无”与印度的“空”，其特点在什么地方呢？中国现代哲人熊十力《新唯识论》[①] 中说，区别在于，中国在讲本体论的“无”时，强调“有无相生”，在儒家，又特别重视“有无相生”中由“无”（天）中化生出来的“有”的实在性和重要性，即强调天地之间的家国天下的重要性。而印度思想则在根本性上太重本体之“空”而轻视现象之“色”。因此，从比较思想的角度看，一言以蔽之：西方的根本概念是“有”，印度的根本概念是作为“空”的“无”，中国则虽以“无”为本体但同样重视由无而来的“有”，是二者兼顾的“有无相生”。

Being（有）作为希腊思想的根本概念，意味着什么呢？且从这一概念的生成开始吧。在本体与现象这一思想框架里，希腊人的运思是由此及彼、由有限到无限而展开的。回望四周，当有物存在，西方语言就用 to be（可汉译为：“存在”，或“是”，或“有”）来描述：这是（is）一个人，那是（are）几棵树，这里曾有（was）一间房，那里将来会有（will be）两座桥……只要一讲到 to be，总是有某物存在（to be something）：人，树，房、桥；总是有具体的时态和数目的；这某物无论是单数的一个，还是复数的一些，也无论是过去存在、现在存在还是将来存在，都只是现象界的具体事物。而具体事物有生就有灭，注定是有时间性的，是暂时性。但哲学追求的是永恒。只有说出 to be（是、存在、有），但又不是 to be something（是【有】【存在】某物），才能是永恒的，因此把 be 加上 ing，名词化，就成了区别于现象的具有本体含义的 Being（存在）。亚里士多德说，being（存在）的问题，是一个过去问过，现在在问，将来还会不断问下去的问题。[②] 由于西方的哲学核心问题，在希腊文中，本体论（ontology）就是关于 Being（on）之论。本来，Being 只是 to be（是）的名词化，它只说了 to be（是），而并没有说是“什么”（something），从句子本身看，是“无”，但这 to be（是）的

① 参见熊十力：《新唯实论》，82 页，北京，中国人民大学出版社，2006。

② 参见北京大学哲学系编译：《古希腊罗马哲学》，263 页。

目的，一定要指向是——“什么”（thing），指向的是“物”（thing），是“有”（Being），因此，Being只是非任何具体的物，而乃决定任何具体的物能够成为具体的物的东西，因此，正因为Being不是物（thing）而是本体，这一本体是建立在“有”的假定上而不是“无”的假定上的，因此，希腊人的本体论，作为Being的理论，是“有”的本体论。这一本体论的运思，一定要找出一个实实在在的物，作为本体。古希腊第一位哲学家泰勒斯认为，宇宙的本源是“水”，好物质化好实体化哟。以后寻求宇宙本体的希腊哲学家都是这样进行实体性的寻求的，德谟克利特的原子是如此，柏拉图的理式也是如此。由此，不难理解，希腊哲学关于本体的词substance，既是本体，又是实体，是一种实体型的本体。因此，希腊的本体/现象的理论结构，就是从本体性的“有”到具体性的“有”（一个从Being到beings，或者一个从substance到things，或者一个从noumenon到phenomena）的结构。正是这一实体型的本体论，成为后来西方科学突破的基础。

“空”作为印度的本体论意味着什么呢？印度人对于周围的事物，看见的是其终归要毁灭、要逝去，再把这一反复出现的生、老、病、死，成、住、坏、空的现象提升到本体论的意义上，宇宙的根本性质，就是空。梵的本性即是空。万事万物从空而来，又复归于空。不但万物有生必有灭，终回到空，就是现存在事物，貌是实在，其实也是空，比如某人，有名有姓，好像实在得很，但此人一定由身体的各部分（头、身、手、脚）组成，如果将其各部分（头、身、手、脚）分开，我们只看见头是头，身是身，手是手，脚是脚，其人已不复存在。也不要以为头、身、手、脚为实，这些部分又是由更小的部分所构成，当其被分割开来时，哪里有什么头、身、手、脚，只有肉、筋、肌、血等等，肉、筋、肌、血等再被分开，又不能称之为肉、筋、肌、血等，而被称为更小层次的东西了。细分到最后，宇宙中最基本基质是地、水、火、风，所谓四大，按照上面的方式推论过去，便得到了印度思想的一个最基本的命题：四大皆空。这是从事物的实体来看，从事物得以存在的时间形式看，时间不断地来临又不断地逝去，来临为实，逝去为空，来临之“实”不断地化为逝去之“空”。今日之我已非昨日之我，同样，明日之我也非今日之我，昨日之我已成空，今日之我正在逝去为空，明日之我必然也终将成空。因此看来，空才是事物存在形式的本质。任何对于事物执著，认为其为自性实有，都是认识上的错误（虚妄），任何对于事物存在方式的执著，认为其自性实有，也是认识上的错误（虚妄）。无论从事物自性还是从其存在于时间之流上看，其本体都是“空”，空既是宇宙的本质，也是具体事物的本质。当印度人从事物的组合性和存在的时间性中，都看到了“空”的本质，宇宙本体（空）与现象世界（色）的关系，用印度式的真理性的方式表达道出，就是空与幻的关系，空是宇宙的本体，由宇宙本体生成出来的万事万物，表面上看实实在在，本质上看是空，正因为本身为空，这实实在在其实是幻相（maya）。从这一角度看，一切现象都是宇宙本体幻化出来的幻相。因此，在印度思想，宇宙本质上是空，空是宇宙本体的实相，现象世界表面上为实，本质是空，现象之实其实乃幻相。印度的本体与现象，就是这样的一个空幻结构。现象之为幻是从本体的空之角度看而来的，如果从现象自身的角度来看，又是真的，具体的事物确确实实地存在。当人以现象确实存在这一面来看，并执著于这一现象真实的时候，这就是“染”，当人能以现象确实存在的根本原因（即因本体而存在）来看现象的时候，这就是“净”。因此，人的真实的追求，是要离“染”趋“净”。因此，从本体与现象的关系看，是空幻结构，从现象自身既有现象的一面又是本体的一面看，具有着净染结构。正因为以现实现象为幻，以宇宙本体为空，正因为把现实现象看成一个净染结构，印度的思想在特质上是出世的，在本质上要求不执著于现世。在印度历史上，任何一外来的入侵者，从 3 000 年前的雅利安人，到后来的穆斯林、蒙古人，到后来的英国人，对印度的占领并没有产生如中国人被西方人所打败时的那种剧烈的危机意识和亡国痛感，盖与这一印度思想的独特方式相关吧。

中国的本体论概念是“无”，前面说了，“无”，一方面区别于希腊思想的“有”，显示了中国人对“空”的重视，另一方面区别于印度思想的“空”，在于中国思想是“由无生有”进而表现为对“有”的珍爱，讲究“有无相成”。即一方面“无”是根本，另一方面“有”本身也呈现着无，通过对“有”的欣赏把玩来体会“无”。中国思想在无的基础上对有的重视，体现为一个包含了有与无于其中的根本性概念：气。气，从本体论的角度看，是有与无的统一：其可感而不可见，是无，不可见而可感，是有。从现象的角度看，既是现象事物的根本，又是使现象事物呈显生机活泼的因素，同样是有与无的统一。正是“气”构成了中国思想以无为本、有无相生的特色。如张载所说：“虚空即气……太虚无形，气之本体，其聚其散，变化之客形尔”（《正蒙》）。天上的日月星辰，地上的山河动植，茫茫宇宙，无非一气。一方面，万物皆禀气而生（由无而有），物亡之后，又复归于宇宙之气（由有还无）。中国的有无相成，虚实相生，都因为“气化万物”、“气化流行”而呈现一个生动活泼的世界。这里“化”呈现了中国思想有无相生的特色。“化”一方面区别于希腊思想中逻各斯的逻辑明晰、程序清楚的科学型的“变”，另一方面又区别于印度思想中空的寂然不动，印度的梵性和佛性都是恒常清静，不染尘埃的，是绝对离世脱俗的，而中国的无则一定要气化万物，呈现出一个鸢飞鱼跃的生机活泼的世界。如果说，印度的由本体之空而来的境界，是一个空寂清静的世界；那么，中国的由以无为本、有无相生而来的境界则是一个气韵生动的世界。也可以说，中国的无而来的空的境界，不是一个空寂的境界，而是一个空灵的境界。这个空中之“灵”，正是气韵生动之气，也正是气韵生动之韵。

古希腊哲学家赫拉克利特说过：人不能两次走进同一条河流。世上的人和物都存在于时间之中，面对同一条河，人第一次走进时，河中的种种因素，水流、浪花、光线、色泽……汇合成一个模样，这一模样是瞬间即变的，永不重复的，人第二次走进时，河中种种因素的汇合已经换成了别的模样，其实，只要世界是存在于时间之中的，在本质上都与河流一样，只是河以其流动性让人更容易感受到和体悟出这一宇宙的哲理罢了。同样意思的话，在中国在印度都有人说过，然而希腊思想、中国思想、印度思想，在面对这一同样现象的时候，其主流方式，却显出不同的对应模式出来。希腊人会像他们的哲学家芝诺一样，芝诺面对天上飞驰的箭，用几何学的方式将其飞动的轨迹还原一个一个静的点，这样，从其每一点来看，可以得出“飞箭不动”的智慧结论。更重要的是，变动为静，让变化过程明晰地呈现出来，作了科学型的把握。这是一种导向科学突破的思维方式。同样，河的流动也可以用几何学的方式凝固化，把水流和浪花的动态分成一片片的静态，形成河之流未尝动的结论，得出河体流动的科学模型图式。中国人面对河流逝，会像孔子一样，感到河流的东去，正是光阴的逝去一样，人感受到人生的短暂和时光的宝贵。逝者如斯，人要只争朝夕。这是一种既哲学又艺术的人世态度。印度人面对流水，感到的是印度型的哲学体悟：宇宙本空，流水乃幻，呈出了印度人特有的以空心入世、以空心观物的既哲学又艺术的出世智慧和出世意趣。

三、中西印思想比较：何以西方率先进入现代化进程

现在，可以把以上对希腊、印度、中国在思想特性上的讨论，与前面提出的问题联系起来了："为什么科学突破/工业文明/现代化，只在西方产生，而没有在中国或印度产生？"

印度思想重空，大至宇宙小至一物，从本体的角度看，都是：本来无一物。事物、现实、历史，都是梵的幻化，其出现与消失，无非是一个幻出与幻归的变化。在这一思想的主导下，印度智慧达到了一种特有的深邃，特别是在人体和思维上，达到了其他文化所不能达到的高度，然而，这一本体为空，现实亦空，本体为真，现实为幻的思想向度，当然不会出现作为以人性舒展、欲望满足、征服自然为导向的科学突破和工业文明了。

希腊思想重有（Being），事物的本质是实体（substance），现实的事物得到深切的关注、关怀、欣赏，由具体事物为有（实体），推而广之，宇宙本体同样是有（实体），外在世界的根本被归结为原子（atom），内在世界的根本被归结为理式（idea），实意味着可以切实地把握，明晰地言说。对事物要完完全全明晰地把握，必然走向一种方式：把一事物与他事物完全地割裂开来，隔离起来。在思维规则上，这就是亚里士多德的形式逻辑方式，形式逻辑就是把对某一（或某一类）事物的推理程序，完全与其他事物（或其他类事物）隔离开来，不让与其他事物乃至整个宇宙互动，从而达到对这一（或这一类）事物的本质判断。在现实中，这就是文艺复兴出现的实验科学，实验科学的根本原则就是用实验室把一（或一类）事物与其他事乃至与整个宇宙完全隔离开来，不让与其他事物（乃至整个宇宙）互动，从而达到对这一事物（或事物的某一特定方面）完完全全解剖型的认识。因此，形式逻辑和实验科学都是建立在把事物和宇宙的本质设定为"有"、设定为"实体"这一基础上的。从逻辑上说，只要沿着希腊哲学的"有"（"实体"）理路向前走去，达到一定的思想程度，形式逻辑就会产生出来，达到一定的技术程度，实验科学就会产生出来。西方历史显示了，一旦亚里士多德让古希腊思想攀上了形式逻辑的高峰，尽管基督教后来覆盖了希腊化世界，也

还是由托马斯·阿奎那回到亚里士多德，并让亚里士多德的逻辑来证明上帝的存在。基督教对希腊—罗马理性的胜利，从一方面看，是地中海的东方对西方的胜利，从另一方面看，又是西方思想对东方思想的胜利。基督教以一种禁欲的道德来纠正希腊—罗马思想的放纵，但却不能压住希腊—罗马思想的根本。本来基督教也属地中海思想，在宇宙本体论上，一切来源于上帝，上帝就是“有”（Being），就是“逻各斯”（logos），就是最后的本质实体（substance）。基督教的从上帝创造宇宙万物，其内在理路，正是希腊思想的从“本体之有”（Being）到具体之有（beings）。当基督教覆盖希腊—罗马世界时，在宗教形象上也完全希腊化了，在基督教的来源犹太教里，上帝是不能有形象的，而在基督教里，上帝则有了希腊—罗马型的形象，正是基督教在希腊美学土壤中建立起来的整个庞大的形象体系，为文艺复兴以达·芬奇、拉斐尔、米开朗琪罗为代表的现代形象体系出现奠定了基础。同样，当在犹太教和基督教的基础上出现伊斯兰教的时候，上帝①又回到了无形象。正是在基督教与犹太教/伊斯兰教的对比中，地中海文化西方和东方具有本质性的区别呈现了出来。基督教不但在艺术领域与希腊思想展开了丰富的互动，在思想领域，基督教在奥古斯丁那里回到了柏拉图，在托马斯·阿奎那那里回到了亚里士多德。基督教于罗马帝国后期和中世纪，在与希腊—罗马思想的互动和互补中，形成了新的西方思想，已经预示了其在现代思想兴起之后，一定而且也果然进行与时俱进的新变，这就是新教的出现和天主教的改革。

回到西方思想的核心上来。西方由“有”的本体论而来从“本体之有”（Being）到“具体之有”（beings）的思维架构，产生了三个重要的思想结果：第一，形成了西方宇宙的有无结构。西方思想的关注点是由本体之有（哲学和实体和宗教的上帝）到具体之有（哲学和宗教共称的万事万物），“无”变成了一个纯粹的死的空间，是安置实体的场所，是实体的活动场所。这一西方宇宙的有无结构，正如罗马哲学家卢克莱修《物性论》所描述的：

> 宇宙的一切存在，都由两种东西组成：
> 物体和虚空。

---

① 伊斯兰的上帝，就是犹太教的上帝，也是基督教的上帝，这一三教共有的同一个上帝（God），在中文里指称伊斯兰教时被定格为“真主”。

而物体在虚空里面，
在其中运动往来。①

这种把空（无）设定为一个纯粹无物的空间，没有任何实体内容，与实体没有任何互动的认识，反过来加强了实体重要性。从而——

第二，形成了对事物认识的实体型方式。从整体上说，宇宙在本体上（理式、上帝、物质）和在现象上（矿、植、动、人）都是实体的，从具体的现象上说，任何物（矿物、植物、动物、人物）其个体的本质也是实体的，从而对任何个体的认识，都可以将之与其他个体分割开来隔离起来，总之，如放进实验室般的进行认识，而且只有放进实验室式的认识，才是最本质的、最明晰的认识，西方的解剖型、分析型、量化型，既是西方哲学和西方逻辑的特征，也是西方科学型即实验室型的特征，而这些西方式特征，都是实体型的宇宙和实体型的个体这一西方设定为基础的。正是在这一实体宇宙的基础上——

第三，形成了西方思想中已知与未知的截然对立。在实体宇宙中，要对事物达到本质性的认识，要靠实验型和分析型的条件，依靠逻辑工具和实验工具，人自身的器官（眼耳鼻舌身心）是有限的，通过工具，则可以发现这些人身器官的局限而透到事物的更深度和更广度。这里，西方文化与中国文化和印度文化的差异突显了出来，中国文化设定的气的宇宙和禀气而生的人，通过人体里实中之虚（气）而与宇宙之气互动和互识，印度文化设定的宇宙的空性（神我）和人体的空性（梵），通过人的空心与宇宙的空性达到人与天之间的互通，正因中国对人体和宇宙的气的本质性强调，正因印度对人体和宇宙的空的本质性强调，从而中国和印度对宇宙的认识是超越工具、无须工具的尽心知天，以天（人来源于天的本性）合天（天的本性），中国和印度的气的互动和空的互通，突出的是体味和体悟，这里的“味”是看不见的，但又是存在的，而且是本质性的；这里的“悟”是运用人体之虚和心灵之虚而达到的，是超越工具、无须工具的。而西方人对宇宙的实体设定既压抑了宇宙本体和具体个体“虚”的一面，突出了宇宙本体和具体个体“实”的一面，以人体之实面对世界之实，体味和体悟是不重要的，也是不可靠的，

① 北京大学哲学编译：《古希腊罗马哲学》，391页。

只能以实对实，以实得实，工具（逻辑工具和实验工具）成为其认识自然的中介。这样的结果是，工具达到什么程度，认识达到什么程度，世界就是什么模样。且以天上的图景为例，在古代，是托勒密的宇宙，太阳围绕地球转，在近代，是哥白尼的宇宙，地球围绕太阳转，在现代，又变成爱因斯坦型的宇宙。这样，工具的力量就是人的力量，同时，工具的局限就是人的局限，人用工具认识了的地方，非常的明晰确定，成为具有科学性、理论性、知识性的"已知"，工具所尚未达到的地方，则一片模糊灰暗，成为非科学、无理性、非知识的"未知"。正是在这一意义上，西方的实体型宇宙和实体型思维，造就了西方思想中"已知世界"和"未知世界"，造成了"已知"和"未知"的明显对立，所谓的科学，其实质一言以蔽之：就是发展工具，不断地去认识未知，变未知为已知，不断扩大已知。在这一意义上，整个西方文化的设定，就是划出一条"已知"和"未知"的明晰界限，从而形成一个知识/非知识或反知识、科学/非科学或反科学，理性/非理性/反理性的截然对立，西方人就走在这一条不断的扩大已知又永远面对未知的无穷无尽的征程之中。

当希腊哲学的性质造就了实体型宇宙，从而造出了已知和未知的截然对立时，一方面是对未知的征服，另一方面是对未知的恐惧。永远存在的未知，以及由此而来的命运感、虚无感是希腊人心中永远抹不去的痛。从这一角度看，可以理解为什么来自地中海东方的基督教最后会征服整个罗马帝国。基督教用一个上帝把握了希腊—罗马哲学中的"未知"，希腊的宇宙主神宙斯也逃脱不了命运，而基督教的上帝本身就是命运。未知只是上帝给人出的一个谜。求知虽然还是未知，但它在上帝那样获得了一个定性。未知还是神秘的，但这对未知的定性则可以克服对未知的莫名的恐惧。然而，对未知的宗教定性并没有取消西方文化已知和未知的对立。基督教中的希腊因素不断地按照自身的逻辑演化，终于在文艺复兴中产生了由希腊方式本就要产生的科学突破。

中国思想的特质是以气为基础的"有无相生"。由于气，当道家型思想以"无"为主表现中国型宇宙时，"无"之中也充满了宇宙的灵气，重无、体无、味无，犹如中国画，"无画处皆成妙境"（笪重光），像中国诗，"无字处皆其意"（王夫之），若中国音乐，"此时无声胜有声"（白居易）……当儒家型思想以"有"为主表现中国型宇宙时，就是“春秋代序，阴阳惨舒”（刘勰）、“四时行焉，百物生焉”（孔子）、“鸢飞于天，鱼跃于渊”（《礼记》）的生动活泼的景象。在“通天下一气”（庄子）的“有无相成”、“虚实相生”中有重“有”重“实”的一面，中国区别于印度的唯空乃真、现实是幻的倾向，因此，中国历史产生出现世的辉煌，夏商周春秋战国、秦汉三国南北朝、隋唐五代、宋辽金、元明清，发展得五彩缤纷，从不间断，而且，在16世纪之前，经济一直领先世界，科技发明光耀全球，文学艺术独放异彩。这与印度文化的轻视历史、不重现世形成鲜明的对比。另一方面，中国思想在“通天下一气”的“有无相成”、“虚实相生”又有重“无”、重“虚”的一面，而且这“无”这“虚”，在本体论上更为重要。“变动不居，周流六虚”（《周易》）的气，把无与有，把一事物与他事物不可分割地联系起来，把一事物与宇宙整体不可分割地联系起来。人禀气而生，最重要的是气，要认识人体不能以解剖型、分析型的方式，因为解剖的前提是人已死亡，人亡则气绝，人体中最本质性的气都没有了，解剖型方式得出来的知识，一定不是本质性的知识，而只有最浅层知识。一个事物最主要的也是其在具体环境与他物的互动和在天地之间与宇宙之气的融为一体的氤氲，把一事物与他事物与他物分割开来，与环境隔绝开来，断绝与天地之气的交流，只能使其成为一个死物，认识到其浅层次的“实”而失去其本质性的气。中国型以气为主的“有无相生型”思想，走向的是“以形写神”地把握本质，它一方面表现为“形神兼备”的对“虚实相生”中“实”的一面的高扬，另一方面表现为“离形得似”的对“有无相成”中的“无”的一面的突出。但无论有与无、虚与实中哪一面得到更多的彰显，有无相成、虚实相生的整体结构不变。由于中国思想绝不会把一事物与他事物割裂开来，与天地断绝开来进行实验室式的认识，至少不把实验室式的认识看成是重要的本质性的认识，因此，尽管中国在宋代出现了都城繁荣，商业兴旺，海外贸易，科技发明，但绝不会产生实验室型的科学突破！①

① 在由西方型思想基础上产生的现代型思想成为世界思想的今天，对中国古代无数早早领先于世界的科技发明，总是用西方型的思维去看待，一方面感叹于中国人的如此早地走在世界科技的前面，另一方面叹自中国人在16世纪之后突破大大地落后于西方在科技上的突飞猛进。这一方式既未认识到中国科技的真正内涵，也未体悟到世界思想整体如是分布的意义。

在轴心时代的哲学突破中产生出来的西方思想、印度思想、中国思想，各具独特的精神形式、智慧方式、幸福感受。印度思想在重空的境界中，让人回到宇宙的本源，让人用由宇宙而来的身体（瑜珈）去体现宇宙本质奥秘的梵我同一，感受到超越现世、回归母体的温暖感和幸福感；中国思想在重气的有无相生中，一方面有印度式的对宇宙本体和宇宙本质的一种天人合一的与道同化的回归母体感，另一方面又把这种宇宙回归感用之于家国天下，形成了一个以家为基础的人伦亲情，在正心诚意修身齐家治国平天下的现世中，既体会着现实亲情中的温情，又体悟着人与自然亲和的幸福；西方人在重实重有的实体世界中，不断地创造工具，征服未知，在希腊悲剧般的对"命运"的抗争中，终于达到了科学突破，率先进入了现代社会和工业文明。

从自然之道与人类之道的角度来看三大文化的思想，印度思想是一种保持着最多的人与自然的元初同一的思想，婆罗门种姓在四种姓中居最高地位，以本体为空以现象为幻的思想的梵为合一思想所追求的境界，是一种具有人与宇宙元初始合一性的境界，正因为追求着这一境界，印度文化，特别是在各种瑜珈形式中，保持人与宇宙的元初沟通的形式，印度教、佛教、耆那教中的最高境界，都是瑜珈型的境界。也许，这与印度思想主要由雅利安人的游牧传统中升华而来有关。瑜珈的森林境界与原始的游牧境界在天人合一的形式上有着比较接近的内在关联。中国思想一方面有着印度型的人与宇宙的元始统一，体现在道教与佛教的气功境界里；但更为主流的是儒家的以家庭为本位的家/国/天下文化，中国文化的最高境界是父慈子孝、兄友弟恭、夫妇和谐的家庭温情境界，中国人的境界，一方面体现为礼制文化中的亲情伦理，另一方面体现在美学型的庭园上，这是一种农业社会基础上的天人合一的美学情调。在后一方面里，有着人与宇宙元初合一的深层内容，但做了美学的文化升华；在前一方面里，又有着人与宇宙元初是动物群体的深层内容，但又做了伦理的文化升华。希腊思想从城邦的建立，海上商贸，淡化血缘关系而强调社区公民资格，在摆脱人与宇宙的元初同一上，走得最远，明晰的几何学，可计算的民主选举的选票，在一种摆脱自然的人工型的创造上，走得最快。希腊人的最高境界，一方面是几何学型的像地中海一样明澄的哲学境界，另一方面是与命运抗争的悲剧境界。从自然之道与人类之道的角度来看三大文化的思想，印度、中国、希腊各有自己的向路，而希腊方向不像印度方向和中国方向那样在一种自然之道的基础上和范围里发挥着人类创造的极致，而是在一种离开自然之道上进行着人类的自由创造，它离开自然之道走得如此之远，远到了用基督教来包裹它，基督教反而被希腊化了，基督教的华丽衣袍不但被希腊人体的香味所浸透，而且反而成为了把希腊型人体照耀得更加美丽动人的神圣的光环。因此，人类的思想的现代升级率先在西方出现！

四、中西印思想比较：进一步提问

然而，人类思想史上产生的这三种不同的思想类型对人类的意义，现在还没有得到深入的思考。这里且在韦伯问题与雅斯贝斯问题的基础上，加提一个方东美的问题①，方东美感到相当遗憾的是，如果当时亚力山大帝东征时不只限于到达印度，而来到了中国，或者，如果班超通西域时达到了罗马，中国和西方有了深入的文化交流，特别是有了深入的哲学交流，那么，世界的面貌就是另一种模样了。在方东美提问的背景中，可以设想，中国在宋代开始了文化转型，消费化的都市出现了，市民阶层出现了，商业经济有了极大的发展，特别是海外贸易有了极大的发展，而在思想界出现的却是理学，是一种存天理、灭人欲的内转趋向，而这一趋向，代表了中国本土思想与佛教思想的升级型的结合，同时，唐代以禅宗为代表的呵祖骂佛、我即是佛的思想解放运动只局限在宗教领域，代表了中国本土思想与印度佛教的另一种升级型结构，而这两种思想升级，都未能让宋代极好的政治、科技、经济、文化形势朝向世界现代性进程的提升。同样，西方的现代性进程完全是在地中海文化的斗争性的基础上进行，以殖民扩张和领土征服的方式进行，倘若中国与西方在亚历山大时代和班超时代就有了思想的交流，也许由西方引领的世界现代性进程会以另一种方式进行。这样整个世界史的演进将会是另一种面貌……然而，历史是没有假设的。不过，方东美的遗憾，却为我们思考中、西、印的思想差异，以及这一思想差异对人类思想的意义，提供了具有无限遐想的启发。

---

① 参见方东美：《中国哲学对未来世界的影响》，454页，见《中国现代学术经典·方东美卷》，石家庄，河北教育出版社，1996。

本版附录四
比较美学：中国与世界*

一、比较美学的学术景观

由众多横跨各洲学者于2003创刊的网上美学杂志《当代美学》，在新近一期“编者的话”中写道：“美学作为一个学科，已经远远地超越了艺术，而进入了诸多的新领域，比如，环境学、日常生活、大众文化、比较美学。”① 这里比较美学与三大时尚研究领域并列，被看成了美学新近发展中一个新的动向或方向。当然，比较美学并不是一个新出的领域，但它可以成为给美学研究带来新景象的一个领域，实为理之当然。也许正因如此，对比较美学的学术兴趣遍布于海内外的学术机构之中，在中国，遍于美学、文艺学、比较文学这三个学科之中，从中国社会科学院、北京大学、中国人民大学，到复旦大学、南京大学、浙江大学，到山东大学、四川大学、暨南大学、华东师范大学，到香港浸会大学……布满了比较美学学人；国际上，从欧洲到美洲，从亚洲到澳洲，都可以发现比较美学学者。② 然而，比较美学的研究又是不易的。在中国，近10年来，比较美学相对于美学领域的其他主科（如美学原理和中西美学史）来，呈为低迷状态。这不只是表现在比较美学的著作，不到10本，更在于基本上没有起眼的突破。与之相反，国际上，比较美学却颇有声势。意大利锡耶纳大学著名的跨文化美学教授马卡艾罗（Grazia Marchianò）编了《美学：东方与西方》(1997)，次年，他在《从东方美学可以学到什么》一文说，比较美学的发展有三个里程碑。一

---

* 此文曾发表于《江西社会科学》，2006（1）。

① http://www.contempaesthetics.org.

② 列出如上单位，因为这些单位中的学人有比较美学著述，或在招生专业上有比较美学方向，或在自我的学术领域介绍中写了比较美学。

是安格鲁－僧伽罗思想家孔瓦拉什王梅（Ananda K. Coomaraswamy，1877—1947）开辟了西方理解印度艺术之路；二是在这位学术大师逝世50周年（1997）之际，同时召开了两个重要的学术会议：东方学的第35届ICANAS大会和第一届泛太平洋跨文化美学大会，特别是后一大会，使比较美学的大旗飘扬；三是柯勒（Michael Kelly）主编的牛津大学出版社出的《美学百科全书》（1998）专列了"比较美学"词条，由一流学者、檀香山大学教授道奇（Eliot Deutsch）撰写。且不管马氏之言是否定论，但紧接下来，比较美学好戏连台却为事实：2000年10月，在国际美学会的支持下，意大利美学会、悉尼文学与美学学会、澳大利亚和新西兰文学与美学学会，与意大利博洛尼亚大学一道，在博洛尼亚主办了"当代美学的跨文化前沿"（Frontiers of Transculturality in Contemporary Aesthetics）国际会议。2004年9月，在悉尼大学召开了第二届泛太平洋跨文化美学会议（The Second Pacific Rim Conference in Transcultural Aesthetics）；国际美学会把将于2007年在土耳其召开的17届世界美学大会的主题定为："在文化间架桥的美学"（Aesthetics Bridging Cultures），而且企望，为了超越东西与西方、传统与当代、艺术与科学、全球与本土、自然与文化、大众与精英、中心与边缘等二元对立，而关注文化差异研究。可以说，跨文化美学是对比较美学的一种本质上点题，正如2000年意大利会议上，博洛尼亚大学学者米来尼（Raffaele Milani）的论文题目以一幽默方式所呈现的：《××世纪，从比较美学到跨文化美学的转型时代》。

二、比较美学的基本背景和运行基调

国际上的美学，本有一个跨文化的语境，又在全球化的浪潮之中，高扬比较美学，很好理解。本来，包括比较美学在内的整个比较学，都建立在这一个背景上：现代社会在西方兴起、向全球扩张，把一个分散的世界史变成了统一的世界史，西方文化面对着众多的非西方文化，各非西方文化面对着作为世界主流的西方文化。这时，一是各文化要理解其他文化乃至整个世界；二是一个文化要有相信和证明自己文化的思想不但在自己文化中具有普遍意义，而且在全球范围内也有普遍意义，按照自己文化本身的思想体系和思维模式已经不够了，于是比较学应运而生。从比较学所由产生的基本背景，可以知道，比较美学，不是简单地把这一个与那一个加以比较，而主要是两个或两个以上带有根本性范式差异之间的比较。因此，比较美学，带有唤醒性质和突破性性质，它通过比较，把研究者从已有的方式中唤醒，使之意识到自己的局限，它通过引进另一不同的体系，对原有的理论范式进行一种根基性的突破，而走向一种更广大的新境界。在中国现代文化中，有过两次比较高潮，一是五四时期，一是 20 世纪 80 年代，两次都是中国范式发生巨大变化的决定性时期。在这两次比较浪潮中，比较美学都不是文化的先锋，而是受益于文化比较。在前一时期，产生了以宗白华为代表的一系列中西美学比较的论著；在后一时期，产生了一批专著，如张法《中西美学与文化精神》（中国大陆 94 版，台湾 98 版，韩文 99 版），马奇主编《中西美学思想比较研究》（1994），周来祥、陈炎《中西比较美学论纲》（1991），潘知常《中西比较美学论稿》（2000），朱希祥《中西美学比较》（1998），李吟咏《走向比较美学》（1990）……

从中国学人在比较美学上的著作名称，可以知道其比较的视野，只在中国与西方，这一视域可以看出中国学人尚在一种以中西代替世界框架内做学问。而这一框架，又与其他非西方国家的比较美学有惊人的相似之处。在印度，潘狄（kanti Chandra Pandey）教授写了一套《比较美学》，第一卷《印度美学》（1959），第二卷《西方美学》（1972），明显地采用了一种印西比较框架；在日本，Ryosuke Ohashi 写了一本《论美学中的“味”》把日本佛教背景中的茶道与英国天主教背景中的午后茶，进行美学上的比较，呈现了一种明显的日西比较框架；在 2000 年意大利会议上，意大利学者勒赖（Giovanna Lelli）提供一篇论文《跨文化性：西方美学与伊斯兰美学之间的一个问题概念》，其背景是一种伊西比较框架……以上三例，透出了一基本的倾向：在非西方文化中，比较美学基本上变成了自己这一文化的美学与西方美学的比较。在中国成为中西美学比较，在印度成为印西美学比较，在日本成为日西美学比较，在伊斯兰成为伊西美学比较……而这也成为世界的比较美学大会主要内容之一和主要特色之一。世界性的比较美学大会，基本上有三大内容：一是对非西方文化中的国别美学进行专门的介绍；二是对某一文化中的重要概念和思想进行跨文化的比较；三是把各文化对西方的比较并列出来。第三点就与前面提到的这一现象所蕴含的意义紧密相关。且把这一意义先放一放，在后面专门讲，这里则把国际美学大会三方面内容作为一个整体，看其在比较美学上的意义。

先看第一方面，得把各非西方文化美学要在会议上呈出的主要美学概念和美学命题翻译成会议的工作语言。当然，会议的工作语言就是西方语言。比如，2007年在土耳其召开的国际美学大会的正式会议语言就是英语、法语、德语。这时，“比较”就表现为非西方语言翻译成西方语言时的“概念冲突”。比如，中国美学概念，气韵、形神、意境……是不可能在西方语言中找到对应词的。由于没有对应词，译意也显得困难重重。最后的结果，就是作为会议工作语言的西方语言改变了未能作为会议工作语言的各非西方文化语言，同时也程度不同地改变了各非西方文化的美学思想的内涵。这里，以一种“语言霸权”呈出了比较美学的当下面貌。

再看第二方面，把某一文化中的重要思想或概念进行跨文化的比较。在2000年的意大利大会上，有《从跨文化视角看西方的美的观念》（英格兰学者 Wilfried Van Damme 提交）、《从跨文化的观点看中国美学》（德国学者 Karl-Heinz Pohl 提交）之类的论题。这里已经接触到了比较的实质，而且是最具有比较性，显示了比较美学，虽然这一方面看起来好像与第一方面一样，有语言霸权的问题，但由于，这一方面的讨论方式本身就提醒着对不同语言的独特性的重视，从而避免了语言霸权问题，而走向比较美学的真正意义。

最后看第三方面，在这一个方面，比较美学成了非西方文化中的各个文化美学与西方美学专比（中西美学比较、印西美学比较、日西美学比较、伊西美学比较……）的并列开来、共同展览。比如，在2000年的意大利大会上，就可以看到诸如《中国和欧洲画论中的气韵生动美学》（日本学人 Hidemichi Tanaka 提交）、《西方和印度思想中的悲剧审美快感》（西班牙学人 Chantal Maillard 提交）这类的题目。

从学科的意义上来讲，第一方面是在比较美学的边缘，显示的是比较美学与美学之间的关联，第二和第三方面则是真正的比较美学领域。如果说，第二方面显示了比较美学的一个具有持久性方向（全球化的趋势呼唤着一个具有普遍认同的美学理论。美学，作为一个西方的学问，随西方文化的全球化而达到了全球性的遍及，但其最终的确立，却是需要世界各文化在新形势下碰撞和交流中形成一种新的形态，而这种新形态一定要经过这种跨文化比较之后，才会真正地产生。而对每一文化的重要美学理论和概念的跨文化研究，将是一种主要的方式）；那么，第三方面呈现的是比较美学在最初阶段的一种样态。这就与前面讲的问题关联在一起了。而且，中国的比较美学主要就处在这一阶段。这样就可以结合这一问题，讨论中国的比较美学的状况，并进一步追问何以呈现为这一状况的原因了。

三、中国比较美学的特色、内蕴、意义

前面说了，中国的比较美学主要呈现为一种中西比较。而中国美学中西比较又与各非西方文化把自己的美学与西方美学的比较有一种形态学上的一致性。在这一意义上，中国美学的中西比较具有了一种非西方的普遍性。因此，虽然，讨论的是中国，实际又象征了一种世界性的特征。

为什么中国比较美学呈现为一种中西比较的形态呢？因为西方是主流文化，美学又是一个西方的学问，中国文化是在西方美学的对照中，才产生出自己具有学科意义的美学。这样，现代性以来中国文化的美学建设，一般会出现三种现象：一是在一种追赶西方的学术心态中，直接接受西方美学而建立一种在内容与形式上都与西方一致的美学，表现为对西方美学的直接摹仿，朱光潜美学是这一倾向的典型代表①；二是在一种尊重时代而又文化自尊的心态中，用西方的美学框架，填进自己文化的资料，王国维美学是这一倾向的典型代表；三是在用本文化的资料填入西方美学框架的过程中，发现二者的巨大差异，又有了世界学术中比较学的背景，于是就在文化本体论平等的基础上，进行中国美学与西方美学的平行比较，宗白华美学是这一倾向的典型代表。在三种倾向中，宗白华型的美学代表了中国比较美学的真正实绩，把宗白华的著述，与朱光潜具有比较美学意味的著述（如《诗论》）和王国维具有比较美学意味的著述（如《红楼梦评论》）一比较就明显可以知了。而且，从更高的角度看，宗白华型的比较美学代表了中国美学在走向世界化过程的一种最高的境界，因为只有在具有根本文化差异的比较中、中西比较的对照中把握住中西文化内在精神的基础，一种既具有中国独特境界又具世界性意义的中国美学才会真正地产生出来。然而，这前面说的三种现象以及这三种现象中最具有比较美学意识，也体现为

① 在1949年以后的一个时期，中国曾以苏联为世界上的主流文化和最先进的代表，于是摹仿苏联美学又成为中国美学的一种主潮，这就是20世纪50至60年代中国的美学四派。仿西与仿苏，外在形态虽不同，内在骨子却是一样的。

比较美学最高形态的宗白华型美学，从全球化时代比较美学的本质来说，从中国美学走向世界这一基本目标来说，只是比较美学的第一阶段。这一阶段呈现为如是的样态，是由中国文化在走向现代化的过程中，与西方相对而言的文化弱势造成的，在转弱为强的对西方的追赶中，与西方的比较成为了最主要的目标。而与西方的比较，既成了中国文化走向世界的必要道路，也是中国文化提升自己的文化自尊心和文化自信心的重要方式。在美学领域，中国文化明显地具有自己的独特性，美学的独特性是最能产生文化魅力的领域。世界上文化的多样性最容易在美学领域以一种平等的方式显示出来。中国的比较美学采取了中西对照这样一种一对一的比较形式，包含了多方面的丰富复杂的内容，这与其他非西方文化把自己的美学与西方美学进行一对一的比较所包含的意蕴，基本上是一样的，显示的是比较美学在非西方国家中出现一种共性，也构成世界比较美学的一大特征。中国20世纪90年代以来出现的中西比较美学的著述，可以说，仍然在走着宗白华尚未走完的路程。

然而，从全球化时代的本质、走向、要求来说，与之相适应的比较美学，应是各文化之间的交互比较，而不仅是各非西方论与西方进行一对一的比较。而且，从理论上说，比较所得出的性质，是与一定的比较者相关联的。把中国美学与西方美学进行比较，中国美学的一些特征会因此而显示出来，也只有因此才能显示出来。如果把中国美学与印度美学进行比较，中国美学将会显出另一些特征。依此类推，中国俄罗斯、中国伊斯兰、中国巴西，以及中国与其他文化比较的意义，对于中国美学的自我认识和走向世界，都是非常重要的。就世界的现代化来说，中西美学比较对中国美学的意义，怎么估计也不会过低，但对世界的全球化来说，只局限于中西美学比较，对于中国美学前进的阻碍，一定要有清醒的认识。从某种意义上说，中国比较美学能否走出中西比较的局限，是中国美学在自我认识和世界化上究竟走了多远的一个学术尺度。

四、中国比较美学应有的意识自觉

从严格的意义上说，中国比较美学尚处在中西一一对比的形态之中，也可以说，只是处在比较美学发展的一个特殊阶段之中。由于没有世界美学的多边比较，因此，前面说的世界比较美学的第二个方面，对某一美学理论、观念、范畴进行较全面的跨文化比较，对于中国比较美学来说，还是空白。

中国美学的中西比较里的“中”，基本上是指中国古代。当然，古代中国，由于相对地独立于世界其他文化，与现代中国比较起来，具有一种纯粹性，更容易显出文化的特点。但现代中国既来源于古代中国，又全方位地融入以现代性为目标的世界一体进程，呈现为一种古今中西的“混杂”，然而，它仍有自己的鲜明的特征，无论是与中国古代比，与西方文化比，还是与其他非西方文化（如印度、俄罗斯、日本、巴西、土耳其等等）在现代化进程中所呈现的文化特征比，其特征都是明显的。而中国美学的中西比较，基本上还是古代中国与西方的比较，而缺少现代中国与西方的比较，当然就不说现代中国与其他文化的比较了。从这一角度看，比较美学还具有一个更为困难，也更为需要的任务，这就是认识现代中国美学的特征是什么？在现实中，已经呈现为一种什么样的形态？在理想上，它本应该成为什么样的形态？在这样一种基本性的自我意识中，比较美学就会开辟出多个应当开辟的学术领域：现代中国美学与古代中国美学的比较，与西方美学的比较，与现代印度、现代俄罗斯、现代日本、现代埃及等的比较……

除了各文化之间一对一的比较之外，区域内和区域与区域之间，某一文化圈内和文化圈之间的美学比较也是一个重要方面，实际上，西方美学本一直在进行着区域和文化圈之内的比较。一本本的西方美学史，就是一个西方文化圈内的美学比较史。伊斯兰学者也一直在进行着文化圈内的美学比较，阿巴斯夫（Doris Behrens-Abouseif）的专著《阿拉伯文化中的美》（*Beauty in Arabic Culture*，1998）和纳赛尔（Seyyed Hossein Nasr）的专著《伊斯兰艺术与精神》（*Islamic Art and Spirit*，1987）就是这方面的成果。近年来，韩国学者致力于推动东亚（中、日、韩）美学的比较研究，2005 年 8 月，在韩国仁川召开了“东亚美学的起源和形式”的讨论会，笔者在会上作了“中国现代美学：历程与模式”的讲演，日本东京大学教授、前国际美学学会会长佐佐木作了关于日本美学初始时期的中江兆民译《维氏美学》的讲演，韩国学者讲了韩国现代美学的开创者高裕燮的美学思想，虽然各国学人都没有谈到比较，但三国学者把自己的美学共时地一道呈现出来，一种比较的语境就形成了。当时，笔者与韩国学者周闵植共同感觉到，高裕燮的美学思想与宗白华的美学思想有很多相似和契合之处。

在美学中，比较美学具有想象创造的力量和先锋突破的作用，在全球化的时代，对比较美学的关注，对美学学科发展的意义，是十分重要的。

本版附录五 中西美学原理著作的整体比较*

第一节　中西美学原理著作在基本理路上的差异

中西美学原理由在世界史中的位置差异带出了不同特质。在世界史的进程式中，中国和西方具有不同文化位置，随之带出了中国和西方在美学原理体系著作上的特性。西方率先进入现代化，并一直走在现代性的前列，一种巨大的文化自信，反映在美学理论上，就是自认为美学只有西方是最先进的，美学原理体系的演化只是沿着西方文化自己的理路在进行，它的前进就等于全世界美学的前进。它无须顾及其他文化的美学理论，世界各文化的美学是怎么样的，有什么样的进展，西方不从美学理论的理论性上去关心，也不认为世界其他文化的美学进展会对美学理论本身产生本质性的作用。因此，西方的美学原理，呈现为完完全全的西方特性。中国是在西方全球扩张的刺激下，在中西文化的碰撞中，通过学步西方而走上现代性道路的，美学在中国作为一个学科，一开始就是由西方美学的引进而产生的，因此，美学作为中国现代学术的一部分，一开始就不是由中国传统文化而来的自身的特性所决定，而是以自身传统为依托，面向世界，去建立中国文化的现代特性，当然这个世界并不是世界的所有文化，而只是世界的先进文化，当中国认为西方是世界的最先进，美学就学西方，这是民国时期的美学主潮，当中国认定苏俄最先现代，美学就学苏俄，这是共和国前期的美学主潮。当改革开放以后，特别是苏联解体，又重新认定了西方在世界的最先进地位，中国的美学，又与西方的美学有了紧密的关联。由此，中国美学从一开始就有一种开放态度，一开始就是与世界紧密地联系

---

* 此文发表在张法：《美学的中国话语》，北京，北京师范大学出版社，2008。

在一起的美学。这样，中国美学的演进与中国之外的中国认为最先进文化里的美学演进是互动的。这里的互动不是中国影响世界，而是世界美学的进展很快地反映到中国来，引起中国美学的变动。比如，民国时期由中国与西方互动而产生的美学模式，在共和国前期转为学苏联之后，仿苏的新模式与民国的旧模式之间产生一种互动，改革时期又转为学西方之后，西方新模式与共和国前期的旧模式又产生一种互动。中国美学的演进就在这种互动中行进。如果说，西方美学原理的演进是由自己的内部矛盾产生，具有一种缠绕自身的性质；那么，中国美学原理的演进是由中国与世界的互动所推动，具有一种关联他者的性质。虽然西方美学只关注自身，但西方包括西欧与北美，其领跑国家，至少有美国、英国、法国、德国等，因此，西方美学的演化，也是较为复杂。中西美学演进都具有复杂性，只是西方美学的复杂是由西方诸国之间的差异造成，中国美学的复杂是由中国与世界的互动所生成。总之，由于中国与西方在世界史中的不同地位这一大语境，决定了中西学人在建构美学的时候的学术视野，从什么地方去获取建立自己的美学原理的基本信心。正是这一信心的不同，形成了中西美学原理的不同样态。

中国和西方在美学原理著作上的特性，也来自中国和西方在美学整体面貌上的差异。西方美学原理著作的总体面貌是由两个方面构成的，第一，由整个哲学和思想流派的多样化而来的美学流派的多元化。一种哲学和思想流派要扩张自身的思想，或一种美学理论从哲学那儿发现了新的方法，将之运用于美学，从而美学体现为各种不同的流派。这样，西方的美学原理主要地体现为流派型的美学原理。这里的流派不是大同小异的流派，而是完全不同甚至对立的流派，比如表现与再现，精神分析与实用主义，结构主义与解构主义，等等。这里的流派不是仅是三四个，而是以一二十计，因此，流派成为一种西方美学的亮色，一本美学原理著作，要理解它的思想，首先要理解它是属于哪一流派，才有助于去理解它的基本立场，理路，方法，结构。第二，由教育的学科体系而来的因教育需要而出现的美学原理教材。这两个方面又是相互促进的。因此，西方的美学原理著作，一方面以流派论著的方式体现出来，另一方面以大学教材的方式体现出来。流派性的著作，当然是体现自己流派的思想，教学型的著作，也体现教师本人的流派倾向，不过这一倾向有时很强，表现为明显的流派性美学原理，有时较弱，则从教学的需要出发，有更多的综合性，特别是以美学原理的问题为主线，把历史上的相关名著串起来，形成对主要问题的讨论。这一综合表现为两种形式，一种形式就是出现为“选读”类型的“美学读本”，选者的立场隐在后面，操控着前台历史名人在讲述。另一类型就是把历史上的诸多理论进行一种综合，写出一本史论合一的美学原理著作(如本书选的迪基《美学导论》型)。但是终归说来，教材还是要受到流派的影响。两相比较，流派的经典性著作更具有学术性，也带有更强的专一角度，教学的教材更具有通俗性，也略多了教化的普适性。在理解了流派型著作与教材型著作有高深与通俗之分和专门与汇通之分这一点之后，可以说，西方的美学原理著作，几乎都是流派性的。因此，可以说，西方美学原理著作的特色，要讲两点，是流派和教材，只讲一点，就是流派。中国美学的整体面貌也是由两个方面组成的，时代与整体。一个时代有一个时代的主流，这一主流具有巨大的影响力而决定了这一时代的基本面貌。正像西方美学要以流派划分一样，中国美学要以时代划分，民国时期，学西的主潮决定了美学的西方模式，美学大量传入时期的审美心理主潮决定了一种审美心理类型美学的主流地位，因此朱光潜美学影响了一个时代。当一个与西方影响抗衡的苏联出现，学苏潮流经过成长在共和国进入主流，这种苏式美学成为主流。当改革开放后学西再一次成为主流时，美学也开始进行转向，在这里，可以看到社会学美学变成实践美学，实践美学又由一种以苏联资源为主变为苏西综合。苏西综合的实践美学又受到以西方资源为主的后实践美学的挑战。而当中国在全球化潮流中有了崛起的势头后，本来被综合在西方或苏联中的本土资源，其因素在增长，其意义在提升。因此，20世纪中国美学虽然有很丰富的变化，但这一变化不是由流派的逻辑决定的，而是由时代的逻辑决定的。时代决定了美学的整体面貌。这一整体面貌具有一种整一性的东西，决定着美学的内容。当中国现代性的革命主潮时期，学西与学苏竞争，一方否定一方的时候，共和国前期的美学否定了民国的美学，当中国现代性进入改革时期，美学主潮也呈现了一种渐变的方式。但都具有一个共同的由整体性决定的主题，各种因素都聚集在这一时代的主题下面。因为时代而有了共同性，无论有怎样的不同、多样、丰富，都享有这一共同的主题，无论有怎样的转向、变化、演进，都在这一共同的主题之下。因此，中国的流别，都是在一个大的主题下的不同主张。比如共和国前期的四派，都围绕着美的本质，围绕着主观客观的基本结构。改革时期的实践美学与后实践美学，都围绕着个体与整体、感性与理性、现实与超越这些概念而构成基本结构。不存在像西方美学的一些流派那样，有着巨大的语言不通的问题。在这一意义上，可以说，中国美学是由整体决定的，而整体是由时代决定的。

由以上两点，构成了中国和西方在美学原理上的第三点。中西美学原理著作的整体性的性质是不一样的。西方的美学原理的整体性是一种点的整体性。由于西方的美学原理著作是从流派出发的，如果把整个时代看成一个整体，那么，一个个流派就是这一整体上的一个个的具有独特性的点。这些点一方面互相之间没有一种一一对应的逻辑关系，另一方面每一点与整体也没有一种一一对应的逻辑关系，而是各个点形成一种"家族相似"的整体。如果且以第一章讲的西方 14 个大流派形成一种西方美学的整体，那么这一整体没有一个必然如此的结构，以去规范一本美学原理的著作应当怎样写，而是它只要按照自己的方式写出来了，就可以说是一本美学原理著作，你只能按照这一美学原理与其哲学和思想流派之间的关系，去看它达到了一种体系的完整性没有，而不能从一个固定的美学原理体系的完整性去看它是否达到了体系的完整性没有。因此，可以说，西方的美学原理著作，是以流派之点为其建构体系基础的，以各自不同的点建立起来的各类不同美学原理构成一个五彩缤纷的美学原理整体，在这样一个整体里面，作为全体性的整体是不重要的，作为个体性的各个流派的点本身才是重要的。中国美学原理的整体性是由时代决定的，从而其整体性一旦出现之后，整个时代的学人对此便都有了一个共识结构。中国的美学原理著作是在这一共识结构基础上写作的，如果说，中国美学分为一些流派，那么这些流派都是为了，第一，怎样才能更符合这一共识结构的精神，第二，对于这一共识结构里面的元素，究竟是应该把哪些看得重要，哪些看得次要，才能符合这一共识整体的精神。因此，共和国前期的美学四大派，是在这一种美的本质的共识结构下哪一因素最根本（主观还是客观，主客观的统一，还是客观性与社会性的统一）而产生出来的流派。这些流派无论怎样不同，都要维护一个美的本质的整体。改革开放以后，中国美学形成了美学原理是由三大块（美的本质，审美心理，艺术）所构成的这一共识，各个流派无论怎么不同，也是在这一共识的基础上的不同。前面已讲，中国美学是在与世界的互动中演化的，一个时代形成一种共识，从而形成一个美学原理的整体，这一整体仍然处在与世界美学的互动之中，在这一互动中出现了与中国固有的美学原理结构不同的元素，也是从已有的整体出发去考虑这些元素，力图将之纳入已有的整体之中，围绕着这些元素带来的冲击，怎样放置这些元素，给予什么样的评估，由此会产生一些分歧，或者由这些分歧会出现一些流派，实际上这些流派还是在整体的共识上的流派。因此，中国美学原理的整体性，是能够驾驭下面各个流派之点的整体性。这样中国美学原理的演化，从根本上说，不是从流派产生出来，而是来自时代的整体范式的变化。由于中国美学的整体性是由时代决定的，因此，对于中国美学原理何以会出现这样的整体，只要理解了时代是一个怎样的整体，就可以有一个较为清楚的逻辑认识，对于中国美学原理整体性向什么方向演变，只要认清了时代在向什么方向演变，也容易有一个逻辑的认识。如果说，西方是由流派的点形成美学的整体，那么，中国是由美学的整体形成流派的点；如果说，西方美学原理演进的原创点在于流派的点，那么，中国美学原理演进的原创点在于整体的范式转变。如果说，西方美学原理的整体是不好把握的，那么，中国美学原理的整体是较好把握的。总而言之，西方美学的美学原理，是自身演进而来的美学原理，是以流派为主的美学原理，是以散点方式去结构多样化的美学原理，每一流派的美学原理都认为自己是学术的生长点；中国美学的美学原理，是中外互动而来的美学原理，是以时代为主的美学原理，以整体的方式结构一个共识性的美学原理，让自己的生长点去推进美学的整体性。

由这样的对比而形成的上述几点，是机械了一些，但都由此可以体悟中西美学原理著作在趣旨上的一些差异。

第二节　中西美学原理体系著作在结构上的异同

中西美学原理体系在整体结构上，可以说，西方是无共识的多元化，中国是有共识的一元化。西方美学原理，由于是从众多流派的点中产生出来的，又没有一个实体性的整体作为一个标准尺度，决定着这一流派的美学原理这样写合理还是不合理，只有流派的基本理念和结构决定着这样写好不好，因此，美学原理的著作显得多种多样。第一编中选取的西方美学原理的五种著作，就是五种完全不同的美学原理。比较一个这五本书的大框架，会对西方美学原理的多元性有一个很好的印象。

德索《美学与艺术理论》是一本按中国人看来比较完整的美学原理，有美学总论，有审美对象，有审美经验，有艺术。朗菲德的《审美态度》则只是一本审美心理学流派的美学原理著作。对照德索的著作，朗菲德的著作只有审美心理，但是按照审美心理学派的理论，美就是美感，呈现一个美感的体系，就是呈现了一个美学的体系。但是《审美态度》之所以是一本体系性的美学著作，不但在于她把审美心理学诸流派的理论（距离说，移情说，内摹仿说，恬静说，等等）都综合到了一起，不但是美学原理，而且是理论的集大成者。还在于，她讲审美经验，不仅讲了由上面那些审美心理学派大家所得出的美感的本质，而且运用这些美感的本质去解说美学中的最重要的方式：艺术美与形式美。美感就是集中在人们创造艺术和欣赏方面，对艺术的创造和欣赏最主要的是一种形式的创造和欣赏。因此，朗菲德的理论，是一个包含审美心理、艺术美感、形式美感在内的一个关于美感（也就是美）的体系。所以，《审美态度》，在德索这样的人去看，只是审美心理学，从审美心理流派的理路去观，则完全是一部美学的体系性著作。同样，苏珊·朗格《情感与形式》是一部艺术哲学的著作，只有艺术的本质，艺术作品的门类，没有审美心理，但是对苏珊·朗格来说，艺术的本质就是一种情感的形式。正如在朗菲德那里，艺术寓于审美经验之中，艺术经验就是审美经验一样，对于苏珊·朗格来说，审美心理的情感就是艺术的本质内涵，讲了艺术就意味着讲了审美心理，因此，一本艺术哲学的著作，实际上是以自己的方式讲了审美心理，只是不是以割裂开来的方式讲的，而是以内蕴的方式讲的。因此，《情感与形式》是一本标准的美学体系性著作。杜夫海纳《审美经验现象学》是把审美经验与艺术结合在一起的著作。既不像朗菲德那样以审美心理为主，把艺术纳入到审美经验之中，也不像苏珊·朗格那样以艺术为主，把审美心理纳入到艺术之中，而是呈出了二者相互包含、相互支持，不可互缺的关系。对于20世纪的西方美学来说，这是一本把审美心理与艺术这两部分结合起来构成体系的非常成功的书。迪基

《美学导论》是一本史论结合的体系性著作。这本著作在体系上具有两种类型上的意义，第一，它是一本史论结合的著作，以史的形式呈现出了美学的基本结构，在呈现美学基本结构的时候，呈现了一个完整的美学历史。第二，它所呈现的美学基本结构，包含了 20 世纪西方美学新出现的三个基本部分：形上批评、审美价值、审美制度。在这三个概念中，审美制度是从文化角度看美和艺术的本质是如何得来的，因此它构成美学原理的一个组成部分；审美价值是从价值论的观念来看美学问题，它可以形成一种价值论美学，但这一价值论美学可以也可以不改变美学原理体系的结构，因此，在谈到美学基本结构的时候，可以忽略；形上批评一词关系到 20 世纪西方美学的一种体系方式，即认为美学就是对艺术批评出现的概念进行分析。以这种方式出现过多种美学的体系性著作（如布洛克的《艺术哲学》），而迪基以一个集大成者的方式，将分析美学的概念批评以自己的方式，用几位典型的美学家，编码进自己的体系之中。虽然一方面，整个《美学导论》都是在进行分析美学的概念分析，只是这一分析从纯理论层面的概念扩大到历史上出现的概念；另一方面专门从 20 世纪的美学家中选出典型者，构成形上批评部分，与美学原理的其他大的部分形成一种对称结构，应该有自己的一种著述用意。这样美学基本结构是由五大部分组成：美，审美态度，形上批评，艺术，审美制度。迪基的《美学导论》出在 20 世纪末，从美学的基本结构来说，可以说是对西方美学原理的基本结构的一个较为全面的总结。从以上五本西方美学原理体系性著作，呈现了西方美学原理的基本结构（这里，为了更准确，用“概念分析”取代“形上批评”），如下：

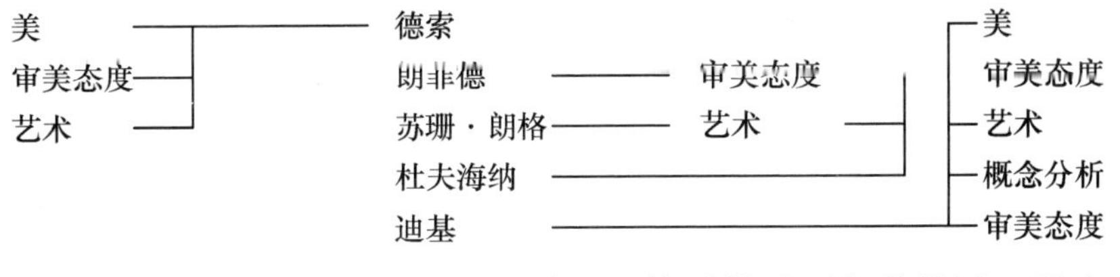

如果把以上五部分看作是美学原理体系的重要部分的话，那么，西方美学原理体系显出了如下的特征。

第一，在建立体系时运用部分的灵活性。可以从其中的一个部分去形成自己的体系，如朗菲德《审美态度》和苏珊·朗格《情感与形式》；可以从两个部分去形成自己的体系，如杜夫海纳《审美经验现象学》；可以从三个部分去形成自己的体系，如德索《美学与艺术理论》；

可以从五个部分去形成自己的体系，如迪基《美学导论》。这里的意义不在于这些著名的美学家是从一个部分、两个部分、三个部分，还是从五个部分去形成其理论，而在于当他们只用三个部分、两个部分，乃至一个部分去形成自己的体系时，仍然被认作是一个完整的美学原理体系。正是在这里，西方美学体系性的意味闪现了出来。

第二，建立体系时运用部分的技巧性。这些只用一个部分或两个部分去建造美学原理体系的时候，并不是完全舍去其他部分，而是把其他部分包含在突出的部分中，朗菲德把艺术和形式作为审美经验的主要部分包含在审美态度中，苏珊·朗格把审美心理的情感作为艺术的本质因素内蕴在艺术中，杜夫海纳在形成审美经验与艺术作品交汇结构时，也把关于审美对象的本质和审美经验的本体意义包含在其中。正是在这里，西方美学原理体系的智慧闪现了出来。

第三，显出了西方美学体系性的新质。五大部分中，前三大部分是自古典美学以来就具有的，关于美的部分被作了替换，后两部分是20世纪美学的新质。从宏观上看，这一新质都是美的本质的一种替代。概念分析使得古典美学中最核心的部分美的本质被拒斥，也使有意义的概念旧的得以续存、新的得以产生；审美制度实际上是用一种新的方式去看待美的本质，讲一种制度如何使美的本质得以建构又得以解构。正是在这里，西方美学原理体系在20世纪的新成就呈现了出来。

下面看中国美学原理体系性著作。仍然用本书第二编选取的五本典型的美学原理体系性著作为例。中国美学原理体系在20世纪可以分为三大时期，民国时期、共和国前期、改革开放时期。从民国到共和国是一个革命性的断裂性更替，因此，民国时期的美学原理体系结构被共和国前期的美学结构进行了断裂性的更替。从共和国前期到改革开放是一种渐进性的改革，因此，从共和国前期的美学原理体系到改革开放时期的美学原理体系，是一种渐进性的发展。民国时期朱光潜的《美感》是一个学步西方20世纪初的审美心理学诸流派，又将之进行综合而成的体系，与朗菲德的《审美态度》具有相同的性质，抱着美即美感的宗旨，只从审美心理来建构美学原理体系。与像朗菲德把艺术和形式内蕴在审美态度的里面类似，朱光潜把艺术、自然、人生都包括在审美心理的体系中。共和国以后，中国美学原理从学西变为学苏。苏联美学原理与西方古典美学原理在结构上是一致的，主要由三大部分构成，美的本质，审美心理，艺术。只是对于美的本质究竟是什么，应该从什么样的方式去寻找美的本质，有了一种新的方式。这一美学结构在王朝闻主编的《美学概论》中体现了出来。在大结构上，王朝闻主编《美学概论》与德索《美学与艺术理论》有较大的相似，以美、审美心理、艺术三大部分作为主要部分。不同的是在美的这一部分，德索《美学与艺术理论》在西方美学变革之际，对形而上的美的本质失去了信心，而王朝闻主编《美学概论》用了很大的力量来阐述和证明自己认为正确的美的本质。改革开放后80年代的美学原理体系的代表作李泽厚的《美学四讲》在结构上仍然继续着王朝闻主编《美学概论》的三大部分：美、美感、艺术。与王著不同的是，在与西方的互动中，西方的一些学人提出美学究竟应当存在与否，因此，对美学学科作了更具体的论述，李著专设第一章对于美学的学科历史进行一个论述，因此也可以说，李泽厚的美学原理是四大部分，在三部分之上加上作为一个学科的美学这一部分。而美学的这一部分之所以重要，因为李泽厚在这里把美学的位置从共和国前期的偏重于苏联型马克思主义美学转移到了西方、苏联、中国三块一样重要的立场上，而且用一种自称是马克思主义在当代中国的新发展，人类学本体论，来统合三个方面的资源。李泽厚的美学原理三部分虽然在结构上与王朝闻同，但在内容上是不同的。在美的本质上，与王著并没有什么不同，但是西方资源的重要性得到了强调。在美感上，提出了情感本体。西方现代马克思主义美学家马尔库塞的新感性理论在他的新感性中占有重要的分量。在艺术上，提出了积淀的重要性。西方现代美学家贝尔和荣格在他的理论中占有重要的分量。从美学原理的结构上，李泽厚与王朝闻二人的著作，明显地有一个从立论上的转向，从以苏联为主，转向以西方为主，虽然二人都声称是马克思主义美学，但王著主要是苏联型的马克思主义，说主要，因为里面有共和国前期的马克思主义的一些创新成分。李著则主要是西方型的马克思主义。说主要，因为有苏联型的马克思主义的一些创新成分在其中。他用的新名称，人类学本体论，新感性，积淀，都包含着很重的西方现代思想内容。杨春时《美学》比起李泽厚《美学四讲》，一是换了美学关键词的中文名称，不是美而是审美成为其主词，之所以要这样换，是因为要把李泽厚提的主体性换成西方式的主体间性。面对同一个西方词 subjectivity 从 20 世纪初到共和国前期一直译为主观，而改革开放后，李泽厚用主体性来代替主观性，突出了人的历史实践，突出了人在历史实践中的主体地位，主体一方面面对外在的客观世界，另一方面面对内在的主观世界；而杨春时引进一个西方自现象学以来到后现代都成为主词的主体间性 inter-subjectivity，更突出了主客体之间的互动，而这一哲学上的主客体互动在美学上用美，偏于客观，用美感，偏于主观，用审美，正好是一个主体与客体、美与美感都结合起来的两面词。虽然这样做了主客的汇通，杨春时还是把客体之美与心理美感区分了开来。他的审美本质、审美原型、审美符号、审美对象等，都是属于美，审美意识、审美经验、审美理解、审美解释等，都属于审美心理，杨春时美学有两处写到了艺术，一是第六章第四节：作为审美文化的艺术，一是第八章第四节：艺术批评。虽然艺术分量很小，但也算有一部分。因此，在杨春时《美学》中，基本上也是三部分：美、审美心理、艺术，但与李泽厚一样，前面有一个关于美学性质、历史、方法的部分，即作为学科的美学。另外，改革开放以来美学原理的一种倾向，从杨辛、甘霖《美学原理》(1983) 开始，把美育作为一个部分，写进美学原理的体系之中，杨春时《美学》最后一节，也是美育。这里，可以说杨春时《美学》尽管与大多数美学原理体系著作在名称上、分章上、论述上有了较大的不同，但可以说基本上还是四个部分：美、审美心理、艺术、美育，但考虑到从王著，到李著，到杨著，都花了一定的气力来讲美学作为一个学科的问题，这与西方的五本美学原理著作形成一个对照，因此，在中国的美学原理中，关于美学的谈论也应该成为一个组成部分，于是可以说中国美学原理体系，由五大部分组成，美学，美，美感，艺术，美育。张法《美学导论》虽然从目录上看与其他的美学原理著作有些不同，但从主流的美学原理构成方式去看，可以发现，第一章明显地讲作为一个学科的美学，第三章其实讲的是审美心理，第二、第四、第六、第七章这四章分别讲的是与美相关的美的本质、审美类型、美的起源、形式美，都属于美。第五章，美的文化模式，虽然提出了一个美的文化多样性的问题，可以说是在美这一问题上的深入。仅从章节上看，该书似乎没有艺术，但其中对美的类型、形式美，特别是在美的文化模式上，几乎都是以艺术为例来讲的，可以说，艺术美在其视域之中，只是因为中国学术上的知识体系和教育上的学科体系对美学与艺术设位上的特殊性，使其没有把艺术明显地突出出来。因此，张法《美学导论》基本上是四个方面：美学、美、美感、艺术。

如果说，西方美学原理体系性著作用第一编的五本个案完全可以概括整个西方美学原理著作的基本结构的话，那么，第二编所选的五本个案文本也基本上可以反映中国美学原理体系性著作的结构：这就是美学、美、美感、艺术、美育，五大部分。中国美学原理著作无论怎么变化，都是围绕着这五个方面，尽管对这五个方面在用词上有所不同，比如蔡仪的美学理论，从作为个人专著的《新美学》在 1947 年初版时是四部分：美学（以“美学方法论”的标题出现）、美、美感、艺术，到 1985 年作为学术团队出版的《美学原理》① 成为五部分：美学、美、美感、艺术、美育（以“美感教育”的标题出现）。从中可以看到，当中国美学形成自己的原理体系的时候，都有一种综合性的思维方式。以李泽厚为代表的实践美学，要用实践去把握美、美感、艺术，以蔡仪为代表的客观论美学，还把美学的主要部分，美感、艺术、美育，都划归于美感之中，在蔡仪主编的《美学原理》（1985）里，美感是美的认识，艺术是社会意识形态，美育是美感教育。中国美学原理的基本五面，比起西方古典美学原理，显得很综合。不像黑格尔艺术哲学型《美学》，只有美学、美、艺术，没有美感；也不像康德《判断力批判》中的美学，以美感为中心，基本上没有艺术。但比起 20 世纪西方美学原理来，这综合又缺少两个部分。且看中国五本美学原理著作的论说范围：朱光潜《美感》基本上是审美心理学方面，王朝闻《美学概论》和李泽厚《美学四讲》都包括四个方面：美学、美、美感、艺术，张法《美学导论》也基本上是这四个方面，杨春时《美学》除了这四个方面还加上美育。

可以看到，除了民国时期的朱光潜，共和国后的美学原理都有在结构上求全的倾向。可以把中国与西方美学原理体系著作的基本结构作一比较。首先，从大的结构上看中西美学原理体系著作：

中国		**西方**
美学		
美	——	美
美感（审美心理）	——	美感（审美态度）
艺术	——	艺术
美育		审美制度
		概念分析

① 蔡仪主编：《美学原理》（杨汉池、涂武生、蔡仪、杜书瀛、王善忠撰写），长沙，湖南人民出版社，1985。

上表清楚地表明了，美、美感、艺术三个部分是中西美学原理著作都具有的，而这三个部分正好是美学从西方产生出来时形成的三个基本部分。这三个部分的存在，说明了美学的核心一直没有变化。

20 世纪西方美学中的两个新元素，审美制度和概念分析，是中国美学没有的，而这两个方面，正是西方美学在对美学的基本问题进行重新思考而产生出来的一种新的美学方法和美学基础。概念分析被认为是使美学精确化和科学化的一种基本方式，这一方式不但在一个方向上改变了美学的面貌，而且也改变了美学的结构。它构成了可以代表 20 世纪西方美学新成就的一种象征，一方面它的方式在很多不同流派的美学原理著作中被程度不同地运用，另一方面它本身就构成了 20 世纪西方美学原理体系著作的一种类型。审美制度是西方美学拒斥美的本质，又把美的本质转为艺术的本质，在寻求艺术（等于美）的本质是什么的时候，得出的一种新方式：从制度的角度来看待艺术（等于美）的本质。这一方式虽然在中国有所介绍，但这一方式与中国美学原理的运思理路尚有较大的距离，因此中国美学虽然一直在中外互动中演化，但还未能运用这一方式。

共和国以来的中国美学原理体系著作中一开始对美学是什么的讲述，即美学这一部分，在西方是几乎没有的。这是因为，首先，西方学人对美学是什么这一问题的历史演化是比较清楚的；其次，他们认为，学人面对美学的历史演化形成的丰富性，自己采用什么方式形成什么样的美学原理体系，很正常，可理解，而且正是这一多样性存在推动着美学原理体系本身的进展。西方美学的基点在流派的点，因此，只要流派的基础站稳了，不需要先从大的方面去讲什么是美学。而中国美学是从整体出发的，因此，先讲清楚什么是美学就是重要的事，从而（作为对学科进行定义的）美学这一部分就是重要的了。中国美学原理体系中的美育这一部分，是西方美学原理体系中没有的。这可以从两个方面进行解释，一是中国现代美学的出现，是以三位学人为标志的，王国维，梁启超，蔡元培。蔡元培的美学主要是在美育上，在蔡元培的理论里，美育不但是一种艺术教育，而且是一种人生理想教育，具有与宗教一样的终极关怀。美育的地位使之在美学中有相当的影响，必然要在美学原理的体系中呈现出来。二是中国美学原理体系不像西方那样是在哲学和思想流派的推动中前进的，而是在教学体系的推动下行进的，西方在哲学和思想的推动下，因此在美学原理中出现了概念分析这一部分，中国在教学体系的推动下，因此美育作为一个部分出现在美学原理体系中。

其次，从具体结构方式来说，中西都有从各自五项中全面地结构理论的，中国的杨春时与西方的迪基；也有从基本主项（西方是三大主项：美，美感，艺术；中国是四大主项：美学，美，美感，艺术）去结构理论的，中国的王朝闻与李泽厚，西方的德索；有仅从审美心理方面去结构理论的，中国的朱光潜与西方的朗菲德。这是初一看来相同的方面。不同的方面，从大的方面来说，中国没有杜夫海纳那样把审美心理与艺术完美地结合在一起的著作，这是在于在中国思想流派与思维方式中，现象学的那一独特方式，与中国学人的运思方式有相当的距离；从小的方面来说，虽然中西在美、美感、艺术这三个基本方面是相同的，但在具体的讲述中却是不同的。在美上，如果说古典美学在美的一部分主要有两个方面：美的本质与审美对象，那么，中国美学原理体系基本上仍然坚持着这两个部分，而西方美学原理体系则几乎没有美的本质这一部分，只有审美对象。在这一领域，西方美学原理体系主要是关注艺术美与形式美，而中国则普遍地划分为社会美、自然美、艺术美，有时加上形式美，正如在美学大结构里有时加上美育一样。这里中国美学的独特之处是对社会美的强调，而西方美学是对艺术美的强调。且图示如下：

中国的美论		**西方的美论**
美的本质		
审美对象	——————	审美对象
艺术美	——————	艺术美
形式美	——————	形式美
自然美		
社会美		

从以上表中可以看到，中国的内容多而西方的内容少，中国审美对象的内容多，原因其多，从学理的角度讲，与中国美学原理重整体性质，重美育，重美的本质普遍化到一切方面是相关的。西方审美对象的内容少，原因不少，从学术的角度讲，与西方的重流派，重逻辑，重概念分析相关联。

中国美学在审美心理这一部分，西方美学原理体系基本上是以四大流派分别进行，一是审美心理诸流派，二是表现主义美学，三是精神分析美学，四是格式塔美学。而中国的审美心理讲述，只有两方面，一是学步西方的审美心理流派，二是学步苏联普通心理学的心理元素理论。前一种主要表现为民国时期的朱光潜美学，但朱光潜与朗菲德不同，朗菲德把审美心理学诸流派与美国自然主义美学结合起来，朱光潜却把审美心理学诸流派与表现主义的克罗齐结合起来。共和国以后主要是苏联的普通心理学，把心理学的基本概念，感觉、知觉、想象、联想、推理等加上审美定语，成为审美感觉、审美知觉、审美想象、审美联想、审美推理等，成为一种由个别审美心理元素组装起来的审美心理结构。从数量上说，西方的审美心理学以精神分析和格式塔成为其特色，而中国审美心理学则以苏联的普通心理学为特点。且列表如下：

中国的美感论		**西方的美感论**
审美心理流派	——	审美心理流派
苏联普通心理学	⟺	自然主义美学
		表现主义美学
		精神分析美学
		格式塔美学

从以上表中可以看出，西方多而中国少，西方多的原因在于西方是以流派为基础的，流派本就多，中国少的原因在于中国是以整体性质为基础的，总的性质就是两方面，民国时期的朱光潜综合的审美心理学诸派理论和共和国以后移植的苏联普通心理学。改革开放以后，李泽厚力图把精神分析美学与格式塔美学结合在苏式的普通心理学上，张法则力图把西方从审美心理学到格式塔心理学到现象学诸理论与中国传统理论结合起来，但是在主体上，还没有达到运用自如的程度。

艺术上，中国美学原理基本上是以艺术分类、艺术创造、艺术作品、艺术批评及欣赏四大块为基本结构，而西方美学原理则主要是艺术分类和艺术作品。虽然西方把叙述重点放在艺术作品上，但也讲到艺术家创作与艺术欣赏，因此，在有还是无这一意义上，与中国美学原理具有相同的结构，只是其整个基点是不一样的。可以这样说，中国的艺术还处于从苏联模式向西方模式的转变之中，是两种方式的混合。另外，更为重要的一点是，中国与西方在对美学与艺术学关系的划分上，是不一样的。而这一问题，需要专门的讨论。在中西美学的整体差异中，有三个问题尤为重要，用下面的专节进行探讨。

第三节　中西美学原理体系差异中的三个重要的问题

在前面提到的中西美学差异中，有三个问题是比较重要的，一是美的本质，二是概念分析，三是艺术哲学。前者关系到美学体系的基础，中者关系到美学理论的演进，后者关系到中西美学原理体系与更大的中西文化的知识体系之间的关系。

一、美的本质问题

中西美学原理体系著作的重大差异之一是：中国坚持了美的本质而西方却否定了美的本质。西方以分析哲学为代表的思维方式在对形而上学的拒斥中，把美的形而上学问题，即美的本质问题，看成是一个假问题，否定掉了。这一否定得到了其他流派（如自然主义美学、存在主义美学、法兰克福学派美学、解构主义美学，等等）的应和。[①] 由此，美的本质问题基本上从美学原理的著作里消逝了。分析美学从三个方面对美的本质问题进行了批判。

第一，从图像论指出美的本质有无意义。传统美学总是一开始就问：美是什么？从而得出一个美的本质定义，再由这个定义推出整个美学体系。对美的本质的定义不同，推出的体系也就不同，形成了美学史上各种各样的美学流派。对此，分析哲学劈头就问："美是什么"属于哪一类命题？命题是对事物或世界的陈述，是事物或世界的图像。图像与世界是对应的，这种对应性决定了命题的可证实性。一切命题都可以分为可证实的和不可证实的。可证实的命题，与事物或世界是对应的，是有意义的；不可证实的命题，就没有对应物，是无意义的。就美学而言，"由心理距离产生审美态度"，这一命题是可证实的。"黄金分割是希腊造型艺术的法则之一"，这一命题也是可证实的。而"美是理式"或"是人的本质力量的对象化"则是不可证实的。所有关于美是什么的命题，都是属于不可证实的形而上学命题，都是无意义的。因为，（一）它没有对应的事物，把美的本质定义运用于具体事物，往往会显得很滑稽，比如，说一只

① 对此，可参见张法：《20世纪西方美学史》，35～37页，成都，四川人民出版社，2003。

婉转鸣唱的黄鹂是由理念而美，或者由人的本质力量对象化而美。（二）说美的本质对应的不是具体之物，而是具体之物后面的共相，是一切审美对象的抽象，这从科学的归纳法讲是有困难的，这个困难早在《大希庇阿斯》中就显出来了，波普的证伪理论又对之进行了强化。与之对照，数学定义是抽象的，但完全可以用于具体事物的运数。（三）由发生起源如此便推出现象形态也如此是为当代科学所否定的。例如，作为审美对象的艺术品，它的主要特征是超功利、超实用。而回溯到其起源时期——原始社会，无论是起源于巫术、起源于劳动，还是其他什么，它的主要特征恰恰是实用功利。（四）把它作为不必证明的公理抬出来，正恰恰说明它是不可证实的。这种不可证实的形而上学命题，让人陷入不必要的争论，于科学、于知识毫无用处。

分析哲学并不是从人类学和文化学的角度反对形而上学，而是从知识论的立场对形而上学的非理论性质给予澄清。分析哲学家很清楚，“形而上学的非理论性质本身并不是一种缺陷；所有艺术都有这种非理论性质而并不因此就失去它们对个人和社会生活的高度价值。危险是在于形而上学的欺惑人的性质，它给予知识的幻相而实际上并不给予任何知识。这就是我们为什么要拒斥它的理由”①。用分析哲学的语言显微镜来照认，就明白，美的本质完全是一个应当拒斥的形而上学的问题。维特根斯坦在《逻辑哲学论》中庄严地说：“凡是能够说的事情，都能够说清楚，而凡是不能说的事情，就应该沉默。”②

第二，从美的词性指出美的本质的迷误。从图像论看，美的本质的问题是一个假问题。这个假问题为什么两千年来会被作为一个真问题来讨论呢？在于对语言的误解。维特根斯坦在《美学讲演集》中一开始就说，美学“整个地被误解了。‘美’这个词比其他词更频繁地出现在某些句子里，如果你注意一下这些句子的语言形式的话，你就会发现，像‘美’这样的词更容易被误解”③。当人们说某一事物“美”的时候，实际上是作为形容词来使用的。而在对语言的理解中，人们往往把对事物的形容当作事物的属性，认为事物有某种性质，即有美的性质。这种化虚为实的误认使人们将假问题转为真

① 卡尔纳普：《哲学与逻辑语法》，见怀特编著：《分析的时代》，223页，北京，商务印书馆，1981。

② 维特根斯坦：《逻辑哲学论》，20页，北京，商务印书馆，1962。

③ 维特根斯坦：《美学讲演集》“一”“1”，廖世奇、张旭东译稿。

问题，一本正经地追求起美的本质来。其实，“美的”这个形容词完全可以换成感叹词，说：“晚霞是美的”，也就是说：“晚霞，真美呀!”然而，就当“美”作为感叹词使用，它的客观性大大消退，主观的感受性业已明显，人们还容易将“美”认为是晚霞的性质，总想弄幻成真。然而，如果我们不说：“晚霞，真美!”而说：“晚霞，啊!”二者所表达的东西完全一样。如果我们把说“美的”全换成“啊”会怎样呢？当我们对很多不同的东西说“美”时，总想要找出一种这些东西的“美”的本质。当我们都对这些东西说“啊”的时候，是否也要找一种“啊”的本质呢？因此，维特根斯坦幽默地说：“美学是一门告诉我们什么是美的科学，从语词上看，这未免太可笑了。我想美学还应该包括哪种咖啡的味道最佳吧。”① 人们确实常在喝了一口咖啡之后说：“真美!”

美的本质追求就是建立在“这是美的”这句话的反复使用上的。而“美的”这类词是脆弱的、无力的、多余的。“在实际生活中，当人们做出审美判断时，诸如‘美的’‘好的’等审美的形容词几乎不起什么作用。”在听音乐的时候，有人说：真美!或说：啊！也有人什么也不说，但已完全沉浸在音乐之中。这里，不说美的人比说美的人更具有审美情味。对在诗歌的阅读中，如王维《渭城曲》：

渭城朝雨浥轻尘，客舍青青柳色新。
劝君更进一杯酒，西出阳关无故人。

有人说：真美！但其实他并不一定懂得该诗的妙处之所在。有的人并不说一个美字，但能具体地讲述诗中柳树形象与柔情的关联，知道从《诗经》“昔我往矣，杨柳依依”开始，中国文化里，柳树就与离愁别绪结下了不解之缘；懂得清澈的景色与心灵的明澈之间的暗喻关系；体会到“雨”所表现出来的湿润感，以及充塞天地间的湿润感，酒对之进行了最后的强化，并在强化中突出“西出阳关无故人”的情何以堪。这里不涉及一个美字，但能具体地讲述读诗感受的人是真懂诗的人，而那些喊出“美”的人却往往并不在行。

通过对美这一词性的清理，美的本质的虚幻性质就昭然若

① 维特根斯坦：《美学讲演集》“一”“1”，廖世奇、张旭东译稿。

揭了。

第三，从美的句型指出了美的本质的迷误。① “美是什么”这个假问题被当作真问题来讨论，还有一个原因是由它的句型造成的。“美是什么”这句话，从一般的语句形式看，就是“X是什么”。“X”可以换成任何实词。在生活和学习中，我们随时都在问这类问题和答这类问题。如果有人问我：“氦是什么?”我会答道：“氦是一种化学元素，气态，惰性，无色，原子序数2，原子量4.003。”这个回答就是氦的定义。柏拉图和亚里士多德早就说过：定义是对本质的公式表达。只要把握这个关于氦的定义，就完全知道了氦是什么。人们经常问类似于“氦是什么”这样的问题，也经常满意地获得了这类问题的答案。可是现在有人问：“美是什么?”问题就来了。从句型上看，“美是什么”与“氦是什么”完全相同，以致人们认为二者是一回事。追求“氦是什么”的成功使人们相信追求“美是什么”也同样可以成功。传统美学家从柏拉图开始就苦苦追求美的本质定义。结果有了一大堆公式：美是理式，美在形式，美在……然而，每当人们找到了定义，或者从别人那里接受了定义之后，不久就感到大失所望。虽然千年努力都徒劳无功，还是有人认为，只要功夫深，铁棒磨成针。殊不知，美的本质就像赤道线或光谱上红色和橙色的界线一样，实际上并不在那儿。“美是什么”与“氦是什么”的句型相似掩盖了它俩的根本差异。美这个词与氦这个词不同，它常被使用却没有对应的事物，因此显得艰深微妙、错综复杂，任何一本辞书都会指出它丰富含义的某些部分，指出其广泛用法的一些例子，可是任何辞典也无法提供美学家们所寻求的意义。

“氦是什么”和“美是什么”的根本差别在于：前者是一个科学的问题，后者是一个哲学的问题。正因为有这一差别，因此只有美的哲学而没有氦的哲学。“美是什么”作为一个哲学之问、一个形而上问题就像“时间是什么”、“空间是什么”、“物质是什么”一样，根本就没法像“氦是什么”那样得到回答和定义，它不是一个实体，本来就子虚乌有，犹如海市蜃楼。

分析美学从命题与事物的对应关系、美的词性和美的句型三方面证明了：美的本质的问题是一个假问题。② 分析美学的这一方式，

---

① 这一整段的基本思想来自W.E.肯尼克：《传统美学是否基于一个错误?》，载*Mind*，Vol. 67，1958。

② 以上三点引自张法《美学导论》第一章的论述。

产生了两种效果，第一，使即使要谈美的本质的人也要采用新的方式，如海德格尔虽然坚持美的本质，但也认为美的本质是不能用科学和逻辑的方式去证明的，这也等于否定了古典美学型的美的本质，如巴尔塔萨提出美在于人与神的相遇，这人神相遇已经不是古典型的定义形式，而是审美心理型的美感即美形式。这两种新方式，以及分析美学自己的新方式，维特根斯坦用“家族相似”来描述美的统一性，其实都是对古典美学美的本质的否定。第二，概念分析成为了美学的一种方法论。在这一意义上，可以说，在20世纪西方美学中，概念分析一方面取消了，另一方面代替了美的本质。

中国美学原理著作，在民国时期，以朱光潜《谈美》为代表，按照西方审美心理学流派的方式，转换了美的本质，可以说与西方一样取消了美的本质。但从共和国成立始，美学原理取法苏俄，美的本质成为了美学中最重要最基本的问题。20世纪50至60年代美学大讨论基本上就是美的本质大讨论。这一讨论确立了中国美学的基本格局，同时也确立了美的本质在中国美学原理中的重要性的基本格局。共和国前期的美学四派在改革开放时期把自己的美学体系化的时候，都是以美的本质作为自己的核心。蔡仪《新美学》（1983—1989新版）坚持着他的美的本质的客观论和典型论；朱光潜《谈美书简》（1981）坚持美的本质的主客观统一论，虽然用了实践的新观点来支持主客统一的旧结论；高尔泰《美是自由的象征》（1986）把美的本质从主观论转到美是一的光辉这样一种宇宙论；李泽厚《美学四讲》（1989）把美的本质从客观论精确到实践论。在美学原理著作中，体现实践美学观点占了多数，显出了美的本质在美学原理体系著作中的巨大声势。反对实践美学的后实践美学，仍然把美的本质作为美学的基础。杨春时虽然在词汇上把美的本质换成审美的本质，但其实指的就是美的本质，所谓审美的超越性和自由性，其实就是美的超越性和自由性。张法《美学导论》引用了大量材料说明描述西方美学对美的本质的否定和转换，从文中可见其对西人的赞同，但仍然要把美的本质作为一个学术史的问题来梳理和作为一个重要问题来讨论，可见中国的美学原理体系必须要面对美的本质问题，必须要把美的本质问题作为重要的一章放到美学体系的重要位置。这与西方美学根本不讲美的本质，好像这一问题根本不存在似的，形成一个对照。因此，美的本质问题是否成为美学原理体系的一个部分，成为中西美学原理体系的一个显著的差异。

二、概念分析问题

西方美学之所以没有了美的本质问题，是因为西方用概念分析这一分析哲学的剃刀一剃将之剃去了，因此，概念分析成为西方美学原理体系中的一个重要的特征，甚至成为一种结构体系的方法。美的本质之所以在中国美学原理中有坚实的地位，在于中国美学拒斥了西方美学的概念分析。因此，中西美学原理体系的一个重大差异就是：西方美学原理有概念分析而中国美学原理无概念分析。这样，理解西方美学原理体系中用概念分析方式来写的美学原理，是理解西方美学原理的一个特色，同时也可因此理解无概念分析的中国美学原理的特色。对于概念分析型的美学原理体系，可以选布洛克《艺术哲学》(1979)① 作为典型。概念分析型的美学原理，把美学的范围进行了一个新的定位。布洛克说：美学在18世纪是一门独立的科学，19世纪是心理学的一个分支，20世纪以来是一门研究与艺术有关的种种哲学问题的松散学科。但实际上，从分析美学的眼光看，美学是哲学的一个分支，而哲学不是如古典哲学那样是研究实在的最高学科，而是一种分析学科，是用来阐明我们思考世界的方法的，人们面对世界，用了一套概念和话语来把握和谈论这一世界，而哲学就对人们用以把握和谈论这一世界的概念和话语进行分析，看人们把握和谈论世界的概念和话语用得是否正确，人们用来把握和谈论世界的概念和话语用正确了，世界就得到了正确的反映，人们就正确地把握了世界。这样，对于作为哲学分支的美学来说，就是对人们在把握和谈论审美经验和审美世界时的概念和话语进行分析。从这一角度看，美学的范围就可以如本书第一编第一章中所引的布洛克的表那样划定。

对布洛克的表格，可作如下的理解：首先，人们面对审美对象形成自己的审美经验，审美对象集中地纯粹地体现在艺术作品上，从理论上说，艺术作品可以代表审美对象。人面对艺术作品形成了审美经验，对艺术作品和审美经验进行解说和总结，构成了关于艺术和审美经验的概念和话语，这些对艺术作品和审美经验进行解说和总结的人，是艺术批评家。美学则是对艺术批评家的概念和话语进行分析。因此，什么是美学呢？美学就是与关于艺术作品和审美

---

① H. G. 布洛克：《艺术哲学》(中译本为《美学新解》，滕守尧译)，沈阳，辽宁人民出版社，1987。

经验的概念和话语打交道，对之进行分析。通过上面的三层阶梯的表格，美学的范围被清楚地标示了出来。对照一下西方古典美学原理，西方现代美学其他流派的美学原理，以及中国美学原理，可以看出，这些美学原理都是把艺术批评家的工作与美学家的工作放到一起做的。上表三层阶梯对他们来说是合一的。而分析美学的美学原理则把这三个方面区分了开来，把美学的范围严格地限定在概念分析上。

由于审美世界是由概念和话语去把握的，关于审美世界的概念和话语决定着我们对审美世界的认识，因此，当美学家分析关于审美世界的概念和话语的时候，同时也就是在分析着审美世界本身，而且使审美世界以一种正确的方式为人们所认识和谈论。

由于布洛克与大多数分析美学家一样把美学定义为艺术哲学，因此《艺术哲学》是围绕着谈论艺术作品的概念进行分析的。第一章：导论，讲分析美学的基本原则。第二章：再现，讲一种从艺术作品与现实的关系去谈论艺术的主要概念：再现。第三章：表现，讲一种从艺术家与艺术作品的关系去谈论艺术的主要概念：表现。第四章：形式主义，讲一种从艺术作品自身的形式构成去谈论艺术的主要概念：形式。整个关于艺术的话语，从大的方面来说，正是围绕着这三个方面进行的，只要从哲学的高度，把这三个概念在理论史和概念史上的具体内容分析清楚了，一个关于艺术作品的概念和话语的体系，也就建立起来了，同时与这一概念和话语体系相对应的审美世界和艺术世界也就清楚而正确地呈现出来了。第五章：近期的发展，前几章中的三大主要概念以及所包含的美学体系在20世纪50至70年代分析美学火红的时候，呈现为第五章分五节来讲的五大主要概念：艺术品的概念、意义、真实、意图（或意向）、批评。在这五大概念中，何为艺术作品，被作了分析美学的重释与扩展。意义，是在一种多元的后现代语境下关于艺术作品定性时的深入，随着意义之间的深入，西方美学各个流派的思想都在这里呈现了出来，现象与本体的多重关系在这里呈现了出来，解释角度与解释话语的多元性呈现了出来。真实，是再现概念的当代推进，艺术真实与现实真实，形象真实与形式真实，表层真实与深层真实，如此等等，艺术与现实多重关系在这里呈现了出来。意图（或意向）是表现概念的当代推进。这里，艺术家创作时的意图与欣赏者感受到的意图形成一种多样性的异同关联。批评，由于美学家的工作是对艺术批评家的概念和话语进行分析，因此，批评成为分析批评家工作的一个主要概念，关于艺术批评的一些要项，艺术批评有无标准，艺术批评的推理有无独特的性质，艺术批评在多重语境下的运作，都在批评这一大概念中呈现了出来。

布洛克《艺术哲学》就由这些主要的概念形成了自己的美学体系。实际上是把古往今来的美学总分为两组概念：历史上是再现、表现、形式主义；最近的发展是艺术品的概念、意义、真实、意图（或意向）、批评。分析这两组概念，既形成了两套具有历史发展的古今之别的概念体系，又形成了古今之间具有统一性的概念体系。这一概念体系是经过哲学分析而呈现出来的，为我们如何正确地谈论艺术作品这一审美世界提供了一套概念和话语，同时又通过这一套概念和话语呈现了艺术作品这一审美世界的本质。

如果说，美的本质在中国的主流地位显示了中国文化由整体出发研究问题的特征，那么，概念分析在西方的重要地位呈现了西方文化的从个体出发研究问题的个性。

三、艺术哲学在美学原理中的位置

20世纪西方美学原理，从德索开始，有一股想把美学与艺术学分开的倾向，但更为普遍的是把艺术哲学作为美学。如果说，中国美学特别是共和国以来，在苏联美学的影响下，在中国文化固有的综合性格中，一直把美学原理建成一个三合一（美、美感、艺术）的体系，那么，西方美学原理则在古典美学本有的三分中高扬了艺术哲学。艺术哲学成为了西方美学形成美学原理体系的主流。下面所引，都是以艺术哲学为主词而命名的美学原理著作：

维兹，艺术哲学导论，1913
克洛格，艺术哲学，1920
科林伍德，艺术哲学大纲，1925
马利坦，艺术哲学，1925
道卡斯，艺术哲学，1929
格林，艺术问题，美学导论，1939
纽顿，艺术哲学讲演录，1945
苏珊·朗格，艺术问题，1957
艾德瑞奇，艺术哲学，1963

海恰道瑞，艺术概念，1972
简泰，艺术哲学，1973
纳门，艺术哲学与美学读本，1975
布莱克，艺术哲学，1979
肯尼克，艺术哲学：解读美学，1979
丹图，艺术哲学，普通场所的美化，1981
罗杰，理解美学：艺术哲学文集，1983
斯坦克纳斯，艺术哲学，1984
丹图，艺术哲学反自治，1986
夏巴德，美学：艺术哲学导论，1987
茵加登，艺术作品本体论：文学、图画、建筑、电影，1989
夏普诺，艺术理论与哲学：风格，艺术家，社会，1995
纳尔，艺术哲学古今读，1996
科维，艺术哲学：差异文集，1997
格拉汉姆，艺术哲学：美学导论，1997
卡诺德，艺术哲学当代导论，1999
柯罗，艺术理论，2000
罗兰德，审美秩序：美与艺术哲学，2000
阿门什庄，走进些，艺术亲密哲学，2000
泰米里卡，艺术的美学话语，2000
马格里斯，艺术哲学讲演录：何为艺术作品，2000
佛兰德，艺术理论导论：这是艺术，2001
卡罗尔编，今日艺术理论，2001
拉马克、奥本，美学与艺术哲学：分析传统，2003
奥瑞基，艺术哲学导论，2003
柯尔兰，美学与艺术哲学的当代争论，2007

以上35本与艺术哲学相关的著作，其中，明标艺术哲学的有26本，这里面3本以书名的方式明确认为美学就是艺术哲学。中国在改革开放以后，随着教育体制由学习苏俄变为学习西方，艺术院校从专科而普遍在综合性大学里出现。艺术学成为一个与哲学并列的一级学科，造成了中国学术中美学与艺术学的分立。且看中国1997年学科目录中美学与艺术学的位置：

一级学科	哲学	艺术学	一级学科
二级学科	马克思主义哲学	艺术学（二级）	二级学科
	中国哲学	美术学	
	外国哲学	电影学	
	科学哲学	广播电视艺术学	
	伦理学	音乐学	
	宗教学	戏剧戏曲学	
	逻辑学	艺术设计学	
	美学	舞蹈学	

在西方，艺术哲学就是美学，与美学是二而一的。在中国，艺术学与美学成了分属两个不同的一级学科下面的不同的二级学科。这一学科划分一方面强化了中国美学的原有结构，由美、美感、艺术三部分构成；另一方面把艺术哲学型的美学从美学中分离了出去而成为了与美学不同的艺术学。也由于学科的划分，二级学科的艺术学（包括艺术理论与艺术史）也脱离了艺术哲学的名称，而叫艺术概论或艺术学概论。从理论上说，中国教育学科体系不是从知识体系的逻辑，而是从教育体系的管理逻辑上进行的学科划分。从知识体系来说，美学是一个交叉学科，它与哲学、心理学、艺术学等学科都有关联，实际上在中国教育的课程体系里，美学原理是哲学专业、文学专业，以及各艺术门类专业的必修课。从知识体系来说，艺术学是包括建筑、雕塑、绘画、音乐、戏剧、文学、电影、电视八大艺术门类，以及艺术设计、舞蹈、书法等门类的体系结构，但从教育体系来说，为了方方面面的考虑，主要是管理上的方便，从而在教育的学科体系上，一方面美学与艺术割裂开来，另一方面在艺术学里，文学和建筑又与其他艺术门类割裂开来。这一学科体系上的割裂虽然有其教育实际上的意义，但从知识体系来说，却造成了两种结果，一是艺术学自身的认识混乱，二是艺术学在形态上与美学的脱离。关于艺术学自身的认识混乱，体现在 2006 年一本新型的教材上，这本作为“全国艺术学硕士专业学位教育委员会推荐用书”的《艺术学基础知识》① 按照教育部 1997 年学科目录艺术学下面的八个二级学科，以艺术学（二级学科）的基本方式（理论与历史）去讲述七个艺术门类的二级学科（音乐、戏剧戏曲、电影、广

① 王次炤主编：《艺术学基础知识》，北京，中央音乐学院出版社，2006。

播电视艺术、舞蹈、美术、艺术设计），每门类学科一编，其中戏剧与戏曲分开各一编，共八编，每一编都按照史论结合的方式对本学科进行全面的论述。但是我们知道，这本书《艺术学基础知识》并不是在知识体系上完整的艺术学，没有建筑与文学，而仅是在学科体系上完整的艺术学。当然，这样的艺术学写作，只是新出现的唯一个案（虽然它有权威性学科目录的支持，其对未来的影响不容低估），根据中国图书馆的馆藏目录，从1984年至2006年，中国的艺术概论著作共出版70余本，这些著作都在一种苏俄艺术学的基本框架下写成，其中在艺术院校教学中使用得较多的教材有三本：高等艺术院校《艺术概论》编写组《艺术概论》（文化艺术出版社，1983）、孙美兰主编《艺术概论》（高等教育出版社，1989）、彭吉象《艺术学概论》（北京大学出版社1994第一版，高等教育出版社2002第二版，2004年获精品教材），这三本教材既可以代表中国艺术学发展的三个时段，又显出艺术学从知识体系上弥补由学科体系把建筑与文学从艺术学分出去的不足，它们是结合着建筑与文学来写艺术学体系的。但是，它们又都显出了与美学的切割。三本教材，在体系结构上是一致的。彭著可以说是在体系上的集大成者。该著把艺术概论分为三大方面，第一，艺术总论，包括艺术的本质、起源、教育、在文化系统中的位置；第二，艺术系统，包括艺术创作、作品、鉴赏；第三，艺术种类，包括实用（建筑、园林、工艺、书法）、造型（绘画、雕塑、摄影）、表情（音乐、舞蹈）、综合（戏剧、戏曲、电影、电视）、语言（诗歌、散文、小说）艺术。在中国型的艺术学体系里，德索在20世纪初要把美学与艺术学区别开来的初衷在中国的学科体系的影响下，以这样一种方式实现了。但如果从中国学术的知识整体上说，却并未实现，因为虽然中国的艺术学脱离开了美学，但美学却并没有脱离开艺术学，每一本美学原理著作都把艺术学的整个内容包括了进来，并且把在艺术学著作中相同的讲解不言而喻地作为美学的讲解。最有意思的是，艺术学各类专家并不反对美学这样做，而只是他们写艺术学时则自行其是，从而造成了中国学术界的一道“奇观”：美学著作与艺术学著作不仅在学科分类上，而且在图书分类上成为了不相同的两个类别。因此，如果仅就美学的角度去看中国美学与西方美学的差异，会得出这样的结论：中国美学以美学为主，西方美学以艺术哲学为主。但如果把中国的艺术学加进美学中来，就知道情况不是这样的。然而因为中国有美学与艺术学的区分，艺术学脱离了美学，而在西方，艺术哲学就是艺术学，也就是美学。因此，西方学人写艺术哲学，一定要用美学的角度去写。奥尔德里奇的《艺术哲学》(1963)① 可以作为西方艺术哲学的一个典型代表。该书分为五个部分：导言（讲艺术现象），第一章：审美经验（讲面对艺术的超然性，主观性，幻觉论，以及多元观点），第二章：艺术作品（讲艺术作品定义、材料、媒介、形式、内容、题材、表现、再现），第三章：各种艺术（讲艺术门类，建筑、雕塑、绘画、摄影、舞蹈、戏剧、音乐、文学），第四章：艺术谈论的逻辑（讲艺术描述、艺术解释、艺术评价）。奥尔德里奇的《艺术哲学》与上节讲的布洛克的《艺术哲学》是西方艺术哲学的两大基本类型。前者是一个传统体系，但加上了概念分析，后者以概念分析为主，但从概念的角度讲了艺术的体系。二者都强调了艺术哲学就是美学，前者要专列一章审美经验，一下就把艺术的美学性质突显了出来，后者一开始就讲清美学就是对艺术的主要概念进行哲学分析。

① V.C. 奥尔德里奇：《艺术哲学》（程孟辉译），北京，中国社会科学出版社，1986。

图书在版编目（CIP）数据

中西美学与文化精神/张法著. --北京：中国人民大学出版社，2020.10
（当代中国人文大系）
ISBN 978-7-300-27944-2

Ⅰ.①中… Ⅱ.①张… Ⅲ.①美学思想-对比研究-中国、西方国家
Ⅳ.①B83

中国版本图书馆CIP数据核字（2020）第030002号

当代中国人文大系
中西美学与文化精神
张法 著
ZHONGXI MEIXUE YU WENHUA JINGSHEN

出版发行	中国人民大学出版社		
社　　址	北京中关村大街31号	邮政编码	100080
电　　话	010－62511242（总编室）		010－62511770（质管部）
	010－82501766（邮购部）		010－62514148（门市部）
	010－62515195（发行公司）		010－62515275（盗版举报）
网　　址	http://www.crup.com.cn		
经　　销	新华书店		
印　　刷	北京联兴盛业印刷股份有限公司		
规　　格	155 mm×235 mm　16开本	版　　次	2020年10月第1版
印　　张	21.75 插页3	印　　次	2020年10月第1次印刷
字　　数	336 000	定　　价	98.00元